游学久矣贤戲國卄簡十䇳髪

書强

《子犯子餘》竹簡局部

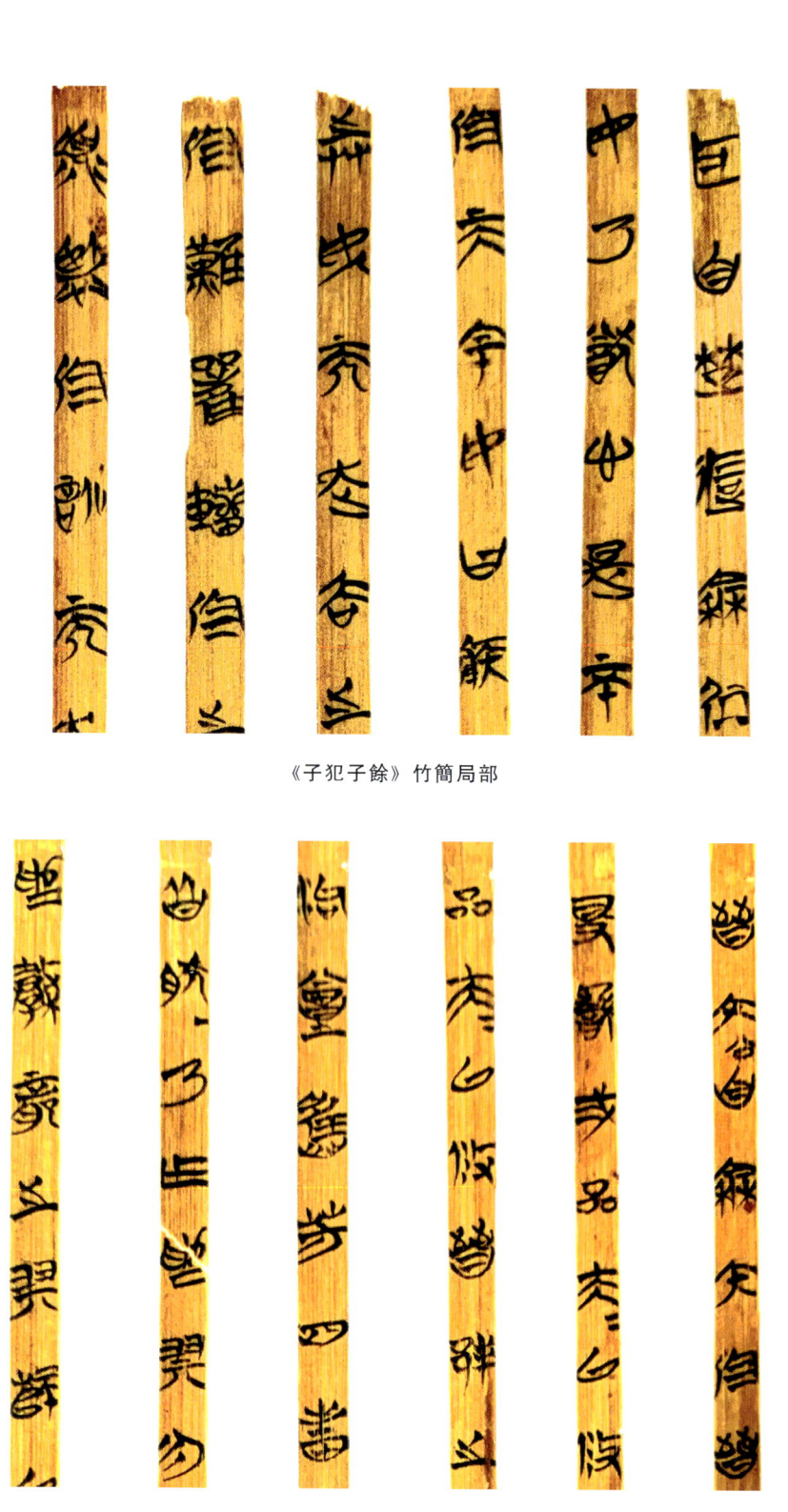

《晉文公入於晉》竹簡局部

《趙簡子》竹簡局部

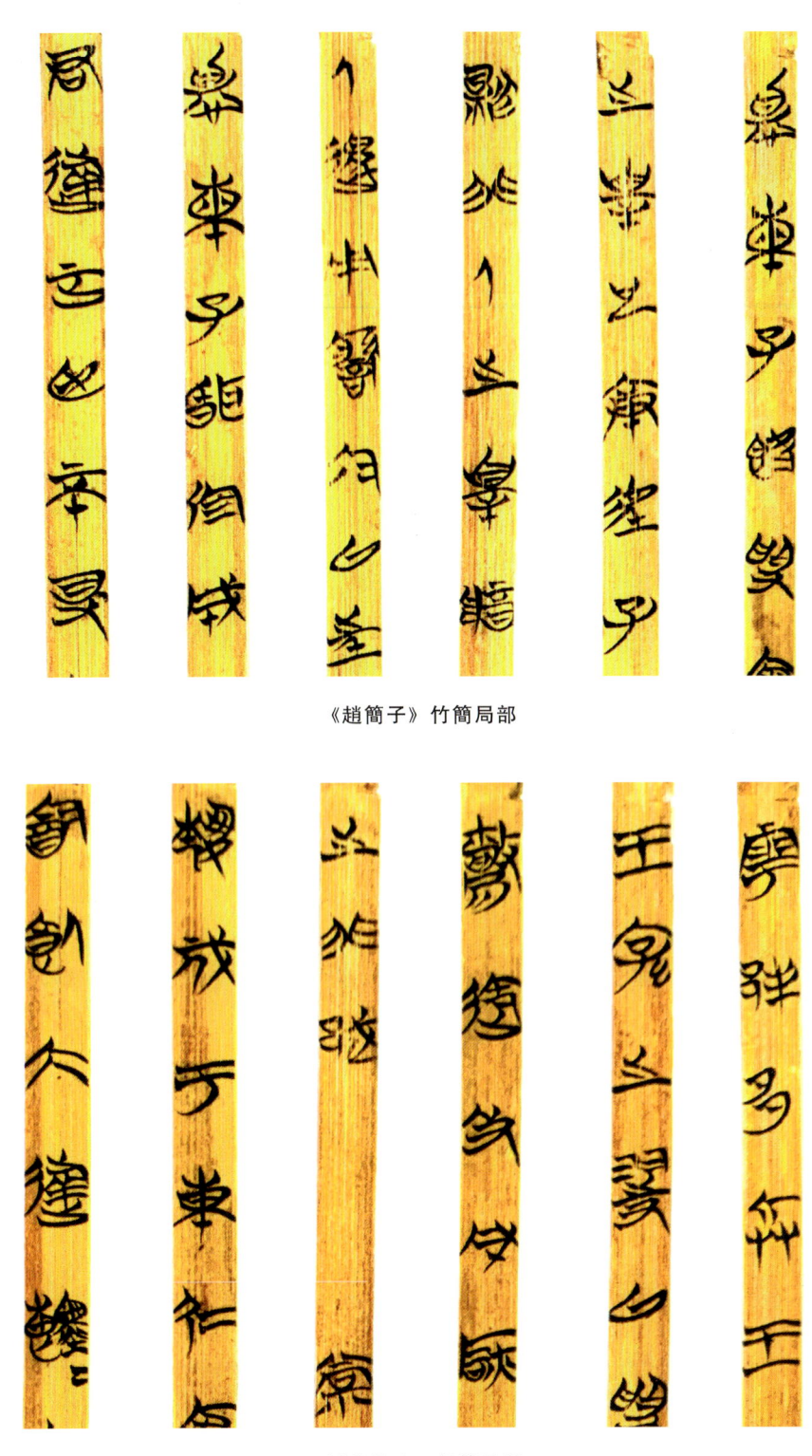

《越公其事》竹簡局部

重慶市出版專項資金資助項目

出土文獻綜合研究專刊之十八

《清華大學藏戰國竹簡（柒）》集釋

滕勝霖　編著

西南師範大學出版社
國家一級出版社　全國百佳圖書出版單位

圖書在版編目(CIP)數據

《清華大學藏戰國竹簡(柒)》集釋/滕勝霖編著.
一重慶:西南師範大學出版社,2021.7
　　ISBN 978-7-5697-1054-0

　　Ⅰ.①清… Ⅱ.①滕… Ⅲ.①竹簡文－注釋－中國－戰國時代 Ⅳ.①K877.54

中國版本圖書館CIP數據核字(2021)第149583號

《清華大學藏戰國竹簡(柒)》集釋
《QINGHUA DAXUE CANG ZHANGUO ZHUJIAN (QI)》JISHI

滕勝霖　編著

責任編輯:曾慶軍　黃瑛　羅勇
裝幀設計:徐道會
出版發行:西南師範大學出版社
　　　　　　網址:http://www.xscbs.com
　　　　　　地址:重慶市北碚區天生路1號
　　　　　　郵編:400715
　　　　　　市場營銷部電話:023－68868624
經　　銷:新華書店
排　　版:內蒙古冉紅文化傳媒有限公司
印　　刷:重慶新生代彩印技術有限公司
幅面尺寸:185mm×260mm
印　　張:38.5
插　　頁:2
字　　數:664千字
版　　次:2021年7月第1版
印　　次:2021年7月第1次印刷
書　　號:ISBN 978-7-5697-1054-0

定　　價:418.00圓

序

　　滕勝霖是一位喜愛中國古典文獻的青年，他原本在本科時學的是英語專業，就讀於我校（西南大學）外國語學院，在學習本專業的同時，他就讀了不少古文獻方面的書，特別是對出土文獻頗有興趣。當下的年輕人大都比較"勢利"，對我們這些古文獻專業不感興趣，因爲既苦又賺不了錢，一個學時髦專業（外語專業）的學生，居然對古文獻有濃厚興趣，這在當今的年輕人中是很少見的。2016 年，滕勝霖本科畢業，隨即考取了我的中國古典文獻學專業研究生，其考分排名第一，可見他的考前準備是比較充分的。進入碩士學習階段，他決心從事簡帛研究，在確定學位論文時，我原本想，他外語好，建議他將簡帛研究與外語結合起來，比如研究國外簡帛學，或者做一些簡帛文獻的外譯類工作。但他却選擇了最難讀的楚簡的整理研究作爲學位論文的選題，這也出乎我的預料，當然，也對他這種知難而進的治學精神予以點贊鼓勵。

　　《清華大學藏戰國竹簡（柒）》自 2017 年一刊布，就成爲簡帛學界研究的熱點，僅有關釋讀的成果就非常多。研究出土文獻，首先必須盡可能解決文獻的釋讀問題，祇有解決了釋讀問題，纔談得上進行相關研究。整理者的釋文，儘管已取得了很大成就，但畢竟是筚路藍縷，難度極大，自然不免會有不少尚待解決、有待完善的問題。這就需要將學界有關釋讀成果匯集起來，比較異同，辨其是非，進而盡可能整理出最新最科學的釋文，這就是通常所說的"集釋"。這一工作不光瑣碎，而且工作量很大，因爲有關釋讀成果散見於各種正式出版的論著中，還有不少論文在各學術網站上，很不容易搜集齊全。這一工作對學者的學術水平要求高，因爲好的集釋不能僅僅是做搬運工作，即不能僅僅局限於把各家之説匯集起來，而是要辨優劣、定是非，特別是學界見仁見智及未能解决的難題，你得儘量解决。題目一定下來，滕勝霖就專心致志，埋頭苦幹，在廣覽簡帛文獻及有關傳世文獻的同時，將《清華大學藏戰國竹簡（柒）》的圖版、釋文，以及學界有關釋讀成果，製作成電子資料庫，以便於研究。在論文的寫作過程中，也經常帶着問題與我討論，經過兩年多的寫作，於2019年4月順利完成學位論文《〈清華大學藏戰國竹簡（柒）〉集釋及相關問題研究》。論文篇幅厚重，達536頁，順利通過校外盲審，答辯得到一致好評。

論文完成後，我建議他將論文修改後出版，并給他推薦到西南師範大學出版社。其修改後的書稿《〈清華大學藏戰國竹簡（柒）〉集釋》獲得"2019年度重慶市出版專項資金項目"資助，更加助推了此書的出版。據我所知，臺灣的碩士學位論文出版的不少，而大陸的碩士學位論文能出版的極少。滕勝霖的碩士學位論文能出版，并得到出版基金資助，可喜可賀。

此書有不少值得肯定的地方，略舉一二。

作者對《清華大學藏戰國竹簡（柒）》所含的四種文獻，每種先"總説"，概述該文獻的內容，然後參考整理者意見，按內容分爲數章，分別予以集釋，最後"小結"，總結并深説有關問題。這種形式頗有利於讀者對文獻的理解。

每一章先是"章解"，簡介本章内容的有關問題。然後是"摹本及隸文"，將原簡文字的摹本作橫排處理并與隸定文字一一對應，這樣很方便讀者將隸定文字與竹簡字形進行比較，這一創新性做法大大增强了本書的可讀性。

"摹本及隸文"之後便開始該章的正式集釋，每一條簡文的集解均先儘量全面出示學界各家之説（若無則自然闕如），然後以"霖按"形式陳述自己的觀點，予以按斷，定其是非。這樣，既搜集反映了學界的釋讀成果，也出示了作者的按斷。

每一章的集釋末是作者的"今譯"，在集釋各家觀點和作者按斷的基礎上，將簡文譯成現代漢語。

從以上可以看出，本書正文的結構，完全是雅俗共賞的形式，既具有嚴肅的學術形式、學術內容，也具有通俗易懂的推普内容，在如何使高深難讀的簡帛的研究成果既具有學術性又具有通俗性方面，該書爲學界提供了一個可資參考的樣本。

該書的兩個附錄也頗具實用性，一是"釋文"，出示作者校讀後的新釋文；二是"逐字索引"，此索引對於清華簡研究乃至簡帛學都頗爲實用。

在簡文的釋讀方面，該書也不乏創新，例如：

《越公其事》簡17有個"䒑芒"，其所在上下文爲："肰（然）爲犳（豹）【簡16】狼飤（食）於山林䒑芒，孤疾痌（痛）之。"整理者注曰："䒑芒，讀爲'草莽'。"認爲意同於《國語·晉語二》和《左傳·昭公十二年》的"草莽"。

整理者的"䒑芒，讀爲'草莽'"的理據不夠充分。一是在音理上説相通有些牽强，因爲"䒑"（從"幽"聲）當爲影母（喉音）、幽部，"草"爲清母（齒頭音）、幽部，二者聲紐相差太遠，文字結構上也無聲符上的聯繫。二是文獻中也未見"䒑"（或"幽"）讀爲"草""芒"讀爲"莽"的例子。所以，學者們大都另行釋讀。

該書先引學界有關釋讀成果，包括：孫合肥認爲當釋"幽莽"，認爲"䒑"爲"幽"异體，"幽莽"意爲"幽静隱蔽的草莽"。厚予認爲當讀爲"幽冥"，意同於《越絶書·計倪内經》"山林幽冥"。黄傑認也爲當讀爲"幽冥"。

該書然後按（"霖按"）曰："䒑"，從艸幽聲，讀爲"幽"，亦可視爲"幽"字的异體。"芒"讀作"荒"。"芒"與"冥"雖然音近，但在文獻中相通少見。① 而"芒"與"荒"相通在秦漢簡帛中很常見，如《馬王堆肆·經法·六分》行24："主失立（位）則國芒（荒），臣失処（處）則令不行。"

章末的"今譯"將"䒑芒"所在句譯作："然而（戰死之尸）在山林荒遠之地被豺狼所食，我對此感到痛心。"

這一觀點是正確的。這一釋讀的創新主要表現在"芒"讀作"荒"上。若僅從傳統韵書上推，"芒"爲明母、陽部，"荒"爲曉母、陽部，似乎僅僅韵同，而聲一爲唇音、一爲喉音，相通的可能性不大，但從造字理據上看就完全是可相通的，因爲"荒"從"巟"得聲，②"巟"從"亡"得聲，③"芒"也從"亡"得聲，④故"芒"讀作"荒"是完全説得過去的。并且，作者還從出土文獻中找到了文獻用例的證明（整理者和以上幾家之説都未找到自己所認爲的相通文字的文獻證據）。簡文將"䒑芒"讀爲"幽荒"，文從字順，可謂不失爲一創新。

---

① 實際上是文獻中還未見"芒""冥"相通的例子。
② 荒，《説文·艸部》："从艸，巟聲。"
③ 巟，《説文·巛部》："从川，亡聲。"
④ 芒，《説文·艸部》："从艸，亡聲。"

該書中的釋讀創新還有不少，茲不贅述。當然，該書還顯得比較稚嫩，還有不少值得完善的地方，如作者將《越公其事》簡48的"敬"（![字]）字釋作"寇"字异體，但目前楚簡中尚沒有出現過"寇"的這種寫法，整理者疑讀作"賓"還是有道理的。港臺的相關研究成果搜集得不够（當然是時間太緊的原因）。有些地方的論述還需要推敲，有些行文有待完善。

　　作爲傳統學科的導師，我希望能既教學生做學問，又教學生做人，特別是在世風日下的當今，希望我的學生具有家國情懷，能守住道德底綫，更不要去幹告密之類非讀書人當爲之事。滕勝霖在讀期間，尊敬師長，善於學習，通過三年的碩士階段學習，他的專業水平有了明顯提升，甚至超過了我的一些博士生的水平，其存心養性、待人接物方面也成熟了不少。他碩士畢業後，同年考上了徐兄在國教授的博士生，希望他在名師指導下，成長得更快，在簡帛整理研究的路上越走越正、越走越好，爲簡帛學作出實實在在的貢獻。

　　今年三月，勝霖就向我索序，由於一直很忙，加之史無前例的人類災難"新冠病毒"的干擾，直到該書出版付梓之前，纔拉拉雜雜寫了以上一通，聊以爲序。

張顯成

2020 年 5 月 28 日草就於西南大學竭駑齋

時值全國人大通過"港國安法"

前　言

　　2008年7月，清華大學入藏了一批戰國竹簡（簡稱"清華簡"）。這批竹簡總數約2500枚，簡長多在46釐米左右，最短的僅有10釐米。書寫年代下限在戰國中晚期之際。竹簡主體爲楚文字，抄寫整飭，字迹清晰，內容以經、史類文獻爲主，并且保留有多篇目前所見最早的書類文獻抄寫本。這些書籍未遭秦火之厄，保存了先秦古書的原貌，對古史研究有着重大意義。[①]

　　清華簡目前已刊布十册，其中2017年4月出版的《清華大學藏戰國竹簡（柒）》收錄四篇文獻，整理者分別命名爲：《子犯子餘》《晉文公入於晉》《趙簡子》和《越公其事》，均是傳世文獻未見的佚籍，對瞭解晉國及吳越歷史有重要價值。書內共公布竹簡109枚，簡寬約0.5釐米，簡長約41.6—45釐米，三道編繩，簡背無序號，亦無劃痕，總字數3450個，合文36個。簡文大部分爲楚系文字，但《越公其事》存在部分三晉文字及文字復古的特徵。

　　《清華大學藏戰國竹簡（柒）》中有不少記載豐富了我們對相關歷史的認識，比如：出土文獻中首次出現蹇叔、成鱄等人物，并詳細記載了他們的政治理念，這些內容雖不排除有戰國時人附會之嫌，但對瞭解他們是十分寶貴的材料。《晉文公入於晉》簡5—7講諸旗的形制與《周禮·司常》"九旗"等記載多有區別。《越公其事》記載吳王考慮到道路修遠、後備不濟、兵力不足、越國死士鬥志激烈等原因，同意越國求和，與傳世文獻中夫差貪財好色、昏庸短視的形象截然不同。此外，簡文講越王在休養生息三年後依次實施好農、好信、徵人、好兵、飭民的"五政"，亦不同於傳世文獻的記載。[②] 簡文中出現了很多地名，對歷史地理研究有重要價值，如原、五鹿、成濮、會稽、雞父、古蔑、

[①] 劉國忠《走近清華簡》，高等教育出版社，2011年，頁47—48。
[②] 李守奎《〈越公其事〉與勾踐滅吳的歷史事實及故事流變》，《文物》，2017年第6期。

句無、笠澤、姑蘇、甬、句東等。李守奎、劉光先生認爲"雞父之戰"的發生地點不應如舊説在河南省固始縣，而當在今州來（今安徽鳳臺縣），即古書所謂的"雞陂"之地。①

《清華大學藏戰國竹簡（柒）》出現了一批新見字形，如"㝵""䁖""井""㝬""㝱""柇""屋""䢜""㝏""䁖""𧈢""芔""𧊒""芇""𥁕""𦥑""㝛""㱃""𠂤""𢕒""𦩻""㕣""𣆪""戠""𣥏""㛜""㿊""緂""𦣞""䜌"等。在上述字形中，各位學者結合新材料取得了一些較爲可信的成果。如：《子犯子餘》簡5"䁖"可與中山王譻鼎"𧊒"聯繫起來，讀爲"劭"；簡5"井"爲"僉"之訛變；簡11"㝬"從鼎聲，讀爲"暴"；簡12"䢜"或寫作"𢕒"，可將過去楚簡中釋爲"逐"的字改釋爲"遹"。《晉文公入於晉》簡1"屋"可視爲甲骨文"𠃌"（《合集》33069）的遺留，釋爲"冕"；簡2"㝏"從貝由聲，讀爲"塞"；簡7"芇"應分析爲從泉卩聲。《趙簡子》簡10"㱃"從大佥聲，讀爲"貌"。《越公其事》"𧈢"簡35、44的"𠂤"可證侯馬盟書的"𠂤"確應釋爲"尼"；簡32"㿊"與《繫年》簡14"㛜""㿊"有關；簡30、35"𥁕"從田隹聲，釋爲"穫"；簡38"戠"又寫作簡40"𣆪"，從辡聲，讀作"辨"；簡74"𣥏"應讀爲"投"等。

除以上觀點外，我們對清華柒疑難字詞釋讀有一些新的意見，如《子犯子餘》簡11"麃雁"讀作"庇蔭"。《國語·晉語九》："木有枝葉，猶庇蔭人，而况君子之學乎？"簡文意思是百姓面見湯，如暴雨正疾而（尋求）遮蔽。《晉文公入於晉》簡1"嫥鹽"讀作"邊醢"，即《周禮》中常見的"邊人""醢人"，簡文中泛指宮中從事雜役之人。《趙簡子》中的"㝛"，本文認爲其與《子犯子餘》簡12"㝛"應爲一字异體，從宀從廾，臼省聲，簡文中讀作"右"或"有"，《趙簡子》中讀作"右將軍"，與歷史中趙簡子在范獻子任主卿時身居上將軍一致。《越公其事》簡17"齒芒"讀作"幽荒"，《尚書大傳》："堯南撫交阯，於《禹貢》荆州之南垂，幽荒之外，故越也。"簡文指荒遠之地。簡28

---

① 李守奎《清華簡中的伍子雞與歷史上的"雞父之戰"》，《中國高校社會科學》，2017年第2期。

""字是"替"字異體，簡文中讀爲"惕"，意爲戒懼、警惕等。

清華柒中，《越公其事》篇幅最長，其文字使用情況比較特殊，部分字形存在復古的情況，如："甲冑"的"甲"寫作""，這種寫法見於戰國早期的曾侯乙墓竹簡，而楚簡中"甲"多寫作""；"冑"寫作""，楚簡一般寫作""，蘇建洲先生認爲是師同鼎""的遺存。① 同時，部分字形也有三晉文字的痕跡，王永昌在《清華簡文字與晉系文字對比研究》中已有較爲全面的列舉。② 此外，李松儒先生對《越公其事》一詞多形的情況進行了系統分析，同時出現了一些新的字用關係，如"兹"用爲｛使｝，"壹"在楚簡中表示｛一｝等。

關於書寫情況，李松儒認爲清華柒四篇爲同一書手所書，該書手還參與抄寫了《皇門》《鄭武夫人規孺子》等篇。整理者、史楨英③等學者認爲《子犯子餘》與《晉文公入於晉》，《趙簡子》與《越公其事》分別相同，爲兩位書手所錄。我們贊同後者觀點，其中《子犯子餘》用墨較重，與《清華壹·皇門》篇用墨風格相近。過去學者判斷簡文是否爲一人所寫，多注意筆勢與抄寫習慣。這四篇文獻之字跡，從以上兩點判斷，確有較多相似之處，如橫畫用力頓壓起筆，再提筆平出，筆行至收鋒處略向上挑；縱向筆畫先是頓壓起筆，起筆處呈尖角契形，運筆過程中在垂直書寫并逐漸提起。這種方起尖收的寫法，使豎畫常常形成懸針狀；筆畫轉折處常形成明顯的折角等。除上述判斷標準外，我們判斷楚簡字跡時應將異寫字與異構字分離，并注重筆畫交接、彎曲程度、長短、字形體式等方面的差異。從這些因素中，我們可以發現在戰國時期已經出現典籍抄寫進行統一規範的情況，使得不同書手抄寫的字體相似，起到整齊美觀的作用，以便於讀者閱讀。

清華柒出版後，各高校碩、博士對相關內容進行了較好的字詞考釋、集釋、字用分析、文獻對讀、歷史探討等工作，例如：

---

① 蘇建洲《談清華七〈越公其事〉簡三的幾個字》，復旦大學出土文獻與古文字研究中心網 http：//www.gwz.fudan.edu.cn/Web/Show/3050，2017 年 5 月 20 日。
② 王永昌《清華簡文字與晉系文字對比研究》，吉林大學博士學位論文，2018 年 6 月，指導教師：李守奎教授。
③ 史楨英《也說〈清華大學藏戰國竹簡（柒）〉寫手問題》，武漢大學簡帛網 http：//www.bsm.org.cn/show_article.php?id=3167，2018 年 6 月 15 日。

1. 伊諾《清華柒〈子犯子餘〉集釋》，復旦大學出土文獻與古文字研究中心網 http://www.gwz.fudan.edu.cn/Web/Show/4210，2018年1月18日。

2. 袁證《清華簡〈子犯子餘〉等三篇集釋及若干問題研究》，武漢大學碩士學位論文，2018年5月，指導教師：劉國勝教授。

3. 李宥婕《〈清華大學藏戰國竹簡（柒）·子犯子餘〉集釋》，"國立"彰化師範大學碩士學位論文，2018年9月，指導教師：蘇建洲教授。

4. 邵正清《清華簡〈子犯子餘〉研究》，吉林大學碩士學位論文，2019年6月，指導教師：馬衛東教授。

5. 洪鼎倫《清華柒〈子犯子餘〉研究》，"國立"成功大學碩士學位論文，2019年12月，指導教師：高佑仁教授。

6. 原雅玲《清華簡〈晉文公入於晉〉整理研究》，東北師範大學碩士學位論文，2019年5月，指導教師：謝乃和教授。

7. 張明珠《〈清華大學藏戰國竹簡（柒）·趙簡子〉集釋、譯注》，武漢大學碩士學位論文，2019年5月，指導教師：蕭聖中副教授。

8. 劉如夢《清華簡〈子犯子餘〉〈晉文公入於晉〉〈趙簡子〉研究》，山西大學碩士學位論文，2019年6月，指導教師：劉建民副教授。

9. 郭洗凡《清華簡〈越公其事〉集釋》，安徽大學碩士學位論文，2018年3月，指導教師：程燕教授。

10. 羅雲君《清華簡〈越公其事〉研究》，東北師範大學碩士學位論文，2018年5月，指導教師：謝乃和教授。

11. 吳德貞《清華簡〈越公其事〉集釋》，武漢大學碩士學位論文，2018年5月，指導教師：李天虹教授。

12. 宋俊文《清華簡〈越公其事〉與〈國語〉敘事比較研究》，吉林大學碩士學位論文，2018年6月，指導教師：馬衛東教授。

13. 何家歡《清華簡柒〈越公其事〉集釋》，河北大學碩士學位論文，2018年6月，指導教師：張振謙教授。

14. 于倩《清華簡〈越公其事〉文字構形研究》，雲南大學碩士學位論文，2018年6

月，指導教師：羅江文教授。

15. 王妍《清華簡〈越公其事〉研究》，烟臺大學碩士學位論文，2019年4月，指導教師：孫進副教授。

16. 段思靖《清華簡〈越公其事〉集釋》，吉林大學碩士學位論文，2019年5月，指導教師：吳良寶教授。

17. 沈雨馨《清華簡〈越公其事〉集釋》，首都師範大學碩士學位論文，2019年5月，指導教師：張富海教授。

18. 史玥然《清華簡〈越公其事〉集釋及其漢字教學設計》，山西大學碩士學位論文，2019年6月，指導教師：劉建民副教授。

19. 翁倩《清華簡〈越公其事〉與傳世先秦兩漢典籍中的勾踐形象比較研究》，西南大學碩士學位論文，2019年6月，指導教師：王化平教授。

20. 張朝然《清華簡〈越公其事〉集釋及相關問題初探》，河北師範大學碩士學位論文，2019年6月，指導教師：張懷通教授。

21. 江秋貞《〈清華大學藏戰國竹簡（柒）·越公其事〉考釋》，臺灣師範大學博士學位論文，2020年7月，指導教師：季旭昇教授。

22. 杜建婷《清華簡第七輯文字集釋》，中山大學碩士學位論文，2019年5月，指導教師：陳斯鵬教授。

23. 毛玉静《〈清華大學藏戰國竹簡（柒）〉字用研究》，安徽大學碩士學位論文，2019年5月，指導教師：徐在國教授。

24. 廖妙清《清華簡（柒）語類文獻研究》，濟南大學碩士學位論文，2019年6月，指導教師：張兵教授。

25. 馬繼《清華大學藏戰國竹簡（1－8）文字編》，華東師範大學碩士學位論文，2019年5月，指導教師：白於藍教授。

26. 劉姣《〈清華大學藏戰國竹簡（壹－柒）〉偏旁整理研究》，華東師範大學碩士學位論文，2019年5月，指導教師：劉志基教授。

27. 王凱博《出土文獻資料疑義探析》，吉林大學博士學位論文，2018年6月，指導教師：林澐教授。

28. 王永昌《清華簡文字與晉系文字對比研究》，吉林大學博士學位論文，2018 年 6 月，指導教師：李守奎教授。

29. 王挺斌《戰國秦漢簡帛古書訓釋研究》，清華大學博士學位論文，2018 年 6 月，指導教師：趙平安教授。

30. 金宇祥《戰國竹簡晉國史料研究》，"國立"臺灣師範大學博士學位論文，2019 年 2 月，指導教師：季旭昇教授。

31. 章丹悦《出土戰國西漢簡帛文獻所見晉國史料輯證》，復旦大學碩士學位論文，2020 年 6 月，指導教師：鄔可晶副研究員。

上述這些成果爲本書的集釋工作奠定了良好的研究基礎。迄今爲止，《清華大學藏戰國竹簡（柒）》已經公布三年多，我們將學界全部成果進行收集整理，彙集到一起，以便各界學者利用。按語對簡序、文意理解、簡文中出現的新見字、疑難字、漫漶字，以及相關人名、地名、歷史事件等逐條進行介紹與分析，希望本書的内容不僅能爲學界提供方便，更能成爲社會公衆理解《清華大學藏戰國竹簡（柒）》相關内容的一條捷徑。

凡　例

1. 釋文以《清華大學藏戰國竹簡（柒）》整理者釋文爲基礎，參考各家意見而成。

2. 簡號用阿拉伯數字外加【　】號的小字號形式附於每簡釋文末尾。

3. 釋文盡可能對簡文加以隸定。假借字、异體字一般隨文注出正字和本字，外加（　）號。簡文殘缺，可據殘筆或文例補足的字，外加【　】號。不能補足的殘缺字，單字用□表示，多字用☒表示。簡文中誤字後加注正字，外加〈　〉號。文中討論詞，用｛　｝表示。

4. 每一章按照"章解""摹本及隸文""釋文""集釋""按語""今譯""小結"的順序排列，各部分内容如下。

　　章解　對每一章的簡文内容、竹簡情况、楚簡中疑難字詞、新見字、漫漶字等内容進行簡要介紹。

　　摹本及隸文　將每一枚簡以字爲單位進行切分并在每一摹本下對應隸定文字。

　　釋文　以《清華大學藏戰國竹簡（柒）》整理者所作的釋文爲基礎，并結合最新研究成果對四篇釋文中的文字隸定、簡序、句讀等内容作出新的調整。

　　集釋　依徵引論著發表的時間先後爲序，彙集學者對各篇的研究成果。文章的觀點在作者後注明時間，論壇等網絡觀點的作者後不加注時間以示區別。文章首次出現時，出處加脚注説明。

　　按語　筆者對各家觀點所作的取捨和探討，對關鍵性字詞、人物、地名、名物等内容進行逐一分析。爲行文簡潔，按語中所引各家觀點不稱"先生"。

　　今譯　將每章的簡文内容按照現代漢語翻譯。

　　小結　對每篇文獻涉及到的重點問題進行簡要總結。

5. 對諸家説法儘量直接引述，有删節則用省略號標出，原文若有錯漏之處，則以

"引者按"的形式在脚注中加以補正。

6. "集釋"中稱引各家觀點皆用簡稱,簡稱由作者名組成,引文具體出處可參看"參考文獻"。若同一作者的多篇文獻被引用,則按照論文發表時間先後以 A、B、C 等加以區分。部分學者的觀點取自網站論壇中某篇帖子中的留言或者某網站文章下的評論,考慮到這些觀點有别於文章,故本集釋在這些觀點後不注年份,以隨文加注的形式標明出處。

7. "今譯"在翻譯過程中儘量照顧簡文内容,個别地方很難作到直譯,望讀者見諒。

8. 本集釋所收文獻截至 2020 年 6 月 1 日。

引書簡稱表

簡　稱	全　稱
《合集》	《甲骨文合集》
《合補》	《甲骨文合集補編》
《花東》	《殷墟花園莊東地甲骨》
《屯南》	《小屯南地甲骨》
《集成》	《殷周金文集成》
《銘文選》	《商周青銅器銘文選》
《銘圖》	《商周青銅器銘文暨圖像集成》
《新收》	《新收殷周青銅器銘文暨器影彙編》
《侯馬》	《侯馬盟書》
《曾侯乙墓》	《曾侯乙墓竹簡》
《信陽》	《楚地出土戰國簡册合集（二）·長臺關楚簡》
《九店》	《九店楚簡》
《包山》	《包山楚簡》
《望山》	《望山楚簡》
《新蔡》	《新蔡葛陵楚墓》
《郭店·老甲》	《郭店楚墓竹簡·老子（甲）》
《郭店·老乙》	《郭店楚墓竹簡·老子（乙）》
《郭店·老丙》	《郭店楚墓竹簡·老子（丙）》
《郭店·太一》	《郭店楚墓竹簡·太一生水》

續表

簡　稱	全　稱
《郭店·緇衣》	《郭店楚墓竹簡·緇衣》
《郭店·窮達》	《郭店楚墓竹簡·窮達以時》
《郭店·五行》	《郭店楚墓竹簡·五行》
《郭店·唐虞》	《郭店楚墓竹簡·唐虞之道》
《郭店·忠信》	《郭店楚墓竹簡·忠信之道》
《郭店·成之》	《郭店楚墓竹簡·成之聞之》
《郭店·尊德》	《郭店楚墓竹簡·尊德義》
《郭店·性自》	《郭店楚墓竹簡·性自命出》
《郭店·六德》	《郭店楚墓竹簡·六德》
《郭店·語一》	《郭店楚墓竹簡·語叢一》
《郭店·語二》	《郭店楚墓竹簡·語叢二》
《郭店·語三》	《郭店楚墓竹簡·語叢三》
《郭店·語四》	《郭店楚墓竹簡·語叢四》
《上博一·孔詩》	《上海博物館藏戰國楚竹書（一）·孔子詩論》
《上博一·緇衣》	《上海博物館藏戰國楚竹書（一）·緇衣》
《上博一·性情》	《上海博物館藏戰國楚竹書（一）·性情論》
《上博二·民之》	《上海博物館藏戰國楚竹書（二）·民之父母》
《上博二·子羔》	《上海博物館藏戰國楚竹書（二）·子羔》
《上博二·魯邦》	《上海博物館藏戰國楚竹書（二）·魯邦大旱》
《上博二·從甲》	《上海博物館藏戰國楚竹書（二）·從政（甲）》
《上博二·從乙》	《上海博物館藏戰國楚竹書（二）·從政（乙）》
《上博二·容成》	《上海博物館藏戰國楚竹書（二）·容成氏》
《上博三·周易》	《上海博物館藏戰國楚竹書（三）·周易》
《上博三·恒先》	《上海博物館藏戰國楚竹書（三）·恒先》
《上博三·仲弓》	《上海博物館藏戰國楚竹書（三）·仲弓》
《上博三·彭祖》	《上海博物館藏戰國楚竹書（三）·彭祖》

續表

簡　稱	全　稱
《上博四·采風》	《上海博物館藏戰國楚竹書（四）·采風曲目》
《上博四·逸詩》	《上海博物館藏戰國楚竹書（四）·逸詩》
《上博四·柬大》	《上海博物館藏戰國楚竹書（四）·柬大王泊旱》
《上博四·昭王》	《上海博物館藏戰國楚竹書（四）·昭王毀室》
《上博四·內豊》	《上海博物館藏戰國楚竹書（四）·內豊》
《上博四·曹沫》	《上海博物館藏戰國楚竹書（四）·曹沫之陣》
《上博五·競建》	《上海博物館藏戰國楚竹書（五）·競建內之》
《上博五·鮑叔牙》	《上海博物館藏戰國楚竹書（五）·鮑叔牙與隰朋之諫》
《上博五·季康子》	《上海博物館藏戰國楚竹書（五）·季康子問於孔子》
《上博五·姑成》	《上海博物館藏戰國楚竹書（五）·姑成家父》
《上博五·三德》	《上海博物館藏戰國楚竹書（五）·三德》
《上博五·鬼神》	《上海博物館藏戰國楚竹書（五）·鬼神之明》
《上博五·融師》	《上海博物館藏戰國楚竹書（五）·融師有成氏》
《上博六·競公》	《上海博物館藏戰國楚竹書（六）·競公瘧》
《上博六·季桓子》	《上海博物館藏戰國楚竹書（六）·孔子見季桓子》
《上博六·莊王》	《上海博物館藏戰國楚竹書（六）·莊王既成》
《上博六·慎子》	《上海博物館藏戰國楚竹書（六）·慎子曰恭儉》
《上博六·用曰》	《上海博物館藏戰國楚竹書（六）·用曰》
《上博六·天甲》	《上海博物館藏戰國楚竹書（六）·天子建州（甲）》
《上博六·天乙》	《上海博物館藏戰國楚竹書（六）·天子建州（乙）》
《上博七·武王》	《上海博物館藏戰國楚竹書（七）·武王踐阼》
《上博七·鄭甲》	《上海博物館藏戰國楚竹書（七）·鄭子家喪（甲）》
《上博七·君甲》	《上海博物館藏戰國楚竹書（七）·君人者何必安哉（甲）》
《上博七·凡甲》	《上海博物館藏戰國楚竹書（七）·凡物流形（甲）》
《上博七·吳命》	《上海博物館藏戰國楚竹書（七）·吳命》
《上博八·顏淵》	《上海博物館藏戰國楚竹書（八）·顏淵問於孔子》

續表

簡　稱	全　稱
《上博八·既邦》	《上海博物館藏戰國楚竹書（八）·成王既邦》
《上博八·命》	《上海博物館藏戰國楚竹書（八）·命》
《上博八·志書》	《上海博物館藏戰國楚竹書（八）·志書乃言》
《上博八·有皇》	《上海博物館藏戰國楚竹書（八）·有皇將起》
《上博八·李頌》	《上海博物館藏戰國楚竹書（八）·李頌》
《上博八·蘭賦》	《上海博物館藏戰國楚竹書（八）·蘭賦》
《上博九·成甲》	《上海博物館藏戰國楚竹書（九）·成王爲城濮之行（甲）》
《上博九·成乙》	《上海博物館藏戰國楚竹書（九）·成王爲城濮之行（乙）》
《上博九·靈王》	《上海博物館藏戰國楚竹書（九）·靈王遂申》
《上博九·陳公》	《上海博物館藏戰國楚竹書（九）·陳公治兵》
《上博九·舉治》	《上海博物館藏戰國楚竹書（九）·舉治王天下》
《上博九·邦人》	《上海博物館藏戰國楚竹書（九）·邦人不稱》
《上博九·史蒥》	《上海博物館藏戰國楚竹書（九）·史蒥問於夫子》
《清華壹·尹至》	《清華大學藏戰國竹簡（壹）·尹至》
《清華壹·尹誥》	《清華大學藏戰國竹簡（壹）·尹誥》
《清華壹·程寤》	《清華大學藏戰國竹簡（壹）·程寤》
《清華壹·保訓》	《清華大學藏戰國竹簡（壹）·保訓》
《清華壹·耆夜》	《清華大學藏戰國竹簡（壹）·耆夜》
《清華壹·金縢》	《清華大學藏戰國竹簡（壹）·金縢》
《清華壹·皇門》	《清華大學藏戰國竹簡（壹）·皇門》
《清華壹·祭公》	《清華大學藏戰國竹簡（壹）·祭公》
《清華壹·楚居》	《清華大學藏戰國竹簡（壹）·楚居》
《清華貳·繫年》	《清華大學藏戰國竹簡（貳）·繫年》
《清華叁·説命上》	《清華大學藏戰國竹簡（叁）·説命（上）》
《清華叁·説命中》	《清華大學藏戰國竹簡（叁）·説命（中）》
《清華叁·説命下》	《清華大學藏戰國竹簡（叁）·説命（下）》

簡　稱	全　稱
《清華叁·周公》	《清華大學藏戰國竹簡（叁）·周公之琴舞》
《清華叁·芮良夫》	《清華大學藏戰國竹簡（叁）·芮良夫毖》
《清華叁·良臣》	《清華大學藏戰國竹簡（叁）·良臣》
《清華叁·祝辭》	《清華大學藏戰國竹簡（叁）·祝辭》
《清華叁·赤鵠》	《清華大學藏戰國竹簡（叁）·赤鵠之集湯之屋》
《清華肆·筮法》	《清華大學藏戰國竹簡（肆）·筮法》
《清華肆·別卦》	《清華大學藏戰國竹簡（肆）·別卦》
《清華肆·算表》	《清華大學藏戰國竹簡（肆）·算表》
《清華伍·厚父》	《清華大學藏戰國竹簡（伍）·厚父》
《清華伍·封許》	《清華大學藏戰國竹簡（伍）·封許之命》
《清華伍·命訓》	《清華大學藏戰國竹簡（伍）·命訓》
《清華伍·湯丘》	《清華大學藏戰國竹簡（伍）·湯處於湯丘》
《清華伍·啻門》	《清華大學藏戰國竹簡（伍）·湯在啻門》
《清華伍·三壽》	《清華大學藏戰國竹簡（伍）·殷高宗問於三壽》
《清華陸·孺子》	《清華大學藏戰國竹簡（陸）·鄭武夫人規孺子》
《清華陸·管仲》	《清華大學藏戰國竹簡（陸）·管仲》
《清華陸·鄭甲》	《清華大學藏戰國竹簡（陸）·鄭文公問太伯（甲）》
《清華陸·子儀》	《清華大學藏戰國竹簡（陸）·子儀》
《清華陸·子産》	《清華大學藏戰國竹簡（陸）·子産》
《清華捌·攝命》	《清華大學藏戰國竹簡（捌）·攝命》
《清華捌·邦道》	《清華大學藏戰國竹簡（捌）·治邦之道》
《清華玖·成人》	《清華大學藏戰國竹簡（玖）·成人》
《清華玖·廼一》	《清華大學藏戰國竹簡（玖）·廼命一》
《龍崗》	《雲夢龍崗秦簡》
《睡虎地·爲吏》	《睡虎地秦墓竹簡·爲吏之道》
《放馬灘·日乙》	《天水放馬灘秦簡·日書（乙種）》

續表

簡　稱	全　稱
《岳麓壹·爲吏》	《岳麓書院藏戰國秦簡（壹）·爲吏治官及黔首》
《馬王堆叁·周易》	《馬王堆漢墓簡帛集成（叁）·周易經傳》
《馬王堆叁·二三子問》	《馬王堆漢墓簡帛集成（叁）·二三子問》
《馬王堆叁·春秋》	《馬王堆漢墓簡帛集成（叁）·春秋事語》
《馬王堆叁·戰國》	《馬王堆漢墓簡帛集成（叁）·戰國縱横家書》
《馬王堆肆·老甲》	《馬王堆漢墓簡帛集成（肆）·老子甲本》
《馬王堆肆·五行》	《馬王堆漢墓簡帛集成（肆）·五行》
《馬王堆肆·經法》	《馬王堆漢墓簡帛集成（肆）·經法》
《馬王堆肆·十六經》	《馬王堆漢墓簡帛集成（肆）·十六經》
《馬王堆陸·胎産書》	《馬王堆漢墓簡帛集成（陸）·胎産書》
《銀雀山壹·孫子》	《銀雀山漢墓竹簡〔壹〕·孫子兵法》
《銀雀山壹·孫臏》	《銀雀山漢墓竹簡〔壹〕·孫臏兵法》
《銀雀山壹·尉繚子》	《銀雀山漢墓竹簡〔壹〕·尉繚子》
《銀雀山壹·六韜》	《銀雀山漢墓竹簡〔壹〕·六韜》
《銀雀山壹·五教法》	《銀雀山漢墓竹簡〔壹〕·五教法》
《銀雀山壹·王兵》	《銀雀山漢墓竹簡〔壹〕·王兵》
《銀雀山壹·庫法》	《銀雀山漢墓竹簡〔壹〕·庫法》
《銀雀山壹·守法守令十三篇》	《銀雀山漢墓竹簡〔壹〕·守法守令十三篇》
《銀雀山貳·論政論兵之類》	《銀雀山漢墓竹簡〔貳〕·論政論兵之類》
《銀雀山貳·爲政》	《銀雀山漢墓竹簡〔貳〕·爲政不善之應》
《銀雀山貳·禁》	《銀雀山漢墓竹簡〔貳〕·禁》
《銀雀山貳·爲國》	《銀雀山漢墓竹簡〔貳〕·爲國之國》
《銀雀山貳·聽有五患》	《銀雀山漢墓竹簡〔貳〕·聽有五患》
《銀雀山貳·唐勒》	《銀雀山漢墓竹簡〔貳〕·唐勒》
《銀雀山貳·君臣問答》	《銀雀山漢墓竹簡〔貳〕·君臣問答》
《定州·論語》	《定州漢墓竹簡·論語》

續表

簡　　稱	全　　稱
《北大叁·周馴》	《北京大學藏西漢竹書（叁）·周馴》
《北大肆·妄稽》	《北京大學藏西漢竹書（肆）·妄稽》
《北大肆·反淫》	《北京大學藏西漢竹書（肆）·反淫》
《子彈庫》	《子彈庫帛書》
《璽彙》	《古璽彙編》
《璽文》	《古璽文編》
《彙考》	《古璽彙考》
《貨系》	《中國歷代貨幣大系·先秦貨幣》
《陶録》	《陶文圖録》

目　錄

序
前　言
凡　例
引書簡稱表

《子犯子餘》集釋 ………………………………………………………… 1
　　總　説 …………………………………………………………………… 1
　　《秦穆公問子犯章》集釋（簡1—3） …………………………………… 2
　　《秦穆公問子餘章》集釋（簡3—6） …………………………………… 18
　　《秦穆公召子犯、子餘章》集釋（簡6—7） …………………………… 35
　　《秦穆公問蹇叔章》集釋（簡7—13） ………………………………… 39
　　《公子重耳問蹇叔章》集釋（簡13—15） ……………………………… 74
　　小　結 …………………………………………………………………… 79

《晉文公入於晉》集釋 …………………………………………………… 81
　　總　説 …………………………………………………………………… 81
　　《晉文公入晉詔命章》集釋（簡1—5） ………………………………… 82
　　《乃作旗物章》集釋（簡5—7） ………………………………………… 99
　　《大得於河東諸侯章》集釋（簡7—8） ………………………………… 109
　　小　結 …………………………………………………………………… 115

《趙簡子》集釋 …………………………………………………………… 117
　　總　説 …………………………………………………………………… 117
　　《范獻子進諫章》集釋（簡1—4） ……………………………………… 118

1

《趙簡子問成鱄章》集釋（簡5—11） …… 131
小　結 …… 153

《越公其事》集釋 …… 155
總　說 …… 155
《越王行成章》集釋（簡1—8） …… 159
《吳王欲許成章》集釋（簡9—15） …… 194
《吳越許成章》集釋（簡15—25） …… 215
《越王安邦章》集釋（簡26—29） …… 254
《越王好農章》集釋（簡30—36） …… 274
《越王好信章》集釋（簡37—43） …… 297
《越王徵人章》集釋（簡44—49） …… 318
《越王好兵章》集釋（簡50—52） …… 340
《越王飭民章》集釋（簡53—59） …… 346
《越師襲吳章》集釋（簡59—68） …… 373
《吳王請成章》集釋（簡69—75） …… 397
小　結 …… 408

附錄一　釋文 …… 411
《子犯子餘》釋文 …… 411
《晉文公入於晉》釋文 …… 412
《趙簡子》釋文 …… 413
《越公其事》釋文 …… 414

附錄二　逐字索引 …… 421
凡　例 …… 421
字頭拼音檢字表 …… 423
索引正文 …… 433

參考文獻 …… 549
後　記 …… 591

《子犯子餘》集釋

總　説

　　《子犯子餘》共由15枚竹簡組成，其中簡3、7、8、11較爲完整，簡1、2、4、5、6於第一道編繩處殘斷，各殘缺三字，簡14首端殘缺一字，簡15下端殘斷，其餘各簡經整理者綴合後基本完整，由完簡可知，本篇簡長約45釐米，寬約0.5釐米。竹簡共計三道編繩，編繩處有契口，第一道編繩編於第一字上方，第三道編繩編在末字下方，留有天頭地脚。原簡無序號，簡背亦無劃痕，篇題《子犯子餘》書於簡1簡背臨近於第一道編繩處，字迹與正文相同，爲同一書手所寫。我們將本篇分爲五章，以主要内容命名，分別爲《秦穆公問子犯章》（簡1—3）、《秦穆公問子餘章》（簡3—6）、《秦穆公召子犯、子餘章》（簡6—7）、《秦穆公問蹇叔章》（簡7—13）、《公子重耳問蹇叔章》（簡13—15）。

　　本篇主要講述了公子重耳一行流亡到秦國時，子犯、子餘機智應對秦穆公的詰難，以及秦穆公、公子重耳分別問政於蹇叔之事。前三章子犯、子餘分別，强調了公子重耳具有好正敬信、不蔽有善、有利不慭獨等美好品行，使秦穆公不由感慨公子重耳有像子犯、子餘這樣的良臣輔佐，上天不會使其陷入災禍。後兩章蹇叔針對秦穆公、公子重耳的提問强調百姓是"端正"還是"僭忒"，取決於在上位的人，即"公子之心"。本篇爲語類文獻的代表，全篇内容以對話展開，結合一定歷史事實，借子犯、子餘、蹇叔等人之口表達了作者敬德保民、以德配天的思想，這一主題正與儒家思想相合。

　　全篇簡文墨迹清晰，書寫整飭，正文共計590字，每枚竹簡書寫40～42字，字形爲典型戰國中期楚系文字，用字習慣上亦與楚系語言相合，本篇新見字形有"齐""醫""栔""鼇""𩾏""梯"等。

《秦穆公問子犯章》集釋（簡1—3）

【章解】

　　本章主要講述公子重耳一行入秦三年時，秦穆公問於子犯：晉國政亂，公子重耳不能停止，却離開晉國，是內心謀略不足嗎？子犯回答其主好正而敬信，不掌握晉國有禍之時帶來的利益，不忍有害人之心，故而離開晉國之事。竹簡共計3枚，完簡長45.1釐米，簡1首端殘缺三字，據内容可補爲"公子重"，簡2首端略有殘損，但不影響文意。本章簡文符號使用情况：簡1"三歲""問焉""良庶子""芇焉"後，簡2"也虘""之言"後，簡3"弗秉""良庶子"後有鈎識，均用於句末，書於上字右側下方。本章重點討論的疑難字詞有："迡""定""秉""芇""疾""良庶子""即中"等。此外，本章結合出土文獻，簡要介紹了秦穆公與子犯。

【摹本及隸文】

【簡1】

□　□　□　耳　自　楚　迡　秦　凥　女　三　歲　秦　公

乃　訽　子　軋　而　辭　女　曰　子　若　公　子　之　良

庶　子　耆　晉　邦　又　禍　公　子　不　能　芇　女　而

走　去　之　母　乃　猷　中　是　不　欤　也　虘　子

軋　會　曰　誠　女　宝　君　之　言　虘　宝　好　定　而

《子犯子餘》集釋

【簡2】敬訏不秉禍利身不忍人古走去之
以即中於天宝女曰疾利女不钦

【簡3】誠我宝古弗秉

【釋文】

【公子穜】耳自楚迈（適）秦，尻（處）女（焉）三戠（歲）[1]，秦公乃訋（召）子軋（犯）而䌛（問）女（焉）[2]，曰："子，若公子之良庶子[3]，者（故）晉邦又（有）禍（禍）[4]，公子不能弁（置）女（焉）[5]，而【簡1】走去之，母（毋）乃猷心是不钦（足）也虐（乎）[6]？"子軋（犯）倉（答）曰："誠女（如）宝（主）君之言。虐（吾）宝（主）好定（正）而敬訏（信）[7]，不秉禍（禍）利，身不忍人[8]，古（故）走去之，【簡2】以即中於天[9]。宝（主）女（如）曰疾利女（焉）不钦（足），誠我宝（主）古（固）弗秉[10]。"【簡3】

【集釋】

1.①【公子穜（重）】耳自楚迈（適）秦，尻（處）女（焉）三戠（歲）[1]，秦公乃訋（召）子軋（犯）而䌛（問）女（焉）[2]，曰："子，若公子之良庶子[3]，者（故）晉邦又（有）禍（禍）[4]，公子不能弁（置）女（焉）[5]，而走去之，母（毋）乃猷心是不钦（足）也虐（乎）[6]？"

〔1〕【公子穜（重）】耳自楚迈（適）秦，尻（處）女（焉）三戠（歲）

---

① 每節集釋按照文意段落截取，以序號1、2、3……排序。

整理者注〔一〕：簡首缺三字，據後文可補爲"公子褈（重）"。迲，即"蹢"字，《淮南子·原道》"自無蹢有"，高誘注："蹢，適也。""重耳"係名，晉獻公子，後入國稱霸，史稱晉文公，與齊桓公并稱"齊桓晉文"。驪姬之亂後，重耳出亡十九年，據《左傳》記載，其自楚適秦爲僖公二十三年（前637）。《史記·晉世家》："居楚數月，而晉太子圉亡秦，秦怨之；聞重耳在楚，乃召之。"

整理者注〔二〕：焉，指示代詞，裴學海《古書虛字集釋》："之也。"重耳在秦的時間，《左傳》《史記·晉世家》《秦本紀》等皆記爲二年，與簡文的"三年"不同。

子居（2017C）：《説文·辵部》："適，之也。从辵，啻聲。適，宋魯語。"《方言》卷一："逝，秦晉語也；徂，齊語也；適，宋魯語也；往，凡語也。"……《廣韻》訓爲往的"適"讀之石切，與"蹢"同音，其所記很可能爲先秦方音，故簡文"迲"字當可直接讀爲"適"。

黄傑：……耳自楚適秦，處焉。三歲，秦公乃召子犯而問焉。①

羅小虎："居焉三歲"之間斷開似乎是没有必要的。簡文中的"居"字，整理報告理解爲"處"，亦無必要，應讀爲"居"，居住。焉，指示代詞，指前面提到的秦國。"居焉三歲"，意思是説，在秦國住了三年。……似可以斷爲："【公子重】耳自楚蹢秦。居焉三歲，秦公乃召子犯而問焉，……""居焉三歲"屬下，表示時間。如此理解，後面的句子有"乃"字，纔更爲順暢，這句話與《史記·匈奴列傳》的例子近似。② 筆者也注意到，"歲"字後面有個標識符號，但這并不意味着前面部分一定是整句。縱觀整篇簡文標誌符號的使用情況，在小句後面也是可以的。③

霖按：句讀從整理者之説，"居焉三歲"中間不必斷開，其中"歲"字後有停頓

---

① 簡帛論壇《清華柒〈子犯子餘〉初讀》2樓"暮四郎"説，2017年4月23日。
② 引者按：《史記·匈奴列傳》例句爲"周襄王既居外四年，乃使使告急於晉"。
③ 簡帛論壇《清華柒〈子犯子餘〉初讀》103樓，2017年10月10日。

號。① 簡1首端殘缺三字，整理者補作"公子褈（重）"可從。"迈"，從辵石聲，楚簡中多見，李家浩認爲是"遮"之异體②，何琳儀懷疑是"跖"之异文③，孟蓬生讀作"適"④，近出材料中整理者多讀作"蹠"，我們認爲"迈"仍應讀作"適"比較合適。王念孫《廣雅疏證·釋詁四》云：⑤

"石者，《新書·連語篇》云：'提石之者，猶未肯止。'是'石'爲擿也。'擿'音都回反。《法言·問道篇》'擿提仁義'，《音義》云：'擿，擲也。'《邶風·北門篇》'王事敦我'，鄭箋云：'敦，猶投擲也。''敦'與'擿'同，'擲'與'擿'同。《釋言篇》云：'礍、汜，硾也。'礍、擿、汜、石、硾、擿，聲義并相近。"

"迈"讀作"適"，猶"石"爲"擿"也。《清華貳·繫年》簡37—38"懷公自秦逃歸，秦穆公乃召文公於楚，使襲懷公之室"，與本篇背景一致。"凥"讀作"居"，《郭店·老甲》簡22："域中有四大安，王凥（居）一安。"河上本、帛書本"凥"寫作"居"。

"居焉三歲"與《韓非子·十過》"（重耳）自楚入秦，入秦三年"相同，實際上，公子重耳入秦時間爲魯僖公二十三年，歸國於第二年，其在秦時間僅僅幾月，語類文獻中的歷史背景不必與史實嚴格對應，這類文獻對史實進行故事化的加工，重點在於對話中蘊含的思想，所介紹歷史背景的目的在於使讀者讀起來顯得真實可信。

---

① 關於簡帛停頓號的相關例證可參看張顯成師《簡帛文獻學通論》第三章，中華書局，2004年，頁179—214；程鵬萬《簡牘帛書格式研究》，上海古籍出版社，2017年，頁188—197。《岳麓伍》簡1731中提到："牘一行毋過廿二字，書過一章者，章次之└；辭所當止，皆叚（𠄌）之，以別易知爲故。"可知簡牘中凡"辭所當止"，皆可標記。參看陳劍《〈岳麓簡（伍）〉"叚"字的讀法與相關問題》，《紀念徐中舒先生誕辰120周年國際學術研討會論文集》，2018年10月19—21日，頁661—668；魯家亮《〈岳麓書院藏秦簡（伍）〉零拾一則》，《第四屆簡帛學國際學術研討會暨謝桂華先生誕辰八十周年紀念座談會論文集》，2018年10月19—20日，頁260—263。
② 李家浩《睡虎地秦簡〈日書〉"楚除"的性質及其他》，《著名中年語言學家自選集·李家浩卷》，安徽教育出版社，2002年，頁376。
③ 何琳儀《戰國古文字典》，中華書局，1998年，頁547。
④ 孟蓬生《〈上博竹書四〉閒詁》，《簡帛研究二○○四》，廣西師範大學出版社，2006年，頁77。
⑤ 李家浩討論秦簡中"拓"時亦討論過"石""擿"的關係，可參看氏著《秦漢簡帛文字詞語雜釋》，《著名中年語言學家自選集·李家浩卷》，安徽教育出版社，2002年，頁350—353。

〔2〕秦公乃訆（召）子䩱（犯）而矞（問）女（焉）

整理者注〔三〕：秦公，指秦穆公，名任好，在位三十九年（前659－前621）。秦穆公二十三年（前637）迎晉公子重耳，次年送其歸國爲君。訆，讀爲"召"。子䩱，與子犯編鐘器主名寫法同。"子犯"係字，名偃，狐氏，狐突之子，重耳之舅，故史稱"舅犯""咎犯"，在重耳流亡以及入國後的稱霸中，都起了重要作用。《韓非子·外儲説右上》：文公"一舉而八有功。所以然者，無他故异物，從狐偃之謀"。《吕氏春秋·不廣》："文公可謂智矣……出亡十七年，反國四年而霸，其聽皆如咎犯者邪。"子犯編鐘據傳出土于山西聞喜某墓，疑子犯即葬在附近。

霖按："秦公"，楚簡又見於《上博五·鬼神》簡3："遴孟公者，天下之亂人也，長年而没。"整理者釋爲"榮夷公"①，李家浩、楊澤生改釋爲"秦穆公"可從。② "訆"，整理者讀作"召"可從，如《上博四·昭王》簡7："王訆（召）而舍之衽袡（領袍）。"③ "子犯"，楚簡又見於《清華叁·良臣》簡4－5："晉文公有子䩱，有子余（餘），有咎䩱，後有叔向。"整理者認爲"子犯""咎犯"爲同一人，④ 羅小華指出"子犯"爲狐偃，而"咎犯"爲臼季。⑤ 郭永秉認爲"咎犯"爲"舅犯"狐偃，而"子犯"是臼季。⑥ 本篇簡文"子䩱"指狐偃無疑，王引之云："偃當讀爲隱，……名隱，字犯，以相反爲義也。"⑦

〔3〕子，若公子之良庶子

整理者注〔四〕：若，《國語·周語上》"若能有濟也"，韋昭注："猶乃也。"庶子，職官名，《禮記·燕義》："古者周天子之官有庶子官。庶子官職諸侯、卿、大夫、士

---

① 曹錦炎《鬼神之明·融師有成氏》釋文，馬承源主編《上海博物館藏戰國竹書（五）》，上海古籍出版社，2005年，頁317。
② 李家浩、楊澤生《談上博竹書〈鬼神之明〉中的"送孟公"》，《簡帛》（第4輯），上海古籍出版社，2009年，頁177－185。
③ 釋文從陳劍《上博竹書〈昭王與龔之脽〉和〈柬大王泊旱〉讀後記》，《戰國竹書論集》，上海古籍出版社，2013年，頁126。
④ 李學勤主編《清華大學藏戰國竹簡（叁）·良臣》釋文，中西書局，2012年，頁157。
⑤ 羅小華《試論清華簡〈良臣〉中的"咎犯"》，《古文字研究》（第31輯），中華書局，2016年，頁363－365。
⑥ 郭永秉《春秋晉國兩子犯——讀清華簡隨札之一》，《文匯報·文匯學人專題》，2017年2月3日。
⑦（清）王引之《春秋名字解詁（上）》，《經義述聞》卷22，上海古籍出版社，2018年，頁1362。

之庶子之卒，掌其戒令，與其教治。"鄭玄注："庶子，猶諸子也。《周禮》諸子之官，司馬之屬也。"《書·康誥》："矧惟外庶子、訓人。"

陳偉（2018）：整理者這一解讀有兩點疑問。第一，子犯、子餘未聞曾任"庶子"之職。第二，秦穆公在與子犯、子餘的分别交談中，通篇在説公子重耳之事。等到後來與子犯、子餘的同時談話時，纔表示對二人的好感。因而此時不宜有對二人的稱譽之辭（"良庶子"）。頗疑相關文字應讀作："子，若公子之良庶子"，子，是對子犯、子餘的稱呼。若，代詞。《史記·項羽本紀》："吾翁即若翁。"之，相當于"爲"。……重耳爲晉獻公庶子，"良庶子"大概是秦穆公對他的褒稱。

子居（2017C）：整理者所注稱"庶子，職官名"不確，此時重耳自己尚且是流亡公子，他的臣屬自然也不會有官職，所以這裏的"庶子"當祇是指臣屬於重耳的侍從。"良庶子"又見北大簡《禹九策》，筆者在《北大簡〈禹九策〉淺析》中已提到："'良庶子'，不見於先秦兩漢傳世文獻，僅見於清華簡七《子犯子餘》篇，故當是戰國末期秦地或楚地特有詞彙。庶子無爵，是有爵者的隨從、近侍，《商君書·境内》：'其有爵者乞無爵者以爲庶子，級乞一人。其無役事也，其庶子役其大夫，月六日；其役事也，隨而養之。'"

吴紀寧（2018）：第一，"子"雖然是面稱常見用語，但罕見有獨立使用的辭例。……第二，作爲宗法身份而言，庶子并非美稱，不宜作爲對公子重耳的稱呼。……"子若公子之良庶子"一句當依陳偉先生意見讀爲"子，若公子之良庶子"，但"子"和"庶子"都應當理解爲對子犯、子餘的稱呼。"子"是秦孝公對子犯、子餘的面稱，獨立使用是爲了表示強調後面"若公子之良庶子"這一内容，意在表明其二人是重耳近衛腹心之臣，應該對重耳的想法十分瞭解，以引出底下關於重耳的問題。

霖按：陳偉、吴紀寧之説可從。"子"後點斷，"若"用於第二人稱代詞作主語，如大盂鼎"王曰：盂，若敬乃政，勿廢（廢）朕令（命）"，先秦文獻中"庶子"多不用於敬稱，故"良庶子"不應理解爲重耳庶子之身份。"良庶子"又見於北大秦簡《禹九策之七》簡25："七曰：良庶子，從人月，繹（釋）豐徹，長不來，直吾多歲，吉。"[①] 簡文"庶子"應指春秋時期貴族子弟充任君主的侍衛，《周禮·天官·宫伯》云："若邦有

---

① 釋文從李零《北大藏秦簡〈禹九策〉》，北京大學學報（社會科學版），2017年第5期。

大事作宮衆，則令之。"鄭玄注曰："謂王宮之士庶子，於邦有大事，或選當行。""良"，賢明義，《尚書·益稷》："元首明哉，股肱良哉，庶事康哉。"

〔4〕者（故）晉邦又（有）禍（禍）

整理者注〔五〕：者，讀爲"胡"，表疑問或反詰。晉邦有禍，指驪姬之亂，《國語·晉語二》："殺大子申生""盡逐群公子，乃立奚齊焉"。

鄔可晶：這裏秦公要問的是"獻心是不是不足"的問題，其詰問語氣是由"毋乃"引出來的；前面晉邦有禍、公子不能久待云云，乃陳述事實，不得在"晉邦有禍"前就加"胡"起問。這祇要跟簡3—4秦穆公召子餘而問的話比較一下，就可以看得很明白："子若公子之良庶子，晉邦有禍，公……（殘去三字）止焉，而走去之，毋乃無良左右也乎？"竊疑"者"當讀爲"夫"，其語音關係猶郭店簡《窮達以時》從"古"聲之字讀爲"浦"等，是大家很熟悉的。"夫晉邦有禍"的"夫"是發語詞，用不用無所謂，所以下面問子餘的話裏就沒有。簡7有此種發語詞"夫"，這裏寫作"者"，也不足爲怪。從《越公其事》等篇可以看到，上下文裏同一個詞確有用不同的字表示之例。①

劉洪濤："者"讀"故"，過去的意思。這個字是表示高壽義之"胡"的專字，引申有過去的意思。簡文用此字，而不用"古"或"夫"，應該是想表達過去的意思。與"昔"同義。②

霖按："者"，從老省，古聲，又見於左塚漆梮"者"，包山簡68等，齊系文字上面偏旁或聲化爲"古"，如"[字]"（《璽彙》5678）、"[字]"（《陶錄》2.407.1）等，劉洪濤讀作"故"可從，《清華陸·子產》簡14："此謂因前遂者（故）。""故"作副詞，表示從前，如《史記·刺客列傳》："燕太子丹者，故嘗質於趙。""禍"，從示骨聲，災禍義，楚卜筮祭禱簡中常見神祇名"司禍"，即司過之神。③"晉邦有禍"，指驪姬之亂，詳見《左傳》僖公四年至六年。

---

① 簡帛論壇《清華柒〈子犯子餘〉初讀》23樓，2017年4月25日
② 簡帛論壇《清華柒〈子犯子餘〉初讀》32樓"lht"說，2017年4月27日。
③ 李零《包山楚簡研究（占卜類）》，《中國典籍與文化論叢》（第1輯），中華書局，1993年，頁438。有關"司禍"，劉信芳認爲是《九歌》中的"少司命"；陳偉認爲是五祀中的竈；晏昌貴認爲是司中，即文昌宮星或三臺（能）星。我們同意李零觀點，後三位學者觀點參看饒玉哲《楚簡所見祭祀制度研究》，安徽大學碩士學位論文，2011年5月，指導教師：程燕教授，頁50。

〔5〕公子不能屶（置）女（焉）

整理者注〔六〕："屶"，從屮，之聲，讀爲同音的"止"。《詩·玄鳥》"維民所止"，鄭玄箋："止，猶居也。"與下文問蹇叔"公子之不能居晉邦"意同。

xiaosong："屶"似當讀爲"恃"，字或是"寺"之異體。"不能恃焉，而走去之"的"焉"指代晉國的禍亂，"之"指代晉國，這句話是説，晉國有禍亂，重耳不能趁着禍端從中爲自己謀取利益，却離國出走，大概是你們的謀略心思太不夠用了吧。這樣發問方能與答語切合。①

劉偉浠：整理者讀"止"可從，但訓"居"語義似不通暢，疑可訓"停止""阻止"。《廣韻·止韻》："止，停也。"晉國有禍，不但沒阻止它，反而逃離晉國。"胡……而"包含這種轉折關係。②

難言："屶"讀作"待"，訓禦。《管子·大匡》："今若殺之，此鮑叔之友也，鮑叔因此以作難，君必不能待也，不如與之。"可以參考。③

駱珍伊："屶"當讀爲"持"，掌握、把握之義。此句言晉邦有禍，而重耳不能"掌握"時機從中得利。"持焉（"焉"代指"禍"）"與下文之"秉禍利身"之"秉禍"同義。④

劉雲："屶"，我們認爲應釋爲"置"。甲骨文中的"置"字或從"臼"從"之"，"屶"從"廾"從"之"，兩者十分相似，祇是一個從"臼"，一個從"廾"，而這種歷時的差異有時不具有區別性，可參"廾"字甲骨文與戰國文字形體的差异。該"置"字在這裏應訓爲立。"公子不能置焉"，是説重耳不能被立爲太子。"置"字的這種用法古書中常見，如《吕氏春秋·當務》："紂之父，紂之母，欲置微子啓以爲太子。太史據法而爭之曰：'有妻之子，而不可置妾之子。'紂故爲後。"高誘注："置，立也。"又《恃君》："置君非以阿君也，置天子非以阿天子也，置官長非以阿官長也。"⑤

---

① 簡帛論壇《清華柒〈子犯子餘〉初讀》3 樓，2017 年 4 月 23 日。
② 簡帛論壇《清華柒〈子犯子餘〉初讀》4 樓，2017 年 4 月 23 日。
③ 簡帛論壇《清華柒〈子犯子餘〉初讀》6 樓，2017 年 4 月 23 日。
④ 簡帛論壇《清華柒〈子犯子餘〉初讀》42 樓"明珍"説，2017 年 4 月 27 日。
⑤ 簡帛論壇《清華柒〈子犯子餘〉初讀》48 樓"苦行僧"説，2017 年 4 月 29 日。

張崇禮："丮"當爲"丞"之形聲字，之表聲，簡文中讀爲拯，救也。①

趙平安（2017B）：丮，原作"🔲""🔲"之形，確實由廾和之兩部分組成。它和同篇出現的"寺"字在字形和用法上都有明顯的區別，不可能是同一個字。此字係首見，我們認爲它和甲骨文"𣃚"應該是同一個字。甲骨文"𣃚"作：

🔲 合 19896 自組　　🔲 合 1989 賓組　　🔲 英 365 賓組

🔲 合 32419 歷組　　🔲 合 23603 出組　　🔲 合 27589 無名組

一般隸定作𠂇，裘錫圭先生解釋說："字應該分析爲從'臼'，從'冂'，從'之'聲或'止'聲。'之''止'二字古音同聲母同韻部，所以作爲聲旁可以通用。從字形看，'冂'當象器物的架座，從'臼'從'冂'可以解釋爲象徵以兩手置物於架座。從字音看，'之''止'與'置'的古音也很接近。所以'𠂇'應該是置立之'置'的本字。"② 卜辭屢見"𠂇鼓""𠂇庸鼓"的說法，商器己酉戍鈴彝有"𠂇庸"的說法，《詩經·商頌·那》有"置我靴鼓"的說法，𠂇、置用法相同。由於字形解釋正確，又能得到文例支持，因此裘先生的意見獲得了廣泛認可。甲骨文𠂇字較晚出現的從廾從之的寫法，和《子犯子餘》構件相同，祇是前者兩隻手在"之"字上面，後者兩隻手在"之"字下面。而這種差異，在異體字中很常見。置可以訓止。《文選·嵇康〈與山巨源絕交書〉》"足下若嬲之不置"，呂向注："置，止也。"《資治通鑑·周紀五》"毋置之"胡三省注："置，止也。"簡文"置"除理解爲止外，還可以理解爲"弃置"或"處置"。

薛培武：釋🔲爲"置"可信。🔲字與《六德》簡 31 中 🔲應該是一字異體，《十四種》疑或可讀爲"直"，③ 此說可從，正可與🔲合觀。🔲釋讀爲"置"，讀本字即可，即文獻常見的"自置"之省，處也，這裏傾向於籠統的安身。④

子居（2017C）："丮"當即"持"字，持訓爲守，《國語·越語下》："夫國家之

---

① 簡帛論壇《清華柒〈子犯子餘〉初讀》49 樓，2017 年 4 月 30 日。
② 原注裘錫圭《甲骨文中的幾種樂器名稱——釋"庸""豐""鞀"》，《裘錫圭學術文集·甲骨文卷》，復旦大學出版社，2012 年，頁 38。
③ 引者按：陳偉主編《楚地出土戰國簡册〔十四種〕》（上），武漢大學出版社，2016 年，頁 308。
④ 簡帛論壇《清華柒〈子犯子餘〉初讀》78 樓"心包"說，2017 年 6 月 12 日。

事，有持盈，有定傾，有節事。"韋昭注："持，守也。"《呂氏春秋·慎大》："勝非其難者也，持之其難者也。"高誘注："持，猶守。"

王寧："丮"當是從廾出聲，應該是"持"的或體，傳抄古文中"持"字寫法多是將出放在最上，手、寸（或攴）放在下面，此字二手形在下，會意當同。在《子犯子餘》中"持"當是把握、利用之意。①

霖按：""，從廾之聲，劉雲、趙平安釋作"置"可從。《說文·网部》："置，赦也。从网直。"徐鍇曰："从直，與罷同意。陟吏切。""罷"訓"停止"義，《玉篇·网部》："罷，休也。"《論語·子罕》："夫子循循善誘人，博我以文，約我以禮，欲罷不能。"劉寶楠正義引孫綽云："罷，猶罷息也。"

〔6〕而走去之，母（毋）乃猷（猶）心是不跂（足）也虖（乎）

整理者注〔七〕：猷，圖謀，《爾雅·釋言》："圖也。"《爾雅·釋詁》："謀也。"西周晚期及春秋金文中"猷"與"心"有對稱，如大克鼎銘云："恩逸厥心，宇靜于猷。"戎生鐘："啓厥明心，廣經其猷。"

黃傑："是"讀作"寔"。②

單育辰（2017）：簡2"毋乃猷心是（寔）不足也乎"的"猷"可參簡10"猷叔是（寔）聞遺老之言"，③簡10的"猷"整理者已讀爲"猶"。簡10與簡2的"猷（猶）"都置于主語前，且句中都有"是（寔）"字，二者句法位置一致，所以這兩簡的"猷"的意思應該一樣，都讀爲"猶"，是助詞還是的意思。

羅小虎：心，思慮之義。《爾雅·釋言》："謀，心也。"王引之《經義述聞》："心者，思也。"《呂氏春秋·精諭》："紂雖多心，弗能知矣。"猷心，即謀心，謀劃的思慮、心思。這幾句話的意思是秦穆公嘲諷子犯不是良庶子，不能輔佐重耳止禍，而衹能出逃在外。之所以如此，"恐怕是因爲你謀劃的思慮實在是不足吧？"④

子居（2017C）：戰國末期"猷"字基本都是用爲"猶"，此處當也讀爲"猶"，

---

① 簡帛論壇《清華柒〈子犯子餘〉初讀》110樓，2017年11月22日。
② 簡帛論壇《清華柒〈子犯子餘〉初讀》2樓"暮四郎"説，2017年4月24日。
③ 原注："是不足"及"是聞"的"是"讀爲"寔"。參看簡帛論壇《清華柒〈子犯子餘〉初讀》2樓"暮四郎"説，2017年4月24日。
④ 簡帛論壇《清華柒〈子犯子餘〉初讀》99樓，2017年8月7日。

"猶心是不足"就是説還是没有足够用心，指晉亂時没有盡力去維護自身權益。

霖按："毋乃"，豈非義。《禮記·檀弓下》："君反其國而有私也，毋乃不可乎？""猷"讀作"猶"，副詞，表示既成事實的持續，仍然義，《離騷》："亦余心之所善兮，雖九死其猶未悔。""心"，思慮義，《經義述聞·爾雅中》："謀，心也。"王引之按："心者，思也。""﹇字﹈"，又見於《曾侯乙墓》簡137"﹇字﹈"，《清華壹·程寤》簡9"﹇字﹈"等，楚簡中多與"足"相通，如《清華壹·程寤》簡9："人用汝謀，愛日不欿（足）。"《清華陸·教孺子》簡11："吾先君如忍孺子之志，亦猷（猶）欿（足）。"

2. 子帆（犯）含（答）曰："誠女（如）宔（主）君之言。虗（吾）宔（主）好定（正）而敬訐（信）〔7〕，不秉禍（禍）利，身不忍人〔8〕，古（故）走去之，以即中於天〔9〕。

〔7〕誠女（如）宔（主）君之言。虗（吾）宔（主）好定（正）而敬訐（信）

整理者注〔八〕：定，《説文》："安也。"此處指定身、安身。《左傳·文公五年》："犯而聚怨，不可以定身。"敬信，慎重而守信。《韓非子·飾邪》："賞罰敬信。"好定指品性，敬信指行爲。《國語·晉語二》："定身以行事謂之信。"

趙嘉仁（2017）："好定"應讀爲"好正"。"定"字從"正"得聲，"定"自然可以讀"正"。"好正"的"好"表示的是物性的一種趨向，"正"就是"正直""質直"的"正"。《管子·水地》説："宋之水，輕勁而清，故其民閑易而好正。"《吕氏春秋·期賢》謂："於是國人皆喜，相與誦之曰：'吾君好正，段干木之敬；吾君好忠，段干木之隆。'"作爲兩種品性，"正直"和"忠信"密切相關，祇有"正直"，纔能"忠信"，所以典籍中兩者往往并提。《潛夫論·忠貴》説："然衰國危君繼踵不絶者，豈世無忠信正直之士哉？誠苦忠信正直之道不得行爾。"《漢書》卷九八《元后傳》："於是章奏封事，薦中山孝王舅琅邪太守馮野王'先帝時歷二卿，忠信質直，知謀有餘'。"上引《吕氏春秋》之例也是"好正"緊接着"敬"，可以充分説明"正"與"忠信"的關係。

厚予："好定"當讀爲"好正"，正、定通假古書習見，"好正"亦習見。[①]

[①] 簡帛論壇《清華柒〈子犯子餘〉初讀》18樓，2017年4月24日。

霖按：趙嘉仁將"定"讀作"正"可從，《上博七·武王》簡 14 "不敬則不定"，《大戴禮記·武王踐阼》"定"作"正"，高明解釋"正"爲"依循正道"。①

〔8〕不秉禞（禍）利，身不忍人

整理者注〔九〕：秉，《逸周書·謚法》："順也。"《國語·晉語二》"吾秉君以殺大子"，王引之《經義述聞》："吾順君之意以殺大子。"

整理者注〔一〇〕：身，自身。不忍人，《國語·晉語一》"而大志重，又不忍人"，韋昭注："不忍施惡於人。"

趙嘉仁（2017）："秉"應用爲"稟"。典籍中"秉""稟"相通很常見。"稟"謂"領受""承受"也。"禍利"意爲因禍而生之利，這裏的禍具體即指晉國驪姬之亂。"不秉（稟）禍利"是説公子重耳不承受因晉國之亂帶來的好處。也就是不藉禍占便宜的意思。……"忍人"的"忍"就是殘忍的"忍"。"身不忍人"就是"身不殘忍"的意思。

鄔可晶：此句當斷作"不秉禍利身，不忍人"。"秉禍"與"利身"結構相同，"利身"與"忍人"相對。大意是説吾主既不願順禍利己，又不願殘忍於人，所以去國。②

劉釗（2017）："不秉禍利"的"秉"就應該訓爲秉持之"秉"，如果從所秉之事來自天之所賜出發，還可以將"秉"讀爲"稟"，義爲"承受"。"不秉禍利"中的"禍利"不是并列關係，"禍"是修飾"利"的，"不秉禍利"就是"不持有或不承受因禍帶來的利益"的意思。鄔可晶先生認爲"不秉禍利，身不忍人"中的"身"字應屬上讀，作"不秉禍利身，不忍人。"視"秉禍"和"利身"爲兩個動賓結構。但是如此斷讀，一是"秉禍"的説法不見於典籍，文義也不好講，而"秉利"的説法則見於典籍和出土文獻。《國語·吳語》載越王勾踐的話説："……敢使下臣盡辭，唯天王秉利度義焉！"清華柒《越公其事》第十一章説："吳王乃懼，行成，曰：'昔不穀先秉利於越，越公告孤請成，男女【服】……'"二是上引簡文最後的"故弗秉"的"秉"與前文的"不秉禍利"是相呼應的，否定詞"不"祇對應"秉"，如果按照"不秉禍利身"斷讀，則"利"字就没有着落了。故筆者認爲還是讀爲"不秉禍利，身不忍人"更爲穩妥。"身不忍人"其實也并非不通，《孟子·盡心下》："曾晳嗜羊棗，而曾子不忍食羊棗。公孫丑問曰：'膾炙與

---

① 高明《大戴禮記今注今譯》，臺灣商務印書館，1977 年第二版，頁 216。
② 簡帛論壇《清華柒〈子犯子餘〉初讀》第 24 樓"紫竹道人"説，2017 年 4 月 25 日。

羊棗孰美？'"趙注："羊棗，棗名也。曾子以父嗜羊棗，父没之後，唯念其親，不復食羊棗，故身不忍食也。"趙注文中的"身不忍食"與簡文的"身不忍人"句式近似，可以對比。

易泉：下文説到"走去之"，那麽禍、利都未曾沾身。這裏"不秉禍利身"之"秉"疑是"及"之誤。楚簡"及"寫法有接近"秉"的例子，如郭店《唐虞之道》24號簡、《語叢二》19號簡的"及"字，寫法即頗近似"秉"。"秉〈及〉禍"見於《史記·項羽本紀》："公徐行，即免死，疾行則及禍。"①

羅小虎：秉，秉持。《國語》："唯天王秉利度義焉。""不秉禍利"，意思是説不會秉持由禍患帶來的好處。②

單育辰（2017）："秉禍利身"整理者原把"身"屬下讀，今從網友"紫竹道人"説改正。③ 簡2"秉禍"一詞結構還可參《越公其事》簡69"秉利"。

子居（2017C）：網友"紫竹道人"已指出此處"利身"當連讀，所説是。此段以信、身、人、天押真部韻。

霖按：句讀從整理者、劉釗之説，"秉利"又見於《國語·吴語》《越公其事》等，簡文下一句"疾利焉不足，誠我主故弗秉"中"疾利"與"秉"亦是相對而言，可證"不秉禍利"後需點斷。"秉"，執持、掌握義，《爾雅·釋詁下》："秉，執也。""不秉禍利"意爲"不秉持晉國有禍之時帶來的利益"。"不忍人"，不忍害人之心，《孟子·公孫丑章句上》："孟子曰：人皆有不忍人之心。先王有不忍人之心，斯有不忍人之政矣。"

〔9〕古（故）走去之，以即中於天

整理者注〔一一〕：即，讀爲"節"。《禮記·樂記》"好惡無節於内"，鄭玄注："節，法度也。"節中，即折中。《楚辭·離騷》"依前聖以節中兮"，《楚辭·惜誦》"令五帝以折中兮"，朱熹《集注》："折中，謂事理有不同者，執其兩端而折其中，若《史記》所謂'六藝折中於夫子'是也。"

---

① 簡帛論壇《清華柒〈子犯子餘〉初讀》第68樓，2017年5月6日。
② 簡帛論壇《清華柒〈子犯子餘〉初讀》第87樓，2017年7月1日。
③ 簡帛論壇《清華柒〈子犯子餘〉初讀》第24樓"紫竹道人"説，2017年4月25日。

馬楠："即"當讀如字，不必破讀爲"節"，訓爲就。①

趙嘉仁（2017）："即"不煩改讀，就是"靠近"的意思。……"中"應讀爲"衷"。"衷"，善也，福佑也。……天可"降衷""舍衷"，人還可以向天"徼衷"。因此"即衷於天"就是"向天靠近善"的意思。"靠近善"，與前邊所説公子重耳的"正直忠信""不忍人"等品性正相呼應。

羅小虎："即"可釋讀爲"冀"，希冀、希望、冀幸。即，精母質部；冀，精母脂部。脂質對轉，二字音近可通。中，在古代有"適合、適應、對應"之義。如《論語·微子》："言中倫，行中慮。"中於天，其意與"合諸天道"，"順天之道"等意思相近。……晉文公不秉禍利身，不忍人，正是有仁義的表現。所以離開晉國，從而希望能够順應、合乎天道。②

霖按："即"，整理者讀作"節"我們認爲"即"應如字讀，馬楠、趙嘉仁訓作"就"，靠近義，其理解方向是正確的，訓作"就"的"即"在秦漢文獻中有"尋求"之義，如《周易·屯卦·爻辭》"即鹿無虞"、《詩經·小雅·十月之交》"不即我謀"等。"中"，傳世文獻多寫作"衷"訓作"善""福"，上文各家已舉。"即中"與文獻"徼衷"相類，意爲"尋求上天降福"。

3. 宔（主）女（如）曰疾利女（焉）不欨（足），誠我宔（主）古（固）弗秉[10]

整理者注〔一二〕：疾，《左傳·昭公九年》"辰在子卯，謂之疾日"，杜預注："疾，惡也。"焉，《墨子·非攻下》"焉率天下之百姓"，孫詒讓《閒詁》："戴云'焉猶乃也'。""疾利焉不足"與上文"不秉禍利"呼應。

整理者注〔一三〕：弗秉，即上文"不秉禍利"的略語。

馬楠："疾利焉不足"，疾當訓爲急。③

---

① 清華大學出土文獻讀書會《清華七整理報告補正》，清華大學出土文獻研究與保護中心網 http://www.ctwx.tsinghua.edu.cn/publish/cetrp/6831/2017/20170423065227407873210/201704230652274 07873210_.html，2017年4月23日。
② 簡帛論壇《清華柒〈子犯子餘〉初讀》108樓，2017年11月7日。
③ 清華大學出土文獻讀書會《清華七整理報告補正》。

石小力：與上文"不秉禍利"呼應的應該是"誠我主故弗秉"，"弗秉"後省略了賓語"禍"。"疾利焉不足"中的"疾"字，當訓爲"急"或"速"，急利，以利爲急，即眼中祇有利益。如《韓非子·難四》："千金之家，其子不仁，人之急利甚也。"本句話是子犯回應秦穆公的，大意是您如果認爲我的主君對於禍利的追求不夠急切，確實我的主君沒有秉持禍亂所帶來的好處。①

劉洪濤："疾利"之疾不是惡的意思，而是"力"的意思。《漢語大詞典》收有很多"疾"＋動詞的詞，很多都有相當致力於作某事，或勤奮作某事的意思。②

鄭邦宏（2017）："古"，當讀爲"固"，楚簡習見。

《上博五·鬼神》簡4：抑其力古（固）不能至焉乎？

《上博六·季桓子》簡27：吾子勿問，古（固）將以告。

《上博九·陳公》簡12：陳公狂焉選楚邦之古（固）。

《清華伍·湯丘》簡13-14：小臣答：后古（固）恭天威，敬祀，淑慈我民，若自使朕身也。桀之疾，后將君有夏哉！

《子犯子餘》簡3此處的"古（固）"是一表判斷的副詞。③

劉釗（2017）：此句斷作"主如曰疾利，焉不足？誠我主，故弗秉！"

羅小虎：這句話應點斷爲：主如曰疾利，焉不足？誠我主故弗秉。主，指秦穆公而言。疾，亟、盡力。《楚辭·九章·惜誦》："疾親君而無他兮，有招禍之道也。"朱熹注："疾，猶力也。"……簡文中的"疾利"，即"盡力於利"，指下很大的功夫追求利益。"焉不足"的主語是"猶心"，因爲前面穆公問的是"無乃猷心是不足也乎？"誠，確實。"古"訓"故"，可從，故意。所以，這句話可理解爲，如果穆公您説的是盡力追求利益這方面的話，我們的謀慮之心怎麼會不足呢？實在是我的國君故意不秉持由禍患帶來的

---

① 清華大學出土文獻讀書會《清華七整理報告補正》。
② 簡帛論壇《清華柒〈子犯子餘〉初讀》34樓"lht"説，2017年4月27日。
③ 觀點首見於清華大學出土文獻讀書會《清華七整理報告補正》，後以《讀清華簡（柒）札記》爲題發表於《出土文獻》（第11輯），中西書局，2017年，頁248-255。

利益罷了。①

單育辰（2017）：簡 3 的"疾利"是盡力於利的意思。簡 3 子犯的答語"主如曰疾利焉不足"，其實對應簡 2 秦公所問的"毋乃猶心寡不足也乎？"。要注意的是，秦公問子犯的是重耳的内心是否有所不足，而子犯回答則是其主君重耳盡力于利有所不足，不管在當時語境下"心"和"利"這兩個概念是否完全一致，但至少子犯就認爲在當時語境下，秦公所問的心不足，就等于他所回答的利不足。

霖按："疾"從劉洪濤、羅小虎之説，訓作"極力""盡力"義。"古"，鄭邦宏之説可從，讀作"固"，作副詞，本來、原來義。《上博一·孔詩》簡 16："孔子曰：'吾以《葛覃》得氏出之時，民性古（固）然。'"《上博六·季桓子》簡 2、7："言即至矣，雖☒【2】☒吾子勿問，古（固）將以告。"②

【今譯】

公子重耳從楚國來到秦國，居住了三年。秦穆公召見子犯問道："你，是你們公子身邊賢明的輔臣，過去晉國有災禍，公子不能停止這場禍亂，却離開了晉國，難道不是思慮不够嗎？"子犯回答説："確實如您所言，我們主君喜好正道，慎重而守信。不秉持晉國有禍之時帶來的利益，自身不忍有害人之心，所以離開了晉國，尋求上天降下的福氣。您如果説我們主君在追求利益這方面盡力不够，那是因爲我主君確實不想秉持晉國內亂時帶來的利益罷了。"

---

① 簡帛論壇《清華柒〈子犯子餘〉初讀》101 樓，2017 年 8 月 30 日。
② 釋文從陳劍《〈上博（六）·孔子見季桓子〉重編新釋》，《戰國竹書論集》，上海古籍出版社，2013 年，頁 289。

《秦穆公問子餘章》集釋（簡3—6）

【章解】

本章主要講述秦穆公在問完子犯不久之後，問於子餘："晉國政亂，公子重耳不能停止，却離開晉國，是没有賢明的輔臣嗎？"子餘回答道："其主不埋没良諫、賢才，於艱難困苦時勞苦其志，於有利之時不願獨享，若説其主没有强有力的憑藉，是因爲公子自身意志堅强。"竹簡共計4枚，完簡長45.1釐米，簡4—6簡首殘缺三字，據内容可將簡4首端補爲"子不能"，簡5首端補爲"惡及陷"，簡6首端殘缺處存疑。本章簡文符號使用情況：簡3"良庶子"後，簡5"伖之""廑之"後，簡6"亓志"後有鈎識，均用於句末，書於上字右側下方。本章重點討論的疑難字詞有："閒""忌""伖""事""寺""瞿轄"等。此外，本章結合出土文獻簡要介紹了子餘。

【摹本及隸文】

公 公 乃 詢 子 余 而 䛬 女 曰 子 若 公 子
之 良 庶 子 晉 邦 又 禑 公 【簡3】 □□□ 并
女 而 走 去 之 母 乃 無 良 右 右 也 廌 子
余 倉 曰 誠 女 宝 之 言 虐 宝 之 式 晶 臣
不 閒 良 詿 不 諓 又 善 必 出 又 【簡4】 □□ □□

[竹簡圖版文字：]

□ 於 難 罼 轓 於 志 幸 旻 又 利 不 忘 蜀
欲 皆 欧 之 事 又 訛 女 不 忘 以 人 必 身
麗 之 虐 宰 溺 寺 而 愚 志 不 【簡5】 □ □ □
　　　　　　　　　　　　　　　　□ □ □
篡 監 於 訛 而 走 去 之 宰 女 此 胃 無 良
右 右 誠 殹 蜀 亓 志 【簡6】

【釋文】

省（少），公乃訝（召）子余（餘）而䜣（問）女（焉）[1]，曰："子，若公子之良庶子，晉邦又（有）禍（禍），公【簡3】【子不能】并（并）女（焉），而走去之，毋（毋）乃無良右（左）右也䜣（乎）[2]？"子余（餘）倉（答）曰："誠女（如）宰（主）之言。虐（吾）宰（主）之弍（二）晶（三）臣，不閒（閑）良誆（規），不誧（蔽）又（有）善[3]。必出又（有）【簡4】【惡】[4]，【及陷】於難，罼（劬）轓（勞）於志[5]，幸旻（得）又（有）利不忘（愁）蜀（獨）[6]，欲皆欧（斂）之[7]。事又（有）訛（過）女（焉），不忘（愁）以人，必身麗（擔）之[8]。虐（吾）宰（主）溺寺（恃）而愚（強）志[9]，不【簡5】□□□，篡（顧）監於訛（禍），而走去之[10]。宰（主）女（如）此胃（謂）無良右（左）右，誠殹（繁）蜀（獨）亓（其）志[11]。"【簡6】

【集釋】

1. 省（少），公乃訝（召）子余（餘）而䜣（問）女（焉）[1]，曰："子，若公子之良庶子，晉邦又（有）禍（禍），公【子不能】丼（置）女（焉），而走去之，母（毋）乃無良右（左）右也虖（乎）[2]？

〔1〕省（少），公乃訋（召）子余（餘）而䎽（問）女（焉）

整理者注〔一四〕：省，疑爲"少"字異體，表時間短，少頃、不久。《孟子・萬章上》："少則洋洋焉。""子余"係字，即趙衰，謚號"成子"，亦稱"成季""孟子餘""原季"。與子犯常並稱，《國語・晉語四》"（公子重耳）父事狐偃，師事趙衰"，《左傳・昭公十三年》"（文公）有先大夫子餘、子犯，以爲腹心"。

馬楠：雖然"秉"下有斷讀符號，但"省（少）公"不辭，"省（少）"似當上屬爲句。《論語義疏》引顔延之有"秉小居薄"之語。"秉小"與"秉禍"文義相類，猶《國語》所謂"以喪得國"。省也可以破讀爲從小、少、肖得聲的表示負面意義的名詞，如"痟"等。句謂主（秦穆公）若謂我主（重耳）趨利不速，誠如所言，我主固不秉禍。[①]

薛培武：簡3"少公"，"少"後疑脫一"間"或"頃"字。[②]

子居（2017C）：此處當有句讀，即讀爲"少，公乃召子餘而問焉。"

霖按：馬楠之說可從，"少"後應點斷，少頃義。"子餘"，即趙衰，謚號爲"成"，非整理者云"成子"，文獻又稱"成季""原季"，如《左傳・文公六年》"陽子，成季之屬也"、《國語・晉語四》"公使原季爲卿"。楚簡中又見於《上博五・季康子》簡6"孟者吳"，[③]《清華叁・良臣》簡5"子余"等。

〔2〕公【子不能】丼（置）女（焉），而走去之，母（毋）乃無良右（左）右也虖（乎）

整理者注〔一五〕：簡首缺三字，據後文可補爲"子不能"。

霖按：簡4簡首殘缺約三字，整理者所補可從，本節語句與第一節有很多相似之處，可相互參證。"左右"，近臣、侍從，《上博七・吳命》簡8"問左右"。

---

① 清華大學出土文獻讀書會《清華七整理報告補正》。
② 簡帛論壇《清華柒〈子犯子餘〉初讀》72樓，2017年5月26日。
③ 整理者注："'者'，與'子'聲近。'吳'與'餘'同屬魚部，可通。'孟者吳'，即晉'孟子餘（趙衰）'。"參看《上海博物館藏戰國竹書（五）・季康子問於孔子》，上海古籍出版社，2005年，頁211。

2. 子余（餘）含（答）曰："誠女（如）宔（主）之言。虐（吾）宔（主）之弎（二）晶（三）臣，不閈（閑）良詿（規），不訵（蔽）又（有）善[3]，必出（黜）又（有）【惡】[4]。

[3] 虐（吾）宔（主）之弎（二）晶（三）臣，不閈（閑）良詿（規），不訵（蔽）又（有）善

整理者注〔一六〕：閈，從門，干聲，讀爲"干"，《説文》："犯也。"詿，疑讀爲"規"。《文選・張衡〈東京賦〉》"則同規乎殷盤"，薛綜注："規，法也。"即法度。

整理者注〔一七〕：訵，從言，肏聲，讀爲"敝"。《禮記・郊特牲》"冠而敝之"，陸德明《釋文》："敝，弃也。"或讀爲"蔽"，《廣韻》："掩也。"《韓非子・内儲説上》："君子不蔽人之美，不言人之惡。"

石小力：閈當讀爲扞，與"蔽"同義，皆當訓爲屏藩，即保護之意。《韓非子・存韓》："韓事秦三十餘年，出則爲扞蔽，入則爲席薦。"①

難言：扞、蔽似不是保護這樣的積極意義，而是扞禦或扞蔽、阻蔽等掩阻賢良的行爲，如《史記》"妒賢嫉能，御下蔽上，以成其私"。②

黄傑："閈"恐即"嫻"字，古"干"聲、"閒"聲的字多通用之例。③

無痕："閈"可改訓爲抵制、抵觸，"不扞良規"即不抵制有益的規諫。"良規"也見《三國志・魏志・王朗傳》："朕繼嗣未立，以爲君憂，欽納至言，思聞良規。"④

趙嘉仁（2017）：詿讀爲"規"是，但訓爲"法度"則非。"規"在這裏是"規諫"的意思。"良規"就是"有益的規諫"。……"閈"應讀爲"扞"或"迂"，乃阻止、遮蔽的意思。"不閈良詿（規）"就是"不阻止有益的規諫"的意思。"不蔽有善"意爲"不遮蔽有才能的人"。《韓非子・有度》："遠在千里外，不敢易其辭；勢在郎中，不敢蔽善飾非。"《墨子・兼愛》："今天大旱，即當朕身履，未知得罪於上下，有善不敢蔽，有罪不敢赦，簡在帝心。"《漢書・李尋傳》："佞巧依勢，微言毀譽，進類蔽善。"顏師古

---

① 清華大學出土文獻讀書會《清華七整理報告補正》。
② 簡帛論壇《清華柒〈子犯子餘〉初讀》0樓，2017年4月23日。
③ 簡帛論壇《清華柒〈子犯子餘〉初讀》2樓"暮四郎"説，2017年4月23日。
④ 簡帛論壇《清華柒〈子犯子餘〉初讀》9樓，2017年4月24日。

注:"進其黨類,而擁蔽善人。"

劉洪濤:閈讀"闌",訓遮。蔽訓掩,二字同義。它們都與"出"意思相反。①

張崇禮:閈,我曾釋爲掩門之掩,見《釋金文中的"閈"字》,"不掩良規,不蔽有善",掩與蔽對言。掩,隱也、蔽也。②

林少平:整理者讀"䜣"爲"規",恐非是,當讀爲本字,作"欺瞞"義。"良"讀爲"諒",作"誠實"義。"閈"當同"閉",作"掩蓋"義,大概意思是説"晉文公對待身邊近臣,不掩蓋他們的誠實與欺瞞,也就是後文所言"不誚(輕視)有善,必出有【惡】"。③

蕭旭(2017B):"吾主之"下疑奪"於"字,"不閈良䜣,不誚有善"云云是吾主(重耳)對於二三臣的態度,言其能納諫從善。趙嘉仁及某氏説謂"䜣"訓規諫,"閈"是抵制義,皆得之。但閈當讀爲戁,俗作扜、捍、扞。《説文》:"戁,止也。《周書》曰:'戁我於艱。'"

李春桃(2017):"閈"字還見於中山王銘文,辭例如下:

> 昔者,燕君子噲,④叡弇博悟,長爲人主,閈於天下之勿(物),矣(後)猶迷惑於子之而亡其邦,爲天下戮。……

銘文謂燕王噲聰悟睿智,於天下之物無不通曉,後來尚且迷惑於子之而亡國身戮死。其中前半句是贊美燕王噲的,所以朱德熙、裘錫圭、于豪亮三位先生的觀點最爲可信,⑤我們也贊同讀"閈"説。根據中山王鼎銘文用法,再參考《子犯子餘》簡文,我們認爲簡文中"閈"也應讀爲"閑"。上文已論,學者認爲此處"閈"字當用爲遮蔽或扜禦義,

---

① 簡帛論壇《清華柒〈子犯子餘〉初讀》31樓"lht"説,2017年4月27日。
② 簡帛論壇《清華柒〈子犯子餘〉初讀》41樓,2017年4月27日。引者按:張崇禮《釋金文中的"閈"字》,復旦大學出土文獻與古文字研究中心網 http://www.gwz.fudan.edu.cn/Web/Show/1871,2012年5月28日。
③ 簡帛論壇《清華柒〈子犯子餘〉初讀》80樓,2017年6月14日。
④ 作者釋文引作"燕王噲",引者據銘文更正之。
⑤ 引者按:朱德熙、裘錫圭《平山中山王墓銅器銘文的初步研究》,《文物》,1979年第1期;于豪亮《中山三器銘文考釋》,《考古學報》,1979年第2期。

這兩種用法都存在於"閑"字中。《説文》："閑,闌也。"段玉裁注："引申爲防閑。""闌"便常訓作遮,上引將"閒"讀"闌"的意見,也是訓作遮。……"閑"字存在遮蔽、扞禦兩類用法,兩種用法是有聯繫的,應是相互引申而來。考慮到《子犯子餘》篇中"閒"的賓語是"良規",即有益之規諫,再有下句"不蔽有善"的"蔽"字相呼應,我們覺得將"閒"讀爲"閑",理解爲遮蔽義更貼切一些。

霖按："吾主之二三臣"猶"吾主於二三臣",《經傳釋詞》云："'之'猶'於'也。'諸''之'一聲之轉。'諸'訓爲'於',故'之'亦訓爲'於'。……《大學》曰:'人之所親愛而辟焉。'言於其所親愛而辟焉。"閒,從門干聲,李春桃讀作"閑"可從,遮蔽、限制義。"䜋",又見於《清華叁·芮良夫》簡27"䜋",趙嘉仁、"無痕"訓作"規諫"義可從。"䛼",從言尚聲,讀爲"蔽",埋没、隱覆義,《書·湯誥》"爾有善,朕弗敢蔽"可與簡文"不蔽有善"對照。

〔4〕必出(黜)又(有)【惡】

整理者注〔一八〕:缺一字,疑可補爲"惡"。出,除去。《吕氏春秋·忠廉》"殺身出生以徇其君",高誘注:"出,去也。"或讀爲"絀"。《禮記·王制》"不孝者,君絀以爵",陸德明《釋文》:"絀,退也。""必出有惡"與上文"不諯有善"正反相對,意爲不弃善、必去惡。

趙嘉仁(2017):"必出有惡"的"出"讀爲"絀"不如讀爲"黜"更密合。"黜",貶斥、罷退。《漢官六種》:"太守專郡,信理庶績,勸農賑貧,決訟斷辟,興利除害,檢察郡奸,舉善黜惡,誅討暴殘。"……"舉善""進善"與"黜惡"對稱,與簡文的"不蔽有善,必黜有惡"意思相同。

霖按:整理者所補可從,"惡"後改作句號。"出"從趙嘉仁之説,讀作"黜",排斥、廢除義。

3.【及陷】於難,翟(劬)轖(勞)於志〔5〕,幸旻(得)又(有)利不忈(慭)蜀(獨)〔6〕,欲皆臦(僉)之〔7〕。事(使)又(有)訛(過)女(焉),不忈(慭)以人,必身廛(擅)之〔8〕。

〔5〕【及陷】於難，罤（勖）輶（勞）於志

整理者注〔一九〕：罤，疑爲"雗"字省，即"鷪"字，讀爲"諤"。《文選·韋孟〈諷諫〉》"諤諤黃髮"，李善注："諤諤，正直貌。"輶，從車，畱聲，讀爲"留"。《管子·正世》"不慕古，不留今"，尹知章注："留，謂守常不變。"

王寧（2017C）：首二字闕文疑是"吾主"二字。……"罤"釋"雗"是，但疑當讀爲"咢"或"愕"，訓"驚"，《玉篇》："咢，驚咢也。"《廣韻·入聲·鐸韻》："愕，驚也。"引申爲"錯愕"，《後漢書·寒朗傳》："而二人錯愕不能對"，李注："錯愕，猶倉卒也"，即倉促、倉猝，就是因爲驚恐而忙亂的意思。"輶"當即"輶"字，此應讀爲"籀"，《說文》："籀，讀書也。"又曰："讀，籀書也"（此據段本）。就是讀書，這裏是讀的意思。"志"即上博簡八《志書乃言》的"志書"，……此類書裏往往有一些名言警句，有哲理意味，可以給人啓迪，所以經常被引用。①

侯乃峰（2018B）：我們懷疑所謂的"罤"字，當釋爲"雚"，上部筆劃稍有訛變，字可讀爲"勸"；"輶"當讀爲"懋"，上古音"卯"聲與"矛"聲音近可通，例多見。《說文》："勸，勉也。""懋，勉也。从心、楙聲。《虞書》曰：'時惟懋哉。'"《戰國策·宋衛策·齊攻宋宋使臧子索救于荆》"荆王大説，許救甚勸"，姚宏注："勸，力也。""勸""懋"二字同義連用，簡文"勸懋於志"當謂勉力于個人之志向。《國語·晉語四》：元年，"公屬百官，……輕關易道，通商寬農。懋穡勸分，省用足財，利器明德，以厚民性。"其中"懋穡勸分"一句，用字正可與簡文對讀。②

蕭旭（2017B）："罤輶於志"應上文"□□於難"而言，"志"當指意向、心意，不指志書。輶讀爲留，是也，但當訓留止。罤，讀爲遌。《說文》："遌，相遇驚也。"字亦作遻、愕、㦨，指驚心，引申爲戒懼、恭敬；字亦作顎、顲，則恭敬見於面也。《廣韻》："顎，嚴敬曰顎。"《集韻》："顎，恭嚴也，或作顲。"此言重耳遭受困難，故驚愕戒慎於心也。

羅小虎："罤"字上半部分，與"戰""獸"諸字的相關部分近似："獸"（《郭

---

① 王寧《釋清華簡七〈子犯子餘〉中的"愕籀"》，復旦大學出土文獻與古文字研究中心網 http://www.gwz.fudan.edu.cn/Web/Show/3024，2017年5月4日。
② 侯乃峰《讀清華簡（七）零札》，《"中國文字學會第九屆學術年會"論文集》，貴州師範大學、貴陽孔學堂文化傳播中心，2017年8月19－20日。

店·老丙》簡10），"▨"（包山二簡168）。《説文·戈部》："戰，鬭也。从戈，單聲。"所以這個字或可分析爲從隹，單省聲。在簡文中可讀爲"癉"。《説文·疒部》："癉，勞病也。"……癉，意爲勞苦。"▨"字從留得聲。留，來母幽部。可讀爲"勞"。……勞，可理解爲辛苦、勤勞。所以，這兩個字可釋讀爲"癉勞"，二字同義連文。"癉勞於志"，爲志向而勞苦之意。類似的説法，在傳世古書中有見：《楚辭·九思》："望舊邦兮路逶隨，憂心悄兮志勤劬。"《九思》中的"勤劬"與"癉勞"意思相近。《左傳·昭公十三年》："我先君文公，狐季姬之子也……亡十九年，守志彌篤。"簡文中説"□□於難"，應該指的就是文公在外流亡之事。簡文中的"癉勞於志"也可以認爲是"守志彌篤"的一種表現。[①]

謝明文（2018）：《清華簡（壹）·楚居》"嚚"作"▨"（簡6），《清華簡（叁）·祝辭》"嚚"作"▨"（簡3）、"▨"（簡4）、"▨"（簡5）。……上述"嚚"字或"嚚"旁明顯從"口"，而"▨"上部與同篇多見的"口"形不類，與上述"嚚"形上部的"口"形亦區別明顯，……我們認爲《子犯子餘》"▨"字應該就是由瞿姒簋（《陝西金文集成》1525、《銘圖》04675）"瞿"字演變而來的。類比"萑"字，我們認爲"瞿"應該是某一種鳥的象形字，其上部與"單"形上部類似的部分應該是其圖形頭角或圓形耳朵之形。中山王嚳鼎："吾老賈，奔走不聽命，寡人懼其忽然不可得，憚憚慄慄，恐隕社稷之光"，其中"寡人"後面一般徑釋作"懼"的字，《銘文選》著錄的拓本比較清楚，作"▨"。從文義以及偏旁組合來看，此字釋讀作"懼"，可從。……我們認爲它應該與"▨"聯繫起來考慮，前者既可能是後者把上部的兩個圈形變形聲化作"眮"演變而來，也可能是後者與"眮"或"瞿"因音近糅合而來。這説明"瞿""▨"的讀音應該與"眮""瞿"非常接近。"□□於難，▨轠於志"一句的大意，應該是講晉文公雖然遭遇逃亡之難，但仍堅守其志向，上引羅小虎先生對其文義的理解大體可信。整理者讀"轠"爲"留"，似可從。《説文》："瞿，鷹隼之視也。从隹、从眮，眮亦聲。凡瞿之屬皆从瞿。讀若章句之句。""趯，走顧皃。从走、瞿聲。讀若劬。"古書中"瞿"聲字與

---

① 簡帛論壇《清華柒〈子犯子餘〉初讀》94樓，2017年7月6日。

"句"聲字亦相通。"㝬"或可讀作訓"勤"、訓"勞"的"劬"。"劬輈於志"之"劬"與上文羅小虎先生説所提及到的《楚辭·九思》："望舊邦兮路逶隨，憂心悄兮志勤劬"之"劬"可合觀。《爾雅·釋詁》："劬勞，病也。"

子居（2017C）：鷯輈似當讀爲萬蔞。《集韻》："柳，喪車飾也。或作輶，通作柳。"《禮記·檀弓》："製絞衾，設蔞翣，爲使人勿惡也。"鄭玄注："蔞翣，棺之墻飾。《周禮》蔞作柳。"《考工記》："是故規之以視其圜也，萬之以視其匡也。"鄭玄注："等爲萬蔞，以運輪上，輪中萬蔞，則不匡刺也。"萬蔞爲正輪之器，因此自然很適合用以形容重耳正其志。

石小力（2019A）："㝬"字在簡文中用爲本字"軌"，遵循，依照。《韓非子·五蠹》："是境內之民，其言談者必軌於法。"……疑"㝬"可讀爲"矩"。……"矩"與"軌"同義連用，二字本來爲名詞，在簡文中都用爲動詞。軌，本義爲車轍，引申爲道路，法則，再引申爲動詞遵循，依照。矩，本義指曲尺，是用來畫直角或方形的一種工具，引申爲法度，常規，爲名詞，也可以用爲動詞，《周禮·考工記·輪人》："凡斬轂之道，必矩其陰陽。"《後漢書·崔駰列傳》："當其無事，則躐纓整襟，規矩其步。"

霖按：簡5簡首殘缺約三字，王寧補作"吾主"，恐與上文重複，今據文意補"及陷"二字。"㝬"，謝明文分析可從，"㝬"作爲偏旁又見於晉侯蘇鐘"㝬"，范常喜認爲其中偏旁"㝬"即甲骨文中的"萑"。[①]"㝬"，"軌"之專字，又見於《上博四·曹沫》簡2"㝬"，"羅小虎"讀作"勞"可從。"劬勞"，勞苦、勞累義，《詩經·小雅·蓼莪》："哀哀父母，生我劬勞。"

〔6〕幸旻（得）又（有）利不忎（慭）蜀（獨）

整理者注〔二〇〕：忻，《玉篇》："喜也。"蜀，讀爲"獨"。

王寧（2017C）："幸得"以下"有利"至"擅之"均當加引號，這是《志》裏説的話。

侯乃峰："忎"讀作"祈"，求也。《禮記·儒行》："不祈土地。"《詩·小雅·賓之

---

① 范常喜《晉侯蘇編鐘銘所記二地名新詮》，《商周青銅器與先秦史研究論叢》，科學出版社，2017年，頁38—47。

初筵》："以祈爾爵。"①

潘燈：新蔡甲一 21："忞福於邵（昭）王"，忞即讀祈。祈，求也。②

馮勝君、郭倪（2018）：這段話講的是公子重耳的美德，大意是說重耳在遇到好事時，不肯獨占，而是與大家共享；如果事情出現了過錯，也不願牽連別人，一定自己獨立承擔。……我們認爲簡文"忞"所表示的詞，應該是"寧肯、願意"的意思，"不忞"應理解爲不肯、不願。順着這個思路，我們認爲"忞"當讀爲"憖"。忞，曉紐文部；憖，疑紐文部。二字叠韻，聲紐亦非常相近。不少從"斤"得聲的字即屬疑紐，如"狋""圻""齗"等。"憖"從"猌"聲，《說文‧犬部》："猌，讀又若銀。"《淮南子‧兵略》："進退詘伸，不見朕堲"，"朕堲"同書《覽冥》篇作"朕垠"。據《玉篇》《集韻》等字書，"堲"即"垠"字異體。而《說文‧土部》："圻，垠或从斤"，則"圻"與"垠"亦爲異體關係。從"堲""垠""圻"互爲異體這一點來看，不僅"忞"讀爲"憖"毫無問題，甚至很可能"忞"就曾經作過"憖"的異體字。……"憖"有寧肯的意思（願意、寧肯，義本相因），"不憖"即不肯（"不憖遺一老"之"不憖"，詞義亦偏向於不肯）。將"不忞（憖）"理解爲不肯、不願，按之簡文文義，無疑是非常合適的。③

蕭旭（2017B）：馮說是也，《說文》："猌，犬張齗怒也。"此是聲訓。《說文》："听，笑皃。"《廣雅》："听，笑也。"《集韻》《類篇》引《博雅》"听"作"齾"，《集韻》又引《廣雅》"听"作"齗"。……"听""齗""欣""齾""憖"諸字當亦是異體字。然考《說文》："憖，一曰說也，一曰甘也。""說"即"悅"，亦喜也，與願肯、甘願義相因。整理者說亦不誤。

霖按：馮勝君、郭倪將忞讀作"憖"，可從。"憖"又見於"㦔"（《上博九‧靈公》簡1）、"㦔"（《清華貳‧繫年》簡45）、"㦔"（《清華叁‧芮良夫》簡15）等，此三例均作"願意、甘心"之意，與簡文"忞（憖）"義同。

---

① 簡帛論壇《清華柒〈子犯子餘〉初讀》67樓"漢天山"說，2017年5月5日。
② 簡帛論壇《清華柒〈子犯子餘〉初讀》69樓，2017年5月12日。
③ 觀點首見於馮勝君《清華簡〈子犯子余〉篇"不忻"解》，武漢大學簡帛網 http://www.bsm.org.cn/show_article.php?id=2799，2017年5月5日。後觀點收入《清華七釋讀札記二則》，發表於《古文字研究》（第32輯），中華書局，2018年，頁352—354，今據後者收入。

〔7〕欲皆奶（僉）之

整理者注〔二一〕：㚘，疑爲"僉"字，《小爾雅·廣言》："同也。"

黄傑："僉""廛"或當分别讀爲"斂""展"。郭店簡《緇衣》簡36、上博簡《用曰》簡17"廛"均用爲"展"。二詞相對。上博六《用曰》簡17："僉（斂）之不骨（過），而廛（展）之亦不能違。"①

王寧（2017C）："㚘"字，整理者云："疑爲'僉'字，《小爾雅·廣言》：'同也。'"説可從。此字即楚簡"僉"字下面所從的部分，從"叩"從二人相并，表示衆人共同説話的意思，即《書·堯典》和《楚辭·天問》所謂"僉曰"是也，《説文》訓"皆"即其義之引申，故此字徑釋"僉"即可。"幸得"以下"有利"至"擅之"均當加引號，這是《志》裏説的話。

羅小虎："僉"字在上古漢語中罕見動詞用法。《説文》："僉，皆也。"《尚書·堯典》"僉曰"，孔傳："僉，皆也。"《楚辭·天問》"僉曰"，王逸注："僉，衆也。"辭例一致，或訓"皆"，或訓"衆"。傳世古書中，此字後多接動詞，如"僉曰""僉進"，無動詞用法。《小爾雅》中的"同"，其義當與"皆"相同。簡文中的這個字，明顯是動詞。此字疑爲"共"字异構。共，共同具有。《論語·公冶長》："與朋友共，敝之而無憾。""共利"一説，古書亦多見：《莊子·達生》："不與民共利，行年七十而猶有嬰兒之色。"《淮南子·兵略訓》："而與民共享其利。"② 共、擅意思相對。在傳世文獻上還有如下的例子：《唐闕史》"崇高之名，博施之利，天下公器也。與衆共之，無或獨擅，無或多取。"③

子居（2017C）："㚘"與"僉"字有明顯差别，此字當即"奶"字，相較於"奶"形，祗是多了類似於"并"字的雙横筆，同樣的增寫雙横筆情況還見於包山簡的部分"皆"字。"僉"字從"奶"得義，"奶"形所表示的，當即共同義，《正字通·兒部》："奶，同昆。"《説文·日部》："昆，同也。"……包山簡135"苟冒、宣卯㚘殺僕之兄"、

---

① 簡帛論壇《清華柒〈子犯子餘〉初讀》10樓"暮四郎"説，2017年4月24日。"廛"字見本節注〔8〕。
② 簡帛論壇《清華柒〈子犯子餘〉初讀》92樓，2017年7月2日。
③ 簡帛論壇《清華柒〈子犯子餘〉初讀》107樓，2017年11月6日。

包山簡 136"苛冒、亘卯▦殺舒眀"中的"▦殺"當可讀爲"昆殺",即同殺。

鄧佩玲(2018):隨着清華簡《子犯子餘》的出現,我們已能夠基本肯定"▦""▦"是一字之异體,……從古文字"無"的字形演變可知,"▦"之"▦"極有可能是從"僉"之"▦"訛變而來。另外,"僉"既可分析爲從"亼"、兩"口"和兩"人",字下半部的寫法與"兟"類似。……"僉""▦"之關係亦可借助傳抄古文證明,《説文·心部》收録有"㦚"字:"▦(㦚),疾利口也。从心从册。《詩》曰:相時㦚民。""相時㦚民"一語其實出自《尚書·盤庚》,但作"相時憸民",清段玉裁據此指出"㦚""憸"爲同一個字。……我們認爲"▦"(引者按:見包山二簡121)"▦"二字雖然不從"亼",但仍無礙於釋讀爲"僉",主要原因在於從古文字可知,字形中部件"亼"之增删似乎不會影響文字的釋讀。……段玉裁於解説《説文·心部》"㦚"字時,曾經提及《盤庚》"憸民"另有石經异文作"散民"。……《尚書·盤庚》"憸""散"异文爲清華簡《子犯子餘》"▦(僉)"字的釋讀提供重要資料。《子犯子餘》云:"幸昙(得)又(有)利不忘蜀(獨),欲皆▦(僉)之",結合上下文可知,簡文大意是指重耳收獲益利時不會獨佔,并希望能與人分享。"僉"極有可能不是讀如字,而是讀爲"散"。"散"在古漢語中雖然多有分離、分散之意,但却有一個獨特的用法,可解釋作分發,并且多指將錢財分發予人,如《尚書·武成》云:"散鹿臺之財,發鉅橋之粟,大賚于四海,而萬姓悦服。"孔穎達《疏》:"'散'者言其分布,'發'者言其開出,互相見也。"①

霖按:"▦",鄧佩玲之説可從,此字又見於包山簡133、135、136,《説文·亼部》:"僉,皆也。"《小爾雅·廣言》:"僉,同也。"

〔8〕事(使)又(有)訛(過)女(焉),不忘(慭)以人,必身廛(擅)之

整理者注〔二二〕:訛,讀爲"過"。《論語·子路》"赦小過",黄侃疏:"過,

---

① 鄧佩玲《清華簡(七)〈子犯子餘〉"▦"字及相關問題——以〈尚書·盤庚〉"相時憸民"异文參證》,紀念清華簡入藏清華大學出土文獻研究與保護中心成立十周年國際學術研討會論文集,2018年11月17日。

誤也。"

整理者注〔二三〕：以，訓爲"及"。《國語·周語上》引《書·湯誓》"無以萬夫"，《吕氏春秋·順民》引"以"作"及"。句意爲不喜歡推給他人。

整理者注〔二四〕：廛，讀爲"擅"，《説文》："專也。"這句話與前一句相對，分别就"利""過"兩種對立情況而言。有幸得利，不樂於自己獨享，希望大家都有；如果有過錯，不喜推給他人，必定自己獨攬。

鄭邦宏（2017）："事"，此處當讀爲"使"，是一表假設的連詞。古書中，"使"有這一用法，如《論語·泰伯》："如有周公之才之美，使驕且吝，其餘不足觀也已。"其中的"使"字，劉淇指出："使，假設之辭也。"

厚予："忎"當讀爲"斤"，訓爲"察"。"廛"疑讀爲"展"，郭店《緇衣》引《詩》"展也大成"，"展"寫作"廛"。展，省視也。大意是：有過錯不察於人和省視自己。①

陳偉（2018）："事"恐當讀爲"使"。《助字辨略》卷三"使"字條："《論語》'使驕且吝。'《後漢書·仲長統傳》：'使居有良田廣宅。'使，假設之辭也。"《國語·吳語》亦云："使死者無知，則已矣。若其有知，吾何面目以見員也。"

鄧佩玲（2018）：我們以爲"以"可通"予"，即給予之意，如《廣雅·釋詁三》："以，予也。"又《詩·周頌·載芟》"侯彊侯以"下馬瑞辰《傳箋通釋》："予、以古通，予即與也，與猶以也。"故"不忎以人"乃言不將過錯推諉於人，"必身廛之"應該與此相對，可以理解爲願意親自承擔行爲的過失。當中，"身"有親身、親自的意思，用作副詞，類似用例見於《墨子·號令》："若能身捕罪人若告之吏，皆構之。"又《韓非子·喻老》云："句踐入宦於吳，身執干戈爲吳王洗馬，故能殺夫差於姑蘇。"

霖按："事"從鄭邦宏之説，讀作"使"。"![]"，從石從土㠯聲，"廛"之异體，或省"石"寫作"![]"（《上博一·緇衣》簡18），或中間"日"訛作"目"，寫作"![]"（《郭店·緇衣》簡36）。整理者讀作"擅"可從，"廛"定紐元部，"擅"禪紐元部，禪紐和舌音關係密切，如"度"（定紐）從"石"（禪紐）聲，"緹"（定紐）從"是"（禪

---

① 簡帛論壇《清華柒〈子犯子餘〉初讀》18樓，2017年4月24日。

紐）聲，《銀雀山貳・爲政》簡 1930 "爲政多使百姓分壇（廛）群居"。"擅"，獨攬之意，《韓非子・孤憤》："當塗之人擅事要，則外内爲之用矣。"

4. 虐（吾）宔（主）溺（弱）寺（恃）而弡（强）志〔9〕，不□□□，募（顧）監於訛（禍），而走去之〔10〕。宔（主）女（如）此胃（謂）無良右（左）右，誠殹（繄）蜀（獨）亓（其）志〔11〕。

〔9〕虐（吾）宔（主）溺（弱）寺（恃）而弡（强）志

整理者注〔二五〕：寺，讀爲"時"。《國語・越語下》"時將有反"，韋昭注："時，天時。"

王挺斌："弱寺（時）而弡（强）志"之"時"，指的就是光陰、歲月。"弱時"指的是年少，同古書中的"弱辰""弱歲""弱年""弱齒""弱齡"。"弱寺（時）而强志"即"弱時而强志"，指的是年少而記憶力好。①

王寧（2017C）："寺"當讀"持"，本義是握持，這裏指體力方面的事情，猶今言"體力活"，今言"肩不能扛，手不能提"，亦指體力弱。"强志"的"志"，《説文》："意也"，這裏指意志、想法。

翁倩（2017）：疑可讀爲"恃"，意爲依靠。"寺"爲之部邪母，"恃"爲之部禪母，二者疊韻關係，可通假。……"吾主弱寺而强志"這句話就可理解爲，我主上没有强大的依靠但有堅强的意志。

尉侯凱："![字]"應改釋爲"愆"，見包山簡 85、278 及蔡侯申鐘等。愆志，即違背志願。②

蕭旭（2017A）：寺，讀爲植，立也。弱寺，即"弱植"。《左傳・襄公三十年》："其君弱植，公子侈，大子卑，大夫敖，政多門。"孔疏："《周禮》謂草木爲植物，植爲樹立，君志弱，不樹立也。"俞樾曰："植當爲脂膏膩敗之膩，字本作殖，亦或作埴。"孔説是，俞説非也。《文選・和謝監靈運》："弱植慕端操。"李善引王逸《楚辭》注："植，

---

① 清華大學出土文獻讀書會《清華七整理報告補正》。
② 簡帛論壇《清華柒〈子犯子餘〉初讀》45 樓"悦園"説，2017 年 4 月 28 日。

志也。"劉良注:"植,立。"二義本相因,植訓志者,"植"字動詞名用,因有"志"義;"操"本訓把持,動詞名用,因有"節志""節操"之義,是其比也。弱植,言其本質柔弱;強志,言其意志固執,二者有内外之别。……弱時而強志,即所謂外彊中乾者也,指其性格懦弱,但又很犟。

易泉:《信陽竹書》1—2簡有"【夫】戔(賤)人剛恃而及於型者"。《説文》:"剛,彊也。"弱恃,与"剛恃"意義似相反。①

子居(2017C):寺當讀爲持,"弱持"即弱於自守。

霖按:我們同意翁倩之説,"寺"讀作"恃",依賴、憑藉義。簡帛中"寺""恃"相通之例,如《清華叁·周公》簡14:"勾澤寺(恃)德,不畀用非離。"《三禁》:"人道剛柔,剛不足以,柔不足寺(恃)。""強",整理者釋作"強"可從,包山簡278"強"字有類似寫法"強"。尉侯凱釋作"愆",楚簡中"愆"寫作從心侃聲,其上部件"侃"確與"強"十分相似,但我們注意到:"強"的"口"爲下兩橫筆,而"侃"的"口"下爲兩或三撇筆,故簡文仍應釋作"強"。"強志"指堅定意志,《墨子·修身》:"志不彊者智不達,言不信者行不果。"本節主旨是簡6所言"主如此謂無良左右,誠繄獨其志"。"弱恃而強志"正可與之對照。

〔10〕不□□□,募(顧)監於訛(禍),而走去之

整理者注〔二六〕:募,"寡"字,讀爲"顧",表轉折。裴學海《古書虛字集釋》:"顧猶但也。"監,《爾雅·釋詁》:"視也。"

王寧(2017C):"不□□□",根據上文子犯的話,可能當作"不秉禍利"。"顧"前當斷讀。"訛"仍當讀"過"。

黄傑:"顧"看作動詞、理解爲視,將"顧""監"理解爲同義連用,似乎也可以成立。"顧"的這種用法見於《大雅·皇矣》"監觀四方,求民之莫"。②

米醋:"監"讀"鑒"。望山楚簡二48:"一大監(鑒)"。傳世文獻常見"鑒""於"搭配。《孟子·離婁上》:"殷鑒不遠,在夏後之世。"趙岐注:"欲使周亦鑒於殷之

---

① 簡帛論壇《清華柒〈子犯子餘〉初讀》71樓,2017年5月24日。
② 簡帛論壇《清華柒〈子犯子餘〉初讀》10樓"暮四郎"説,2017年4月24日。

所以亡也。"這麼看感覺"顧"也可以是"顧省"，和"鑒"近義連用。但是上文殘了無法判斷是動詞還是表轉折的連詞。①

霖按：簡 6 簡首殘缺約三字，文意遺失存疑。整理者將"寡"讀作"顧"可從，連詞表示轉折，《助詞辨略》卷四："顧，但也。《史記·刺客傳》：'吾每念痛於骨髓，顧計不知所出耳。'"王引之《經傳釋詞》卷五："顧，猶但也。"簡帛文獻中"寡""顧"相通之例習見，如《郭店·緇衣》簡 22－23"《祭公之寡（顧）命》云：毋以小謀敗大作"，《上博五·三德》簡 14"寡（顧）其憂"。"監"，視也，《論語·八佾》："周監於二代。"陸德明釋文："監，觀也，視也。"簡文指目睹之義。《上博九·舉治》簡 16、9："昔者有神，寡（顧）監於下！"②

〔11〕宔（主）女（如）此胃（謂）無良右（左）右，誠毆（繄）蜀（獨）亓（其）志

整理者注〔二七〕：毆，讀爲"繄"。《左傳·僖公五年》"惟德繄物"，陸德明《釋文》："繄，是也。"蜀，讀爲"獨"。獨其志，以其志爲獨有，是合志的反義。《逸周書·官人》："合志而同方，共其憂而任其難……曰交友者也。"

尉侯凱："如此"係偏義複詞，"如"表示假設，"此"沒有意義。"主如此謂無良左右"與簡 3"主如曰疾利焉不足"可以對看，"主如（此）謂"即"主如曰"。因言"如"而連言"此"，"此"字衹起到陪襯作用。如《左傳·昭公十三年》"鄭，伯男也，而使從公侯之貢"，孔穎達引王肅注："鄭，伯爵，而連男言之，猶言曰公侯，足句辭也。"③

王寧（2017C）：獨其志，使其想法孤獨，即不瞭解其意志的意思。

霖按："主如此謂無左右"中"此"爲代詞，意爲"您如果說這樣是沒有近臣輔佐"。""，從攴医聲，楚簡中或從"戈"，寫作""（《上博二·魯邦》簡 3），""（《上博六·季桓子》簡 14）等；左旁"医"內"矢"或寫作"大"，如""（《清華

---

① 簡帛論壇《清華柒〈子犯子餘〉初讀》104 樓，2017 年 10 月 24 日。
② 季旭昇、高佑仁《〈上海博物館藏戰國竹書（九）〉讀本》釋文，萬卷樓圖書股份有限公司，2017 年，頁 114。
③ 簡帛論壇《清華柒〈子犯子餘〉初讀》75 樓"悦園"說，2017 年 6 月 5 日。

壹·金縢》簡11），"![字]"（《清華叄·芮良夫》簡10）等；另有訛體寫作"![字]"（包山二簡116），整理者讀爲"繄"可從。"獨"，《禮記·中庸》："故君子慎其獨也。"朱熹章句："獨者，人所不知而己所獨知之地也。"《大戴禮記·文王官人》"獨而不克"，王聘珍解詁："獨，謂獨善其身。"

【今譯】

不久，秦穆公又詔見子餘問道："你，是你們公子身邊賢明的輔臣，過去晉國有灾禍，公子不能停止這場禍亂，却離開了晉國，難道不是没有賢明的近臣嗎？"子餘回答説："確實如您所言，我們主君對於身邊近臣，不限制好的規諫，不遮蔽有德之人，一定排斥惡人。遭受灾難之時，他勞苦其心志。即使有幸得到利益，他也不願獨自占有，而願意與他人共享。假使有了過錯，他不願推諉於人，一定親自承擔過失。我們主君雖没有强有力的憑藉，但自身意志堅强。……但目睹晉國之禍，而離開了晉國，您如果説我們主君没有賢明的近臣，那是因爲我主君確實有獨特的志向。"

《秦穆公召子犯、子餘章》集釋（簡6—7）

【章解】

本章主要講述秦穆公在聽到子犯、子餘的回答後，不禁感慨："公子重耳有像子犯、子餘這樣的輔臣，晉國不會降禍於公子。"於是賜給子犯和子餘劍帶、衣裳，對其友善，使之返回。竹簡共計2枚，完簡長45釐米。本章簡文符號使用情況：簡7"公子""思還"後有鈎識，均用於句末，書於上字右側下方。本章重點討論的疑難字詞有"豐""歔"等。此外，本章還簡要介紹了先秦劍帶的佩戴方法。

【摹本及隸文】

公 乃 訋 子 靶 子 余 曰 二 子 事 公 子 句【簡6】

聿 又　心 女 是 天 豐 悬 禍 於 公 子 乃

各 賜 之 鐀 繡 衣 常 而 歔 之 思 還【簡7】

【釋文】

公乃訋（召）子靶（犯）、子余（餘）曰："二子事公子，句（苟）聿（盡）又（有）【簡6】心女（如）是，天豐（亡）悬（謀）禍（禍）於公子[1]。"乃各賜之鐀（劍）繡（帶）衣常（裳）而歔（膳）之，思（使）還[2]。【簡7】

【集釋】

1. 句（苟）聿（盡）又（有）心女（如）是，天豐（亡）悬

（謀）禍（禍）於公子[1]。

整理者注〔二八〕：豊，疑爲“豈”之誤。悬，讀爲“謀”。《書·大禹謨》“疑謀勿成”，蔡沈《集傳》：“謀，圖爲也。”

程燕（2017）：豊，簡文作“”。“豊”亦見於《趙簡子》7號簡“”。二字明顯有别，我們認爲《子犯子餘》篇中整理者釋爲“豊”的字應釋作“豐”。楚簡中的“豐”多作：“”（包山二145反）、“”（《上博三·周易》51）。簡文字形上部省略同形，是一種極爲簡省的寫法。“豐”疑可讀爲“亡”。“豐”，滂紐冬部（或歸東部），“亡”，明紐陽部。典籍中“邦”“方”、“方”“罔”相通，詳參《古字通假會典》第26、312頁。西周金文“豐”字或作：“”（伯豐方彝）、“”（仲夏父作醴鬲）、“”（豐卣）、“”（豐尊《金文編》330）、“”（散盤《金文編》332）。應分析爲從“壴（鼓）”，“亡”聲。亦可證“豐”可讀爲“亡”。簡文“天亡謀禍於公子”，意謂老天不會嫁禍于公子。

侯乃峰（2018B）：陳偉先生對“悔禍”一詞的釋讀以及程燕先生對“豐”字的考釋都是可信的。……我們認爲“豐”字如字讀，訓爲“大”，即可講通簡文。“豐”古有“大”義。《方言》：“凡物之大貌曰豐。”“趙魏之郊，燕之北鄙，凡大人謂之豐人。”《玉篇》：“豐，大也。”《國語·楚語上》“彼若謀楚，其亦必有豐敗也哉”，韋昭注：“豐，猶大也。”如此，則簡文可讀作“二子事公子，苟盡有心如是，天豐悔禍于公子”，“豐悔”即“大悔”。簡文意思是説：二位事公子，假如都有這樣的心意，上天也會大爲悔恨降禍于公子的。所謂的“禍”，當是指上天讓公子重耳流亡在外十多年之事。古人迷信天命，禍難自然也認爲是天之所命，故秦穆公這樣説。

陳偉（2018）：《左傳·隱公十一年》：“若寡人得没於地，天其以禮悔禍于許，無寧茲許公復奉其社稷。”杜注：“言天加禮于許而悔禍之。”楊伯峻注：“謂天或者依禮撤回加于許之禍。”以此比照，“悬”當讀爲“悔”。“豊”即讀爲“禮”，其前應脱寫“其以”之類文字，或者“天禮”含有“天以禮”之意。而該句大概應是陳述句，而非疑問句。

霖按：程燕對“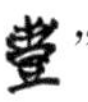”的分析是正確的，楚系文字“豐”字大致可分作三類：

(1)"![字形]"(《郭店·語一》簡16),"![字形]"(《上博六·季桓子》簡21),"![字形]"(《清華陸·管仲》簡19),"![字形]"(《上博七·凡甲》簡27);

(2)"![字形]"(新蔡二簡28),"![字形]"(《上博五·三德》簡5),"![字形]"(《清華壹·金縢》簡12),"![字形]"(《清華陸·子儀》簡5);

(3)"![字形]"(《郭店·緇衣》簡24),"![字形]"(《上博一·緇衣》簡13),"![字形]"(《郭店·六德》簡26)。

其中,"豊"(1)類字形在楚簡中出現頻率最高,簡文"![字形]"字與之不類,對比"豊"之字形,可知"![字形]"應是"豊"之异體。"苟",副詞,表期望,《經傳釋詞》卷五:"'苟'猶'尚'也。《詩·君子于役》曰:苟無饑渴。"

2. 乃各賜之鎗(劍)繡(帶)衣常(裳)而歔(善)之,思(使)還〔2〕。

整理者注〔二九〕:歔,讀爲"膳",《説文》:"具食也。"

劉洪濤:"善之",是善待之的意思。《左傳》記晉知罃從容應對楚王的問話,楚王感慨"晉未可與爭","重爲之禮而歸之"。"重爲之禮"就是善之。①

陳偉(2018):"歔"疑當讀爲"善"。《戰國策·秦策二》"齊楚之交善"高誘注:"善,猶親也。"《吕氏春秋·貴公》"夷吾善鮑叔牙"高誘注:"善,猶和也。"《方言》卷一"黨、曉、哲,知也",錢繹箋疏:"相親愛謂之知,亦謂之善。"《左傳·哀公十六年》:"又辟華氏之亂于鄭,鄭人甚善之。"《國語·周語下》:"晉侯其能禮矣,王其善之。"可與簡文比看。

子居(2017C):以衣裳劍帶爲賜是針對士的賞賜標準,如《管子·大匡》:"諸侯之君有行事善者,以重幣賀之;從列士以下有善者,衣裳賀之;凡諸侯之臣有諫其君而善者,以璽問之,以信其言。"《左傳·襄公二十一年》:"以君之姑姊與其大邑,其次皂牧輿馬,其小者衣裳劍帶。""善之"當解爲稱贊之、認爲很好的意思,此處即稱贊二人

---

① 簡帛論壇《清華柒〈子犯子餘〉初讀》33樓"lht"説,2017年4月27日。

的回答。

霖按："絵"，從金僉聲，楚系文字多在"僉"下增加羨符"日"。"劍帶"在遣册賻書、卜筮祭禱類楚簡中多有見到，如九店簡 13："凡建日，大吉，利以娶妻，祭祀，築室，立社稷，繻（帶）鐱（劍），冠。"望山二簡 48："七畬（劍）繻（帶）。"先秦佩劍方法大致可分作三類：單耳（環）懸掛法、璏式佩劍法、劍帶挂肩佩劍法。根據近年來楚地發掘的劍器可知楚人多爲璏式佩劍。秦始皇陵一號銅車馬立姿御官俑比較形象地展示了這種劍帶的佩戴方法，即把劍帶穿過劍鞘正面中間的璏孔内而結於腰際（見下圖）。① "散"又見於韓地八年陽城令戈"敵"。② 陳偉、劉洪濤等讀爲"善"可從，交好、親善義。

一號車御官俑背視圖（彩圖）③　　一號車御官俑背視、側視及正視圖

【今譯】

秦穆公於是詔見子犯、子餘説："你們二位侍奉公子，尚能像這樣竭盡心力，上天將不會降禍於公子。"各自賜予他們劍帶、衣裳，與他們交好，使之返回。

---

① 陝西省秦俑考古隊《秦始皇陵一號銅車馬清理簡報》，《文物》1991 年第 1 期。
② 何琳儀、焦智勤《八年陽城令戈考》，《古文字研究》（第 26 輯），中華書局，2006 年，頁 213—216。
③ 秦始皇兵馬俑博物館、陝西省考古研究所《秦始皇陵銅車馬發掘報告》圖版三〇，文物出版社，1998 年。

《秦穆公問蹇叔章》集釋（簡7—13）

【章解】

本章主要講述秦穆公面對公子重耳一行有如此美德却不能執掌晉國之政，於是詢問於蹇叔是天命還是民心？蹇叔强調百姓秉持法度抑或僭越取决於在上之人。秦穆公又詢問舊聖哲人的治國之道，蹇叔以湯、紂二位君主之事迹爲例來説明興邦、亡邦之道。竹簡共計7枚，經整理者綴合，均較爲完整，簡長約45釐米。本章簡文符號使用情况：簡8"也哉""難成"後，簡9"不遹"後，簡10"亓風"後，簡11"可䎽"後，簡13"述歮""可畾"後有鈎識，均用於句末，書於上字右側下方；簡9"斋"下有合文符號。本章重點討論的疑難字詞有"殹""試""斤""驫""風""䳗""䩇""豪""燷""某""柊""逐""麁雁"等。關於句讀，我們認爲簡11"與人"應分讀到上下兩句。此外，本章簡要介紹了蹇叔、湯及紂三位人物。

【摹本及隸文】

公 乃 䎽 於 邘 㖾 曰 夫 公 子 之 不 能 居 【簡7】

晉 邦 訐 天 命 哉 割 又 僭 若 是 而 不

果 以 或 民 心 訐 難 成 也 哉 邘 㖾 㑒 曰

訐 難 成 殹 或 易 成 也 凡 民 秉 㧈 端 正 【簡8】

譖 試 才 上 之 人 上 䊷 不 遹 斤 亦 不

折聖舊之昔曰邘於乃公遷
人一事若事雷罰荆命政博人
不用是能勿是孤盜我語必言之
曰含邘風元觀尚虐朕騹從若凡
以湯成者昔雷可莫【簡10】雷斋君凡
與罹雁鹿而之奔方四民和以若湯見面人
媒媟之逡君䢼之啟爲烙爲㷐姑無殲三殺身之受稾
陞具酒陞大若受【簡12】見逐遠無大

《清華大學藏戰國竹簡（柒）》集釋

40

方　走　去　之　思　不　死　型　以　及　于　氒　身　邦

乃　述　嵬　用　凡　君　所　䎽　莫　可　䎽【簡13】

【釋文】

公乃䎽（問）於邗（蹇）㕯（叔）曰："夫公子之不能居晉邦，訏（信）天[簡7]命哉[1]？割（曷）又（有）僕（僕）若是而不果以或（國），民心訏（信）難成也哉[2]？"邗（蹇）㕯（叔）含（答）曰："訏（信）難成，殹（抑）或（有）易成也[3]。凡民秉厎（度），耑（端）正譖（僭）弍（忒），才（在）上之[簡8]人[4]，上繩不遊（失），斤亦不遣（僭）[5]。"公乃䎽（問）於邗（蹇）㕯（叔）曰："㕯（叔），昔之舊聖折（哲）人之専（敷）政命（令）刑（刑）罰[6]，事（使）衆若事（使）一人，不毅（穀）余敢䎽（問）亓（其）[簡9]道系（奚）女（如）[7]？猷（猶）㕯（叔）是䎽（聞）遺老之言，必尚（當）語我才（哉）[8]。窢（寧）孤是勿能用？卑（譬）若從騅（雉）肤（然）[9]，虗（吾）尚（當）觀亓（其）風[10]。"邗（蹇）㕯（叔）含（答）曰："凡君齋=（之所）䎽（問）[簡10]莫可䎽（聞）。昔者成湯以神事山川，以惪（德）和民[11]。四方𡰥（夷）莫句（後）與[12]，人面見湯若鴬（暴）雨方奔之而麗（庇）雁（蔭）女（焉）[13]，用果念（臨）政[簡11]九州而𠻜（有）君之[14]。逡（後）殜（世）𩬊（就）受（紂）之身[15]，殺三無辜（辜），爲爃（炮）爲烙[16]，殺某（梅）之女[17]，爲棋（桎）樗（梏）三百[18]。豎（殷）邦之君子，無少（小）大，無遠逐（邇）[19]，見[簡12]受（紂）若大𨸏（岸）牂（將）具（俱）陘（崩），方走去之[20]，思（懼）不死，型（刑）以及于氒（厥）身，邦乃述（遂）嵬（亡）[21]，用凡君所䎽（問）莫可䎽（聞）[22]。"【簡13】

【集釋】

1. 公乃䎽（問）於邗（蹇）㕯（叔）曰："夫公子之不能居晉邦，訏（信）天命哉[1]？割（曷）又（有）僕（僕）若是而不

41

果以或（國），民心訐（信）難成也哉[2]？"

〔1〕公乃訊（問）於邗（蹇）弔（叔）曰："夫公子之不能居晉邦，訐（信）天命哉？"

整理者注〔三〇〕：邗，從邑，干聲，讀爲"蹇"。蹇叔，宋人，受百里奚推薦，秦穆公迎爲上大夫，《韓非子・說疑》以其與百里奚等并爲"霸王之佐"。

霖按："邗弔"，楚簡中首見，文獻中記作"蹇叔"，宋人，秦穆公時期上大夫，曾向秦穆公舉薦孟明視、西乞術、白乙丙等。晉文公去世後，秦穆公欲遠征鄭國，蹇叔極力阻之，其認爲"千里而襲人，未有不亡者"，事見《左傳・僖公三十二年》。

〔2〕割（曷）又（有）僬（僕）若是而不果以或（國），民心訐（信）難成也哉

整理者注〔三一〕：割，讀爲"曷"，《說文》："何也。"果，《呂氏春秋・忠廉》"果伏劍而死"，高誘注："果，終也。"以，訓爲"有"。……不果以國，即不果有國、不果得國。果得國，《左傳・僖公二十八年》："晉侯在外，十九年矣，而果得晉國。"

xiaosong：此句似當斷作"曷有僕若是而不果？以國民心信難成也哉"。"不果"古書常見，沒有成功、沒有達成願望；"以"，因爲；"國民心"即國民之心，《晏子春秋》外篇有"以傷國民義哉"，"國民義""國民心"結構相同。這句話意思是：（重耳）爲何有這樣好的僕人還不能成功呢？是因爲國家民衆之心實在難以收歸嗎？①

霖按："割"，整理者讀作"曷"可從，疑問代詞。簡帛"害""曷"相通之例如《上博四・曹沫》簡9："不然，君子以賢稱，害（曷）又弗得？"《清華壹・尹誥》簡2："今后害（曷）不監？""不果"，最終沒有實現，《孟子・公孫丑下》："固將朝也，聞王命而遂不果。""以"訓作"有"可從，《戰國策・楚策四》："今楚國雖小，絕長續短，猶以數千里，豈特百里哉？""信"，確實、的確義，《助詞辨略》卷四："《史記・田齊世家》：若夫語五音之紀，信未有如夫子者也。"劉淇按："信，誠也，實也，允也，果也。""成"，實現義，《逸周書・柔武》"以成爲心"，朱右曾集訓校釋："成，成其功也。"

2. 邗（蹇）弔（叔）倉（答）曰："訐（信）難成，殹（抑）

---

① 簡帛論壇《清華柒〈子犯子餘〉初讀》8樓，2017年4月23日。

或（有）易成也〔3〕。凡民秉尼（度），耑（端）正譜（僭）試（忒），才（在）上之人〔4〕，上繩（繩）不遊（失），斤亦不遷（僭）〔5〕。"

〔3〕訐（信）難成，殹（抑）或（有）易成也

整理者注〔三二〕："殹"，讀爲"繄"，訓"惟"。

鄭邦宏（2017）："殹"，當讀爲"抑"，楚簡習見。

《上博二·子羔》簡9："子羔問於孔子曰：三王者之作也，皆人子也，而其父賤而不足稱也歟？殹（抑）亦誠天子也歟？"

《上博二·魯邦》簡6："殹（抑）無如庶民何？"

《清華陸·鄭文公甲》簡9—10："世及吾先君卲公、厲公，殹（抑）天也，其殹（抑）人也，爲是牢鼠不能同穴，朝夕鬥鬩，亦不失斬伐。"

《清華壹·金縢》簡10—11："王問執事人，曰：信。殹（抑）公命我勿敢言。"

《子犯子餘》簡8此處的"殹（抑）"是一個表轉折的連詞。

厚予："殹"可上讀。①

子居（2017C）："殹"當訓爲"是"而非訓爲"惟"，"信難成，是又易成也"爲轉折複句，爲了強調後面所說民心與執政者施政行爲的關係。

伊諾（2018）："殹"屬上讀。可讀爲"也"，句末語氣詞。"或"意爲"又"。

霖按："信"，確實、的確義。"殹"，鄭邦宏讀作"抑"可從，轉折連詞，《左傳·襄公二十三年》："多則多矣，抑君似鼠。""殹""抑"相通之例如：《上博二·子羔》簡9："皆人子也，而其父賤不足稱也與？殹（抑）亦成天子也與？"②《上博八·志書》簡

---

① 簡帛論壇《清華柒〈子犯子餘〉初讀》18樓，2017年4月24日。
② 釋文從陳劍《上博簡〈子羔〉〈從政〉篇的竹簡拼合與編連問題小議》，《戰國竹書論集》，上海古籍出版社，2013年，頁25。

3:"殹（抑）忌違讒媢，以墮惡吾外臣。"① 伊諾認爲"殹"上讀作"也"，但"殹"用作〈也〉在秦系文字中常見，非楚系文字用字習慣。"或"讀作"有"，《郭店·老甲》簡1-2："三言以爲使不足，或令之或呼屬。"帛書本"或"寫作"有"。

〔4〕凡民秉厇（度），耑（端）正譖（僭）訧（忒），才（在）上之人

整理者注〔三三〕：厇，即"宅"字，讀爲"度"，《說文》："法制也。"耑，讀爲"端"，《說文》："直也。"譖，讀爲"僭"。《詩·抑》"不僭不賊"，毛傳："僭，差也。"訧，讀爲"忒"。《詩·抑》"昊天不忒"，鄭箋："不差忒也。"僭忒，也作"僭差"，意爲僭越禮法制度，即失度。《書·洪範》"民用僭忒"，孔傳："在位不敦平，則下民僭差。"

趙嘉仁（2017）："秉厇（度）"的"秉"也應該讀爲"稟"。"稟度"疑爲《國語·吳語》"……敢使下臣盡辭，唯天王秉利度義焉！"中"秉利度義"的縮略。《孔子家語·辯政》有"稟度"一詞，謂："此地民有賢於不齊者五人，不齊事之而稟度焉。"《漢語大詞典》解釋爲"受教"。如果"稟度"的意思是指受教。每個人受教的程度不同，表現一定也不一樣。簡文"凡民秉度端正僭忒，在上之人"一句，是說一般民衆其所稟受的訓教是端正還是僭忒，全在於上邊的人。

蕭旭（2017B）：此文訧當讀爲慝，奸惡也。譖，讀爲譛，虛僞不信也，字亦作僭。《韓詩外傳》卷二："聞君子不譖人，君子亦譖人乎？"《荀子·哀公》《新序·雜事五》"譖"作"譛"。……譖、譛一音之轉耳。《書·洪範》《釋文》："忒，他得反，馬云：'惡也。'"《漢書·王嘉傳》引作"僭慝"，顏師古注："僭，不信也。慝，惡也。"也作"譖慝""譛慝"，……"譖訧"猶言詐僞，與"端正"對文。

子居（2017C）："秉度"後當斷句。對"度"的強調，在先秦以法家爲最顯著，清華簡《管仲》篇即有"湯之行政而勤事也，必哉於義，而成於度"，可見《子犯子餘》篇與《管仲》的相關性。

霖按："秉"如字讀，遵循義，《詩經·大雅·烝民》"民之秉彝"，馬瑞辰《傳箋

---

① 釋文從陳劍《〈上博（八）·王居〉復原》，復旦大學出土文獻與古文字研究中心網 http://www.gwz.fudan.edu.cn/SrcShow.asp?Src_ID=1604，2011 年 7 月 20 日。

通釋》："秉，順也。"《諸子平議·管子四》"秉時養人"，俞樾按："秉，順也。" "![字]"，從厂毛聲，"宅"之異體，整理者讀作"度"可從，簡帛"厇""度"相通習見，如《上博三·彭祖》簡1："乃不失厇（度）。""秉度"後需點斷。"耑"讀作"端"可從，正直不邪義，《莊子·天地》："端正而不知以爲義，相愛而不知以爲仁。"成玄英疏："端直其心，不爲邪惡。" "![字]"，又見於戎生編鐘，整理者讀作"僭"可從。"![字]"，整理者隸定作"弎"可從，李家浩曾指出戰國文字中"弋"橫畫下一筆寫得較平，與"戈"寫作斜筆者不同。① "弎"讀作"忒"，《子彈庫·帛書乙》"下民之式，敬之毋弋（忒）"，《郭店·緇衣》簡4—5："《詩》云：淑人君子，其儀不弋（忒）。""僭忒"謂越禮逾制。"上之人"，指君主，帛書又見"上人"，《馬王堆肆·十六經·正亂》行25上/102上："上人正一，下人靜之，正以待天，靜以須人。"

〔5〕上繩（繩）不遊（失），斤亦不遣（僭）

整理者注〔三四〕：繩，讀爲"繩"。《禮記·樂記》"以繩德厚"，鄭玄注："繩，猶度也。"

整理者注〔三五〕：斤，讀爲"近"。或說讀爲"困"。末幾句意爲：民衆順隨法度，是端正合度，還是差錯失度，都在於在上位的人。在上位的人不失度，（即便）親近的人也不會有差失。

趙嘉仁（2017）："斤（近）亦不（僭）"的"斤"字從字形和文意看，似應爲"下"字之誤。

陳偉（2018）：斤讀爲"近"，游離于君民關係這一主題。所以整理者在通譯時要增加"即使"二字。讀爲"困"，也有這方面的問題。其實，"斤"當如字讀，指斤斧。古人用斤時，往往需施繩墨，以使操作準確。故而繩、斤或可并言。《莊子·在宥》"天下好知，而百姓求竭矣。于是乎釿鋸制焉，繩墨殺焉，椎鑿決焉"，釋文："釿音斤，本亦作斤。"《鹽鐵論·大論》："夫治民者，若大匠之斲，斧斤而行之，中繩則止。"《潛夫論·贊學》："夫瑚璉之器，朝祭之服，其始也，乃山野之木、蠶繭之絲耳。使巧倕加繩

---

① 李家浩《戰國𨚓布考》，《著名中年語言學家自選集·李家浩卷》，安徽教育出版社，2002年，頁160—166。

墨而制之以斤斧，女工加五色而制之以機杼，則皆成宗廟之器，黼黻之章，可羞于鬼神，可御于王公。"《莊子·在宥》《鹽鐵論·大論》是在説治民之事，與簡文立意猶同。簡書中，"斤"喻民衆，與"繩"喻君上正相對應。

霖按：陳偉之説可從，與"繩"相對，所謂"引繩運斤"。"𦁐"，從糸興聲，整理者讀作"繩"可從。"繩"字寫法又見於包山二牘 1"𦁐"，《上博九·陳公》簡 20"𦁐"等。楚簡中"興"讀作"繩"之例如《上博六·天乙》簡 6—7："天子坐以矩，食以宜，立以懸，行以興（繩），視侯量，寡（顧）還身。"① "不遴（失）"，不偏離、不失誤。《周易·隨卦·象傳》："出門交有功，不失也。"孔穎達疏："以所隨之處不失正道，故出門即有功也。""𨒋"，從辵晉聲，整理者讀作"僭"可從，義爲超越本分，冒用在上者的職權、名義行事。《詩經·商頌·殷武》"不僭不濫"，馬瑞辰《傳箋通釋》："僭之本義爲以下儗上，引申之爲過差。"

3. 公乃䚔（問）於邘（賽）啚（叔）曰："啚（叔），昔之舊聖折（哲）人之尃（敷）政命（令）荆（刑）罰[6]，事（使）衆若事（使）一人，不穀（穀）余敢䚔（問）亓（其）道繫（奚）女（如）[7]？

〔6〕昔之舊聖折（哲）人之尃（敷）政命（令）荆（刑）罰

整理者注〔三六〕：尃，讀爲"敷"，訓爲"布"。毛公鼎："專（敷）命專（敷）政""專（敷）命于外"。傳世文獻中多以政令、刑罰對稱，如《荀子·議兵》："故制號政令欲嚴以威，慶賞刑罰欲必以信。"

霖按："𡋟"，從土專聲，又見於《上博四·昭王》簡 4"𡋟"，《上博六·競公》簡 4"𡋟"等，整理者讀作"敷"可從，施行義。《清華壹·皇門》簡 4："是人斯助王恭明祀,敄（敷）明刑。"《尚書·舜典》"敬敷五教在寬"，蔡沈集傳："敷，布也。"

〔7〕事（使）衆若事（使）一人，不穀（穀）余敢䚔（問）亓

---

① 劉洪濤《讀上博竹書〈天子建州〉札記》，武漢大學簡帛網 http://www.bsm.org.cn/show_article.php?id=612，2007 年 7 月 12 日。

（其）道眔（奚）女（如）

馬楠：《荀子·不苟》有"總天下之要，治海内之衆，若使一人。"①

子居（2017C）："使衆若使一人"的觀念，首見於《孫子·九地》："故善用兵者，攜手若使一人。"

霖按：以"事"表示｛使｝在清華簡中多見，這種用字習慣亦見於西周金文及時代較早的文獻，如毛公鼎："王曰：父厝，雩之庶出入事（使）于外，尃命專政。"《清華伍·命訓》簡6："事（使）信人畏天，則度至于極。""不穀余"，又見於《清華陸·管仲》簡30："不穀（穀）余日三怵之，夕三怵之。"兩個主語并列的類似表達如少虡劍（《集成》1196）"朕余名之"。"奚如"，如何，怎樣。《史記·平原君虞卿列傳》："寡人使平陽君爲媾於秦，秦已内鄭朱矣，卿以爲奚如？"

4. 猷（猶）尗（叔）是䎽（聞）遺老之言，必尚（當）語我才（哉）[8]。寍（寧）孤是勿能用？卑（譬）若從騅（雉）肰（然）[9]，虞（吾）尚（當）觀亓（其）風[10]。

[8] 猷（猶）尗（叔）是䎽（聞）遺老之言，必尚（當）語我才（哉）

整理者注〔三七〕：猷，同"猶"。《左傳·襄公十年》"猶有鬼神，於彼加之"，楊伯峻注："猶，假如。"

黄傑："是"似當讀爲"寔"。②

陳偉（2018）：整理者以爲"猷"同"猶"，當是。但訓爲"假如"，則難以憑信。在此問之前，秦穆公已向蹇叔提出一個問題，并得到回應。現在是提出第二個問題，"猶"即因此而言，意爲"仍"。"猶叔是問"就是繼續問蹇叔。其後當加句號。

霖按："猷"，整理者讀作"猶"可從，假如義。《國語·周語》"猶土之有山川也"，韋昭注："猶，若也。"《助詞辨略》卷二："《禮記·内則》：子弟猶歸器衣服裘衾車馬，則必獻其上，而後敢服用其次也。"劉淇按："此猶字，是假設之辭。""是"，表示肯

---

① 清華大學出土文獻讀書會《清華七整理報告補正》。
② 簡帛論壇《清華柒〈子犯子餘〉初讀》2樓"暮四郎"説，2017年4月24日。

定判斷。"遺老"，舊臣或年老歷練之人，對應簡 9 "舊聖哲人"。

〔9〕寍（寧）孤是勿能用？卑（譬）若從䴘（雉）肰（然）

整理者注〔三八〕：寍，讀爲"寧"。王引之《經傳釋詞》卷六："寧，猶豈也。"

整理者注〔三九〕：從，追逐。《左傳·桓公五年》"祝聃請從之"，楊伯峻注："從之，謂追逐之也。"䴘，讀爲"雉"。

蕭旭（2017B）："䴘"當是"鵜"增旁字，文獻多作"鵜"，古音夷、弟一聲之轉。《說文》："鵜，鵜胡，汙澤也。鵖，鵜或从弟。"《集韻》引"鵜胡"作"鵜鶘"。……考《埤雅》卷11引《禽經》："鵜鳥不登山，鶄鳥不踏土。"鵜鳥踏土而不登高，故俗字增土旁作"䴘"也。《詩·曹風·候人》："維鵜在梁，不濡其翼。"《詩》序："《候人》，刺近小人也，共公遠君子而好近小人焉。"鄭玄箋："鵜在梁，當濡其翼而不濡者，非其常也，以喻小人在朝，亦非其常。"

霖按："卑""譬"相通之例如《清華壹·皇門》簡 9："卑（譬）如戎夫，驕用從禽，其猶克有獲？"《清華陸·鄭甲》簡12："君如是之不能務，則卑（譬）若疾之亡醫。""從"，追逐義可從。"![字]"，從鳥㒸聲，"雉"字異體，又見於"![字]"（天星觀遣册）、"![字]"（《上博五·鮑叔牙》簡2）等。《上博五·鮑叔牙》簡2"昔高宗祭，有![字]雊於彝前"，《尚書·高宗肜日》記載："高宗肜日，越有雊雉。"可知"![字]"即"雉"字。簡帛文獻中"夷""雉"相通如《北大肆·反淫》簡17"辛雉（夷）槀本"，《上博九·陳公》簡1"命師徒殺取禽獸㒸（雉）兔"等。古時以白雉爲王者有德之徵兆，如《楚辭·天問》："厥利維何，逢彼白雉。"《尚書大傳》卷四："周公居攝六年，制禮作樂，天下和平。越裳以三象重譯而獻白雉。"《春秋感精符》："王者德流四表，則白雉見。"

〔10〕虐（吾）尚（當）觀亓（其）風

整理者注〔四〇〕：風，句中指雉飛的風向。這兩句意爲，譬如追逐雉雞一樣，我們應當觀察它飛的風向。語意近於《淮南子·覽冥》所引《周書》曰："掩雉不得，更順其風。"

蕭旭（2017B）：秦公二語疑用《詩》典，"風"同"諷"，"觀其風"言觀《候人》之諷鵜鳥，秦公自言當近君子也。

侯乃峰（2018B）：簡文中的"風"，當譬喻前文所説的"昔之舊聖折（哲）人"之教化、風氣、作風、風度。《廣韻·東韻》："風，教也。"……簡文當是説：秦穆公向蹇叔請教"昔之舊聖哲人"之道，請蹇叔將所知及所聞於遺老之言盡數告訴自己。同時説明，即便自己不能盡數采用蹇叔告訴他的"昔之舊聖哲人"之道，然這就譬如去追逐雉鷄那樣，雖然追逐不上，我也應當可以對"昔之舊聖哲人"之教化、風氣、作風、風度略知一二吧。秦穆公之譬喻極妙。他以"從雉（追逐雉鷄）"比喻追尋"昔之舊聖哲人"之道；"從雉"不得，祇能感受到雉鷄飛過帶來的風，以此比喻自己雖然不能盡數采用蹇叔所説的"昔之舊聖哲人"之道，然自己應當也可以藉此對他們的風氣、作風略有所知，從而借鑒一二吧。

王寧："風"疑是《書·費誓》"馬牛其風，臣妾逋逃，勿敢越逐"的"風"，亦即《左傳·僖公四年》"唯是風馬牛不相及也"之"風"，古訓爲"佚"、爲"放"，就是逃走的意思。《淮南子·覽冥》説："《周書》曰：'掩雉不得，更順其風。'今若夫申、韓、商鞅之爲治也，挬拔其根，蕪弃其本，而不窮究其所由生，何以至此也。"很明顯，《周書》那兩句的意思是説，捕捉野鷄不得，轉而研究一下它是怎麽逃走的，即研究抓不到野鷄的原因，所謂"窮究其所由生"。秦穆公説：好像追逐野鷄一樣，（即使是抓不到），我也該看看它是怎麽逃走的。言外之意是説，遺老的言論，即使是我用不上，也總該知道他們是怎麽説的吧。[①]

子居（2017C）：風當訓爲音聲，指雉的叫聲，這裏雙關并指前賢的遺風，《大雅·崧高》："其詩孔碩，其風肆好。"《經典釋文》引王肅注："風，音也。"《吕氏春秋·適音》："故有道之世，觀其音而知其俗矣，觀其政而知其主矣。故先王必托於音樂以論其教。"《淮南子·原道訓》："結激楚之遺風。"高誘注："遺風，猶餘聲也。"

霖按："風"，侯乃峰之説可從，本義是雉飛起所帶之風，簡文以之喻"舊聖哲人"之教化。《莊子·天地》："願先生之言其風也。"成玄英疏："風，教也。"《詩經·周南·關雎序》："風，風也，教也。風以動之，教以化之。""觀"，審察、觀察義。《楚辭·離騷》："瞻前而顧後兮，相觀民之計極。"王逸注："足以觀察萬民忠佞之謀，窮其真偽也。"

[①] 簡帛論壇《清華柒〈子犯子餘〉初讀》56樓，2017年5月3日。

5. 邗（蹇）㝴（叔）含（答）曰："凡君斎=（之所）䎽（問）莫可䎽（聞）。昔者成湯以神事山川，以悳（德）和民[11]。四方㠯（夷）莫句（後）與[12]，人面見湯若霃（暴）雨方奔之而麗（庇）雁（蔭）女（焉）[13]，用果念（臨）政九州而䇂（有）君之[14]。

〔11〕凡君斎=（之所）䎽（問）莫可䎽（聞）。昔者成湯以神事山川，以悳（德）和民

整理者注〔四一〕：事，《周禮·宮正》"凡邦之事蹕"，鄭玄注："事，祭事也。"以神事山川，即以祭祀神的方式祭祀山川。《管子·侈靡》"以時事天，以天事神，以神事鬼"，用法與此相類。

整理者注〔四二〕：以德和民，見於《左傳·隱公四年》，清華簡《管仲》作"和民以德"。

霖按："湯"，楚簡中或記作"康""漮""庚"等；又稱"成湯"，楚簡或記作"成康"；又稱"天乙"，《荀子·成相》："十有四世，乃有天乙是成湯。"湯名履，故今本《竹書紀年》記作"天乙履"。"神事"，《國語·魯語下》："天子及諸侯合民事於外朝，合神事於内朝。"韋昭注："神事，祭祀也。""成湯以神事山川"應指成湯封禪之事，《史記·封禪書》："湯封泰山，禪云云。""和"，使和睦、安定義，與簡文相似之語見於《清華伍·三壽》簡18-19："恭神以敬，和民用正"，《清華陸·管仲》簡17-18："湯之行正而勤事也，必哉於義而成於度。小大之事，必知其故。和民以德，執事有豫。"

〔12〕四方㠯（夷）莫句（後）與

整理者注〔四三〕：這句講湯征伐夷的情形，《書》原有載，已佚，《孟子·梁惠王下》《滕文公下》皆引《書》有論，文句略有不同。《梁惠王下》："《書》曰：'湯一征，自葛始。'天下信之。東面而征，西夷怨；南面而征，北狄怨。曰：'奚爲後我？'"《滕文公下》："'湯始征，自葛載。'十一征而無敵於天下。東面而征，西夷怨；南面而征，北狄怨。曰：'奚爲後我？'"

整理者注〔四四〕：與，訓爲"使"。

馬楠："與人"當上屬爲句。①

劉洪濤："與"讀爲"舉",全。②

潘燈："與"或還可讀"輿",有衆、多義。《史記·酈生陸賈列傳》："人衆車舉,萬物殷富。"《漢書》:作"輿"。③

王寧（2017B）：首先是斷句問題,馬楠先生已經指出"'與人'當上屬爲句",應該是對的。"句"應當讀爲君后之"后",清華簡《尹至》《尹誥》裏都以"句"爲"后"是其證。"莫后與人"是不肯把君主之位交給別人,就是不肯讓別人當自己的君主的意思,他們都想讓湯來作君主,所以下文説"面見湯"。"湯"後不當斷句,而應讀作"面見湯若鶩雨"爲句,"方奔之而鹿雁焉"爲句,與簡13的"方走去之"句式略同,"方"當訓"並",《漢書·揚雄傳上》："方玉車之千乘",顏注："方,並也。"《揚雄傳上》又云："雖方徵僑與倨佺兮",顏注："方謂並行也。"《荀子·致士》："莫不明通方起以尚盡矣",楊注："方起,並起。""方奔""方走"即"並奔""並走",也可以理解爲"皆奔""皆走"。

林少平（2017B）："與人面"當與"見湯"斷讀。"見湯若鶩（濡）雨"當爲獨立句,可參見下文"見受（紂）若大陸（岸）酒（將）陲（崩）"格式。……四方,與"四面"同義。《文選·陸倕·石闕銘》："區宇乂安,方面静息。"劉良注："方面,四方之面也。"夷,讀作"尸"。段玉裁《説文注》："《周禮注》：'《周禮》夷之言尸也者,謂夷即尸之叚借也。尸,陳也。"莫,讀作"幕"。《史記·李廣傳》注引《索隱》曰："凡將軍謂之幕府者,蓋兵門合施帷帳,故稱幕府。古字通用,遂作莫耳。"……《史記·龜策傳》："宋元王二年,江使神龜使于河,至于泉陽,漁者豫且舉网得而囚之。置之籠中。夜半,龜來見夢于宋元王曰：'我爲江使于河,而幕网當吾路。'"此處"幕"與"网"并列,可證實"幕"當可指"網"一類之物。可知"陳幕"與"張网"同義。故簡文"四方夷莫"與"四面張网"同義。句,整理者讀作"後",非是,當讀作本字,義爲"止"。《玉篇》："止也,言語章句也。"文獻所記載"湯曰：'嘻,盡之矣！'"盡,《小爾

---

① 清華大學出土文獻讀書會《清華七整理報告補正》。
② 簡帛論壇《清華柒〈子犯子餘〉初讀》36樓"lht"説,2017年4月27日。
③ 簡帛論壇《清華柒〈子犯子餘〉初讀》64樓,2017年5月4日。

雅》:"止也。""盡之"即"止之"。與,讀作"以"。《詩經·國風·召南》:"之子歸,不我與。"朱《注》:"與,猶以也。"人面,讀作"仁面"。後世有所謂成湯"仁人面"的説法,即成湯所留之"一面"。綜上説述,清華柒《子犯子餘》所見"四方夷莫,句與人面",實際上就是指文獻所記載的成湯"網開三面"典故。

陶金(2017):筆者傾向於林少平先生的斷句,……《墨子·明鬼下》引《商書》曰:

"嗚呼!古者有夏,方未有禍之時,百獸貞蟲,允及飛鳥,莫不比方。矧住(隹、惟)人面,胡敢异心?山川鬼神,亦莫敢不寧。若能共允,住(隹、惟)天下之合,下土之葆。"……

按照《墨子閒詁》對此處"人面"的解釋,即長着人臉而爲人類之意。簡文"尼莫"當讀爲"夷貊"。"莫""貊"古字通用,古人對四方蠻夷有鄙視的觀念,認爲他們是動物之種,《説文》:"南方蠻、閩從虫,北方狄從犬,東方貉從豸,西方羌從羊:此六種也。"……"句"不應讀爲"後"或"后",當讀爲"苟",出土文獻中用"句"爲"苟"的例子很多。簡文中的"句與"如果讀作"苟與",有兩種解讀方案。其一,將"苟與人面"和"矧惟人面"視作同義語互參。"苟與"相當於"矧惟","矧"爲發語詞,在不同的語境有多種含義,故同爲"矧惟","矧"有猶"又""應""當""即"等多種解釋,隨文意而有不同;"苟"猶"但"也,"惟"猶爲也,"與"亦爲也,"矧惟"或"苟與"的意思相當於"祇要爲""祇要是"。"夷貊"應該視爲地域概念,表示遠方,并不表示種族。"四方夷貊,苟與人面"則可解讀爲:四方夷貊(之地),祇要是長着人面的(都會去見湯)。若將"夷貊"視作種族,則與"人面"的範圍有交叉,即"夷貊"之中亦有"人面"。其二,將"人面"與"夷貊"概念完全對立。"苟",訓爲"且"。"四方夷貊,苟與人面"一句可與下文"殷邦之君子,無小大,無遠邇"對看,後者用於描述"殷邦之君子"的成份,前者則是用於描述歸附成湯群體的成份,"人面"是主體,放在句後,"夷貊"是"人面"的追隨者。則此句可解讀爲:四方夷貊隨同有面目之人(一起去見成湯)。

蕭旭(2017B):整理者句讀不誤,讀句爲後,引《孟子》以證,亦不誤。惟謂"《書》已佚"則失考,《書·仲虺之誥》:"初征自葛,東征西夷怨,南征北狄怨。曰:

'奚獨後予？'攸徂之民，室家相慶，曰：'徯予後，後來其蘇。'""方奔之"與下文"方走去之"相對應，"而"非衍文。與，介詞，猶以也，用也。"人面"指人形面具，此四夷風俗。言四夷之人莫肯後人，戴着人形面具去朝見湯。

單育辰（2017）："與人"二字整理者連下讀，我們把"與"歸入上句，"與"應是親近的意思，而"人"則連下讀。"四方尼（夷）莫後與"整理者已言湯有征伐夷之情形，亦可參上博二《容成氏》39"湯聞之，於是乎慎戒徵賢，德惠而不暇，孤（柔）三十尼（夷）而能之。"可見湯時確有柔撫夷方之事。

子居（2017C）："與人"從馬楠斷句。但認爲"與"當訓爲"於"，此句當讀爲"四方夷莫後於人"。《群書治要》卷三十一引《六韜·犬韜》："勿以謀簡於人，勿以謀後於人"即"後於人"辭例。

霖按：句讀從單育辰之説，將"與人"分屬上下兩句，讀作"四方尼（夷）句（後）與，人面見湯若鴛（暴）雨方奔之而麗（庇）雁（蔭）女（焉）"。"句"，整理者讀作"後"可從，《郭店·五行》簡16："能爲一，然句（後）能爲君子。""與"，我們認爲是"追隨"義，《國語·齊語》"桓公知天下之諸侯多與己也"，韋昭注："與，從也。"

〔13〕人面見湯若鴛（暴）雨方奔之而麗（庇）雁（蔭）女（焉）

整理者注〔四五〕：鴛，從雨，鳧聲，疑讀爲"濡"。《史記·刺客列傳》"鄉使政誠知其姊無濡忍之志"，司馬貞索隱："濡，潤也。""鹿"字形近於"![字形]"（睡虎地秦簡《日書》甲75背）。雁，讀爲"膺"。《楚辭·天問》"鹿何膺之"，王逸注："膺，受也。"《楚辭·天問》"蓱號起雨，何以興之？撰體脅脅，鹿何膺之"，以鹿喻爲風神，呼應雨神蓱號。疑簡文也是以鹿喻風呼應上文的雨。

馬楠：鴛從鳧得聲，可讀爲溥，訓爲大。雁讀爲鷹。"方"用作副詞，表示正在，如《左傳》"國家方危，諸侯方貳"。"面見湯，若溥雨方奔之而鹿鷹焉"，"而"字或爲衍文。與下文"見受若大岸將具崩方走去之"正相對應。①

難言："![字形]"是"雹"字，簡文可能不通假爲別字。②

---

① 清華大學出土文獻讀書會《清華七整理報告補正》。
② 簡帛論壇《清華柒〈子犯子餘〉初讀》1樓，2017年4月23日。

王寧（2017B）：此字（引者按："🔣"）又不能不讓人想到《楚帛書》甲篇中的"🔣"字，……《子犯子餘》中的這個從雨鼀聲的字釋"鼀"應該是正確的，……《子犯子餘》中從雨鼀聲之"鼀"不能依字讀，而應該讀爲"風"。……"風雨"乃古書常見詞彙，說"若（或如）風雨"的話也很多，如《管子·幼官（玄宫）》："說行若風雨，發如雷電。"……均言行動之疾速。簡文言"面見湯若風雨"，謂象風雨一樣急速地去面見湯。"🔣"字應該是從鹿苟（敬）省聲，可能就是"慶"字的異構。……《子犯子餘》的所謂"鹿"字上面的筆畫其實就"苟（敬）"的頭部，中間的橫筆和"勹"形筆與"鹿"的筆畫重合或共用，所以這個字當分析爲從鹿苟（敬）聲。"敬"是見紐耕部字，"慶"見紐陽部字，二字雙聲、耕陽對轉叠韻音近，古書裏"荆""慶"通假，而"荆""敬"都是見紐耕部字，這個字從鹿敬聲，自可讀爲"慶"，它很可能是"慶"的一種特殊寫法。在簡文中"慶雁"當讀爲"響應"，……這段簡文可能當讀爲："昔者成湯以神事山川，以德和民，四方夷莫后與人，面見湯若風雨，方奔之而響應焉。"

金宇祥：若簡文此句與湯征伐夷有關，在文獻中大旱望雨的情況常用"淫雨"或"霖雨"來形容。鼀可考慮讀爲"霧"，兩者爲唇音，皆爲合口三等侯部，見《楚辭·大招》："霧雨淫淫，白皓膠只。"[1]

駱珍伊：《越公其事》簡26有"麃"字作"🔣"，字形的上部與下部結構皆與本篇"🔣"字不同。故本篇的"🔣"當從原考釋釋爲"鹿"字，……甲骨"鹿"字有作"🔣"（28334）、"🔣"（28353）者，其特徵爲下足近似"匕匕"形，"麃"字作"🔣"（05658反）、"🔣"（28420）則無此特徵。[2]

潘燈："🔣"，或是"靃"的繁構，直接讀"霍"，訓爲疾速貌，則句中"面見湯若🔣（霍）雨"正如王寧先生所言"象風雨一樣急速地去面見湯"，可能字義會更爲妥帖些。[3] 在荆州當地，形容雨大迅疾，至今還有"huǒ 地 huǒ 地下"的方言，"🔣"從霍

---

[1] 簡帛論壇《清華柒〈子犯子餘〉初讀》40樓，2017年4月27日。
[2] 簡帛論壇《清華柒〈子犯子餘〉初讀》53樓"明珍"說，2017年5月1日。
[3] 簡帛論壇《清華柒〈子犯子餘〉初讀》59樓，2017年5月3日。

音，與 huǒ 音近，此方言之字，或許即爲"🖼"，似也可備一説。① 雁我們直接讀"鷹"，我們把全句暫理解爲：以前成湯用事奉鬼神的方式來事奉山川地祇，用德來親和人民。周邊方國亦緊隨其後，無不效仿。衆人面見湯，就像疾風暴雨、鷹鹿飛奔一樣急着拜見。因此成湯最終能够臨政九州，百姓都敬重他奉爲聖君。②

水之甘：懷疑"🖼"字爲蔞的訛體，包山"兕茈"之兕下部寫的類似又形，懷疑二者有訛混，從蔞則可以讀爲"雩"，雩雨爲祈雨。但字形上并不太好。③ "🖼"當成"麗"的省體的話，可能要讀爲"灑"；當成"鹿"，則讀爲"漉"，漉可以訓爲"竭、涸"，"膺"爲影母蒸部，訓爲受。當然目前最好的看法讀爲"慶膺"，《文選》："昭哉世族，祥發慶膺。"李善注："慶膺，猶膺慶也。"指接受福澤。④

羅小虎："🖼"字從單育辰所説懷疑可讀爲並母藥部的"暴"。楚系文字中，魚部與藥部的字可通。如《容成氏》"唐"通"虐"，前者爲魚部字，後者爲藥部字。"暴雨"一詞，古書多見。如《吕氏春秋·孟春紀》："行秋令則民大疫，疾風暴雨數至，藜莠蓬蒿并興。"方，正在、正當。奔，奔跑、急走。鹿，可看成是"麗"字形省，附著、依附。"🖼"字，疑爲"膺"字形省，可讀爲"蔭"。"膺"爲影母蒸部，"蔭"爲影母侵部，音近可通。蔭，蔭蔽。"鹿膺"，即"麗蔭"，依附於蔭蔽。《論衡·指瑞篇》："夏后孔甲畋於首山，天雨晦冥，入於民家……夫孔甲之入民室也，偶遭雨而蔭蔽也。"此句與簡文在"遭雨而蔭蔽"這一點上有近似之處。結合上下文，這句話可以理解爲：四方夷見到商湯，就如同下大雨正奔跑着避雨時，遇到蔭蔽并且依附之一樣。蹇叔説這句話，是爲了形容商湯的德政，并以此與商紂的虐政相比較。⑤

水墨翰林：斷句方式應爲"四方夷莫后與人面見湯，若鶩雨方奔之而鹿膺，焉用果念政九州而命君之。"……我們認爲"方奔"是一個雙聲連綿詞，"方"爲幫母陽部字，"奔"乃幫母文部字，"方奔"一詞應讀爲"滂渤/滂浡"，"方"通作"滂"自無問題，

---

① 簡帛論壇《清華柒〈子犯子餘〉初讀》60 樓，2017 年 5 月 3 日。
② 簡帛論壇《清華柒〈子犯子餘〉初讀》64 樓，2017 年 5 月 4 日。
③ 簡帛論壇《清華柒〈子犯子餘〉初讀》62 樓，2017 年 5 月 4 日。
④ 簡帛論壇《清華柒〈子犯子餘〉初讀》98 樓，2017 年 7 月 26 日。
⑤ 簡帛論壇《清華柒〈子犯子餘〉初讀》96 樓，2017 年 7 月 13 日。

"渤/浡"爲並母物部字，與"奔"相通音理也自無問題。"滂渤/滂浡"指氣勢勃發盛大，《後漢書·馮衍傳下》："泪汍瀾而雨集兮，氣滂浡而雲披。"是此詞可用來形容雨勢之大之證。……先秦典籍在講述先聖王宣教化，蠻夷歸之唯恐不及，而用比喻的方式來描寫這種歸附情形的例子很多，如《孟子·梁惠王》："民歸之如水之就下，沛然誰能禦之。"簡文在此也應是用比喻的方式説明四方夷面見湯之情形。暴雨確實容易成灾，但用暴雨來形容不可阻擋之勢也無不可。《藝文類聚》卷二引晉潘尼《苦雨賦》曰："始夢濺而徐墜，終滂需而難禁。"是其證。"之"應是助詞而無實意。①

單育辰（2017）："䳑雨"疑讀爲"暴雨"，"䳑雨"從"鼻"得聲，"鼻"並紐侯部，"暴"並紐藥部，聲紐相同，韻部旁對轉，語音較近，有相通的可能。"䳑"，正規的"䳑"頭與"鹿"頭寫法并不一樣，我們已經説過："雖然楚文字中'䳑'頭與'鹿'頭常常混同，但《上博三·周易》簡6的'䳑'字的頭部作兩角交叉形，可參新蔡甲三401'䳑'、《上博三·周易》簡51'䳑'亦如此寫，它們大概是正規寫法的'䳑'頭。"② 再看一下"䳑"形，可知原釋文所謂的"鹿"明顯是先寫"鹿"頭，後發覺有誤，改爲"䳑"頭，這種改筆的例子還可見上博八《志書乃言》簡5中"䳑"字，應是先寫了"受"的前幾筆，後又利用"受"中"舟"形的部分筆畫改爲"禹"字，③可互相參照。所以"䳑"字其實從"䳑"頭從"比"。不過"比"形有一定可能由䳑足演化而來，若如此，則"䳑"仍是"䳑"字。但如果"䳑"下形若就是從"比"，則有可能應讀爲"庇"，"雁"字怎麼讀尚不詳。"人面見湯，若䳑雨方奔之，而䳑雁焉"的意思是説人民面見湯，好象暴雨正要來一樣，人民却能得到庇蔭而不被雨水澆到。

蕭旭（2017B）："䳑雨"讀爲暴雨，專字作"瀑雨"，指急疾之雨、大雨。《孟子·梁惠王下》："民望之，若大旱之望雲霓也。"又《滕文公下》："民之望之，若大旱之

---

① 簡帛論壇《清華柒〈子犯子餘〉初讀》66樓，2017年5月4日。
② 原注：單育辰《由清華四〈别卦〉談上博四〈柬大王泊旱〉的"庻"字》，《古文字研究》（第31輯），中華書局，2016年，頁312—315。
③ 原注：李松儒《談上博八〈命〉〈王居〉〈志書乃言〉字迹相關問題》，《簡帛》（第7輯），上海古籍出版社，2012年，頁45；又見於李松儒《戰國簡帛字迹研究——以上博簡爲中心》，上海古籍出版社，2015年，頁536。

望雨也。"司馬相如《諭難蜀父老書》"蓋聞中國有至仁焉，舉踵思慕，若枯旱之望雨"，亦用此典。簡文言民之望湯如大旱之望大雨也，狀其急迫、渴望之心，而不是狀其急速奔走。方，猶將也。"雁"是"鷹"古文（見《玉篇》），《説文》作"雁"，云："雁，鳥也，从隹，瘖省聲，或从人，人亦聲。鷹，籀文从鳥。"俗字訛變從广作瘫、癢。雁，讀爲應。《詩·鹿鳴》："呦呦鹿鳴，食野之苹。"毛傳："興也。苹，萍也。鹿得萍，呦呦然鳴而相呼，懇誠發乎中，以興嘉樂賓客當有懇誠相招呼以成禮也。"簡文言湯至仁，四夷之人如大旱之望大雨，將奔走朝見湯，其往也，如鹿鳴之相呼應也。

子居（2017C）：筆者認爲"雹雨"當爲"靈雨"之誤，《説文·雨部》："䨖，古文雹。"而春秋晚期郤公釛鐘"靈"字作"🝁"，胡厚宣《殷代的冰雹》文更是以甲骨文中"靈""雹"爲一字。因此，無論二者是否曾爲一字，"🝁"都有被抄手誤爲"䨖"因而轉寫爲"鴛"的可能，類似於"豈"字被誤書爲"豐"字的情況。《詩經·鄘風·定之方中》："靈雨既零，命彼倌人，星言夙駕，説於桑田。"鄭箋："靈，善也。"諸書皆記湯時曾大旱，所以此處將湯比喻爲靈雨，《廣雅·釋詁》："時，善也。"故時雨即靈雨，……"🦌"字當是從倒矢從鹿，即麋字。麋即麐，《説文·鹿部》："麐，大麋也。狗足。从鹿旨聲。麂，或从几。"故麋當可讀爲"皆"。按全句用韻，此處的"雁"似當讀爲"安"，《荀子·議兵》："因其民，襲其處，而百姓皆安。"

霖按："🝁"，從雨鼂聲，我們同意單育辰、羅小虎觀點，讀作"暴"。"鼂"字又見於曾侯乙墓簡46"🝁"，包山簡183"🝁"，望山二簡13"🝁"等。[1]"鼂"從勹聲。[2]"勹"幫紐幽部，"暴"並紐藥部可通。"🦌"從鹿省比聲，楚系文字中"鹿"字主要寫作："🦌"（《上博五·鬼神》簡6），"🦌"（《上博六·天子》簡10），"🦌"（《清華壹·楚居》簡7）等，與本簡"🦌"字差別明顯，故我們隸定作"麃"，讀作"庇"，

---

[1] 關於"鼂"字釋讀參看單育辰《談戰國文字中的"鼂"》，《簡帛》（第3輯），上海古籍出版社，2008年，頁21—28。于省吾《釋勹、鼂、䖵》，《甲骨文字釋林》，中華書局，1999年，頁374—378；裘錫圭《甲骨文字考釋（八篇）·釋"鼂"》，《裘錫圭學術文集·甲骨文卷》，復旦大學出版社，2012年，頁80—81；劉釗《古文字構形學》（增訂本），福建人民出版社，2011年，頁160—166。
[2] 李家浩《甲骨文北方神名"勹"與戰國文字從"勹"之字——談古文字"勹"有讀如"宛"的音》，《文史》，2012年第3期。

二字同從"比"聲。①"雁",又見於新蔡乙二簡11"▨",《清華伍·封許》簡2"▨"等,《封許之命》中讀作"膺"可從,"▨"應是"膺"之省體。本簡讀作"蔭","雁"影紐蒸部,"蔭"影紐侵部,侵部與蒸部相通之。例如:楚之國姓"熊"在楚簡及金文中寫作"酓","熊"匣紐蒸部,"酓"影紐侵部。"麗雁"讀作"庇蔭",義爲遮蔽,《國語·晉語九》:"木有枝葉,猶庇廕人,而況君子之學乎?"《詩經·小雅·隰桑》:"隰桑有阿,其葉有難。"鄭玄箋:"其葉又茂盛,可以庇蔭人。"引申有"庇護"義,《顏氏家訓·勉學》:"父兄不可常依,鄉國不可常保,一旦流離,無人庇廕,當自求諸身耳。""方",時間副詞,《廣雅·釋詁一》:"方,始也。""奔"可能非奔走、追逐義,我們訓作"疾",文獻中"奔"與天象相關時可訓作"疾",如《讀書雜志·漢書第十一·嚴朱吾邱主父徐嚴終王賈傳》"追奔電,逐遺風"條,王念孫按:"奔、遺皆疾意也。"《爾雅·釋天》"奔星爲彴約",郝懿行義疏引《占經》七十一引《爾雅》舊注云:"流星大而疾曰奔。""之"作助詞起調節音節的作用。

〔14〕用果念(臨)政九州而𤔲(有)君之

整理者注〔四六〕:用,裴學海《古書虛字集釋》:"猶則也。"果,《國語·晉語三》"果喪其田",韋昭注:"果猶竟也。"念,疑讀爲"臨"。"念"在泥母侵部,"臨"在來母侵部,音近可通。臨,《穀梁傳·哀公七年》:"春秋有臨天下之言焉",范甯注引徐乾曰:"臨者,撫有之也。"政,讀爲"正"。《周禮·宰夫》"歲終則令群吏正歲會",鄭玄注:"正,猶定也。"𤔲,不識,疑讀爲"承",或讀爲"烝"。《詩·文王有聲》"文王烝哉",毛傳:"烝,君也。"

趙嘉仁(2017):"果"應該就訓爲"果敢""果決"。

厚予:"𤔲"可讀爲"黽",勉也。②

劉偉浠:"▨"與"▨"爲一字的話,依禤健聰先生可讀爲"耆",③訓"強大",

---

① "麗雁"讀作"庇蔭"是孟蓬生老師上課所提觀點。
② 簡帛論壇《清華柒〈子犯子餘〉初讀》18樓,2017年4月24日。
③ 引者按:參看禤健聰《說楚文字的"龜"和"鼉"》,《戰國楚系簡帛用字習慣研究》下編,科學出版社,2017年,頁524—528。

《廣雅·釋詁一》："耆，強也。"此意云使君的後代強大起來。①

王寧（2017A）：《方言》十一："蠅，東齊謂之羊。"郭璞注："此亦語轉耳。今江東人呼羊聲如蠅，凡此之類，皆不宜別立名也。"錢繹《箋疏》："羊、陽、揚、繩、蠅古聲并同，揚之轉爲繩，猶蠅之轉爲羊矣。"羊、陽、揚都是陽部字，繩、蠅從黽聲都是蒸部字，蓋蒸、陽二部旁轉叠韻相近，故二部的雙聲或旁紐雙聲字或得相轉，自古如此。由此而言，感覺楚文字中的"鼆"字，有時可能會被用爲陽部的"上"或"尚"，"繩""上（尚）"船禪旁紐雙聲、蒸陽旁轉叠韻相近。郭店簡《窮達以時》裏言百里奚爲"鼆卿"，可能就是"上卿"，"上卿"一詞古書習見。……《子犯子餘》中"上君"用爲動詞，"之"猶"于（於）"也，"上君之後世"即"上君於後世"，于後世被稱爲上君之意。……説"鼆"上部所從的"黽"是"蠅"的象形初文應該是對的，但從"甘"的字恐怕不是"蠅"字，而很可能是"嘗"字的異體字。"嘗"是個從旨尚聲的形聲字，"旨"從匕從甘，而從黽（蠅）從甘的字形則是取蒼蠅嘗食之意。蓋古人每見食物上有蒼蠅鶩集而食，若嘗食然，故造此從蠅從甘之"嘗"字，謂蠅嘗食而甘之也。就字而言，從"旨"與從"甘"會意實同，故《集韻》收"嘗"之或體作"嚐"，徑從"甘"作是其意。……《子犯子餘》中的字當分析爲從宀嘗聲，由聲求之，很可能是敞開之"敞"的專字，表示房屋敞開之意，故從宀會意，亦即後來的"廠"字。……"敞""廠"與"嘗""尚""上"音昌禪旁紐雙聲、同陽部叠韻，讀音相近，故亦可用爲"上"。

羅小虎：用，可理解爲"於是""所以"，表示結果。《書·益稷》："朋淫於家，用殄厥世。"簡 13 "用凡君所問莫可聞"之中的"用"也是表示結果。簡 13 可以理解爲"所以説凡君所問莫可聞"。《趙簡子》簡 4 "用由今以往，吾子將不可以不戒也"中的"用"，用法與此相同，表示結果，可理解爲"所以"。②

單育辰（2017）：此句"念"應與清華一《保訓》簡 3 "恐弗念終"之"念"義應近，《保訓》之"念"有讀爲"堪"者，③ 則"念政"可讀爲"堪徵"或"戡定"。④ 又，

---

① 簡帛論壇《清華柒〈子犯子餘〉初讀》25 樓，2017 年 4 月 25 日。
② 簡帛論壇《清華柒〈子犯子餘〉初讀》91 樓，2017 年 7 月 2 日。
③ 原注：李學勤主編《清華大學藏戰國竹簡（壹）》，中西書局，2010 年，頁 145。
④ "政"讀爲"定"參看簡帛論壇《清華柒〈子犯子餘〉初讀》16 樓"心包"説，2017 年 4 月 24 日。

梁立勇先生讀《保訓》簡3的"念"爲"能"，[①] 考慮到楚文字中楚王名帶"酓"者，傳世文獻都作"熊"（"酓"從"今"得聲，而"熊""能"本一字分化），其說也有一定道理，那麼"果念政九州"可讀爲"果能定九州"，也算通順。

陳治軍（2017A）："政"不必改釋爲"正"。可讀作"用果，臨政九州而朕君之。"意是用這樣的方法結果則可臨政九州而君臨天下。可謂文通字順。

劉洪濤：把"念"讀爲"臨"可從，"政"讀如本字即可。"臨政"一詞古書習見。《左傳·襄公二十六年》："夙興夜寐，朝夕臨政，此以知其恤民也。"《管子·正》："廢私立公，能舉人乎？臨政官民，能後其身乎？""臨政九州"與《墨子·節用上》"爲政一國""爲政天下"意思相當。用從"今"聲之"念"表示"臨"，可以佐證"䀇"（引者按：見《厚父》簡12）是"臨"字異體的觀點。[②]

陳偉（2017B）：這裏所説的從"黽"之字，目前所見，有兩種寫法，即䰎（以下用"A"代替）和䰎（以下用"B"代替）。所在文句含義大致可曉者有五，即：

（1）郭店簡《窮達以時》7號簡：百里轉鬻五羊，爲伯牧牛，釋板桎而爲A卿，遇秦穆。

（2）清華簡六《管仲》16—17號簡：桓公又問于管仲曰："仲父，A天下之邦君，孰可以爲君，孰不可以爲君？"

（3）清華簡七《子犯子餘》11—12號簡：（成湯）用果念政九州而A君之。

（4）清華簡七《趙簡子》1號簡：趙簡子既受B將軍。

（5）清華簡七《趙簡子》2號簡：今吾子既爲B將軍已。

學者對此二字，有多種推測。由于這兩種寫法的字使用語境類似，程浩、王寧二氏把兩者看作一字應該是合理的。綜觀上述文例，我們懷疑此字應如楊蒙生先生所説，是從"黽"得聲，讀爲"命"。例（1）"命卿"，《左傳·成公二年》："不使命卿鎮撫王室。"

[①] 原注：梁立勇《清華簡〈保訓〉試詁（五則）》，"孔子2000"網 http://www.confucius2000.com/admin/list.asp? id=4586，2010年9月30日。

[②] 簡帛論壇《清華柒〈子犯子餘〉初讀》89樓"lht"説，2017年7月1日。

楊伯峻注："'命卿'，由周王室加以任命之卿。"《漢書·王嘉傳》："'故繼世立諸侯，象賢也。'雖不能盡賢，天子爲擇臣，立命卿以輔之。"顏師古注："命卿，命於天子者也。"例（4）（5）"命將軍"可能類似于命卿，是得到天子任命的將軍。例（2）、例（3）中的"命"則是命令義，"命君"猶命令、君臨，"命天下"即號令天下。①

蕭旭（2017B）："果"字整理者説是，猶終也。"用"字、"政"字陳偉説是。念，讀爲戡，字亦作戡、堪，亦征伐義，與"政（徵）"同義連文。《書·西伯戡黎》："西伯既戡黎。"《釋文》："戡，音堪，《説文》作'戡'，云'殺也'，以此。戡訓刺，音竹甚反。"

陳偉（2018）：《古書虛字集釋》"用"之訓"則"，存在疑問。簡文"用"，恐當訓爲"乃"，于是義。念，疑當讀爲"咸"或"奄"，皆、盡義。政，在讀爲"正"之外，也可能讀爲"征"。《孟子·滕文公下》："湯始征，自葛載。十一征而無敵於天下。東面而征，西夷怨；南面而征，北狄怨，曰：'奚爲後我？'"叔夷鐘銘"（成唐）咸有九州"，《詩·商頌·玄鳥》"（湯）奄有九有"，可參看。

大西克也（2018）："䛑"字也可以讀作"徧"或"遍"。簡文"用果念政九州而䛑君之"，"用果"文意不太好懂，但"念政九州而䛑君之"讀作"咸定九州而遍君之"，應無多大問題。"念"讀"咸"，從陳偉先生。"念"從"今"聲，"今""咸"都是侵部字。"定九州"見《史記·越王勾踐世家》云："禹之功大矣，漸九川，定九州，至於今諸夏艾安。""遍君之"即"遍君九州"，意同《管子·山至數》："徧有天下。"②

霖按："用"，從陳偉、羅小虎之説，連詞，於是義。《助詞辨略》卷四："又《史記·越世家》：王前欲伐齊，員强諫。已而有功，用是反怨。用是，猶云因此也。""果"，副詞表結果，《助詞辨略》卷三："《晉語》：'果喪其田。'注云：果猶竟也。愚案：果是竟事之辭，故得爲竟也。""念"，從整理者、劉洪濤之説，讀作"臨"，此句可與《清華伍·厚父》簡12"曰天𤆍司民"聯繫起來，整理者將"𤆍"讀作"監"，劉洪濤後改讀

---

① 陳偉《也説楚簡從"畾"之字》，武漢大學簡帛網 http://www.bsm.org.cn/show_article.php?id=2792，2017年4月29日。網友"羅小虎"亦有類似觀點，見簡帛論壇《清華柒〈子犯子餘〉初讀》98樓，2017年7月30日。
② 大西克也《也説清華簡從"畾"之字》，紀念清華簡入藏清華大學出土文獻研究與保護中心成立十周年國際學術研討會論文集，2018年11月17日。

作"臨"可從。① "念""臨"均爲侵部，音來、泥二紐相近，如："娘"從良聲，"虞""奴"屬同一語源等，今漢語方言中亦存在"l－""n－"不分者，故"念"可讀作"臨"。"政"，如字讀，"臨政九州"與《上博五·三德》的"臨民"意思相類。

關於"🔲"類字形的釋讀，②學者觀點莫衷一是，往往放於具體辭例中，缺乏語言的社會性原則。③我們目前尚未有更好的意見，僅於此提供一個考慮的思路。首先就讀音而言，此字主要存在三種可能：④一是黽屬之"黽"，⑤二是"龜"，⑥三是"蠅"。⑦宋華強、⑧劉洪濤⑨結合楚遣册賵書中"🔲"類字形讀作"繩"，⑩左塚漆桐"䚀德"⑪等材料進一步論證"🔲"類字形來源於"蠅"，讀與"繩"相近之音。⑫我們同意宋華強、

---

① 劉洪濤《讀清華大學藏戰國竹簡第五册散札》，《第二屆古文字學青年論壇論文集》，中央研究院歷史語言研究所，2016年1月28—29日，頁213—216。

② 另有多家對《趙簡子》"🔲"字的討論，爲避冗長，暫先將我們觀點提出，對各家關於《子犯子餘》《趙簡子》中此字觀點的利弊詳見《趙簡子》第一節"🔲"字注解。

③ 考察出土文獻中常見疑難詞要注重語言的社會性原則，王力在《詩經詞典序》説："解釋古書要注意語言的社會性。如果某字祇在《詩經》這一句有這個意義，在《詩經》别的地方没有這個意義，在春秋時代（乃至戰國時代）各書中也没有這個意義，那麽這個意義就是不可靠的。"參看向熹《詩經詞典》（修訂版），商務印書館，2014年。

④ 李家浩《楚墓竹簡中的"昆"字及從"昆"之字》，《中國文字》（新25期），藝文印書館，頁141。

⑤ 裘錫圭將《窮達以時》簡7"䚀卿"讀作"名卿"，轉引自後文所提宋華強《楚簡中從"黽"從"甘"之字新考》。前文所引陳偉（2017B）一文將"䚀"讀作"命"，亦是將"䚀"歸入與黽屬之"黽"的讀音。

⑥ 馮勝君《戰國楚文字"黽"字用作"龜"字補議》，《漢字研究》（第1輯），學苑出版社，2005年，頁478。吳良寶《戰國楚簡地名輯證》，武漢大學出版社，2010年，頁151。劉釗《古文字構形學》（修訂本），福建人民出版社，2011年，頁147—148。

⑦ 麥耘《"黽"字上古音歸部説》，《華學》（第5輯），中山大學出版社，頁168—173。

⑧ 宋華強《楚簡中從"黽"從"甘"之字新考》，武漢大學簡帛網 http://www.bsm.org.cn/show_article.php?id=494，2006年12月30日。後發表於《簡帛》（第13輯），上海古籍出版社，2016年，頁1—10。

⑨ 劉洪濤《釋"蠅"及相關諸字》（未刊稿），其認爲"䚀"存在四種來源，第四種來源於龜鼈類動物，這種來源在文獻中用例少見，故我們暫列前三種可能性較高的讀音，亦可參看劉洪濤《郭店〈窮達以時〉所載百里奚史事考》，武漢大學簡帛網 http://www.bsm.org.cn/show_article.php?id=996，2009年2月28日。

⑩ 劉國勝《楚喪葬簡牘集釋》，科學出版社，2011年，頁32。武漢大學簡帛研究中心、河南省文物考古研究所《楚地出土戰國簡册合集（二）》，文物出版社，2013年，圖版頁86，釋文注釋頁149。

⑪ 高佑仁《〈荊門左冢楚墓〉漆棋局文字補釋》，武漢大學簡帛網站 http://www.bsm.org.cn/show_article.php?id=752，2007年11月24日。

⑫ 陳偉、大西克也未將遣册中釋作"繩"之字放在一起考慮，故我們不從此字讀作黽屬之"黽"類讀音。

劉洪濤二位學者的觀點，但是劉洪濤將"𥁕卿"讀作"尊卿"放於他處總覺不恰，如《趙簡子》中"𥁕將軍"就不能理解爲"尊將軍"。陳治軍將"𥁕"讀作"朕"，以"繩"可訓作"正"爲據；王寧認爲"𥁕"爲"嘗"字异體，從䖵（蠅）從甘取蒼蠅嘗食之意。詞義的訓釋在論證疑難詞時往往帶有較强的主觀性，我們在考察疑難字的過程中應盡量從字音、文獻對讀的角度入手，故我們不贊成讀作"正"或"上"。

我們認爲"𥁕"，楚簡中讀作"有"或者"右"。"𥁕"喻紐蒸部，"有""右"匣紐之部。之部、蒸部陰陽對轉，如：《史記·天官書》："魁下六星，兩兩相比者，名曰三能。"裴駰集解引蘇林曰："能音臺。""能"蒸部，"臺"之部；楚簡中"等（蒸部）"可讀作"志（之部）"，見《上博四·曹沫》簡41"《周等》"即"《周志》"等。喻紐三等字歸入匣紐，故"𥁕"讀作"有"或者"右"，在讀音上是没有問題的。《郭店·窮達》簡7"𥁕卿"讀作"右卿"，"右卿"一職在先秦文獻常見，如：東周右卿虢公，齊國右卿崔杼等。《趙簡子》中的"𥁕將軍"讀作"右將軍"，"右將軍"一職先秦已有，或就詞義而言，"右"可訓作"上"，《史記·廉頗藺相如列傳》："既罷歸國，以相如功大，拜爲上卿，位在廉頗之右。""右將軍"理解作"上將軍"與《趙簡子》的背景是吻合的。《清華陸·管仲》簡16—17："𥁕天下之邦君，孰可以爲君，孰不可以爲君？"中"𥁕"讀作"有"，"有"作助詞，用於名詞詞頭，王引之《經傳釋詞》卷三："有，語助也。一字不成詞，則加有字以配之。若虞、夏、殷、周皆國名，而曰有虞、有夏、有殷、有周是也。推之他類，亦多有此，故邦曰有邦，家曰有家。""有天下之邦君"即"天下之邦君"。本簡"（成湯）用果念政九州而𥁕君之"中"𥁕"也讀作"有"，獲得、取得義，《經義述聞·毛詩上》："《大雅·瞻卬》篇：'人有土田，女反有之，人有民人，女覆奪之。'"王引之按："有爲取也。"

6. 逡（後）殜（世）褢（就）受（紂）之身〔15〕，殺三無殀（幸），爲燩（炮）爲烙〔16〕，殺某（梅）之女〔17〕，爲栐（桎）槿（梏）三百〔18〕。

〔15〕逡（後）殜（世）褢（就）受（紂）之身

整理者注〔四七〕：就，《爾雅·釋詁》："終也。"

鄭邦宏（2017）：此"就"字與《趙簡子》簡2"褢（就）虐（吾）子之牀（將）

倀（長）"、簡8"臺（就）虐（吾）先君襄公"、簡10"臺（就）虐（吾）先君坪（平）公"的"就"字一樣，當爲介詞，與其後内容組成介詞短語，表示時間。"就"的這種特殊用法引起多位學者注意，沈培先生則對"就"的這一用法作了很好的總結，[①]并指出：

"就"由動詞虛化爲介詞，跟大多數介詞的來源是一致的。現在我們結合清華簡和上博簡，知道在戰國時代，行爲動詞的"就"虛化爲表示時間的"就"，其用例還是相當普遍的。由於這種用法的"就"目前所見多出自楚地所出材料，我們很容易可以推測在當時楚方言裹比較多地存在這樣的用法。至於越王差徐戈銘文也有這種用法，或許説明越方言也存在"就"的這種用法。不過，楚越關係密切，越人這樣用，也可能是受楚方言的影響而致。

陳偉（2018）：這種寫法的"就"，楚文字多見。曾有一些推測，李零先生釋爲"就"，學者從之。李零歸納此字在鄂君啓節和望山、天星觀、包山卜筮簡中的用法，認爲其指空間或時間的起迄，是抵達或到的意思。其實，卜筮簡中也有從某人至某人的用法。如包山246號簡"與禱荆王，自酓鹿（麗）以（就）武王"。而在辭義方面，早先朱德熙、李家浩討論此字時，已將此字在卜筮簡中的用法，與天星觀簡"從七月以至來歲之七月"的"至"對比，指出其與"至"同義。簡文此字，與楚卜筮簡中的"就"字作相同理解，訓爲至、到，當更爲允當。

羅小虎："就受之身"可以理解爲"及受之身"。結合上下文，這句話的意思大致是說，後世到了商紂的時候，殺三無辜，爲炮烙之刑……。從文意來看，商紂的虐政與湯的德政是有對比的意味。傳世古籍中，有如下的例子：

《孟子·滕文公下》：及紂之身，天下又大亂。

《孟子·梁惠王上》：及寡人之身，東敗於齊，長子死焉。

《淮南子·道應訓》：及孤之身，而晉罰楚，是孤之過也。

---

① 引者按：參看沈培《從清華簡和上博簡看"就"字的早期用法》，收入《源遠流長：漢字國際學術研討會暨AEARU第三屆漢字文化研討會論文集》，北京大學出版社，2017年，頁203—211。

這幾個例子和簡文中的例子取意相近。尤其是第一例,與簡文表達的意思相同,也是談商紂之事,可爲確證。①

霖按:沈培文章對楚系方言中"就"表示時間的用法做過詳細考察,"就"的這種用法在楚簡中與"及"基本相同。《清華陸·管仲》簡17—20有與本段類似的記載:"及后辛之身,其動無禮,其言無義,乘其欲而極其過。既急於政,又以民戲。凡其民人,老者願死,壯者願行,恐罪之不決而刑之方。怨亦未濟,邦以卒喪。若后辛者不可以爲君哉!"②紂,帝乙少子,商朝最後一位君主,兵敗牧野,後於鹿臺自焚而亡。楚簡中多記作"受",上舉《管仲》記作"后辛","辛"爲廟號,"紂"或爲其名。

〔16〕殺三無辜(辜),爲燻(炮)爲烙

整理者注〔四八〕:《史記·殷本紀》有載,即"醢九侯""脯鄂侯""剖比干"。

整理者注〔四九〕:燻,從橐省,缶聲,讀爲"炮"。爲炮爲烙,指炮烙之刑,也作"炮格"。《荀子·議兵》:"紂……爲炮烙刑。"《史記·殷本紀》:"紂乃重刑辟,有炮格之法。"

趙平安(2017B):所謂炮烙,"炮"和"烙"都是名詞,炮烙不是偏正結構,而是并列結構。烙相當於盂,炮相當於《容成氏》中的"圜木"。這個"圜木",古書也叫金柱、銅柱。"木"和"柱"是同一種東西的不同叫法。

霖按:"三無辜"簡文指三位無罪賢臣。《銀雀山貳·聽有五患》簡1517—1518:"貴爲天子,富有天下,殺王子比干,戮箕子胥餘。誅賢大夫二人,而天之士者皆【□】罰,至於身死爲戮,邦爲墟,可謂不能誅矣。""燻"讀作"炮",整理者、趙平安之説可從。"燻",從火橐聲,"橐"又見於信陽二簡3"[字]",《上博三·周易》簡41"[字]",《清華壹·程寤》簡4"[字]"等,楚簡中多讀作"包""枹"等。"烙"文獻又作"格",《吕氏春秋·過理》:"糟丘,酒池,肉圃,爲格。"高誘注:"格以銅爲之,布火其下,以上置人,人爛墮火而死。"馬叙倫曰:"此及下文所叙皆紂事,然此上略不及紂,於辭律無主格,蓋本作'紂爲糟丘酒池、肉圃炮格',今有奪僞,《韓非子·喻老篇》可證。"

---

① 簡帛論壇《清華柒〈子犯子餘〉初讀》90樓,2017年7月2日。
② 曹方向《清華簡〈管仲〉帝辛事迹探討》,《出土文獻與古文字研究》(第7輯),上海古籍出版社,頁198—207。

"炮烙"之制又見于《上博二·容成》簡44—45："於是乎作爲九層之臺，置盂炭其下，加圜木於其上，使民道之。能遂者遂，不能遂者墜而死。"①

〔17〕殺某（梅）之女

整理者注〔五〇〕：某，音在明母之部，讀爲滂母的"胚"，《爾雅·釋詁》："胎未成。"《墨子·明鬼下》"刳剔孕婦"，孫詒讓《閒詁》引皇甫謐《帝王世紀》："紂剖比干妻，以視其胎。"或疑讀爲"梅"。梅之女，即梅伯之女，紂時有梅伯。《楚辭·天問》："梅伯受醢。"《韓非子·難言》也記"梅伯醢"，但《殷本紀》載爲"醢九侯"，并云"九侯有好女，入之紂。九侯女不憙淫，紂怒，殺之"。據此，梅伯疑即九侯，簡文所記"梅之女"即爲《史記》所載的"九侯女"。

趙平安（2017B）："梅之女"這種結構，慣常的理解就是梅伯之女，可是古書未見紂殺梅伯之女的說法，故整理報告取第一說。《淮南子·俶真訓》："逮至夏桀、殷紂，燔生人，辜諫者，爲炮烙，鑄金柱，剖賢人之心，析才士之脛，醢鬼侯之女，葅梅伯之骸。"高誘注："鬼侯、梅伯，紂時諸侯。梅伯說鬼侯之女美好，令紂妻之，女至，紂以爲不好，故醢鬼侯之女，葅梅伯之骸。一曰紂爲無道，梅伯數諫，故葅其骸也。"根據高誘的說法，梅之女，可以理解爲梅伯介紹的鬼侯之女。名詞加之加名詞這類偏正結構，兩者之間的關係是極其複雜的。

羅小虎：從文字的角度看，釋爲"梅"是非常合適的。從文意上看，前面提到"殺三無辜"，指的是"醢九侯""脯鄂侯""剖比干"，三人都有具體所指。所以，此處把"某"理解爲梅伯之梅，也就有具體所指，文意要更恰當一些。關於"梅伯"的記載，古書出現多處：

《韓非子·難言》："翼侯炙，鬼侯腊，比干剖心，梅伯醢。"

《呂氏春秋·恃君覽》："昔者紂爲無道，殺梅伯而醢之，殺鬼侯而脯之，以禮諸侯於廟。"

---

① 參看趙平安《〈容成氏〉所載"炮烙"之刑考》，《上博館藏戰國楚竹書續編》，上海書店出版社，2004年，頁346—350。亦可參看趙平安《兩條新材料與一個老故事——"炮烙之刑"考》，《新出簡帛與古文字古文獻研究續集》，商務印書館，2018年，頁306—310。

《吕氏春秋·貴直論·過理》："刑鬼侯之女而取其環……殺梅伯而遺文王其醢，不適也。"

《晏子春秋·景公問古者君民用國不危弱》："干崇侯之暴，而禮梅伯之醢。"

《楚辭·惜誓》："梅伯數諫而至醢兮。"

《楚辭·天問》："梅伯受醢，箕子詳狂。"

《淮南子·説林訓》："紂醢梅伯，文王與諸侯構之。"①

孫玉文："某"似可讀爲"䏚"，《説文》："䏚，婦始孕䏚兆也。"《廣雅·釋親》："䏚，胎也。"䏚之女，即懷孕的女子。②

霖按："某"讀爲"梅"可從，《説文·木部》："某，酸果也。从木从甘。槑，古文某从口。"《詩經·秦風·終南》"有條有梅"，安大簡作"又柚又某"。③阜陽漢簡S016："☐某，其實三也。"今本《詩經·摽有梅》："摽有梅，其實三兮。""梅之女"指梅伯之女，文獻失載。

〔18〕爲桎（桎）樊（梏）三百

整理者注〔五一〕：桼，疑讀爲"桎"，《説文》："足械也。"樊，从木，睪聲，讀爲"梏"，《説文》："手械也。"睪，"梏"的本字。桎梏，《易·蒙》"用説桎梏"，鄭玄注："木在足曰桎，在手曰梏。"紂用桎梏，也見於上博簡《容成氏》："不從命者從而桎睪（梏）之，於是虐（乎）复（作）爲金桎三千。"

王挺斌："桼""桎"古音遠隔，恐怕難以相通。"桼"字，可能是指圈束，《廣雅》："桼，枸也。"王念孫《疏證》："枸，猶拘也……桼，猶圈束也。《説文》：'桼，牛鼻中橜也。'《衆經音義》卷四云：'今江北曰牛拘，江南曰桼。'《吕氏春秋·重己》篇：'使五尺豎子引其棬，而牛恣所以之。''棬'與'桼'同。"這種意思的"桼""棬""圈"可能是同源詞關係。"桼"本指牛鼻中環，類似圈束，有拘繫作用。④

---

① 簡帛論壇《清華柒〈子犯子餘〉初讀》100樓，2017年8月17日。
② 簡帛論壇《清華柒〈子犯子餘〉初讀》106樓，2017年11月5日。
③ 郝士宏《新出楚簡〈詩經·秦風〉异文箋證》，《安徽大學學報》（哲學社會科學版），2018年第3期。
④ 清華大學出土文獻讀書會《清華七整理報告補正》。林少平亦有此觀點，見簡帛論壇《清華柒〈子犯子餘〉初讀》93樓，2017年7月3日。

馬楠：关當讀爲"拳"。梏，《說文》"手械也"，"拳梏"與"梏"義同，與"桎梏"指足械、手械不同。①

王寧：從文意上看，"捲"這個字很可能相當於"拲"字，或作"栱"。《說文》："拲，兩手同械也。从手从共，共亦聲。《周禮》：'上皋，梏拲而桎。'栱，拲或从木。"《周禮·秋官·掌囚》鄭司農注："拲者，兩手共一木也。在手曰梏，在足曰桎。""捲"有可能和"栱"音近通假。證之者，"綣"字也是從"弄"聲，和"捲"讀音相同（同居倦切），而在《廣韻·入聲·三燭》《集韻·入聲九·三燭》裏，"綣"和"拲"都讀居玉切或拘玉切，讀音相同，可能此二字本音近（同見紐雙聲、東元通轉），後在流變中逐漸同音。故懷疑這裏的"捲"可能讀爲"栱（拲）"，"栱梏"是同時銬住兩隻手的手械。②

孟躍龍（2017）：整理者所謂"关"字，核之原書，其形實爲左右結構"栐"。就字形而言，此字已見於信陽簡和包山簡，是與瑟相關的一種器物，與訓"牛鼻关"之"关"無關，③與"桎梏"之義更不相干。我們認爲該字實爲"栐"之訛字，從木、朕（朕字右旁所從）聲，訛而從关（卷字上部所從）。朕聲字古音侵部或蒸部，但又可讀入職部，與質部之"桎"語音相通。朕、关兩字構形本不相同，④但春秋晚期金文偶有相訛情形，⑤至戰國楚簡則相混之例漸多，至隸楷階段則基本不分。例如：包山楚簡"綣"字或從"朕"作"𦄂"（包2.240），清華簡《保訓》之"朕"字或從"关"作"𢧵"（簡2）、"𢧵"（簡3）、"𢧵"（簡10），清華簡《程寤》之"朕"字或作"𢧵"（簡6），右旁所從則是"朕"和"关"雜糅之形。……不論我們假定栐字在蒸職部，還是在侵緝部，從音轉實例上看，都可以跟"桎"字相通。

范常喜（2018B）：雖然"关""朕"二旁在楚簡中偶有相混，如馬躍龍先生文中

---

① 清華大學出土文獻讀書會《清華七整理報告補正》。
② 簡帛論壇《清華柒〈子犯子餘〉初讀》55樓，2017年5月2日。
③ 原注：李家浩《信陽楚簡"樂人之器"研究》，《簡帛研究》（第3輯），廣西教育出版社，1998年，頁1—22。
④ 原注：李家浩《信陽楚簡"澮"字及從"关"之字》，《中國語言學報》（第1期），商務印書館，1983年；又收入氏著《著名中年語言學家自選集·李家浩卷》，安徽教育出版社，2002年，頁194—211。
⑤ 原注：吳振武《釋戰國文字中的從"虘"和從"朕"之字》，《古文字研究》（第19輯），中華書局，1992年，頁490—499；黃德寬主編《古文字譜系疏證》，商務印書館，2007年，頁2634。

所舉清華簡《保訓》中的"朕"字,其右部所從"关"旁便誤作"关"。然而,研究者已經指出,《保訓》篇無論是簡長還是簡文都有異於一般楚簡,尤其是文字方面更是衆體雜糅、諸系并存,而且時有錯訛,很可能是一篇"書法練習之作"。因此該篇中"朕"字的寫法屬於特例,用於立論應當謹慎。此外,馬文中所舉包山227號簡中的"䝼"字寫作"![字形]",其右旁所從"关"旁基本同於清華二《繫年》中的"![字形]"旁,衹不過上部中間豎點寫得稍長,遂致下穿其下部橫畫。清華簡《程寤》篇6號簡中的"朕"字寫作"![字形]",其右部所從仍應視爲"关"旁,其上部中間所從近於"十"形,與寫作"![字形]"形的"关"旁有明顯區別。因此,簡文"![字形]"還是應當釋作"栱"。……基於"关"旁之字在上述楚簡中的表詞情况,尤其是根據其多用於表示"管"的辭例,我們認爲,清華簡《子犯子餘》12號簡中的"栱"當讀爲"錧"。……"錧"還有一個同義詞"軑",字亦或寫作"釱"。……"釱"除了用作轂飾名之外還用作刑具脚械之名,字亦或作"杕"。《史記·平準書》:"敢私鑄鐵器煮鹽者,釱左趾。"裴駰集解引韋昭曰:"釱以鐵爲之,著左趾以代刖也。"司馬貞索隱引《三蒼》:"釱,踏脚鉗也。"……雖然現存傳世文獻中未見"錧"或"輨"用作刑具之稱,但"官"聲之字多有管束、抑止之意,如"管""綰""棺"等。……如果再結合與"錧"同義的"釱"也可以表示刑具脚械之名推測,"錧"或"輨"應該也存在用作刑具脚械之名的可能。

霖按:"![字形]",從木关聲,從整理者、孟躍龍之説,讀作"桎"。"桎"章紐質部,"关"字古韻分布主要有三:一屬侵部,如"朕";二屬蒸部,如"滕""勝";三屬東部,如"送""繠"等。① "关"無論是侵部,還是在蒸部,均與質部關係密切,上文孟躍龍文中已舉大量傳世文獻及字書中的例子加以論證,出土文獻之例又如:《上博七·凡甲》簡24-25:"氏(是)古(故)陳爲新,人死遝(復)爲人,水遝(復)於天咸,百勿(物)不死女(如)月。"整理者將"天咸"讀作"太一"可從,"咸"侵部,"一"質部,是侵質部相通之例。故"栱"讀作"桎"在音理上是没有問題的。"![字形]",從木從皋,楚

---

① 參看沈培《上博簡〈緇衣〉"悆"字解》,謝維揚、朱淵清主編《新出土文獻與古代文明研究》,上海大學出版社,2004年,頁132-136;孟蓬生《"咸"字音釋——侵脂通轉例説之二》,《出土文獻與古文字研究》(第6輯),上海古籍出版社,2015年,頁729-754。

簡中或寫作"㺇"(《上博五·姑成》簡9)、"華"(《清華伍·三壽》簡22)、"㪍"(《清華壹·皇門》簡10)等。"桎梏"一詞文獻中常見,如《上博二·容成》簡44:"不從命者從而桎晕(梏)之,於是虖(乎)复(作)爲金桎三千。"《史記·齊太公世家》:"鮑叔牙迎受管仲,及堂阜而脱桎梏。"

7. 殹(殷)邦之君子,無少(小)大,無遠逐(邇)〔19〕,見受(紂)若大陸(岸)牁(將)具(俱)陞(崩),方走去之〔20〕,恖(懼)不死,型(刑)以及于氒(厥)身,邦乃述(遂)嵬(亡)〔21〕,用凡君所餌(問)莫可餌(聞)〔22〕。

〔19〕殹(殷)邦之君子,無少(小)大,無遠逐(邇)

整理者注〔五二〕:逐,讀爲"邇",《說文》:"近也。"

趙平安(2017C):把清華簡上述兩例"逐"釋爲"邇"(引者按:指《清華陸·管仲》簡7"遠逐(邇)上下"與本簡"無遠逐"),於文密合,無疑是正確的。這個所謂"逐"原字形分别作:"𨒪"(《説命下》簡2—3)、"𨒌"(《管仲》簡7)、"逐"(《子犯子餘》簡11—13)之形,都從"辵"。《説命》三篇爲同一書手所寫,《説命上》簡5、6有三個"豕"字,寫法和《説命下》"逐"字所從相同。《管仲》簡7和《子犯子餘》"逐"字寫法相同。《子犯子餘》和《晉文公入於晉》係同一抄手所爲,《晉文公入於晉》簡3一個"豕"字和兩個從"豕"的字(豢、家),寫法和《子犯子餘》"逐"字所從也相同。因此,上述兩個"逐"字分析爲從"辵"從"豕"兩個部分是没有問題的。……邇和近是一對近義詞,區别在於應用的時代。春秋以前的古籍,如《書》《詩》多用"邇"。《尚書》中"邇"出現十三次,"近"衹出現兩次;而《論語》中,"邇"衹出現一次,而"近"出現十一次;可見"邇""近"是不同時代的語言或方言。這應是傳世文獻中單純訓"從""隨"的"逐"用例很少的原因。……頗疑戰國文字"逐(er)"的聲符就是由甲骨文"㝹"一類寫法省簡而來的(引者按:字形主要寫作"𦥛""𦥔"等①)。大約先省作"遷",再省作"逐"。"遷"聲符上面部分由臼和丨兩部分構成。丨

---

① 李宗焜《甲骨文字編》"邇"字條,中華書局,2012年,頁557—558。

係 "木" 的省變，"豕" 係 "犬" 的訛變。"犬" 和 "豕" 在甲骨文中已經相混，"犬" 訛成 "豕" 字形上是很好理解的。郭永秉說西周金文中用爲 "邇" 的 "狋"，所從 "犬" 旁已有變作 "豕" 之例（如大克鼎、番生簋蓋等，見《集成》02836、04326），當是聲化的結果。戰國文字逐（er）的聲符由甲骨文 "㺇" 一類寫法省簡，其中包含了由犬到豕的變化，應該也包含了聲化的元素。

霖按："㢑"，從邑殷聲，楚簡中又寫作 "㢑"（《繫年》簡13），"㢑"（《祭公》簡10）等。"君子" 指諸侯，《詩經·小雅·采菽》"君子來朝"，毛傳："君子，謂諸侯也。" 或指卿大夫，《儀禮·士相見禮》"凡侍坐於君子"，鄭玄注："君子，謂卿大夫及國中賢者也。" 從簡文意思看，前者爲優。"小大"，長幼。《詩經·小雅·楚茨》："既醉既飽，小大稽首。" 鄭玄箋："小大，猶長幼也。" "邇"，或寫作 "邇"（《越公其事》簡12），字形演變詳見趙平安分析。"小大" "遠邇" 又見於《清華捌·邦道》簡12："貴賤之位諸同爵者，勿有疏數，① 遠邇、小大，一之則無式心，僞不作。"

〔20〕見受（紂）若大陸（岸）㭘（將）具（俱）陘（崩），方走去之

整理者注〔五三〕：陸，疑爲 "岸" 字异體。"陘"，"朋" 字繁寫，《説文》以 "朋" 爲 "崩" 的古文，《玉篇》："毁也。"

羅小虎：具字，似可讀爲 "遽"。具，群母侯部。遽，群母魚部。楚系文字中魚侯兩部關係比較密切，音近可通。遽，突然、猝然。所以，這句話的意思是說，就像大岸將要猝然崩塌一樣。②

子居（2017C）："產" 與 "山" 上古音同音。先秦稱山崩之例甚多，而稱岸崩者則無一例，故 "陸" 當讀爲 "山"。《國語·周語上》："夫國必依山川，山崩川竭，亡之徵也。" 因此這裏用山崩比喻商亡。《吕氏春秋·貴因》："太公對曰：讒慝勝良，命曰戮；賢者出走，命曰崩；百姓不敢誹怨，命曰刑勝。" 所形容的也正是商紂的情況，可與此節對觀。

陳偉（2018）：楚簡中 "鼎" 有時寫得與 "具" 相似。如上海博物館楚簡《性情

---

① "疏數" 參看劉國忠《釋㝬羉——兼説甲骨文 㝬、羉》，紀念中國古文字研究會成立四十周年國際學術研討會散發論文，長春，2018年10月。
② 簡帛論壇《清華柒〈子犯子餘〉初讀》88樓，2017年7月1日。

論》15、38號簡中用作"則"者。從這個角度考慮，整理者釋爲"具"的字，或當釋爲"鼎"，讀爲"顛"。《書·盤庚中》"顛越不恭"，孔傳："顛，隕也。"《易·鼎》"鼎顛趾"，鄭玄注："顛，踣也。"《莊子·人間世》"且爲顛爲滅"成玄英疏："顛，覆也。"《漢書·五行志中之上》"厥應泰山之石顛而下"，顏師古注："顛，墜也。"《焦氏易林》多次用到"崩顛"，如卷六《賁之明夷》："作室山根，人以爲安，一夕崩顛，破我壺飧。"卷十六《未濟之觀》："日月并居，常暗匪明，高山崩顛，丘陵爲溪。"可參看。

霖按："𨹁"，從阜産聲，整理者讀作"岸"，可從。楚簡中或以"壎""廛""杅"表示{岸}，如"𩫏"（《繫年》簡116）、"𪓌"（《繫年》簡117）、"𣏟"（《上博六·季桓子》）。① "具"讀作"俱"，全部義，《墨子·備城門》"俱壞伐"，孫詒讓閒詁："俱，吳鈔本作盡。""𨻶"，從阜從土朋聲，或可理解爲堋省聲，右側部件在楚簡中或增加聲符"勹"，如"𥨍"（《上博三·周易》簡14），或複寫"朋"，如"𣎴"（《上博一·緇衣》簡23），讀作"崩"常見，如：《上博二·容成》簡49："文王堋（崩），武王即位。"《馬王堆叁·戰國·觸龍見趙太后章》行199："山陵堋（崩），長安君何以自託於趙？""方"，副詞，《詩經·秦風·小戎》："方何爲期，胡然我念之。"朱熹注："方，將也。""走去"，奔跑離開。《史記·扁鵲倉公列傳》："我之王家食馬肝，食飽甚，見酒來，即走去，驅疾至舍，即泄數十出。"

〔21〕思（懼）不死，型（刑）以及于氒（厥）身，邦乃述（遂）嵓（亡）

整理者注〔五四〕：不死刑，唯恐不死的刑，形容紂刑的恐怖。

整理者注〔五五〕：述，讀爲"遂"。遂亡，《荀子·正論》"不至於廢易遂亡"，王先謙《集解》："遂，讀爲墜。"

趙嘉仁（2017）："思（懼）不死型（刑）以及于氒（厥）身"中的"以"字應該通作"已"，已經之意。《國語·晉語四》："其聞之者，吾以除之矣。""以除之"即"已除之"。所以，"思（懼）不死型（刑）以及于氒（厥）身"這句話的意思就是"害怕還

---

① "杅"讀作"岸"從陳偉觀點，參看陳偉《讀〈上博六〉條記之二》，武漢大學簡帛網 http://www.bsm.org.cn/show_article.php?id=602，2007年7月10日。

没死，刑就已經加于身了。"

厚予："乃""遂"皆爲語辭，多餘。"述"疑讀爲"墜"，"墜亡"古書習見。①

子居（2017C）：遂有成就、終止義，引申爲亡，《説文·辵部》："遂，亡也。"先秦文獻稱"遂亡"之例甚多，而稱"墜亡"者無一例，可見整理者所引王先謙《集解》説實不能成立。

鄭邦宏（2017）：我們認爲此句應斷爲"思（懼）不死，型（刑）以及于氒（厥）身"；而"以"的語義與"乃"相當，……是説"懼怕自己不死，紂的各種酷刑加害於自己"。換句話説，就是"寧願死去，也不受紂的各種酷刑"，足見刑罰之殘酷。

霖按：本句斷句從鄭邦宏之説，於"懼不死"後點斷，"以"訓作"則"，《經傳釋詞》卷一："以，猶則也。《禮記》：'則燕則譽。'《大戴禮記》作'以燕則譽'。繆以千里，言繆則千里也。""述"讀作"遂"，楚簡習見，如《郭店·老甲》簡39："功述身退，天之道也。"今本、帛書本"述"均作"遂"。"𠦪"，整理者釋作"亡"可從，這一寫法與楚簡中"喪"形近而不同，如"喪"寫作"𠱾"（《郭店·老丙》簡10）、"𠱾"（《上博二·民之》簡9）等。文獻中"遂亡"即墜亡，《讀書雜志·荀子第三·正論》"不至於廢易遂亡"，王念孫按："遂，讀爲墜。"

〔22〕用凡君所䪿（問）莫可䪿（聞）

霖按：此句與"凡君齋=（之所）䪿（問）莫可䪿（聞）"相呼應，大意是"君王您問的事情，我没有聽到過"。

【今譯】

秦穆公於是問於蹇叔道："公子重耳不能居住在晉國，確實是天命嗎？爲何有這樣的侍從却不能擁有晉國呢，是得到民心的確難以實現嗎？"蹇叔回答説："確實難以實現，然而有容易實現的，百姓是遵循法度、正直不邪，還是越禮逾制，都取決於上位之人。上面的繩墨不偏離，運用斧子也不會出差錯。"秦穆公又問於蹇叔説："蹇叔，過去品德高尚、智慧卓越之人施行政令或刑罰時，命令衆人好像命令一人，我冒昧地問一下他們

---

① 簡帛論壇《清華柒〈子犯子餘〉初讀》18樓，2017年4月24日。

的道是怎樣的？如果你確實聽到過老臣之言，一定要告訴我啊，我怎會不采用？如同追逐雄雞，我當觀察雄雞飛起時所帶之風。"蹇叔回答說："君主所問的道無法聽到。過去成湯祭祀山川，用德使百姓和睦。四方蠻夷沒有落在後面追隨的，百姓朝見湯好像暴雨正疾而（尋求）遮蔽，於是湯最終能親理天下的政務，并且獲得君位。湯的後裔到了紂一代，他殺戮了三位無罪賢臣，制定炮、烙之刑，殺害梅伯之女，以腳鐐手銬拘繫三百人。商朝的諸侯無論長幼、遠近，見到紂王如同高峻的山崖將全部倒塌，争着奔跑離開他，懼怕自己還沒死，酷刑就加害於自身，國家喪失了。因此說君主所問的道無法聽到。"

《公子重耳問蹇叔章》集釋（簡13—15）

【章解】

本章主要講述公子重耳詢問於蹇叔興邦、亡邦之道，蹇叔回答：欲興邦則效法大甲、盤庚、文王及武王；欲亡邦則效法夏桀、商紂、厲王及幽王，并強調興亡之道在於公子之心，即上位之人，緊扣四、五兩章主旨。竹簡共計3枚，簡長約45釐米，其中簡14簡首殘缺一字，據簡文內容可補作"人"，簡15下端殘斷。本章簡文符號使用情況：簡15"卽女"後有鈎識，或爲本篇終結符，書於上字右側下方。關於句讀，我們認爲簡14"子"應下讀，此外，本章簡要介紹了公子重耳、大甲、盤庚、文王、武王、桀、厲王及幽王八位人物。

【摹本及隸文】

公 子 褈 耳 䛜 於 邘 畱 曰 嵒 【簡13】 □ 不
孫 敢 大 朕 䛜 天 下 之 君 子 欲 記 邦 紧

以 欲 亡 邦 系 以 邗 啎 含 曰 女 欲 记 邦【簡14】
則 大 甲 與 盤 庚 文 王 武 王 女 欲
亡 邦 則 樂 及 受 剌 王 幽 王 亦 備 才 公
子 之 心 巳 系 裻 䣝 女【簡15】 子 靶 子 余【簡1背】

【釋文】

公子䘲（重）耳[1] 䣝（問）於邗（蹇）啎（叔）曰："崫（亡）【簡13】【人】不孫（遜），敢大脂（膽）䣝（問）[2]：天下之君，子欲记（起）邦系（奚）以？欲亡邦系（奚）以[3]？"邗（蹇）啎（叔）含（答）曰："女（如）欲记（起）邦，則大甲與盤庚、文王、武王[4]，女（如）欲【簡14】亡邦，則樂（桀）及受（紂）、剌（厲）王、幽王[5]，亦備才（在）公子之心巳（已），系（奚）裻（勞）䣝（問）女（焉）[6]。"【簡15】子靶（犯）子余（餘）【簡一背】

【集釋】

1. 公子䘲（重）耳[1] 䣝（問）於邗（蹇）啎（叔）曰："崫（亡）【人】不孫（遜），敢大脂（膽）䣝（問）[2]：天下之君，子欲记（起）邦系（奚）以？欲亡邦系（奚）以[3]？"

〔1〕公子䘲（重）耳

霖按："公子䘲耳"，這一稱呼在楚簡中首見，陳美蘭認爲"䘲"取義於厚，"䘲耳"可能指耳朵或耳垂特别肥厚。① 晉獻公之子，姬姓，名重耳，晉國第22任君主。因驪姬之亂，被迫流亡在外19年，先後經過狄、五鹿、齊、衛、曹、宋、鄭、楚及秦，②於公元前636年春在秦穆公的支持下殺晉懷公，回晉而立。歸國後，重用賢臣狐偃、先軫、趙衰、賈佗、魏犨等人，協助平定周王室内亂，城濮之戰大敗楚軍并舉行踐土會盟，奠定了春秋時期晉國百餘年的霸業基礎。簡帛文獻中記載其相關事跡的有《清華貳·繫年》《阜陽漢簡·春秋事語》等。

〔2〕嵒（亡）【人】不孫（遜），敢大膽（膽）昏（問）

整理者注〔五六〕：簡首缺"人"字。亡人，逃亡在外的人，重耳自稱。《禮記·大學》"舅犯曰：'亡人無以爲寶'"，鄭玄注："亡人謂文公也。"不孫，即不遜，謙詞，不恭敬。

霖按：簡14首端殘缺約一字，整理者補作"人"可從。"亡人"，謙辭，自謂逃亡之人。《左傳·僖公九年》："（郤芮）對曰：臣聞亡人無黨，有黨必有讎。""不遜"，謙辭，猶言不自量，《漢書·司馬遷傳》："僕竊不遜，近自託於無能之辭，網羅天下放失舊聞，考之行事，稽其成敗興壞之理，凡百三十篇。""膽"，從肉詹聲，右側偏旁"詹"在楚簡中或寫作"信"（《郭店·忠信》簡3），"詹"（《上博一·緇衣》簡9）等，"大膽"，猶言斗膽、冒昧。

〔3〕天下之君，子欲記（起）邦絫（奚）以？欲亡邦絫（奚）以

整理者注〔五七〕：奚，疑問詞，猶"何"。奚以，即"以奚"，以何、用何。《國語·吳語》"請問戰奚以而可"，韋昭注："以，用也。"

陳偉（2018）：蹇叔對曰："如欲起邦，則大甲與盤庚、文王、武王，如欲亡邦，則桀及受（紂）、剌（厲）王、幽王，亦備在公子之心已，奚勞問焉。"看蹇叔答辭，重耳之問的斷讀可疑。因爲蹇叔所舉八人都是君王而不是一般意義上的君子。即使"君子"也可以包含君王，因爲君子一詞具有的正面涵義，桀、紂、厲、幽這些暴君也不應當歸

---

① 陳美蘭《近出戰國西漢竹書所見人名補論》，《出土文獻研究》（第16輯），2017年，頁77—81。
② 關於晉文公流亡路綫的討論可參看王玉哲《晉文公重耳考》，《古史集林》，中華書局，2002年，頁459—479；劉麗《重耳流亡路綫考》，《深圳大學學報》（社會科學版），2012年第2期；王少林《新出簡牘與晉文公重耳出亡史事綜合研究》，《傳統中國研究集刊》（第18輯），上海社會科學院出版社，2018年，頁54—64。

入其中。比較合理的處理，應是把"子"字改屬下讀，看作重耳對蹇叔的稱謂。

霖按：斷句從陳偉之説。"起"，興起，《讀書雜志·史記第六·儒林列傳》"因以起其家"，王念孫按："引之曰：……起，興起也。""起邦奚以"即"以奚起邦"，"奚"，代詞，《莊子·逍遙遊》："奚以之九萬里而南爲？"成玄英疏："奚，何也。"

2. 邗（蹇）虘（叔）含（答）曰："女（如）欲记（起）邦，則大甲與盤庚、文王、武王〔4〕，女（如）欲亡邦，則㮨（桀）及受（紂）、刺（厲）王、幽王〔5〕，亦備才（在）公王之心巳（已），系（奚）袋（勞）訊（問）女（焉）〔6〕。"

〔4〕女（如）欲记（起）邦，則大甲與盤庚、文王、武王

整理者注〔五八〕：則，效法。《孟子·滕文公上》"惟堯則之"，朱熹《集注》："則，法也。"

霖按：大甲，姓子，名至，商王成湯之孫，大丁之子，《古文尚書》有《太甲》上中下三篇，惜爲僞造。《尚書·無逸》中的"祖甲"或指商王"大甲"。① 盤庚，名旬，商王祖丁之子，陽甲之弟，商朝第20任君主，遷都於殷（今河南安陽）。傳世文獻或記作"般庚"。文王，姬姓，名昌，周太王古公亶父之孫，② 季歷之子，西周奠基人，金文及傳世文獻中習見其受命於天、爲政以德的記載，在位五十年時，曾傳授武王遺訓，見《清華壹·保訓》。武王，姬姓，名發，文王次子，西周第一任君主，清華簡又見於《保訓》《程寤》《金縢》等篇，利簋記載有其興師伐紂的過程，定都鎬京，克殷三年病逝，《清華壹·金縢》記載武王病重，周公禱告以己代死之事。以上四位君主皆以賢明、勵精圖治聞於世，其中文獻中曾記載大甲雖因荒政而被重臣伊尹放逐，③ 復位後亦勵精圖治。

〔5〕女（如）欲亡邦，則㮨（桀）及受（紂）、刺（厲）王、幽王

霖按："㮨"，從力桀聲，楚簡中或寫作"㮨"（《上博五·鬼神》簡2），或從人

---

① 蔡哲茂《論〈尚書·無逸〉"其在祖甲，不義惟王"》，原刊《甲骨文發現一百周年學術研討會論文集》，文史哲出版社，1998年；增改後發表於先秦史研究室網 http://www.xianqin.org/blog/archives/1176.html，2009年2月12日。
② 古公亶父，楚簡中記作"者父"，見《上博九·舉治》。
③ 《古本竹書紀年》記載太甲殺伊尹而立其子伊陟、伊奮，與傳世文獻不協。

寫作"㮮"(《郭店·尊德》簡5),李守奎、張峰認爲楚簡中"桀"從木勾聲。① 曾侯乙墓中有"傑鐘",何琳儀讀作"夾鐘"。② 桀,姒姓,名癸(一説爲"履癸"),夏朝最後一位君主,都城於斟鄩(今河南偃師),寵琬、琰二女,暴虐無度。"剌王",整理者讀作"厲王"可從,姬姓,名胡(金文中記作"㝬"),周夷王之子,西周第10任君主,親近榮夷公,好專利而弭謗,最終引起國人暴動而逃於彘(今山西霍縣)。厲王時期,芮良夫曾多次進諫,詳見《逸周書·芮良夫》《國語·周語上》《史記·周本紀》《清華叁·芮良夫》等。幽王,姬姓,名宮涅(一説"宮生"),周宣王之子,西周第12任君主,亦西周最後一位君主,寵幸褒姒(《繫年》寫作"孚忩"),廢申后,致使申侯聯合繒國、犬戎等發難,殺幽王及褒姒之子伯服,至此西周滅亡。以上四位君主皆以暴虐、荒淫無度聞於世。

〔6〕亦備才(在)公子之心巳(已)系(奚)裳(勞)䎽(問)女(焉)

整理者注〔五九〕:備,《詩·旱麓》"騂牡既備",朱熹《集傳》:"備,全具也。"或讀爲"服",《説文》:"用也。"

霖按:"備",副詞,盡也。《儀禮·特牲饋食禮》"尸備荅拜焉",鄭玄注:"備,猶盡也。""公子之心"即"公子之中",此處"中"字理解與《清華壹·保訓》所言"求中"之義類似,③《清華捌·心是謂中》講"心""處身之中"決定人的好惡言行,爲君者有憂民之心,謀而有度,并以此爲鑒,統治其人民。《心是謂中》與蹇叔所言有异曲同工之妙,可參看。

【今譯】

公子重耳問於蹇叔説:"逃亡之人不謙遜,斗膽冒昧問您:天下的君主,您想是以何

---

① 李守奎、張峰《説楚文字中的"桀"與"傑"》,《簡帛》(第7輯),上海古籍出版社,2012年,頁79—86。
② 何琳儀《戰國古文字典》,中華書局,1998年,頁904—905。
③ 關於《保訓》"中"的理解可參看陳民鎮《清華簡〈保訓〉"中"字解讀諸説平議》,復旦大學出土文獻與古文字研究中心網 http://www.gwz.fudan.edu.cn/Web/Show/1655,2011年9月19日。近來馮勝君認爲"中"理解爲"内心",文獻或作"衷",參看《也説清華簡〈保訓〉篇的"中"》,《出土文獻研究》(第16輯),中西書局,2017年,頁25—29。此觀點與我們觀點并不衝突,"衷"訓作"善",可理解爲"求天之中(衷)"即"求天之善"。

興邦，以何亡邦呢？"蹇叔回答説："如果想興邦，就去效法大甲、盤庚、文王、武王；如果想亡邦，就去效法桀、紂、厲王、幽王，全在公子之心罷了，何需煩勞問這個問題呢？"

小　結

　　本篇前三章通過子犯、子餘與秦穆公之間的對話贊揚了公子重耳好正敬信、不蔽有善、有利不懋獨等美好品行，這與後兩章蹇叔强調的興邦取決於居上位之人的美德相呼應，喻公子重耳必將重振晉國之義。全篇宣揚好正、敬信、爲政以德等儒家思想，在列舉聖人先賢時不首列堯舜，而提到很多歷史真實存在的先王；通過結合一定史實，以對話的形式流露作者的思想，這些對瞭解戰國時期儒家思想演變的過程有重要的參考價值。此外，本篇在叙述湯、紂之事時，有助於我們探尋商代史實，如成湯"神事山川"可能與文獻載成湯封禪有關，紂所制"炮""烙"有别等等。

《晉文公入於晉》集釋

總　説

　　《晉文公入於晉》共由 8 枚簡組成，其中簡 8 較爲完整，簡 1 中間殘斷，簡 5 簡尾殘缺，其餘各簡經整理者綴合後基本完整。由完簡可知，本篇簡長約 45.5 釐米，寬約 0.5 釐米。竹簡共計三道編繩，編繩處有契口，第一道編繩編於第一字上方，第三道編繩編在末字下方，留有天頭地脚，原簡無序號、篇題，簡背亦無劃痕，整理者根據内容排序，并將之命名爲《晉文公入於晉》，我們在此基礎上將之分爲三章，以主要内容命名，分別爲《晉文公入晉詔命章》（簡 1—5）、《乃作旗物章》（簡 5—7）、《大得於河東諸侯章》（簡 7—8）。

　　本篇主要講述晉文公從秦國重返晉國後整頓内政，主要包括赦宥拘執之人、清理積獄、豐事鬼神、勸農稼穡、修治水利、蒐修武備等。其後又制定諸旗，以統一號令、明確等級、聚合衆庶，使得晉國在八年内捷報頻傳，大得河東諸侯之事。其中簡文整頓内政的記載與晉悼公新政有頗多相似之處，《左傳·襄公九年》："晉侯歸，謀所以息民。魏絳請施舍，輸積聚以貸。自公以下，苟有積者，盡出之。國無滯積，亦無困人；公無禁利，亦無貪民。祈以幣更，賓以特牲，器用不作，車服從給。行之期年，國乃有節，三駕而楚不能與争。"簡文制定諸旗的形制與《周禮·春官·司常》"日月爲常，交龍爲旂，通帛爲旜，雜帛爲物，熊虎爲旗，鳥隼爲旟，龜蛇爲旐，全羽爲旞，析羽爲旌"有相合之處，可證《周禮》所言制度并非虛造。《大得於河東諸侯章》所記晉文公時期的戰役有助於我們對其稱霸過程的瞭解。

　　全篇簡文墨迹清晰，書寫整飭，正文共計 291 字，每枚竹簡書寫約 41 字，字形爲典型戰國中期楚系文字，用字習慣上亦與楚系語言相合，本篇新見字形有"𡆥""𦎫""𢝊""𨖷""𥃩""𦎫""𧈪""𦎫""𦎫"等。

《晉文公入晉詔命章》集釋（簡1—5）

【章解】

　　本章主要講述晉文公從秦國重返晉國後，朝見了宮中各級人員幷下達了四次詔命之事，詔命內容主要有：赦宥拘執之人，清理積獄，豐事鬼神，勸農稼穡，修治水利，蒐修武備等。竹簡共計5枚，均殘斷，其中簡1中段殘缺，簡5下端殘缺，經整理者綴合後簡2、3、4較爲完整，可知完簡長約45釐米。本章簡文符號使用情況：簡2"之政""皆肰"後，簡3、4、5"皆肰"後有鉤識，均用於句末，書於上字右側下方；簡1"母"後，簡2"夫"後，簡3"夫""醴"後有合文符號。本章重點討論的疑難字詞有："𡆥""辛""嫽""鹽""穌""賔""洲""貢""適責"等。關於句讀，我們認爲簡2"適（滯）"應下讀，簡3"古（故）"應上讀。

【摹本及隸文】

晉　文　公　自　秦　内　於　晉　禘　𡆥　□　□　□　□

□　□　□　□　王　母＝　辛　於　妞　妝　嫽　鹽　皆　見

【簡1】　曡　日　朝　逗　邦　利　老　命　曰　以　孤　之　舊　不

　　　　旻　穌　式　厶　夫＝　以　攸　晉　邦　之　政　命

訟訙敂鞎睪適責母又貴四坓之內
皆肰或昷日朝命曰以孤之舊不旻
繇式 【簡2】 厽夫=以攸晉邦之祀命肥
蒭羊牛豢犬豕具番稷醴=以祀四圭
之內皆肰或昷日朝命曰爲豪審古
命洲舊 【簡3】 洵增舊芳四圭之內皆肰
或昷日朝命曰以虐晉邦之闕尻載
戠之闕命寍攸先君之蕇貣車轓四
圭之內 【簡4】 皆肰

【釋文】

晉文公自秦内（入）於晉[1]，褍（端）冕（冕）[2]□□□□□□□王母=（母，毋）辡（辨）於妞（好）妝（莊）孃（嬙）盬（醶）皆見[3]。昷（明）日朝，逗（屬）邦利（黎）老[4]，命曰："以孤之舊（久）不【簡1】旻（得）繇（由）式（二）厽（三）夫=（大夫）以攸（修）晉邦之政[5]，命訟訙（獄）敂（拘）鞎（執）睪（釋），適（滯）責

（積）母（毋）又（有）賽（塞）[6]，四坪（封）之内皆肰（然）[7]。"或显（明）日朝，命曰："以孤之舊（久）不昃（得）繇（由）式（二）【簡2】厽（三）夫=（大夫）以攸（修）晉邦之祀，命肥莢羊牛、豢犬豕[8]，具畚（黍）稷醴=（酒醴）以祀[9]，四害（封）之内皆肰（然）。"或显（明）日朝，命曰："爲豢（稼）奮（嗇）古（故），命洲（瀹）舊【簡3】泃（溝）、增舊芳（防）[10]，四害（封）之内皆肰（然）。"或显（明）日朝，命曰："以虞（吾）晉邦之閔（間）尻（處）戟（仇）戠（讎）之閔（間）[11]，命寬（寬）攸（修）先君之筆（乘）、貪（飭）車轂（甲）[12]，四害（封）之内【簡4】皆肰（然）。"

【集釋】

1. 晉文公自秦內（入）於晉，褍（端）冕（冕）[1]□□□□□□□□王母=（母，毋）羍（辨）於妞（好）妝（莊）媰（邊）盬（醜）皆見[2]。

[1] 褍（端）冕（冕）□□□□□□□□王母

整理者注〔一〕：冕，從目。"褍冕"讀爲"端坐"，或讀爲"端冕"。

整理者注〔二〕："母"上一字疑爲"王"字之壞，王母，祖母。蓋謂宗親命婦至於祖輩，不擇好惡皆見。

王挺斌（2017）："冕"字的構形比較特別，以往不太多見。但是却可以找到甲骨文形體，即《合集》33069"冕"，該字在曹錦炎、沈建華先生的《甲骨文校釋總集》中釋爲"免"。劉釗先生在其主編的《新甲骨文編》直接釋爲了"冕"。我們認爲釋"冕"的意見是可信的。從構形上看，這個字就是人跪着戴帽之形，上部帽冕之形還起到音符的作用，"冕"即從此形體變來。簡文當即讀爲古書中的"端冕"，指的是玄衣和大冠，是古代帝王、貴族的禮服。《國語·楚語下》："聖王正端冕，以其不違心，帥其群臣精物以臨監享祀，無有苛慝於神者，謂之一純。"韋昭注："端，玄端之服。冕，大冠也。"簡文若讀爲"端坐"，事實上已經抛棄了"衣""冃"的意符提示功能。戰國文字中記録{坐}這個詞的字形，一般就用"坐"，寫成"冕"的可能性比較小。所以，簡文釋讀爲"端冕"是比較妥當的。①

霖按：簡1中部殘缺約九字。"褍冕"，王挺斌之説可從，讀作"端冕"，又見於《清華陸·子產》簡5寫作"![字]"，"![字]"，從跪月聲，②"冕"字異體，在楚簡中或寫作"![字]"（《上博二·容成》簡52）。"王母"，簡文殘缺存疑。

〔2〕毋莽（辨）於

單育辰（2017）："![字]"下從"刀"，象"丯"并列形，隸定爲"業"不確。楚文字的"察"作"![字]"（包山簡22）、"![字]"（郭店《五行》簡13）、"![字]"（郭店《窮達以時》簡1）等形，"察"楚文字亦常讀爲"淺"或"竊"，其所從現仍有争論，我們認爲從"辛"説最近實，但"察""淺""竊"無"辛"（或"丯"）形重複且并列者。在古文字中，"辛""辛""丯"來源接近，字形也經常混淆不分，由此可知"![字]"實應隸定爲"莽"。……《晉文公入於晉》簡1的"莽"可讀爲"辨"或"别"，本句意思是不分别好壞之人，都去接見。"![字]"字的出現，對于探討古文字"淺""竊""察"的來源很有幫助。③

劉偉浠："![字]"，整理者隸定爲從兩業，可當作正立人訛變爲側立人形。當然也可考慮爲從比，從兩業省。④

水之甘："![字]"可能是從二禼，讀爲察，辨，還是淺竊所從。⑤

子居（2017B）："![字]"字當即"辨"字，此處可讀爲"遍"。

---

① 王挺斌《〈晉文公入於晉〉的"冕"字小考》，清華大學出土文獻研究與保護中心網 http://www.ctwx.tsinghua.edu.cn/publish/cetrp/6831/2017/20170424221641251174134/20170424221641251174134_.html，2017年4月24日。
② 古文字"坐""跪"同源，可參看程燕《"坐""跪"同源考》，《古文字研究》（第29輯），中華書局，2012年，頁641—643。鄔可晶認爲此字從月跪聲，讀作"委"，"端委"義爲禮服，參看謝明文《陳喜壺銘文補釋》，2019年《"古文字與上古音研究"青年學者論壇論文集》，廈門大學，2019年11月8—11日，頁93。
③ 觀點首見於簡帛論壇《清華七〈晉文公入於晉〉初讀》2樓"ee"説，2017年4月24日。後發表於《〈清華大學藏戰國竹簡（柒）〉釋文訂補》，"《清華簡》國際研討會"論文，香港浸會大學、澳門大學，2017年10月26—28日。
④ 簡帛論壇《清華七〈晉文公入於晉初讀〉》9樓，2017年4月24日。
⑤ 簡帛論壇《清華七〈晉文公入於晉〉初讀》41樓，2017年6月20日。

賈連翔（2018）：順着"辡"字合體變化的思路來分析，C1、C2是比較關鍵的字形，反映了二"辛/辛"共用中部的省形，屬於"合并中部"的一類情況。這種比較劇烈的形體變化，很容易導致造字理據的喪失，也會使其他部件隨之發生類化、訛變。這組字上部的四點（或作三點）應當就是由兩個點合體變形後被"類化"的結果。同時，其下部也存在類化的現象，如在C1中，兩個"十"形就類化成了"廾"旁，而在C2中則保持了相對原始的兩個"｜"，實際上它們都來源於二"辛/辛"的下部。C3右側可隸作"羊"，是C1、C2的進一步省形，屬於"合并下部"的一類情況，即將兩個"｜/十"省成一個。至於C4右下所從的"又"，應是源於"十"形的訛變，或可視爲"廾"旁之省。C5右側的"丿"劃，蘇建洲認爲是飾筆，[①]陳劍則認爲這種單獨的"丿"劃也可能來源於"人"旁之省，[②]均可參考，餘下部分當看作C1與C3的雜糅，這種形體極容易與古文字中的"羑"相混。C組字的來源及演變序列可參看圖所示。

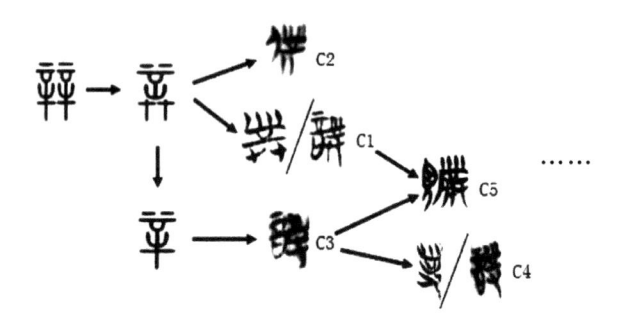

（圖）

"𥝩"（引者按：《郭店·性自》簡38）左側字形與前引"𥝩"所從是相同的，可視作"羊"的下部複加"刀"的結果，"𥝩"則是這個形體的繁化，應分析爲從兩個"辡"，這種繁化當與"辡"字從二"夸/辛"的造字理據相關。簡文中讀"辨"亦可通。

霖按："𥝩"，從單育辰、賈連翔之說，隸定作"辡"，讀作"辨"。"𥝩"字左右偏旁相同，其偏旁"𥝩"與《郭店·五行》簡37"𥝩"、39"𥝩"寫法的相似。[③]"毋辨"意爲不區別，"辨"，區別義，《左傳·隱公五年》："辨等列"，陸德明釋文："辨，別也。"

[①] 蘇建洲《〈清華六〉文字補釋》，武漢大學簡帛網 http://www.bsm.org.cn/show_article.php?id=2526，2016年4月20日。
[②] 陳劍《〈容成氏〉補釋三則》，《出土文獻與古文字研究》（第6輯），上海古籍出版社，2015年，頁376。
[③] 簡帛論壇《清華七〈晉文公入於晉〉初讀》40樓"心包"說，2017年6月12日。

〔3〕妞（好）妝（莊）嬊（䢦）盨（醢）皆見

整理者注〔二〕：嬊，讀爲"媥"，《說文》："輕貌。"盨，疑從盫聲，《說文》讀若"灰""賄"，試讀爲"斐"，《說文》："醜貌。"

石小力：盨，整理者讀爲"斐"，不當。"盨"從娟聲，古音匣母之部，斐，古音滂母微部，二字聲韻皆不近，難以通用。疑可讀爲曉母之部的"娭"，《說文》："卑賤名也。"《集韻·之韻》："娭，婦人賤稱。"①

薛培武："妝"破爲"臧"，似與前"好"犯複，義應各有所當，讀如本字即可，《禮記·緇衣》"毋以嬖御人疾莊后"，《郭店·緇衣》簡23正用"妝"字。②

王寧："嬊盨"疑當讀"儽頛"，《說文》："儽，大醜貌。""頛，醜也。""好臧"是美，"儽頛"則醜也。③

蕭旭（2017B）：妝讀爲臧，亦可讀爲莊，善也，美也，亦好也。所謂"盨"字，圖版作"𥂴"，疑"盨"誤書。"嬊盨"即"嬋娟""便娟""便蜎""嬋嬛""便嬛""便𡣃"，音轉亦作"嬋娟""嬋蜎"，輕麗貌，美麗貌。《北大肆·妄稽》："嫖蔓便𡣃。"

單育辰（2017）："盨"應從"有"得聲，似可考慮讀爲"醜"，與"好"文義相對。"醜"昌紐幽部，從"酉"得聲，"酉"喻紐幽部，"有"匣紐之部，"醜""酉"與"有"聲紐皆屬舌音，韻部旁轉，古音接近。④

子居（2017B）：整理者讀爲"臧"者當訓爲奴婢，《方言》卷三："臧、甬、侮、獲，奴婢賤稱也。荊淮海岱雜齊之間，罵奴曰臧，罵婢曰獲。齊之北鄙，燕之北郊，凡民男而壻婢謂之臧，女而婦奴謂之獲；亡奴謂之臧，亡婢謂之獲。皆異方罵奴婢之醜稱也。自關而東陳魏宋楚之間保庸謂之甬。秦晉之間罵奴婢曰侮。"嬊可以考慮讀爲䢦，指䢦人.盨，可以考慮讀爲醢，指醢人。《周禮·天官·冢宰》："䢦人：奄一人，女䢦十人，奚二十人。醢人：奄一人，女醢二十人，奚四十人。……䢦人掌四䢦之實。……醢人掌

---

① 清華大學出土文獻讀書會《清華七整理報告補正》，清華大學出土文獻研究與保護中心網 http://www.ctwx.tsinghua.edu.cn/publish/cetrp/6831/2017/20170423065227407873210/201704230652274 07873210_.html，2017年4月23日。
② 簡帛論壇《清華七〈晉文公入於晉〉初讀》0樓"心包"說，2017年4月23日。
③ 簡帛論壇《清華七〈晉文公入於晉〉初讀》29樓，2017年4月29日。
④ 觀點首見於簡帛論壇《清華七〈晉文公入於晉〉初讀》28樓，2017年4月29日。

四豆之實。"《禮記·內則》:"女子十年不出,姆教婉娩聽從,……觀於祭祀,納酒漿、籩豆、菹醢,禮相助奠。"可見納籩、醢多爲女子之事,故"妞妝嫇蝹"四字皆從女,當爲偏旁同化所致。

霖按:"㚋",從女丑聲,戰國文字又見於陶文"㚋""㚋"等,《說文·女部》:"㚋,人姓也,从女丑聲。《商書》曰:'無有作㚋'。"簡文讀作"好",《方言》卷二:"自關而西秦晉之間,凡美色或謂之好。""妝",讀作"莊",《禮記·緇衣》:"毋以嬖御人疾莊后",鄭玄注:"莊后,適夫人齊莊得禮者。""嫇蝹"從子居之說。"嫇",從女辱聲。《周禮·天官·序官》:"籩人:奄一人,女籩十人。"鄭玄注:"女籩,女奴之曉籩者。""蝹",從女盍聲,讀作"醢","盍""醢"均曉紐之部,《郭店·窮達》簡9"梅伯初醢酭(醢),後名揚,非其德加。"① 是"有"可讀作"醢"之證。文獻中"籩豆"連言,《爾雅·釋器》"竹豆謂之籩",郝懿行義疏:"籩豆同類,用不單行。"《周禮·天官·冢宰》:"籩人掌四籩之實。……醢人掌四豆之實。"因此簡文中負責"籩""豆"的職官"籩人""醢人"連言也是講得通的。"好莊",美貌與齊莊得禮之人,泛指宫中姬妾;"籩醢",泛指宫中從事雜役之人。

2. 昷(明)日朝,逗(屬)邦利(黎)老〔4〕,命曰:"以孤之舊(久)不叟(得)䌛(由)式(二)厽(三)夫=(大夫)以攸(修)晉邦之政〔5〕,命訟訜(獄)敂(拘)鞎(執)睪(釋),適(滯)責(積)母(毋)又(有)䝿(塞)〔6〕,四垺(封)之内皆肰(然)〔7〕。"

〔4〕昷(明)日朝,逗(屬)邦利(黎)老

整理者注〔三〕:利,讀爲"耆"。《書·西伯戡黎》之"黎",出土文獻中多從旨聲,與此同例。

黃傑:利,整理報告讀爲"耆"。此字讀爲"黎"即可。《國語·吳語》:"今王播

---

① 此句可參看趙平安《〈窮達以時〉第九號簡考論——兼及先秦兩漢文獻中比干故事的演變》,《古籍整理研究學刊》,2002年第2期。

弃黎老，而孩童焉比謀。"《墨子·明鬼下》："播弃黎老，賊誅孩子。"①

霖按："![字]"，合文"明日"又見於《上博九·王居》簡9。"逗"，讀作"屬"，聚集、會合義。《孟子·梁惠王下》："乃屬其耆老而告之。"趙岐注："屬，會也。""利"，讀作"黎"。《郭店·緇衣》簡17："利（黎）民所訓。"《清華壹·祭公》簡9人名"井利"，《逸周書·祭公》寫作"于黎"。文獻中"耆老""黎老"實爲一聲之轉。②《國語·吳語》："今王播弃黎老，而近孩童焉。"韋昭注："鮐背之耇稱黎老。"

〔5〕以孤之舊（久）不旻（得）繇（由）式（二）厽（三）夫=（大夫）以攸（修）晉邦之政

整理者注〔四〕：繇，由，《書·盤庚》孔傳訓爲"用"。

易泉："繇"整理者讀作"由"，可讀作"猷"，由、猷同在喻紐幽部，《爾雅·釋詁》："猷，謀也。"《尚書·君陳》："爾有嘉謀嘉猷，則入告爾後於内，爾乃順之於外。"③

黄傑："由二三大夫"似可與《論語·先進》《憲問》孔子所説"以吾從大夫之後"之"從大夫之後"參看。"由二三大夫"，即跟從諸位大夫。國君説這樣的話，看起來似乎很難接受，但考慮到當時國君與臣下迥異秦以後專制君主與臣下的關係，此類謙辭在内政、外交等場合都很常見，而且晉文公剛返回晉國，對諸臣説話時更要分外客氣，不僅僅是辭令而已，這樣解釋似乎就合理了。④

霖按："舊"，讀作"久"，《郭店·老甲》簡37："故知足不辱，知止不殆，可以長舊。"今本、帛書甲本作"久"。"![字]"，從言朕聲，或從人，寫作"![字]"（曾侯乙簡35），或從厂"![字]"（自鐸），或省寫作"![字]"（《上博二·從乙》簡1）等，讀作"由"，《上博六·用曰》簡7："則方繇（由）而弗可矣。"義爲任用，《左傳·襄公三十年》：

---

① 簡帛論壇《清華七〈晉文公入於晉〉初讀》4樓"暮四郎"説，2017年4月24日。
② 《詩經·周南·葛覃》"其鳴喈喈"，安大簡寫作"亓鳴鶂鶂"。金文"楷侯"，清華簡寫作"郘"即文獻"黎侯"。是"皆""旨""利"三字音近之例。《墨子·明鬼下》："播弃黎老"，孫詒讓閒詁引王引之云："黎老者，耆老也。"
③ 簡帛論壇《清華七〈晉文公入於晉〉初讀》10樓，2017年4月25日。
④ 簡帛論壇《清華七〈晉文公入於晉〉初讀》39樓，2017年6月7日。

“以晉國之多虞，不能由吾子，使吾子辱在泥塗久矣。”杜預注：“由，用也。”

〔6〕命訟訞（獄）敂（拘）褺（執）睪（釋），適（滯）責（積）母（毋）又（有）貴（塞）

整理者注〔五〕：“適”讀作“折”，訓爲“斷”。《書·吕刑》：“非佞折獄，惟良折獄。”貴，疑讀爲“畀”，《説文》：“舉也。”責毋有所舉，猶《國語·晉語四》稱晉文公“弃責薄斂”，《左傳·成公十八年》晉悼公“施舍已責”，韋昭注：“除宿責也。”

趙平安（2017B）：所謂貴原作，可能是貫字，《説文》説實從貫，國差𦉜實字所從與之酷似。責可以理解爲職責、責任，如《尚書·金縢》：“若爾三王是有丕子之責於天，以旦代某之身。”《史記·張耳陳餘列傳》：“貫高曰：‘所以不死一身無餘者，白張王不反也。今王已出，吾責已塞，死不恨矣。”貫，通常表示習慣，引申表示懈怠。“責母（毋）又（有）貫”是説對職責不要有懈怠。

石小力：“適”字整理者讀爲“折”，訓爲折斷，裁决。今按，與“適”字并列的幾個詞“拘、執、釋”都是訟獄裁决的結果，而“折”字是裁决的過程，故讀“折”非是。疑“適”與“釋”意近，可讀爲“遣”，《説文》：“縱也。”《後漢書·光武帝紀上》：“輒平遣囚徒，除王莽苛政，復漢官名。”①

馮勝君、郭侃（2018）：我們認爲簡文當在“睪”字下斷讀，整理者將其括注爲“釋”亦可信。簡文“適”及其异體在戰國竹書中已多次出現，其中郭店簡《性自命出》62 號簡有“身欲静而毋款”語，陳劍先生指出“款”字所從“言”旁實爲“啻”形的省訛（上博簡《性情論》與其相對應的字正從止啇聲，“啇”即“啻”之省），當讀爲“滯”。② 陳文對於從“啻/啇”聲可讀爲“滯”有詳細論證，結論非常可信。我們認爲在本篇簡文中，“適”亦當讀爲“滯”。簡文“貴”從貝由聲，“由”爲“思”字聲符，在簡文中當讀爲“塞”。“思”“塞”相通，典籍中不乏其例，如《書·堯典》“欽明文思安安”，典籍引“思”多作“塞”。下面按照我們的理解，將簡文重新斷句和括注如下：

命訟訞（獄）敂（拘）執睪（釋），適（滯）責（責）母（毋）有貴（塞/賽）。

① 清華大學出土文獻讀書會《清華七整理報告補正》。

② 原注：陳劍《郭店簡補釋三篇》，載氏著《戰國竹書論集》，上海古籍出版社，2013 年，頁 42—56。

"訟獄拘執釋",即釋放訟獄所拘執之人。"滯責"之"滯",當理解爲積聚、積壓義。"滯"本爲停滯、留止義,引申爲積壓義,……"宿責"與"滯責"均指積壓、留止而未加處理的舊債。簡文"賏"讀爲"塞"或"賽",義爲償還。……簡文"賏"以"貝"爲意符,或即用爲償還義的"塞/賽"字的異體。"遉(滯)賨(責)母(毋)有賏(塞/賽)"的意思是積壓已久的舊債,就不要再償還了。這與整理者所引文獻中的"弃責""已責"等語完全吻合。

厚予:根據上文簡文"責"應當理解爲"問責"之"責",《慧琳音義》引《說文》"責,求也,問罪也"。"賏"可讀爲"畀",訓爲"與",《說文》"與,黨與"。有,句中語辭。本句可理解爲:問罪時要公正不要結黨。①

易泉:"遉"疑讀作"滯"。連下文"責"作"滯積"。《國語·魯語》:"不腆先君之幣器,敢告滯積,以紓執事"之"滯積"是指資財的久積。這裏當指獄案久積。"毋有"下一字以囟爲聲,可與從息之字通作(《古字通假會典》頁426"諰與息"條),似可讀作息,訓作止。②

難言:"賏"也或用作利息之息,債務沒有利息。③

駱珍伊:《國語》"弃責"、《左傳》"已責"是免除債務的意思,與簡文"責毋有賏"(不要舉債)的意思并不一樣。責,應釋爲"責令、督促"之義。"賏"字,從貝、囟聲,可讀爲"私"。"賏"字也有可能是爲"收受賄賂而行私"之"私"所造的字。責毋有私,意思是督促執行"訟獄拘執釋遣"時不要有私心或偏私。④

王寧:從辵噬聲,即"逝"字或體,當讀爲"稅",《爾雅·釋詁》:"稅、赦,舍也。"義同"赦""舍"。"易泉"先生讀"賏"爲"息"是,然言"訓作止"似不確。"息"即利息,借債者均要償付利息,古今皆然,其事可參看《史記·孟嘗君列傳》中孟嘗君派馮驩收債於薛一段文字,其所收者主要是"息"。簡文裏説晉文公初即位時爲了邀買人心,命令國內放債的人祇收回本金,不許收取利息。⑤

---

① 簡帛論壇《清華七〈晉文公入於晉〉初讀》8樓,2017年4月24日。
② 簡帛論壇《清華七〈晉文公入於晉〉初讀》11樓,2017年4月25日。
③ 簡帛論壇《清華七〈晉文公入於晉〉初讀》13樓,2017年4月24日。
④ 簡帛論壇《清華七〈晉文公入於晉〉初讀》26樓"明珍"説,2017年4月28日。
⑤ 簡帛論壇《清華七〈晉文公入於晉〉初讀》30、33樓,2017年4月29、30日。

金宇祥（2017）："睪（釋）"可訓爲赦宥、免除，《國語·魯語上》："君今來討弊邑之罪，其亦使聽從而釋之，必不泯其社稷。"韋昭注："釋，置也。""適（愆）責母（毋）又（有）賨（塞）"，原考釋和馮勝君先生將此句與"弃責薄斂""施舍已責"聯繫起來，有其道理。但是若從後段簡文"二三大夫以修晉邦之祀"來看，該段僅叙述祭祀一事而已，故此處亦可能僅叙述訟獄一事。若此，"適"可讀爲"愆"，此兩字的通讀參裘錫圭、李家浩先生《曾侯乙墓鐘、磬銘文釋與考釋》一文，"愆"訓爲過失，"責"訓爲譴責，"愆責"見於《全上古三代秦漢三國六朝文·全三國文卷五十四·上魏明帝表》："幸賴慈恩，猶垂三宥，使得補過，解除愆責。""賨"字，從馮勝君讀爲"塞"，但與馮先生不同的是，筆者認爲此句仍與訟獄有關，所以"賨（塞）"雖亦爲償還義，但不是償還債務，而是償還過失、抵罪之意，……故簡文此處作"命訟訣（獄）敂（拘）鞪（執）睪（釋），適（愆）責母（毋）又（有）賨（塞）"，意思是：命令赦宥訟獄所拘執的人，不用償還過失和譴責。

子居（2017B）："適"當讀爲"契"，"契債"當即《管子》輕重諸篇所言"券契之責"。……讀"賨"爲"畀"或當是，但應訓爲付與，《説文·丌部》："畀，相付與之。約在閣上也。从丌由聲。""契債毋有畀"即免除債務，先秦時往往把免除私人或私家所欠公室債務作爲施惠德政中的一項。

霖按：我們同意馮勝君句讀及"易泉"將"責"讀作"積"的觀點，讀作"命訟訣（獄）敂（拘）鞪（執）睪（釋），適（滯）責（積）母（毋）又（有）賨（塞）。""敂"，讀作"拘"，《上博三·周易·隨》簡17："上六，係而敂（拘）之，從而維之。""拘執"，簡文謂拘捕之人，《史記·李斯列傳》："李斯拘執束縛，居囹圄中。""䢐"，從辵畜聲，讀作"滯"，偏旁"畜"省體或作"㐬"和"古"，[1] 陳劍將《性自命出》《性情論》的"敵""𡆧"讀爲"滯"可從。[2] "賵"，從貝束聲，整理者、馮勝君理解爲"債"，但本篇晉文公每次下達命令主題皆指一事，此處若理解爲"免除債務"，則第一道

---

[1] 參看孟蓬生《郭店楚簡字詞考釋》，《古文字研究》（第24輯），中華書局，2002年，頁406-407。王寧《釋郭店楚簡中的"噬"與"澨"》，簡帛研究網 http://www.jianbo.org/Wssf/2002/wangning02.htm，2002年8月27日。

[2] 陳劍《郭店簡補釋三篇》，原載《古墓新知——紀念郭店楚簡出土十周年論文專輯》，國際炎黃文化出版社，2003年。後收入《戰國竹書論集》，上海古籍出版社，2013年，頁42-56，今據後者收入。

命令中包含兩件不同主題之事，與全篇行文風格不恰。因此我們同意"易泉"將"責"讀作"積"，《馬王堆肆·五行》行337："舜有仁，我亦有仁，而不如舜之仁，不責（積）也。""滯積"，本指財物積壓，簡文指積壓之案件，《左傳·襄公九年》："國無滯積，亦無困人；公無禁利，亦無貪民。""㯱"，從貝思省聲，馮勝君讀作"塞"可從，抵罪之意，意思是滯積的案件沒有不抵罪的。

〔7〕四垟（封）之內皆肰（然）

霖按："垟"，從土丰聲，本篇又寫作"㞢"，"封"之異體，《說文》籀文"㞢"、三體石經"㞢"與簡文寫法相似，楚簡中或增偏旁"人"寫作"㞢"（《上博七·凡甲》簡4）。四封之內，四方疆界之內，引申指舉國。《國語·越語下》："四封之內，百姓之事，蠹不如種也。""然"，代詞，如此。《經傳釋詞》卷七："《禮記·大傳》注曰：然，如是也。凡經稱然則、雖然、不然、無然、胡然、夫然者，皆是也。"

3. 或昷（明）日朝，命曰："以孤之舊（久）不旻（得）繇（由）弍（二）厽（三）夫=（大夫）以攸（修）晉邦之祀，命肥䓗羊牛、豢犬豕〔8〕，具䉼（黍）稷醴=（酒醴）以祀〔9〕，四害（封）之內皆肰（然）。"

〔8〕以攸（修）晉邦之祀，命肥䓗羊牛、豢犬豕

整理者注〔六〕：《孟子·告子上》"猶䓗豢之悅我口"，《韻會》："羊曰䓗，犬曰豢，皆以所食得名。"䓗謂草食，豢謂以穀圈養。

霖按："肥"，從肉從卪，用作動詞，義爲使犧牲肥壯。"䓗"，從艸從䓗，楚簡"䓗"或寫作"䓗"（望山一簡7），"䓗"（包山簡95）等，草食之牲畜。"豢"，從豕丳聲，或增"土"寫作"豢"（包山簡203），或從肉寫作"豢"（新蔡乙三簡65），食穀之牲畜。"䓗羊牛""豢犬豕"屬大名冠小名用法。《禮記·月令》："乃命宰祝，循行犧牲。視全具，案䓗豢。"鄭玄注："養牛羊曰䓗，犬豕曰豢。"[①]

[①] "肥䓗""肥豢"對舉又見於望山二號墓簡116，參看李家浩《信陽楚簡"澮"字及從"关"之字》，《著名中年語言學家自選集·李家浩卷》，安徽教育出版社，2002年，頁210—211。

〔9〕具䵚（黍）稷醴═（酒醴）以祀

霖按："具"，《爾雅·釋詁下》："供，具也。"邵晉涵正義："具，備也。""䵚"，從黍從田。"稷"，從禾畟聲，或從示寫作"𥘿"（《清華壹·祭公》簡13），"𥙡"（新蔡簡338）等。"黍稷"，泛指五穀。《尚書·君陳》："黍稷非馨，明德惟馨。""醴"，從言豐聲，字下有合文符號，整理者讀作"酒醴"可從。"醴"本指甜酒，"酒""醴"統言無別，泛指酒，《詩經·大雅·行葦》："曾孫維主，酒醴維醹。"

4. 或昷（明）日朝，命曰："爲豪（稼）䛪（穡）古（故），命洲（瀹）舊泃（溝）、增舊芳（防）〔10〕，四畜（封）之内皆肰（然）。"

〔10〕爲豪（稼）䛪（穡）古（故），命洲（瀹）舊泃（溝）、增舊芳（防）

整理者注〔七〕：䛪，《説文》"穡"字古文。洲，從潮省聲，讀爲"瀹"。《孟子·滕文公上》"禹疏九河，瀹濟、漯而注諸海"，趙岐注："瀹，治也。"

尉侯凱：簡3"爲稼穡，故命……"，當斷作"爲稼穡故，命……"。《左傳·莊公十一年》："宋爲乘丘之役故，侵我，公禦之。"……"洲"當讀爲"固"，參《古字通假會典》781頁"貂與涸"條，又金文多讀"圐"爲"固"，"洲"從舟聲，故可與"固"通。固溝，修理溝池使其堅固，與下文"增舊防"爲互文，相關辭例如《禮記·禮運》："城郭、溝池以爲固。"《周禮·夏官·掌固》："掌固掌脩城郭、溝池、樹渠之固。"又云："凡國都之竟，有溝樹之固，郊亦如之。"①

王寧："洲"字當即後之"潮"字，由"啁"與"嘲""謿"以及"調"與"朝"通假的情況看，此當讀爲《呂氏春秋·季春》《禮記·月令》"導達溝瀆"之"導"，《淮南·時則》作"導通溝瀆"。②

霖按：整理者在"䛪（穡）"後點斷，今從尉侯凱說改從"古（故）"後點斷。

---

① 簡帛論壇《清華七〈晉文公入於晉〉初讀》14、15樓"悦園"説，2017年4月26日。
② 簡帛論壇《清華七〈晉文公入於晉〉初讀》32樓，2017年4月30日。

全篇晉文公命令之語，皆爲"……，命……"的格式，此處亦當如此。"䈞"，從來從㐭，與《説文》古文"嗇"相似，或從日寫作"暜"（《上博六·用曰》簡12）。"稼穡"，本指耕種和收穫，泛指農業勞動。《周禮·地官·遂師》："巡其稼穡而移用其民。"賈公彥疏："春種曰稼，秋斂曰穡。""𣳡"，"潮"之異體，讀作"瀹"可從，又見於《上博五·三德》簡16，《璽彙》2508等。① "潮"定紐宵部，"瀹"喻紐四等藥部，聲紐均爲舌音，宵藥部陰入對轉。"瀹"，治理、疏通義，《説文·水部》朱駿聲通訓定聲："瀹，或曰借爲櫂，引也，亦猶排也，皆可通。""溝"，田間水道。《周禮·考工記·匠人》："九夫爲井，井間廣四尺，深四尺，謂之溝。""增"，益也，《詩經·小雅·天保》："如川之方至，以莫不增。""防"，堤岸、堤壩。《周禮·地官·稻人》："稻人掌稼下地，以潴畜水，以防止水。"鄭玄注："防，豬旁隄也。"

5. 或𣊞（明）日朝，命曰："以虞（吾）晉邦之䦨（間）凥（處）𢧕（仇）戠（讎）之䦨（間）〔11〕，命𥭴（蒐）攸（修）先君之墓（乘）、䝿（飭）車䡊（甲）〔12〕，四䍴（封）之内皆肰（然）。"

〔11〕以虞（吾）晉邦之䦨（間）凥（處）𢧕（仇）戠（讎）之䦨（間）

鄔可晶："間處……之間"顯有重複。頗疑書手抄到"晉邦"下的"之"字時，跳看到了"仇讎"下的"之"字，於是抄下"間"字，抄完又看回到"處"。也就是説，前一處"之間"的"間"恐爲衍文，原文當作"以吾晉邦之處仇讎之間"。②

霖按：鄔可晶之説可從，本句"晉邦"後"之間"疑衍文，本應作"以虞（吾）晉邦凥（處）𢧕（仇）戠（讎）之䦨（間）"。"𢧕戠"一詞楚簡常見，又見於《郭店·緇衣》簡19、《上博六·天甲》簡6、《清華壹·耆夜》簡6、《越公其事》簡24等。

---

① "悦園"認爲"𣳡"右側從舟，但楚簡中"舟"寫作"𠀠""𠁅"，與此字右側偏旁不符。"𣳡"字形分析參看陳斯鵬《讀〈上博竹書（五）〉小記》，武漢大學簡帛網 http://www.bsm.org.cn/show_article.php?id=310，2006年4月1日。
② 簡帛論壇《清華七〈晉文公入於晉〉初讀》6樓"紫竹道人"説，2017年4月24日。

"▨"，從戈棄聲，讀作"仇"。① "▨"，從戈疇省聲，楚系文字多以之表示｛讎｝，楚簡中亦見"讎"字（"▨"，《清華肆·筮法》簡20、22）。"仇讎"，仇人。《左傳·哀公元年》："（越）與我同壤而世爲仇讎。"

〔12〕命寠（蒐）攸（修）先君之窜（乘）、貣（飭）車辕（甲）

整理者注〔八〕："寠"字又見鄀季寠車盤、匜，鄀季宿車盆對應文字作"宿"。《金文編》以爲"從宀蒐聲"，是。蒐，《爾雅·釋詁》："聚也。"《左傳·宣公十四年》："蒐焉而還"，杜預注："蒐，簡閱車馬。"

單育辰："貣"其實從"戈"，不過考慮到楚文字"戈""弋"常訛混的情況，它確有可能即"貣"。此字從"弋"聲，讀爲"飾"或"飭"。典籍常有"飾（或飭）車""飾（或飭）甲"之語，如《詛楚文》"飾甲厎兵"、《戰國策·趙策二》"繕甲屬兵，飾車騎，習馳射"，又《漢書·枚乘傳》"梁王飭車騎"、《春秋繁露·治水五行》"飭甲兵"。②

厚予："修先君之乘貣車甲"，可從整理者斷讀。"貣"可讀爲"弋"，弋即繫有繩子的短箭，如《莊子·應帝王》"鳥高飛以避矰弋之害"。③

魏宜輝（2017）：此字竹簡寫作"▨"。上部明顯從"戈"而非從"弋"，故當隸定作"貣"。……我們懷疑是"賦"字之省體。古代按田畝出車徒，故稱兵卒、車輛爲賦。《左傳·襄公八年》："乃及楚平，使王子伯駢告于晉，曰：'君命敝邑："修而車賦，儆而師徒，以討亂略。"'"楊伯峻注："車賦猶言車乘。"《晉文公入於晉》篇中的"乘貣（賦）""車甲"應該是指晉國的戰車及車兵，可以泛指晉國的軍隊。邵大叔斧銘文"邵大叔以新金爲貣車之斧十"中的"貣車"即"賦車"，也應指兵車。《越公其事》篇中的"貣役"即"賦役"，指的是兵賦和徭役。

金宇祥（2017）："乘"字諸家未說，筆者認爲可能是指"乘車"。先秦"車"可分爲乘車、兵車、棧車三大類，簡文"貣（飭）車甲"的"車"應是兵車，"先君之乘"

---

① 參看黃德寬、徐在國《郭店楚簡文字考釋》，《吉林大學古籍整理研究所建所十五周年紀念文集》，吉林大學出版社，1998年，頁102－103。陳偉《包山楚司法簡131－139號補釋》，《簡帛研究匯刊》（第1輯），中國文化大學史學系、簡帛學文教基金會籌備處，2003年，頁323－335。
② 簡帛論壇《清華七〈晉文公入於晉〉初讀》3樓"ee"說，2017年4月24日。
③ 簡帛論壇《清華七〈晉文公入於晉〉初讀》7樓，2017年4月24日。

的"乘"則是"乘車"。而在山西北趙晉侯墓地正好有相關出土文物可供佐證,據《山西北趙晉侯墓地一號車馬坑發掘簡報》一文,一號車馬坑屬晉侯蘇墓,是該墓地最大的一座車馬坑。其中11號車附有類似鎧甲的銅甲片,形如"裝甲車"。21號車的圍板布滿彩繪。劉永華認爲這兩輛車是戰車和乘車。一號車馬坑的墓主晉侯蘇也就是晉獻侯,是晉文公的先祖,所以簡文説"蒐修先君之乘"也就十分合理了。而簡文"乘"(乘車)之意應如《管子·大匡》:"桓公受而行,近侯莫不請事。兵車之會六,乘車之會三,饗國四十有二年。"尹知章注:"乘車之會,謂結好息人之會也。"綜合上述,此處釋文作"命寫(蒐)攸(修)先君之𨊠(乘)、貣(飭)車轂(甲)",此句晉文公之所以要下屬修治乘車和兵車,其意可能是晉國處在同盟和敵國之間,一方面要强化軍事力量,另一方要以和平手段同盟鄰國。

林少平:一、"乘"當是指車兵,是指兵種。《左傳·成公十六年》:"蒐乘補卒,秣馬利兵。"簡文"蒐修先君之乘"的大概意思是説"檢閲修治車兵"。理解了這一點,再將"貣"讀爲"飭"就説不通了。二、"貣",當讀作忒,通"差"。……當理解爲"擇練"義。《説文》"貣"字注:"按古多假貣爲差、忒字。"又"忒"字注:"忒之叚借或作貣。"忒,《廣韻》:"差也。"《詩·大雅》:"昊天不忒。"《鄭箋》:"不差忒也。"又通作貸。《禮記·月令》:"毋或差貸。"《吕覽》作差忒,亦通作貣。差,《爾雅·釋詁》:"擇也。"《詩·小雅》:"既差我馬。"文中"差"即"擇練"義。故簡文"貣車甲"是指"擇練兵車、鎧甲",是對前面"蒐修先君之乘"的進一步説明。①

霖按:本篇晉文公所下命令皆爲一個主題下的兩件事,因此本句在"乘"後應點斷。"![字]",從宀蒐聲,或從厂"![字]"(亡智鼎,《集成》2746),或加止"![字]"(侯馬85.10)等,聚集義,《爾雅·釋詁下》:"蒐,聚也。"郭璞注:"蒐者,以其聚人衆也。""![字]",從車乘聲,表示車乘之"乘"的專字,或寫作"![字]"(曾侯乙簡120),乘車,亦稱"玉路""金路""象路"等。"![字]",從戈從貝,單育辰已指出楚系文字"戈""弋"常訛混,故此字可釋作"貣",讀作"飭",這與《北大叁·周馴》全篇中"貳"("貳"寫作從戈)讀作"敕"情況類似。"飭",整治、整頓義。《詩經·小雅·六月》:"六月棲

---

① 簡帛論壇《清華七〈晉文公入於晉〉初讀》42樓,2017年10月17日。

棲，戎車既飭。""钱"，從夲從虎，西周金文中"甲衣"之｛甲｝用"虢""虢"等字形表示，① 楚系文字中多延用此類字形，而曾侯乙墓竹簡中則以"田"或"臣"表示，② 可能與時代（戰國早期）和地域（地靠中原）有關。"車甲"，兵車和鎧甲。兵車，亦稱"革路""武車"。《禮記·王制》："有發則命大司徒教士以車甲。"鄭玄注："乘兵車衣甲之儀。"

【今譯】

晉文公從秦國進入晉國，穿戴好玄衣、大冠，……無論宮中貌美端莊的妃嬪抑或是宮中從事雜役之人都安排會見。第二天朝會，聚合國家中的老臣，命令道："因爲我很久不能任用諸位大夫來整治晉國的内政，命令釋放訟獄所拘執之人，積壓的案件沒有不抵罪的，全國之内都要這樣。"又在某一天朝會，命令道："因爲我很久不能任用諸位大夫來整治晉國的祭祀，命令要讓牲畜羊、牛、犬、豕肥壯，准備五穀、諸酒來祭祀，全國之内都要這樣。"又在某一天朝會，命令道："考慮到農業勞動的緣故，命令疏通舊的田間水道，增固舊的堤岸，全國之内都要這樣。"又在某一天朝會，命令道："因爲我們晉國處於仇敵之間，命令聚合修治先君的乘車，整治兵車和鎧甲，全國之内都要這樣。"

---

① 田煒《兩周金文字詞關係研究》，上海古籍出版社，2016年，頁248－249。李零、白於藍等學者認爲"虡"可能是"柙"之本字，李家浩認爲是"庸（狎）"之异體。參看李零《古文字雜識（兩篇）》，《于省吾教授百年誕辰紀念文集》，吉林大學出版社，1996年，頁270－271。白於藍《〈郭店楚墓竹簡〉讀後記》，《中國古文字研究》（第1輯），吉林大學出版社，1999年，頁110－111。李家浩《識〈郭店楚墓竹簡〉瑣議》，《中國哲學》（第20輯），遼寧教育出版社，1999年，頁350－353。
② 裘錫圭、李家浩《曾侯乙墓竹簡釋文與考釋》，《曾侯乙墓》（上），頁514。

《乃作旗物章》集釋（簡5—7）

【章解】

本章主要講述了晉文公制定諸旗以統一號令、明確等級、聚合衆庶。竹簡共計3枚，均殘斷，其中簡1中段殘缺，簡5下端殘缺，經整理者綴合後簡2、3、4較爲完整，可知完簡長約45釐米。本章簡文符號使用情況：簡5"以退"後有鉤識，用於句末，書於上字右側下方；簡6"夫"後有合文符號。本章重點討論的疑難字詞有："縍""豫""戬""至""旗物""菁茞"等。此外，本章結合出土文獻簡要介紹了諸旗的形制。

【摹本及隸文】

乃乍爲羿勿爲陞龍之羿師以進爲

降龍之羿師以退爲右□□□□□□

□□□□□□□□□　爲縍龍

之羿師以戬爲交龍之羿師以豫爲

日月之羿師以舊爲熊羿夫=出爲斿

羿士出爲菁茞之羿戬糧者　　出乃

爲三羿以成至遠羿死中羿荆忎羿

【簡7】
罰

【釋文】

乃乍（作）爲羿（旗）勿（物）[1]，爲陞（升）龍之羿（旗），師（師）以進；爲降龍之羿（旗），師（師）以退[2]。爲右（左）□□□□□□□□□□□□□[3]【簡5】爲豢（角）龍之羿（旗），師（師）以戬（戰）；爲交（蛟）龍之羿（旗），師（師）以豫[4]；爲日月之羿（旗），師（師）以舊（久）[5]。爲熊羿（旗），夫=（大夫）出；爲豹（豹）羿（旗），士出；爲芳（蕟）芺（采）之羿（旗），戠（饋）糧者【簡6】出[6]。乃爲三羿（旗）以成至（制）：遠羿（旗）死，中羿（旗）刑（刑），忌（近）羿（旗）罰[7]。【簡7】

【集釋】

1. 乃乍（作）爲羿（旗）勿（物）[1]，爲陞（升）龍之羿（旗），師（師）以進；爲降龍之羿（旗），師（師）以退[2]。爲右（左）□□□□□□□□□□□□□[3]

〔1〕乃乍（作）爲羿（旗）勿（物）

整理者注〔九〕："旗物"爲諸旗統稱，《周禮·大司馬》"辨旗物之用"，《周禮·鄉師》四時之田"以司徒之大旗致衆庶，而陳之以旗物"，《周禮·巾車》"掌公車之政令，辨其用與其旗物而等叙之"，《周禮·司常》"及國之大閱，贊司馬、頒旗物"。《周禮·司常》九旗"日月爲常，交龍爲旂，通帛爲旜，雜帛爲物，熊虎爲旗，鳥隼爲旟，龜蛇爲旐，全羽爲旞，析羽爲旌。"孫詒讓據金榜《禮箋》説，以爲"通帛爲旜，雜帛爲物""全羽爲旞，析羽爲旌"係諸旗通制，"日月爲常"色纁，象中黄，"交龍爲旂"色青，"熊虎爲旗"色白，"鳥隼爲旟"色赤，"龜蛇爲旐"色黑，各象五方之色。"通帛爲旜，雜帛爲物"，通帛謂縿斿一色，純色，故尊於雜帛。①

---

① 引者按：上引二説可參看金榜《禮箋》，《續修四庫全書》第109册，上海古籍出版社，2013年，頁18。孫詒讓《九旗古誼述》，《大戴禮記斠補（外四種）》，中華書局，2010年，頁299—300。

霖按："旂"，從羽亓聲，或從朳寫作"旂"（曾侯乙簡3）、"旂"（曾侯乙簡80）等。《釋名·釋兵》："熊虎爲旗。旗，期也，言與衆期於下。軍將所建，象其猛如熊虎也。"[①] "物"，本爲雜色之旗，"旗""物"統言無別。《儀禮·鄉射禮記》："旌各以其物"，鄭玄注："旌，總名也，雜帛爲物。"《上博二·容成》簡20—21亦有關於旗幟的描述："禹然後始爲之號旗，以辨其左右，思民毋惑。東方之旗以日，西方之旗以月，南方之旗以蛇，中正之旗以熊，北方之旗以鳥。"下附宋代聶崇義《新定三禮圖·旌旗圖卷》中諸旗圖像供參考。[②]

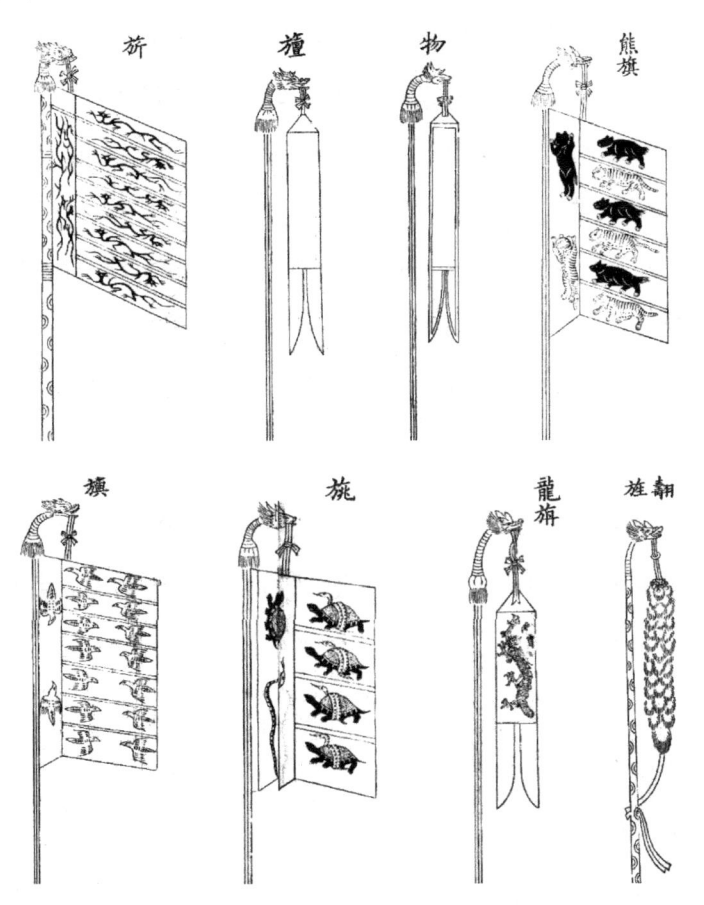

〔2〕爲陞（升）龍之旂（旗），師（師）以進；爲降龍之旂（旗），師（師）以退

---

① 參看羅小華《戰國簡册中的旗幟》，武漢大學簡帛網 http://www.bsm.org.cn/show_article.php?id=2761，2017年3月17日。
② （宋）聶崇義《新定三禮圖·旌旗圖卷》，浙江人民美術出版社，2016年，頁122—128。

整理者注〔一〇〕：鄭玄注："交龍爲旂"，以爲"諸侯畫交龍，一象其升朝，一象其下復也"，謂二龍一升一降。

黄傑：似當斷讀爲"爲升龍之旂，師以進；爲降龍之旂，師以退"，方眉目清楚。下文類似文句皆當如此斷開。①

子居（2017B）：下文明確説"爲交龍之旂師以舍"，所以本節的升龍之旂、降龍之旂應該都不是指畫兩龍於一旂的"交龍爲旂"，而祇是旂上單繪升龍或降龍。《儀禮·覲禮》："天子乘龍，載大旆，象日月、升龍、降龍。"賈疏："《傳》曰：'天子升龍，諸侯降龍。'以此言之，上得兼下，下不得僭上，則天子升降俱有，諸侯直有降龍而已。"以《覲禮》論，則天子可用的有日月之旂、升龍之旂、降龍之旂，《傳》文强別升龍、降龍恐不確。鄭玄注所説"諸侯畫交龍，一象其升朝，一象其下復也"則是執着於"交龍爲旂"，故言"諸侯畫交龍"，實則顯然諸侯之旂上繪升龍、降龍、交龍皆可。繪有龍首在上、龍尾在下的升龍之旂寓意於進，故爲上朝、出師之旂，繪有龍首在下、龍尾在上的降龍之旂寓意於退，故爲下朝、歸師之旂。

霖按：黄傑之説可從，簡5—6關於旗幟的描述皆應於"爲某旂"後點斷，如此文意更爲清楚。"賈"，或寫作從兄聲，如"![字]"（《上博六·用曰》簡16）、"![字]"（《清華貳·繫年》簡87）、"![字]"（《清華伍·厚父》簡1）等。"旂"，從㫃、帀雙聲，楚簡中常在突兀處加部偏旁"中"形成"𣃐"，②簡文指軍隊，《詩·秦風·無衣》："王于興師，脩我戈矛，與子同仇。"子居認爲旂上單繪升龍或降龍可從，《後漢書·顯宗孝明帝紀》："戊寅，東海王彊薨，遣司空馮魴持節視喪事，賜升龍、旄頭、鑾輅、龍旂。""升龍""龍旂"並言，可知二者之別。

〔3〕爲右（左）□□□□□□□□□□□□□

子居（2017B）：旗幟上的章無法區别左右，因此本節的"爲左□□□"很可能所述并非旂章。作戰時指揮向左、向右可見於上博簡《陳公治兵》："鉦以左，錞于以右，金鐸以坐，木鐸以起，鼓以進之，鏧以止之。"《吴子·應變》："凡戰之法，晝以旌旗旛

---

① 簡帛論壇《清華七〈晉文公入於晉〉初讀》1樓"暮四郎"説，2017年4月23日。
② 李守奎、肖攀《清華簡〈繫年〉中的"𠂤"字及"𠂤"之構形》，《清華簡〈繫年〉文字考釋與構形研究》，中西書局，2015年，頁118—137。

麾爲節,夜以金鼓笳笛爲節。麾左而左,麾右而右,鼓之則進,金之則止。"《尉繚子·兵教上》:"伍長教其四人,以板爲鼓,以瓦爲金,以竿爲旗。擊鼓而進,低旗則趨,擊金而退。麾而左之,麾而右之,金鼓俱擊而坐。"但清華簡《晉文公入於晉》這部分內容所說是行師旗制,故與作戰時的指揮方法也許有所不同。

霖按:簡 5 下殘缺約 17 字,我們懷疑與《舊唐書·輿服志》:"左建旂九旒,右載闟戟"有關,存疑待考。

2. 爲鱻(角)龍之羿(旗),師(師)以戬(戰);爲交(蛟)龍之羿(旗),師(師)以豫舍[4];爲日月之羿(旗),師(師)以舊(久)[5]。爲熊羿(旗),夫=(大夫)出;爲豹(豹)羿(旗),士出;爲芳(蕘)芟(采)之羿(旗),戠(饋)糧者出[6]。

[4] 爲鱻(角)龍之羿(旗),師(師)以戬(戰);爲交(蛟)龍之羿(旗),師(師)以豫

整理者注〔一一〕:鱻,讀爲"角"或"遘",當是畫二龍遘遇角鬭。豫,《周易·繫辭》以爲"重門擊柝,以待暴客",韓康伯注:"取其備豫。"

程浩 (2017):整理報告於"豫"字無説,而按照楚簡的用字習慣,或應將其讀爲"舍"。……從上下文來看,簡文用以描述不同旗幟作用的,往往是一組反義詞。如簡 5 "爲升龍之旗師以進,爲降龍之旗師以退",升龍與降龍分別對應的是師的"進"與"退"。以此類推,這裏角龍與交龍所對應的"戰"與"舍"應該也是相對的概念。實際上,上博簡《曹沫之陣》中就有這樣的用例,其云:

既戰復舍,號令於軍中曰:"繕甲利兵,明日將戰。"(《曹沫之陳》簡 50)

從中可以看出"舍"是與"戰"相反的動作,有止戰之意。《孫子·軍爭》"交和而舍",賈林注"止也",即是此意。陳劍先生認爲《曹沫之陳》中的"豫"皆當讀爲

"舍",意爲"軍隊駐扎"(動詞)或"軍隊駐扎之所"(名詞)。① 所謂"軍隊駐扎",亦可引申爲休戰、止戰。簡文"爲角龍之旗師以戰,爲交龍之旗師以舍",意思就是用角龍旗時出師交戰,用交龍旗時止戰回營。

石小力:豫可讀爲舍,訓爲止息。楚簡"豫"字多讀爲"舍",如《上博四·曹沫》18—19:"臣之聞之:不和於邦,不可以出豫(舍)。不和於豫(舍),不可以出陣。不和於陣,不可以戰。"軍隊住宿一夜爲舍,《左傳·莊公三年》:"凡師,一宿爲舍,再宿爲信,過信爲次。"引申可指軍隊休息,《漢書·韓信傳》"未至井陘口三十里,止舍",顔師古注:"舍,息也。"《管子·兵法》:"旗所以立兵也,所以利兵也,所以偃兵也。""偃兵"即"師以舍"。②

霖按:"𣏑",從木穀聲,又見於包山簡274"𣪊",讀作"角",《銀雀山壹·王兵》簡863:"春秋穀(角)試,以練精材。""𢧜",從戈罥聲,或寫作"𢧵"(《上博九·陳公》簡3),楚簡又以"罥"表示{戰},如:"𢧜"(《清華壹·尹至》簡5)。"𧰼",從象予聲,或寫作"𧲳"(《上博八·顔淵》簡11)、"𧲱"(《上博八·顔淵》簡12)等,程浩、石小力之説可從,讀作"舍",《上博三·周易·頤》簡24:"初九,豫(舍)爾靈龜,觀我朵頤,凶。"簡文指軍隊休息。"交龍",讀作"蛟龍"。《漢書·高帝紀上》:"父太公往視,則見交龍於上。已而有娠,遂產高祖。"《史記·高祖本紀》記作"蛟龍"。南朝·梁·任昉《述異記》卷上:"水虺百五年化爲蛟。蛟千年化爲龍。龍五百年爲角龍,千年爲應龍。"

〔5〕爲日月之𦀚(旗),師(師)以舊(久)

整理者注〔一一〕:日月,《周禮·司常》以爲大常所畫。

王挺斌:簡文"舊"的用法與上博簡《孔子見季桓子》22號簡"迷〈悉〉言之,則恐舊吾子"、清華簡《鄭武夫人規孺子》13號簡"女(汝)慎重君葬而舊之於三月"一致,都讀爲"久",訓爲久留、等待之義。這種"久"的訓釋古書較爲少見,一開始并

---

① 原注:陳劍《上博竹書〈曹沫之陳〉新編釋文》,《戰國竹書論集》,上海古籍出版社,2013年,頁114—124。
② 清華大學出土文獻讀書會《清華七整理報告補正》。

沒有得到學者關注；陳劍先生在解釋《孔子見季桓子》22號簡"迷＜悉＞言之，則恐舊吾子"之"舊"的時候就曾疑惑猶豫，後來讀書會舉出《左傳·昭公二十四年》"寡君以爲盟主之故，是以久子"爲證，這纔確定"舊吾子"當即讀爲"久吾子"。① 簡文這種帶有軍事色彩的"舊（久）"，可以和銀雀山漢簡《孫臏兵法·五名五恭》"軒驕之兵，則共（恭）敬而久之"之"久"合觀。②

霖按：我們認爲簡文中"日月之旗"和《周禮·春官·巾車》"太常"并非一物。曾侯乙墓簡有"紫羽之常"（簡6）、"豻常"（簡53）和"常"（簡69），天星觀簡有"玄羽之常"和"生錦之常"。蕭聖中認爲常是常旗之正幅，"紫羽之常"即普通畫日月之旗，非大常可從。③ "舊"，整理者、王挺斌之説可從，讀作"久"，《郭店·老甲》簡36—37："故知足不辱，知止不殆，可以長舊（久）。"簡文指軍隊久留。

〔6〕爲熊羿（旗），夫＝（大夫）出；爲虪（豹）羿（旗），士出；爲菳（蕘）芺（采）之羿（旗），戤（饋）糧者出

整理者注〔一二〕：熊、豹對應《周禮·司常》"熊虎爲旗"，與《周禮·大司馬》《司常》所載職級相合。蕘采之旗，軍出有刈草採薪之事，《左傳·昭公六年》楚公子弃疾過鄭"禁芻牧採樵，不入田，不樵樹，不采蓺，不抽屋，不强匄"。《左傳·昭公十三年》諸侯治兵於邶南，次於衛地，晉叔鮒求貨於衛"淫芻蕘者"。

尉侯凱："![字形]"字下部從弁，此字當釋爲"芣"，讀爲畚，盛糧器。"![字形]"字當從"帚"得聲，而"歸"字簡文常作"遅"，疑二字可通，歸糧，即饋糧，《孫子·作戰篇》："凡用兵之法，馳車千駟，革車千乘，帶甲十萬，千里饋糧，則内外之費，賓客之用，膠漆之材，車甲之奉，日費千金，然後十萬之師舉矣。"《史記·淮陰侯列傳》："臣聞千里饋糧，士有飢色，樵蘇後爨，師不宿飽。"④

駱珍伊："![字形]"，原考釋釋爲"蕘"。但是"蕘"字從人、土。"土"旁似乎没有寫作此形的。細看簡文，除去上部艸旁以外，剩餘的偏旁從中、人，實即"耂"字。甲骨

---

① 原注：陳劍《〈上博（六）·孔子見季桓子〉重編新釋》，《戰國竹書論集》，上海古籍出版社，2013年，頁305、312。
② 清華大學出土文獻讀書會《清華七整理報告補正》。
③ 蕭聖中《曾侯乙墓竹簡釋文補正暨車馬制度研究》，科學出版社，2011年，頁57。
④ 簡帛論壇《清華七〈晉文公入於晉〉初讀》20、24樓"悦園"説，2017年4月27日。

有"㇒",金文作"㇒",劉釗先生《甲骨文字考釋十篇》釋爲"寿"字。楚簡此形保留古形,仍從屮、人。"㇒"從"寿"聲(疑母宵部),與"蕘"從堯聲(疑母宵部),聲韻俱同,故可通讀。"㇒",艸下從"史"。原考釋隸作"葚",不確。楚簡"事、史"字形有別。①

王寧:"蕘"字,當釋"菽"。"㇒"字心包先生指出從"弁",疑是。前述諸旗均以動物名之,而此處整理者讀"蕘採",殊不類。疑此二字當讀"勞獌"或"獿獌",亦即《爾雅·釋獸》之"貙獌",《說文》:"獌,狼屬"。或云"貙虎"。"侵糧者"疑當讀"侵掠者"或"侵略者",指外出作戰、侵掠敵國的士卒。②

蕭旭(2017B):"㇒"原釋"葚"不誤,當是"菜"字異體,讀爲采(採)。《列子·說符》:"臣有所與共(供)擔纏(纆)薪菜者,有九方皋。"俞樾曰:"'菜'當爲'采',古字通用。""歃"讀爲歸(饋),是也。簡文言旗幟之作用,整理者引《左傳》二例說之,非是。《墨子·旗幟》:"守城之法……薪樵爲黃旗……城上舉旗,備具之官致財物,之足而下旗。"《通典》卷152:"須檑木樵葦,舉黃旗。"《虎鈐經》卷6"檑"作"礧"。此即"蕘採之旗"也。

子居(2017B):整理者隸定爲"葚"的字當隸定爲"芡",讀爲菜。《說文·艸部》:"蕘,薪也。"故蕘菜即薪菜,《管子·輕重甲》:"桓公問於管子曰:今倳戟十萬,薪菜之靡,日虛十里之衍。"《管子·五輔》:"其庶人好耕農而惡飲食。於是財用足,而飲食薪菜饒。"皆是薪菜辭例。

霖按:"㇒",楚簡或從大寫作"㇒"(帛書甲)、"㇒"(包二簡156)等,或寫作"㇒"(新蔡甲三簡35)。"㇒",從鼠勺聲,又見於曾侯乙簡167、包山二簡168、《上博四·逸詩》簡2等。"㇒",整理者隸定作"蕘",但楚簡中"堯"寫作"㇒""㇒""㇒""㇒"等,"㇒"下偏旁與"堯"不類,應改作"寿"。甲骨文"㇒"、金文"㇒"

---

① 簡帛論壇《清華七〈晉文公入於晉〉初讀》27樓"明珍"說,2017年4月28日。
② 簡帛論壇《清華七〈晉文公入於晉〉初讀》31樓,2017年4月30日。"心包"觀點見19樓,2017年4月27日。

等字形,劉釗釋作"敖"可從。① 簡文中字形應隸定作"荗",從艸夀聲,讀作"蕘"。"荗""蕘"均疑紐宵部可通。"![]",整理者隸定作"事",或認爲其下偏旁從弁,但楚簡"事"寫作"![]""![]","弁"字寫作"![]""![]"等,與"![]"下偏旁不同。"史"字寫作"![]""![]",因此簡文此字分析爲從艸史聲,隸作"苃",讀作"採"。"蕘採"與文獻中"芻蕘"一詞意近,即割草采薪。《孟子・梁惠王下》:"文王之囿方七十里,芻蕘者往焉,雉兔者往焉,與民同之。"趙岐注:"芻蕘者,取芻薪之賤人也。""![]",從戈尋聲,從尉侯凱、蕭旭等之説,讀爲"饋","饋糧者",運送軍糧之人。《孫子・作戰》:"帶甲十萬,千里饋糧。"

3. 乃爲三羿（旗）以成至（制）：遠羿（旗）死，中羿（旗）荆（刑），忎（近）羿（旗）罰。

整理者注〔一三〕："至"謂以期至。《周禮・族師》:"若作民而師田行役,則合其卒伍,簡其兵器,以鼓鐸、旗物帥而至,掌其治令、戒禁、刑罰。"

子居（2017B）：這裏的三旗成至,對應《周禮》的三表,祇不過《周禮》的表在清華簡《晉文公入於晉》中以旗替換。《周禮・夏官・大司馬》:"虞人萊所田之野,爲表,百步則一,爲三表,又五十步爲一表。田之日,司馬建旗於後表之中,群吏以旗物鼓鐸鐲鐃,各帥其民而致。質明,弊旗,誅後至者。"其過程爲,在訓練的當天,天還没有亮的時候,司馬在第四表與第三表的中間樹立所部之旗,因爲第四表與第三表之間爲五十步,因此旗立於距兩表各二十五步處,兩表之間爲至,群吏帶着屬民在天亮前必須趕到第三表與第四表之間。到天亮的時候,就收起旗子,處罰没有趕到的人。清華簡《晉文公入於晉》的"近旗罰"當即對應第三表至第二表之間,"中旗刑"對應第二表至第一表之間,"遠旗死"對應第一表之外。

林少平："至"當讀作"致",解作"制"義。古文"致"通"至"。《周禮・春

---

① 劉釗《釋甲骨文耤、羲、蟺、敖、栽諸字》,《古文字考釋叢稿》,岳麓書社,2005年,頁10—13。張亞初、孫亞冰等釋作"佚"。趙平安釋作"失"。參看張亞初《殷周金文集成引得》序言,中華書局,2001年。孫亞冰《易國考》,《古文字研究》(第27輯),中華書局,2008年,頁45。趙平安《從失字的釋讀談到商代的佚侯》,《新出簡帛與古文字古文獻研究》,商務印書館,2009年,頁56—64。

官·大卜》："掌三夢之法。一曰致夢。"《疏》："訓致爲至，夢之所至也。"《莊子·外物》："然則厠足而墊之致黃泉。"《管子·大匡》："卒先致緣陵。"文中"致"皆訓爲"至"。

袁證（2018）："至"可讀爲"制"，制度、法度之義。"至"屬章紐質部，"制"屬章紐月部，質月旁轉，古書中可見通假之例，如馬王堆帛書《老子》甲本將"熱"寫作"炅"，"埶"屬月部，"日"屬質部，可爲其證。《荀子·正論》"夫是之謂視形勢而制械用，稱遠近而等貢獻，是王者之至也"，王念孫《讀書雜志》："'至'，當爲'制'。上文云'彼王者之制也，視形埶而制械用，稱遠邇而等貢獻'，下文云'則未足與及王者之制也'，皆其證"。簡文"成制"，是形成制度的意思。《鶡冠子·度萬》："水火不生，則陰陽無以成氣，度量無以成制，五勝無以成埶，萬物無以成類"，可参。

霖按：袁證之說可從，"至"讀作"制"，法令義。《吕氏春秋·節喪》"以軍制立之"，高誘注："制，法也。"子居對"遠旗""中旗""近旗"的理解可從，文獻中"表"可指作標記的木樁，亦可指旗幟，《國語·晉語五》："車無退表，鼓無退聲。"韋昭注："表，旌旗也。"古時練兵及田獵時以樹木爲標，以正行列。《公羊傳·定公四年》"而不相迿"，何休注："迿，出表辭。"徐彦疏："表者，謂其戰時旅進旅退之限約。"簡文疑以旗標識對晚至之人的處罰。"刑罰"，《左傳·昭公六年》："嚴斷刑罰"，孔穎達疏："對文則加罪爲刑，收贖爲罰，散則刑罰通也。"

【今譯】

於是製作諸旗，製升龍之旗象徵軍隊前進，製降龍之旗象徵軍隊退兵。……製角龍之旗象徵軍隊作戰，製蛟龍之旗象徵軍隊休息，製日月之旗象徵軍隊久留。製熊旗象徵大夫出兵，製豹旗象徵士出兵，製割草采薪之旗象徵運糧者出兵，製作三旗來確定法令：（遲到之人至）遠旗處以死刑，中旗處以肉刑，近旗處以懲罰。

《大得於河東諸侯章》集釋（簡7—8）

【章解】

本章主要講述了晉文公修政治軍後，在八年稱霸過程中取得的成就，最終使晉國大得河東之諸侯。竹簡共計2枚，其中簡8無殘斷，簡7經整理者綴合後較爲完整，可知完簡長約45.1釐米。本章簡文符號使用情況：簡7"大乍""克崇"後，簡8"垄僕""之厙""者侯"後有鉤識，用於句末，書於上字右側下方。本章重點討論的疑難字詞有："兔""崇""麇"等。此外，本章還簡要介紹了晉文公稱霸過程中涉及到的曹、衛、許等國，及原、五鹿、城濮等地名。

【摹本及隸文】

成 之 以 兔 于 蒿 三 因 以 大 乍 元 年 克

崇 五 年 啓 東 道 克 曹 五 麇 【簡7】 敗 楚 師

於 垄 僕 晝 壃 成 宋 回 譽 反 奠 之 厙 九

年 大 旻 河 東 之 者 侯 【簡8】

【釋文】

成之，以兔（挶）于蒿（郊）三，因以大乍（作）[1]。元年克崇（原）[2]，五年啓東道，克曹、五麇（鹿），【簡7】敗楚師（師）於垄（城）僕（濮）[3]，晝（建）壃（衛），成宋，回（圍）譽（許），反奠（鄭）之厙（陣），九年大旻（得）河東之者

（諸）侯[4]。【簡8】

【集釋】

1. 成之，以兔（捝）于蒿（郊）三，因以大乍（作）[1]。

整理者注〔一四〕：象，《周禮·司常》："及國之大閱，贊司馬頒旗物：王建大常，諸侯建旂，孤卿建旜，大夫士建物，（師）[帥]都建旗，州里建旟，縣鄙建旐，道車載旞，斿車載旌。皆畫其象焉，官府各象其事，州里各象其名，家各象其號。"而該字形與清華簡《周公之琴舞》《殷高宗問於三壽》之"象"字有別，或可釋爲"兔"，"逸"字省形，訓爲"縱"。三，疑指晉文公四年蒐於被盧，五年作三行以禦狄及八年蒐於清原，作五軍以禦狄。

程浩（2017）：清華簡中的"象"與"兔"，其區別已經不在於頭部，而是下部所從："兔"字下部爲"肉"之形（引者按：字形寫作"象""象"等），而"象"字下部則類似"勿"（引者按：字形寫作"象""象""象"等）。而且從清華簡目前已公布的材料來看，從"肉"形的"兔"與從"勿"形的"象"在作爲獨體字時基本不會混用。唯一有爭議的是《周公之琴舞》簡3"夙夜不象"的"象"，此字整理報告原釋爲"兔"（"逸"省），後來李銳先生將其改釋爲"象"，現在看來還是很有道理的。回過頭再來看《晉文公入於晉》中的這個"象"字，其下部爲"肉"形，還是應該釋爲"兔"。至於"兔"的讀法，我們傾向於將其與上博簡《成王爲城濮之行》的相關字聯繫起來考慮。《成王爲城濮之行》講城濮之戰前楚成王命子文、子玉蒐師，有這樣的描述：

子文蒐師於睽，一日而畢，不■一人。子玉受師，出之蒿，三日而畢，斬三人。（《成王爲城濮之行》甲1、甲2）

君王命余蒐師於睽，一日而畢，不■一人。子玉出之蒿，三日而畢，斬三人。（《成王爲城濮之行》乙1、乙2）

《左傳·僖公二十七年》也有類似的記載：

楚子將圍宋，使子文治兵於睽，終朝而畢，不戮一人。子玉復治兵於蒍，終日而畢，鞭七人，貫三人耳。

將《左傳》與《成王爲城濮之行》對讀，可以發現簡文"不■一人"的"■"，應該讀爲表殺戮意的字。此字從"兔"得聲，網友"不求甚解"與曹方向先生等將其釋爲"挟"，是正確的意見。清華簡《繫年》簡58"用挽宋公之御"，整理報告也將"挽"讀爲"挟"。而這裏所謂的"不挟一人"，是說一個人都沒有懲罰，與《左傳》的"不戮一人"大意是相同的。衆所周知，城濮之戰交戰的雙方是晉與楚。《成王爲城濮之行》講的是楚國的戰前蒐師，而《晉文公入於晉》叙述的則是晉國的戰前准備。結合《成王爲城濮之行》與《左傳》來看，評判蒐師成果的標準往往是"不戮一人""斬三人""鞭七人"等。因而我們認爲《晉文公入於晉》的"兔"字亦應讀"挟"，簡文"命蒐……成之以挟于郊三，因以大作"，是說晉文公於戰前蒐師，其結果是擊笞了三個人。

霖按："蒍"，楚系文字又見於包山簡227"■"，《上博三·周易》簡2"■"，《璽彙》283"■"等，整理者讀作"郊"可從，《上博四·柬大》簡15："王許諾修四蒍（郊）"。"兔"，程浩之說可從，讀作"挟"。需要補充的是，"成之"後需點斷，是"乃爲三羿（旗）以成至（制）"的結果，即按照"中旗刑"，於城外鞭笞了三人以儆效尤，晉國因此得以振興。這與《上博九·成王》"子玉受師出之蒍，三日而畢，斬三人。舉邦加賀子文，以其善行師"情況類似。

2. 元年克䣙（原）[2]，五年啓東道，克曹、五鹿（鹿），敗楚師（師）於堼（成）僕（濮）[3]，

〔2〕元年克䣙（原）

整理者注〔一五〕："䣙"字又見於郭店簡《性自命出》簡47，《左傳·魯僖公二十四年》重耳入晉，是年叔帶與狄人作亂，周襄王出居於鄭。明年爲晉文公二年，晉師納王，殺叔帶，襄王與晉陽樊、溫、原、攢茅之田。

鄔可晶、郭永秉（2017）：楚簡"艸"頭一般寫作■；■或■斷無釋"艸"之理。清華簡《晉文公入於晉》、郭店簡《性自命出》及《成之》同篇有好幾個從"艸"

的字，可與所謂"菒"字的上部比較。《上海博物館藏戰國楚竹書（二）》所收《民之父母》，2號簡"必達於禮樂之原"的"原"字作如下之形"✦"。跟上舉"菒""藻"對照一下，可知這個讀爲"原"之字與所謂"菒"當係一字异體，其所從之✦，無疑是由✦進一步訛變來的。一般釋此字爲"篔"或"蒝"。其實，楚簡"竹"頭從無作此形者；✦不與"艸"頭雖稍近一些，但從筆勢上講也有明顯差別。這一類與"原""源"相關的字形在戰國楚文字中反復出現，無一例寫作標準"竹"或"艸"頭形，是足以引起反思的現象。……我們認爲晉璽中的這個怪字，就是前面討論的楚文字裏讀爲"原"之字。✦即楚簡之✦，這有"慎"字所從"✦"或作"✦"，爲證，是極易得到認同的。下部的所謂"彔"形，如果全面排比更多的有關字形，不難發現實即"泉"之訛體。……

……

這個讀如"原"的"芔"字，實當分析爲從泉、屮聲（三晉文字中，"芔"所從"泉"旁有些已變得面目全非，但聲旁"屮"則一概保持原貌，這在相當程度上限制了這個字的音讀）。"泉""原"字義密切相關。《說文·泉部》："泉，水原也。"玄應《一切經音義》卷十二"穴泉"注："水自出爲泉。"桂馥《義證》引此以證"水原"之意。《玉篇·泉部》："泉，山水之原也。"《說文》同部："厵（篆文作'原'），水泉本也。""原"字本即從"泉"。"芔"既與"原"通用無別，很可能就是"原"的一種形聲結構的异體。現所見此種"原"的形聲字，其聲旁"屮"無一例外均寫在"泉"之上，不知是否有提示字義爲泉所出之"原（源）"的意圖。

霖按："芔"，鄔可晶、郭永秉對其字形的分析可從，從泉屮聲，讀作"原"。《左傳·僖公二十五年》《國語·晉語四》記爲晉文公二年伐原，與簡文所載不同。《吕氏春秋·離俗覽·爲欲》："晉文公伐原，與士期七日，七日而原不下，命去之。謀士言曰：'原將下矣。'師吏請待之。公曰：'信，國之寶也。得原失寶，吾不爲也。'遂去之。明年復伐之，與士期必得原然後反，原人聞之乃下。"可能晉文公二次伐原於文公二年，而初伐於文公元年。原，周邑。西周時姬姓封國，春秋時爲周畿内蘇氏之邑，後屬晉，在今河南省濟源市西北。《水經注·濟水》："今濟水重源出軹縣西北平地，水有二源：東源出原城東北，昔晉文公伐原以信，而原降，即此城也。俗以濟水重源所發，因復謂之濟源城。"

〔3〕五年啓東道，克曹、五麇（鹿），敗楚師（師）於壑（成）僕（濮）

霖按："啓東道"，開啓通往東方的道路，《左傳·成公十三年》："東道之不通，則是康公絕我好也。"曹，姬姓，文王子叔振鐸之後，都城於曹（今山東省定陶縣），後滅於宋，《左傳·僖公三十一年》："分曹地，自洮以南，東傳於濟，盡曹地也。"因公子重耳流亡之時，曹共公無禮於公子，今伐之，事見《左傳·僖公二十三年》《左傳·僖公二十八年》。《北大叁·周訓》簡 99—110 記有晉文公入曹後夷其宗廟，并與子犯討論所得金匱上"非駿勿駕，非爵勿罷"之事。① "麇"，從录、鹿雙聲，又見於安大簡《詩經》簡 38 "麇"，春秋時有兩個五鹿，一屬衛地（今河南省清豐縣），一屬晉邑（河北省大名縣，見《左傳·哀公四年》），簡文爲前者。五鹿爲東進過程中重要隘口，亦是晉文公稱霸中原時必經之路。"城濮"，衛地，晉楚城濮之戰見《左傳·僖公二十八年》。

3. 書（建）壐（衛），成宋，回（圍）鄦（許），反奠（鄭）之庠（陴），九年大旻（得）河東之者（諸）侯〔4〕。

整理者注〔一六〕："反"訓爲顛覆。陴，《國語·晉語四》"反其埤"，韋昭注："城上女垣。"魯僖公二十八年，晉文公五年春，晉師東伐曹而取道於衛，衛人弗許，晉師遂西還，由南河濟，地在河南淇縣南之棘津。正月戊申，取衛之五鹿，棘津至五鹿縱貫衛地，即《商君書·賞刑》《呂氏春秋·簡選》《韓非子·外儲説右上》所謂"東衛之畝"。又向東南伐曹，二月與齊侯盟於斂盂。晉師圍曹，三月丙午入曹，私許復曹、衛，曹、衛告絕於楚，晉師向北退避三舍。四月己巳與楚子玉戰於衛之城濮。晉師三日館穀，癸酉還師，甲午至於鄭之衡雍，作王宮於踐土。五月丙午，晉、鄭盟於衡雍。六月，復

---

① 北京大學出土文獻研究所編《北京大學藏西漢竹書（叁）》（上），上海古籍出版社，2015 年，頁 133。閻步克《試釋"非駿勿駕，非爵勿罷"兼論"我有好爵，吾與爾靡之"——北大竹書〈周訓〉札記之三》，《中華文史論叢》，2012 年第 1 期。

衛侯。冬，會於温。十月丁丑，率諸侯圍許。據簡文則成宋在六月復衛之後，《國語·晉語四》等書所載"伐鄭，反其陴"事又在十月丁丑圍許之後。《史記》以此伐鄭爲晉文公七年之秦、晉圍鄭，非是。《韓非子·外儲説右上》言"文公見民之可戰也，於是遂興兵伐原，克之。伐衛，東其畝，取五鹿。攻陽。勝虢。伐曹。南圍鄭，反之陴。罷宋圍。還與荆人戰城濮，大敗荆人。返爲踐土之盟，遂城衡雍之義。一舉而八有功"。"攻陽""勝虢"誤涉晉獻公事，其餘與簡文相似。

整理者注〔一七〕：《春秋》魯僖公三十二年爲晉文公九年，"冬十有二月己卯，晉侯重耳卒"。

霖按："建衛"，建立衛都，《春秋·僖公三十一年》："狄圍衛，十有二月，衛遷於帝丘。"簡文疑指晉文公協助衛國遷都之事，衛國本周文王子康叔之後，都於朝歌，東周時期衛國因受狄人入侵曾三次遷都，分別於曹（又寫作"漕"，今河南省滑縣東，事見《左傳·閔公二年》）、楚丘（今河南省滑縣東北，事見《春秋·僖公二年》）、帝丘（今河南省濮陽市）。"成宋"，助宋使之成功。《逸周書·柔武》："以成爲心。"朱右曾集訓校釋："成，成其功也。"《左傳·僖公二十八年》記載楚國子玉率兵攻打宋國，宋成公求救於晉，晉攻伐曹、衛以解宋圍。"回（圍）許"，因許傾楚，復圍之，事見《左傳·僖公二十八年》。許國，姜姓，伯夷後文叔之後，後淪爲楚之附庸，先後遷於葉、夷、白羽、容城等。"反奠（鄭）之厗（陴）"，《國語·晉語四》："文公誅觀狀以伐鄭，反其陴。"韋昭注："反，撥也。陴，城上女垣。"《吕氏春秋·簡選》："晉文公造五兩之士五乘，鋭卒千人，先以接敵，諸侯莫之能難，反鄭之埤，東衛之畝，尊天子於衡雍。"高誘注："反，覆，覆鄭城埤而取之。使衛耕者皆東畝，以遂晉兵也。""九年大旻（得）河東之者（諸）侯"，晉文公九年卒，晉楚城濮之戰後，晉文公曾會盟諸侯於踐土，獲得中原諸侯支持。《國語·周語中》："晉得其民"，韋昭注："得民，得民心也。"簡文謂得諸侯之心。

【今譯】

確定法令之後，晉文公在郊外鞭笞了三人，晉國因此大爲振作。晉文公元年，攻克了原地，五年開啓通往東方的道路，攻占曹國、五鹿，在城濮大敗楚國軍隊。（協助）建立衛都，助宋使之成功，圍占許國，傾覆鄭國的城牆，九年深得河東諸侯之心。

小　結

　　本篇記叙晉文公復國修政及創作兵制之事在《左傳》《國語》《周禮》等文獻中多有印證，豐富了我們對先秦兵制、諸旗形製和作用等方面的理解。前兩章的内容爲晉國東進作戰奠定了基礎，即釋放拘執之人以擴軍，整潔祭祀以敬神，修治水利以備糧，整飭兵甲以備兵，創作諸旗以治軍。此外，我們根簡文亦可瞭解晉文公東進稱霸的路綫：晉→五鹿→曹→城濮→宋→許→鄭→踐土→晉。

《趙簡子》集釋

總　說

　　《趙簡子》共由 11 枚簡組成，除簡 4 尾端殘斷、簡 11 殘缺較爲嚴重外，其餘經整理者綴合後基本完整。由完簡可知，本篇簡長約 41.6 釐米，寬約 0.6 釐米。竹簡共計三道編繩，編繩處有契口，第一道編繩編於第一字上方，第三道編繩編在末字下方，留有天頭地脚，原簡無序號、篇題，簡背亦無劃痕。整理者根據内容排序，將之命名爲《趙簡子》，我們在此基礎上將之分爲兩章，以主要内容命名，分別爲《范獻子進諫章》（簡 1—4）與《趙簡子問成鱄章》（簡 5—11）。

　　本篇主要講述了春秋晚期晉國大夫趙簡子初任上將軍時，范獻子對其進行告誡以及趙簡子與成鱄的問對。前後兩部分相對獨立，前者范獻子告誡趙簡子要在善人與不善人之間做好判斷，暗有拉攏趙氏之意，其所言不善之人指韓氏、魏氏，而善人指其自身。後者趙簡子針對齊國内政由陳氏取代，詢問成鱄緣由，成鱄結合晉國獻公、襄公與平公三代先君霸業的得失來闡述"儉""奢"與禮及國家治理之間的辯證關係，即國君因勤儉從禮而稱霸天下，因驕奢逾禮而失霸天下。簡文内容根據一定歷史事實，結合對話以表達作者的思想，爲較爲典型的語類文獻。

　　全篇簡文墨迹清晰，書寫整飭，共計 342 字，每枚竹簡書寫 33—36 字，字形爲典型戰國中期楚系文字，用字習慣上亦與楚系語言相合。本篇新見字形有"🀄""🀄""🀄"等。

《范獻子進諫章》集釋（簡1－4）

【章解】

本章主要講述趙簡子初任上將軍時，范獻子對其的告誡，暗中有拉攏趙氏之意，欲讓趙簡子遠離韓、魏二氏，親近自身，其中范獻子屢言的"善"與"不善"是儒家"政教"的主要內容。竹簡共計4枚，完簡長41.5－41.7釐米，簡4尾端殘缺，長37.1釐米，但不影響文意。本章簡文符號使用情況：簡3"之咎"後，簡4"戒巳"後有鈎識，均用於句末，書於上字右側下方。本章重點討論的疑難字詞有："寡""師保""媬母"等，并對常見楚系文字作了簡要梳理，如："趙""范""倀""生"等。此外，本章結合出土文獻簡要介紹了趙簡子、范獻子的生平事迹。

【摹本及隸文】

盆 朿 子 既 受 寡 㣇 軍 才 朝 䡅 獻 子 進
諫 曰 昔 虗 子 之 㣇 方 少 女 又 訨 則 非
子 之 咎 帀 保 【簡1】 之 皋 也 豪 虗 子 之 㣇
倀 女 又 訨 則 非 子 之 咎 媬 母 之 皋 也
今 虗 子 既 爲 寡 遲 軍 巳 女 又 訨 【簡2】 則
非 人 之 皋 㣇 子 之 咎 子 甸 造 於 善 則

善人至不善人退子刟造於不善則

不善人至善【簡3】人退用繇今以圼虐

子牂不可以不戒巳【簡4】

【釋文】

盋（趙）柬（簡）子[1]既受寽（右）牂（將）軍[2]，才（在）朝，軋（范）獻子進諫曰[3]："昔虐（吾）子之牂（將）方少，女（如）又（有）訛（過），則非子之咎，帀（師）保【簡1】之皋（罪）也[4]。豪（就）虐（吾）子之牂（將）倀（長），女（如）又（有）訛（過），則非子之咎，婦（傅）母之皋（罪）也[5]。今虐（吾）子既爲寽（右）遟（將）軍巳（已），女（如）又（有）訛（過），【簡2】則非人之皋（罪），牂（將）子之咎[6]。子刟（始）造於善，則善人至，不善人退[7]。子刟（始）造於不善，則不善人至，善【簡3】人退。用繇（由）今以圼（往），虐（吾）子牂（將）不可以不戒巳（已）[8]！"【簡4】

【集釋】

1. 盋（趙）柬（簡）子[1]既受寽（右）牂（將）軍[2]，才（在）朝，軋（范）獻子進諫曰[3]："昔虐（吾）子之牂（將）方少，女（如）又（有）訛（過），則非子之咎，帀（師）保之皋（罪）也[4]。

〔1〕盋（趙）柬（簡）子

整理者注〔一〕：盋，從皿，勺聲，是勺的累增字。馬王堆漢墓帛書《戰國縱橫家書》中趙、魏、韓之"趙"多作"勺"。柬，通"簡"，《史記·楚世家》"惠王"之子

"簡王",江陵望山一號墓所出楚簡作"柬大王"。柬子即趙簡子,名鞅,謚簡,春秋末晉國正卿,嬴姓,趙氏,史稱"趙簡主"。曾爲晉國下軍佐、上軍將、中軍佐、中軍將,在晉國政治舞臺上活躍四十餘年。從上下文意看,此時趙簡子爲將已有很長時間,士鞅還健在,是他的上級,因此簡文反映的時代可能是士鞅爲中軍將、趙鞅爲上軍將的時候。

鄭邦宏:趙簡子亦見於北大漢簡《周馴》,寫作"趙閒子",并有稱其爲"趙閒鞅",將族氏、謚號、私名連稱,較爲罕見。①

霖按:"㿝",從皿勺聲,楚系文字中又以"邵""邿""𤆂"等表示{趙},如"𤆂"(《繫年》簡64)、"𤆂"(《繫年》簡97)、"𤆂"(《繫年》簡111)等,其中"𤆂"從少、勺雙聲,三晉、燕系文字多以"肖"表示{趙}。"柬",楚簡中以"柬"表示謚號"簡",如《上博四·柬大》《清華壹·楚居》的"楚簡王"、《清華貳·繫年》的"晉簡公"等,《逸周書·謚法解》:"壹德不解曰簡,平易不疵曰簡。"趙簡子,嬴姓,② 趙氏,名鞅,謚簡。春秋晚期晉國大夫,執政晉國十七載,國内幾經輾轉清除了政敵范氏、中行氏,國外協助平定王子朝之亂、主持黄池之會等,爲先秦趙國的奠基人,與其子趙襄子并稱"簡襄之烈"。

〔2〕既受寍(右)帥(將)軍

整理者注〔一〕:"寍"字係首見,由宀、黽、廾三部分組成。根據楚文字的用字習慣,此字也可以隸作"寍",分析爲從宀、從龜、從廾三部分。"黽"或"龜"很可能是聲符,可以沿着這個綫索去解讀。簡文中作將軍的限定語。一説"寍"從蠅省聲,讀爲"承",訓爲"繼",受承指繼承,"將軍"係動賓結構。

程浩(2017):正如劉洪濤先生所言,可以釋爲"蠅"的一般都是"黽"累加"甘"或"日"的特殊形體,而《趙簡子》中的這個字并没有此類偏旁。因此,《趙簡子》中這個從"宀"從"黽"從"廾"的字,似乎還是應該從"黽"的另外兩種來源進行分析。在《趙簡子》的兩則文例中,將此字理解爲從"龜"聲,在釋讀上很難找到合適的

---

① 清華大學出土文獻讀書會《清華七整理報告補正》。
② 《史記·趙世家》:"趙氏之先,與秦共祖。"《繫年》簡13—14載秦先人之源:"成王踐伐商邑,殺彔子耿,飛廉東逃于商蓋氏,成王伐商蓋,殺飛廉,西遷商蓋之民于朱虡,以御奴虘之戎,是秦之先,世作周衛。"可參看。

解釋。我們傾向於將中間這部分看作本字，即蛙屬的"黽"。"黽"字《説文》云："鼃黽也。从它，象形。"其下還附有一個"黽"字的籀文字形"䫉"，此字從"黽"從"廾"，構形與《趙簡子》中的這個字基本一致。我們猜想，如果趙簡子中的這個字從"黽"得聲，或可讀爲"孟"，訓爲"長"，作爲"將軍"的修飾限定語。……簡文説趙簡子"既受孟將軍""既爲孟將軍"，所謂"孟將軍"或即"上軍將"之別稱。《尚書》的《康誥》篇有"孟侯"之謂，孔傳云："孟，長也。五侯之長謂方伯，使康叔爲之。"《吕氏春秋·正名》也説："齊湣王，周室之孟侯。"由此看來，"孟將軍""孟侯"等稱謂中的"孟"字，實際上是一個修飾詞，是説擔任此職位的人地位崇高、有元良之德。

楊蒙生：春秋時期，晉之命卿大多出身世卿而兼領將軍之職。整理報告的意見多半與此種考慮有關。若從古籍習見的命卿角度考慮，頗疑此處從宀、廾，黽聲的這個寧字宜讀爲命。黽，古音明紐蒸部字，中古開口二等或三等；命，古音明紐耕部字，中古開口三等。二字聲紐相同，韻部相近，在客觀方面具備通假條件。若此，簡文"受寧將軍"可能讀爲"受命將軍"，指趙簡子繼承父職而被命爲將軍，正因如此，故可如下文"今虔（吾）子既爲寧（命）遷（將）軍巳（已）"那樣，直接稱爲"命將軍"。

武汶：甲骨文有從雙手從龜形之字，辭例主要是"䍙示"（示即主）等。張政烺先生已指出"䍙示"與"元示"相當，懷疑䍙即應讀爲"元"。上述清華柒《趙簡子》之"䫉"字，僅比甲骨文䍙多出"宀"而已。如按甲骨文這一綫索思考，這個字應該也可以讀爲"元"。《國語·晉語七》所述職官，有"元司空""元尉""元司馬"之稱。"元尉""元司馬"韋注指出爲中軍尉、中軍司馬。以此例之，"元將軍"當指中軍將軍。"元將軍"暫未在先秦古籍檢得，但"元帥"一詞則較多見。宋趙與時《賓退録》卷二："元帥之名肇見於左氏，'晉謀元帥'是也。然是時所謂元帥者，中軍之將爾，未以名官也。""元將軍"與"元帥"相當。值得注意的是，趙簡子的"元將軍"與"元司空""元尉""元司馬"等，都是晉國的職銜，這恐怕不是巧合。①

黄縣人：有的古音學家把黽歸爲元部。如此，"䫉"將軍或可讀爲"偏將軍"。先

---

① 簡帛論壇《清華柒〈趙簡子〉初讀》3樓，2017年4月24日。

秦典籍偏將軍僅見於《老子》，偏將軍居左，上將軍居右。偏將軍與上將軍相對應。①

單育辰："䚻"懷疑是"貴"字，主要是郭店《窮達以時》簡7"百里轉鬻五羊，爲伯牧牛，釋鞭箠而爲䚻卿，遇秦穆。"可參《韓非子·六微》"共立少見愛幸，長爲貴卿"、上博五《鮑叔牙》簡5—6："而欲知萬乘之邦而貴尹。"從文例上看，"䚻"有可能是"貴"。"䚻"可能不是形聲字，而是會意字，象"龜"加"口"（《趙簡子》則加"廾"）會"貴"義，遣策中的"䚻"則讀爲"繢（繪）"，但釋"貴"尚無決定性證據。②

駱珍伊："䚻"有可能是從"竈"聲，讀爲"筮"，副也，應是指當副將軍。或讀爲"造"，毛傳："造，爲也。"③

王寧（2017A）：《趙簡子》中的字形，當是從廾敞（廠）省聲，"廾"表示上舉義，《廣雅·釋詁一》："尚、興、舉、昇、舉也"，"尚"本有"舉"義，故從廾表示雙手上舉，疑是崇尚之"尚"或上舉之"上"的後起專字，故亦用爲"上"。"上將軍"一詞先秦兩漢書中習見，是軍中的最高統帥。"䚻"與"上""尚"古音都是禪紐陽部字，讀音相同可以通假，出土文獻中亦見"尚"與"䚻"、"䚻"與"上"通假的例子，所以此字釋"䚻"讀爲"尚"或"上"自然也是没問題的。

陳治軍（2017A）：郭店楚簡"䚻"與"繩"同，即是"繩"，"繩"可訓"正"，《書·囧命》："繩愆糾謬。"《疏》引《正義》曰："木不正者，以繩正之。繩謂彈正。""䚻卿"讀作"正卿"，"正卿"即"政卿"。……清華簡七《趙簡子》中的"寱"字，從"黽"得聲，也可讀爲"上"。《趙簡子》簡1這段話可讀爲："趙簡子既受上將軍，在朝。"《趙簡子》簡2："今吾子既爲上將軍已。"與趙簡子的身份及史實相合。

許文獻（2017A）：竊疑簡文此等字例與楚系文字黽、畀二聲系之密切關係有所關聯，甚或可讀爲"裨"，其義近"偏"，即傳世文獻習見之"裨將軍"，其理爲：在包山簡中，可以見到幾個從黽從畀之例，其形爲：

---

① 简帛論壇《清華柒〈趙簡子〉初讀》5樓，2017年4月25日。
② 简帛論壇《清華柒〈趙簡子〉初讀》6樓"ee"説，2017年4月25日。
③ 简帛論壇《清華柒〈趙簡子〉初讀》10樓"明珍"説，2017年4月26日。

"❍"（包山簡92），"❍"（包山簡92），"❍"（包山簡166）

此類字例在簡文中多作人名解，倘如何琳儀先生所云，即俱屬叠加聲符之字，若然，則聲符"黽"與"畀"應有音近之可能，而"畀"字上古音疑分屬之部與質部，"黽"字則爲真部、耕部、元部、蒸部與文部，因此，此二聲符音近之可能條件，以上古音之研究情況而言，應有之蒸或真（質）元通轉等兩種可能性，并進而組成此類畀黽皆聲之形構；實則在其他楚簡從畀之例中，亦可見到幾個叠加其他聲符者，包括：

"❍"（包山簡125），"❍"（包山簡130），"❍"（包山簡163）

此類叠加之聲符多屬元部，據此，或可推知，楚系從畀之多聲符字，較有可能與真元一系有關，此中當然亦包含上述畀黽皆聲之例，惟楚系"黽"字形源複雜，也不排除其與之蒸一系相涉之可能性，畢竟畀黽皆聲之聲符關係，確實有之蒸相近之條件，故如學者所議"黽"字源於"黿"或"蠅"者，或即反映出楚地"黽"字亦可能有之蒸一系之讀音，但即便如此，清華《趙簡子》簡此二例之釋讀，若從畀聲系或真元音系去作思考，恐怕是較理想之方向。再者，傳世字書"畀""卑"亦往往形近易混。因此，簡文此等類例疑可讀爲"裨"，或從真元一系之"黽"字得聲，而"裨"字上古音屬幫母支部或並母支部，支部爲與歌部在上古音或楚方音中習見通轉之例，而歌部又爲元部之陰聲韻，因此，即簡文此二例讀爲"裨"，在形音條件上，似有其可能性。若然，則"裨"在此訓作"副"或"偏"，"裨將軍"爲傳世文獻習見之將軍稱號，且可能源於戰國，如《史記·楚世家》云："十七年春，與秦戰丹陽，秦大敗我軍，斬甲士八萬，虜我大將軍屈匄、裨將軍逢侯丑等七十餘人，遂取漢中之郡"。

林少平（2017C）：《金文編》引邿鐘"其❍四堵"，秦公簋"❍圍四方"。"❍"隸作竈，"❍"隸作"竈"（竈），皆讀作"竈"。"竈"，《字彙補》："與造通。"《周禮·大祝》注："造，故書作竈。杜子春讀爲造次之造。"可知，"黽（黽）"的金文字本爲"四脚同形"，《說文》所見籀文作"❍"。實際上，籀文字是"❍"在上，而《趙簡子》所見之字是" "在下，當可視爲异體字。故《趙簡子》所見之字亦當隸作"寵"。《金文編》邵鍾"寵"條注："從宀，孫詒讓曰：'讀當爲簉。《左傳·昭公十一年》杜注云：'簉，副、倅也。'"從各學者的各種觀點來看，明珍先生以爲此等字例當從寵得聲，讀爲"簉"，訓作"副"。筆者以爲可信。"副"，《廣韻》："佐也。"又《爾雅·釋詁》注："副者，次長之稱。""倅"，《說文》："副也。"可知，古文"副""倅"皆有"佐"義。故簡文"寵將軍"當讀作"簉將軍"，即"佐將軍"之意。此說與文獻所記載的"趙鞅初入政爲六卿之'佐下軍'"相吻合。

顧史考（2017）：察趙簡子政績，可知其經常率師伐异國，亦時常參加盟約，或做爲盟主，或乃爲受盟者之一，與簡文固可相符，甚或兩種角色可連在一起。因此，筆者認爲"受寍將軍""爲寍將軍"，或可讀爲"受盟將軍"及"爲盟將軍"。按，趙鞅首次見於《左傳》即前517年與諸侯代表相會，謀率軍以反子朝而納敬王於周，彼會想必亦舉行盟約，趙鞅或爲盟主，反正亦是受盟者之一，因而其"受盟"而將領軍隊，或即指此事也未可知。此事重大，而相對年輕的趙簡子得以代表晉國甚或主持此一盟約，年長的范獻子自將不服，因而等簡子盟完回國而獻子遇之於朝，獻子乃倚老賣老以"諫"簡子，話中帶刺地貶抑之爲纔剛成人而不太懂事的小伙子，此種反應自不足怪。簡子此時究竟多大已無法確考，然其至少四十年後方去世，因而若此時纔二十出頭亦離事實未遠。

此一小對話無論是否與此次會盟直接相關，該字讀爲"盟"仍是有一定的道理。對"寍"字釋讀的以往諸説當中，筆者以讀"命"之説較爲可行，因爲若讀爲"正""上""孟"等，則"受正將軍""受上將軍""受孟將軍"都稍嫌不詞，不如"受命將軍"之以先後爲序的兩次動賓結構而成者爲自然，且下文"爲命將軍"以"命將軍"爲詞組亦説得通。然問題是"命"乃相當普遍之詞，爲何要在此偏用如此生僻之字以寫之？（"正""上"等自然亦遇到同樣的問題）因此，讀爲"盟"似乃比較合理，因爲"盟"儘管亦另有其字，然此一詞亦遠不如"命"等詞常見使用，因而其有此種异體字的可能性大多了。"寍"字，聲韻學家多歸之爲明紐陽部字，而"盟"恰亦乃明紐陽部，自可相通。"受盟"一詞，《左傳》等書常見，凡是參加盟約者似皆可謂"受盟"，即使當盟主亦是受盟者之一（蓋如簡子既爲黃池之會的盟主，而後文又稱其彼時爲"承齊盟"，"承"亦猶言"受"也）。下文乃改稱簡子此舉爲"爲盟"，或乃從其"爲盟主"的角度而言，"爲盟將軍"意即舉辦盟約後而將領軍隊;不然,"爲"亦可以讀去聲,如宣公十二年冬《傳》"宋爲盟故,伐陳",是其例。侯馬盟書舊説或以爲趙簡子主盟,儘管已不是主流意見,然而趙簡子經常主盟、受盟而將領軍隊乃是無法否認之事實,因而此"寭"字之讀爲"盟",無疑是值得考慮的一種讀法。

侯乃峰(2018A):我們推測認爲,雖然簡 1 和簡 2 中"寭"字都是放在"將軍"之前,但二者的語法結構可能并不一樣。簡 2 的"遷(將)軍"應該是動賓結構,義爲統率軍隊;而簡 1 的"牂(將)軍"可能就是名詞,指軍隊的將領,而非動賓結構。若實際情况確是如此,則在簡 1 中,"寭"當是"牂(將)軍"的修飾限定語;而在簡 2 中,"寭"應當是一個名詞。理據在於,先秦古文字材料中所見的用作"將"的"牂"和"遷"在意義和用法上通常是有區别的。黄德寬曾對先秦古文字材料中的"遷(將)"字進行過較爲全面的考察。① 由其文所引述的辭例來看,"遷(將)"字大都是用作動詞義的。……我們認爲,上述從黽之字中所謂的"黽"字符,其實當是"鼅鼄(蜘蛛)"之"鼄(蛛)"的象形初文。《説文》:"鼄,鼅鼄也。从黽,朱聲。蛛,鼄或从虫。""寭"字形中兩手("廾")所奉之"黽"字符(實爲"鼄")同時兼有表音作用。"嚳"字形中,也當是以上部所謂的"黽"字符(實爲"鼄")作爲聲符。……"寭(鼄)"當讀爲"冢"。"冢"作爲"牂(將)軍"的修飾限定語,"冢將軍"即"大將軍"。"趙簡子既受冢將軍"意即"趙簡子既已受命擔任大將軍"。在簡 2 中,"寭(鼄)"當讀爲"主",作名詞;"遷(將)軍"當是動賓結構,義爲統率軍隊。"今吾子既爲主將軍已"意即"如今您既然成爲主帥、開始統率軍隊了。"

大西克也(2018):許文獻先生將"[字]"字讀作"裨"。其實讀"偏"或讀"裨",意思没變,都表副佐之意。"裨"是支部字,不在上述"黽"字古音範圍之内,因此我認爲不如讀"偏"。偏將軍即佐將軍,如果范獻子爲中軍將,趙簡子則中軍佐;若果范獻子爲上軍將,趙簡子則上軍佐。

霖按:"[字]",從宀從廾嚳省聲,此字應和《子犯子餘》簡 12"[字]"視爲一字異體。本篇讀作"右","嚳"喻紐蒸部,"有""右"匣紐之部,之部、蒸部陰陽對轉。"右

---

① 黄德寬《説遷》,《古文字研究》(第 24 輯),中華書局,2002 年,頁 272—276。

將軍"，此職先秦已有，或就詞義而言，"右"可訓作"上"，《史記·廉頗藺相如列傳》："既罷歸國，以相如功大，拜爲上卿，位在廉頗之右。""右將軍"理解作"上將軍"與《趙簡子》的背景是吻合的。

〔3〕才（在）朝，軋（范）獻子進諫曰

整理者注〔二〕：朝，朝廷，朝堂。《詩·鷄鳴》"鷄既鳴矣，朝既盈矣"，《正義》："鷄既爲鳴聲矣，朝上既以盈滿矣。"

整理者注〔三〕：軋，亦見於《古璽彙編》3517，包山楚簡87、122，本輯《子犯子餘》等處，讀爲"范"。范獻子，晉國正卿，一名鞅，又稱士鞅，卒謚獻子。

大西克也（2018）：趙簡子和范獻子的上下關係，爲執政和將中軍都是范獻子在前而趙簡子在後。但是簡文云："范獻子進諫"。"進諫"一詞在典籍中屢見不鮮，都表下級向上級的行爲，如："王弗忍，欲許之。范蠡進諫曰"（《國語·越語下》），"令初下，群臣進諫，門庭若市"（《戰國策·齊策一》）等。簡文似乎顛倒上下之序。我認爲其實不然，簡文作者顯然把趙簡子的地位放在范獻子之上。《史記·晉世家》云："十五年，趙鞅使邯鄲大夫午，不信，欲殺午，午與中行寅、范吉射親攻趙鞅，鞅走保晉陽。定公圍晉陽。荀櫟、韓不信、魏侈與范、中行爲仇，乃移兵伐范、中行。范、中行反，晉君擊之，敗范、中行。范、中行走朝歌，保之。韓、魏爲趙鞅謝晉君，乃赦趙鞅，復位。二十二年，晉敗范、中行氏，二子奔齊。"范吉射是范獻子之子，晉定公二十二年（前490）他被趙簡子打敗出奔齊國，退出晉國六卿的地位。後至前453年三晉獨立，趙君爲趙簡子之子趙襄子。《趙簡子》的作者將趙簡子放在范獻子之上，大概有這麼一個歷史背景，這也就是説，《趙簡子》很可能在趙國成書，否則作者没有必要對趙簡子特殊對待。

霖按："軋"，從車巳聲，楚簡中或寫作"軋"（《清華叁·良臣》簡5），"軋"（《上博七·君乙》簡2）等晉國范氏在楚簡中曾見范武子（《上博六·競公瘧》簡4，《清華貳·繫年》簡51、54、66等）。"范獻子"，祁姓，范氏，名鞅，謚獻，文獻又稱"士鞅"。春秋晚期晉國大夫，位入六卿近50載，國内參與消滅政敵欒氏，國外在多次外交活動中貪貨取利，積怨失德，爲范氏的滅亡埋下了隱患。"進諫"，本指向君主或尊長直言規勸，但語類文獻重在記言，具體史事已故事化，故本篇所載可能已忽視了趙簡子與范獻子的職位差別，"在朝""范獻子進諫"僅是構擬一個對話場景，不能求之過深。

〔4〕昔虐（吾）子之牆（將）方少，女（如）又（有）訛（過），則非子之咎，帀（師）保之辠（罪）也

整理者注〔四〕：吾子，范獻子對趙簡子的尊稱。實際上，趙鞅爲下軍佐時，士鞅爲上軍佐，趙鞅爲上軍將時，士鞅爲中軍將，士鞅地位一直比趙鞅高。簡文所謂"進諫"，實爲"告誡"。趙鞅之父趙景叔早卒，趙鞅早早代父上朝，爲將時年齡尚小。

整理者注〔五〕：《易·繫辭下》："無有師保，如臨父母。"師保，古時輔弼帝王和教導王室子弟的官，有師有保，統領師保。《國語·晉語九》："及景子長於公宮，未及教訓而嗣立矣，亦能纂修其身以受先業，無謗於國，順德以學子，擇言以教子，擇師保以相子。"

蕭旭（2017B）：吾子，是"牙（伢）子"音轉，猶僮子，古言孺子，今言小兒，是長輩對晚輩親切的稱呼。《列女傳》卷一："敬姜嘆曰：'魯其亡乎，使吾子備官而未之聞耶？'"《國語·魯語下》"吾子"作"僮子"。《列女傳》卷一："孟母曰：'真可以居吾子矣。'遂居之。"二例皆母親稱兒子作"吾子"。《管子·海王篇》："吾子食鹽二升少半。"尹知章注："吾子，謂小男小女也。"

雷鵠宇（2018）：簡文中提到趙簡子的"師保"在傳世文獻中也有記述，《國語·晉語九》載趙氏家臣郵無正之語曰：

昔先主文子少蒙於難，從姬氏於公宮，有孝德以出在公族，有恭德以升在位，有武德以羞爲正卿，有溫德以成其名譽，失趙氏之典刑，而去其師保，幾於其身，以克復其所。及景子長於公宮，未及教訓而嗣立矣，亦能纂修其身以受先業，無謗於國，順德以學子，擇言以教子，擇師保以相子。

郵無正追述趙氏家族歷史時強調趙文子、趙景子到趙簡子三代祇有簡子從小都受到師保的教訓，原因是"下宮之難"造成的特殊情況——文子和景子都是在國君之宮內長大，所以家族內部沒有設立師保。從這個角度推測師保主要是教導未成年貴族子弟的。所以直到趙景子爲了教育自己的兒子即後來的趙簡子時，纔爲之"擇師保"。簡文中提到趙簡子除"師保"之外還有"傅母"，但傳世文獻中并無記載。本簡中"傅"字寫作

"娒"，傳世文獻中多寫作"傅母"或"傅姆"。嚴格的說"師""保""傅""母"各司其職，身份有所區別。按楊寬先生的說法，"師"原爲軍官，同時又爲教導子弟的教官；"保"原指保姆，原爲教養監護的官。……杜預注《左傳》襄公三十年中"待姆也"一句時說"姆，女師。"可見四者職掌與分工最初有所分別，但到了春秋戰國時期因其相似性也經常被人們混用。《國語·晉語四》"文王在母不憂，在傅弗勤，處師弗煩"，徐元誥釋爲"謂不勞煩師傅，敏而好學"。這顯然是將職責相同的師、傅歸爲同類。……所以我們認爲，范獻子對趙簡子說："昔吾子之將方少，如有過，則非子之咎，師保之罪也。就吾子之將長，如有過，則非子之咎，傅母之罪也。"從修辭上講是互文，"將方少"之時，不止有師保，同時也有傅母；同樣"將長"之時，不止有傅母，同樣也有師保。重複祇是爲了加強語氣。

霖按："吾子"，敬詞，《儀禮·士冠禮》："某有子某，將加布於其首，願吾子之教之也。"鄭玄注："吾子，相親之辭。吾，我也；子，男子之美稱。""將"，副詞，《詩經·小雅·谷風》："將恐將懼"，陳奐傳疏："將，方也。""師保"，古時任輔弼帝王和教導王室子弟的官職，統言無別。《易·繫辭下》："無有師保，如臨父母。"簡文"師保"側重指監護未成年卿大夫子弟的官職。

2. 毫（就）虐（吾）子之牆（將）倀（長），女（如）又（有）訛（過），則非子之咎，娒（傅）母之辠（罪）也[5]。

整理者注〔六〕：毫，介詞，與其後內容組成介詞短語，表示時間。長指年齡漸大，一說訓"久"。

整理者注〔七〕：傅母是傅父和傅母的合稱，是古時負責保育、輔導貴族子弟的老年男子和老年婦人。《孔子家語·曲禮子夏問》："古者男子外有傅父，內有慈母，君命所使教者也。"《穀梁傳·襄公三十年》："婦人之義，傅母不在，宵不下堂。"

霖按："毫"（就），楚簡中用作時間介詞，相當於"及"。"倀"，從人長聲，與《說文·人部》訓作"狂"的"倀"屬同形字，楚簡中以"長""倀""辰"等表示｛長｝，簡文表示長大成年，《上博八·有皇》簡3："慮余子其速倀（長）"，《公羊傳·隱公元年》："桓幼而貴，隱長而卑"，何休注："長者，已冠也。""娒（傅）母"，簡文側重指輔弼成年卿大夫子弟的官職。

3. 今虘（吾）子既爲寍（右）遅（將）軍巳（已），女（如）又（有）訛（過），則非人之辠（罪），牆（將）子之咎〔6〕。子刉（始）造於善，則善人至，不善人退。子刉（始）造於不善，則不善人至，善人退〔7〕。用繇（由）今以㘴（往），虘（吾）子牆（將）不可以不戒巳（已）〔8〕！"

〔6〕今虘（吾）子既爲寍（右）遅（將）軍巳（已），女（如）又（有）訛（過），則非人之辠（罪），牆（將）子之咎

整理者注〔八〕："將"訓"必"。一説將、子，同位語，猶言"將軍您"。

黃傑：本篇的語助詞"巳"，整理報告讀爲"已"，我們認爲似當讀爲"矣"。①

駱珍伊：原考釋第一説把"將"訓爲"必"，第二説解爲同位語。似應訓"爲、是"，如《老子》"古之善爲道者，非以明民，將以愚之"。句子的結構與簡文相近，或訓爲"則"。整段話中，范獻子皆稱趙簡子爲"吾子""子"，此處應不會另稱爲"將子"。②

霖按："巳"，整理者之説可從，不必改讀作"矣"，"巳""矣"作爲句末語氣詞存在差異，詳見《越王行成章》第一節注〔33〕。"將"，駱珍伊之説可從，《經詞衍釋》卷八："將，猶則也。《左傳·襄公二十三年》：'寧將事之？'《二十九年》：'將何所取？'《史記·楚世家》：'鳴將驚人。'以上皆將之同則。"

〔7〕子刉（始）造於善，則善人至，不善人退。子刉（始）造於不善，則不善人至，善人退

整理者注〔九〕：造，"到……去"，《戰國策·齊策四》："先生王斗造門而欲見齊宣王。"

整理者注〔一〇〕：用，因此。

尉侯凱：兩個"刉"，均應讀爲"能"，"能"是助詞，無意義。③

子居（2017A）：《左傳·宣公十五年》："羊舌職曰：吾聞之，禹稱善人，不善人

---

① 簡帛論壇《清華七〈趙簡子〉初讀》0 樓"暮四郎"説，2017 年 4 月 23 日。
② 簡帛論壇《清華七〈趙簡子〉初讀》11 樓"明珍"説，2017 年 4 月 27 日。
③ 簡帛論壇《清華七〈趙簡子〉初讀》7 樓"悦園"説，2017 年 4 月 25 日。

遠，此之謂也。"羊舌職所言，當是引自《書》系文獻，由此可見，雖然不很明顯，但范獻子這裏實際是在用典，祇是用法略有不同。此時范氏、中行氏相黨，而與韓、魏敵對，韓、魏一爲下軍將、一爲下軍佐，范獻子所言"善人"自然是指范氏、中行氏，而"不善人"當即指韓、魏。

謝耀亭（2018）：《左傳·宣公十六年》："晉侯請于王，戊申，以黻冕命士會將中軍，且爲大傅。於是晉國之盜逃奔於秦。羊舌職曰：'吾聞之，"禹稱善人，不善人遠"，此之謂也夫。《詩》曰："戰戰兢兢，如臨深淵，如履薄冰"，善人在上也。善人在上，則國無幸民。諺曰："民之多幸，國之不幸也"，是無善人之謂也。'"羊舌職所聞之言"禹稱善人，不善人遠"，與范獻子所言"造於善，則善人至，不善人退"表達的用意基本相同，而由羊舌職所言"吾聞之"可知，這樣的內容，流傳已久，應屬周代貴族教育中《語》類的內容。這樣的教育理念與內容，成爲儒家"政教"的重要內容。……清華簡《趙簡子》所載范獻子對趙簡子所說的話，便不應理解成上下級間的"政教"，而是范氏拉攏趙氏，讓其選擇站隊的暗示。①

霖按："旨"，從整理者之說讀作"始"可從。"造"，接近義，《周禮·春官·肆師》："類造上帝"，鄭玄注："造，猶即也。""善人"，《論語·子路》："善人教民七年"，邢昺疏："善人，謂君子也。""不善"，惡人也。《國語·晉語六》："不善進不善，善亦蔑由進矣。"子居、謝耀亭之說可從，范獻子所言暗有所指，即不善之人指韓氏、魏氏，善人指其自身。

〔8〕用䌛（由）今以㘝（往），虗（吾）子洒（將）不可以不戒巳（已）！

霖按："䌛"從也。《詩經·小雅·賓之初筵》："匪由勿語。"鄭玄箋："由，從也。""㘝"，《說文·之部》："㘝，艸木妄生也。从之在土上。讀若皇。"古文寫作"㘝"。楚簡中多讀作"廣"，或寫作"㘝"（《郭店·老丙》簡4）、"㘝"（《郭店·語四》簡2）等。"將"，則也。"戒"，警戒、防患之義，《上博七·武王》簡6："安樂必戒"。

---

① 謝耀亭《清華簡〈趙簡子〉拾零——兼論其文獻學價值》，邯鄲學院學報，2018年第2期。

【今譯】

趙簡子已經被授予上將軍,在朝堂上,范獻子進諫説:"從前,你年齡還小,如果有過錯,不是你的過錯,是師保的過失。等到你長大成人,如果那時有過錯,不是你的過錯,是傅母的過失。現在你已經成爲上將軍了,如果有過錯,不是别人的過錯,是你自己的過失了。你開始接近君子,君子就會到來,惡人離去;你開始接近惡人,惡人就會到來,君子離去。因而從今以後,你不可不防備惡人啊!"

《趙簡子問成鱄章》集釋(簡5—11)

【章解】

本章主要講述趙簡子針對陳氏代齊的現象,詢問於晉國大夫成鱄齊國國君失政、陳氏得政的緣由。成鱄通過晉國三位先君——(獻公、襄公、平公),闡述了"儉""奢"與禮以及國家治理間的辯證關係,從側面回答了趙簡子之問。竹簡共計7枚,完簡長約41.6釐米,簡5簡首殘半字,簡10下端殘,簡11中間殘損較爲嚴重。本章簡文符號使用情況:簡5"絫絲"後,簡6"所絲""絲也"後,簡8"寶盈"後,簡9"之䚂",簡11"會虐"後有鈎識,均用於句末,書於上字右側下方;簡10"卅"後有合文符號。本章重點討論的疑難字詞有"軔""外""張""窞""狀""二宅之室"等。關於句讀,我們認爲簡8與簡9中的"宮中六窞"後應點斷。此外,本章結合出土文獻簡要介紹了成鱄、晉獻公、晉襄公、晉平公四位人物及陳氏代齊之事。

【摹本及隸文】

| 盈 | 柬 | 子 | 䎹 | 於 | 成 | 軔 | 曰 | 齊 | 君 | 遊 | 政 | 陳 | 是 |

| 旻 | 之 | 敢 | 䎹 | 齊 | 君 | 遊 | 之 | 絫 | 絲 | 陳 | 是 | 旻 | 之 |

累緜成蚓會曰齊【簡5】君遊正臣不旻
䨣亓所緜陳是旻之臣亦不旻䨣亓
所緜归昔之旻之與遊之皆又緜也
盆束【簡6】子曰亓所緜豊可䨣也成蚓
倉曰昔虐先君獻公是凥掌又二尻
之室以好士庶子車麋外【簡7】六寶溋
宮中六窖并六祀肰則旻桮相周室
亦智者侯之愳豪虐先君襄公親冒
麋辜以【簡8】絢河淒之閼之屬各不裹
顥不張籔不飢濡肉宮中六窖并六
祀肰則旻桮相周室兼【簡9】故者侯豪
虐先君坪公宮中卅=里駝馬四百駟

《趙簡子》集釋

犾 亓 衣 尚 孚 亓 酓 飤 宮 中 三 臺 是 乃
歓 巳 肰 【簡10】 則 遊 故 者 侯 不 智 周 室
之 □ 酓 之 歓 □ □ 歓 之 酓 虐 【簡11】

【釋文】

盇（趙）柬（簡）子䎽（問）於成勅（斮）[1]曰："齊君遊（失）政，陳是（氏）昦（得）之[2]，敢䎽（問）齊君遊（失）之系（奚）繇（由）[3]？陳是（氏）昦（得）之系（奚）繇（由）？"成勅（斮）會〈答〉曰："齊【簡5】君遊（失）正（政），臣不昦（得）聲（聞）亓（其）所繇（由），陳是（氏）昦（得）之，臣亦不昦（得）聲（聞）亓（其）所繇（由）。归（抑）昔之昦（得）之與遊（失）之，皆又（有）繇（由）也[4]。"盇（趙）柬（簡）【簡6】子曰："亓（其）所繇（由）豊（禮）可聲（聞）也[5]？"成勅（斮）佮（答）曰：昔虗（吾）先君獻公是尻（居），掌又（有）二尾（宅）之室[6]，以好士庶子[7]，車麘（甲）外（完），【簡7】六寶（府）溋（盈）[8]，宮中六窨（竈），并六祀[9]。肰（然）則昦（得）楠（輔）相周室，亦智（知）者（諸）侯之慼（謀）[10]。臺（就）虗（吾）先君襄公[11]，親冒麘（甲）睪（胄），以【簡8】絇（治）河淒（濟）之闃（間）之闟（亂）[12]。各（冬）不裘，頙（夏）不張籤（箑）[13]，不飤（食）濡肉[14]，宮中六窨（竈），并六祀，肰（然）則昦（得）楠（輔）相周室，兼【簡9】故（霸）者（諸）侯[15]。臺（就）虗（吾）先君坪（平）公[16]，宮中卅=（三十）里，駝（馳）馬四百駟[17]，犾（貌）亓（其）衣尚（裳）[18]，孚（飽）亓（其）酓（飲）飤（食），宮中三臺（臺），是乃歓（侈）巳（已）[19]，肰（然）【簡10】則遊（失）故（霸）者（諸）侯，不智（知）周室之……酓（飲）之歓（侈）……□歓（侈）之酓（飲）虐（乎）[20]？"【簡11】

【集釋】

1. 盇（趙）柬（簡）子䎽（問）於成勅（斮）[1]曰："齊

133

君遊（失）政，陳是（氏）旻（得）之〔2〕，敢酭（問）齊君遊（失）之㶊（奚）繇（由）？陳是（氏）旻（得）之㶊（奚）繇（由）〔3〕？"

〔1〕盝（趙）柬（簡）子酭（問）於成剸（剸）

整理者注〔一一〕："剸"爲"剸"的异體字。成剸，人名，《左傳·昭公二十八年》作"成鱄"，杜預注："鱄，晉大夫。"《説苑》作"成摶"。《説苑·善説》："趙簡子問於成摶曰：'吾聞夫羊殖者賢大夫也，是行奚然？'對曰：'臣摶不知也。'簡子曰：'吾聞之，子與友親。子而不知，何也？'"摶曰："其爲人也數變：其十五年也，廉以不匿其過；其二十也，仁以喜義；其三十也，爲晉中軍尉，勇以喜仁；其年五十也，爲邊城將，遠者復親。今臣不見五年矣，恐其變，是以不敢知。"簡子曰："果賢大夫也，每變益上矣。'"向宗魯《説苑校證》案："《通鑒外紀》作成傅。"

趙平安、石小力（2017）：成鱄之鱄，原簡作"剸"，爲剸的异體字。成剸，人名，《左傳·昭公二十八年》作"成鱄"，《説苑·善説》作"成摶"，向宗魯《説苑校證》案"《通鑒外紀》作成傅"，鱄、摶、傅皆從專得聲，音近相通，爲同一人名的不同寫法。關於成鱄其人，《左傳》杜預注曰"鱄，晉大夫"。除此之外，就無其他信息了。我們推測，成鱄氏成，名鱄。《通志·氏族略三》"成氏，楚若敖之後，以字爲氏……又有郕國之後，亦去邑爲成。又，周成肅公、成桓公，未知其以字以邑與？後漢成瑨。魏有成濟、成悴"。古有成氏，而且成氏有不同的來源。成鱄之"成氏"與《通志》所載來源不同。晉國的趙衰，又稱趙成子（《左傳·文公二年》）、趙"成季"（《史記·趙世家》），"成"爲其諡，疑成鱄之"成"即以趙衰之諡"成"爲氏，然則成鱄或是趙衰的後人。當然，成氏來源較爲複雜，"成"爲較常見之諡，晉國還有郤缺，亦諡爲"成"（《左傳·文公十三年》）。三晉古璽也有成氏，如成哃、成州、成梟、成獏等。雖然成鱄的身世難以鉤稽，但其以"成"爲氏還是可以確定的。成鱄之名有多種异寫，"剸（剸）"是目前所見最早的寫法，但古人少見以"剸"爲名者，疑"鱄"爲本字。以"鱄"爲名者還有春秋時期衛國的公子鱄，見於《左傳·襄公二十七年》等處，字子鮮，是衛獻公母弟。古人有取魚名爲名字的風俗，見於《左傳》者，如鄭公子鰌、史鰌、晉大夫羊舌鮒、楚公子魴、衛祝佗（鮀）等。

霖按："成虭"，即文獻所載"成鱄"，姬姓，① 成氏，名鱄，晉國賢大夫。《左傳·昭公二十八年》載魏獻子欲讓其子魏戊擔任梗陽大夫，恐外人說其有所偏袒，故詢問於成鱄。《說苑·善說》載趙簡子與成鱄關於晉大夫羊殖品行的問對。簡帛中"鱄"作爲人名用字之例，如《馬王堆叁·春秋》行 53 "公子鱄"寫作"公子段"。

〔2〕齊君遊（失）政，陳是（氏）旻（得）之

整理者注〔一二〕：田氏代齊，從齊桓公十四年（前 672）陳完至齊至前 386 年田和列爲諸侯，經歷了二百八十六年，是一個漫長的過程。事見《史記·齊太公世家》《田敬仲完世家》等。從簡文看，"齊君失政，陳氏得之"，應該處於田氏代齊過程當中，據《田敬仲完世家》"悼公既立，田乞爲相，專齊政"，此句很可能指田乞爲齊悼公相以後。

整理者注〔一三〕：據上文"齊君遊（失）政，陳是（氏）旻（得）之"可知，"失之"和"得之"的"之"指代"政"。

霖按：陳氏代齊是春秋晚期重要的歷史事件，真正意義上陳氏掌握政權是《左傳·哀公六年》載陳僖子於齊景公逝世後，聯合諸大夫及鮑氏發動政變，驅逐國、高二氏，迎立公子陽生。之後陳僖子之子陳成子滅闞止、弒殺齊簡公，真正進入陳氏把控政權時期。

〔3〕敢訊（問）齊君遊（失）之系（奚）繇（由）？陳是（氏）旻（得）之系（奚）繇（由）

霖按："奚"，疑問代詞，相當於"何"，《小爾雅·釋言》："奚，何也。"《國語·魯語上》："奚嗇其聞之也"，韋昭注："奚，何也。""繇"，緣由，《左傳·襄公二十三年》："有臧武仲之知，而不容於魯國，抑有由也。"

2. 成虭（剝）會〈答〉曰："齊君遊（失）正（政），臣不旻（得）舊（聞）亓（其）所繇（由），陳是（氏）旻（得）之，臣亦不旻（得）舊（聞）亓（其）所繇（由）。曰（抑）昔之旻（得）之與遊（失）之，皆又（有）繇（由）也〔4〕。"

---

① 劉勛認爲成鱄爲成伯之後，則成鱄應爲姬姓，參看氏著《春秋左傳精讀》，新世界出版社，2014 年，頁 1628。若按照趙平安、石小力認爲是趙衰後人，則成鱄應爲嬴姓。我們贊同前者之說。

〔4〕成蚳（剚）會〈答〉曰：……归（抑）昔之旻（得）之與遊（失）之，皆又（有）繇（由）也

整理者注〔一四〕：裴學海《古書虛字集釋》："'抑'猶'然'也。轉語詞也。"

霖按："龠"，會與"答"形近而訛，楚簡中"答"字寫作"龠"（《上博七·武王》簡12）、"龠"（《清華壹·皇門》簡9）、"龠"（《清華叁·周公》簡9）等。"归"，《説文·印部》："归，按也。从反印。抑，俗从手。"楚簡中或附加"土"，寫作"坏"（《上博五·融師》簡7）、"坏"（《上博八·鄡邦》簡13）等，讀作"抑止"之"抑"。

3. 盆（趙）柬（簡）子曰："亓（其）所繇（由）豊（禮）可聶（聞）也〔5〕？"成蚳（剚）會（答）曰：昔虞（吾）先君獻公是尻（居），掌（嘗）又（有）二厇（宅）之室〔6〕，以好士庶子〔7〕，車廛（甲）外（完），六寶（府）溫（盈）〔8〕，宮中六窨（竈），并六祀〔9〕。

〔5〕亓（其）所繇（由）豊（禮）可聶（聞）也

整理者注〔一五〕：《論語·爲政》："道之以德，齊之以禮。"禮，指某種制度和行爲的規範。一説"豊"是"豈"的訛字，訓爲"其"。

魏宜輝：這裏的"豊"當爲"豈"之誤，相當於"其"，表示推測、估計，相當於"是不是""是否"這類意思。《莊子·外物》中："我東海之波臣也，君豈有斗升之水而活我哉？"又《戰國策·齊策三》中："（公孫戌）入見孟嘗君曰：'君豈受楚象床哉？'孟嘗君曰：'然。'"均爲這類用法。且《子犯子餘》中簡6-7整理者的釋文爲："公乃召子犯、子餘曰：二子事公子，苟盡有心如是，天豊謀禍於公子？"此處整理者注釋爲："豊，疑'豈'之誤。思，讀爲'謀'。《書·大禹謨》'疑謀勿成'，蔡沈《集傳》：'謀，圖爲也。'"可以輔證《趙簡子》簡6-7中的"豊"確爲"豈"之訛誤。①

霖按："豊"，從整理者之説，讀作"禮"，目前刊布的楚簡中尚未見有"豊""豈"

---

① 簡帛論壇《清華七〈趙簡子〉初讀》44樓"cbnd"説，2017年5月8日。

相訛之例，《子犯子餘》簡7中的"🔲"與"豊"不類，故我們將"🔲"看作"豊"之異體。"禮"，《左傳·隱公十一年》："禮，經國家，定社稷，序民人，利後嗣者也。""繇"，讀作"由"，奉行、遵從義，《禮記·經解》："是故隆禮由禮，謂之有方之士。"孔穎達疏："由，行也。"

〔6〕昔虘（吾）先君獻公是尻（居），掌（嘗）又（有）二厇（宅）之室

整理者注〔一六〕：郭店簡《老子丙》9—10："故殺'人衆'，則以哀悲莅之；戰勝，則以哀禮居之。""是居"應該指居禮。

整理者注〔一七〕：昭侯元年，封文侯弟成師於曲沃。曲沃邑大於晉君都邑翼。自此晉分爲二室。至武公晚年代晉，纔實現二室的統一。武公代晉二歲，獻公即位，故曰"掌又（有）二厇（宅）之室"。一說"尻"是"處"字，"掌"讀爲"堂"字，"厇"讀爲"坼"，訓"裂"，"處堂有二坼之室"，意謂居住在堂上有兩處裂痕的房屋裏面。

薛培武："尻"括讀爲"處"。"掌有二宅之室"似有不辭之嫌，"掌"相當字似當讀爲"嘗"，訓爲"曾經"，這裏似乎是陳述一個過去存在的事實。①

侯乃峰："掌"可讀爲"尚"。②

水之甘：掌有二宅之室，恐怕講的是晉獻公并爲晉大宗（翼）、小宗（曲沃）的事情。③

王寧：成制實際説了晉國三位先君的故事，兩個好的君主獻公、襄公，又説了一個不好的君主平公，如果他説獻公居禮，襄公也該這麼説，而説平公的時候該説"弗居"（不居禮）了，但他都没這麼説，可見把"是居"解釋爲"居禮"是不妥的。他應該衹是説三位先君的故事，獻公"是居掌（聚）"，"是"猶"之"也，"獻公是（之）居掌"就是獻公居于掌的時候，掌就是聚，也就是絳。"厇"讀爲"石（祏）"應該是比較合理的，本來翼、曲沃分了家，應該是各自立祏，到了獻公的父親武公的時候又統一起來，獻公的時候自然是"有二祏之室"了。《説文》："祏，宗廟主也。《周禮》有郊、宗、石

---

① 簡帛論壇《清華七〈趙簡子〉初讀》1樓"心包"説，2017年4月23日。
② 簡帛論壇《清華七〈趙簡子〉初讀》2樓"漢天山"説，2017年4月23日。
③ 簡帛論壇《清華七〈趙簡子〉初讀》14樓，2017年4月29日。

室。一曰大夫以石爲主。""室"即石室。擁有了二祏之室就是表示掌握了整個晉國的統治權。①

易泉：《二年律令·户律》314－315："宅之大方卅步。……上造二宅，公士一宅半宅，公卒、士五（伍）、庶人一宅，司寇、隱官半宅。欲爲户者，許之。"似與"二厇（宅）之室，以好士庶子。"存在相似表述。前者以秦漢軍功爵制爲背景，後者則以春秋時期晉國已經建立的賜爵制爲背景，應有可類比之處。掌，讀作"尚"。"尚有"見於《韓詩外傳》卷十"若寡人之小國也，尚有徑寸之珠，照車前後十二乘者十枚，奈何以萬乘之國無寶乎？""是凥……尚有"，其語氣似與"若寡人之小國也，尚有徑寸之珠"相當。②

林少平：目前，初步可定出兩個解釋方案：

一、"掌有"讀作"賞有"，即賞賜二宅之室，以交好士庶子。此方案當作如下斷讀："昔吾先君獻公，是居賞有二宅之室，以好士庶子。"《晉語》："實沈之虛，晉人是居。""是居"義同"所處"。《毛詩正義》卷十七之三"居之與安，所以爲异者，居謂田宅，是人之所處止，即疆埸是也；安謂資財，是人所利用，積倉是也。"如此，簡文所見"是居賞有二宅之室"，大概意思是說"所宅居賞賜有二宅之室"。

二、"掌有"讀作"尚有"，即"猶有"之義。此方案當作如下斷讀："昔吾先君獻公是居，尚有二宅之室，以好士庶子。""二宅之居"是說晉獻公所宅居，説明其儉樸親民，從而能交好士庶子。個人認爲當以第一方案爲佳。③

魏宜輝（2017）：我們認爲這裏的"厇"字有可能讀作"都"。"二都"即指翼和曲沃。"厇"古音爲定母鐸部字，"都"爲端母魚部字，二字音近可通。上博簡《天子建州》篇即以"坅"來表示｛都｝，④可作爲"厇"讀作"都"的旁證。

羅小虎："是"讀爲"之"，是，禪母支部；之，章母之部；音近可通。"掌"讀爲"賞"，都從尚得聲，故亦可通。所以，這句話可理解爲："昔虘（吾）先君獻公是（之）

---

① 簡帛論壇《清華七〈趙簡子〉初讀》40樓，2017年5月7日。
② 簡帛論壇《清華七〈趙簡子〉初讀》63、66樓，2017年5月29日、31日。
③ 簡帛論壇《清華七〈趙簡子〉初讀》67樓，2017年5月31日。
④ 原注：曹錦炎《〈天子建州甲本、乙本〉釋文注釋》，馬承源主編《上海博物館藏戰國楚竹書（六）》，上海古籍出版社，2007年，頁311。

尻（居），掌（嘗）又（有）二㡴（宅）之室。"①

子居（2017A）：先秦未聞有所謂"居禮"，因此這裏的"是居"似當與下文的"掌"連讀，"掌"或讀爲"唐"，"是居唐"指晉人居唐，《左傳·昭公元年》："遷實沈于大夏，主參，唐人是因，以服事夏商，其季世曰唐叔虞。"……《國語·晉語四》："實沈之墟，晉人是居。"整理者的説法是以"室"代表"宗室"，但先秦通常不以"室"代表"宗室"而是以"宗"代表"宗室"，因此這裏的"室"恐怕并非是指宗室。比較下文説晉平公"宮中三十里"，則此處的"二宅之室"或是指晉獻公的宮室規模較小，較儉樸。

霖按："獻"，楚簡中或寫作從"貝"，如："㱃"（包山簡 147），"㱃"（新蔡甲三簡 342）等；或訛變作"酉"，寫作"㱃"（新蔡甲三簡 326）。簡文"獻"作謚號，《逸周書·謚法解》："聰明辟哲曰獻。"晉獻公，姬姓，名佹諸，謚獻，晉武公之子，曲沃代翼後第二代晉國君主，擴充二軍，盡滅群公子，遷都於絳，先後攻滅虢國、虞國、魏國等國，"并國十七，服國三十八"，晚年因寵幸驪姬，逼殺太子申生，造成晉國内亂。"尻"讀作"居"，《太玄·玄衝》："居，得乎位。"簡文指晉獻公在位之時。"㞢"，從手尚聲，這種寫法見於三晉文字，如"㞢"（《璽彙》1824），"㞢"（嘗鼎蓋）等，楚簡中以"尚"表示{掌}，如《上博八·命》簡 8："亡僕之尚（掌）楚邦之政。""掌"讀作"嘗"，副詞，曾經義，《論語·八佾》"吾未嘗不得見也"，邢昺疏："嘗，曾也。"

〔7〕以好士庶子

整理者注〔一八〕：據《史記·晉世家》，士蒍曾説晉獻公"盡殺諸公子"。獻公一生，實際上是惡諸公子而好士庶子。士庶子，公卿大夫之子宿衛王宮者。《周禮·宮伯》："掌王宮之士庶子，凡在版者。"《周禮·稾人》："若饗耆老、孤子、士庶子，共其食。"金榜《禮箋》"大學"條云："公卿大夫之子弟當學者，謂之國子，其職宿衛者，則謂之庶子。……已命者謂之士。……未命者謂之庶子。"稾，鄭司農讀爲"犒"。

薛培武："好"字似有不辭，疑可讀爲"蓄、畜"，好、蓄音近，或可相通，文獻常見"蓄"訓"好"例，這裏做"蓄養"講。②

---

① 簡帛論壇《清華七〈趙簡子〉初讀》72 樓，2017 年 11 月 8 日。
② 簡帛論壇《清華七〈趙簡子〉初讀》56 樓"心包"説，2017 年 5 月 21 日。

易泉："好"似可讀作柔。黃傑先生在他的未刊稿中把《康誥》"康好逸豫"讀作"康柔逸豫",指出可與晉姜鼎(《集成》2826)"康柔妥(綏)褱(懷)"及蔡侯尊(《集成》6010)、蔡侯盤(《集成》10171)"康諧龢好(柔)"相互對照。"好(柔)士庶子",文獻中有"柔士民""柔民"之説。如《逸周書·諡法解》"綏柔士民曰德",《國語·齊語》"寬惠柔民"。①

霖按：此處"好"不必改讀，親善義，《義府·好》："《書》：'惟口出好興戎。'好,去聲,即邦君爲兩君之好。好字與戎字相對,好,猶親也,戎,猶讎也。""士庶子",衛王宮者。《周禮·天官·内饔》："邦饗耆老,孤子,則掌其割烹之事,饗士庶子亦如之。"鄭玄注："士庶子,衛王宮者。"簡文指晉國卿大夫子弟。

〔8〕車麋（甲）外（完），六寶（府）溋（盈）

整理者注〔一九〕：《詩·蟋蟀》："職司其外。"朱熹《集釋》："外,餘也。"一説"車麋"從上讀,"外"連下讀,指宫外,與下"宫中"相對。

整理者注〔二〇〕：六府,職掌收藏各類物資。《禮記·曲禮下》："天子之六府,曰：司土、司木、司水、司草、司器、司貨,典司六職。"鄭玄注："府,主藏六物之税者。此亦殷時制也,周則皆屬司徒。司土,土均也。司木,山虞也。司水,川衡也。司草,稻人也。司器,角人也。司貨,廾人也。"

馬楠：當讀"以好士庶子車甲"爲句,"外六府盈"爲句。古書士、車往往并舉,如閔公二年《左傳》齊桓公"使公子無虧帥車三百乘、甲士三千人以戍曹"。"外六府"與下文"宫中"對應。《禮記·曲禮》有"六府",孫詒讓《墨子閒詁》《漢書·食貨志》説太公爲周立九府圜法,顔注謂即周官大府、玉府、内府、外府、泉府、天府、職内、職金、職幣等官。若然,天子有九府,六府或亦諸侯制與？②

王凱博："車甲外"之"外",疑以爲讀爲"艾/乂/斆",訓治、理。"外"可能讀爲"縣/懸",言不用車甲（即没有戰亂）。文獻中有"懸其安車""束馬懸車",有的有其特定内涵,但"懸"與"車"搭配似仍可以參考。③

---

① 簡帛論壇《清華七〈趙簡子〉初讀》60樓,2017年5月22日。
② 清華大學出土文獻讀書會《清華七整理報告補正》。
③ 簡帛論壇《清華七〈趙簡子〉初讀》13、15樓,2017年4月28日、5月1日。

王寧："外"疑當釋"閈（閒）"，讀"簡"，訓"選"或"大"。①

羅小虎："外"字當是楚系文字"閈"字之省。可釋讀爲"堅"。"閈"，見母元部；堅，見母真部，音近可通。古書中雖然未見到"車甲堅"的表達用例，但是"車堅""車固""甲堅"的説法還是比較多見：《淮南子·兵略訓》："甲堅兵利，車固馬良，畜積給足，士卒殷軫，此軍之大資也。"《周禮·考工記》："凡甲，鍛不摯則不堅，已敝則橈。"《荀子·議兵篇》："故堅甲利兵不足以爲勝。"《司馬法·嚴位》："凡馬車堅，甲兵利，輕乃重。"②

子居（2017A）："外"當讀"閑"，《吕氏春秋·不廣》："古善戰者，莎隨賁服，却舍延尸，車甲盡於戰，府庫盡於葬，此之謂内攻之。"清華簡《趙簡子》正是反其言，故與"車甲盡於戰"相反，此處稱"車甲閑"；與"府庫盡於葬"相反，此處稱"六府盈"。……《左傳·文公七年》："晉郤缺言於趙宣子曰：……水、火、金、木、土、穀，謂之六府。"《大戴禮記·四代》也稱"水、火、金、木、土、穀，此謂六府。"與《曲禮下》天子六府有别，且《左傳》所記即郤缺對趙簡子所言，則成鱄對趙簡子所説的六府，當是《左傳》之六府。

段凱（2018）：我們認爲"外（閒）"在簡文中當讀爲"完"。上古音"外"爲疑母月部字，"閒"爲見母元部字，"完"爲匣母元部字，"外""閒"和"完"聲母同爲喉牙音，韻部則"閒""元"叠韻，例可通假。傳世典籍和出土文獻中均有"閒（間）""完"相通之例。《詩·邶風·凱風》："睍睆黄鳥。"《太平御覽》引《韓詩》"睍睆"作"簡簡"。……典籍中經常用"完"來修飾"車""甲"：

《墨子·辭過》：聖人爲舟車，完固輕利，可以任重致遠。

《吴子·治兵》：車騎之具，鞍勒銜轡，必令完堅。……

簡文"車麐（甲）外（完）"即指車甲完整而堅固。上文已經説明"車麐（甲）外（完）"和"六寳（府）溋（盈）"是并列的關係，簡文用"完"和"盈"來修飾形容車甲的完整堅固和府庫的充裕，是符合典籍用例與簡文句意的。

霖按："外"，段凱讀作"完"可從，《大戴禮記·勸學》："巢非不完也。"王聘珍

---

① 簡帛論壇《清華七〈趙簡子〉初讀》35樓，2017年5月7日。
② 簡帛論壇《清華七〈趙簡子〉初讀》71樓，2017年11月8日。

解詁：" 完，固也。" 簡文指兵車與鎧甲完整堅固，若讀爲 "乂"，理解爲 "治理" 的話，簡文應作 "乂車甲"。"六府"，財貨聚積之處。《尚書·大禹謨》："地平天成，六府三事允治，萬世永賴。"孔穎達疏："府者，藏財之處；六者，貨財所聚，故稱六府。"《左傳·文公七年》："六府、三事，謂之九功。水、火、金、木、土、穀，謂之六府。"

"㦴"，從水盈聲，楚簡中又見於《清華陸·孺子》簡3、《繫年》簡123等，右側偏旁 "乃" 來源於 "孕" 之初文。① 《說文·皿部》："盈，滿器也。" 段玉裁注："滿器者，謂人滿寧（貯）之。"

〔9〕宫中六窖（竈），并六祀

整理者注〔二一〕：窖，從穴，告聲，"竈" 之异體。六竈當指六宫之竈。相傳天子有六宫。《周禮·内宰》："以陰禮教六宫。"鄭玄注認爲正寢一、燕寢五爲六宫。《禮記·曲禮下》："祭五祀。"注謂户、竈、中霤、門、行。班固《白虎通·五祀》以門、户、井、竈、中霤爲五祀。祭竈爲五祀之一。《周禮·大祝》："掌六祈，以同鬼神示，一曰類，二曰造，三曰檜，四曰禜，五曰攻，六曰説。"鄭司農云："類、造、檜、禜、攻、説，皆祭名也。"類，祭上帝、社稷等。造，祭祖禰之廟。檜，禳癘疫之祭。禜，禳水旱之祭。攻，鳴鼓攻日食。説，陳辭請求消灾。六祀當爲六種祭祀，簡文大意是説把宫中祭竈的祭祀并入六祀，是一種去奢從簡的方式。

駱珍伊："并" 字應釋爲 "并且、一起" 之義。如《詩·秦風·東鄰》"既見君子，并坐鼓瑟"；《史記·田敬仲完世家》"御鞅諫簡公曰：'田、監不可并也，君其擇焉。'"；《列子》"并歌并進" 等。原考釋所舉五祀中的祭竈，與六祈（原考釋以爲六種祭祀）的性質完全不同，祭竈不可能 "并入" 六祈裏。②

段雅麗（2017）：首先是斷句問題，"宫中六竈并六祀" 恐應斷爲 "宫中六竈，并六祀"，當非整理者所言 "把宫中祭竈的祭祀并入六祀。"《說文·穴部》："炊竈也。從穴、黽省聲。則到切。""竈" 本義是一種炊具。"何不使飯自蒸於甑，火自燃於竈乎。"（《論衡》）將 "竈" 釋爲炊竈。"胥聞越王句踐罷吴之年，宫有五竈，食不重味。"（《越

---

① 趙平安《關於 "乃" 的形義來源》，《文字·文獻·古史——趙平安自選集》，中西書局，2017年，頁38—44。
② 簡帛論壇《清華七〈趙簡子〉初讀》12樓 "明珍" 説，2017年4月27日。

絕書》）"五竈"在上古時期文獻中僅見於《越絕書》，據上下文意思越王勾踐返國後，苦身焦思，"即使有五座燒飯菜的爐竈，飲食却十分節儉，吃飯從來没有第二種食物"。且"宫有五竈"與"宫中六竈"文例一致，因此，據上文論證推斷，"五竈"與"六竈"應均爲爐竈。因此，簡文"六竈"中"竈"并不是祭名，而是指爐竈。"宫中六竈"意爲宫中有六座燒飯菜的爐灶，"并六祀"意爲舉行六種祭祀活動，恐非整理者所指"把宫中祭竈的祭祀并入六祀。"

子居（2017A）：古代居室規模各异，小者一室一竈，大者至一室數竈者多有，因此這裏的六竈，當祇是指晉獻公的宫室中的六竈，而不是説晉獻公有六宫。《禮記·祭法》："諸侯爲國立五祀，曰司命，曰中霤，曰國門，曰國行，曰公厲。諸侯自爲立五祀。"是諸侯在國有五祀，在家也有五祀，則"并祀"蓋即指此二者的合并。五祀爲《禮記·曲禮》鄭玄注所言户、竈、中霤、門、行也。……至戰國末期，各諸侯國或已不再皆是固定以"五祀"爲祭，這一情況當并不僅限於楚國，清華簡《趙簡子》篇此處的"六祀"，非常可能就是一種"五祀"過渡到"七祀"過程中的中間階段記載。"六祀"相較於"五祀"所增加者，很可能就是"司命"。《禮記·祭法》孔穎達疏有："'曰司命'者，宫中小神。熊氏云：'非天之司命，故祭於宫中。'"是司命有"天之司命"與"宫中小神"之别，這正可對於諸侯五祀有"爲國立五祀"和"自爲立五祀"的差别，因此將對"司命"的祭祀與"五祀"合并成爲"六祀"，是完全可能的。《周禮·天官·宫正》鄭玄注："邦之祭社稷七祀于宫中，祭先公、先王於廟中。"亦可證宫中之祀。

霖按："竈"，從穴從人告聲，楚簡中或寫作"竈"（望山一簡139），"竈"（《上博七·吴命》簡1），"竈"（包山二簡415）。"宫中六竈"應非"六宫之竈"，簡文與《越絕書》"宫有五竈，食不重味"相似，以"六竈"形容生活之儉，其後點斷。"並"，合并義，《楚辭·東方朔〈七諫·自悲〉》"冰炭不可以相并兮"，王逸注："並，併也。"簡文指合并六祀，簡化祭祀，喻指生活簡樸。

4. 肰（然）則旻（得）補（輔）相周室，亦智（知）者（諸）侯之思（謀）〔10〕。豪（就）虐（吾）先君襄公〔11〕，親冒虔（甲）睪（冑），以絅（治）河淒（濟）之閒（間）之虘

（亂）〔12〕。

〔10〕肰（然）則旻（得）桶（輔）相周室，亦智（知）者（諸）侯之思（謀）

王磊（2017B）："亦知諸侯之謀"一句，整理者無說。此句字面的意思是："也知道諸侯的謀劃"，而其具體的含義則未明瞭。該篇還有兩句相對應的句子："就吾先君襄公，……然則得輔相周室，兼霸諸侯。""就吾先君平公，……然則失霸諸侯，不知周室之……"通過對比發現，"亦知諸侯之謀"與下文"兼霸諸侯""失霸諸侯"相對，筆者以爲，此句實際表示"結交諸侯"的含義。《孫子·軍爭篇》："故不知諸侯之謀者，不能豫交。""交"即"結交"，曹操注："不知敵情謀者，不能結交也。"諸侯之間相結交，故能相互知道所謀劃的事情。晉獻公雖然未能稱霸諸侯，但能與諸侯相結交，是其在政治上的成就。

林少平：知諸侯之謀，薛培武讀"知"爲"接"，可信。《荀子·大略篇》："先事慮事謂之接。"故《孫子·軍爭篇》"不知諸侯之謀者，不能豫交"，并非是與諸侯相結交，而是指"沒有事先考慮諸侯的謀劃"，所以"不能提前做好交兵的准備"。簡文是指"事先考慮諸侯的謀劃"。正是晉獻公能做到這一點，故能"并國十七，服國三十八"。[①]

王寧："輔相周室"即協助周王室處理政務，則裏面的"智"可能是讀爲"知政"之"知"，訓"主"；"謀"是計劃、謀略，代指諸侯的事務。獻公的時候輔相周王室，并已經管理諸侯的事務；襄公的時候輔相周王室，稱霸諸侯；平公的時候失去了在諸侯中的霸主地位，也管不了周室的政務了。[②]

羅小虎：知，知道。謀，謀略、計謀。"知謀"之說，古書多見：《左傳·襄公十八年》："二子知子孔之謀，完守入保。"《史記·李斯列傳》："將軍恬與扶蘇居外，不匡正，宜知其謀。"[③]

霖按："榊"，從木甫聲，楚系文字中又見以"𣊫"（《上博三·周易》簡27）、

[①] 簡帛論壇《清華七〈趙簡子〉初讀》47樓，2017年5月15日。薛培武觀點見46樓，2017年5月14日。
[②] 簡帛論壇《清華七〈趙簡子〉初讀》48樓，2017年5月15日。
[③] 簡帛論壇《清華七〈趙簡子〉初讀》69樓，2017年7月10日。

"▨"（《上博三·周易》簡49）、"▨"（曾侯乙編鐘）表示〈輔〉。"輔相"，輔助，幫助。《周易·泰卦·象傳》："天地交泰，后以財成天地之道，輔相天地之宜，以左右民。"孔穎達疏："相，助也。當輔助天地所生之宜。""知諸侯之謀"，簡文指預先知曉諸侯的謀劃。《孫子·軍爭》"故不知諸侯之謀者，不能豫交"亦見於《銀雀山壹·孫子兵法》簡72，張預曰："先知諸侯之實情，然後可與結交；不知其謀，則恐翻覆爲患。"①

〔11〕𧞫（就）虐（吾）先君襄公

霖按："▨"，從衣㲋聲。楚簡中或寫作"▨"（信陽二簡29），"▨"（《清華貳·繫年》簡11），"▨"（《清華貳·繫年》簡53）等。晉襄公，姬姓，名驩，諡襄，晉文公之子。《逸周書·謚法解》："辟地有德曰襄，甲冑有勞曰襄。"即位之初，於殽之戰大敗秦軍，箕之戰大敗翟人，泜之役詐退楚軍，又於國內重組六卿，維繫了老臣與卿大夫子弟的平衡，穩固了晉國中原霸主的地位。

〔12〕親冒𧘝（甲）𩨂（冑），以綑（治）河淒（濟）之𨳝（間）之𠆸（亂）

整理者注〔二二〕：淒（濟），亦作"泲"，河濟乃黃河與濟水的并稱，與長江、淮河合稱"四瀆"。《周禮·職方式》："河東曰兗州……其川河、泲。"《史記·孫子吳起列傳》："夏桀之居，左河濟，右泰華。"王闓運《珍珠泉銘》序："昔在周公，論列河泲，以成四瀆。""綑（治）河淒（濟）之𨳝（間）之𠆸（亂）"當指秦、晉殽之戰。《史記·晉世家》："襄公墨衰絰。四月，敗秦師於殽。"是役晉襄公親自披挂上陣，大獲全勝。

子居（2017A）：整理者以"河濟之間之亂"爲"秦、晉殽之戰"恐不確，殽之戰在今陝縣硤石鄉一帶，不屬"河濟之間"，清華簡《趙簡子》此節所言"以治河濟之間之亂"者，當是指晉襄公二年伐衛事，據《左傳·文公元年》："晉文公之季年，諸侯朝晉，衛成公不朝，使孔達侵鄭，伐綿、訾及匡。晉襄公既祥，使告於諸侯而伐衛，及南陽。先且居曰：'效尤，禍也。請君朝王，臣從師。'晉侯朝王於溫。先且居、胥臣伐衛。五月辛酉朔，晉師圍戚。六月戊戌，取之，獲孫昭子。……秋，晉侯疆戚田。"其中的"晉侯朝王於溫"當即對應清華簡《趙簡子》此節下文的"輔相周室"。

---

① 楊丙安校理《新編諸子集成·十一家注孫子校理》，中華書局，1999年，頁140。

霖按：子居之說可從，河濟之間爲古兖州所在，春秋時其地正屬衛國。考其史實，晉襄公二年於戚之役大敗衛國，并於溫朝拜周天子，威懾不朝拜之國，鞏固了中原霸主的地位。此役晉襄公親自帶兵與簡文"親冒甲胄"相符，整理者言殽之戰一是地望不符，二是殽之戰爲先軫帶兵，與簡文不符。"[濟]"，楚簡多以"淒"表示{濟}，或寫作"[濟]"（《上博三·周易》簡58）、"[濟]"（《清華貳·繫年》簡112）。"[盞嘉]"，本函又見於《越公其事》簡3寫作"[EE得]"，前者屬比較常見的楚系文字寫法，後者存在文字復古現象，詳見《越王行成章》第一節注〔14〕。

5. 各（冬）不裘，顕（夏）不張籖（筵）〔13〕，不飤（食）濡肉〔14〕，宮中六窨（竈），并六祀，肰（然）則㝵（得）棓（輔）相周室，兼敀（霸）者（諸）侯〔15〕。

〔13〕各（冬）不裘，顕（夏）不張籖（筵）

整理者注〔二三〕：張，讀爲"帳"。《史記·黥布列傳》"帳御飲食從官如漢王居"，《漢書·英布傳》"帳"作"張"。《史記·袁盎晁錯列傳》"乃以刀決張"，《漢書·爰盎傳》"張"作"帳"。"籖"見於上博楚簡《柬大》簡15、清華簡《鄭文公問太伯（甲、乙）》簡5等處，此處讀爲"筵"。《說文》："筵，扇也。從竹，建聲。篓，筵或從妾。"《淮南子·精神》"知冬日之筵、夏日之裘無用於己，則萬物之變爲塵埃矣"，高誘注："楚人謂扇爲筵。"

趙嘉仁（2017）：讀"張"爲"帳"似不妥，這樣的對稱句不應前面是一件事物，後邊却變成了兩個。這裏的"張"疑讀爲"障"。"障"，遮擋也。"（冬）不裘"句"裘"字前疑省去或漏掉一個動詞"服"或類似意思的詞，應與"張（障）"相對。《六韜·龍韜》："太公曰：'將冬不服裘，夏不操扇，雨不張蓋，名曰禮將。'"《呂氏春秋·有度》："夏不衣裘，非愛裘也，暖有餘也。冬不用筵，非愛筵也，清有餘也。"都是"裘""扇"相對，沒有"帳"，與簡文"裘""筵"相對相合。《漢書·張敞傳》："使御吏驅，自以便面拊馬。"顏師古注："便面，所以障面，蓋扇之類也。不欲見人，以此自障面則得其便，故曰便面，亦曰屛面。《古今注·卷上·輿服》："輿輦有翣，即緝雉羽爲扇，翣以障翳風塵也。"

王寧：《趙簡子》篇："冬不裘，夏不張箑。"與《六韜·龍韜》："太公曰：'將冬不服裘，夏不操扇，雨不張蓋，名曰禮將。'"相互對比，簡文的"張"似乎如字讀即可，同《六韜》"張蓋"之"張"，作動詞用。對比《吕氏春秋·有度》"夏不衣裘"，懷疑簡文"裘"下抄脱一合文符號"＝"，簡文原本當作"冬不裘=（衣裘），夏不張箑"。①

駱珍伊：張，讀本字即可，爲"張羅"之義。《楚辭·招魂》："翦阿拂壁，羅幬張些。"王逸注："張，施也。"箑是夏天用的扇子，所以夏天不用箑，確實是節儉。至於帳，先秦兩漢所見的帳大約有三種：一爲床帳，二爲營，三爲帷幔，都不是夏天專用的物品，因此把"張"通讀爲"帳"似無必要。②

蕭旭（2017B）：駱珍伊説"張"讀本字，是也。趙嘉仁説"裘"前脱一個動詞，亦是也，可補"披（被）""服""衣""御"等字。……《淮南子·兵略篇》："故古之善將者，必以其身先之，暑不張蓋，寒不被裘，所以程寒暑也。"《劉子·兵術》："暑不張蓋，寒不御裘，所以均寒暑也。"《後漢紀》卷19："吴起爲將，暑不張蓋，寒不披裘。"《御覽》卷281引《三國典略》："斛律光……寒不服裘，夏不操扇。"皆其證也。箑，當讀爲笠。《上博二·容成》簡14："舜於是乎始冕（免）箑开（携）耨。"又簡15："芙箑□疋□……"陳劍讀箑爲笠。上博簡（四）《柬大》簡15："母（毋）敢槷（執）篡箑。"白於藍讀"箑"爲笠。③笠，所以御暑，亦所以御雨。《管子·四時》："是故夏三月，以丙丁之日發五政……三政曰令禁扇去笠。"尹知章注："禁扇去笠者，不欲令人禦盛陽之氣。"……簡文笠指笠狀之車蓋，《左傳·宣公四年》："又射汰輈，以貫笠轂。"杜預注："兵車無蓋，尊者則邊人執笠，依轂而立，以御寒暑，名曰笠轂。"孔疏："服虔曰：'笠轂，轂之蓋如笠，所以蔽轂上，以御矢也。'一曰：車轂上鐵也。或曰：兵車旁幔輪謂之笠轂。杜以彼爲不安，故改之而爲此説，亦是以意而言，差於人情爲近耳。"夏不張箑，即"暑不張蓋""暑不張幔"之誼也。《尉繚子·戰威》："暑不張蓋，寒不重衣。"《史記·商君列傳》："五羖大夫之相秦也，勞不坐乘，暑不張蓋。"

子居（2017B）：據《方言》卷五："扇，自關而東謂之箑，自關而西謂之扇。"可

---

① 趙嘉仁《讀清華簡（七）散札（草稿）》3、4樓"曰古氏"發言，2017年4月26日、30日。
② 簡帛論壇《清華七〈趙簡子〉初讀》12樓"明珍"説，2017年4月27日。
③ 原注：白於藍《戰國秦漢簡帛古書通假字彙纂》，陳劍説亦轉引自此書，福建人民出版社，2012年，頁590。

見箑并非僅是楚語。《儀禮·既夕禮》："燕器：杖、笠、翣。"鄭玄注："翣，扇也。"……故籑、翣、篓、箑爲一音之异寫，亦可證稱"扇"爲"箑"確是關東通語，非僅爲楚語。

霖按："曽"，從日終聲，與石經"𠔿"、《說文》古文"𠔿"字形相合。"張"，如字讀，設置、陳設義。《楚辭·九歌·湘夫人》："與佳期兮夕張"，洪興祖補注："張，陳設也。""籑"，從竹執聲，楚簡又以籑、翣、箑等表示〔箑〕，如"翣"（望山二簡47）、"箑"（包山二簡260）等，後舉諸字與《說文》重文相似，《說文·竹部》："箑，扇也。从竹疌聲。篓，箑或從妾。"簡文"箑"應是指一種儀仗扇，類似於長沙馬王堆出土的長柄扇。

〔14〕不飤（食）濡肉

整理者注〔二四〕：《禮記·曲禮上》"濡肉齒決，乾肉不齒決"，孔穎達疏："濡，濕也。濕軟不可用手擘，故用齒斷決而食之。"《禮記·內則》"濡豚包苦實蓼"，鄭玄注："凡濡，謂亨之以汁和也。"濡肉應該是一種精心烹製的肉。

子居（2017A）：《禮記·內則》："欲濡肉則釋而煎之以醢，欲乾肉則捶而食之。"孔穎達疏："言食熬之時，唯人所欲，若欲得濡肉，則以水潤釋而煎之以醢也。"也可見"濡肉"即濕軟的肉，與肉乾相對。

〔15〕肰（然）則旻（得）柛（輔）相周室，兼敔（霸）者（諸）侯

霖按："兼"，并吞、兼并。《左傳·昭公八年》："孺子長矣，而相吾室，欲兼我也。"杜預注："兼，并也。"《管子·輕重乙》："天子中立，地方千里，兼霸之壤三百有餘里，侙諸侯度百里。"馬元材云："此兼霸之壤與《揆度篇》所謂'千乘之國'，皆指《漢書·刑法志》所謂'一封三百一十六里'之'千乘之國'而言。"

6. 鬃（就）虗（吾）先君坪（平）公〔16〕，宮中卅=（三十）里，駝（馳）馬四百駟〔17〕，狀（貌）亓（其）衣尚（裳）〔18〕，孚（飽）亓（其）舍（飲）飤（食），宮中三臺（臺），是乃欻（侈）巳（已）〔19〕，

148

〔16〕홵（就）虘（吾）先君坪（平）公

霖按：晉平公，姬姓，名彪，謚平，《逸周書·謚法解》："治而清省曰平，執事有制曰平，布綱治紀曰平。……惠無內德爲平。"晉悼公之子，早年大敗齊國，討伐許國，晚年加重稅賦，驕奢淫逸，導致大權旁落，爲三家分晉埋下了隱患。《韓非子·難一》："平公失君道，師曠失臣禮。"《左傳·昭公三年》："叔向曰：'雖吾公室，今亦季世也。戎馬不駕，卿無軍行，公乘無人，卒列無長。庶民罷敝，而宮室滋侈。道堇相望，而女富溢尤。民聞公命，如逃寇仇。欒、郤、胥、原、狐、續、慶、伯，降在皁隸。政在家門，民無所依，君日不悛，以樂慆憂。公室之卑，其何日之有？'"

〔17〕宮中卅＝（三十）里，駝（馳）馬四百駟

整理者注〔二五〕：《詩·清人》"清人在彭，駟介旁旁"，鄭玄箋："駟，四馬也。"

子居（2017A）：此處所言的"宮"，當即晉平公時期所建著名的"虒祁之宮"（虒祁又作施夷、馳底），《左傳·昭公八年》杜注："虒祁，地名，在絳西四十里，臨汾水。"《水經注·汾水》："汾水又徑絳縣故城北。《竹書紀年》：'梁武王二十五年，絳中地西絕於汾。'汾水西徑虒祁宮北，橫水有故梁，截汾水中，凡有三十柱，柱徑五尺，裁與水平，蓋晉平公之故梁也。"《水經注·澮水》："（虒祁）宮在新田絳縣故城西四十里，晉平公之所構也。……其宮也，背汾面澮，西則兩川之交會也。"

霖按："宮中三十里"應指晉平公時期修築的虒祁宮（今侯馬虒祁村），《左傳·昭公八年》："於是晉侯方築虒祁之宮。……是宮也成，諸侯必叛，君必有咎"，《左傳·昭公十三年》："晉成虒祁，諸侯朝而歸者皆有貳心。"可知虒祁宮歷時五年建成，耗資甚巨，與楚靈王時期章華臺齊名。"駝"讀作"馳"，《北大肆·反淫》簡9："此天下至康樂也，夫子弗欲駝（馳）邪？""馳馬"，簡文指馳騁駿馬，《孟子·滕文公上》："吾他日未嘗學問，好馳馬試劍。"

〔18〕狋（貌）亓（其）衣尚（裳）

整理者注〔二六〕："狋"字左旁疑爲"奴"字古文，字從大，奴聲（奴、者同爲魚部字，聲母同爲舌音），可能是"奢"字的異體。

楊蒙生：此字右側大字形體明顯，若將之視作聲符，則參照由之造成的晉失諸侯

和緊接其後的儉奢之議，宜將之讀爲汱奢之汱。由此出發再反觀原字形，頗疑其左側形體爲一頭戴繁縟飾品的人形；下部的所謂刀形實爲筆法變異之人形。①

趙嘉仁（2017）："𡚶"字應爲"嫐"字的誤字。此字左上從"女"，左下類似"刀"旁的字與右邊的"大"字正構成"嫐"字的寫訛。"嫐"字在楚簡中就用爲"美"。"美其衣裳，飽其飲食"中，"美"對"衣裳"，"飽"對"飲食"，搭配極爲合理。這正是《國語·越語》中的"其達士，絜其居，美其服，飽其食"一句中的"美其服"和"飽其食"。

孫合肥（2017A）：此字形右側爲"大"形，沒有疑問。但其左側形體需要重新考慮。左側形體作 形，其上部與"女"形不同，此參看同篇簡文"女"即"女"旁形體可以發現，如"女"作" "（《趙簡子》2）、"好"作" "（《趙簡子》7）、"婢"作" "（《趙簡子》2）。此字形左側上部爲"爻"，下部爲"人"，即"佼"字。"佼"字見於郭店簡，作" "（《郭店·五行》32），簡文用爲"容貌"之"貌"。其繁構見於上博簡，" "（《上博六·季趄子》8）、" "（《上博六·季趄子》7），增口，或增口、又，皆讀爲貌。 形爲 异構，將"人"形移到了"爻"形的下部。從形體上看，" "字應當隸定作㚲。㚲，從大，佼聲，讀爲貌，或即貌字異體。簡文中爲華美之義。《廣雅·釋詁三》："貌，巧也。"《國語·晉語》："夫貌，情之華也。"簡文"㚲"或讀爲"美"。貌，明紐宵部；美，明紐脂部。古音宵部、脂部旁對轉。"美其衣裳"也即可與如下語句相參。《呂氏春秋·安死》："君之不令民，父之不孝子，兄之不悌弟，皆鄉里之所釜䰛者而逐之，憚耕稼采薪之勞，不肯官人事，而祈美衣侈食之樂，智巧窮屈，無以爲之，於是乎聚群多之徒，以深山廣澤林藪，扑擊遏奪，又視名丘大墓葬之厚者，求舍便居，以微抇之，日夜不休，必得所利，相與分之。"……"㚲（貌、美）元（其）衣尚（裳）"，與下句"孚（飽）元（其）酓（飲）釳（食）"句式一致，意爲"使其衣裳華美"。

侯乃峰：左部字形可能是戰國楚簡的"畫"字，字釋爲"畫"，"畫其衣裳"，《釋名·釋書契》："畫，繪也，以五色繪物象也。"《玉篇·畫部》："畫，形也，繪也，雜五

---

① 清華大學出土文獻讀書會《清華七整理報告補正》。

色綵也。"《書·顧命》"畫純"孔疏："彩色爲畫。""畫其衣裳"謂以彩色繪畫其衣裳，美飾之也。①

尉侯凱："👁"左旁似爲"鳥"，右旁爲"大"，當釋爲"猷"，讀爲"汏"。②

薛培武：從"爻"聲出發，讀爲"表"或者"茂"，《關雎》"芼"字，安大簡作"教"（教從爻聲），《説文》"表"以"毛"爲聲符，爻聲可讀爲"暴"，"暴"與"麃"通，《説文》"表"古文"褭"從"麃"得聲。③

蕭旭（2017B）：孫氏分析字形可取，但二讀皆無據，且"貌其衣裳"不辭。"👁"，讀爲姣，字亦作佼。《説文》："姣，好也。"《史記·蘇秦列傳》《索隱》引作"姣，美也"。《方言》卷一："娥、嬿，好也。自關而東，河濟之間謂之媌，或謂之姣。'好'其通語也。"《楚辭·九歌·東皇太一》："靈偃蹇兮姣服。"王逸注："姣，好也。服，飾也。"

子居（2017A）："👁"從"大"，或當讀爲"綴"，《尚書·顧命》："敷重底席，綴純。"孔傳："綴，雜彩。"是"綴其衣裳"即彩飾其衣裳。清華簡《子產》有"子產不大宅域，不建臺寢，不飾美車馬衣裘。"正可對觀。

金宇祥："👁"字左半或與《孔子見季桓子》簡8的"此"字相近，"此"字上半似"爻"之形可參同篇簡13的"此"字作"此"，陳劍先生《〈上博（六）·孔子見季桓子〉重編新釋》一文已有詳細考釋，其云："上引最末一形即簡8後一'此'字，顯然就是將簡13後一'此'字中的'爻'形挪到上方，同時其左下部分還保留'此'字的兩筆而成的。"其説可從，但可惜《趙簡子》無另一"此"字供參。故"👁"字左半爲"此"、右半爲"大"，從"大""此"聲，可讀爲"資"，訓爲蓄積、蓄藏，《國語·越語上》："臣聞之賈人，夏則資皮，冬則資絺，旱則資舟，水則資車，以待乏也。"④

---

① 簡帛論壇《清華七〈趙簡子〉初讀》8樓"漢天山"説，2017年4月25日。
② 簡帛論壇《清華七〈趙簡子〉初讀》9樓"悦園"説，2017年4月26日。
③ 簡帛論壇《清華七〈趙簡子〉初讀》21樓，2017年5月2日。
④ 簡帛論壇《清華七〈趙簡子〉初讀》70樓，2017年10月2日。

程薇（2017）：釋爲"狄"，該字當同《祭公之顧命》中的"狄"字，讀爲"侈"，意爲奢侈。

王寧："𣤶"從大䝈聲，應該是個有"大"義的字。《方言》二："朦、厖，豐也。自關而西秦晉之間，凡大貌謂之朦，或謂之厖；豐，其通語也。趙魏之郊、燕之北鄙，凡大人謂之豐人。""朦""厖""豐"當是一語之轉，意思相同。意者此字或當讀爲"豐衣博帶"之"豐"，"豐"有"大"義，故字從"大"作。①

霖按："𣤶"，孫合肥之說可從，從大佟聲，"佟"又見於《郭店•五行》簡32"佟"，《上博六•季桓子》簡7"佟"，簡8"佟"等。簡文此字可訓作"飾"，《韓非子•解老》："所謂貌施也者"，王先慎集解："貌，飾也。""飾其衣裳"，裝飾其衣裳，《詩經•曹風•蜉蝣》："蜉蝣之羽，衣裳楚楚。"毛萇注云："楚楚，鮮貌也。喻曹朝群臣皆小人也。徒飾其衣裳，不知死亡之無日。"《左傳•昭公元年》："子晳盛飾入。"

〔19〕孚（飽）亓（其）酓（飲）飤（食），宮中三臺（臺），是乃欼（侈）巳（已）

整理者注〔二七〕：《說文》："飽，古文作䬱。"包、孚兩聲字相通，類例甚多。

整理者注〔二八〕：晉平公即位之初，與楚國發生湛阪之戰，獲得勝利。前552年，同宋、衛等國結盟，再度恢復晉國的霸業。在位後期由於大興土木、不務政事，致使大權旁落至六卿。《史記•晉世家》："（平公）十九年，齊使晏嬰如晉，與叔嚮語。叔嚮曰：'晉，季世也。公厚賦爲臺池而不恤政，政在私門，其可久乎！'晏子然之。"

霖按："孚"讀作"飽"可從，《繫年》"褒姒"之"褒"寫作"孚"，簡帛中"孚"可讀作"抱"，《馬王堆肆•經法•四度》行45下："名功相孚（抱），是故長久。""臺"，從室之聲，又見於《郭店•老甲》簡26"臺"，《上博二•子羔》簡11"臺"等，積土四方而高曰臺，"宮中三臺"疑指晉國三大宮殿虒祁宮、銅鞮宮、靈公臺，文獻中"虒祁宮"又稱爲"虒祁之臺"可證。"乃"，代詞，《莊子•大宗師》："孟孫氏特覺人哭亦哭，是自其所以乃。"王先謙集解："乃，猶言如此。""欼"，從欠多聲，讀作

---

① 簡帛論壇《清華七〈趙簡子〉初讀》73樓，2017年11月8日。

"侈",奢侈、浪費義。《左傳·莊公二十四年》:"儉,德之共也;侈,惡之大也。"

7. 肰(然)則遊(失)故(霸)者(諸)侯,不智(知)周室之……夤(儉)之欤(侈)……□欤(侈)之夤(儉)唐(乎)[20]?"

霖按:簡11殘損較嚴重,今據簡文文意於"周室之"後補"衰"字,《漢書·董仲舒傳》:"及至周室之衰,其卿大夫緩於誼而急於利,亡推讓之風而有爭田之訟。"最後一句強調"奢"與"儉"在國運興衰中的重要作用。

【今譯】

趙簡子問於成鱄道:"齊國國君失去政權,陳氏得到政權,冒昧問一下齊君失政是什麼原因呢,陳氏得政是什麼原因呢?"成鱄回答說:"齊國國君失去政權,我沒有聽過這其中的原因;陳氏得到政權,我也不能聽過這其中的原因。然而過去獲得與失去都是有原因的。"趙簡子說:"他們遵循的禮可以聽到嗎?"成鱄回答說:"過去我們先君獻公在位之時,曾居住在兩間屋子的住處,親善晉國卿大夫子弟,兵車與鎧甲完整堅固,府庫充盈,(獻公)宮中僅有六處炊竈,合并六種祭祀,然而能夠輔佐周王室,也能知曉諸侯的謀劃。到了我們先君襄公,親自披甲戴盔來安定黃河、濟水之間的動亂,冬天不穿皮衣,夏天不陳設扇子,不吃精心烹製之肉,(襄公)宮中僅有六處炊竈,合并六種祭祀,然而能夠輔佐周王室,兼并諸侯,稱霸天下。到了我們先君平公,宮殿綿延三十里,良馬四百乘,裝飾其衣裳,充足其吃喝,宮中三座宮殿,是如此奢侈啊。然而失去諸侯的威信,不知道周王室的衰敗……由節儉到奢侈……還是由奢侈到節儉呢?"

小　結

本篇《范獻子進諫章》中屢次提到的"善"與"不善"是先秦文獻中常見的"政教"內容,簡文對話中暗含的政治色彩比較強烈。《趙簡子問成鱄章》中成鱄強調戒奢崇儉、注重禮制等思想延續著西周的治國理念,暗中也指明了春秋晚期公族衰落、士族階層興起的主要原因。全篇以對話銜接，是較爲典型的語類文獻。

《越公其事》集釋

總　說

《越公其事》共由 75 枚竹簡組成，竹簡信息情況如下表（簡號按照整理者排序）：

簡號	長度（釐米）	竹簡情況	簡背原有編號及劃痕	編痕情況
1	21.4	上端殘缺，約缺 16 字	無	三道
2	7.5	上端殘缺，約缺 28 字	無	三道
3	11.2＋11.4＋14.3	簡首殘缺，約缺 3 字	無	三道
4	22.5＋14.3	簡首殘缺，約缺 3 字	無	三道
5	26.9＋14.5	綴合後基本完整	無	三道
6	26.9＋14.7	綴合後基本完整	無	三道
7	27＋8.2	簡尾殘缺，約缺 4—5 字	無	三道
8	41.5	完簡	無	三道
9	41.6	完簡	無	三道
10	40.3	下端殘缺	無	三道
11	41.6	完簡	無	三道
12	41.6	完簡	無	三道
13	41.6	完簡	無	三道
14	41.7	完簡	無	三道
15	41.6	完簡	無	三道

續表

16	41.6	完簡	無	三道
17	41.7	完簡	無	三道
18	6.1	上端殘缺,約缺28字	無	三道
19	41.7	完簡	無	三道
20	41.6	完簡	無	三道
21	41.6	完簡	無	三道
22	41.6	完簡	無	三道
23	41.4	完簡	無	三道
24	41.5	完簡	無	三道
25	41.6	完簡	無	三道
26	41.6	完簡	無	三道
27	41.6	完簡	無	三道
28	41.6	完簡	無	三道
29	36.8	下端殘缺	無	三道
30	41.6	完簡	無	三道
31	41.7	完簡	無	三道
32	41.7	完簡	無	三道
33	41.6	完簡	無	三道
34	21.4	上端殘缺,約缺16字	無	三道
35	40.9	下端殘缺	無	三道
36	2.9+9	中間殘,約缺1-2字,下端殘	無	三道
37	41.7	完簡	無	三道
38	38.6	上殘,約缺2整字,半字3個	無	三道
39	41.8	完簡	無	三道
40	41.7	完簡	無	三道
41	41.4	上端殘缺	無	三道
42	41.8	完簡	無	三道

續表

43	27.6	下端殘缺	無	三道
44	40.5	下端殘缺	無	三道
45	38.5	下殘，缺1整字，半字3個	無	三道
46	41.8	完簡	無	三道
47	41.7	完簡	無	三道
48	41.8	完簡	無	三道
49	41.7	完簡	無	三道
50	41.7	完簡	無	三道
51	20.6＋21	綴合後基本完整	無	三道
52	41.6	完簡	無	三道
53	41.7	完簡	無	三道
54	41.7	完簡	無	三道
55	41.7	完簡	無	三道
56	41.7	完簡	無	三道
57	40.4	下端殘缺	無	三道
58	41.6	完簡	無	三道
59	41.7	完簡	無	三道
60	41.7	完簡	無	三道
61	41.6	完簡	無	三道
62	41.6	完簡	無	三道
63	41.3	上端殘缺	無	三道
64	41.8	完簡	無	三道
65	41.7	完簡	無	三道
66	21.8＋14.1	中間殘，缺約5—6字	無	三道
67	20.7＋19.3	下端殘	無	三道
68	21.2＋7.1＋13.8	綴合後基本完整	無	三道
69	6.4＋27.9	上端殘缺，約缺5字	無	三道

70	13.8＋14.2	上端殘缺，約缺 12 字	無	三道
71	6.4＋27.8	上端殘缺，約缺 6 字	無	三道
72	4＋23.2	中間殘缺，約缺 13 字	無	三道
73	41.3	完簡	無	三道
74	41.6	上端殘缺	無	三道
75	6.4＋14.1＋20.9	綴合後基本完整	無	三道

關於篇題，整理者根據簡 75 最後四字定篇題爲《越公其事》，王輝等學者已指出"越公其事"四字應屬正文吳王所言，非篇題，詳見《吳王請成章》第十一節注〔11〕。我們同意王輝之說，但考慮到目前文章徵引習慣，我們不另擬篇題。整理者將本篇分爲十一章可從，章尾有標志符號，或簡尾留白，或章間空白。我們在此基礎上以主要內容命名，分別爲：《越王行成章》（簡 1—8）、《吳王欲許成章》（簡 9—15）、《吳越許成章》（簡 15—25）、《越王安邦章》（簡 26—29）、《越王好農章》（簡 30—36）、《越王好信章》（簡 37—43）、《越王徵人章》（簡 44—49）、《越王好兵章》（簡 50—52）、《越王整民章》（簡 53—59）、《越師襲吳章》（簡 59—68）、《吳王請成章》（簡 69—75）。

關於簡序，陳劍認爲"原簡 35 應提前直接跟簡 33 連讀；原本即遙綴而成的簡 36，則應拆分爲兩段；由此正可將簡 18 插入簡 36 上與 34 之間，三段應本爲一簡之折，可以遙綴"可從。① 我們對簡 33—36 的集釋按照陳劍意見排序，簡文情況如下：

其見有列、有司及王左右，先詰王訓而將耕者，王必與之坐食。【簡33】凡王左右大臣，乃莫不耕，人有私畦。舉越庶民，乃夫婦皆耕，至于邊縣小大遠邇，亦夫【簡35】婦皆【耕】。【簡36上】……【吳】人還越百里【簡18】……叟（得）于越邦陵陸。陵稼，水則爲稻，乃無有閒艸【簡34】……越邦乃大多食。【簡36下】

---

① 陳劍《〈越公其事〉殘簡 18 的位置及相關的簡序調整問題》，復旦大學出土文獻與古文字研究中心網 http://www.gwz.fudan.edu.cn/Web/Show/3044，2017 年 5 月 14 日。

本篇主要講述吳越戰爭中，越王兵敗會稽，派遣大夫種前往吳師求和，吳王審時度勢，說服申胥答應越使求和，越王勾踐在國家休養三年之後，實施五政，使越國逐漸成爲國富兵強、刑法嚴明、民心一致、敬畏效死的國家，越王抓住時機，打敗吳國，拒絕吳王求和之請，最終滅吳之事。簡文內容與《國語》中《吳語》和《越語》密切相關，不同之處在於簡文記載獲勝的謙卑至極，二是簡文詳細記載了句踐復國過程中所實施的"五政"，即好農、好信、徵人、好兵、飭民。在語言上，簡文使用了大量雙音節詞語，描寫細緻，與《清華貳·繫年》的簡約精煉形成了鮮明對比。

全篇簡文墨迹清晰，書寫整飭，爲同一書手抄寫，共計 2227 字，每枚竹簡書寫 31～33 字，字形大部分爲典型戰國中期楚系文字，但存在部分字形與用字習慣與楚系文字不符，如"甲冑"一詞，《趙簡子》簡 8 寫作"虖䩡"爲典型楚系用字習慣，而本篇寫作"甲䩡"，此一例可蠡測兩篇底本來源不盡相同。本篇新見字形有"鎧""毆""蘗""𧥑""𩒹""𩔇""𦬊""𤫊""𩩲""此""䎽""緅""𧧔""𦆯"等。

《越王行成章》集釋（簡 1—8）

【章解】

本章主要講述越王勾踐兵敗會稽，派大夫文種赴吳師求和之事。求和之辭剛柔并濟，運用了較多的婉辭，如："不天""親辱於寡人之敝邑"等。竹簡共計 8 枚，其中簡 1、2 上端殘斷較爲嚴重，簡 3、4 簡首各殘缺三字，簡 7 簡尾殘缺，其餘諸簡經整理者綴合後基本完整。本章簡文符號使用情況：簡 1 "夫"、簡 4 "䏨"後有合文符，簡 3 "之殊"後有鈎識表示句讀，簡 8 "也"後有章結符，均書於上字右側下方。本章重點討論的疑難字詞有："赶""陞""陘""喔""武""礪""旬""糞""敦""巳""鼓""甲䩡""敦力""鋀鎗""齊𠭴"等。此外，本章簡要介紹了文種、勾踐兩位人物。

【摹本及隸文】

□□□□□□□□□□□□赶
□ □ □ □ □ □ □ □ □ □ □ □ 赶

《清華大學藏戰國竹簡（柒）》集釋

陞 於 會 旨 之 山 乃 史 夫=住 行 成 於 吳
市 日 募 【簡1】□□□□□□□□□□□
□□□□□□□□□□□不
天 上 帝 降 【簡2】□□□雩 邦 不 才 耈 遘
丁 孤 之 殢 虖 君 天 王 以 身 被 甲 冒 戟
力 鈠 鎗 走 弳 秉 槖 臀 喔 【簡3】□□□親
辱 於 募 人 之 裾=募 人 不 忍 君 之 武 礪
兵 甲 之 鬼 科 弃 宗 宙 赶 才 會 旨 募 人
【簡4】又 繡 甲 仐 又 旬 之 糧 君 女 爲 惠 交
天 埅 之 福 母 鑑 雩 邦 之 命 于 天 下 亦
兹 句 獲 矚 蘗 【簡5】於 雩 邦 孤 亓 銜 雩 庶
青 齊 郤 同 心 以 臣 事 吳 男 女 備 三 方

《越公其事》集釋

者侯亓或敢不賓于吳邦君【簡6】女曰
余亓必斀鹽雫邦之命于天下勿兹
句浅屬繠於雫邦巳君乃陣吳甲□
□□□【簡7】帯昬王親皷之以觀句浅
之以此夲人者死也【簡8】

【釋文】

　　□□□□□□□□□□□□□[1]赶（遷）[2]陞（登）[3]於會旨（稽）之山[4]，乃史（使）夫=（大夫）住（種）[5]行成[6]於吳帀（師），曰："募（寡）【簡1】【人】□□□□□□□□□□□□□□[7]不天[8]，上帝降【簡2】【禍灾於】[9]雫（越）邦[10]，不才（在）歬（前）逡（後）[11]，丁（當）孤之殜（世）[12]。虐（吾）君天王[13]，以身被甲冒（胄）[14]，敨（敦）力（勒）[15]鈠（鎩）鎗（鏓）[16]，袨（挾）弨秉棐（枹）[17]，晨（振）喔（鳴）[18]【簡3】【鐘鼓[19]，以】親辱於募（寡）人之壓=（敝邑）[20]。募（寡）人不忍君之武礪（厲）兵甲之鬼（威）[21]，科（播）弃宗畜（廟）[22]，赶才（在）會旨（稽）[23]，募（寡）人【簡4】又（有）繡（帶）甲夲（八千）[24]，又（有）旬之糧[25]。君女（如）爲惠，交（徼）天墅（地）之福[26]，母（毋）鹽（絕）雫（越）邦之命于天下，亦兹（使）[27]句浅（踐）屬（繼）繠（緒）【簡5】於雫（越）邦[28]，孤亓（其）銜（率）雫（越）庶眚（姓）[29]，齊卻（節）同心，以臣事吳，男女備（服）[30]。三（四）方者（諸）侯亓（其）或敢不賓于吳邦[31]？君【簡6】女（如）曰：'余亓（其）必斀（滅）鹽（絕）雫（越）邦之命于天下[32]，勿兹（使）句浅（踐）屬

161

（繼）鬶（緒）於雩（越）邦巳（已）〔33〕。君乃陣（陳）吳【甲兵】〔34〕，【建鉦鼓】【簡7】，帶（㠯）署（旌）〔35〕，王親鼓之〔36〕，以觀句戔（踐）之以此卆（八千）人者死也〔37〕。"【簡8】

【集釋】

1. □□□□□□□□□□□□□□□〔1〕赶（遷）〔2〕陞（登）〔3〕於會旨（稽）之山〔4〕

〔1〕□□□□□□□□□□□□□□□

整理者第一章注〔一〕：簡首殘缺，不計重文爲十五字。據《國語·吳語》擬補爲"吳王夫差起師伐越，越王句踐起師逆之"。

子居（2017D）：《國語·吳語》的下文是"大夫種乃獻謀"云云，與第一章內容不類，而且若按整理者所補，則原文對勾踐何以要退守會稽沒有交代。……第一章的內容當與《戰國策·韓策三》："昔者，吳與越戰，越人大敗，保於會稽之上。"相對比，而不能以《國語·吳語》首句爲例來補足。第一簡上端缺失的內容大致與"昔者，吳與越戰，越人大敗"類似，故或可補爲"昔者，吳王與越王勾踐戰，越王大敗而"十五字。

駱珍伊（2018）：單憑原考釋所補上的簡文文句來看，就變成越王起兵迎戰，卻先奔走到會稽山上，然後就派遣大夫種去向吳王談和。這麼看來，好像越王帶兵祇是爲了去談和，整個戰爭還沒開始就投降了。……另外，檢視此篇竹簡的全文，在行文中提到吳王時，都沒有寫出吳王的名字"夫差"而提到越王時則有寫出其名"句踐"者，如第二十六簡簡首曰："吳人襲越邦，越王句踐將……""越王"與其名"句踐"並稱，其餘處則或單稱"越王"，或單稱"句踐"。因此筆者以爲，殘簡處不能補上吳王的名字"夫差"，而是應該加上"而敗"或"既敗"，如此文意纔比較清楚。經過改動後，第一簡的敘述文句推測爲"吳王起師伐越＝（越，越）王句戔（踐）率兵與戰而敗，赴陞（登）於會旨（稽）之山"之類。

何家歡（2018）：《左傳·哀公元年》："吳王夫差敗越于夫椒。報檇李也。遂入越。越子以甲楯五千，保于會稽。使大夫種因吳太宰嚭以行成。"當據《左傳》擬補爲：吳王夫差敗越于夫椒遂入越＝王勾踐。

高佑仁（2019）：殘缺的開頭部分應是交代本文的時空背景，"吳王夫差""越王

"勾踐"二人之名依理應出現於其中，一般來說，首次出現的人名應作全稱，後則省稱。例如《曹沫之陣》簡1開頭稱"魯莊公"，後文則都稱"莊公"。還有一點必須説明的是，諸家均言應補十五字，事實上可能不衹此數。本簡由中編聯以上殘斷，比對它簡中編聯以上的文字，即可估算出缺文的數量。簡10中編聯以上總計16字，簡9中編聯以上則有17字，因此本簡的殘文肯定非衹15字，補16—17字纔是合理數值。

霖按：比對其他竹簡長度、字數，首簡應殘缺十五字，整理者所補內容與後文銜接不恰。"子居"和駱珍伊强調應補越王兵敗的叙述可信。今暫從駱説，補爲"吳王起師伐越₌（越，越）王句戔（踐）率兵與戰而敗"。

〔2〕赶（遷）

整理者第一章注〔二〕：赶，《説文》："舉尾走也。"① 此處義爲奔竄。又疑讀爲"遷"，《説文》："進也。"

黃傑："赶"或可讀爲"間（閒）"，意爲雜廁上古"干"聲的字常常與"間"聲的字相通，如《儀禮·聘禮》"皮馬相閒可也"，鄭注"古文閒作干"。《後漢書·西羌傳》："當春秋時，閒在中國，與諸夏盟會。"《廣韻·襉韻》："閒，廁也。""播棄宗廟（廟），赶（間）才（在）會旨（稽）"，是説播棄宗廟，雜廁在（流落到）會稽山。②

劉雲：簡1、簡4中的"赶"讀爲"竄"，訓爲隱匿。上古音"赶"是見母元部字，"竄"是清母元部字，兩者韻部相同，聲母可通，……《國語·越語上》"越王句踐棲於會稽之上"，可以與簡文"赶陞於會稽之山""赶在會稽"對讀，簡文中的"赶（竄）"對應該句中的"棲"。古書中有"棲"與"竄"連言的例子，如《後漢書·西羌傳》："餘勝兵者不過數百，亡逃棲竄，遠依發羌。"可見在古人眼裏"棲"與"竄"是意義相關的。這一個例子爲我們將與古書中"棲"對應的"赶"讀爲"竄"，提供了積極的證據。③

王寧：《戰國策·韓策三》云"保於會稽之上。"《史記·越王勾踐世家》云"越王乃以餘兵五千人保棲於會稽。"《越絶書·請糴内傳》作"保棲於會稽山上"。則"赶陞"

---

① 引者按："赶"有"追趕"義，産生較晚，簡文"赶"與《説文》"赶"爲同形字。
② 簡帛論壇《清華七〈越公其事〉初讀》75樓"暮四郎"説，2017年4月28日。
③ 簡帛論壇《清華七〈越公其事〉初讀》143樓"苦行僧"説，2017年5月5日。引者按："赶"應改爲群紐元部。

相當於"保棲","赶"可能讀爲"扞",又作"捍""干",古訓衛也、蔽也、禦也,與"保"義類同。①

林少平:《穆天子傳》:"天子遂驅升於弇山。"古文"驅"與"趕"皆當訓爲"急走"義。②

單育辰(2017):"赶"疑讀爲"遷","赶"從"干"聲,見紐元部,"遷"清紐元部,二字古音十分接近,簡4"遷在"與《水經注·濟水》引東漢碑"遷在沇州"辭例相近。

侯乃峰(2018B):"赶",懷疑當讀爲"蹇"。《説文》:"蹇,跛也。"段注:"易曰:'蹇,難也。'行難謂之蹇。"在簡文中,"蹇"意爲行走困難。

蕭旭(2017C):疑是"騜(駻)"異體。《説文》:"騜,馬突也。"《韓非子·五蠹》:"猶無轡策而御騜馬。"《淮南子·氾論篇》:"是猶無鏑銜橛策錣而御駻馬也。"高誘注:"駻馬,突馬也。"字亦作扞,《家語·致思》:"懍懍焉若持腐索之扞馬。"王肅注:"扞馬,突馬。"《淮南子·説林篇》《説苑·辨物》作"奔馬",《新序·雜事四》作"犇馬"。騜即奔突義,與"保"訓趨奔義合。

子居(2017D):赶,當訓爲逡巡,《管子·君臣》:"心道進退,而刑道滔赶。"尹知章注:"赶,謂逡巡曲也。"

霖按:單育辰之説可從,"赶"讀作"遷","赶"之聲符"干"屬見紐元部,"遷"屬清紐元部,二字韻部相同,聲紐關係密切,如:"僉"是清母字,"檢""劍"是見母字。③《説文·辵部》:"遷,登也。"馬王堆帛書《二三子問》:"龍形罷(遷)假,賓于帝,倪神聖之德也。"張政烺先生校注:"罷,《説文》:'升高也。'叚讀爲假,《説文》'至也'。亦作假,《淮南子·齊俗》'乘雲升假',注:'假,上也。'"④

〔3〕陞(登)

---

① 簡帛論壇《清華七〈越公其事〉初讀》159樓,2017年5月6日。
② 簡帛論壇《清華七〈越公其事〉初讀》162樓,2017年5月6日。
③ 關於精組字與見組字相通之例,參看陳劍《甲骨文舊釋"眢"和"蠿"的兩個字及金文"瓢"字新釋》,收入《甲骨金文考釋論集》,綫裝書局,2007年,頁223—225。
④ 張政烺《論易叢稿》,中華書局,2012年,頁161。關於"遷"在出土文獻中的相關用例,參看李守奎《出土文獻中"遷"字的使用習慣與何尊"遷宅"補説》,《出土文獻》(第4輯),2013年,頁121—129。

整理者第一章注〔二〕：陞，《廣韻》："登也，躋也。"《集韻》又作"阩"。本篇第四簡作"赶在會稽"。《國語·越語上》："越王勾踐棲於會稽之上。"

魏棟："陞"字從升得聲，止爲意符。從升的字有由下而上義，古書中"升""阩""陞"皆可訓爲登。例如《易·升》"升，元亨"，孔穎疏："升者，登也。"《集韻·蒸韻》："阩，登也。"《集韻·蒸韻》："陞，登也。"此處陞字若不破讀爲"登"，徑訓爲"登"，亦通。①

霖按："陞"，"陞"字异體，讀作"登"，文獻中訓作"升""登"常見。"陞"與前一字"遷"屬同義連用，本篇簡 22 "陟於會稽"可與"赶陞於會稽之山"類比。楚系文字中又常以"陞"表示｛徵｝，後文簡 44、簡 48、簡 50 中"徵人"一詞可證。②

〔4〕會旨（稽）之山

霖按："會旨"即"會稽"，春秋時期越國都城，今浙江省紹興市。文獻中又寫作"會夷""會計"，俞樾《越絕書札記·外傳記吳地傳第三》"吳古故從由拳辟塞，度會夷，奏山陰"條下釋"會夷"二字說："會夷即會稽之异文也。王充《論衡》力辨夏禹巡守會計之說，而未知古有會夷之名。"③

2. 乃史（使）夫=（大夫）住（種）〔5〕行成〔6〕於吳帀（師）

〔5〕夫=（大夫）住（種）

整理者第一章注〔三〕：大夫住即大夫種。住、種均爲舌音，韻部對轉，楚文字"主"聲與"重"聲多相通之例。

何有祖（2018）：簡文"大夫住"與《國語·越語上》"大夫種"相合，似表明本篇內容與《國語·越語上》是同一個系統，可能由中原文化背景的人所書寫或經手修改，《國語·吳語》保留"諸稽郢"，與越兵器銘文所見"者旨"氏相合，似保留較多越文化的因素。

---

① 清華大學出土文獻讀書會《清華七整理報告補正》。
② "陞""降"二字易混，參看張新俊《清華簡〈繫年〉"曾人乃降西戎"新探》，《中國語文》，2015 年第 5 期。
③ （清）俞樾《曲園雜纂·讀越絕書》，清同治曾國藩署刊本。

霖按：大夫種，文氏，名種，字禽（《史記·越世家》張守節正義引《吳越春秋》作"子禽"），楚之南郢人（今湖北江陵西北），楚平王時曾任楚之宛令（今河南南陽）。《漢書·藝文志》"兵權謀"載《大夫種二篇》，其"伐吳九術"保存於《越絶書·内經九術》《吳越春秋·勾踐陰謀外傳》等篇目中。① 簡文"大夫種"與《左傳·哀公元年》《國語·越語上》所載相同。《國語·吳語》記求和使者爲越大夫諸稽郢，慈利楚簡整理者懷疑編號甲 6 所記"謀越王勾踐乃命者"爲諸稽郢，與《國語·吳語》同。②

〔6〕行成

霖按：議和。《左傳·僖公二十八年》："鄭伯如楚致其師，爲楚師既敗而懼，使子人九行成于晉。"

3. 【人】□□□□□□□□□□□□□□□□□□□□□□□□□□〔7〕 不天〔8〕

〔7〕 □□□□□□□□□□□□□□□□□□□□□□□□□□

整理者第一章注〔四〕：僅存簡尾五字。所闕據《國語·越語上》及文義可補出"君句踐乏無所使，使其下臣種，不敢徹聲聞於王，私于下執事曰：孤"26 字。

霖按：比較類似字間距的簡文，原簡可能殘缺 27～28 字。《越公其事》與《國語》所載存在差異，故不能直接采用《越語上》中的材料加以補充，我們據簡 1 將首字補爲"人"，其餘殘缺處存疑待考。

〔8〕不天

整理者第一章注〔四〕：不天，《左傳·宣公十二年》："鄭伯肉袒牽羊以逆，曰：'孤不天，不能事君，使君懷怒，以及敝邑，孤之罪也。'"杜預注："不天，不爲天所佑。"

---

① 參看《吳越春秋》《吕氏春秋·當染篇》《史記索隱·吳世家》《太平寰宇記》。"伐吳九術"非文種一人之思想，而是越國君臣多人思想的匯總，以托文種之説。從《越公其事》中的"五政"到文種的"伐吳九術"可能是不斷累加不同來源的材料而成的。
② 慈利楚簡有關《吳語》的部分與《越公其事》爲不同體系的版本，主要表現在慈利楚簡記載有吳王北伐，與齊戰於艾陵、吳晉爭霸、伍子胥之尸被装入鴟夷之中投諸江等事，這些内容是《越公其事》未曾提及的。參看張春龍《慈利楚簡概述》，艾蘭、邢文編《新出簡帛研究》，文物出版社，2004 年，頁 4—11。張錚《湖南慈利出土楚簡内容辨析》，《求索》，2007 年第 6 期。夏德靠《論慈利楚簡的性質》，《凱里學院學報》，2011 年第 2 期。

石小力（2017E）：簡文"今吳邦不天"，《國語·吳語》對應文句作"今孤不道"，與"不天"相對的詞是"不道"。"不道"，即無道，胡作非爲之義。《國語·晉語八》："秦后子來奔，趙文子見之。問曰：'秦君道乎？'對曰：'不識。'文子曰：'公子辱於敝邑，必避不道也。'對曰：'有焉。'文子曰：'猶可以久乎？'對曰：'緘聞之，國無道而年穀龢熟，鮮不五稔。'"這是一段秦后子與趙文子的對話，很明顯，秦后子所說的"無道"即趙文子提到的"不道"。……據此可以確認今本"今孤不道"中的"不道"亦爲"無道"之意。與《吳語》"不道"相對應的簡文"不天"一詞，意思應與之相近，也是"無道"之意。天，古人以爲是萬物的主宰者，進而也是法則、道理的化身。《論語·八佾》："獲罪於天。"朱熹集注："天，即理也。"《逸周書·諡法》："逆天虐民曰抗。"朱右曾集訓校釋："天者，理也。""不天"也就是不合天理，與"不道"意思相同。

霖按：整理者之說可從。"不天"即"不爲天所護佑"，作爲婉辭常見，多用於稱自己或本國，而文獻中"不道"多用於形容別國。如《左傳·襄公二十三年》："盈曰：'雖然，因子而死，吾無悔矣。我實不天，子無咎焉。'"

4. 上帝降【禍灾於】[9] 雩（越）邦[10]，不才（在）寿（前）逡（後）[11]，丁（當）孤之礫（世）[12]

〔9〕【禍灾於】

整理者第一章注〔五〕：簡首可補"禍於"二字。《國語·吳語》："天既降禍於吳國。"

吳德貞（2018）：簡74有"吳王乃辭曰：天加禍于吳邦，不在前後，當役孤身……"句式文意與此處非常相似，整理者又以《國語·吳語》文例爲證，則補"禍於"二字文義通順。但從竹簡形制上看，簡3簡4殘損位置相當，簡3的殘字"雩"與簡4的殘字"親"處於同一水平位置，但整理者在簡4殘損處補三字。簡2與簡3簡文相連屬，不太可能出現第三簡簡首留白的情况。而且將簡3與簡5簡6放同一水平位置相比較，殘損處大致可補三字。《韓非子·解老》："夫内有死夭之難，而外無成功之名者，大禍也。"《戰國策·韓策三》："今韓不察，因欲與秦，必爲山東大禍矣。""大禍"在傳世文獻中出現多次。因此，綜合簡文文義和竹簡形制，我們認爲補"大禍於"較爲合適。①

高佑仁（2019）：古籍中常見的"降喪"，例如《尚書・酒誥》云："天降喪于殷"，"降喪"在金文中又可作"降大喪"（參禹鼎，《集成》02833/《集成》02834，文例爲"天降大喪于下國"），所以補"降大禍"也有可能。祇是"降喪"能否與"降禍"類比，這是一個問題，而且秦漢以前文獻似無"降大禍"的用法。古籍裏"（天/帝）降△"的用法，除了"降禍"外，最常見的是"降灾"，參見《列女傳》《韓詩外傳》《白虎通德論》《尚書・伊訓》《漢書・元帝紀》《左傳・僖公十五年》等文獻，此外也有混合"灾"與"禍"而成"降灾禍"者，如《國語》"今天降禍灾于周室，余一人僅亦守府"。此外"降"字後以兩個字爲動詞補語者，還有"降喪亂"，見《詩經・大雅・雲漢》《春秋繁露》《韓詩外傳》等文獻。……可能是"降灾禍"或"降喪亂"。

霖按：高佑仁所論可從，比較本篇完簡形制，簡首殘缺處可補 3—4 字。簡首可補爲"禍灾於"，"禍灾"一詞常見，如《國語・周語中》："今天降禍灾於周室"，《馬王堆肆・經法・名理》行 75："禍灾廢立，如影之隨形。""灾"或作"栽"，《周禮・秋官・掌客》"禍栽殺禮"，鄭玄注："新有兵寇水火也。"

〔10〕雩邦

霖按：三晉文字多以"雩"表示越國之｛越｝。楚系文字多用"邻"表示國名、地名和姓氏｛越｝。②

〔11〕不才（在）耑（前）後（後）

整理者第一章注〔六〕：不在前後，大意是不在前不在後。

霖按：婉辭。類似語句亦見於《國語・吳語》《吳越春秋・勾踐伐吳外傳》，《漢書・谷永杜鄴傳》："不在前後，臨事而發者，明陛下謙遜無專"。

〔12〕丁（當）孤之殜（世）

整理者第一章注〔六〕：第 74 簡作"丁役孤身"。《國語・吳語》："天既降禍於吳國，不在前後，當孤之身。"丁，當，義爲值，遭逢。《詩・雲漢》"耗斁下土，寧丁我躬"，高亨注："丁，當，遭逢。""當……世"，《易・繫辭下》："《易》之興也，其當殷之

---

① 石小力（2017E）釋文亦補作"大禍於"。
② 周波《戰國時代各系文字間的用字差異現象研究》，綫裝書局，2012 年，頁 51。

末世,周之盛德邪?當文王與紂之事邪?"《吳越春秋》作"正孤之身"。"正"從丁聲,讀音極近,同辭假借。

霖按:整理者之説可從。"丁"訓爲"當"常見:《楚辭·九嘆·惜賢》"丁時逢殃",王逸注:"丁,當也。""世",楚系文字中多以"殜"表示{世},或從死寫作"![]",或從人寫作"![]",[①]《孟子·公孫丑章句下》:"如欲平治天下,當今之世,舍我其誰也?"

5. 虐(吾)君天王[13],以身被甲冑(冑)[14],敦(敦)力(勒)[15]鈠(鏌)鎗(鑲)[16]

〔13〕天王

整理者第一章注〔七〕:天王,猶大王。《國語·吳語》:"昔者越國見禍,得罪於天王",俞樾曰:"天王,猶大王也。"天王本爲天子之稱。《春秋·隱公元年》:"秋七月,天王使宰咺來歸惠公、仲子之賵。"(清)顧炎武《日知録·天王》:"《尚書》之文,但稱王,《春秋》則曰天王,以當時楚吳徐越皆僭稱王,故加天以别之也。"此則又僭尊夫差爲天王。

〔14〕以身被甲冑

整理者第一章注〔八〕:冑,從冃,由聲,即"冑"字。

蘇建洲(2018):簡3"冑"作"![]",字形可以參照簡20作"![]",整理者隸定作"冑"。字形與一般楚文字作《説文》或體"鞏"者,如、、、不同,偏旁位置也不一樣。簡文的字形當承商周文字而來。如《合集》4078![],陳劍指出應分析爲"![]"(由)與"![]"(冃)兩部分。師同鼎的"冑"字作"![]",……"![]"與"![]"未倒書之前的"![]"相合,可以視爲一種文字存古的現象。三晉系"冑"寫作、,在"冃"之下尚有"目""人",與"![]"稍有不同。

---

① "傑"見於《上博二·容成》簡42,疑受簡40"桀"字影響訛寫。

章水根（2018）：古文字中"冒"或作" [圖] "（《銘圖》02496，九年衛鼎）、" [圖] "（《清華陸·子產》22）。"冑"以及"冒"所從"冃"的最後一筆皆與兩側的弧筆相接，使其上部成爲一個封閉空間。但簡文"冑"上部所從的最後一筆明顯與左側筆畫不相接，其上部并未形成一個封閉空間。我們認爲簡文"冑"上部所從實爲"今"，《越公其事》中即有"今"，或作" [圖] "（簡70）、" [圖] "（簡71）。"今"與簡文"冑"上部所從除了有無飾筆之別外，其他並無大異。"今"字形中的飾筆乃是爲了填充其左下部的空間以保持左右平衡及美觀，在作偏旁時則又常常被省去，如同篇所見"舍"或作："[圖]"（簡32）、"[圖]"（簡33）。"舍"上部所從之"今"就沒有添加飾筆，與簡文"冑"所從同出一轍。目前對於"冑"的構形，學界尚有爭議，但至少到師同鼎所在的西周晚期，它已是一個從"冃""由"聲的字了。"由"喻母幽部，"冑"定母幽部，"今"見母侵部，三字音近，甲骨文"由"可讀爲"堪"，而金文中"堪"即借從"今"聲之"龕"爲之，亦可證。如此，簡文"冑"可隸作"𠆢"，當是一個從"今"從"由"的雙聲字。而" [圖] "與"𠆢"的關係應是"𠆢"由" [圖] "變形音化而來，將其上部"冃"改寫成可作聲符的"今"。

霖按："甲"字寫法與曾侯乙墓竹簡相似，這可能與底本有關。"冑"，從今、由雙聲，章水根分析可從。甲冑，代指戰爭。《儀禮·既夕禮》"甲冑干笮"，鄭玄注："甲，鎧也。冑，兜鍪也。"慈利楚簡有關《吳語》部分簡53～10"忍被甲帶劍挺鈹晉"與此句相似。

〔15〕戟（敦）力（勒）

整理者第一章注〔九〕：敦力，致力。……第二章有"敦刃"，第三章有"敦齊兵刃"。

王凱博："敦力"之"力"似當讀作"飭"，亦治也，"力"聲字用作"飭"。[①]

蕭旭（2017C）：《爾雅》："敦，勉也。""敦力"即"勉力"，與後文二"敦"字不同。"力"亦勉力義，與"敦"同義連文。

---

① 簡帛論壇《清華七〈越公其事〉初讀》60樓"zzusdy"說，2017年4月27日。

陳治軍（2018）：《爾雅·釋詁》："敦，勉也。"《疏》："敦者，厚相勉也。"《漢書·揚雄傳》："敦衆神使式道兮。"師古曰："敦，勉也。"這裏"戙"字從戈，有行動意義。"力"原有"勤"意。《書·盤庚》："若農服田力穡，乃亦有秋。"這裏引申作"苦戰"意。《後漢書·銚期傳》："身被三創，而戰方力。"《注》："力，苦戰也。"

霖按："戙"，從戈臺聲，治理義。《詩經·魯頌·閟宮》："敦商之旅"，鄭玄箋："敦，治也。"《諸子平議·莊子三》"今日試使士敦劍"，俞樾按："敦劍，猶治劍也。""力"，讀作"勒"，整飭、部署之意。《史記·孫子吳起列傳》："子之十三篇，吾盡觀之矣，可以小試勒兵乎？"《墨子·非樂上》："將將銘莧磬以力"，孫詒讓閒詁引王紹蘭云："力，即勒字。"《馬王堆叁·春秋》行 94："又勒（力）成吾君之過。""戙勒"屬同義連用。

〔16〕鈠（鏌）鎗（鑲）

整理者第一章注〔九〕：鈠，某種兵器，或疑"殳"字之訛，即"殳"字異體。《說文》："殳，以杸殊人也。《禮》：'殳以積竹，八觚，長丈二尺，建於兵車，車旅賁以先驅。'"或與鋒刃有關。

蘇建洲（2018）：此字右旁即"没"的偏旁。可比對：⿱曹沫09、⿱三德03、⿱三德17、⿱鬼神02B、⿱鬼神03、⿱子儀20。此字更可能應讀爲"鈽"。益陽楚墓有件兵器戈，銘文當釋爲："子者造諸（鈽）"……"没"是明紐物部一等合口，"弗"是幫紐物部三等合口，"李"是並紐物部一等合口，彼此聲韻關係極近。

王寧：先秦軍隊裏裝備的常規兵器裏沒有"槍"這種名目，漢代以後所謂的"槍"其實也就是先秦說的矛，而先秦好像沒有稱"槍"的。整理者注引《墨子·備城門》裏的"槍"是一種防守用具，《說文》："槍，歫也。從木倉聲。一曰槍攘也。"這種東西是將長木棒兩端削尖，一端杵在地上，一端翹起向前，用以槍拒衝鋒的敵人，并非是軍隊用來戰鬥的武器。……可能這裏的"鎗"是讀爲斧斯的"斯"，《詩經·破斧》裏說周公東征使用的兵器裏有斧有斯，應該是一種常規戰鬥武器。[①]

江秋貞（2019）："鈠"，從金叕聲。……"鈠"字是"鏌鋣"的合音；"鎗"字是

---

① 簡帛論壇《清華七〈越公其事〉初讀》183 樓，2017 年 5 月 21 日。

"干將"的合音，即傳世典籍的"莫邪""干將"。"鏌鋣""干將"是具有古越語特色的詞彙，而"釳鎗"是漢字連讀記音的書寫，簡文寫到此處"虘（吾）君天王，以身被甲冑（胄），敦力釳鎗，挾弳秉枹"，都是四字一句，因此"鏌鋣"合音寫成"釳"、"干將"合音寫成"鎗"，也自有其文章句法的必要。當然"釳鎗"也有可能不必指實，祇是稱代"最精銳的武器"，吳王"敦力釳鎗"的意思可能是"吳王拿着最精銳的武器"。

霖按：江秋貞之説可從。"釳"，從金叉聲，右側偏旁與"殳"有別，讀作"鏌"，劍名。"鎗"，疑讀作"鐮"。①"鎗"清紐陽部，"鐮"心紐陽部，聲紐均爲齒音，韻部相同可通。《急就篇》卷三"矛鋋鐮盾刃刀鈎"，顔師古注："鐮者，亦刀劍之類，其刃却偃而外利，所以推鐮而害人也。"或可理解爲鈎鐮，從出土的漢代實物看，"鈎鐮"兩側帶鈎可以裝卸，既可充當防具，也可以作爲作戰武器，且其多與刀、劍一起使用。

6. 挟（挾）弳秉櫜（枹）[17]，晨（振）噰（鳴）【鐘鼓，以】[19] 親辱於募（寡）人之敝=（敝邑）[20]。

〔17〕挟（挾）弳秉櫜（枹）

整理者第一章注〔一〇〕：挟弳秉櫜，《國語·吳語》作"挾經秉枹"，韋昭注："在掖曰狹。"挟，從母葉部；挾，匣母葉部，讀音相近。弳，見於馬王堆漢墓遣册，當是弓箭類兵器。"弳"字亦見於齊國陶文，作人名，與字書中弧度義之"弳"不是一字。《國語·吳語》作"經"。俞樾曰："世無臨陣而讀兵書者，'經'當讀爲'莖'，謂劍莖也。《考工記·桃氏》曰：'以其臘廣爲之莖圍。'注曰：'鄭司農云："莖謂劍夾，人所握鐔以上也。"玄謂：莖，在夾中者。莖長五寸。'此云挾莖，正謂此矣。作'經'者，假字耳。"櫜，讀爲"枹"，鼓槌。《楚辭·九歌·國殤》："霾兩輪兮縶四馬，援玉枹兮擊鳴鼓。"秉枹，秉持鼓槌。《國語·吳語》："王乃秉枹。"

李守奎（2018）：其中的"秉櫜"讀爲秉枹或秉桴，古之成語，音義俱通，……"挾弳"與文獻中的"挾矢"相當。《國語》中的"經"即使讀爲"莖"，也是指箭矢之莖，而不是劍之莖。"挾弳秉桴"是形容勇於戰鬥，"挾"祇能訓爲持，與秉爲同義詞。

---

① "槍"成爲代替矛之武器時代較晚，在秦漢文獻中或訓爲"椿"，指一種農具。《國語·齊語》："時雨既至，挾其槍、刈、耨、鎛，以旦暮從事於田野。"韋昭注："在掖曰挾。槍，椿也。刈，鐮也。耨，鎡錤也。鎛，鉏也。"

儘管釋"聿"讀爲"挾"形、音、義都有了著落,解釋也不是唯一的。比如讀爲"插",因爲要援枹擊鼓,所以就把弓箭插入箙或韔中。從文字構形上來說,手持雙矢是挾,手持倒矢是插的可能性也不是不存在。

羅小華(2018):"挾",我們認爲,不需要釋爲"聿",讀爲"挾",可徑釋爲"挾"。……關於這四個字的解釋,存在以下幾種可能:

一、如果撇開《國語·吳語》的記載,僅從清華簡的上下文來看,"挾剄"屬上讀,而"秉櫜"屬下讀,也是可以講得通的:"虔(吾)君天王,以身被甲冑(胄),敤(敦)力釴、鎗(槍)、挾、剄,秉櫜(枹)膚(振)噩"……"剄"在馬王堆遣策簡中爲"弓箭類兵器"。這樣看來,"挾"也應該是某種兵器,可讀爲"鋏"。《玉篇·金部》《集韻·帖韻》:"鋏,劍也。"下句的"秉櫜(枹)",正可與"膚(振)鳴"相對應。

二、如果結合《國語·吳語》的記載來看,清華簡簡文仍從整理者的句讀,又可以有兩種理解方式:1. 即清人俞樾的解釋,詳見整理者的注釋。2. 將"櫜"理解爲兵器,也是可以的。"櫜",我們懷疑讀"弣"。《玉篇·刀部》:"刓,刀握也。或爲弣。"《儀禮·大射》"挾乘矢於弓外,見鏃於弣",鄭玄注:"弣,弓杷也。"……既然"櫜"可讀爲"弣",指"弓把",那麼,"剄"讀爲"莖",却不必視爲"劍莖",可以理解爲"箭莖",即箭幹,也是可以的。文獻中雖然沒有將"莖"訓釋爲"箭莖"的例子,却有將"笴"訓釋爲"箭莖"的例子。《儀禮·鄉射禮》"堂前三笴",鄭玄注:"笴,矢幹也。"《廣韻·哿韻》:"笴,箭莖也。"

三、如果撇開清華簡,僅從《國語·吳語》的記載來看,這段文字中,兩處"秉枹"之前都有"提鼓",一處"秉枹"之後有"鳴鐘鼓、丁寧、錞于",從文意上看都是很通順的。如果將"建旌提鼓""載常建鼓"與"挾經秉枹"的對應性考慮進來,即"枹"與"鼓"對應,則"經"當與"旌""常"對應,可解釋爲"旗竿"。《文選·左思〈魏都賦〉》"旌旗躍莖",劉良注:"莖,旗竿也。"曾侯乙墓簡9、72記有"翠頸",簡89記有"貂定之頸",整理者懷疑讀爲"莖",指"旗竿"。……

清華簡《越公其事》中的"挾莖",等同於傳世文獻中常見的"挾矢",《儀禮·饗射禮》:"凡挾矢,於二指之間橫之。"鄭玄注:"二指,謂左右手之第二指,此以食指、將指挾之。"……清華簡中的"挾剄秉櫜",意思是一手手指夾着箭幹,一手抓着弓弣。

石小力（2017E）：今本"挾經"二見，韋昭注："經，兵書也。"……今本"經"與"枹"相對，枹指鼓槌，俞樾讀"經"爲劍莖之"莖"，鼓槌和劍莖皆爲戰場上常用之物，故俞說較之韋說，已合理很多。但俞說并未獲得廣泛認可。《越公其事》進一步證明了俞樾之說的合理性，雖然簡本"弳"字所表示的具體兵器還有待進一步考證，如羅小華認爲今本的"經"字除了可以讀作劍莖之"莖"外，根據"挾經秉枹"與"建旌提鼓""載常建鼓"對應，認爲"經"當與"旌""常"對應，可解釋爲"旗竿"。《文選·左思〈魏都賦〉》"旌旗躍莖"，劉良注："莖，旗竿也。"故今本的"經"雖然表示的具體器物還有待進一步研究，但與簡本"弳"字皆表示某一兵器則是肯定的，韋昭訓爲"兵書"明顯是錯誤的。

駱珍伊（2018）："弳"也應該是某一種類的弓，也許即古書所謂"強""彊"一類的硬弓，……傳世文獻中也有"挾弓""挾槍"的記載，如《楚辭·國殤》："帶長劍兮挾秦弓，首身離兮心不懲。"《越絕書》："子胥挾弓，身干闔廬。"《漢書》："民不得挾弓弩。"《後漢書》："婦女猶戴戟操矛，挾弓負矢。"《國語·齊語》"時雨既至，挾其槍、刈、耨、鎛，以旦暮從事於田野。"可見"挾"也可以是指"挾弓""挾槍"。因此，簡文所說的"夹（挾）弳"，可以指挾持弳弓。至於"挾弓"的動作，也不必限於"挾矢"的"以兩手之食指和中指同時夾而持之"，應該即如今本《國語·吳語》韋昭所注："在掖曰挾"，或釋爲"持弓"即可。……"弳"字指彊弓，因此字形從"巠"，除了作爲聲符，應該也含有"勁"的意義，傳世文獻中"勁"多用以形容"弓"，如《戰國策·韓策》"強弓勁弩"；《荀子·哀公》"弓調而後求勁焉，馬服而後求良焉"……唯有少數用於形容"矢"，如《韓非子·十過》"其堅雖菌簵之勁弗能過也"；《史記·司馬相如列傳》"左烏嘷之雕弓，右夏服之勁箭"這兩個例子。至於《漢書·爰盎晁錯傳》"勁弓利矢"《蔡中郎集·黄鉞銘》"弓勁矢利"《前漢紀·孝文皇帝紀下》"勁弩利矢"，則分別以"勁"形容弓，以"利"形容矢。……李守奎認爲《越公其事》的"弳"字與字書中弧度義之"弳"字不是一字。但是"弳"字後世解釋作"弧度"，或許是從本義"彊弓"的"弓"義引申出來的。射手在張弓的時候，弓體與弓弦會呈現一個弧度，與"弳"字解爲的"一弧度"字義相近。

霖按：駱珍伊分析可從。"疌"即"挾矢"之"挾"表意初文。①"疌（挾）弳""秉橐（枹）"皆爲動賓結構，"弳"即一種硬弓，駱珍伊已結合馬王堆槨箱隨葬器物加以分析，其説可從，"挾弳"即持硬弓。"橐"通"枹"，《上博三·周易·姤》簡40："九二，橐（包）有魚，無咎，不利賓。"帛書本作"枹"，"秉枹"即執握鼓槌。"挾弳秉枹"比喻作戰，今本《國語·吴語》三處皆作"挾經秉枹"，"經"應是後世訛寫。

〔18〕晨（振）喔（鳴）

整理者第一章注〔一一〕：晨，即"晨"字，讀爲"振"。《國語·吴語》："王乃秉枹，親就鳴鐘鼓、丁寧、錞于，振鐸。"

蘇建洲（2017）：簡文中的"鳴"寫作"![]"（簡3），"![]"（簡65），"鳥"旁寫作從"爪"從"隹"，與簡12"雞"作"![]"，以及同一書手的《清華陸·鄭文公甲》簡2"雞"作"![]"、《清華陸·子儀》簡8"鳥"作"![]"等等常見的"鳥"形不同。一種可能是鳴字"鳥"旁寫錯了，另一種可能鳴字右旁所從實爲"烏"，源自"![]"一類寫法，是將"鳥"誤寫爲"烏"，或是以"烏"來表示鳴叫的意符，《太平廣記·禽鳥三·梁祖》："見飛烏止於峻堞之間而噪，其聲甚厲。副使李璠曰：'是烏烏也，將不利乎！'"可以參考。

霖按：整理者之說可從。"晨"讀爲"振"，如《清華伍·三壽》："晨（振）若除匿，冒神之福，同民之力，時名曰德。"《張家山漢簡·脉書》："膝外廉痛，晨（振）寒，足中指痹。""鳴"字右側偏旁從"爫"從"隹"，類似字形見於春秋晚期王孫遺者鍾"![]"（《集成》261）。楚系文字中在文字上方加羨符"爫"，又如"家"寫作"豢"，"卒"寫作"䘚"等。

〔19〕【鐘鼓】

整理者第一章注〔一一〕：同篇又有"君王以親辱於弊邑"句，第四簡首所闕三字據以補爲"鐘鼓，以"。

吴德貞（2018）：古書中"振"多與"鐸"連用，"擊"多與"鐘"連用，如《列

---

① 陳劍《釋"疌"及相關諸字》，《出土文獻與古文字研究》（第5輯），上海古籍出版社，2013年，頁258—279。

子·鶡子》:"教寡人以道者擊鼓,教寡人以義者擊鐘,教寡人以事者振鐸……"中山王鼎有"奮桴振鐸"。《周禮·夏官司馬》:"鼓人皆三鼓,司馬振鐸,群吏作旗……"簡文既云"振",則補相對應的缺文爲"鐸"更符合文義。

霖按:整理者之説可從。簡首殘缺3字,春秋征戰鳴擊鐘鼓,《周禮·夏官·大司馬》:"有鐘鼓曰伐,則伐者,兵入其境,鳴鐘鼓以往,所以聲其罪。"

〔20〕【以】親辱於募(寡)人之桓=(敝邑)

霖按:"親辱於寡人之敝邑"屬婉辭,"桓"合文,言親自率領軍隊入侵我國,"外國入侵,本來是切齒之恨,却説得彬彬有禮"。①《左傳·襄公二十八年》:"宋之盟,君實親辱,今吾子來。"《國語·吳語》:"君王以親辱於弊邑,孤敢請成。"

7. 募(寡)人不忍君之武礪(厲)兵甲之鬼(威)〔21〕,科(播)弃宗宙(廟)〔22〕,赶(遷)才(在)會旨(稽)〔23〕,

〔21〕募(寡)人不忍君之武礪(厲)兵甲之鬼(威)

整理者第一章注〔一二〕:不忍,不忍心。《孟子·離婁下》:"我不忍以夫子之道,反害夫子。"武,兵威。《詩·常武》:"王奮厥武,如震如怒。"礪,讀爲"厲",勸勉、振奮。《國語·吳語》:"請王厲士,以奮其朋勢。"兵甲,兵器鎧甲,指軍隊。《左傳·哀公十五年》:"公孫宿以其兵甲入於嬴。"鬼,讀爲"威"。

黃傑:"不忍"應當是無法承受之義,"武礪"應當與"兵甲之鬼(威)"意思相近。我們認爲,"礪"似當讀爲"厲",與"威"義近。先秦文獻中有"厲""威"同時出現的例子,如《楚辭·天問》"何壯武厲,能流厥嚴",《荀子·宥坐》"是以威厲而不試,刑錯而不用"。"寡人不忍君之武礪(厲)、兵甲之鬼(威)"的大意是"我不能承受您的武略之厲、兵甲之威",所以會有後文"播弃宗廟(廟),赶(間)才(在)會旨(稽)"的結果。②

侯乃峰:我們懷疑"武"當訓"迹",指足迹、脚印,簡文中代指脚步、腿脚。《詩·大雅·生民》"履帝武敏歆",毛傳曰:"武,迹也。"即足迹。《禮記·曲禮上》:

---

① 毛遠明《左傳詞彙研究》第八章,西南師範大學出版社,1999年,頁466。
② 簡帛論壇《清華七〈越公其事〉初讀》76樓"暮四郎"説,2017年4月28日。

"堂上接武，堂下布武。"鄭玄注："布武，謂每移足各自成迹，不相躡。"又《國語·吳語》"天王親趨玉趾"句，似可與此對讀。"礪"似當讀爲"厲"。《玉篇》："厲，虐也。"《論語·子張》："子夏曰：'君子信而後勞其民；未信，則以爲厲己也。'"《孟子·滕文公上》："今也滕有倉廩府庫，則是厲民而以自養也。"其中"厲"字皆含有"虐"義。簡文"寡人不忍君之武礪（厲）兵甲之威"或當是説，寡人不忍心讓君王您的脚步受虐於兵甲的威力，故如何如何。這句話作爲外交辭令，也就是説，下文的"播弃宗廟，趕在會稽"云云，是越王勾踐不忍心讓吴王親自涉足戰場纔導致的局面。①

蕭旭（2017C）："武"是楚語，楚人謂士曰武，簡文指吴軍。礪，讀爲勱，俗作厲、勵，勸勉也、奮勵也。《説文》："勱，勉力也。"《廣雅》："勵，勸也。"《文選·馬汧督誄》："稜威可厲，懦夫克壯。"張銑注："厲，勸。"

程悦（2018）：《越公其事》中有兩處被釋爲"鬼"的字：一處即簡 4 此句，字形作"畏"，另一處在簡 58 "犹（荒）鬼（畏）句戈（踐）"字形作"畏"，整理者讀作"畏"，解釋爲畏懼。其實這兩個字都可以直接釋爲"畏"。這兩個字下部"人"字右邊筆畫先平後折，彎折突兀且明顯，豎筆中間部分都有很明顯的一道横筆穿過。這種書寫上的特點一般認爲是不别義的異寫。不過，在清華簡各篇中，"鬼"下的"人"字右邊若有横筆，一般表示畏或者威。……"播弃宗廟，趕在會稽"的主體祇能是人，而不能是兵威或軍威。所以，"君之武礪（勵）兵甲之畏"中應當存在一個詞語指稱作爲主體的人。這裏的"武"或應當訓釋爲"士"。稱"士"爲"武"是江淮之間用語，主要見於《淮南子》，其他漢代文獻中亦有蹤迹。《淮南子·覽冥》："勇武一人，爲三軍雄。"高誘注："武，士也。江淮間謂士曰武。"……把"君之武"解釋爲"您的勇士"而非"您的兵威"，是己方以向對方士卒進行陳説的方式，間接向對方君主表達意義，是一種謙卑的辭令，更符合當時求和狀況下外交場合的要求。"礪"應當讀其本字，表示磨礪，而"兵甲"則泛指武器裝備。"厲兵"是上古文獻常見的搭配，《左傳·僖公三十三年》："鄭穆公使視客館，則束載、厲兵、秣馬矣。"……《越絶書·内經九術》："王曰：'何謂九術？'對曰：'……九曰堅厲甲兵，以承其弊。'""堅厲甲兵"和"厲甲兵、砥礪甲兵"都是指繕治、磨礪裝備以准備戰争。這也應當就是《越公其事》"礪兵甲"的意義。依此

---

① 簡帛論壇《清華七〈越公其事〉初讀》129 樓"漢天山"説，2017 年 5 月 1 日。

解,"君之武礪(勵)兵甲之畏(威)"指吳王的勇士繕治武器裝備而形成的威懾。……此句可以標爲:"募(寡)人不忍君之武——礪(勵)兵甲之畏(威),科(播)弃宗宙(廟),赶才(在)會旨(稽)。"

石小力(2017B):"不忍"當訓爲不能忍受。《史記·廉頗藺相如列傳》:"相如素賤人,吾羞,不忍爲之下。""武"當訓爲"勇猛","礪"讀爲"勵"或"厲"皆可,訓爲"激勵、振奮",《管子·七法》:"兵弱而士不厲,則戰不勝而守不固。"《三國志·諸葛亮傳》:"親秉旄鉞,以厲三軍。""武厲"一詞見於《楚辭·天問》:"何壯武厲,能流厥嚴。""武厲兵甲之威"即指前文"吾君天王,以身被甲胄,敦力鉊槍,挾弳秉枹,振鳴【鐘鼓】"。這句話的大意是,寡人不能忍受您(夫差)勇猛的振奮兵甲之威。[①]

霖按:我們認爲"武"字後面不用點斷,"寡人不忍君之武"後接三個并列的賓語,即"厲兵甲之鬼(威)""播弃宗廟""赶(遷)在會稽"。

"不忍"從整理者之説,不忍心之義。春秋時期戰敗投降禮過程中,戰敗國的求和辭令大多表達懇請之情。[②]"不忍心"比"不能忍受"更爲貼近語境,"不能忍受"含有強硬語氣,大夫種的求和辭令柔中有剛,其強硬的地方體現於簡4—5"寡人有帶甲八千,有旬之糧"及簡6—7"君如曰"之後,"不忍"在簡文中所處的位置爲求和辭令柔的一面。"武"訓爲"士"。王念孫《讀書雜志·淮南內篇》"戰武士必其死"條下引陳昌齊云:"陳氏觀樓曰:'戰武士必其死','士'字、'其'字皆後人所加。《淮南》一書皆謂'士'爲'武'。戰武即戰士也。故《御覽》引作'戰士畢死。''畢''必'古字通。"[③]"礪"通"厲",有虐害之義。《論語·子張》:"未信,則以爲厲己也。"何晏集解引王肅曰:"厲,猶病也。"《孟子·滕文公上》:"滕有倉廩府庫,則是厲民而以自養也。"趙岐注:"厲病其民,以自奉養。""兵甲"指代戰爭。《戰國策·秦策一》:"明言章理,兵甲愈起。"《史記·越王勾踐世家》:"蠡對曰:'兵甲之事,種不如蠡。'""鬼"通"威"可從。"鬼""威"相通文獻常見,如《清華伍·厚父》簡3:"知天之鬼(威)哉。"《詩

---

① 觀點首見於簡帛論壇《清華七〈越公其事〉初讀》132樓"末之"説,2017年5月1日。
② 景紅艷《〈春秋左傳〉所見周代重大禮制問題研究》,中國社會科學出版社,2015年,頁30—46。
③ 王念孫《讀書雜志》,上海古籍出版社,2015年7月,頁2398—2399。

經·小雅·常棣》:"死喪之威,兄弟孔懷。"毛傳:"威,畏也。"①"兵甲之威"意思是戰爭之可畏,比喻戰爭嚴酷。

〔22〕科(播)弃宗宙(廟)

整理者第一章注〔一三〕:科,從斗,采聲,讀爲"播"。播弃,弃置。《國語·吳語》:"今王播弃黎老,而孩童焉比謀。"

霖按:整理者之説可從。"☒"字字形又見於《清華壹·尹至》簡5,鄔可晶②、羅小華③等學者將此字釋爲"料",但"料"多寫作左"米"右"斗",與"從斗,米在其中"之形不一致。④ 此字與"番"字古文(即"釆"字)相似,讀爲"播"。《説文·釆部》:"番,獸足謂之番。……☒,古文番。"段玉裁注:"按《九歌》'巫芳淑兮成堂。'補注:'巫,古播字。'""播弃"文獻習見,弃置、捨弃之義。《淮南子·俶真訓》:"今夫冶工之鑄器,金踴躍于鑪中,必有波溢而播弃者。"楚系文字中類似字形有"☒"(《上博一·緇衣》簡15)、"☒"(《郭店·緇衣》簡29)等。

"宗廟"本指古代帝王、諸侯祭祀祖宗的廟宇,引申爲朝廷和國家政權的代稱。"播弃宗廟"的主語是"君之武"。

〔23〕赶(遷)才(在)會旨(稽)

霖按:詳見本章注〔2〕"赶(遷)",以上三句意思是:"我不忍心吴王您的士兵受到嚴酷戰爭的虐害,離開吴國,登入會稽山。"

8. 募(寡)人又(有)繡(帶)甲伞(八千)〔24〕,又(有)旬之糧〔25〕。

―――――

① "威""畏"義近,《左傳·襄公三十一年》:"有威而可畏謂之威。"《釋名·釋言語》:"威,畏也。可畏懼也。"簡文"厲兵甲之威"與文獻中常見的"畏天之威"結構類似,不同的是,前者"厲"爲被動義,後者"畏"爲主動義。
② 復旦大學出土文獻與古文字研究中心網站論壇討論帖《清華簡〈尹至〉中讀爲"播"的字》,2011年5月11日。
③ 羅小華《説科》,《簡帛研究·二〇一七春夏卷》,廣西師範大學出版社,2017年,頁8—14。
④ 《清華叁·芮良夫》簡20有一字作"☒",與"料""播"等字形相近,却有差別,整理者釋爲"料",白於藍認爲此字從力米聲,讀作"敉",安撫之意,可從。參看白於藍《〈清華大學藏戰國竹簡(三)〉拾遺》,《中國文字研究》,2014年第2期,頁19—23。

〔24〕 募（寡）人又（有）繡（帶）甲仐（八千）

整理者第一章注〔一四〕：帶甲八千，楚文字鎧甲之"甲"多作"虔"或"虢"。《國語·越語上》作"帶甲五千"。

魏棟（2017C）：《越公其事》第一章與《國語·越語上》所記越國大夫種在吳軍的遊説之辭，雖然有一些可以對讀的地方，但大夫種所説的具體話語有很多迥異之處。越國殘存兵力"八千""五千"的記載歧異就是明顯的一處。這種歧異的產生，客觀上有故事講述人記憶的局限，進而導致誤記、誤傳的可能，主觀上恐怕也有故事講述人爲配合故事的需要，有意誇大勾踐當時實際兵力以達到求和目的的可能。①

霖按："繡"，"帶"字異體，加"糸"表示屬性，② 本義爲衣帶，在楚簡帛中多作名詞。③ 此處"繡"爲動詞，披戴之義，"帶甲"作動賓結構，指披甲將士。類似語句又見於《上博二·容成》簡51"帶甲三千""帶甲萬人"。④ "仐"合文，傳世文獻多作"五千"見於《左傳·哀公元年》《史記·吳太伯世家》《史記·越王勾踐世家》《説苑·正諫》等，如魏棟分析，簡文作"八千"可能是故事流傳過程中故事情節的誇張，由此可見，從歷史事件發生到故事流傳的過程中，故事的很多細節會產生很大變化，應注意同一故事不同材料的出土地域、流傳地域及作者地域。⑤

〔25〕 又（有）旬之糧

侯乃峰（2018B）：從句式對應的角度來看，我們懷疑其中的"旬"當是"旬日"的合文，簡文原本當作：（寡人）有帶甲八千，有旬日之糧。"昀"當是不帶合文符號的合文。此種現象在戰國簡牘中較爲常見。如在本簡中，上面的合文"八千"也是不帶合文符號的，恰好可爲佐證。⑥

霖按："旬"，從日勻聲，整理者隸定作"昀"不準確，亦不必理解爲合文。《上博

---

① 魏棟《清華簡〈越公其事〉合文"八千"芻議》，《殷都學刊》，2017年第3期。
② 徐寶貴《金文考釋兩篇》，《考古與文物》，2003年第5期。
③ "繡"字多出現於文書類（遣册賵書、卜筮祭禱、文書檔案）楚簡中作名詞，在楚系文字中與"帶"結構易混，值得注意。
④ 《上博二·容成》簡51"繡"字作"[字]"，從帶從糸，"帶"字下部由常見的"巾"訛變爲"大"後又與"矢"字相混，《秦代陶文》拓片1171"帶"字作"[字]"，下面部件即從"大"可參考。
⑤ 黃德寬《漢語史研究運用出土文獻資料的幾個問題》，《語言科學》，2018年第3期。
⑥ 觀點首見於簡帛論壇《清華七〈越公其事〉初讀》148樓"漢天山"説，2017年5月5日。

六·競公》簡13"旬有五日"作"󰀀"，九店簡85"月旬"作"󰀀"。《說文·勹部》："旬，徧也。十日爲旬。从勹日。󰀀，古文。""有旬之糧"指"有十日的軍糧"。

9. 君女（如）爲惠，交（徼）天墬（地）之福[26]，母（毋）䋰（絶）雩（越）邦之命于天下，亦兹（使）[27]句獎（踐）屬（繼）鬌（緒）於雩（越）邦[28]，

[26] 君女（如）爲惠，交（徼）天墬（地）之福

整理者第一章注〔一五〕：交，讀爲"徼"，求取。《國語·吳語》："弗使血食，吾欲與之徼天之衷。"韋昭注："徼，要也。"

霖按：整理者之説可從。"爲惠"指"施加恩惠"，《睡虎地·爲吏》簡38—39："爲人君則鬼（惠）"，《岳麓壹·爲吏》簡85："爲人君則惠。""交"屬見紐宵部，"徼"影紐宵部，從"交"和從"敫"聲字相通文獻常見，如"交"與"邀"、"交"與"儌"、"咬"與"曒"、"茭"與"激"等。"徼天地之福"指祈求天地之福，《左傳·昭公三年》："徼福於大公丁公。"

[27] 母（毋）䋰（絶）雩（越）邦之命于天下，亦兹（使）

整理者第一章注〔一六〕：兹，讀爲"使"。

石小力（2017C）：以上各例中的"兹"字（引者按：指《越公其事》簡5—7、16—17、20、28—29、57），讀爲致使之"使"，皆文從字順。從讀音上看，"兹"和"使"上古音韻部相同，皆爲之部，聲紐"兹"爲精母，"使"爲心母，與"兹"一字分化的"絲"字，聲紐亦爲心母，故二字古音很近，可以通假，因此整理者的讀法從文例和讀音來看十分允恰。

霖按："䋰"、中山王方壺"󰀀"，曾侯乙墓簡5"󰀀"、簡13"󰀀"等與之類似，從二"幺"，與《説文·絲部》"絶"字古文"󰀀"相似。"兹"訓爲"使"，《左傳·隱公十一年》："無寧兹許公複奉其社稷"，楊伯峻注："兹，使也。"

[28] 句獎（踐）屬（繼）鬌（緒）於雩（越）邦，

整理者第一章注〔一六〕：屬，與"絶"反義，疑爲"繼"字。鬌，疑爲"冀"

之訛字，字見望山一號墓八號簡"㸑"。"㸑月"即"爨月"。"㸑"，讀爲"纂"或"纘"，繼承。《禮記·祭統》："子孫纂之，至於今不廢。"《詩·閟宮》"奄有下土，纘禹之緒"，鄭玄注："纘，繼也。"又見於第七簡，字形不完全相同。

趙平安（2017B）：簡中兩個原形字（引者按：指簡5和簡7）上從艸，下面應爲尞字。這一點從下面"寮"所從"寮"看得很清楚："寮"（毛公鼎《集成》2841）；"寮"、"寮"（《六書統》）；"寮"（《說文·穴部》），簡5"㸑"下部與《六書統》所收第一字下部結構相同。簡7"㸑"下部所從"寮"從兩個圓圈與毛公鼎相同。故此字從艸從寮無疑。從艸寮聲的"㸑"通"燎"。古代早期，庭上燃着麻秸等扎成的火炬叫廷燎。《詩經·小雅·廷燎》："夜如何其，夜未央，庭燎之光。"毛傳："庭燎，大燭也。"《釋文》"鄭云：在地曰燎，執之曰燭。"《庭燎》是贊美周王勤政早朝的詩。所謂"繼燎"指勤奮工作。《東維子集》："則王者勤政，亦繼燎於夜也，豈惟宣王哉？"

季寧（2017）："㸑"字艸下之形的上部與H類後兩形（引者按：指叔弓鎛"寮"，叔弓鐘"寮"）寫法相同，"㸑"艸下之形的中部，簡7"㸑"從"彐"，"㸑"所從已經與"日"形接近，可看作是由"彐"形向"日"形過度的中間環節。又結合"㸑"下部有"火"形的限制來看，"㸑"字艸下之形應是"尞"字，因此它可隸作"蒘"。根據古漢字字形構造的一般規律，它應分析爲從艸尞聲。……"尞"與魚部字"者""呂"有密切關係，"呂""予"一字分化，"予"聲字與"者"聲字亦關係密切，兩者常通假。又結合文義，我們認爲簡文"蒘"可讀作"序"或"緒"。《詩經·周頌·閔予小子》："維予小子，夙夜敬止。於乎皇王，繼序思不忘！"毛傳："序，緒也。"鄭箋："夙，早。敬，慎也。我小子早夜慎行祖考之道，言不敢懈倦也。於乎君王，嘆文王、武王也。我繼其緒，思其所行不忘也。"……簡文"句俴（踐）繼緒於越邦"即"句踐繼業於越邦"，其義乃"句踐繼承先代功業於越邦"。

月下聽泉："燎"當如趙平安先生所說指庭燎或火燎，"繼燎"的意思是續火燭。《左傳·昭公二十年》："親執鐸，終夕與於燎。"杜預注："設火燎以備守。"簡文的意思是勾踐希望吳王能讓他從事續設火燎一類的卑賤事務，以示臣服。《國語·晉語八》"宋之盟"章所記叔向的話，有"昔成王盟諸侯於岐陽，楚爲荆蠻，置茅蕝，設望表，與鮮卑守燎，故不與盟"之語。"與鮮卑守燎"，可爲"兹勾踐繼燎於越邦"的讀法補一佐證。①

鄔可晶："繼"讀爲"係"或"繫"，指係虜。② "燎"可讀爲僚僕之"僚"，《左傳·昭公七年》："隸臣僚，僚臣僕"。孔穎達疏所引服虔注指出，"僚"當得義於"勞"，"共勞事也"。"係"和"僚"皆賤稱，指不同的俘虜和奴隸。有意思的是，上引《左傳·昭公二十年》"終夕與於燎"的"燎"，楊注："章炳麟讀'燎'爲'僚'，謂與於衛侯之巡夜者。"③ "兹勾踐繼（係）燎（僚）於越邦"，意思是説讓勾踐在越邦做吴王的奴隸，完全臣服、役使於吴，以此换取吴王留其活命、存其邦族的結果。④

駱珍伊：燎，即燎祭。爲古祭名，燒柴以祭天。《逸周書·世俘》："武王朝至，燎於周。"簡文大概是指，勾踐希望夫差不要滅絶越邦，并使勾踐能够繼續在越邦祭祀天帝，不至絶祀之意。⑤

林少平：燎，《廣韻》："照也。"古人常把君主的統治比作"日月之照臨"。《尚書·泰誓》："惟我文考，若日月之照臨，光于四方，顯于西土。""繼燎"即"繼照"。《易經·離卦》："大人以繼明照于四方。"簡文"使勾踐繼蓉（燎）於越邦"即"使勾踐繼續照臨于越國"。换句話説，就是"使勾踐繼續爲越國君主"。⑥

馮勝君（2017）：我們認爲蔡説對於文義的理解是正確的，在簡文中"繼𦯧"與"絶越邦之命"相對，無疑是指延續越邦的胤嗣。我們認爲"𦯧"當釋爲"葛"，試將"𦯧"形與戰國竹簡文字以及傳抄古文"葛"字形體相對比："𦯧"（《上博四·采風》簡1），"𦯧"（《上博三·周易》簡43），"𦯧"（《上博五·季康子》簡8），"𦯧"（三體石經古文）。不難發現"𦯧"與上引"葛"字形體極爲相近，顯係一字（"𦯧"與

---

① 簡帛論壇《清華七〈越公其事〉初讀》21、22樓"月下聽泉"説，2017年4月25日。
② 原注：裘錫圭《裘錫圭學術文集·古代歷史、思想、民俗卷》，復旦大學出版社，2012年，頁120。
③ 原注：楊伯峻《春秋左傳注》（修訂本），中華書局，2009年，頁1412。
④ 簡帛論壇《清華七〈越公其事〉初讀》21樓"紫竹道人"説，2017年4月25日。
⑤ 簡帛論壇《清華七〈越公其事〉初讀》117樓"明珍"説，2017年5月1日。
⑥ 簡帛論壇《清華七〈越公其事〉初讀》131樓，2017年5月1日。

"![字]"中間部分形體相同,類似"糸"旁兩邊的飾筆可以省略,如"![字]"形。而下部"![字]"形與"![字]"形之間的交替,可參考"樂"字下部所從的變化)。簡文"繼葛",疑當讀爲"繼孽",即延續後嗣的意思。"繼"典籍常用爲國祚的延續,如《論語·堯曰》:"興滅國,繼絕世。"《荀子·王制》:"存亡繼絕,衛弱禁暴。""葛""孽"古音均爲喉牙音月部字,音近可通。孽,本指支子、庶子,亦泛指後嗣。如《逸周書·成開》:"今商孽競時逋播以輔,余何循。"孔晁注:"言商餘紂子祿父,競求是逋逃播越之人以自輔。"值得注意的是,用爲後嗣義"孽",具有較爲强烈的貶義色彩,這恰好與越王勾踐自稱其後嗣爲"孽",對吳王極盡謙卑之辭的語境相吻合。

羅小虎:"![字]",可讀爲"祧"。"![字]",從燎得聲,燎爲來母宵部字;祧,透母宵部字。韻部相同,來、透二母古可通。如《上博一·緇衣》"儡""體"相通、前者爲來母脂部、後者爲透母脂部。……所以,"燎""祧"相通在語音上没有問題。祧,有"宗廟"的意思,古書"宗祧"連文。《左傳·襄公九年》"以先君之祧處之",杜預注:"諸侯以始祖之廟爲祧。"《周禮·春官·序官》"守祧",孫詒讓正義引金鶚云:"對文則與廟別,散文則祧與廟通。""繼祧","繼承宗廟"或"延續宗廟"之意。雖然不見於傳世典籍,但"繼祧"與"守宗廟"一類的説法,意思大致相同,……在古代的表達體系中,"繼承宗廟"或者"守宗廟",都是表示守住國家社稷,所以有時候也説"守宗廟社稷"。如果國家滅亡,也常常表達爲"失宗廟",如本篇簡文中也有"懷墟宗廟"的表達。或者説"宗廟不血食"等等。此處釋讀爲"繼祧",也是基於這些考慮。[①]

子居(2017D):"蔡"字按原字理解即可,"蔡"當即"簺",《説文·竹部》:"簺,宗廟盛肉竹器也。从竹祭聲。《周禮》:供盆簺以待事。""繼簺"可以理解爲主持宗廟祭祀之事的謙辭。

蔡一峰(2019):"繼蔡"内涵可與"易火"合觀,言外之義就是續政。"繼""易"并有延續之義,"蔡"對應"火",趙平安先生讀"蔡"爲"燎"可從。……"繼蔡"當與"繼祀"相類,并有嗣續之義,《後漢書·章帝八王傳論》:"章帝長者,事從敦厚,繼祀漢室,咸其苗裔。"《書·盤庚》:"若火之燎于原,不可向邇。"按烈火延燒引申

[①] 簡帛論壇《清華七〈越公其事〉初讀》214樓,2017年11月22日。

而有滋蔓義，"繼寮"似乎也可以看成"繼嗣"結構類似的同義連用，如考慮到和"易火"有對應聯繫，仍解爲燎燭燎祭之"燎"爲優。

霖按：本篇中勾踐之名多寫作"句戏"。① 句踐，越王允常之子，② 春秋晚期越國君主。公元前496年即位，同年，於橋李大敗吳師。後被吳王夫差所敗，困於會稽，句踐派遣大夫向吳求和而成。返國後重用范蠡、文種等賢士，最終興兵滅吳。其後渡淮水，會諸侯，受方伯之命，稱霸中國。③

"屬"，從鬣尸聲，又見於《清華叄·祝辭》簡2"㊣"等。④ "繼"見紐錫部，"尸"書紐脂部，見系、章系相通，韻部旁轉。⑤ "㊣"字形從趙平安、季旭等學者之說，釋爲"寮"字無誤，簡7"㊣"從"三"可看作"寮"字早期寫法的延續，從"寮"的字如"㊣"（矢令方尊，《集成》6016），"㊣"（番生簋蓋，《集成》4326），"㊣"（毛公鼎，《集成》2841）等可證。"繼寮"，季旭讀作"繼緒"可從。求和辭令雖然卑微，但亦提及家國後繼之事，故我們更傾向於從延續宗廟子嗣、繼續自己政權的角度考慮，"繼緒"指承繼先代功業。或認爲"繼續燎祭"，但戰國文字材料中很少見到燎祭的記錄，就楚卜筮祭禱類簡而言，基本不見燎祭這一祭名，⑥ 故不取。"繼照""繼孽""繼祧"未見於傳世文獻，故不取以上三説。

10. 孤亓（其）衔（率）雩（越）庶眚（姓）[29]，齊卻（節）同心，以臣事吳，男女備（服）[30]。

[29] 孤亓（其）衔（率）雩（越）庶眚（姓）

---

① "猷"僅見於第一章簡5、7、8，而"戏"字寫法分別見於簡26、29、58、62、67、71、72、73。
② 近年來已發掘的紹興印山大墓多被認爲是允常之墓，這對我們瞭解越國都城及喪葬區的位置提供了有利信息，參看浙江省文物考古研究所、紹興縣文物保護管理所《浙江紹興大墓發掘簡報》，《文物》，1999年第11期，頁4—19。
③ 參看《左傳·定公十四年》以後記載，《國語·吳語》《國語·越語上》《國語·越語下》，《史記·越王勾踐世家》，《越絕書》，《吳越春秋》等。
④ 整理者將"㊣晶冥＝"讀作"絕明冥冥，指失火黑烟阻遮天光。"可從，可參看李春利《〈清華大學藏戰國竹簡·祝辭〉研究》，《古代史與文物研究》，2017年第5期。
⑤ 王志平、孟蓬生、張潔著《出土文獻與先秦兩漢方言地理》，中國社會科學出版社，2014年，頁120—141。
⑥ 饒玉哲《楚簡所見祭祀制度研究》，安徽大學碩士學位論文，2011年5月，指導教師：程燕教授，頁6—19。

整理者第一章注〔一七〕：庶，衆也。"庶姓"與"庶官""庶民"結構相同，當指越之諸姓。

霖按："衛"，《說文·行部》："衛，將衛也。从行，率聲。"中山王鼎"親率參軍之衆"與此句表達意思類似。"庶姓"指百姓。"庶人"可簡稱爲"庶"，《左傳·昭公三十二年》："三后之姓，於今爲庶。"①

〔30〕齊郤（節）同心，以臣事吴，男女備（服）

整理者第一章注〔一七〕：齊郤，猶步調一致。

balang："郤"或當讀爲"節"。《子產》簡6有"秾"，整理者讀爲"秩"，本簡又有"即（節）"，因此也不排除《越公其事》的"郤"讀爲"秩"的可能。②

王磊（2017A）：所謂男女，并非泛指，而是指勾踐的子女以及越國貴族的子女。這裏的"備"應以本字讀之，解釋爲"充任、充當"。《漢書·王嘉傳》："幸得充備宰相"，《漢書·李尋傳》："充備天官"，其中的"充備"即"充當"的意思。《禮記·曲禮下》："納女於天子曰備百姓，於諸侯曰備酒漿，於大夫曰備埽灑。"……我們認爲"男女備"，即"兒女充任（雜役、姬妾）"的意思。《吴語》："一介嫡女，執箕箒以晐姓於王宫。一介嫡男，奉槃匜以隨諸御。"韋昭注："晐，備也。"正可與"男女備"相佐證。男子充任賤役，女子充任姬妾，是一種謙卑的表述方式，以表示對吴王的尊事。將"備"讀爲"服"未確。

蕭旭（2017C）：郤，讀爲輯、集，亦齊也。《爾雅》："輯，和也。"《淮南子·主術篇》："聖主之治也，其猶造父之御，齊輯之於轡銜之際，而急緩之於脣吻之和。"

吴德貞（2018）："郤"讀本字即可。"齊郤"意指行爲上的一致，"同心"意指心理精神上的一致。

王青（2019）：在簡帛文獻裏，"備"讀若"服"，此"服"字往往含有"備"的盡、皆、咸之義……"男女備（服）"當釋爲越國男女盡皆役使於吴王。

霖按："齊"，恭敬義。"郤"，整理者釋作"郤"無誤，楚系文字多以之表〈漆〉，

---

① 先秦文獻中"庶姓"多指與天子或諸侯國君異姓且無親屬關係者，如：《左傳·隱公十一年》："薛，庶姓也。"杜預注："庶姓，非周之同姓。"簡文"庶姓"與此義項有所差別。
② 簡帛論壇《清華七〈越公其事〉初讀》128樓，2017年5月1日。

我們讀作"節"。《上博一·性情》簡37"又（有）亓（其）爲人之僳=女（如）也"，《郭店·性自》簡44與之對應作"又（有）亓（其）爲人之迎=女（如）也"，李零讀爲"節節"可從。① "節節"，有節度、節制。《大戴禮記·四代》："子曰：'……齊齊然，節節然，穆穆然，皇皇然，見才色脩聲不視聞，怪物恪命不改志。'"孔廣森曰：'齊齊，敬也。節節，飭也。'……戴禮曰：'齊齊，恭愨貌。'"② "齊節"并列複合詞，恭敬有節度之義。《清華陸·子產》簡6"柰"字作"㮚"，整理者讀爲"秩"。黄傑讀爲"次"，次序之義可從。③ "次"清紐脂部，"柰"清紐質部，"節"精紐質部，三字聲韻俱近。"同心"指心願、心思相同。《孟子·告子上》："欲貴者，人之同心也。""以臣事吴，男女備（服）"，整理者之説可從，即委制爲臣以服事吴國。《清華貳·繫年》簡120："韓虔、趙籍、魏擊率師與越公翳伐齊，齊與越成，以建陽、郜陵之田，且男女服。"類似於"男女服"的表達起源較早，周原甲骨中有"士女服"的記載。④

11. 亖（四）方者（諸）侯亓（其）或敢不賓于吴邦[31]？

〔31〕亓（其）或敢不賓于吴邦

整理者第一章注〔一八〕：或，誰。《詩·鴟鴞》"今女下民，或敢侮予"，朱熹《集傳》："誰敢有侮予者。"賓，賓服。《管子·小匡》："故東夷、西戎、南蠻、北狄，中國諸侯，莫不賓服。"

單育辰（2017）："或"應讀爲"有"。⑤

霖按：單育辰之説可從。"或"訓作"有"文獻習見，王引之《經傳釋詞》卷三"或"字條列舉了大量"或""有"相通之例，并解釋道："或，猶'有'也。……蓋'或'字古讀若'域'，'有'字古讀若'以'。二聲相近，故曰：'或'之言'有'也。聲義相通，則字亦相通。《説文》：'或，邦也。从口，戈以守一；一，地也。或从土作域。'《詩·玄鳥》：'正域彼四方。'《傳》曰：'域，有也。''域'之訓爲'有'，猶'或'之訓

---

① 見前引李零《郭店楚簡校讀記》（增訂本），頁110。
② 黄懷信、孔德立、周海生《大戴禮記彙校集注》，三秦出版社，2005年，頁1006—1008。
③ 簡帛論壇《清華六〈子產〉初讀》，66樓"暮四郎"説，2016年4月27日。
④ 董珊《清華簡〈繫年〉與驫羌鐘對讀》，《簡帛文獻考釋論叢》，上海古籍出版社，2014年，頁96—101。
⑤ 簡帛論壇《清華七〈越公其事〉初讀》49樓"ee"説，2017年4月27日。

爲'有'也。"① "不賓"，不臣服，不歸順。《國語·楚語上》："蠻、夷、戎、狄其不賓也久矣。"

12. 君女（如）曰：'余亓（其）必𢾩（滅）䢍（絶）雩（越）邦之命于天下〔32〕，勿兹（使）句戔（踐）屬（繼）㡭（緒）於雩（越）邦巳（已）〔33〕。

〔32〕𢾩（滅）䢍（絶）

整理者第一章注〔一九〕：𢾩，從曼省聲，疑即滅絶之"滅"。𢾩䢍，猶滅絶。《管子·牧民》："民惡危墜，我存安之；民惡滅絶，我生育之。"

王寧："𢾩"疑當分析爲從攴壨聲，即"敳"字，爲"縵"之或體，讀爲"滅"可從，後或音轉爲"泯"。②

薛培武："𢾩"從曼省，"曼""滅"可通假。《清華壹·祭公》簡6："兹由襲效于文武之曼德"，今本《逸周書·祭公》對應作："兹由予小子，追學于文武之蔑"，"蔑"與"滅"有作爲异文的例子。如《國語·周語中》："今將大泯其宗枋，而蔑殺其民人，宜吾不敢服也！"韋昭注："蔑，猶滅也。"《清華肆·筮法》簡43中之"🗌宗"，整理者讀爲"滅宗"，正確可從。"🗌"可徑釋爲"曼"（字或從"曼"省）。"🗌"上面的三點即可以看作"曼"字構形中的"飾筆"（他處有從兩點者），也可以考慮爲借上面的"宀"筆畫，形成上面的"爪"形。③

水之甘："𢾩"讀爲"泯"，非從曼省，實際上從冒，可能是當覆講，文獻上有"冒面死"的説法，"冒"是指一種韜尸的喪具。④

魏宜輝（2017）：我們認爲這個"𢾩"字恐怕與"曼"并無關聯，而與清華簡《繫年》篇簡106中的"🗌（縵）"字在字形上是有聯繫的。"縵"字的右旁"曼"是由

---

① 王引之《經傳釋詞》，黄侃、楊樹達批本，岳麓書社，1985年，頁64—66。
② 簡帛論壇《清華七〈越公其事〉初讀》11樓，2017年4月24日。
③ 簡帛論壇《清華七〈越公其事〉初讀》184、188樓"心包"説，2017年5月23日，2017年6月4日。
④ 簡帛論壇《清華七〈越公其事〉初讀》198樓，2017年7月21日。

西周金文中的"▨"字（曼龏父盨蓋，《集成》4431）演變來的。"數"字左半的構形可以理解爲從土從曼省，而"曼省"的這部分也應該是"數"字的聲符。"纋"字在《繫年》篇中用作"洩庸"之"洩"。考慮到"受"（"受"字或寫作"尋"）與"洩"字的讀音關係很近，我們認爲"纋"字當從"受"得聲。① 據此，我們推斷《越公其事》篇中的"數"應該是一個讀音與"受""洩"相同或相近的字。結合音、義兩方面的因素來看，我們懷疑簡文中的"數"字讀作"截"。"截"字古音爲從母月部字，而"洩"爲心母月部字，"受"爲心母元部字，三者的讀音關係是比較近的，因此"數"字讀作"截"從讀音上是完全説得通的。《尚書·甘誓》："有扈氏威侮五行，怠棄三正，天用剿絶其命。"孔傳："剿，截也。截絶，謂滅之。""截絶"之義與"剿絶"相當，因而從文意上看，將"數"字讀作"截"也是比較貼切的。

趙平安（2018）："數"字右邊從攴，左邊下部是土旁。左邊部分可以分析爲從土，▨省聲，省掉了下面的又，也可分析爲▨下加上一橫，把土看作訛變的產物。後一種可能最大。無論如何，整理小組把它括注爲"滅"是正確的。

霖按：趙平安分析可從，金文中釋作"曼"的"▨"字應分析爲從曰,受聲，其中"受"省變較多，或省掉"目"上的"爪"，如《攝命》1的"▨"、《説文》小篆"曼"的寫法；或省掉下面的"又"，如《子儀》8"▨"；或在下面"又"的底部再加一横，如《越公其事》7"▨"。《筮法》43有一個讀作"滅"的字形，寫作"▨"，可分析爲從宀,受省聲，其中"受"上部的"爪"與"宀"右半共用。簡文中讀作"滅"，"滅絶"即毀滅斷絶，《漢書·司馬相如傳》："信讒不寤兮，宗廟滅絶。"

〔33〕巳（已）

整理者第一章注〔二〇〕：巳、已一字分化。已，與"矣"音義并近。又疑屬下讀，句首語氣詞。《書·大誥》："已！予惟小子。"

霖按："巳"當讀作"已"，句末語氣詞，先秦文獻中"已""矣"二字作爲語終之

---

① 原注：魏宜輝《清華簡〈繫年〉篇研讀四題》，《出土文獻語言研究》（第2輯），暨南大學出版社，2015年，頁171。

辭存在差异。① 郭錫良認爲：" '已'表示的語氣同'矣'近似，都是對事物進行陳述，但是兩者不僅古音不完全相同，表示的語氣也有明顯差異。'矣'是把所說的事物當作新情況來報導，'已'則是表示所說的事物不過如此，是一種限定的語氣。"②

13. '君乃陣（陳）吴【甲兵】〔34〕，【建鉦鼓】帀（师）胥（旌）〔35〕，王親鼓之〔36〕，以觀句戔（踐）之以此夳（八千）人者死也〔37〕。'

〔34〕陣（陳）吴【甲兵】

整理者第一章注〔二一〕：陣，《説文》"陳"之古文，楚文字陳列、戰陣之"陳"。簡文中義爲陳列。簡尾殘缺，據殘畫和文義，"吴"後面可能是"甲兵"。

勞曉森（2017）：從殘筆來看，此字應該不是"甲"字。因爲該殘字右邊尚存殘筆，但中部却看不到"甲"字應有的豎筆，左側也没有"甲"的"匚"形筆畫的起筆。同樣因爲没有中豎筆，此字也不可能是"王"字。從殘筆和文義來看，此字疑當爲"三"字，其後可補"軍"字。本篇第十章有關於越國左軍、右軍、中軍的記載，可與此處吴國的"三軍"相對照。需要說明的是，《越公其事》一般用"厽"字表示"三"這個詞。不過，正如整理者所指出的，本篇詞語多異寫；簡60、74又均有"三百"合文；而且《子犯子餘》用"晶""三"二字表示"三"這個詞（簡1、10、12），《晉文公入於晉》用"厽""三"二字表示"三"這個詞（簡2、7），本篇用"三"字表示"三"這個詞也就不足爲怪了。

霖按："陣"字又見於吴王鐘，"陳"之古文，陳列之義。③ 依殘筆，整理者之説可

---

① 就清華簡前七函全部"已"字的用法而言，"已"字共計21例，皆通"已"。其中有3例訓爲"甚"，見《清華壹·耆夜》簡11、12、14；訓爲"停止"，見《清華叁·説命上》簡5、《清華陸·管仲》簡1、2；用作歎詞，見《清華叁·周公》簡4；用作天干，2例皆見於《清華肆·筮法·地支》簡57；用作句末語氣詞，見《清華貳·繫年》簡46、《清華肆·筮法·小得》簡30、《清華伍·湯丘》簡10、14、《清華陸·鄭武夫人規孺子》簡4、《清華陸·子產》簡8、《清華柒·子犯子餘》簡15、《清華柒·趙簡子》簡2、4、10、《清華柒·越公其事》簡7、14、38、42。
② 郭錫良《先秦語氣詞新探》，《漢語史論集》（增補本），商務印書館，2005年，亦可參看姚振武《上古漢語語法史》，上海古籍出版社，2015年，頁363。
③ 曾憲通《吴王鐘銘文考釋——薛氏〈款識〉商鐘四新解》，《古文字研究》（第17輯），中華書局，1989年，頁125。"厚陳"讀作"厚陣"，言重兵。

從，補"甲兵"二字。殘筆"▆"，筆畫較細，且左側有明顯向上凸出的部分，應是"甲"字"⌐"殘留，本函中"三"的起筆處大多以藏鋒寫法寫出，"蠶頭"向下凸出，且筆畫較粗，如"彡""彡"等。

〔35〕帗（旆）嶨（旌）

整理者第一章注〔二二〕：旆旌，《詩·車攻》："蕭蕭馬鳴，悠悠旆旌。"根據文義，闕文大意是"君乃陳吳甲兵，建鉦鼓旆旌"。

霖按："帗"，"旆"之異體，① 曾侯乙墓竹簡寫作"𣃘"。《說文·㫃部》："旆，繼旐之旗也，沛然而垂。"《爾雅·釋天》"繼旐曰旆"，郭璞注："帛續旐末爲燕尾者。"楊英傑認爲："其實不僅繼旐曰旆，繼接各種旗的附帛都叫做旆。……旆是縿的附屬物。可以根據需要，隨時取下或佩上。"② 羅小華認爲："考慮到傳世文獻中没有將'旆'解釋爲'旌的旗幅'的記載，'旆'也可能是一種可以單獨使用的'旗幅'。"③ 嶨，讀作"旌"，遣册中又見"朱旌""鳧旌"等。《說文·㫃部》："旌，游車載旌，析羽注旄首，所以精進士卒。从㫃生聲。"《周禮·春官·司常》："全羽爲旞，析羽爲旌。"鄭玄注："全羽、析羽皆五采，繫之於旞、旌之上，所謂注旄於干首也。"楊英傑認爲"全羽即一束羽，析羽即分枝兩束羽。旞、旌是用羽毛編綴而成。……旌羽或爲純白，或爲五綵"。④ 先秦時期，旌旗多施於田獵或戰争的游車之上，形制一般爲數根長條狀的羽狀物。⑤ "旆旌"泛指戰争中的旗幟。簡尾殘缺，暫從整理者之說。

〔36〕鼓之

整理者第一章注〔二三〕："鼓"之表層結構可隸作"𪔐"，左側是"壴"之訛變，右側是"攴"之變形音化。鼓，擊鼓使進。《易·中孚》："得敵，或鼓或罷，或泣

---

① 李家浩《包山楚簡中的旌旆及其他》，《第二屆國際中國古文字學研討會論文集續編》，香港中文大學，1995年，第382、385頁。又見於《著名中年語言學家自選集·李家浩卷》，安徽教育出版社，2002年，頁264。今據後者引錄。
② 楊英傑《先秦旗幟考釋》，《文物》，1986年第2期。
③ 羅小華《戰國簡册中的旗幟》，武漢大學簡帛網 http://www.bsm.org.cn/show_article.php?id=2761，2017年3月17日。
④ 見前文所引楊英傑《先秦旗幟考釋》。
⑤ 范常喜《〈包山楚簡〉遣册所記"旌旅"新考》，第二屆古文字與出土文獻語言研究學術研討會論文集，西南大學漢語言文獻研究所，2017年11月，頁180-190。

或歌。”

何有祖：“”左部見於包山簡 270 號簡“一𢧵（彤）𢿈”，其中的“𢿈”作“”。李家浩曾指出此字“攴”“朝”省聲，“彤𢿈”即一號牘的“彤䩨”。《方言》卷九：“韔，楚衛之間謂之䩨。”按、𢿈皆從“朝”省聲可知“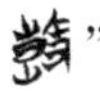”左部并不是“壴”的訛變，“”右部所從午、又，與𢿈右部所從攵，表義相近。疑、𢿈是一字异構。從《越公其事》記載越王勾踐“親之”，用於與吴國對戰，可知“”在此雖用作動詞，但如用作名詞的時候，應類屬軍樂器。《越公其事》的記載似可作爲劉國勝“讀爲鞀”以及“似屬……軍樂器”等觀點的佐證。朝、鞀古音同在宵部定紐，可通假。“鞀”，見於《詩・商頌・那》：“猗與那與，置我鞀鼓，奏鼓簡簡，衎我烈祖。”“鞀”，《説文》或體作“鞉”。《玉篇》：“鞀，似鼓而小，亦作鞀。”王親（鞀）之，其中“鞀”指敲鞀鼓，用作動詞，與“鼓”可指樂器，也可用作動詞例同。①

吴德貞（2018）：古有“聞鼓聲而進，聞金聲而退”（《荀子・議兵》），但似在出土文獻中，無論進退皆以“鼓聲”爲準，如《上博二・容成》：“三鼓而進之，三鼓而退之。”但與本篇不同的是，上博簡的進退之“鼓”皆寫作“”（引者按：上博簡中另有异體，詳見本條按語），進退之間並無差别，而在《越公其事》中，簡 8“王親鼓之”，簡 59“鼓命邦人救火”和簡 67“不鼓不噪以侵攻之”這三簡中的鼓字都帶有明顯的前進之意，其“鼓”字之左旁皆從“”。反觀簡 60“鼓而退之”和簡 65“鳴鼓，中水以𦳋”，“鼓”皆帶有“停止前進”之意，其左旁皆從“”。“鼓”字的這種异寫現象本篇多見，如“攻”字，表示“祭名”時簡文寫作“䂬”（簡 26），表示“裝備製造”時簡文寫作“攻”（簡 50），表示“攻伐”時簡文寫作“戉”（簡 63）。整理者亦指出簡文“使者”之“使”與“使令”之“使”多异寫。

霖按：整理者、吴德貞之説可從，認爲是“鼓”之異體，左側偏旁“壴”下面省寫作“中”。“鼓”字在本篇中分别見於簡 8“”、簡 59“”、簡 60“”、簡 65

---

① 何有祖未刊稿《釋〈越公其事〉“王親鞀之”》，2017 年 10 月 25 日，轉引自吴德貞《清華簡〈越公其事〉集釋》，武漢大學碩士學位論文，2018 年 5 月，指導教師：李天虹教授，頁 15—16。

"鼓"、簡67"鼓"。《上博七·君甲》簡3作"鼓"與簡60"鼓"相似。① 吳德貞認爲本篇"鼓"字通過異寫來區別意義可從。

〔37〕以觀句㢵（踐）之以此𠦪（八千）人者死也

整理者第一章注〔二四〕：以，率領。《左傳·僖公五年》："宮之奇以其族行。"結尾一段與《國語·越語上》之"若以越國之罪爲不可赦也，將焚宗廟，繫妻孥，沈金玉於江，有帶甲五千人，將以致死，乃必有偶，是以帶甲萬人事君也。無乃即傷君王之所愛乎？與其殺是人也，寧其得此國也，其孰利乎？"大意相同。

霖按：整理者之說可從。觀，觀看。《穀梁傳·隱公五年》："常事曰視，非常曰觀。"死，拼死、拼命。《銀雀山貳·論政論兵之類·將義》簡1194正："不義則不嚴，不嚴則不威，不威則卒弗死。"

【今譯】

（吳王發兵討伐越國，越王勾踐率領軍隊應戰，兵敗，）登到會稽山上，於是派大夫文種到吳國軍隊中議和。（文種）說："我……不爲天所佑助，天帝在越國降下災難禍患，不在前，亦不在後，正值我這一代。大王您親自披戴鎧甲頭盔，整飭鏌鋣，手持硬弓，執握鼓槌，振響鐘鼓，屈駕親臨我的國家。我不忍心您的戰士受到嚴酷戰爭的虐害，（故而）棄置祭祀祖宗的廟宇，登上會稽山。我有八千披甲的將士，十日的軍糧，大王您如果施予恩惠，祈求天地賜福，不滅亡越國的政權，也使句踐繼承越國先代的功業，我希望率領越國的百姓，一起恭敬有節度地服事吳國，以越國男女爲臣妾，天下的諸侯有誰敢不賓服於吳國呢？您如果說：'我一定要滅掉越國的政權，不讓句踐繼承越國先代的功業了。'您就陳列吳國披甲之士兵，樹立鉦鼓旗幟，大王您親自敲鼓作戰，來看勾踐以此八千死士拼死一戰。"

---

① 徐在國認爲此字上從"竹"，我們認爲其上從"午"，爲"鼓"之聲符。見《上博楚簡文字聲系》，頁1317。

《吴王欲許成章》集釋（簡 9—15）

【章解】

本章主要講述吴王欲許成，申胥反對，吴王結合當前形勢（道路修險、兵力不足）分析許成之必要。竹簡共計 7 枚，其中除簡 10 下端略有殘損外，皆爲完簡。本章簡文符號使用情况：簡 10 "相旻" 後有鈎識表示句讀，簡 11 "夫" 後、簡 13 "孴" 後有合文符，簡 15 後有章結符，均書於上字右側下方。本章重點討論的疑難字詞有 "徏" "乃" "备" "敓" "遝" "臺刃" "賜中" "豕戲" 等。關於句讀，我們認爲簡 12 整理者讀作 "虖（吾）先王遝（逐）之走，遠夫甬（勇）戔（殘）" 應改作 "虖（吾）先王遝（邇）之，走遠，夫甬（用）戔（殘）"。此外，本章簡要介紹了吴王夫差、申胥、吴王闔閭、雞父四位人物及吴人入郢之事。

【摹本及隸文】

吴　王　䚋　雫　徏　之　柔　以　䝰　也　思　道　逄　之

欲　隓　乃　思　告　繡　疋　曰　孤　亓　許　之　成　繡【簡9】

疋　曰　王　亓　勿　許　　　天　不　乃　賜　吴　於　雫

邦　之　利　虞　皮　既　大　北　於　坪　备　以　剈　去【簡10】

亓　邦　君　臣　父　子　亓　未　相　旻　今　雫

公亓（其）敚（悦）又（有）繲（解）甲𠫤（執）以臺（辭）刃皆死吳王
曰夫=（大夫）亓（其）良𦣞（哉）此昔虐先王盍（蓋）膚（且）所以
克内郢邦唯皮（彼）鷄父之遠쫨（戮）天 【簡11】
賜中于吳右我先王쫨（留）帀（師）走虐（且）先王
遽（遷）之走遠夫甬（用）戔（殘）虐先 【簡12】王用克
内于郢今我道迻（迭）攸（修）䧙（險）天命反吳𢾭（敗）
甬（用）可智（知）自旻（昚）虐䚶（訟）後雫（零）䧙（陵）以爭=（爭。爭）今凡
吳之 【簡13】 善士牆（將）中贁（弊）死巳（已）今皮（彼）新
去亓（其）邦而筮（噬）母（拇）乃豕（家）贁（敗）虐於膚（且）取𠫤（執）
人以會皮（彼）死繡（讎）疋（胥）乃 【簡14】 思許諾 【簡15】

【釋文】

吳王䎽（聞）雫（越）使（使）之柔以弪（剛）也[1]，思道迻（路）之攸（修）䧙（險）[2]，乃思（懼），告繡（申）疋（胥）曰："孤亓（其）許之成。"繡（申）疋

（胥）[3]曰："王亓（其）勿許！"[4]【簡9】天不孕（仍）[5]賜吳於雩（越）邦之利。虞（且）皮（彼）既大北於坪（平）备（邍）[6]，以䚡（潰）去亓（其）邦[7]，君臣父子亓（其）未相䙷（得）[8]。今雩（越）【簡10】公亓（其）䖇（孰）[9]又（有）繡（帶）甲卒（八千）以臺（敦）刃皆（偕）死[10]？"吳王曰："夫＝（大夫）亓（其）良惹（圖）此[11]！昔虔（吾）先王盍膚（盧）[12]所以克内（入）郢邦，【簡11】唯皮（彼）鷄（雞）父[13]之遠䚡（荊）[14]，天賜中（衷）于吳[15]，右我先王[16]。䚡（荊）帀（師）走，虔（吾）先王邅（遹）之[17]，走遠，夫甬（用）戔（殘）[18]，虔（吾）先【簡12】王用克内（入）于郢[19]。今我道迲（路）攸（修）隓（險），天命反昃（側）[20]，敓（豈）甬（庸）可（何）智（知）自䙷（得）[21]？虔（吾）訋（始）後（踐）雩（越）埊（地）以爭＝（至于）今[22]，凡吳之【簡13】善士牂（將）中䣊（半）死已（已）[23]。今皮（彼）䖒（新）去亓（其）邦而惹（毒）[24]，母（毋）乃豕（豖）戲（鬭）[25]？虔（吾）於（烏）膚（胡）取卒（八千）人以會皮（彼）死[26]？"繡（申）疋（胥）乃【簡14】悤（懼），許諾。【簡15】

【集釋】

1. 吳王餌（聞）雩（越）徏（使）之柔以弜（剛）也[1]，思道迲（路）之攸（修）隓（險）[2]，乃悤（懼），告繡（申）疋（胥）[3]曰："孤亓（其）許之成。"

〔1〕吳王餌（聞）雩（越）徏（使）之柔以弜（剛）也

整理者第二章注〔一〕：使，使者。簡文"使者"之"使"與"使令"之"使"多异寫。弜，有"强""剛"兩讀，音義幷近。柔、剛相對。《國語·越語下》："近則用柔，遠則用剛。"柔剛，古之成語。《山海經·西山經》："瑾瑜之玉爲良，堅粟精密，濁澤有而光，五色發作，以和柔剛。"漢揚雄《法言·君子》："或問君子之柔剛，曰：'君子於仁也柔，於義也剛。'"

霖按：夫差，吳王闔閭之子，春秋晚期吳國君主。夫差即位之初，於夫椒大敗越國，迫使越王句踐求和稱臣。在位期間，開鑿邗溝，以圖北進，於艾陵大敗齊兵。公元前482年，夫差在黃池（今河南封丘西南）會盟諸侯，與晉爭霸，越軍乘虚攻入吳都。

後來越國經笠澤之戰和圍攻吳都兩次戰役，使吳國消耗殆盡，夫差兵敗自刎，吳國滅亡。① 出土文獻中還可參考《上博七·吳命》、慈利楚簡《吳語》等材料。

"使"，使者。《左傳·成公九年》："兵交，使在其間可也。""柔以弜（剛）"，整理者之説可從。"强"在楚系文字中或加兩橫，與"剛"字古文同。或在兩橫基礎上再加"力"。《郭店·五行》簡41："不彊不㭒，不彊（剛）不矛（柔）"，"柔""剛"對舉，《説文·刀部》："剛，彊斷也。从刀，岡聲。𠛗，古文剛如此。"

〔2〕思道逄（路）之攸（修）隡（險）

整理者第二章注〔二〕：攸，第13簡作"攸"，長遠，古書多作"修"。秦李斯《繹山刻石》："群臣從者，咸思攸長。"

吳德貞（2018）："攸"讀作"幽"。攸，幽部喻母。幽，幽部影母。"幽險"見於《楚辭·九歎·愍命》："嘉皇既殁終不返兮，山中幽險郢路遠兮"，簡13"攸"也可讀爲"幽"。

霖按：整理者之説可從。"逄"，"路"之异體，從辵各聲，秦系文字多寫作從足各聲，齊系文字多寫作從彳各聲。"幽險"雖見於文獻，但"攸""幽"在出土文獻中未見直接相通之例，"攸""修"相通，例不備舉。② 這裏的"修險"是并列結構，義爲"遠且險"。《尚書·盤庚》："王播告之，修不匿厥指"，孫星衍《今古文注疏》："修，遠也。"

2. 繡（申）疋（胥）〔3〕曰："王亓（其）勿許！〔4〕天不閷（仍）賜吳於雩（越）邦之利〔5〕。

〔3〕繡（申）疋（胥）

整理者第二章注〔三〕："繡疋"，《國語·吳語》："夫申胥、華登簡服吳國之士於甲兵，而未嘗有所挫也。"韋昭注："申胥，楚大夫伍奢之子子胥也，名員。魯昭二十年，奢誅於楚，員奔吳，吳子與之申地，故曰申胥。"《左傳》《史記》等皆作伍胥、伍子胥、子胥。

霖按："繡疋"，即伍子胥，伍氏，名員，字子胥，春秋時期吳國大夫。其父伍奢

---

① 參看《左傳·定公十五年》以後記載，《國語·吳語》，《史記·吳太伯世家》，《越絕書》，《吳越春秋》等。
② 可參看白於藍《簡帛古書通假字大系》，福建人民出版社，2017年，頁142—146。

曾爲楚平王時太傅，因少傅費無忌讒害，和其兄伍尚一同被殺，其後伍子胥逃往吳國，成爲吳王闔閭時期重臣，因功封於申，故又稱"申胥"，簡文"繻"在楚系文字中多表示申地、申姓。① 敦煌寫卷《伍子胥變文》、② 睡虎地77號漢墓出土秦簡等曾記載有伍子胥復仇故事。③ 出土文獻中或作"伍胥""申子""申氏""伍子"等，如《上博五·鬼神》簡3作"五子疋"，《清華三·良臣》簡7作"五之疋"，《清華二·繫年》簡81、83作"五員"。伍氏還多見於包山簡，如：五䓣（簡152）、五慶（簡173）、五佗（簡191）、五生（簡209、211等）、五鄡（簡181）、五子娉（簡185）等。

〔4〕"孤亓（其）許之成。"繻（申）疋（胥）曰："王亓（其）勿許！"

霖按："其"作爲語氣副詞，在兩句中表達語氣不同，在"孤其許之成"中表祈使，與之類似的例子如《尚書·堯典》："帝曰：'我其試哉！'"在"王其勿許"中表命令，表現出申胥反對求和堅決的態度。文獻中類似之例如《尚書·湯誓》："予其大賚汝。"

〔5〕天不肕（仍）賜吳於雩（越）邦之利

整理者第二章注〔四〕：肕，仍，重複、再一次。《説文》："仍，因也。从人，乃聲。"疑小篆"人"旁爲"乃"之訛變。《國語·周語下》："晉仍無道而鮮胄。其將失之矣。"韋昭注："仍，數也。"越邦之利，指戰勝越國之利。

李守奎（2017）："肕"讀爲"仍"，訓爲"重"。……"肕"很可能是"仍"的前身，"仍"是"肕"的訛變。……"因"是以衣就人，人在衣中；"襲"是以衣就衣，衣在衣中。"仍"最初很可能是用複寫構形表達重複的意義，與"襲"更爲接近，也就是簡文中的"再一次、重複"等。……簡文作"殹民生不肕，王其毋死"比《吳語》之"以民生不長，王其毋死"貼切，很可能是後人傳抄或整理過程中不認識"肕"字所做的

---

① 關於"繻"字釋讀可參看于省吾《壽縣蔡侯墓銅器銘文考釋》，《古文字研究》（第1輯），中華書局，1979年，頁51。裘錫圭、李家浩《談曾侯乙墓鐘磬銘文中的幾個字》，《古文字論集》，頁418-428。李守奎《清華簡〈繫年〉中的"繻"與西申》，《古文字與古史考——清華簡整理研究》，中西書局，2015年，頁155-171；原載於《歷史語言學研究》（第7輯），商務印書館，2014年。
② 《伍子胥變文》共留存有四個殘卷，分別是：P3213、S6331、S328、P2794。
③ 參看劉樂賢《睡虎地77號漢墓出土伍子胥復仇故事殘簡與〈越絕書〉》，《古文字與古代史》（第5輯），臺北中央研究院歷史語言研究所，2017年。

改寫。

蕭旭（2017C）：於，介詞，猶以也。

霖按："夃"，訓爲"重"，李守奎分析可從。"於"介詞，表方式、對象，相當於"以"，《韓非子·解老》："慈，於戰則勝，以守則固。""利"，富饒，《戰國策·秦策一》："西有巴蜀漢中之利。"高誘注："利，饒也。"

3. 虖（且）皮（彼）既大北於坪（平）备（邍）[6]，以䢔（潰）去亓（其）邦[7]，君臣父子亓（其）未相旻（得）[8]。

〔6〕虖（且）皮（彼）既大北於坪（平）备（邍）①

整理者第二章注〔五〕：大北，大敗。备，"邍"之省略。平邍，古書多作"平原"，《左傳·桓公元年》："凡平原出水爲大水。"當是與會稽山地相對之地貌。

霖按：戰國文字中多以"虖"表連詞｛且｝（秦系文字除外），楚簡中"且"字或寫作", , "等，《説文·又部》："叡，又卑也。从又，虖聲。""备"，"邍"之省略，從田夗聲。"邍"，《説文·辵部》："邍，高平之野，人所登。从辵、备、彔。""邍"字在甲骨文中作""，本義應是"迎頭兜捕"的田獵動詞。② 西周金文寫作""，③ 至東周時期，本義已失，保留｛高原｝之意，如石鼓文《作原》"乍邍乍□"，《鑾車》"邍溼陰陽"等都讀爲"原"。"邍溼"讀作"原隰"，《詩經·小雅·皇皇者華》："於彼原隰"，毛傳："高平曰原，下濕曰隰。"

〔7〕以䢔（潰）去亓（其）邦

整理者第二章注〔六〕：䢔，讀爲"潰"，敗退。《左傳·僖公四年》："齊侯以諸侯之師侵蔡，蔡潰。"又疑讀爲"違"，"違""去"同義聯用。

王凱博：前既言"大北"，此又言"潰"似嫌重複。頗懷疑讀爲"遂"，"胄"聲可

---

① 子居將本句斷在"以潰"後，讀爲"且彼既大北于平原以潰，去其邦"。參看《清華簡七〈越公其事〉第二章解析》，中國先秦史網 http://xianqin.22web.org/2018/03/09/423，2018 年 3 月 9 日。
② 陳劍《"邍"字補釋》，《古文字研究》（第 27 輯），中華書局，2008 年，頁 128—134。
③ 《集韻》："叡，《説文》：叡，小豕也。或作'遂'。"金文中的"邍"本從"夗"聲，"象"是累加聲符。參看劉釗《釋古文字中從夗的幾個字》，《第二屆國際中國古文字學研討會論文集》，香港中文大學中國語言及文學系編印，1993 年。後收入《古文字考釋叢稿》，岳麓書社，2005 年，頁 30—47。馮勝君《釋戰國文字中的"怨"》，《古文字研究》（第 25 輯），中華書局，2004 年，頁 281—285。

讀爲"遂"。① 此與"遂"之免義關係密切，② 是逃的意思。睡虎地秦簡《秦律雜抄》簡26："虎失（佚），不得，車貲一甲。……豹旖（遂），不得，貲一盾。"《銀雀山壹·守法守令十三篇》之"十、兵令"簡976："……□述（遂）亡不從亓（其）將吏，比於亡軍。"放馬灘秦簡《日書》乙種"占亡人"篇簡287："其鐘貴，亡人旖（遂）。""遂"皆此意，故"以剮去其邦"是説大北之後逃離其邦（而止於會稽山），"以"猶"而"。③

萧旭（2017C）：剮讀爲喟，太息也，憤懣不得志。字亦作愲，心不安也，憤懣也。《玉篇》："愲，滿也。""滿"同"懣"。《文選》宋玉《神女賦》："含然諾其不分兮，喟揚音而哀嘆；頩薄怒以自持兮，曾不可乎犯干。""喟""頩"同義對文，合言則曰"喟憑""愲怦"（"憑""怦"亦可單言）。《廣雅》："愲怦，忼（忼）慨也。"《楚辭·離騷》："喟憑心而歷兹。"王逸注："憑，滿也，楚人名滿曰憑。憑，一作馮。"越人戰敗，以憤懣去其邦，故君臣父子相怨而未相得也。簡14云"今彼新去其邦而悘"，"悘"是怨毒義，與此"愲去其邦"正相應。

霖按："以"連詞，用於并列的行爲狀態之間，略相當於"而"。類似用法如《尚書·堯典》："在璿璣玉衡，以齊七政"，《尚書·金縢》："王與大夫盡弁，以啓金縢之書。"整理者將"剮"讀爲"潰"可從，或讀爲"遂"或"喟"於義未安。從"胃"聲的字與從"貴"聲的字相通文獻常見，如《清華壹·楚居》簡8："衆不容於免，乃渭（潰）疆郢之陂而宇人焉。"《説文·口部》："喟，大息也。从口胃聲。嘳，喟或从貴。""潰"，離散義。

〔8〕君臣父子亓（其）未相旻（得）

整理者第二章注〔七〕：相得，彼此投合。《史記·魏其武安侯列傳》："相得驩甚，無厭，恨相知晚也。"

霖按："君臣父子"從上至下，泛指越國全部人口。"未相得"意思是不能遇到，

---

① 引者按：馮勝君將"渭"讀爲"遂"見於《清華叁·赤鵠之集湯之屋》簡9，讀作"巫鳥乃啄少臣之胸（軀），渭（遂），少臣乃起而行。"參看《讀清華三〈赤鵠之集湯之屋〉札記》，《吉林大學古籍研究所建所三十周年紀念論文集》，上海古籍出版社，2014年，頁80—84。
② 引者按："遂"有"免除"之意，觀點見於李家浩《齊國文字中的"遂"》，《著名中年語言學家自選集·李家浩卷》，安徽教育出版社，2002年，頁35—52。又見陳劍《〈上博八·顔淵問於孔子〉補釋二則》，《簡帛》（第7輯），上海古籍出版社，2012年，頁33—39。
③ 簡帛論壇《清華七〈越公其事〉初讀》92樓，2017年4月29日。

《漢書·高帝紀上》:"過沛,使人求室家,室家亦已亡,不相得。"這裏指越國從君主到百姓因戰敗而離散。

4. 今雩（越）公亓（其）蚘（孰）[9] 又（有）繻（帶）甲余（八千）以臺（敦）刃皆（偕）死[10]?

[9] 蚘（孰）

整理者第二章注〔八〕:故,讀爲"胡",疑問代詞。

王寧:此句不當是問句。"故"當依字讀,意爲"仍然"。①

魏宜輝:"故"當爲"蚘"字的誤釋。《越公其事》的抄手對于"古""由"兩字的寫法區分得還是比較清楚的。"古"字（旁）上部的横筆較長,"口"旁中未加飾點,如"古"（簡49）、"古"（簡55）;而"由"字（旁）上部的横筆較短,"口"旁中加飾點,如"由"（簡47）、"由"（簡20）。據這些字例的寫法來看,"蚘"顯然應該釋作"蚘"。"蚘"在簡文中讀作"猶",表示"尚且"之意。"蚘"從由聲,"由""猶"皆爲喻母幽部字,音同可通。傳世古書中"由""猶"相通的辭例非常多見。《清華壹·金縢》簡6—7:"就後武王陟,成王由幼。""由"字整理者讀作"猶"。……他（引者按:指申胥）認爲上天不會再次賜給吳國戰勝越國的機會,而且越國大敗,割棄土地,士氣低落,吳國應該趁機進軍將越國鏟滅。同時,他向君主指出越公現在尚有八千士卒可以爲其赴死,這對吳國來説仍是一個不小的威脅。這也是吳國不能與越行成的重要原因。將"蚘"字釋讀爲"猶",於上下文意非常順暢,而釋讀"胡"則難以通讀。②

霖按:魏宜輝對字形的分析可從,但讀爲"猶"與前文語氣銜接不恰,可改讀爲"孰",疑問代詞作狀語,意思爲"怎麼會"。③《國語·晉語三》:"貞之無報也,孰是人斯,而有是臭也?"歷代學者多訓"孰"爲"誰",解釋大都勉強。王引之《經傳釋詞》卷九:"孰,何也。""蚘"從"由"聲。《上博三·彭祖》簡8"毋蚘（逐）富,毋掎賢,

---

① 簡帛論壇《清華七〈越公其事〉初讀》127樓,2017年5月1日。
② 魏宜輝《讀〈清華大學藏戰國竹簡（柒）〉札記》,觀點首見於簡帛論壇《清華七〈越公其事〉初讀》155樓"cbnd"説,2017年5月6日。後發表於"清華簡"國際研討會議宣讀論文,澳門大學,2017年10月27日。
③ 張新武《"孰"作句首狀語表反問的一種句式》,《語言研究》,2002年第1期。

201

毋向桓"中"㪅"字與本簡"㪅"相似，孟蓬生讀作"遂"可從。① "由"喻四幽部，"遂"定紐覺部，聲紐相同，韻部陰入對轉，《上博三·周易》簡32"喪馬毋由"，今本作"喪馬毋逐"。簡帛文獻中從"由"聲的"胄"又可與"孰"相通，如：《虎溪山漢簡·閻氏五勝》："萬物皆興，歲乃大胄（熟）。"② "胄"，定紐幽部；"孰"，禪紐覺部。"孰有"意思爲"怎麼會有"。

〔10〕臺（敦）刃皆（偕）死

整理者第二章注〔八〕：臺，讀爲"敦"。《莊子·説劍》："王曰：'今日試使士敦劍。'"第20簡作"敦齊兵刃"。皆，一同。《書·湯誓》："時日曷喪，予及汝皆亡！"《孟子》引文作"偕"。

王凱博：《莊子·説劍》"敦劍"，郭嵩燾解"敦"爲治。③

王寧："敦刃"當讀"推刃"。《公羊傳·定公四年》："父受誅，子復讎，推刃之道也。"《後漢書·虞傅蓋臧列傳》："惜洪力劣，不能推刃爲天下報仇，何謂服乎？"漢代書多稱"推鋒"，《史記·秦本紀》："三百人者聞秦擊晉，皆求從，從而見繆公窘，亦皆推鋒争死，以報食馬之德。"④

蕭旭（2017C）：敦，讀爲頓。頓刃，猶言折刃，指殊死決鬥。馬王堆帛書《戰國縱横家書》："請爲天下顔（雁）行頓刃。"《史記·越王勾踐世家》："越王曰：'所求於晉者，不至頓刃接兵，而况於攻城圍邑乎？'"又"而頓刃於河山之間"。《淮南子·齊俗篇》："其兵（戈）銖而無刃。"許慎注："楚人謂刃頓爲銖。"《賈子·制不定》："屠牛坦一朝解十二牛，而芒刃不頓者。"又見《漢書·賈誼傳》，顔師古曰："頓，讀曰鈍。"皆"頓刃"之證。

陳治軍（2018）："敦刃"，即"斷刃"。《莊子·説劍篇》："今日試使士敦劍。"《注》："敦，斷也。""帶甲八千以敦刃皆死"指"帶八千死士"。

---

① 孟蓬生《〈彭祖〉字義疏證》，簡帛研究網，2005年6月21日。轉引自《上海博物館藏戰國竹書（三）讀本》，萬卷樓圖書股份有限公司，2005年，頁270。
② 見白於藍改釋，《簡帛古書通假字大系》，福建人民出版社，2017年，頁147。
③ 簡帛論壇《清華七〈越公其事〉初讀》60樓，2017年4月27日。
④ 簡帛論壇《清華七〈越公其事〉初讀》127樓，2017年5月1日。

霖按：整理者之說可從，"羍"，從宫羊聲，會以羊祭享之意，讀爲"敦"，訓爲"治"，詳見《越王行成章》注〔15〕"戟（敦）力（飭）"。此處"敦刃"與第一章簡 3 "敦飭"意思相類，"整飭兵刃"代指作戰。文獻中未見"羍""推"相通之例，"推刃"雖表面指"持刀殺人"，但多引申指復仇；蕭旭所舉"頓刃"是軍隊駐屯之義，故"推刃""頓刃"放在此處於文義不合。

5. 吴王曰："夫=（大夫）亓（其）良煮（圖）此〔11〕！昔虐（吾）先王盇膚（盧）〔12〕所以克内（入）郢邦，唯皮（彼）鷄（雞）父〔13〕之遠督（荆）〔14〕，天賜中（衷）于吴〔15〕，右我先王〔16〕。

〔11〕良煮（圖）

整理者第二章注〔九〕：良圖，妥善謀劃。《左傳·昭公二十三年》："士彌牟謂韓宣子曰：'子弗良圖，而以叔孫與其讎，叔孫必死之。'"

霖按：整理者之說可從。楚系文字中多以"煮"表{圖}，陳斯鵬認爲"煮"從心者聲，是爲表圖謀一類意義的"圖"造的專字。① "煮"與傳抄古文"圖"字相似，如《汗簡·心部》""、《古文四聲韻·模韻》""。《上博二·魯邦》簡 1"圖"寫作""，從口者聲。

〔12〕盇膚（盧）

霖按："盇"與《上博七·吴命》簡 9："我先君盇▢"字形相同，《張家山漢簡·蓋廬》簡 35 寫作"蓋"，傳世文獻作"闔"。"膚""盧"相通，《上博二·容成》簡 1"尊膚是"讀作"尊盧氏"。盇盧，典籍或作"闔廬""闔閭"等，春秋晚期吴國君主，姬其姓，光其名，吴國末代君主夫差之父。周敬王六年，派使專諸刺殺王僚而自立，曾采用楚亡臣申胥建議伐楚入郢（今湖北江陵西北）。闔閭在位十九年，東征卑盧，西伐巴蜀，威震中國，後與越王句踐戰於檇李，傷重而死。簡文吴王追憶其父伐楚入郢之事。②

---

① 陳斯鵬《楚簡"圖"字補正》，《康樂集——曾憲通教授七十壽辰論文集》，中山大學出版社，2006年，頁 195—199。
② 相關記載見《史記·吴太伯世家》《吴越春秋·闔閭内傳》等。

〔13〕雞父

整理者第二章注〔一〇〕：雞父，又見於清華簡《繫年》第十五章，伍奢之子有"伍員、伍之雞"。伍之雞又稱五雞、雞父。伍之雞在闔閭入郢中發揮過重要作用，其事迹傳世文獻失載。

霖按：關於"五雞"其人，自《清華貳·繫年》刊布以來多有討論，① 兹將《繫年》第十五章部分簡文摘録於下：

> 靈王即世，【簡80】景平王即位。少師無極讒連尹奢而殺之，其子伍員與伍之雞逃歸吴。伍雞將【簡81】吴人以圍州來，爲長壑而汜之，以敗楚師，是雞父之汜。景平王即世，昭王即【簡82】位。伍員爲吴太宰，是教吴人反楚邦之諸侯，以敗楚師于柏舉，遂入郢。

李守奎認爲"伍之雞"又稱伍雞、雞父，是伍員之弟，因其英年早逝，史書失傳。其在吴人圍困州來戰役中利用發掘深溝以淮水作戰，出奇制勝，大敗楚國。後人爲了紀念他，把他修建的水利工程稱作"雞父之汜"。雞父在輔佐闔閭伐楚入郢戰役中發揮過重要作用。② "雞父之戰"是吴王僚八年（公元前519）吴楚力量發生變化的一場重要戰爭，其詳細過程見於《左傳·昭公二十三年》《清華貳·繫年》第十五章等。這場戰役爲公元前506年吴人入郢奠定了基礎。我們懷疑簡文"雞父"是地名，非人名，吴王夫差追憶此事時，此地已因"雞父之汜"而稱作"雞父"。關於其地望，熊賢品認爲非河南固始，現學界多認爲在安徽鳳臺附近。③ 劉光認爲是《水經注·淮水》記載之"雞陂"。④

〔14〕遠懾

整理者第二章注〔十〕：遠，遠離。《孟子·梁惠王上》："君子之於禽獸也，見其

---

① 可參看蘇建洲、吴雯雯、賴怡璇《清華二〈繫年〉集解》，萬卷樓圖書股份有限公司，2013年，頁601—610。
② 李守奎《清華簡中的伍之雞與歷史上的雞父之戰》，《中國高校社會科學》，2017年第2期，頁107—115。
③ 熊賢品《論清華簡柒〈越公其事〉吴越爭霸故事》，《東吴學術》，2018年第1期。
④ 劉光《春秋末期吴楚"雞父之戰"考析》，煙臺大學學報（哲學社會科學版），2017年第1期。

生，不忍見其死；聞其聲，不忍食其肉。是以君子遠庖厨也。"

霖按：整理者之説可從。楚系文字中以"𥹆"表〔荆〕。楚人自稱一般作"楚"，在特定稱謂上纔稱"荆"。① 异體或作"𥹆""𥹈""𥹇"等，如《清華陸·鄭文公甲》簡10"獲彼𥹆（荆）寵"，乙本簡9作"𥹆"，《上博七·吴命》簡4"𥹈（荆）爲不道"，《上博二·容成》簡26"於是乎𥹆（荆）州、揚州始可處也"。

〔15〕賜中（衷）

整理者第二章注〔一一〕：賜中，《國語》作"降衷"，《吴語》："今天降衷於吴，齊師受服。"或以爲與清華簡《保訓》之"中"相近，有更多的文化内涵。

陳偉（2017A）：整理者以《國語·齊語》"降衷"説明簡文"賜中"，是合適的。但讀爲"賜忠"却游離了這一思路。《國語·齊語》"降衷"韋昭注："衷，善也。"《國語·晉語二》："以君之靈，鬼神降衷。"韋昭注亦同。《書·湯誥》："惟皇上帝，降衷於下民。"孔傳也説："衷，善也。"這裏的善，實爲吉祥義。降衷、賜衷，都是説上天給予吉祥，與忠誠之"忠"無涉。

霖按：李零認爲"中"即萬物之靈，主宰着天地人的命運，祇有實現了"中"的境界，方能實現萬物和諧共處、興國安邦，這種概念起源較爲古老。② 我們認爲簡文的"中"即這種較爲抽象的概念，從而起到保佑吴國戰勝的作用，陳偉解釋爲"上天給予吉祥"可從。此處與《清華壹·保訓》"中"的含義相似，以往討論較多，兹不贅述。③ 文獻中多寫作"衷"。

〔16〕右

霖按：右，助。《詩經·大雅·大明》："保右命爾，燮伐大商。"毛傳："右，助。"釋文："右，音佑，字亦作佑。""右""佑""祐"三字同源。

6. 𥹆（荆）帀（師）走，虐（吾）先王遝（遹）之〔17〕，走

---

① 禤健聰《戰國楚系簡帛用字習慣研究》，科學出版社，2017年，頁176。
② 李零《清華簡〈保訓〉"中"字解》，朱新林《〈淮南子〉徵引先秦諸子文獻研究》，浙江大學出版社，2015年，頁255—263。李零認爲"上古是民神异業的時代，故統治階層需以巫的形式溝通天人，以實現政局的穩定與和諧，這種溝通天地的手段方逐漸爲統治階層所獨占。"參看李零《數術方技與古代思想的再認識》，《中國方術正考》，中華書局，2007年。
③ 關於"中"字理解分歧較大，可參看季旭昇《清華大學藏戰國竹簡（壹）讀本·保訓》篇各家觀點的總結，藝文印書館，2013年，頁88—92。

遠，夫甬（用）戔（殘）[18]，虗（吾）先王用克内（入）于郢[19]

[17] 𨗟（逐）之

整理者第二章注〔一二〕："𨗟"字上部與"學"字上部所從相同，"𨗟"字或可隸作"逫"。其上部係表音成分，讀爲"逐"。走，敗逃。《孟子·梁惠王上》："王好戰，請以戰喻。填然鼓之，兵刃既接，棄甲曳兵而走。"

鄔可晶：斷句可改爲："荆師走，吾先王逐之走遠；夫用殘，吾先王用克入于郢。""夫"爲代詞，指代上文出現過的"荆師"。大意是説，楚國的軍隊逃跑了，我先王攆得他們逃得遠遠的；他們（指楚國的軍隊）因而殘滅，我先王因而得以進入郢都。①

趙平安（2017C）："𨗟"從辵，聲符部分下面所從與《越公其事》簡14豕字寫法相同（引者按：字形寫作"𧰨"），應隸作"逫"，看作"逐（邇）"的异體字。"邇之"與"邇爂盈"（引者按：見《清華貳·繫年》簡93）的狀態是一樣的，"邇之走"就是"近之走"，指吾先王貼着荆師跑。……頗疑戰國文字"逐（er）"的聲符就是由甲骨文"奰"一類寫法省簡而來的（引者按：字形主要寫作"𦥑""𦥑"等②）。大約先省作"逫"，再省作"逐"。"逫"聲符上面部分由臼和丨兩部分構成。丨係"木"的省變，"豕"係"犬"的訛變。"犬"和"豕"在甲骨文中已經相混，"犬"訛成"豕"字形上是很好理解的。郭永秉説西周金文中用爲"邇"的"𡙇"，所從"犬"旁已有變作"豕"之例（如大克鼎、番生簋蓋等，見《集成》02836、04326），當是聲化的結果。戰國文字"逐"（er）的聲符由甲骨文"奰"一類寫法省簡，其中包含了由犬到豕的變化，應該也包含了聲化的元素。

易泉："紫竹道人"把"遠"屬上讀。如果斷句作"逐之走遠"，大概是吳師追逐楚師，使其逃遠，此時的"遠"是就楚師與吳師或吳國的距離而言。但從《左傳·定公四年》的記載看，楚師敗逃，吳師在後面緊追，吳師"五戰及郢"。可知楚師、吳師之間保持着一種較近距離的追逐戰狀態。整理者意見應可從，即"荆師走，吾先王逐之

---

① 簡帛論壇《清華七〈越公其事〉初讀》80樓"紫竹道人"説，2017年4月29日。
② 李宗焜《甲骨文字編》"邇"字條，中華書局，2012年，頁557－558。

走"。①

子居（2018F）：遠夫當指荊師。"紫竹道人"讀"甬"爲"用"，當是。"用"可訓爲"因此"，《趙簡子》整理者注已曾指出。

霖按：我們認爲此句應斷爲"酓（荊）帀（師）走，虐（吾）先王遱（逼）之。走遠，夫甬（勇）戔（殘）"。"遱"字分析從趙平安之説，解釋爲"逼"可從，用作動詞，接近、逼近之義，楚簡中"逐"讀作"逼"的討論詳見《秦穆公問蹇叔章》第四節注〔18〕。《穀梁傳·莊公十八年》："以公之追之，不使戎逼於我也。"范甯注："逼，猶近也。不使戎得逼近於我。"此字形又見於《清華伍·三壽》簡15 "🔣"，亦讀爲"逼"可證。"吾先王逼之"與《清華貳·繫年》簡93"齊莊公光率師以逼欒盈"意思類似。

〔18〕走遠，夫甬（用）戔（殘）

整理者第二章注〔一三〕：遠夫，疑指遠征之兵士。甬，讀爲"勇"。戔，讀爲"殘"。《戰國策·秦策五》："昔智伯瑤殘范、中行，圍逼晉陽，卒爲三家笑。"又疑讀爲"踐"，赴也。司馬遷《報任少卿書》："且李陵提步卒不滿五千，深踐戎馬之地。"

黄傑："甬"讀爲"用"，"遠夫甬戔"與"吾先王用克内（入）于郢"兩句句式相似。②

蕭旭（2017C）："踐"是踏義。"戔"是"㦮"繁構。甬戔，讀爲勇前。

易泉："甬"讀作"用"可從。遠夫，指代上文出現過的"荊師"。《左傳·僖公三十二年》記載蹇叔的話："勞師以襲遠，非所聞也。師勞力竭，遠主備之，無乃不可乎？"簡文"遠夫用殘"，可與"勞師以襲遠……師勞力竭"對讀，遠夫之"殘"對應"勞""竭"。③

吳德貞（2018）："甬"當從整理者讀爲"勇"，但應理解爲"勇氣"之意，名詞。"戔"應讀爲"散"。戔，元部從紐，散，元部心紐，可通假，帛書《老子甲》："其微也，易俴也。"今本俴作散。《鬼谷子·散勢法鷙鳥》："推間而形之，則勢散。夫散勢者，心虚志溢，意衰威失……""勇散"之"散"與"勢散"之"散"用法相同。"遠，夫勇

---

① 簡帛論壇《清華七〈越公其事〉初讀》223樓，2018年1月27日。
② 簡帛論壇《清華七〈越公其事〉初讀》81樓"暮四郎"説，2017年4月29日。
③ 簡帛論壇《清華七〈越公其事〉初讀》223樓，2018年1月27日。

散。"遠意指吳師追逐荆師在距離和時間上都已經够長了,"夫"指代前文的"荆師","勇散"意爲在長時間的逃亡中,荆師作戰的勇氣和氣勢已經消散。

霖按：我們認爲"甬"讀爲"用",作順承連詞,相當於"於是",《詩經·小雅·小弁》："假寐永嘆,維憂用老。"據張玉金統計,連詞"用"祇出現於楚簡中,不見於戰國金文和秦簡。① "㦣"、"㦣"字异體,讀作"殘",失敗、毀滅之意。《上博二·容成》簡41"㦣(殘)群安服",《慧琳音義》卷五十一"摧殘已"注引《蒼頡篇》"殘,敗也",《戰國策·中山策》"魏文侯欲殘中山",高誘注："殘,滅之也。"本句意思是"楚軍逃跑得很遠,士兵因而被消滅"。

〔19〕虘（吾）先王用克内（入）于郢

整理者第二章注〔一四〕：闔閭入郢在前506年,詳見《左傳·定公四年》。

霖按：《清華貳·繫年》中共有四章內容與吳人入郢有關,分別見於：

（1）景平王即世,昭王即位。伍員爲吳太宰,是教吳人反楚邦之諸侯,以敗楚師于柏舉,遂入郢。昭王歸隨,與吳人戰于析。吳王子晨將起禍於吳,吳王闔盧乃歸,昭王焉復邦。（第十五章簡82—84）

（2）景平王即世,昭王即位。許人亂,許公㐌出奔晉,晉人羅（罹）,城汝陽,居許公㐌於容城。晉與吳會爲一,以伐楚,門方城。遂盟諸侯於邵陵,伐中山。（第十八章簡100—101）

（3）昭【王】即位,陳、蔡、胡反楚,與吳人伐楚。秦异公命子蒲、子虎率師救楚,與楚師會伐唐,縣之。昭王既復邦,焉克胡、圍蔡。（第十九章簡104—105）

（4）晉簡公立五年,與吳王闔盧伐楚。（第二十章簡109—110）

隨着近年來新材料不斷出現,我們對吳人入郢的歷史有了一些新的認識。比如：吳晉聯軍除已知的唐、蔡二國以外,還包括陳國、胡國；隨州文峰塔曾侯與墓地出土的曾

---

① 張玉金《出土戰國文獻虛詞研究》,人民出版社,2011年,頁249。

侯與鐘記載了昭王奔隨（即曾國，今湖北隨州）之事；[①] "昭王復邦"指收復邦土，非回原來的郢都（爲郢）等，[②] 這些零散的認識需要今後作更爲詳盡的討論，我們僅備注於此。

7. 今我道迻（路）攸（修）隌（險），天命反昃（側）[20]，敗（豈）甬（庸）可（何）智（知）自旻（得）[21]？

〔20〕天命反昃（側）

整理者第二章注〔一五〕：天命反側，《楚辭·天問》："天命反側，何罰何佑？"朱熹《集注》："反側，言無常也。"

霖按：整理者之説可從。"昃""側"皆精紐職部字，可通，《郭店·語四》簡12—13："賢人不在昃（側），是謂迷惑。"天命反側，意思是天命反覆無常。《詩經·小雅·何人斯》："作此好歌，以極反側。"

〔21〕敗（豈）甬（庸）可（何）智（知）自旻（得）

整理者第二章注〔一六〕：甬，讀爲"庸"，與"豈"同義連用。《左傳·莊公十四年》："子儀在位，十四年矣，而謀召君者，庸非貳乎？"得，得勝。銀雀山漢墓竹簡《孫臏兵法·威王問》："以輕卒嘗之，賤而勇者將之，期於北，毋期於得。"

黃傑："天命反側"與"豈甬（庸）可知自得"之間似當標逗號；"可"似當讀爲"何"，"庸"應當與"何"連起來看，"庸何"先秦典籍常見；"得"似當理解爲得天命。"豈甬（庸）可（何）知自得？"似與前文"天不仍賜吳於越邦之利"存在呼應關係。[③]

霖按："敗"從攴豈聲，又見於《上博一·緇衣》簡21，讀作"豈"，副詞，表反詰語氣。"甬可"從黃傑之説，讀作"庸何"，《左傳·文公十八年》："人奪女妻而不怒，一抶女，庸何傷？"王引之《經義述聞·春秋左傳中》："庸亦何也。"《國語·魯語》："醉而怒，醒而喜，庸何傷？君其入也！""甬""庸"喻紐東部，《上博三·恒先》簡11："甬（庸）有果與不果？""得"字從整理者之説，得勝之意。《戰國策·西周策》"合秦攻

---

① 湖北省考古研究所、隨州市博物館《隨州文峰塔M1（曾侯與墓）、M2發掘簡報》，《江漢考古》，2014年第4期。
② 李守奎《清華簡〈繋年〉與吳人入郢新探》，《中國社會科學報》（第7版），2011年11月24日。
③ 簡帛論壇《清華七〈越公其事〉初讀》83樓"暮四郎"說，2017年4月29日。

周而得之",鲍彪注:"得,猶勝。"

8. 虗（吾）訋（始）俴（踐）雩（越）坓（地）以爭＝（至于）今〔22〕,凡吳之善士牉（將）中畔（半）死巳（已）〔23〕。

〔22〕虗（吾）訋（始）俴（踐）雩（越）坓（地）

整理者第二章注〔一七〕：始踐越地,《左傳·哀公元年》（吳王夫差二年）春:"吳王夫差敗越於夫椒,遂入越。"《史記·吳太伯世家》:"（王夫差）二年,吳王悉精兵以伐越,敗之夫椒。"

霖按:"訋"字結構辨析可參看施謝捷《說"訇（訋訇訋）"與相關諸字（上）》一文。① "俴"讀作"踐",踐踏之意。《戰國策·西周策》"踐韓而以攻梁",鮑彪注:"踐,履也。"《尚書·蔡仲之命》"遂踐奄",陸德明釋文引大傳云:"踐,藉也。"楚簡中或從"辵",或從"止",皆"踐"字異體。《上博七·吳命》簡8:"俴（踐）履陳地",《清華陸·子產》簡6:"禮俴（踐）政有事"。

〔23〕凡吳之善士牉（將）中畔（半）死巳（已）

整理者第二章注〔一八〕:善士,《孟子·萬章下》:"一鄉之善士,斯友一鄉之善士;一國之善士,斯友一國之善士;天下之善士,斯友天下之善士。以友天下之善士爲未足,又尚論古之人。"畔,即畔,讀爲"半"。中半,一半。巳、已一字分化。已,語氣詞,表過程完結。《書·洛誥》:"公定,予往已。"古書中多作"矣"。

劉偉浠:此字應隸定爲"畬",下面部件是"辶"的省體。②

子居（2017F）:善士即良士,《戰國策·齊策一》:"楚大勝齊,其良士選卒必殪。"上博簡《曹沫之陳》:"使良車良士往趣之餌。"皆即《越公其事》此處所言的"善士"。

吳德貞（2018）:"善士將"當指"善士"和"善將"。善將,《韓非子·外儲說右上》:"犀首,天下之善將也,梁王之臣也。"《吳子·治兵》:"其善將者,如坐漏船之中。"

---

① 施謝捷《說"訇（訋訇訋）"與相關諸字（上）》,《出土文獻與傳世文獻的詮釋——紀念譚樸森先生逝世兩周年國際學術研討會論文集》,上海古籍出版社,2010年,頁47—66。
② 簡帛論壇《清華七〈越公其事〉初讀》53樓,2017年4月27日。

霖按："善士"應和"勇士"意思相類，并非整理者所舉《孟子·萬章下》中的"有德之士"，亦非子居所提"良士"。"士"，士卒，《孟子·梁惠王上》"危士臣"，朱熹集注："士，戰士也。"《吕氏春秋·簡選》"晉文公造五兩之士五乘，銳卒千人"，高誘注："在車曰士，步曰卒。"簡文主要意思是吳王考慮到自己的兵力不足，故"善士"應指勇於作戰的精鋭士兵。"將"，副詞，表示數量差不多，相當於"將近"。楊樹達《詞詮》卷六："將，幾也。"《孟子·滕文公上》："今滕絶長補短，將五十里也。""畔"，整理者釋作"畔"，讀爲"半"可從。此字形又見於《郭店·老甲》簡25"🗎"，簡30"🗎"，《上博二·容成》簡45"🗎"、包山簡151"🗎"等，從田半聲，或讀作"判""叛""半"等。"半"，"料"之异體，子禾子釜寫作"🗎"，《説文·斗部》："量物分半也。从斗从半，半亦聲。"楚簡中有以"畔"爲聲符的字，如《上博三·周易》簡5"🗎"從糸畔聲，讀作"縶"。

9. 今皮（彼）新（新）去亓（其）邦而笃（毒）[24]，母（毋）乃豕（豖）戰（鬭）[25]？虞（吾）於（烏）膚（胡）取半（八千）人以會皮（彼）死[26]？"

[24] 今皮（彼）新（新）去亓（其）邦而笃（毒）

整理者第二章注〔一九〕：笃，從心，竺聲，讀爲"篤"，專一不變。《論語·子張》："子夏曰：'博學而篤志，切問而近思，仁在其中矣。'"

趙嘉仁（2017）："篤"讀爲"毒"。毒乃暴烈、猛烈義。《國語·吳語》："臣觀吳王之色，類有大憂，小則嬖妾、嫡子死，不則國有大難，大則越入吳。將毒，不可與戰。"韋昭注："毒猶暴也。言若猛獸被毒悖暴。"

侯乃峰：疑當讀爲："今彼新去其邦而笃（逐），毋乃豕（死）鬭？""笃"從"竹"聲，上古音"竹"屬端紐覺部，"竹"聲字與"毒"聲字常見通假；"毒"與"逐"上古音皆屬定紐覺部；故從音理上説，"笃"讀爲"逐"不存在障礙。上古音"豕"屬書紐脂部，"死"屬心紐脂部，舌齒通諧，二字古音亦極近。簡文中吳王之意大概是説：越國士兵剛剛離開其邦國（鋭氣猶存，又思返回故邦國），這時候我們去追逐（消滅）他們，恐怕他們會拼死戰鬥吧？①

王凱博："笁"似當讀爲"毒"，痛恨、憎恨義。②

蕭旭（2017C）："笁"爲"毒"，憎惡也，怨恨也，苦痛也。馬王堆帛書《戰國縱橫家書》："怨笁積怒，非深於齊。"《戰國策·趙策一》《史記·趙世家》"笁"作"毒"。豖鬬，疑指群豕亂鬬。簡文言越軍離開故國，皆有怨恨之心，莫肯爲鬬也。

羅小虎：篤，應理解爲"病"。《楚辭·大招》："察篤夭隱。"王逸注："篤，病也。"《急就章》卷四顏師古注："重病也。"在這個句子中是指軍隊疲敝。《韓非子》："吾甲兵頓，士民病。"《國語》："使吾甲兵頓敝，民人離落。"這句話大意是說，因爲越國軍隊打了敗仗，剛離開國家，非常疲敝，恐怕會決一死戰吧？③

霖按：從趙嘉仁、蕭旭之說，"笁"，從心笁聲，讀作"毒"，憎恨之意。④《楚辭·天問》："稷維元子，帝何笁之。"俞樾《俞樓雜纂·讀楚辭》："笁，當爲毒，古字通用。天笁之爲天毒，即其證也。《廣雅·釋言》曰：毒，憎也。此言稷爲譽元子，帝嚳何爲憎惡之而弃之至再至三乎？"

〔25〕母（毋）乃豖（豘）戡（鬬）

整理者第二章注〔二〇〕：豖鬬，大意是如窮途之獸，負隅頑抗。

肖曉暉（2018）：就音義而言，"豖、豕"同源；就字形而言，"豖"是"豕"的變形分化字。《越公其事》中的"豖門""闖冒"其實就是"豕門、豕冒"，與《越王勾踐世家》裏的"觸戰"相同，可以讀爲"觸門、觸冒"。

霖按："毋乃"，豈非，多用於問句之中，故此句應改作問句。《禮記·檀弓下》："君反其國而有私也，毋乃不可乎？"《漢書·董仲舒傳》："今廢先王德教之官，而獨任執法之吏治民，毋乃任刑之意與？"

"豖鬬"，我們懷疑"豖"爲"豘"之省略。古文字中有"豛"，甲骨文字形寫作

---

① 簡帛論壇《清華七〈越公其事〉初讀》56 樓"漢天山"說，2017 年 4 月 27 日。
② 簡帛論壇《清華七〈越公其事〉初讀》85 樓，2017 年 4 月 29 日。
③ 簡帛論壇《清華七〈越公其事〉初讀》199 樓，2017 年 7 月 24 日。
④ "笁"在楚系簡帛中可讀作"孰""篤""築"，但這三種解釋放入簡文中皆較爲勉強。參看陳斯鵬《楚系簡帛中字形與音義關係研究》，中國社會科學出版社，2011 年，頁 17—19。

"𤰈""𤰉"，① 金文字形寫作"🖼"（芮簋《集成》4195），三晉文字中如《璽彙》1447寫作"🖼"等，大多作地名或人名，缺乏語言環境。此字結構同"猋""驫""麤"類似，以動物爭相奔跑之貌會意。"𢌳"可能與"猋"相似，引申出急劇、猛烈之義，如《楚辭·九歌·雲中君》"猋遠舉兮雲中"，王逸注："猋，去疾貌也。"《爾雅·釋天》："扶搖謂之猋。""𢌳"，《同文備考》："豩，豕亂群。"簡文中"鬥"前明顯是一個形容詞，來表達奮死抵抗之意，"豩鬥"意思是猛烈地戰鬥。

〔26〕於膚（胡）

整理者第二章注〔二一〕：膚，讀爲"胡"，疑問代詞，用法與前文"故"相同。此篇詞語多異寫，例如"使者"之"使"作"彼"，又作"事"等。會，合，應對。彼死，指句踐所言"以八千人死"。

魏棟："膚（胡）"當爲疑問副詞。《越公其事》第二章簡12："公其故（胡）有帶甲八千以敦刃偕死？"這裏的"故（胡）"應訓爲哪裏，明顯是疑問副詞而非疑問代詞。這可作爲將簡14的"膚（胡）"視作疑問副詞的參證。"於"應讀爲"烏"，也作疑問副詞用。《呂氏春秋·明理》"烏聞至樂"，高誘注："烏，安也。""於（烏）膚（胡）"同義連用，訓爲怎樣、哪裏，表反問語氣。此句意思是我哪裏能取得八千人來應對拼命赴死的八千越國兵士。②

黃傑："於膚"似當讀爲"惡乎"。此句大意可能是：我去哪裏找八千人來跟他的死士交戰呢？③

王寧："於"讀爲"烏"。"膚"字簡11用爲闔盧之"盧"，此疑當讀爲臚列之"臚"，陳列義，"臚取"即陳列而取，猶言選擇、挑選。此句是吳王説"我怎麼挑選八千人去和那些亡命徒交戰"？④

魏宜輝（2017）："於"字，我們傾向在句中用作疑問代詞"惡"或"烏"，相當於"怎麼"。"於"字是從"烏"字分化出來的，自可以讀作"烏"。"於""烏"與"惡"

---

① 李宗焜《甲骨文字編》，中華書局，2012年，頁572。
② 清華大學出土文獻讀書會《清華七整理報告補正》。
③ 簡帛論壇《清華七〈越公其事〉初讀》1樓"暮四郎"說，2017年4月23日。
④ 簡帛論壇《清華七〈越公其事〉初讀》175樓，2017年5月14日。

的讀音關係也非常密切。簡文中的"膚"字，我們認爲當讀作"略"。"膚""略"二字讀音關係很近，可以相通。"略"在簡文中當理解爲"收羅"之義。簡文"吾於（惡/烏）膚（略）取八千人以會彼死？"即"我怎麽收羅獲得八千人來應對越人的死戰？"此語表明吴王無力組織軍隊抗擊越人的死戰，故而答應了越人的求成。

香油麵子：魏棟說今從之，而"膚"字諸說中以王寧讀作"臚"爲勝。但這裏"膚（臚）"訓作陳列義，於文意稍未安。"膚（臚）"有評比之義，此用法見於睡虎地秦簡《廄苑律》簡14"以四月、七月、十月、正月膚田牛"，及《秦律雜抄》簡29"膚吏乘馬"。膚，睡虎地秦簡整理者注云："即臚字，《爾雅·釋言》'叙也。'在這裏的意思是評比。"結合《越公其事》"膚（臚）"字用法和取義，睡虎地秦簡"膚田牛""膚吏乘馬"之"膚"，整理者理解無誤，但字可括注讀作"臚"。於此本就有評比、考核之義，而不僅僅是陳列義。綜合來看，"膚（臚）取"即通過考核、評比來選取。簡14"虘（吾）於膚（臚）取（八千）人以會皮（彼）死？"正和前文"凡吴之善士酒（將）中畔（半）死巳（已）"相呼應，反映了吴師在對越戰爭中自身受到沉重的打擊和損失，已難以選取合格的戰士應對越師的以死相拼。①

霖按："於"讀作"烏"，副詞，表反問語氣，相當於"哪裏""怎麽"。《吕氏春秋·季夏紀·明理》："故亂世之主烏聞至樂？"高誘注："烏，安也。"《清華陸·管仲》簡1："君子學哉，學於（烏）可以已？""膚"，整理者讀作"胡"，可從。

"會"，《左傳·哀公二年》："於是乎會之"，杜預注："會，合戰也。"此句大意是"我哪裏挑選出八千人來應對那越國的死士呢？"

【今譯】

吴王聽到越國使者（辭令）柔中帶剛，考慮到道路遥遠險阻，感到恐懼，告訴申胥說："我將答應越國的求和。"申胥說："大王您一定不要答應啊，上天不會再賜予吴國富饒的越國，越國軍隊已經在平原大敗，并且從他們的國家逃散，越國的君臣和百姓不能會合。現在越王怎麽會有八千披甲士兵來一同作戰至死呢？"吴王說："大夫一定要妥善謀劃這件事情。過去我們先王闔間之所以能攻克進入郢都，是那雞父遠離楚國，上天賜

---

① 簡帛論壇《清華七〈越公其事〉初讀》226樓，2018年1月28日。

予吳國吉祥，保佑我們先王。楚國軍隊逃跑，我先王緊緊追趕，楚軍逃跑得很遠，士兵因而被消滅，我先王所以能攻克進入郢都。如今我們道路遙遠險阻，天命反覆無常，怎麼知道我軍會戰勝呢？我們從開始踐踏越國土地到現在，吳國勇士有將近一半已經戰死了，現在越國士兵剛剛離開他們的國家，有憎恨之心，難道不會猛烈地戰鬥嗎？我哪裏挑選出八千人來應對那越國的死士呢？"申胥感到害怕，同意了吳王的想法。

《吳越許成章》集釋（簡15—25）

【章解】

本章主要講述吳王會見使者，委婉陳述吳國攻佔越國之由，最終吳越議和之事。竹簡共計10枚，其中簡18經重新綴合歸入第五節，其餘諸簡皆爲完簡。本章簡文符號使用情況：簡23"徒人"後有鈎識表示句讀，簡15"夫"後、簡19"卞"後、簡20"鄭"後、簡23"夫"後有合文符，簡25"乃還"後有章結符，均書於上字右側下方。關於句讀，我們認爲簡16"然"前需點斷。本章重點討論的疑難字詞有"瘨""齰""遽""羅""闍""獶""齒芒""達気""齊埶"等。

【摹本及隸文】

吳 王 乃 出 新 見 事 者 曰 君 雩 公 不 命 【簡15】

徒 人 而 夫= 親 辱 孤 敢 兌 皋 於 夫=

孤 所 旻 皋 亡 良 鄭 人 再 瘨 息 晉 交 齰

吳 雩 兹 虖 式 邑 之 父 兄 子 弟 朝 夕 棲

《清華大學藏戰國竹簡（柒）》集釋

肰爲犴【簡16】狼飲於山林齒芒孤疾痌之以民生之不長而自不夂亢命用事徒遽趣聖命於【簡17】今厽年亡克又莫孤用忎見雩公余弃晉周好以交求卡═吉羕孤用銜我壹式子弟【簡19】以遻告於鄦═人爲不道或航御募人之謟不玆達气羅甲綏畐臺齊兵刃以玫御【簡20】募人孤用匹命蓮唇闠冒兵刃达遣臺君余聖命於門君不尚新有募人归犾弃孤【簡21】怀虛宗富陟枾於會旨孤或忎亡良僕駢獧火於雩邦孤用內守於宗富以

216

《越公其事》集釋

【簡22】須　使人　今夫=　嚴肰監君王之音
賜孤以好曰余亓與吳科弃息晉于
潛瀘江沽夫婦交【簡23】綾皆爲同生
齊埶同力以御戟戲孤之惡也孤敢
不許諾恣志於雩公使者反命【簡24】
雩王乃盟男女備币乃還【簡25】

【釋文】

吳王乃出，新（親）見事（使）者[1]曰："君雩（越）公不命使（使）人而夫=（大夫）親辱[2]，孤敢兌（脫）辠（罪）於夫=（大夫）[3]。【簡15下】孤所旻（得）辠（罪）：亡（無）良鄴（邊）人[4] 禹（稱）瘦（蓄）息（怨）吾（惡）[5]，交鬭（鬭）吳雩（越）[6]，兹（使）虐（吾）式邑之父兄子弟朝夕粦（殘）[7]，肰（然）爲犴（豺）【簡16】狼飤（食）於山林齒（幽）芒（荒）[8]，孤疾痌（痛）之[9]。以民生之不長而自不夊（終）亓（其）命[10]，用事（使）徒遽趣（趣）聖（聽）命[11]。於【簡17】今厽（三）年，亡（無）克又（有）奠（定），孤用惢（願）見雩（越）公[12]。余弃吾（惡）周（酬）好，以交（徼）求卡=（上下）吉羕（祥）[13]。孤用銜（率）我壹（一）弐（二）子弟【簡19】以逩（奔）告於鄴=（邊。邊）人爲不道，或航（抗）御（禦）眾（寡）人之諿（辭）[15]，不兹（使）達氣（暨）[16]，羅（麗）甲綏（縷）届（胄）[17]，辜（敦）齊兵刃以攷（捍）御（禦）【簡20】眾（寡）人[18]。孤用医（委）命蕫（重）唇（臣）[19]，閒（馳）冒兵刃[20]，达

217

（匍）遹（匐）豪（就）君，余聖（聽）命於門[21]。君不尚（尝）新（親）有暴（寡）人[22]，归（抑）犹（荒）弃孤[23]，【簡21】怀（背）虚宗𪣻（廟）[24]，陟柿（棲）於會旨（稽）[25]。孤或（又）忑（恐）亡（無）良僕駇（御）獜（失）火於雩（越）邦[26]，孤用內（入）守於宗𪣻（廟），以須【簡22】使（使）人[27]。今夫＝（大夫）嚴（儼）肰（然）監（衒）君王之音，賜孤以好[28]曰：'余亓（其）與吳科（播）弃悬（怨）喜（惡）于湝（海）溋（濟）江沽（湖）[29]。夫婦交【簡23】綏（接），皆爲同生[30]，齊埶（勢）同力，以御（禦）戮（仇）戳（雠）[31]。'孤之忑（願）也。孤敢不許諾，恣志於雩（越）公[32]！"使（使）者反（返）命【簡24】雩（越）王，乃盟，男女備（服），币（師）乃還[33]。【簡25】

【集釋】

1. 吳王乃出，新（親）見事（使）者[1]曰："君雩（越）公不命徒（使）人而夫＝（大夫）親辱[2]，孤敢兌（脱）皋（罪）於夫＝（大夫）[3]。

〔1〕新（親）見事（使）者

整理者第三章注〔一〕：事，讀爲"使"。"史""事"楚文字有別。使，楚文字多作"史"。此篇用字多有特別之處。

霖按：楚系文字中表{親}的字形主要有"親""新""慹""慸""新""親"等楚簡中亦多見以"𦥑"表{親}，這種用字習慣具有齊系文字的風格。

〔2〕君雩（越）公不命徒（使）人而夫＝（大夫）親辱

整理者第三章注〔二〕：君越公，夫差對句踐之稱。此外尚有"越公""君王""君"等多種。稱句踐"越公"，與清華簡《繫年》相同。使人，奉命出使之人。《左傳·襄公二十七年》："趙孟曰：'床笫之言不逾閾，況在野乎？非使人之所得聞也。'"此處爲與出使大夫相對的低級別的役使之人。

霖按：整理者之説可從。親辱，婉辭，屈駕親臨，《左傳·襄公二十八年》："宋之盟，君實親辱。"親辱與"來辱"義近，《左傳·昭公十六年》："今吾子以好來辱。"

〔3〕孤敢兑（脱）辠（罪）於夫=（大夫）

整理者第三章注〔三〕：脱罪，開脱罪責。《戰國策·齊策四》："（孟嘗君）謝曰：'文倦於事，憒於憂，而性懧愚，沉於國家之事，開罪於先生。'"

尉侯凱："兑"當讀爲"遂"，"孤敢遂罪於大夫"，謂我豈敢因此加罪大夫。①

霖按：整理者之説可從。"敢"，謙辭，意爲不敢、豈敢。《左傳·莊公二十二年》："敢辱高位，以速官謗。"杜預注："敢，不敢也。""兑"定紐月部，"脱"透紐月部，聲韻俱近。《郭店·老乙》簡15—16"善建者不拔，善抱者不兑"，今本作"脱"。"脱罪"，得罪、冒犯之意，與"開罪"義近。

2. 孤所旻（得）辠（罪）：亡（無）良鄾（邊）人〔4〕再（稱）瘨（蓄）息（怨）晉（惡）〔5〕，交鬭（鬭）吳雩（越）〔6〕，兹（使）虐（吾）式邑之父兄子弟朝夕殘（殘）〔7〕，肰（然）爲犲（豺）狼飤（食）於山林甾（幽）芒（荒）〔8〕，孤疾痛（痛）之〔9〕。

〔4〕孤所旻（得）辠（罪）：亡（無）良邊人

整理者第三章注〔四〕：得罪，冒犯。《國語·吳語》："昔者越國見禍，得罪於天王。"《孟子·離婁上》："爲政不難，不得罪於巨室。"

整理者第三章注〔五〕：無良，不善。《國語·吳語》："今勾踐申禍無良，草鄙之人，敢忘天王之大德，而思邊陲之小怨，以重得罪於下執事？"邊人，《國語·魯語上》"晉人殺厲公，邊人以告"，韋昭注："邊人，疆場之司也。"

秦樺林：疑"亡（無）良"屬上讀，"孤所得辠亡良"爲一句，《國語·吳語》："今勾踐申禍無良，草鄙之人，敢忘天王之大德，而思邊垂之小怨。"②

霖按：從整理者之句讀。"無良"，從整理者之説，不善、不好。"邊人"，整理者認爲是駐守邊境的官員、士兵。我們認爲是邊民，即邊境地區的百姓。《史記·匈奴列傳》："北州已定，願寢兵休士卒養馬，除前事，復故約，以安邊民。"由邊民衝突而引發

---

① 簡帛論壇《清華七〈越公其事〉初讀》74樓"悦園"説，2017年4月28日。
② "召同"《讀清華簡（七）散札（草稿）》2樓"秦樺林"説，2017年4月25日。

戰爭在吳國已有雞父之戰，詳見《吕氏春秋·察微》等文獻。

〔5〕再（稱）瘨（蓄）悬（怨）啎（惡）

整理者第三章注〔五〕：瘨，或以爲當隸作"瘨"，均不見於字書。稱瘨，《國語》有"稱遂"，意義或相近。《國語·周語下》"有密伯鮌，播其淫心，稱遂共工之過，堯用殛之於羽山。"韋昭注："稱，舉也。舉遂共工之過者，謂鄣洪水也。"

孫合肥（2017B）：疒旁内形體整理報告隸定作上自下犬，不確。或認爲其上部是百，可從。其下部與犬旁不同，如獲作 ![字] （簡8）、犴作 ![字] （簡16）、狼作 ![字] （簡17）、獻作 ![字] （簡41）。其下部形體與諸字犬旁不同，乃是犮。《説文》："百，頭也。象形。""首，百同。古文百也。巛象髮，謂之鬐，鬐即巛也。"戰國文字形體中，首與百常互作，如：

首：![字]《郭店·語四》簡5，![字]《清華肆·筮法》簡56。

道：![字]《清華叁·芮良夫》簡6、![字]《侯馬》156：19、![字]《侯馬》179：14

䁻：![字]《璽彙》3484，![字]《璽彙》0164

西周金文"髪"字作犮，從首，犮聲，如 ![字] （《集成》00035），或從百，如 ![字] （《集成》02662）。簡文 ![字] 字，應隸定作"瘨"或"瘨"，簡文中讀爲"發"，義爲"起"。《吕氏春秋·音律》"無發大事"，高誘注："發，起也。"《國語·周語上》"士氣震發"，韋昭注："發，起也。""稱發怨惡"，與後文"播弃怨惡"相對。

王寧："稱遂"可從，後世古書裏多稱"稱述"，"遂""述"通用，《説文·辵部》"述，循也"是其義。孫合肥分析其字從"首"是，然下面的部分非"犮"，仍當爲"犬"，蓋因上有"首"字，本爲"×"形筆不便書寫，故先寫一橫筆又加一斜筆，與正常的"犬"字稍异。……"猶"者，會犬出首突冒之意，此字形當爲"突"或"猝"字之本字，《説文·穴部》："突，犬從穴中暫出也。"段注："引伸爲凡猝乍之稱。"《説文·犬部》又云："猝，犬從艸暴出逐人也。"段注亦云："叚借爲凡猝乍之偁。"二字音近義同，故《玉篇》曰："猝，突也。"從"疒"之字形，則"瘁"字也，簡文中讀爲"遂"

或"述"可知。故此句當讀爲"亡（無）良邊人禹（稱）瘁（遂、述）怨惡"，蓋吳、越本有怨惡，時或消彌，雙邊和平，而有無良邊人稱循舊之怨惡，挑起事端使兩國爭鬥，故曰"交鬥吳越"。①

侯乃峰："稱"字之後是三字同義連用。"瘁"字或可讀爲"讎"，讎怨之義，與"怨""惡"同義。亦或可讀爲"咎"，亦是怨仇之義。②

萧旭（2017C）：《國語》"稱遂"不成詞，彼以"遂"與"過"呼應。書傳"遂過"是成語，《吕氏春秋·審應》："公子食我之辯，適足以飾非遂過。"《韓子·難二》："李子之奸弗蚤禁，使至於計，是遂過也。"《賈子·過秦論下》："秦王足已不問，遂過而不變。"也稱作"遂非"，《逸周書·芮良夫》："遂非不悛。"《漢書·董賢傳》："將軍遂非不改。"也稱作"順過""順非"，《孟子·公孫丑下》："順過飾非，就爲之辭。"又："且古之君子，過則改之；今之君子，過則順之。"《韓詩外傳》卷四："順非而澤，聞見雜博。""遂"是隨順、放縱義。整理者不達厥義，引《國語》，殊爲失當。……" ""從首得聲，讀爲道，與"稱"同義連文。

章水根（2018）：從同篇的"自"以及從"百（首）"之"道"的字形可以看出"自"與"百（首）"間的差別：" "（簡13）、" "（簡28）；" "（簡13）、" "（簡20）。"自"外部弧筆似直立的U形，多爲一筆寫就。"百（首）"外部弧筆作" "似右傾的U形，且由兩筆寫成。而戰國文字"犮"多作" "（曾侯170），其在身部比"犬"要多一筆畫。反觀" "字形，可知此字確應隸作"瘁"。但楚簡中"糗"從"米"從"冥"或"頁"，作" "（信陽2—22）、" "（包山256）、" "（望山一145）。已有學者指出"糗"所從之"冥"當是"臭"變形音化後的結果，有意把"自"改造成與"臭"音近的"百（首）"，而望山楚簡"糗"直接作"頪"，"頁"乃"百（首）"的繁體，"頪"實即從"百（首）"聲。如此則"瘁"亦可看成從"臭"聲，頗疑讀爲"蓄"。《說文》說"齅"讀若畜生之"畜"，而"齅"從"臭"聲，"蓄"從"畜"聲，是"瘁"亦可讀爲"蓄"。簡文"稱蓄怨惡"當與典籍中的"蓄怨"義近。《國語·

---

① 簡帛論壇《清華七〈越公其事〉初讀》89樓，2017年4月29日。
② 簡帛論壇《清華七〈越公其事〉初讀》182樓"漢天山"説，2017年5月20日。

楚語下》"積貨滋多，蓄怨滋厚，不亡何待"，《墨子·尚同上》"下有蓄怨積害，上得而除之"，《楚辭·九辯》"蓄怨兮積思，心煩憺兮忘食事"。"蓄怨"即積聚怨恨。下文第十章簡62－63"雩（越）王句戔（踐）乃命鄔（邊）人敢（取）息（怨），弁（變）䦢（亂）厶（私）成，舀（挑）起息（怨）䛙（惡），邊人乃相攻也"，所記情形與本簡內容極爲相似，其中"聚怨"就相當於"蓄怨"。

陳曉聰（2019）：《越公其事》中的 ![字] 應從疒瘕聲，"瘕"即"髮"字。字書中沒有從疒從髮的字。從讀音上來看，該字或爲"廢"字異體。《說文》："廢，固病也，從疒發聲。"孫合肥先生讀作"發"，訓爲起，可從。……"稱發"乃同義連用。《越公其事》62－63簡："吳師未起，越王句踐乃命邊人敢怨，弁（變）亂私成，舀（挑）起怨惡，邊人乃相攻也。""舀（挑）起怨惡，邊人乃相攻也"正可與"亡（無）良邊人稱發怨惡，交鬥吳越"相互參照。此句意爲"無良的邊人挑起兩國的怨惡，使吳越交鬥"。

霖按："禹"讀作"稱"可從，義爲述說、聲稱。《郭店·魯穆公》簡1－2："亞禹（稱）其君之惡者，可謂忠臣矣。""瘕"，從疒冥聲，章水根之說可從，讀作"蓄"。孫合肥將此字與金文中從首從攴的"猶"字結合起來，但其認爲此字其下從"攴"不準確，此字下方仍是從"犬"，楚簡中"攴"字部件的字或在豎筆上加短橫，或將右下一筆寫得極爲彎曲，如《上博六·天甲》簡11"![字]"、《上博三·周易》簡51"![字]"、《上博九·靈公》簡2"![字]"、《清華肆·筮法·祟》簡45"![字]"等。雖然"稱蓄"一詞在文獻未見，我們懷疑"稱蓄"與文獻中"稱張"意思相類，誇張事實之義，《三國志·魏志·陳留王奐傳》："欲以稱張形勢，感激衆心。"怨惡，怨恨憎惡。《墨子·尚同上》："是以內者父子兄弟作怨惡，離散不能相和合。"簡文意思是誇大怨恨。

〔6〕交䛫（鬥）吳雩（越）

整理者第三章注〔六〕：䛫，從言，䇎聲，讀爲"鬥"。"䇎"即"䇎"，《廣韻》："䇎，徒口切，音鈄。禮器也。"與"鬥"古音極近。交鬥，《左傳·昭公十六年》："若屬有讒人交鬥其間，鬼神而助之，以興其凶惡，悔之何及？"

王凱博：讀作"詠"，即無良邊人往來吳越，用言語讒譖使雙邊怨惡相爭。[①]

[①] 簡帛論壇《清華七〈越公其事〉初讀》61樓，2017年4月27日。

霖按："䛥"，整理者之説可從，"䛥""鬭"皆從"䀓"聲。楚系文字多以"戝"表示"鬭"。左旁從卯豆聲，《清華伍·封許》簡 7 寫作"[字形]"。交鬭，播弄是非、互相爭鬭，"䛥"從言正體現此義。《三國志·魏志·郭嘉傳》："袁紹愛此二子，莫適立也，有郭圖、逢紀爲之謀臣，必交鬭其間，還相離也。"以上幾句意思講邊人誇大怨恨憎惡，在吴越之間播弄是非。

〔7〕兹（使）虐（吾）式邑之父兄子弟朝夕棧（殘）

整理者第三章注〔七〕：父兄子弟，《左傳·襄公八年》："民死亡者，非其父兄，即其子弟。"棧，讀爲"粲"字。棧、粲皆齒音元部字，讀音很近。粲然，衆人聚集貌。《史記·周本紀》："夫獸三爲群，人三爲衆，女三爲粲。"張守節正義引曹大家曰："群、衆、粲，皆多之名也。"又疑"棧"讀爲"狻"。《説文》："狻，齧也。"狻然，如豺狼相撕咬貌。

易泉：疑當讀作貳。貳邑，指兩屬之邑。①

吴德貞（2018）：二邑，似代稱吴越兩國，外交辭令固定用法。上博簡《吴命》簡 1："慎絶我二邑之好……"，《吴命》中的"二邑"也出現在對話中，雖原簡殘缺，據上下文可知對話是有關吴楚兩國矛盾。

厚予："棧"讀爲"殘"。《孟子·梁惠王下》"賊義者爲之殘"，朱熹集注："殘，傷也"。《大戴禮記·用兵》"以禁殘止暴於天下也"，王聘珍解詁："殘，殺害也。"簡文中"殘"意即"殘害""殘殺"。"然"表示順承關係。②

蕭旭（2017C）："爲"猶如也、若也，比喻之詞。③"豺狼"下不當讀斷，"然"是狀詞。殘然爲豺狼，言如豺狼之凶殘也。齒芒，讀爲幽莽，指幽暗的草叢。衆草曰莽。簡文言使二邑之父兄子弟朝夕如凶殘的豺狼逐食於山林幽草之中。

霖按：此句與下一句當斷作"兹（使）虐（吾）式邑之父兄子弟朝夕棧（殘），肰（然）爲犲（豺）狼飤（食）於山林齒（幽）芒（荒）"。"式邑"，代指吴越兩國。"父兄"，泛指長輩；"子弟"，泛指子侄輩。父兄子弟，代指百姓。《左傳·襄公八年》"民死

---

① 簡帛論壇《清華七〈越公其事〉初讀》43 樓，2017 年 4 月 26 日。
② 簡帛論壇《清華七〈越公其事〉初讀》38 樓，2017 年 4 月 26 日。
③ 裴學海《古書虚字集釋》，中華書局，1954 年，頁 118。

亡者，非其父兄，即其子弟"，與簡文意思相似。"朝夕"，猶言從早到晚，形容時間長，《漢紀·哀帝紀上》："新近左右，翫習於朝夕。""棧"，"厚予"之說可從，讀作"殘"，殺戮、殘害之義，這裏表示被動義。《史記·樊酈滕灌列傳》："殘東垣"，裴駰集解引瓚曰："殘，謂多所殺傷也。"《漢書·高帝紀下》："馬邑不下，攻殘之。"顏師古注："殘，謂多所殺戮也。"

〔8〕肰（然）爲犲（豺）狼飤（食）於山林蘙（幽）芒（荒）

整理者第三章注〔七〕：犲，《玉篇》："犲狼也。本作豺。"《楚辭·招魂》："豺狼從目，往來侁侁些。"

整理者第三章注〔八〕：蘙芒，讀爲"草莽"。《國語·晉語二》記載梁由靡告於秦穆公曰："天降禍于晉國，讒言繁興，延及寡君之紹續昆裔，隱悼播越，託在草莽，未有所依。"《左傳·昭公十二年》："昔我先王熊繹辟在荆山，篳路藍縷以處草莽。"

孫合肥（2017B）：此字爲"幽"字异體，增艸旁繁構。《說文》："幽，隱也。"《管子》："蛟龍得水，而神可立也，虎豹得幽，而威可載也。"簡文"幽莽"，意爲"幽静隱蔽的草莽"。

厚予："山林蘙芒"讀爲"山林幽冥"。例見《越絕書·計倪內經》"山林幽冥，不知利害所在"。芒爲明母陽部字，冥爲明母耕部字，聲母相同，韻母對轉。①

黄傑：似當斷讀爲"兹吾二邑之父兄子弟朝夕棧然，爲豺狼食於山林幽冥"。"爲豺狼食於山林幽冥"是說戰死者的尸體在山林幽冥之地被豺狼所食。②

霖按：然，連詞，表轉折關係。王引之《經傳釋詞》卷七："然，猶而也。"《左傳·僖公三十年》："公曰：'吾不能早用子，今急而求子，是寡人之過也。然鄭亡，子亦有不利焉。'""蘙"，從艸幽聲，讀爲"幽"，亦可視爲"幽"字的异體。以"艸"爲偏旁的字多不以之爲聲符，且楚系文字中多用"屮""卉"來表示｛草｝這一義項。禤健聰認爲"用'卉'表示｛草｝當是楚文字的用字習慣"。③"芒"讀作"荒"。"芒"與"冥"雖然音近，但在文獻中相通少見。"芒"與"荒"相通在秦漢簡帛中很常見，如《馬王堆

---

① 簡帛論壇《清華七〈越公其事〉初讀》38樓，2017年4月26日。
② 簡帛論壇《清華七〈越公其事〉初讀》88樓"暮四郎"說，2017年4月29日。
③ 禤健聰《戰國楚系簡帛用字習慣研究》上編"戰國楚系簡帛用字習慣例釋"，科學出版社，2017年3月，頁54。

肆·經法·六分》行24："主失立（位）則國芒（荒），臣失處則令不行。"① 雖然"草莽"一詞在傳世文獻中習見，但我們應尊重簡帛中的用字習慣，而且長沙馬王堆漢墓帛書亦發現於楚地，可見"芒"通"荒"在楚系語言中是比較常見的。雖然我們目前未發現楚簡中有"芒"通"荒"的例子，但本篇簡21有"狅（荒）弃"一詞，可輔證"亡"可與"荒"相通。"幽荒"即"荒遠之地"。《尚書大傳》："堯南撫交趾，于《禹貢》荆州之南垂，幽荒之外，故越也。"《抱朴子·詰鮑》："鮑生曰：王者欽想奇瑞，引誘幽荒。"我們知道古文字中在原有字形的基礎上附加相關意符是很常見的，近年來學者們結合花東甲骨中的"幽"字字形對"幽"字本從"山"作過很多討論，② 因此在"幽"字之上附加與山中之物有關的"艸"是可以理解的。古文字常於較孤立突兀處增添飾筆，如"自"訛寫作"省"，③ "𢆻"字所從"丝"頂端突兀處加"艸"與"兹"字極爲相似，故有人懷疑此字從"兹"。④ 西周晚期馭簋中有一"𢆻"字即從"兹"，但這種從"兹"的"幽"較爲少見。

〔9〕孤疾痌（痛）之

整理者第三章注〔九〕：痌，《玉篇》："痛也。"亦作"恫"。《詩·思齊》"神罔時怨，神罔時恫"，毛傳："恫，痛也。"痌、痛異體字。

霖按：整理者之說可從。疾、痌同義連用，《左傳·成公十三年》"斯是用痛心疾首"，杜預注："疾，亦痛。"《吕氏春秋·博志》"苦痛之"，高誘注："痛，悼也。"

3. 以民生之不長而自不夂（終）丌（其）命〔10〕，用事（使）徒遽趣（趣）聖（聽）命〔11〕。

〔10〕以民生之不長而自不夂（終）丌（其）命

整理者第三章注〔一〇〕：民生，猶言人生。《國語·吴語》："因使人告於吴王

---

① "芒""荒"主要見於馬王堆帛書、銀雀山漢簡、《北大叁·周馴》等。
② 陳美蘭《說"幽"——兼談〈蘭賦〉"幽中"》，《中國文字》（新37期），藝文印書館，2011年12月，頁13—22。楊軍會《談花園莊東地甲骨文字的原始性》，《中國文字研究》（第15輯），大象出版社，2011年，頁218—222。
③ 李守奎、肖攀《清華簡〈繫年〉文字考釋與構形研究》，上海：中西書局，2015年，頁120。另外，此書亦討論過"幺""玄""糸""丝""絲"等字的關係，參看頁179—191。
④ 簡帛論壇《清華七〈越公其事〉初讀》42樓"心包"說，2017年4月26日。

曰：'天以吳賜越，孤不敢不受。以民生之不長，王其無死！民生於地上，寓也，其與幾何？'"第73簡："民生不仍，王其毋死。民生地上，寓也，其與幾何？"民生不長，大意是人的壽命不長。自不終其命，意爲自己不得令終其命。《楚辭·離騷》："民生各有所樂兮，余獨好修以爲常。"朱熹《集注》："言人生各隨氣習，有所好樂。"

馬楠：似出《高宗肜日》："降年有永有不永，非天夭民，民中絕命。"①

霖按：以，因果連詞，如《晏子春秋·內篇雜下》第九章："（楚人）以晏子短，爲小門於大門之側而延晏子。""民生"從整理者之說，即人生。《漢書·五行志中之上》："魯穆叔會晉歸，告孟孝伯曰：'趙孟將死矣！其語偷，不似民主；且年未盈五十，而諄諄焉如八九十者，弗能久矣……'孝伯曰：'民生幾何，誰能毋偷！'"《左傳·襄公三十一年》詳載此事，"民生"作"人生"。"長"，久遠、長久。《孫子·虛實》："日有短長，月有死生。""終其命"，終養天年。《史記·秦始皇本紀》："日月所照，舟輿所載。皆終其命，莫不得意。"《孔子家語·賢君》："故賢也既不遇天，恐不終其命焉。"

〔11〕用事（使）徒遽趣（趨）聖（聽）命

整理者第三章注〔一一〕：用，因此。事，讀爲"使"。遽、趣同意連用，猶遽卒。遽，急速。《莊子·天地》："厲之人夜半生其子，遽取火而視之，汲汲然唯恐其似己也。"成玄英疏："遽，速也。"趣，即"趨"字，《說文》："趨，疾也。"下一支簡首字當是"君"。

胡敕瑞（2017B）：《爾雅·釋言二》："遽，傳也。"《說文·人部》："傳，遽也。從人、專聲。"《說文·辵部》："遽，傳也。一曰：窘也。從辵、豦聲。"徐鍇曰："傳車尚速，故又爲窘迫也。""傳""遽"同義，可以互訓。根據徐鍇案語，可知"遽"的本義爲傳車，引申則有急速、窘迫義。簡文中的"遽"是本義的一種借代用法，借以表示乘坐車馬的使者。《禮記·玉藻》："士曰傳遽之臣，於大夫曰外私。"鄭玄注："傳遽，以車馬給使者也。"《周禮·秋官·司寇》："行夫：掌邦國傳遽之小事、媺惡而無禮者。"鄭玄注："傳遽，若今時乘傳、騎驛而使者也。""遽""傳"析言有異，渾言無別。簡文中的"遽"并非與其後的"趣"同義連用，而是與其前的"徒"構成近義連用。"徒""遽"指往來的使者，無車馬而使謂之"徒"，有車馬而使謂之"遽"。《說文·辵部》："徒，步行

---

① 清華大學出土文獻讀書會《清華七整理報告補正》。

也。从辵、土聲。"《易經·賁》："初九，賁其趾，舍車而徒。"《左傳·隱公九年》："彼徒我車，懼其侵軼我也。"《國語·吳語》記載吳王之事，正有"徒遽"連用例，"徒遽"表示徒步、坐車的使者。如下：

　　吳王親對之曰："天子有命，周室卑約，貢獻莫入，上帝鬼神而不可以告。無姬姓之振也，徒遽來告。孤日夜相繼，匍匐就君。"韋昭注："徒，步也。遽，傳車也。"(《國語·吳語》)

《吳越春秋·夫差內傳》有一段與《國語·吳語》相似的內容，文作：

　　吳王親對曰："天子有命，周室卑弱，約諸侯貢獻，莫入王府，上帝鬼神而不可以告。無姬姓之所振，懼，遣使來告。冠蓋不絕於道。"

《國語》的"徒遽來告"相當於《吳越春秋》的"遣使來告"，"徒遽"相當於"使"。簡文中的"徒遽"用同《國語·吳語》，也是指徒步的使者與乘坐車馬的使者。簡文"用事（使）徒遽趣聖（聽）命於……"一句意謂"因此派遣徒步的使者、坐車的使者趕緊聽命於……"。

　　石小力（2017B）：下文"趣"字屢見，皆爲單用，如簡54"乃趣徇于王宫，亦趣取戮。"簡56—57"王乃趣至于溝塘之功，乃趣取戮于後至後成。王乃趣設戍于東夷、西夷，乃趣取戮于後至不恭。"未見與他詞連用者，故"遽"字不當與"趣"連用，而應與"徒"字連讀，"徒遽"一詞見於《國語·吳語》"吳王親對之曰：'天子有命，周室卑約，貢獻莫入，上帝鬼神而不可以告。無姬姓之振也，徒遽來告。'"韋昭注："徒，步也。遽，傳車也。""徒"本指步行之人，"遽"指驛車、驛馬，《周禮·秋官·行夫》："行夫掌邦國傳遽之小事。"鄭玄注："傳遽，若今時乘傳騎驛而使者也。""徒遽"連用，則泛指使人。[①]

　　霖按："用"作順承連詞，"因而"義。"徒遽"，胡敕瑞之説可從，泛指使人。段

---

① 觀點首見於簡帛論壇《清華七〈越公其事〉初讀》86樓"末之"説，2017年4月29日。

玉裁《說文解字注》"驛"注："車謂傳，馬謂遽。渾言則傳、遽無二，析言則傳、遽分車、馬。""遽"在楚簡中首見，延續西周金文寫法，"聽命"，猶從命。《左傳·僖公二十四年》："鄭之人入滑也，滑人聽命。"

4. 於今厽（三）年，亡（無）克又（有）奠（定），孤用忎（願）見雩（越）公〔12〕。余弃晉（惡）周（酬）好，以交（徹）求卡=（上下）吉羕（祥）〔13〕。

〔12〕於今厽（三）年，亡（無）克又（有）奠（定），孤用（願）忎見雩（越）公

整理者第三章注〔一三〕：三年，《史記·越王句踐世家》載，句踐三年，亦即檇李之戰後之第三年，吳王發兵擊越，敗之夫椒，越王保棲會稽。

陳劍（2017B）：簡17與19直接連讀，"於今三年"，文從字順。《詩經·豳風·東山》："自我不見，于今三年。""於今若干年"之語，《左傳》《國語》中數見，此各舉一例。《國語·晉語八》："子教寡人和諸戎、狄而正諸華，於今八年，七合諸侯，寡人無不得志，請與子共樂之。"《左傳·昭公元年》："主相晉國，於今八年，晉國無亂，諸侯無闕，可謂良矣。"與簡文一樣，皆承上文所說之事而言，即"自……到今若干年"之意。後文簡21有"余聽命於門"，似乎對整理者"聽命於【君】"的講法有利，但《左傳》《國語》中亦不乏祇說"……聽命"、其後不接其他語者，如《國語·晉語六》"郤至甲胄而見客，免胄而聽命，曰……"，《左傳·昭公十四年》："群臣不忘其君，畏子以及今，三年聽命矣。"《左傳·襄公八年》："五月甲辰，會于邢丘，以命朝聘之數，使諸侯之大夫聽命。"皆可與簡文說法相印證。

吳德貞（2018）：無克有定，類似句式古籍常見。《詩·大雅·蕩》："靡不有初，鮮克有終。"鄭玄箋："克，能也。"《詩·小雅·正月》："既克有定，靡人弗勝。"

霖按：楚系文字中除以"三"之外，還用"參""厽""晶"等表示｛三｝。"奠"讀作"定"，義為停止、停息。《詩經·小雅·節南山》"亂靡有定"，鄭玄箋："定，止也。"《詩經·小雅·正月》"既克有定"，馬瑞辰《傳箋通釋》："定，猶止也。"

〔13〕余弃晉（惡）周（酬）好，以交（徹）求卡=（上下）吉羕

（祥）〔13〕

整理者第三章注〔一四〕：弃恶，《左傳·成公十三年》："吾與女同好弃恶，復脩舊德，以追念前勛。"周，合。《楚辭·離騷》："雖不周於今之人兮，愿依彭咸之遺則。"王逸注："周，合也。"周好，合好。《左傳·定公十年》："兩君和好，而裔夷之俘以兵亂之，非齊君所以命諸侯也。"

整理者第三章注〔一五〕：交，讀爲"徼"，求取。徼、求，同義連用。吉祥，《莊子·人間世》："虛室生白，吉祥止止。"成玄英疏："吉者，福善之事；祥者，嘉慶之徵。"

黄傑："周"（幽部章母）當讀爲"修"（幽部心母）。古"周""攸"聲字通用。①

林少平："周"如字讀。《左傳·哀公十二年》："盟，所以周信也。"杜預注："周，固也。"事實上，"周信"與"周好"的用法是一致的。②

高山仰止："周"，"親密"之意。《論語·爲政》："君子周而不比，小人比而不周。"《左傳·文公十八年》："醜類惡物，頑嚚不友，是與比周"。孔穎達疏："比是相近也，周是親密也。"周好，即親密友好。

魏宜輝（2017）：《楚辭·離騷》中的"周"訓作"合"，這個"合"其實是"適合"的意思，這與《左傳》中"合好"之"合"的意思是不一樣的。結合音、義來看，我們認爲簡文中的"周"有可能讀作"酬"。"周"字古音爲章母幽部字，"酬"爲禪母幽部字，二字讀音關係密切。古書中亦有"周""州"相通的辭例，如《孟子·告子上》中記載的人名"華周"，《漢書·古今人表》作"華州"。"翕州"一語見於馬王堆漢墓竹簡《天下至道談》篇簡22，而在簡23又作"翕周"。銀雀山漢簡1605："……年而兵出州留天下，不服之國莫之能拒。"其中的"州留"，竹簡整理者釋作"周流"。這些可以作爲"周"讀作"酬"的旁證。簡文中的"酬"爲"報答、答謝"之義。吳王稱"余弃恶周（酬）好，以徼求上下吉祥"，即吳王放弃與越交恶，答謝對方的友好，以求得上下吉祥。③

---

① 簡帛論壇《清華七〈越公其事〉初讀》1樓"暮四郎"說，2017年4月23日。
② 簡帛論壇《清華七〈越公其事〉初讀》3樓，2017年4月23日。
③ 觀點首見於簡帛論壇《清華七〈越公其事〉初讀》155樓"cbnd"說，2017年5月6日。

霖按：魏宜輝之說可從，"棄惡周好"是兩個動賓詞語并列的短語，故"周"應理解一個動詞。文獻中"周""州"相通常見，魏地布幣"平州"（見《錢典》379、384），即文獻中記載戰國魏地"平周"。① "酬"，酬報，《吕氏春秋·慎行》"因以爲酬"，高誘注："酬，報也。" "棄惡"，丢棄怨恨。"徵求"，求取。《孟子·盡心章句上》："以其夭壽皆定於未形有分之初，亦此而不二也，不可徵求之矣。" "上下"，指天地。《楚辭·天問》："上下未形，何由考之？" "吉祥"，預示好運之徵兆，祥瑞。簡文意思是"我丢棄怨恨，酬謝友好，以求取天地的祥瑞"。

5. 孤用銜（率）我壹（一）弍（二）子弟以逩（奔）告於鄾=（邊〔14〕。邊）人爲不道，或航（抗）御（禦）募（寡）人之詞（辭）〔15〕，

〔14〕孤用銜（率）我壹（一）弍（二）子弟以逩（奔）告於鄾

整理者第三章注〔一六〕：壹，楚文字文本中首見。一二，少許。《書·康誥》："（文王）用肇造我區夏，越我一二邦，以修我西土。"

霖按：以"壹"表示｛一｝多見於秦系文字，如詛楚文"[圖]"、封宗邑瓦書"[圖]"、銅器銘文"[圖]"（商鞅量《集成》10372）等。"一二"，表示少數，《書·康誥》："用肇造我區夏，越我一二邦以修。" "子弟"，從軍者。《漢書·韓安國傳》："今以陛下之威，海内爲一，天下同任，又遣子弟乘邊守塞。" "[圖]"，"奔"之繁文。奔告，奔走告知、趕快相告。《尚書·西伯戡黎》："西伯既戡黎，祖伊恐，奔告於王。" "鄾"，從邑寡聲，邊字異體，邊境、邊界。《國語·吴語》"頓顙於邊"，韋昭注："邊，邊境也。"

〔15〕邊人爲不道，或航（抗）御（禦）募（寡）人之詞（辭）

整理者第三章注〔一七〕：此邊人指越之邊人。抗禦，《晉書·邵續李矩等傳論》："招集義勇，抗禦仇讎。"

單育辰："或（又）抗禦寡人之辭"，"或"應讀爲"又"。②

---

① 黄盛璋《新出秦兵器銘刻新探》，《文博》，1988年第6期。
② 簡帛論壇《清華七〈越公其事〉初讀》49樓"ee"說，2017年4月27日。

尉侯凱："詯"讀爲"駘"，駘，劣馬，謙辭。[1]

霖按："不道"，無道、胡作非爲。《國語・晉語八》："公子辱於弊邑，必避不道也。""或"訓作"有"，《讀書雜志・漢書第十三・揚雄傳》"豈或帝王之彌文哉"，王念孫按："或者，有也。""航"讀作"抗"可從"㚻"又見於鄂君啓節"屯三舟爲一航"，字形寫作"㚻"，過去多有學者認爲其右旁從"夸"，我們同意董珊[2]、李守奎[3]、陳劍[4]等學者之説，其右側從"亢"。"抗禦"，抵抗、防禦。"䛑"，從言訇聲，字形或寫作"訇"，讀作"辭"可從。《郭店・緇衣》簡 7："不訇（辭）其所能"，《上博六・競公瘧》簡 13"晏子訇（辭）"。

6. 不兹（使）達气（暨）[16]，羅（麗）甲綏（纓）冑（冑）[17]，臺（敦）齊兵刃以攼（捍）御（禦）暴（寡）人[18]。

〔16〕不兹（使）達气（暨）

整理者第三章注〔一八〕：達氣，通氣，猶達意。《鶡冠子・近迭》："縱法之載於圖者，其於以喻心達意，揚道之所謂。"

王寧：讀作"邊人爲不道，或航（抗）御（禦）寡人之訇（辭）不兹（使）達，气（既）羅甲纓冑，敦（推）齊（擠）兵刃以攼（捍）御（禦）寡人"。"气"讀爲"既"，"既"猶"即"也。[5]

王凱博：《上博六・用曰》簡 10"謂天高而不概（暨），恐地厚而不達"，"概

---

[1] 簡帛論壇《清華七〈越公其事〉初讀》77樓"悦園"説，2017年4月28日。
[2] 董珊《讀〈上博六〉雜記》，武漢大學簡帛網 http://www.bsm.org.cn/show_article.php?id=603，2007年7月10日。
[3] 李守奎《楚文字考釋獻疑》，張光裕、黃德寬主編《古文字學論稿》，安徽大學出版社，2008年，頁344—348。
[4] 陳劍《試説戰國文字中寫法特殊的"亢"和從"亢"諸字》，《出土文獻與古文字研究》（第3輯），復旦大學出版社，2010年，頁151—182。
[5] 簡帛論壇《清華七〈越公其事〉初讀》95樓，2017年4月29日。"既"猶"即"見裴學海《古書虛字集釋》，頁338。

（暨）"從陳偉説。① 則本篇簡 20 "不兹（使）達气"之"气"恐即讀爲"暨"。②

霖按：整理者讀作"達氣"，文獻未見。王凱博之説可從，"達"字從"↑"聲（字形或作"↑""本"），③ 到達、達到之義，《書·禹貢》："浮於濟漯，達於河。""气"字，"氣"字异文，又見於行氣玉銘"气"、《上博一·性情》簡 1 "气"。"氣"溪紐微部，"暨"群紐物部，聲韻相近，《上博七·凡甲》簡 4："五既（氣）并至，吾奚異奚同？"、《上博二·容成》簡 29："乃辨陰陽之氣（氣）"，《張家山漢簡·蓋廬》簡 44："敵人進舍，天暨（氣）甚暑"。"暨"，至、到。《國語·周語中》"上求不暨"，韋昭注："暨，至也。"《史記·秦始皇本紀》"地東至海暨朝鮮"，張守節正義："暨，及也。""達暨"，并列結構，均有至、到之義，意思是不能使寡人之辭到達。

〔17〕羅（麗）甲綏（緌）冑（冑）

整理者第三章注〔一九〕：羅，讀爲"罹"。《書·湯誥》"罹其凶害"，孔傳："罹，被。"緌，《説文》："冠系也。"古書作"緌"。冑，冑，見第一章注釋〔八〕。此處指載冑結緌，《荀子·樂論》："帶甲嬰冑，歌於行伍，使人之心傷。"《墨子·兼愛下》："今有平原廣野於此，被甲嬰冑將往戰，死生之權未可識也。"

xiaosong："罹"所訓之"被"是遭受的意思，與文獻常見的"被甲"之"被"意思不同。"羅"當讀爲麗，"麗，著也。"古書多有"著甲"之語，即穿上鎧甲。或認爲"羅"有包羅之義，"羅甲"是將鎧甲網羅于身上，即穿上鎧甲。④

侯乃峰："羅"讀爲"縭（纚）"。《説文·糸部》："縭，以絲介履也。"《爾雅·釋器》："婦人之褘謂之縭。"《爾雅·釋水》："縭，緌也。"邢昺疏："縭訓爲緌，緌又爲繫。"《詩·小雅·采菽》"紼縭（今毛詩作纚）維之"，馬瑞辰通釋："詩以紼纚平列，紼蓋以麻爲索，纚蓋以竹爲索，皆所以維舟也。"集傳："纚、維皆繫也。"古代名動相因，

---

① 引者按：觀點見於陳偉《〈用曰〉校讀》，武漢大學簡帛網 http://www.bsm.org.cn/show_article.php?id=623，2007 年 7 月 15 日。
② 簡帛論壇《清華七〈越公其事〉初讀》96 樓，2017 年 4 月 29 日。
③ 趙平安《"達"字兩系説——兼釋甲骨文所謂"途"和齊金文中所謂"造"字》，原載《中國文字》（新 27 期），藝文印書館，2001 年。後收入《文字·文獻·古史——趙平安自選集》，頁 27－37，今據後者引用。
④ 簡帛論壇《清華七〈越公其事〉初讀》50 樓，2017 年 4 月 27 日。

"綸（纙）"爲繫物之索帶，自然可用作動詞"繫"；猶如"纓"作爲名詞是指冠帶或繫於頸之飾物，作動詞則訓爲繫結。"羅甲纓胄"是兩個并列的"v＋n"結構，"羅""纓"二字的意思差不多。①

"羅"讀爲"穿"亦可。本篇簡文"范蠡"寫成"范羅"，二字通假。"蠡"從彖聲，彖、川音近可通，而川、穿皆昌紐元部（川或歸文部），故"羅"讀爲"穿"。《說文·手部》："擐，貫也。从手瞏聲。《春秋傳》曰：'擐甲執兵。'"《左傳·成公十三年》："躬擐甲胄。"《國語·吳語》："夜中乃令服兵擐甲。"意即穿甲。②

蘇建洲："羅甲纓胄"讀爲"帶甲嬰胄"。"羅"，來紐歌部一等開口；"帶"，端紐月部一等開口，聲韻極近。《荀子·樂論》："帶甲嬰胄，歌於行伍，使人之心傷。"雖然本篇簡文已有帶字，但上下文裏同一個詞確有用不同的字表示之例。③

蕭旭：羅，讀爲連，一聲之轉。連甲，謂以組（即絲繩）連綴鎧甲。《呂氏春秋·去尤》："郑之故法，爲甲裳以帛。公息忌謂郑君曰：'不若以組。凡甲之所以爲固者，以滿竅也，今竅滿矣，而任力者半耳。且組則不然，竅滿則盡任力矣。'"高誘注："以帛綴甲。"《初學記》卷22引"綴"作"連"。《管子·五行》："組甲屬兵。"尹知章注："組甲，謂以組貫甲也。"《左傳·襄公三年》："組甲三百，被練三千。"孔疏引賈逵曰："組甲，以組綴甲，車士服之。"……簡文"羅甲"言戰備也，不是穿戴鎧甲義。

霖按："羅"應讀作"麗"，附着，二字均來紐歌部，古通。《易經·離卦·象傳》："離，麗也。日月麗乎天，百穀草木麗乎土。"惠棟："麗者，附麗。"《素問·五運行大論》："五行麗地"，王冰："麗，著也。"《清華陸·鄭甲》簡6："戰於魚羅（麗）。""緌"，簡文中作動詞，讀作"嬰"，穿着之意。"嬰""纓"二字相通常見，如《禮記·內則》："衿嬰綦屨。"陸德明釋文："嬰，又作纓。"《墨子·兼愛下》"被甲嬰胄"，孫詒讓閒詁引《漢書》顏注云："嬰，加也。""加"有穿着之意，如《論語·鄉黨》："加朝服拖紳"，皇侃疏："加，覆也。""麗甲嬰胄"是兩個動賓結構的并列短語，與簡3"身被甲胄"意思相似。

---

① 簡帛論壇《清華七〈越公其事〉初讀》55樓，2017年4月27日。
② 簡帛論壇《清華七〈越公其事〉初讀》63樓"漢天山"說，2017年4月27日。
③ 簡帛論壇《清華七〈越公其事〉初讀》57樓"海天游蹤"說，2017年4月27日。

〔18〕辜（敦）齊兵刃以玫（捍）御（禦）臬（寡）人

整理者第三章注〔二〇〕：敦齊，猶敦比，治理。《荀子·榮辱》："孝弟原愨，軥録疾力，以敦比其事業而不敢怠傲。"兵刃，兵器。《孟子·梁惠王上》："填然鼓之，兵刃既接，弃甲曳兵而走。"

王凱博："敦齊兵刃"，"敦齊"整理者已言猶"敦比"，"齊"訓整，即整飭、整治，亦與"飭"義相近。①

王寧："敦齊"當讀爲《荀子·解蔽》"好相推擠"之"推擠"。②

霖按："齊"訓爲"利"，鋒利，《漢書·王莽傳下》"喪其齊斧"，顔師古注引應劭曰："齊，利也。""齊"的這個義項與"資"同，如《周易·旅卦·爻辭》："九四，旅于處，得其資斧，我心不快。"這裏用作動詞，使鋒利。《管子·兵法》："厲士利械，則涉難而不匱。""易泉"認爲與"齊刃"有關不確。③"齊刃"意思是一齊殺敵，與簡文無關。"敦齊兵刃"意思是修治兵器，使兵器鋒利。"玫"從攴干聲，讀作"捍"，《集韻·翰韻》："扞，衛也。或作捍。""捍禦"，防衛、抵禦。《周易正義·蒙卦·爻辭》："上九：擊蒙，不利爲寇，利禦寇。"王弼注："……爲之捍禦，則物咸附之。"《後漢書·逸民傳·逢萌》："行至勞山，人果相率以兵弩捍禦。"

7. 孤用�（委）命疃（重）唇（臣）〔19〕，闔（馳）冒兵刃〔20〕，达（匍）遄（匐）臯（就）君，余聖（聽）命於門〔21〕。

〔19〕孤用匚（委）命疃（重）唇（臣）

整理者第三章注〔二一〕：匚，見於中山王器大鼎，讀爲"委"，委任，屬托。《左傳·成公二年》"王使委於三吏"，杜預注："委，屬也。"委命，任命。《史記·刺客列傳》："此丹之上願，而不知所委命，唯荆卿留意焉。"唇，即楚之"辰"字，讀爲"臣"。《史記·齊太公世家》"子哀公不辰立"，司馬貞索隱："《系本》作'不臣'，譙周亦作'不辰'。"疃唇，疑讀爲"重臣"，《管子·明法解》："治亂不以法斷，而決於重臣……此寄生之主也。"

---

① 簡帛論壇《清華七〈越公其事〉初讀》60樓，2017年4月27日。
② 簡帛論壇《清華七〈越公其事〉初讀》91樓，2017年4月29日。
③ 簡帛論壇《清華七〈越公其事〉初讀》100樓"易泉"説，2017年4月30日。

馬楠：犝脣似當讀爲"董振"，《左傳·昭公三年》"而辱使董振擇之"，杜注"董，正也。振，整也"，孔疏："言正整選擇，示精審也。"①

難言："犝脣"指"童侲"，"侲"亦童也，未成年人。②

侯乃峰：讀爲"孤用委命董振"。……意爲：我因此委命謹慎恭敬之人。③

蘇建洲：以文義來説，當以"重臣"之説爲好。《銘圖》6321 王子臣俎、《銘圖續》124 王子臣鼎，董珊據《繫年》認爲王子臣即"夫榠王晨"。"晨""臣"音近可通，《史記·齊太公世家》"子哀公不辰立"，《索隱》："不辰，《世本》作不臣，譙周亦作不辰。"是知以上兩種新見銘文的"王子臣"即夫榠王晨。④

蕭旭：委命，猶言授命，《吳越春秋·勾踐歸國外傳》："北向稱臣，委命吳國。""犝脣"即《清華陸·管仲》之"脣童"，亦即"侲童"，指宮中男奴女婢（余于《清華六校補》有詳説）。"委命犝脣"即賈誼《過秦論》"委命下吏"之誼，指把自身性命交給卑賤之人。⑤

范常喜（2018A）：前引《越公其事》簡文末句可重新斷讀作"孤用委命，犝脣閕，冒兵刃，匍匐就君，余聽命於門"。其中"犝脣閕"三字當讀作"踵晨昏"。"童""重"二字上古音俱屬定母冬部，聲韻全同，以二字爲聲符之字在文獻中多可相通。……簡文中的"犝"可讀作"踵"。"犝"字從立童聲，應即"踵"之異體。踵在古籍中多訓爲繼續、接續，例如《説文·足部》："踵，追也。"《呂氏春秋·觀幽》："千里而有一士，比肩也；累世而有一聖人，繼踵也。"……"閕"字原簡文作𨳇，從門從豕，結構清晰，整理者釋作"閕"可從。結合《國語·吳語》中"日夜相繼"的記述可知，"閕"可讀作"昏"。據此推測，"閕"應即"圂"之異體，《説文·囗部》："圂，厠也。从囗，象豕在囗中也。會意。"從字形結構來看，"閕"既可分析爲從門從豕的會意字，也可以分析爲

---

① 清華大學出土文獻讀書會《清華七整理報告補正》。
② 簡帛論壇《清華七〈越公其事〉初讀》18 樓，2017 年 4 月 25 日。
③ 簡帛論壇《清華七〈越公其事〉初讀》151 樓"漢天山"説，2017 年 5 月 5 日。
④ 簡帛論壇《清華七〈越公其事〉初讀》181 樓"海天游蹤"説，2017 年 5 月 20 日。原注：參看董珊《讀〈繫年〉札記》，復旦大學出土文獻與古文字研究中心網 http://www.gwz.fudan.edu.cn/Web/Show/1752，2011 年 12 月 26 日。石小力《商周青銅器銘文暨圖像集成續編》釋文校訂，鄒芙都主編《商周青銅器與先秦史研究論叢》，科學出版社，2017 年，頁 142—155。
⑤ 簡帛論壇《清華七〈越公其事〉初讀》197 樓，2017 年 7 月 3 日。

從豕門聲的形聲字。上古音中"圂"屬匣母文部,"昏"屬曉母文部,二字韻部相同,聲紐祇有清濁之別,自可相通。若將"閽"視作從豕門聲的形聲字,則"門"在上古音中屬明母文部,與"昏"聲之字亦多相通。如從耳門聲的"聞"字,《說文》古文寫作從耳昏聲的"䎽"。……綜上可知,清華簡《越公其事》中的"潼脣閽"即"踵晨昏",晨昏相繼、以晨繼昏之義,這與《國語·吳語》中的"日夜相繼"表意完全一致,都是日夜兼程趕時間的意思。古籍當中多用"夜以繼日""夜以續日""夜以接日"等成語表示,例如《孟子·離婁下》:"仰而思之,夜以繼日;幸而得之,坐以待旦。"……綜上可見,簡文末句可改釋作"孤用委命,潼(踵)脣(晨)閽(昏),冒兵刃,匍匐就君,余聽命於門"。大意為"我因此下了命令,起早貪黑,冒著兵刃,急遽地來到您這裏,以聽命於您的門前"。此外,如此斷讀之後,"昏""刃""君""門"諸字全押文部韻,這也使得吳王的這一外交辭令讀起來更加鏗鏘有力。

霖按:"匜",又見於越王州句劍" "" "、①《璽彙》2315" "等。②"委命",義為任命、委派。"潼",從立童聲,或為"橦"字異體,整理者讀作"重"可從。"脣"讀作"臣"可從,《清華貳·繫年》簡84:"吳王子晨將起禍于吳,吳王闔閭乃歸。"董珊認為近出的王子臣鼎與王子臣俎所記"王子臣"即"夫槩王晨","脣"禪紐文部,"臣"禪紐真部,聲紐相同,韻部旁轉可通。

〔20〕閽冒兵刃

整理者第三章注〔二二〕:閽,《玉篇》:"門也。"甲骨文有" "字(《合集》26927),待考。冒,頂著。司馬遷《報任少卿書》:"張空拳,冒白刃。"

趙嘉仁(2017):閽字疑為"蒙"字異體,與《玉篇》訓為"門"的"閽"為同形異字。"蒙"從"冡"聲,古音在明紐東部,"閽"從豕門聲,門古音在明紐文部。近年的古文字研究表明,上古東部與文部可以相通,因此"蒙"可改換為從"門"得聲。如此簡文"閽冒"就是"蒙冒",也就是"冒蒙",為同義複合詞。蒙、冒皆為頂著、冒著的意思。《左傳·襄公十四年》:"乃祖吾離被苫蓋、蒙荊棘以來歸我先君。"杜預注:

---

① 施謝捷《吳越文字彙編》,江蘇教育出版社,1998年,頁127。
② 李家浩認為此字形是"圂"之省寫,參看李家浩《新見越王者旨於賜劍和越王州句劍》,《中國文字研究》,2018年第1期。

"蒙，冒也。"《淮南子·脩務》："昔者南榮疇耻聖道之獨亡於己，身淬霜露，軟蹫跌，跋涉山川，冒蒙荆棘，百舍重跰，不敢休息。"文中"冒蒙"就相當於簡文的"闟冒"。

難言：可能是"突"字異體，文獻有"冒鋒突刃""冒突白刃"。①

尉侯凱：疑讀爲"逐"，"逐冒兵刃"，謂冒着兵刃追逐。②

易泉：從門從豕，以豕爲聲，可讀作蹈。"豕"書紐支部，"蹈"定紐幽部，同爲舌音，韻爲旁轉，音近可通。文獻中從豕之字與從攸之字通作，從攸之字與從舀之字可通。蹈，訓作踐踏。《説文》："蹈，踐也。"《管子·法法》："蹈白刃，受矢石，入水火，以聽上令"。《呂氏春秋·禁塞》："蹈白刃"。《商君書·慎法》："且先王能令其民蹈白刃，被矢石，其民之欲爲之，非好學之，所以避害。"③

王寧：整理者注釋首字舉出甲骨文有"闟"的字，值得重視，"闟"字所從的"豕"很可能就是"豩"的省寫。"豩"字《説文》有伯貧、呼關二切，由其從"門"看，可能"門"爲綴加的聲符，則伯貧切當是，在簡文中可能是讀爲"奮"。如果必由"門"聲求之，也可能讀爲"敃"，《尚書·康誥》"敃不畏死"，孔傳："敃，彊也。自彊爲惡而不畏死。"孔穎達疏："自彊爲之而不畏死。"《説文·支部》："敃，冒也。"昏冒義，在簡文中不合適。④

黔之菜（2017）：從豩得聲的字，《説文》有豳、燹、闟等字。《説文》："闟，闟閬，鬭連結繽紛相牽也。閬，闟閬也。"而"闟""紛"并撫文切，古音相同；又鄭司農注《周禮·春官·司几筵》"紛讀爲豳"；又西周青銅器簋有"燹芊馨香"語，"燹芊"，吴鎮烽、裘錫圭皆讀爲"芬芳"。凡此皆可證從豩或燹與從分聲的字讀音相近而通假，所以我們認爲簡文之"闟冒"可讀爲"坌冒"。《新書·勸學》："昔者南榮跦醜聖道之忘乎己，故步陟山川，坌（一本或作盆）冒楚棘，彌道千餘，百舍重繭，而不敢久息。"《淮南子·脩務》有類似的語句作："昔者南榮疇耻聖道之獨亡於己，身淬霜露，軟蹫跌【步】，跋涉山川，冒蒙荆棘，百舍重跰〈趼〉，不敢休息。"蔣禮鴻指出："坌冒之坌與逢同，觸犯之義也。……坌、逢聲近義通。"然則簡文之言"闟（坌）冒兵刃"與《賈子》之言"坌冒

---

① 簡帛論壇《清華七〈越公其事〉初讀》27 樓，2017 年 4 月 25 日。
② 簡帛論壇《清華七〈越公其事〉初讀》74 樓"悦園"説，2017 年 4 月 28 日。
③ 簡帛論壇《清華七越公其事初讀》103 樓，2017 年 4 月 30 日。
④ 簡帛論壇《清華七〈越公其事〉初讀》105 樓，2017 年 4 月 30 日。

楚棘"，文例相類，用意相近，就是觸犯兵刃、觸犯荊棘之義。

潘燈：黔之菜所述"坌（一本或作盆）冒"，或即爲楚厲王熊眴，乃楚霄敖熊坎之子，又作蚡冒。"闑（坌）冒兵刃"所言"兵刃"當指兵器，與《賈子》之言"坌冒楚棘"之"棘"，似乎也應爲兵器，《左傳·隱公十一年》"子都拔棘以逐之"，杜預注："棘，戟也。""楚棘"或謂"楚戟"。"楚棘"概言楚國兵力或武力。"闑（坌）冒兵刃"理解爲：楚厲王蚡冒的兵員裝備，即蚡冒之武力。①

蕭旭（2017C）："闑"從門豕聲，"豕"异體作"彖"。《說文》："彖，豕也，从彑从豕，讀若弛。""地"字或作"埅""墬"，從豕得聲，字又作"壁""墜"，"彖"誤作"象"。簡文闑讀爲馳，奔也。《史記·秦本紀》："馳冒晉軍。"

許文獻（2017B）：實則"🐗"字所從豕，恐非"豕"，疑是"象"。關於"象"或"彖"字，學界曾有不少討論，②……可證"🐗"字倘釋爲"豕"或"象"，皆有其可能性，即以楚簡從豕之例而言，其字形异化甚鉅，倘若以"豕"頭下之寫法爲區分標準，則大概可分爲兩類：

一、"豕"頭下未見橫筆者，例如 🐗（包山簡211）、🐗（《上博三·仲弓》簡3）；

二、"豕"頭下或見橫筆者，例如 🐗（天卜）、🐗（包山簡226）、🐗（望山簡1.14）。

可知"🐗"字所從疑爲"豕"或"象"之字形，似乎較近於第二類形構，且有重複一至二筆之情形，頗疑此乃甲金文"象"字較"豕"多一橫筆或繩索之孑遺，例如 🐗（史墻盤"象"，《集成》10175）、🐗（录伯或簋蓋"象"，《集成》04302）、🐗（函皇父鼎"豕"，《集成》02745）。

故"🐗"字或可釋從象，若然，則簡文"🐗"字似可改隸作"闑"，從象得聲，而據陳劍對從象諸例音讀所作之界定，即上述所云"金文'象'（引者按：字形作'🐗'

---

① 簡帛論壇《清華七〈越公其事〉初讀》169—170樓，2017年5月12日。
② 參看孟蓬生《釋"象"》，《古漢語研究》，1998年第3期。陳劍《金文"象"字考釋》，《甲骨金文考釋論集》，綫裝書局，2007年，頁243—272。

‘䊼’‚‘䊻’）當與本從‘它’聲的‘地’和‘施’讀音相近"，則疑簡文此例應可讀爲"馳"，"馳"字上古音屬定母歌部，與"豙""它""地""施"與"弛"等字，俱韻近可通，而"馳"字在此可訓作"車馬疾行"，即《説文》釋"馳"所云"大驅也"，故簡文所謂"馳冒"，或猶《史記·秦本紀》中所云"於是岐下食善馬者三百人馳冒晉軍，晉軍解圍，遂脱繆公而反生得晉君"，"馳冒"在此可解作"車馬疾行衝擊"之意，倘置於此簡中，并依據"黔之菜"將"兵刃"或解作"荆棘"之説，則簡文"馳冒兵刃"或可引申作"疾速力克兵刃或荆棘"之意，甚至可呼應下文"匍匐就君"語，殆其所謂"匍匐"，即訓作"急遽、盡力"，其猶《詩經·邶風·谷風》所云"凡民有喪，匍匐救之。"

程少軒：疑豙是豖之訛，字原當作閦，從門豖聲，讀若觸。"閦冒"即"觸冒"。"觸冒"古書常見，《後漢書·劉茂傳》："茂與弟觸冒兵刃，緣山負食，臣及妻子得度死命，節義尤高。"[①]

林少平：斷句爲"孤用委命，踵晨閦，冒兵刃"。[②] "用委命"即"以性命相托"。踵，讀作"踵"，又作"歱"。"晨閦"即文獻所説"晨門"。本指出入都邑之城門，又引申爲守門之人。《論語·憲問》："子路宿於石門。晨門曰：'奚自？'子路曰：'自孔氏。'"何晏集解："晨門者，閽人也。"邢昺疏："晨門，掌晨昏開閉門者，謂閽人也。""踵晨閦"即"登城門"。簡文意思説"我以性命相托，登城門，冒兵刃"。[③]

吴祺（2018B）：此字當分析爲從門、豙聲之字，於此似當讀爲"抵"。語音方面，"抵"從"氐"聲，上古音"氐"爲端母脂部字，"豙"爲書母歌部字。二者聲母同爲舌音，韻部關係密切。且從"氐"聲字與從"豙"聲字均能與從"希"聲字相通。如郭店簡《老子》乙篇簡12"大音祇聲"，河上、王弼本和帛書乙本"祇"作"希"，傅奕本作"稀"。上博簡《孔子詩論》簡16＋24："夫葛（葛）之見訶（歌）也，則以芪（絺）菽（綌）古（故）也。"簡文"芪"字原形作"䒫"，陳劍先生認爲此字右下所從爲"氐"字，并將此字讀爲"絺"。這些均是從"氐"聲字與從"希"聲字相通的例證。《説文·豙部》："豙，豙也。竭其尾，故謂之豙。象毛足而後有尾，讀與豨同。"又《説文·豙

---

① 簡帛論壇《清華七〈越公其事〉初讀》191樓"一上示三王"説，2017年6月8日。
② 簡帛論壇《清華七〈越公其事〉初讀》192樓，2017年6月8日。
③ 簡帛論壇《清華七〈越公其事〉初讀》196樓，2017年6月19日。

部》:"豨,豕走豨豨。从豕,希聲。"這是"豕"聲字與"希"聲字相通之證。故簡文"闅"字當可讀作"抵"。……簡文"闅(抵)冒兵刃"即抵觸冒犯兵刃之義。"抵冒"一詞見於典籍,如《漢書·董仲舒傳》:"使習俗薄惡,人民嚻頑,抵冒殊捍,孰爛如此之甚者也。"《漢書·趙充國辛慶忌傳》:"羌人旁緣前言,抵冒渡湟水,郡縣不能禁。"是其例。

霖按:許文獻之説可從,"闅",故此字應看作"闅"字異體,從門象聲。從"門"之字多不從門聲,故"象"應爲此字聲符。整理者所舉甲骨文"𤉢"又見於婦闅爵(《集成》9093),或認爲從"鹵"得聲,《汗簡》卷六中"𤉢"讀爲邠,[①] "闅"(與之無直接聯繫。孟蓬生將金文中"象"讀作"弛",[②] 張政烺將縣改篡(《集成》4269)中從"象"的"𦕢"讀作"施",[③] 故許文獻將之讀作"馳"可從。"馳冒兵刃"意思是馳馬衝出兵刃相接之地。

〔21〕达(匍)遖(匐)𢖇(就)君,余聖(聽)命於門

整理者第三章注〔二三〕:达遖,讀爲"匍匐"。《詩·生民》"誕實匍匐,克岐克嶷,以就口食",朱熹《集傳》:"匍匐,手足并行也。"《國語·吳語》:"王覺而無見也,乃匍匐將入于棘闈,棘闈不納。"

霖按:"达遖"讀作"匍匐"可從。"达"又見於僕兒鐘(《集成》185),從辵夫聲。"匍匐"猶爬行,"就"義爲往某處去,《荀子·大略》:"均薪施火,火就燥;平地注水,水流濕。""匍匐就君"婉辭,"聽命"猶從命,意思是爬行着到您這裏,我聽命於您門下。

8. 君不尚(嘗)新(親)有暴(寡)人[22],㚅(抑)犴(荒)弃孤[23],怀(背)虛宗宙(廟)[24],陟柿(棲)於會旨(稽)[25]。

---

① 簡帛論壇《清華七〈越公其事〉初讀》171、173樓"水之甘"説,2017年5月12日。
② 孟蓬生《釋"象"》,《古漢語研究》,1998年第3期。
③ 張政烺《周厲王胡簋釋文》,《古文字研究》(第3輯),中華書局,1980年,頁107。後收入《張政烺文史論集》,中華書局,2004年,頁533—534。

〔22〕君不尚新（親）有㝬（寡）人

整理者第三章注〔二四〕：不尚，讀爲"不嘗"，不曾。《史記·刺客列傳》："於是襄子乃數豫讓曰：'子不嘗事范、中行氏乎？'"有，通"右"，佑助。《墨子·非命下》"天有顯德，其行甚章"，孫詒讓《閒詁》引莊述祖曰："'有'當爲'右'，助也。"

石小力（2017B）："有"當讀爲寬宥、赦宥之"宥"，《左傳·莊公二十二年》"幸若獲宥"，杜預注："宥，赦也。""親宥寡人"與簡15"孤敢脫辠於大夫"正相對應。本句大意是越王過去不曾親自寬宥寡人，却反而抛棄寡人，毁棄宗廟，登處於會稽之山。這是吴王的外交辭令，本應是吴王赦免越王，却説成越王赦宥自己。①

王凱博："親"與"有"連，且與"荒棄"相對，此"有"也可能不破讀。"有"，有"親""善"的意思，如《左傳·昭公二十年》"是不有寡君也"，杜預注："有，相親有。"這與前面"匍匐就君""聽命於門"也相承應。②

王寧：讀爲"親友"，即《漢書·楚元王傳》"與相親友"的"親友"，動詞。③ 典籍裏有"有""友"通假的例子，出土文獻裏用"侑"爲"友"。王引之《經義述聞》卷三十一："有與友古字通，故友訓爲親，有亦可訓爲親。友訓爲愛，有亦可訓爲愛。"古書裏用爲親、愛義的"有"可能是"友"的假借字。④

薛培武："有"與"友"不是同源，"親有"的"有"與"相得""相能"類似，如《荀子·正論》"不應不動，則上下無以相有也"，不能讀"友"。⑤

霖按："尚"從整理者説，讀作"嘗"。"有"如字讀，整理者讀作"右"，佑助義多用於先公先王，與簡文文意不符。"親有"，義爲親熱友愛。《左傳·昭公二十年》"是不有寡君也"，杜預注："有，相親有。"《周易·大有·象上傳》："火在天上，大有"，焦循章句："有，親有也。"《經義述聞·尚書》"我尚有之"條，王引之按："古者謂相親曰有。"

〔23〕曰（抑）犴（荒）弃孤

---

① 觀點首見於簡帛論壇《清華七〈越公其事〉初讀》44樓，2017年4月26日。
② 簡帛論壇《清華七〈越公其事〉初讀》142樓，2017年5月3日。
③ 簡帛論壇《清華七〈越公其事〉初讀》145樓，2017年5月5日。
④ 簡帛論壇《清華七〈越公其事〉初讀》150樓，2017年5月5日。
⑤ 簡帛論壇《清華七〈越公其事〉初讀》149樓"心包"説，2017年5月5日。

整理者第三章注〔二五〕：旮，讀爲"抑"，轉折連詞。《左傳·襄公二十三年》："多則多矣，抑君似鼠。"犾弃，讀爲"荒弃"，廢弃。

霖按："旮"字延續甲金文字寫法，讀作"抑"，表示讓步。古文字中"印""抑""卬"同源。"犾"讀作"荒"可從，楚系文字多用"亢""忘"表〔荒〕義，如《上博三·三德》簡7"喜樂無限度，是謂大亢（荒）"，蔡侯申鐘"余非敢寧忘（荒）"。簡文此字又見於《上博一·性情》簡38，字形作"![字形]"。簡文爲"不有夫奮犾之情則侮"，對此字考釋的主要觀點如下：

（1）濮茅左讀爲"猛"，幷引《漢書·禮樂志》："粗厲猛奮之音作，而民剛毅。"顔師古注："猛奮，發揚也。"爲證。

（2）李零認爲："'奮作'，原書把上字隸定爲從衣從田，疑爲'奮'字之省；把下字隸定爲從犬從亡，讀爲'猛'。這兩個字，上字確爲楚文字常見的'奮'字，但下字從犬從乍，參看郭店本的寫法，還是讀'作'更好。"①

（3）陳慶霖認爲："楚系'亡''乍'二字常相混，就文義思之，字應釋作'從犬從乍'，讀爲'作'，有'振作'義。"②

（4）徐在國讀爲"猛"，"奮猛"謂人奮擊猛起也。③

徐在國之説可從，讀作"猛"。此字或爲"猛"之异體，整理者將"![字形]"字讀作"荒"。"猛"明紐陽部，"荒"曉紐陽部，二字韻部相同，明紐與曉紐關係密切，如楚系文字中以"昏"表"聞"，以"洇"表"海"等。

〔24〕伓（背）虛宗宙（廟）

整理者第三章注〔二六〕：伓，讀爲"圮"。《書·堯典》"方命圮族"，孔傳："圮，毀。"虛，讀爲"墟"，毀爲廢墟。《墨子·非攻中》："今萬乘之國，虛數於千，不勝而入。"圮、墟，同義詞連用。

---

① 李零《上博楚簡校讀記》，萬卷樓圖書有限公司，2002年3月，頁63—83。
② 季旭昇《上海博物館藏戰國竹書（一）讀本》，北京大學出版社，2009年，頁227。
③ 徐在國《上博楚簡文字聲系》第四冊，安徽大學出版社，頁1780，2013年12月。

石小力（2017B）：下文言"孤用人守於宗廟，以須使人"，如果勾踐將宗廟毁爲廢墟，就不能再有下文"人守於宗廟"了，疑"怀"讀爲"背"，二字古書屢見通假，可以通用，"虚"勿煩破讀，用爲本字，"背虚"就是拋棄使虚空的意思，"背虚宗廟"與"播弃宗廟""委去其邦"意思相類。本句大意是越王過去不曾親自寬宥寡人，却反而拋弃寡人，委棄宗廟，登處於會稽之山。這是吳王的外交辭令，本應是吳王赦免越王，却説成越王赦宥自己。①

易泉："怀虚宗廟"，虚如字讀可從。"虚宗廟"之説，見於《荀子·解蔽》："此其所以喪九牧之地，而虚宗廟之國也。"怀，疑屬上讀作附，指依附、親附。此處斷句當作："抑荒弃孤怀（附），虚宗廟。"②

林少平："怀虚宗廟"，整理者讀"怀虚"作"圮墟"有誤。簡文并無"毁壞宗廟"之義。"怀虚"當讀作"背去"，與簡四"播弃宗廟"之"播弃"近義。③

陳劍（2017B）：讀作"倍虚"。

蕭旭（2017C）："虚""墟"古今字，整理者所釋亦不誤，不是"虚空"義。怀，讀爲仆，字亦作踣，倒覆也。

霖按："怀"，從人不聲，"倍"之异體，在楚簡多讀作"背"，如：《郭店·忠信》簡3"信人不怀（背）"，《上博二·從乙》簡3"懼則背"。"背"，義爲離去，《荀子·解蔽》"背而走"，楊倞注："背，弃去也。"《孫子·九地》"背城邑多者"，杜佑注："背，去也。""虚"如字讀，空也。《史記·魏公子列傳》："公子從車騎，虚左，自迎夷門侯生。"《三國志·魏志·管寧傳》："度虚館以候之。""背虚宗廟"意思是離弃宗廟，使其空着。

〔25〕陟柿（棲）於會旨（稽）

整理者第三章注〔二七〕：柿，讀爲"棲"。"帀（師）"與"妻"皆齒音脂部。

霖按：整理者之説可從。"柿"從木帀聲，"柿""棲"均心紐脂部可通，"陟棲於會稽"意思是"登上停留在會稽山上"。

---

① 觀點首見於簡帛論壇《清華七〈越公其事〉初讀》51樓"末之"説，2017年4月27日。
② 簡帛論壇《清華七〈越公其事〉初讀》116樓，2017年5月1日。
③ 簡帛論壇《清華七〈越公其事〉初讀》162樓，2017年5月6日。

9. 孤或（又）忑（恐）亡（無）良僕馭（御）獩（失）火於雩（越）邦[26]，孤用内（入）守於宗官（廟），以須使（使）人[27]。

[26] 孤或（又）忑（恐）亡（無）良僕馭（御）獩（失）火於雩（越）邦

整理者第三章注〔二八〕：獩，疑讀爲"燃"。燃火，猶縱火。

馬楠：獩，疑即"㷟"字，讀爲次第之"第"。"獩火"猶云"改火"。上句説越國已經圮虚宗廟，陳師會稽，所以吳王辭令説：恐懼越國沒有良僕馭鑽燧改火（承祀宗廟），故而入守宗廟，以待使人。①

程燕（2018）：此字應釋爲"狄"，右上所從"弟"乃贅加聲符。"狄"，定紐錫部；"弟"，定紐脂部，二者聲同韻亦近。"逷"的《説文》古文從"易"聲，"易"可與定紐脂部的"夷"相通，可資佐證。"獩"在簡文中可讀作"敵"，"狄""敵"二字古通，《左傳·昭公四年》："衛邢無難敵亦喪之。"《新序·善謀》"敵"作"狄"。"敵火"應指敵方之火。

易泉："良僕馭"之"馭"讀作禦，《晏子春秋·内篇雜上》有"今子長八尺，迺爲人僕禦"。"良僕御"似當連皆用作名詞。如然，施火，便要理解爲中性的動詞，這種情況下似指主動的去用火、管控火。或用作動詞，"獩火"理解爲意料外之火，包含縱火、失火，後一種情況下，"獩"以弟爲聲，似可讀作失。"弟"定紐脂部，"失"書紐質部，韻爲對轉，紐皆爲舌音。文獻有䵷、秩通作之例。②

馮勝君（2017）："獩"字右上所從類似"弟"的形體，當即"虍"旁之訛。戰國竹簡文字"虍"旁或作 ![] 、![] 等形，與"獩"右上所從相近。故此字當隸定作"獩"，釋爲"然"。戰國竹簡文字中"肰"字或從"虍"，寫作 ![] （《語叢一》簡30）、![] （《語叢一》簡63）、![] （《語叢一》簡67）等形，《古文四聲韻》引《古孝經》"然"字寫作 ![] ，

---

① 清華大學出土文獻讀書會《清華七整理報告補正》。
② 簡帛論壇《清華七〈越公其事〉初讀》48樓，2017年4月27日。

所從"虎"旁有所訛變。故"獤"字應分析爲從"虒（肔）"省從"火"，可直接釋爲"然"，從整理者讀爲"燃火"之"燃"。我們曾經討論過《上博五·季康子》篇中的"㹻"字，認爲應分析爲從犬臈（胖）省聲，釋爲"狎"；或分析爲從肉獂（狎）省聲，釋爲"胖"。"臈/獂"在字形組合中將所從"羍"旁省去，正可與"獤"字將所從"肉"旁省去相類比。① 因此簡文"獤火"即"然/燃火"。

石小力（2017B）："獤"字從字形來看，應如程燕分析，即"狄"字贅加聲符"弟"之異體。從讀法來看，整理者對文意的把握是正確的，但讀"燃"（日母元部），與"狄"（定母錫部）古音差別較大，恐難相通。今疑讀爲書母歌部之"施"，二字聲紐皆爲舌音，韻部旁轉，讀音相近，可以通假。古書中"狄"字常見與"易"字通用（參《古字通假會典》第 467 頁），而"易"字與"施"字可以通用，如《詩·小雅·何人斯》："我心易也。"《釋文》："易，韓詩作施。"《戰國策·韓策二》："易三川而歸。"《史記·韓世家》"易"作"施"。故"狄"字可以讀爲"施"。施火，即縱火。《荀子·大略》："均薪施火，火就燥；平地注水，水流濕。"《墨子·備穴》："敢問古人有善攻者，穴土而入，縛柱施火，以壞吾城，城壞，或中人爲之奈何？"②

蔡一峰（2019）：程燕對字形的分析值得注意，"狄"和"弟"古均爲定母，韻部錫部和脂部也有聯繫，有意思的是，文獻中狄字聲系和弟字聲系都可以和以母錫部的易字聲系發生聯繫，如《詩·魯頌·泮水》："桓桓于徵，狄彼東南。"鄭玄箋："狄，當作剔。"《左傳》僖公二十八年："糾逖王慝。""逖"，漢《都鄉正街碑》作"剔"。……竊以爲"獤火"可讀爲"易火"，按古書中的"易火"同"改火"，一般是指古人鑽木取火會按照四季的不同而選用不同木材，如《論語·陽貨》："君子三年不爲禮，禮必壞；三年不爲樂，樂必崩。舊穀既没，新穀既升，鑽燧改火，期可已矣。"《管子·禁藏》："當春三月，萩室熯造，鑽燧易火，杼井易水，所以去茲毒也。"但"易火"置於簡文則另有内涵，"火"當爲宗廟祭祀之火，"易"當訓延，《書·盤庚》："我乃劓殄滅之，無遺育，無俾易種於兹新邑。"曾運乾《正讀》云："易，延易也。"《左傳》隱公六年："《商書》曰：惡之易也，如火之燎于原，不可鄉邇，其猶可撲滅。"《經義述聞》王引之按引王念孫曰：

---

① 馮勝君《讀簡隨記（二題）》，《古文字研究》（第 30 輯），中華書局，2014 年，頁 331—333。
② 觀點首見於簡帛論壇《清華七〈越公其事〉初讀》47 樓，2017 年 4 月 27 日。

"易者，延也。""易火"猶言"延火"，宗廟香火長明必須有專人負責侍奉續火，"易火"即指這類差事，宗廟火燭的燃與滅直接與邦國存亡聯繫在一起。

霖按：此句與《越王行成章》"繼緒於越邦"意思相類，與下一句"孤用入守於宗廟，以須使人"相照應。"無良"，不善，《詩經·小雅·角弓》："民之無良，相怨一方。""䮷"從馬午聲，字形又見於《郭店·尊德》簡7"造父之䮷（御）馬"，《郭店·成之》簡16"可䮷（御）也"等。"僕御"，駕車馬者，《史記·管晏列傳》："今子長八尺，乃爲人僕御。"簡文中可能指戰爭中駕馬之士兵。"獘"的字形，程燕分析可從，從犬，從火，弟聲，讀作"失"。"弟"，定紐脂部；"失"，書紐質部。二字聲紐爲舌齒音，韻部陰入對轉。"失火"，即"使火逸"，《左傳·宣公十六年》："凡火，人火曰火，天火曰災。"孔穎達正義曰："人火，從人而起，人失火而爲害。本其火之所來，故指火體而謂之爲火。"《續資治通鑒長編》："若女奴失火，同保人不覺察。"本句意思是"我又害怕不善的士兵在越邦縱火。"

〔27〕孤用内（入）守於宗宎（廟），以須伎（使）人

霖按："守"，守候，《史記·樂書》"弦匏笙簧合守拊鼓"，張守節正義："守，待也。"《戰國策·秦策四》"今王之使盛橋守事於韓"，鮑彪注："守，猶待。""須"，《儀禮·士昏禮記》"某敢不敬須"，鄭玄注："須，待也。"本句意思是"我因而進入守候在宗廟，來等待使者"。

10．今夫=（大夫）嚴（儼）肰（然）監（銜）君王之音，賜孤以好〔28〕曰：'余亓（其）與吳科（播）弃息（怨）𠹤（惡）于𣴞（海）濾（濟）江沽（湖）〔29〕。

〔28〕今夫=（大夫）嚴（儼）肰（然）監（銜）君王之音，賜孤以好

整理者第三章注〔二九〕：嚴然，即儼然，莊重。《荀子·正論》"今子宋子嚴然而好説"，楊倞注："嚴，讀爲儼。"監，讀爲"銜"。《墨子·非攻下》："赤烏銜珪，降周之岐社。"又與"噞"音義并近。《説文》："噞，口有所銜也。"《晏子春秋·外篇上》："噞酒嘗膳，再拜，告饜而出。"君王之音，古人以德音喻善言，此處也是説君王之善言。

霖按：整理者之説可從。"儼然"，認真嚴肅，鄭重其事。《晏子春秋·内篇問下》"夫儼然辱臨敝邑"，《定州漢簡·論語·子張》簡 578："君子三變，望之儼然"。"監"見紐談部，"銜"匣紐談部，聲紐爲喉音，韻部相同可通，《上博二·子羔》簡 11："有燕監（銜）卵而錯諸其前"，《銀雀山貳·唐勒》簡 2116："去噅（銜）轡。""音"，言辭。《讀書雜志·淮南内篇·氾論》"音有本主於中"，王念孫按："音，當爲言。""賜"，敬辭。"賜孤以好"婉辭，與《左傳·昭公十六年》"今吾子以好來辱"相似。

〔29〕余亓（其）與吴科（播）弃㥁（怨）䜈（惡）于湝（海）澨（濟）江沽（湖）

整理者第三章注〔三〇〕：怨惡，怨恨憎惡。《墨子·尚同上》："是以内者父子兄弟作怨惡，離散不能相和合。"澨，與"海""江""湖"爲類義詞，疑讀爲"濟"，古四瀆之一。又疑讀爲"裔"。皆，見母脂部。裔，喻母月部。衣，影母微部。音理可通。《淮南子·原道》："游於江潯海裔。"江湖，《莊子·大宗師》："泉涸，魚相與處於陸，相呴以濕，相濡以沫，不如相忘於江湖。"

侯乃峰（2018B）："澨"，從"皆"得聲，可讀爲"淵"。上古音"皆"屬見紐脂部，"淵"屬影紐真部，二字聲母同屬於喉牙音，韻部脂真陰陽對轉，古音極近。"海淵江湖"似泛指浩渺無垠或幽深難測之大水。"海淵"一詞古書亦有見（雖然多相對晚出），如：《文選注》引《家語》："齊大夫子與，適魯見孔子，曰：'乃今而後，知泰山之爲高，海淵之爲大。'"[①]

孫合肥（2017C）：整理報告認爲"澨"與"海""江""湖"爲類義詞的意見是正確的。"澨"，疑讀爲"河"。可，溪母歌部。從可得聲的河，匣母歌部；柯，見母歌部。脂、歌旁轉。皆、河音理可通。典籍或見"江湖"連言，《莊子·逍遥遊》："今子有五石之瓠，何不慮以爲大樽而浮乎江湖，而憂其瓠落無所容?"……或見"江海"連言，《荀子·勸學》："不積小流，無以成江海。"……或見"河海"連言，《孟子·公孫丑上》："麒麟之於走獸，鳳凰之於飛鳥，太山之於丘垤，河海之於行潦，類也。"……簡文則爲"海河江湖"連言。

---

① 觀點首見於簡帛論壇《清華七〈越公其事〉初讀》34 樓"漢天山"説，2017 年 4 月 26 日。

王寧：此字右旁下面的"皿"當是"血"之省，"盬"字右側部件當是雙聲符字，"皆""血"見曉旁紐雙聲、脂質對轉疊韻音相近。此字讀"濟"恐不確，當讀"洫"，指溝洫，禹理水既言"疏三江五湖"，又言"盡力乎溝洫"者是。"海洫江湖"均水蓄積、通流之處。①

萧旭（2017C）："盬"是"湝"增旁字，乃"淒"改易聲符的异體字，亦讀作濟。《詩·風雨》："風雨淒淒。"《説文》："湝，一曰湝湝，寒也。《詩》曰：'風雨湝湝。'"《詩·綠衣》："淒其以風。"毛傳："淒，寒風也。"是"湝"即"淒"也。馬王堆帛書《五十二病方》："節（即）復欲傅之，淒傅之如前。"又："即以【其】汁淒夕（腋）下。"原整理者曰："淒，疑讀爲揩，摩也。"《五十二病方》殘片有"☐皆傅之，以☐"四字，"皆"乃"揩"省借，可證"淒傅"即"揩傅"，整理者説不誤。又疑"盬"讀爲涯，"海涯"猶"海濱"，與"江""湖"爲類。

袁金平（2019）："盬"當讀爲"淮"，從語音上看，皆，見母脂部；淮，匣母微部。聲紐牙喉通轉，韻部脂微合韻，語音關係至爲密切。……從用字上進行考察，戰國竹簡中用以記録淮水之〈淮〉的文字，既可以寫作"淮"（如上博簡《容成氏》25），也可用"㵄"（新蔡葛陵楚簡甲三：268）表示，這充分説明戰國文字中〈淮〉的用字并不固定。……再據史籍可知，在吳王夫差繼位之前，其父闔閭通過系列戰爭，已經控制了淮河流域大片區域，在江南地區也把疆域擴展到太湖南岸一綫，從而使吳成爲縱横江淮之間的强國。因而吳王夫差在敗越之初以"海淮江湖"描述當時吳、越疆域是非常合宜的。

陳偉（2017A）：整理者把"海"下一字讀爲"裔"更爲合理。《淮南子·原道》"游于江潯海裔"，高誘注："潯，崖也。裔，邊也。"海裔，正與吳、越之地相符。整理者未主此説，或許是因爲"海裔"與"江湖"不對應。其實，"沽"恐當讀爲"浦"。郭店竹簡《窮達以時》簡2—3："舜耕於歷山，陶拍於河臣。"臣，袁國華、李家浩二氏讀爲"浦"。李家浩先生指出：《吕氏春秋·慎人》《新序·雜事一》等説："舜……陶于河濱"，《管子·版法》《史記·五帝本紀》等也説"舜……陶河濱"。"河臣"當與"河濱"同義。《廣雅·釋丘》爲"浦濱，厓（涯）也"。"浦"從"甫"聲。上古音"古""甫"

---

① 簡帛論壇《清華七〈越公其事〉初讀》90樓，2017年4月29日。

都是魚部字。"古"屬見母,"甫"屬幫母,聲似相隔。但是從有關資料看,"古"的古音似與幫母的字有密切的關係。例如銅器銘文裏,有一個用爲姓氏的字,作從"夫"從"古"此二旁皆聲,讀爲"胡"。《儀禮·士相見禮》"夏用腒",《白虎通·瑞贄》引"腒"作"脯"。《左傳·哀公十一年》"胡簋之事,則嘗學之矣",《孔子家語·正論》記此事"胡"作"簠"。"腒"從"居"聲,"居""胡"皆從"古"聲。"脯""簠"皆作"甫"聲。據此,"河匝"當讀爲"河浦"。參照這些論述,我們有理由把"沽"讀爲"浦"。"江浦""海裔"對舉,正好指向長江下游南岸、瀕臨東海的吳越之地。

子居(2018H):當以讀濟爲是。此處的海、濟、江、湖即指吳的四方邊裔,皆爲實指而非泛稱。

霖按:"𩰫"從斗采聲,見《越王行成章》注〔22〕"播弃宗廟"。"播弃",弃置。《國語·吳語》:"今王播弃黎老,而孩童焉比謀。""濫",從水皆聲,皿或爲羨符,構字結構不明。侯乃峰讀作"淵",楚簡中"淵"字常見,且"海淵"在文獻中出現較晚。孫合肥讀作"河",從"皆"得聲的字與"河"相通的例子較少。"濫"從整理者之説,讀作"濟"。"湝"匣紐脂部,文獻中異文寫作"淒"。《説文·水部》:"湝,一曰湝湝,寒也。詩曰:'風雨湝湝。'"今本《詩經·鄭風·風雨》:"風雨淒淒。""淒"清紐脂部,"濟"精紐脂部,聲紐皆齒音,韻部相同,文獻相通常見,如《上博三·周易·未濟》:"六三,未淒(濟),征凶,利涉大川。"《清華伍·湯丘》簡18:"深淵是淒(濟),高山是逾。""沽"讀作"湖"可從。《上博二·容成》簡26:"禹乃通三江五沽(湖)。""海濟江湖"或指吳國地望,即北部濟水,西部長江(或指文獻中的"三江":岷江、松江、浙江),南部太湖(文獻中的"五湖"),東部東海。有以具體江河代指國之地望的例子,如《左傳·哀公六年》:"江漢雎漳,楚之望也。"

11."夫婦交綏(接),皆爲同生〔30〕,齊執(勢)同力,以御(禦)戟(仇)戁(讎)〔31〕。孤之悉(願)也。孤敢不許諾,恣志於雩(越)公〔32〕!"使(使)者反(返)命雩(越)王,乃盟,男女備(服),帀(師)乃還〔33〕。

〔30〕夫婦交綏(接),皆爲同生

整理者注〔三一〕：交綏，即交接。見於《馬王堆漢墓帛書·十六經·五正》："外內交接，乃正於事之所成。"夫婦交接指鄰國男女聯姻。同生，一起生活。

蘇建洲：田煒《說"同生""同產"》一文指出："先秦文獻中的'同生'是否可以指同父所生尚不清楚，但至少可以指同母所生。"① 頗疑這裏的"同生"就是喻指同母所生，即所謂一家人。如《詩·邶風·谷風》："宴爾新昏，如兄如弟。"又《詩·小雅·角弓》"兄弟昏姻，無胥遠矣"的解釋向有異說，但以"兄弟""昏姻"并舉仍可參考。簡文意思是說：鄰國男女聯姻之後，大家都像是同姓的兄弟一樣，要同心協力抵禦仇敵。②

王磊（2017C）："夫婦"指匹夫匹婦，即百姓的意思，不可以理解爲夫妻關係。《禮記·中庸》："君子之道費而隱，夫婦之愚，可以與知焉。及其至也，雖聖人，亦有所不知焉。"鄭玄注："言匹夫匹婦愚耳，亦可以其與有所知，可以其能有所行者，以其知行之極也。"……這些書證之中，"夫婦"皆與該簡文中的詞義一致，表示百姓、平民。"夫婦交接"即"百姓相交往"。《越公其事》簡42"庶民交接"，正與此意同。"海天游蹤"疑"同生"喻指同母所生的一家人，此說當是，"皆爲同生"當解釋爲"皆是兄弟"。《國語·晉語四》："其同生而異姓者，四母之子別爲十二姓。"……《後漢書·鄭玄傳》："咨爾煢煢一夫，曾無同生相依。"楊樹達云："同生，謂兄弟。"而在先秦兩漢的典籍中，"同生"未見有表示"一起生活"的書證。根據以上的分析，"夫婦交接，皆爲同生"應該理解爲"百姓相交往，皆是兄弟"。此句不難讓我們聯想到《詩·常棣》"兄弟鬩于牆，外禦其務"的句子。"夫婦交接"等的內容，是吳王引述越王的話，但明顯地改變了勾踐"孤其率越庶姓，齊劽同心，以臣事吳，男女備"等詞句，而是尊揚對方，稱吳越爲"同生"兄弟。

林少平："交接"解釋爲"交往"，不符合文意。對"交接"的解釋應與後文"同生"結合起來理解，故應解釋爲"交配"。《弘明集》卷五引漢桓譚《新論》："猶人與禽獸昆蟲，皆以雌雄交接相生。""同生"解釋爲"同母所生的一家人"無誤，《清華貳·繫年》第五章"以同生之故"，整理者解釋爲"同姓"。據《左傳》記載，應解釋爲"同母

---

① 田煒《說"同生""同產"》，《中國語文》，2017年第4期。
② 簡帛論壇《清華七〈越公其事〉初讀》82樓"海天游蹤"說，2017年4月29日。

所生",應包括兄弟姐妹在内。"同生"一詞,就是後來秦漢所說的"同產"。在秦統一以前,"生""產"二者并存,睡虎地秦簡《編年記》生子作"產",但《法律問答》"同生"作"同牲"。秦統一後,統一改"生"爲"產",可參見《里耶秦簡》"更名方"中"曰產曰族"。①

子居(2018H):《上博四·逸詩》:"多薪多薪,莫如蕢葦。多人多人,莫如兄弟。多薪多薪,莫如蕭荓。多人多人,莫如同生。多薪多薪,莫如松杆。多人多人,莫如同父母。"以"兄弟""同生""同父母"并舉,可見"同生"并不是如整理者所說的"一起生活"。

霖按:"綫"即"接",字形又見於望山楚簡2.1、《上博九·舉治》簡8等。"交接"從整理者之說,男女聯姻之意。雖然"交接"一詞在房中文獻中常見,但在簡文中還没有體現出"交配"之義。② "同生",根據田煒統計,先秦時期"同生"指"同母所生",本句簡文意思是"夫婦聯姻,皆爲兄弟",比喻吴越和睦相處。

〔31〕齊執(勢)同力,以御(禦)戮(仇)戡(讎)

整理者注〔三二〕:齊執同力,簡6有"齊郤同心"。齊執猶共舉,齊郤猶步調一致,皆同心協力之謂。又,執、郤皆脂部字,或疑音近假借。戮戡,讀爲"仇讎"。《國語·越語上》:"夫吴之與越也,仇讎敵戰之國也。"《左傳·哀公元年》:"(越)與我同壤而世爲仇讎。"

單育辰(2017):本篇"執"字見簡45、46,作"⿰丸⿱土丸""⿰丸⿱土丸"形,"⿰丸⿱土丸"和"執"的寫法並不完全一樣,最大不同是"⿰丸⿱土丸"左下加了個"土"旁。參照簡57"執"作"⿰丸⿱土丸","⿰丸⿱土丸"應是處於"執"和"埶"之間的一種訛形,因爲"⿰丸⿱土丸"釋爲"執"不可通,則"⿰丸⿱土丸"更可能用爲"埶"字。相關字讀爲"齊執(勢)同力","勢"古人多訓爲力,用於此處甚爲通順,《春秋繁露·保位權》"則比肩齊勢"正有"齊勢"一詞。在

---

① 簡帛論壇《清華七〈越公其事〉初讀》177樓,2017年5月17日。
② 我們曾考察過日·丹波康賴《醫心方·房内》中"交接"一詞,共出現過51次,可見此詞在房中文獻出現頻率之高,此書雖爲後世輯本,但其對研究漢代至唐宋時期房中文獻的價值是非常重要的。"交接"一詞在楚簡中出現值得重視,我們知道西漢初年的馬王堆帛書中房中文獻已較爲成熟,這説明在戰國甚至更早的時代,房中文獻已經形成。"交接"一詞可能在戰國時期已有〔交配〕之意,但戰國出土文獻尚未發現,須待新材料證明。

秦漢簡帛和傳世典籍中，"執""埶"二字經常訛混，[1]但在楚簡中却是第一次見到，是很珍貴的材料。[2]

霖按：單育辰對"執"字分析可從。我們認爲"執"字是書手發現"埶"錯寫成"執"後改寫所致。"執""埶"訛混的情況，如《郭店·老丙》簡4"執大象，天下往"，《馬王堆肆·老子》甲、乙本均作"埶"。"埶""勢"相通文獻常見，如《郭店·性自》簡12—13"物之埶（勢）者之謂埶（勢）"，《上博六·慎子》簡1"精瀍以順埶（勢）"等。"齊勢"，勢力相當，指吴越人民地位相等；"同力"，共同出力。"戳戳"，整理者讀作"仇讎"可從，義爲仇人，詳見《晉文公入晉詔命章》第一節注〔11〕。

〔32〕孤之忨（願）也。孤敢不許諾，恣志於雩（越）公

整理者注〔三三〕：忨，楚文字"願望"之"願"。《詩·野有蔓草》："邂逅相遇，適我願兮。"《說文》有"忨"字："貪也。從心，元聲。《春秋傳》曰：'忨歲而潋日。'"二者構字部件相同，可能是同形字。

整理者注〔三四〕：許諾，《國語·晉語二》："申生許諾，乃祭於曲沃，歸福於絳。"《儀禮·鄉射禮》："司正禮辭，許諾，主人再拜，司正答拜。"恣，《說文》："縱也。"《吕氏春秋·適威》："驕則恣，恣則極物。"恣志，《國語·晉語四》："君若恣志以用重耳，四方諸侯，其誰不惕惕以從命！"

霖按："忨"，從心元聲，"願"之異體，又見於中山王壺、《上博三·仲弓》簡26等，多與"願"相通。"恣志"，放心。本句意思是"這是我的心願，我怎敢不同意，請越公放心！"

12. 使（使）者反（返）命雩（越）王，乃盟，男女備（服），帀（師）乃還。

〔33〕反（返）命雩（越）王，乃盟，男女備（服）

整理者注〔三五〕：反命，復命。《周禮·都宗人》："國有大故，則令禱祠。既祭，反命於國。"

---

[1] 參看單育辰《楚地戰國簡帛與傳世文獻對讀之研究》，中華書局，2014年5月，頁216—217。
[2] 觀點首見於簡帛論壇《清華七〈越公其事〉初讀》20樓"ee"說，2017年4月25日。

霖按：據《國語·吳語》"荒成不盟"，《左傳·哀公元年》"三月，越及吳平。吳入越，不書，吳不告慶，越不告敗。"可知吳越議和未簽訂盟約。"男女服"，《國語·吳語》："句踐請盟：一介嫡女，執箕箒以晐姓於王宮；一介嫡男，奉槃匜以隨諸御；春秋貢獻，不解於王府。"簡文未寫勾踐是否爲質入吳，《吳越春秋·勾踐入臣外傳》記載："今寡人冀得免於軍旅之憂，而復反係獲敵人之手，身爲傭隸，妻爲僕妾，往而不返，客死敵國。若魂魄有愧於前君，其無知，體骨弃捐。"故事已發展得十分豐富，勾踐認爲自己入吳爲質生死未卜，十分悲觀。

【今譯】

吳王出來，親自會見使者說："你們越王不派使者而讓大夫您屈駕光臨，我豈敢冒犯您？我所得罪的是：邊境地區不善之人誇大怨恨，相互憎惡，在吳越之間播弄是非，使我們兩個國家的百姓從早到晚相互傷害，然而（戰死之尸）在山林荒遠之地被豺狼所食，我對此感到痛心。因爲人的一生不長，（百姓）自己不能終養天年，所以我趕快派遣使者來聽從您的命令。自檇李之戰至今已有三年，爭端能够停止，我因而願意面見越王，丢弃怨恨，酬謝友好，以求取天地的祥瑞，所以我率領吳國少數的士兵忙于來告知邊境，邊境之人無道，竟有人抵抗我的王令，不能使我的言辭到達，他們身披鎧甲，頭戴戰盔，修治兵器來抵禦我，故而我委命重臣，馳馬衝出兵刃相接之地，爬行着到越王這裏，聽命於門下。您不曾和我親熱友愛，雖然抛棄我，離棄宗廟，登入并停留在會稽山上。我又害怕不善的士兵在越國縱火，我所以進入宗廟來等待使者。現在大夫您認真嚴肅地遵奉越王的命令，要和我和睦修好。說：'我要與吳國在天下之内丢弃怨恨憎惡，夫婦聯姻，皆爲兄弟，吳越百姓地位相等，共同出力來抵禦仇人。'這是我的心願，我怎敢不同意，請越王您放心！"使者向越王復命，於是吳越結盟，以越國男女爲臣妾，吳國軍隊返回。

《越王安邦章》集釋（簡26—29）

【章解】

　　本章主要講述勾踐返回越國之後，修建社稷宗廟以祈百姓安寧，不興修土木以休養生息，使得人口增長之事。竹簡共計4枚，其中簡29下端殘缺，但不影響文意，其餘諸簡皆爲完簡。本章簡文符號使用情況：簡29"之聿"後有章結符，書於上字右側下方。本章重點討論的疑難字詞有"閣""㮣""惑""貪""欿""堵""縱經""湍塗"等。

【摹本及隸文】

吳 人 既 閣 雩 邦 雩 王 句 戉 牒 㤅 返 吳

既 聿 宗 宙 攸 㮣 应 乃 大 薦 杠 以 㤅 民

之 窑 王 乍 【簡26】 安 邦 乃 因 司 衺 尚 王

乃 不 咎 不 惑 不 戮 不 罰 蔑 弃 息 皋 不

再 民 啻 縱 經 遊 民 不 【簡27】 再 貪 迍 湍

塗 洶 墜 之 杠 王 欿 亡 好 攸 于 民 厽 工

之 堵 兹 民 礊 自 相 薅 工 旻 寺 邦 乃 礊

【簡28】安民乃蕃孳晉=厽年雩王句戏

女甾复絽五政之聿【簡29】

【釋文】

吴人既闔（襲）雩（越）邦[1]，雩（越）王句戏（踐）牑（將）忌（期）返（復）吴[2]。既晝（建）宗宙（廟），攸（修）奈（社）恖（位）[3]，乃大廌（解）紅（攻）[4]，以忌（祈）民之盇（寧）[5]。王乍（作）【簡26】安邦，乃因司（治）袁（襲）尚（常）[6]。王乃不咎不烖（忌），不戮不罰[7]；蔑弃悬（怨）皋（罪），不再（稱）民啎（惡）[8]；縱（總）經遊民[9]，不【簡27】再（稱）貣（力）设（役）[10]、濖（幽）塗、洵（溝）墬（塘）之紅（功）[11]。王妖（惕）亡（毋）好[12]攸（修）于民厽（三）工之堵（署）[13]，兹（使）民破（暇）自相[14]，蓐（農）工（功）旻（得）寺（時），邦乃破（暇）【簡28】安[15]，民乃蕃孳（滋）[16]。晉=（至于）厽（三）年[17]，雩（越）王句戏（踐）女（焉）甾（始）复（作）絽（紀）五政之聿（律）[18]。【簡29】

【集釋】

1. 吴人既闔（襲）雩（越）邦[1]，雩（越）王句戏（踐）牑（將）忌（期）返（復）吴[2]。

〔1〕吴人既闔（襲）雩（越）邦

整理者第四章注〔一〕：闔，讀爲"襲"。《國語·晉語二》"大國道，小國襲焉曰服；小國傲，大國襲焉曰誅"，韋昭注："襲，入也。"疑"闔"爲破國入侵之專名。

霖按："闔"，從門衰聲，"襲"之異體。"衰"或爲《説文·衣部》"襲"字表意初文，字形又見於甲骨文""（《合集》27959）、《上博三·恒先》簡3、《清華貳·繫年》簡38和簡111等。或如整理者之説，取破國門而入之意。

〔2〕牑（將）忌（期）返（復）吴

整理者第四章注〔二〕：慭，憎惡，怨恨。《説文》："慭，毒也。"《左傳·哀公二十七年》："知伯不悛，趙襄子由是慭知伯。"復，報仇。袁康《越絶書·外傳記計倪傳》："（子胥）三年自咎，不親妻子，飢不飽食，寒不重綵，結心於越，欲復其仇。"

薛後生：訓爲"謀"。①

易泉：《玉篇·心部》："慭，教也。"《左傳·宣公十二年》："晉人或以廣隊，不能進；楚人慭之脱扃。"杜預注："慭，教也。""慭復吳"之"慭"，對應《韓非子·内儲説上》"故越王將復吳而試其教，燔臺而鼓之，使民赴火者，賞在火也，臨江而鼓之，使人赴水者，賞在水也"、《左傳》襄公二十六年"通吳于晉，教吳叛楚"、中山王鼎銘文"昔者，吳人并越，越人修教備信，五年復吳，克并之至于含（今）"之"教"。簡文"越王句踐將慭復吳"，指越王勾踐將教越人復吳國之法。②

吳祺（2018B）："復"字與賓語"怨""仇"相結合纔能表達復怨、復仇之義。故簡文"返（復）吳"似不能表達報仇吳邦之意。……應是將簡文"返吳"讀爲"覆吳"。……首先，從語音上看，"返"與"覆"同從"复"得聲，二者自可相通。戰國簡帛古書中亦有"返"用爲"覆"之例證。……中山王䯼鼎有如下一段銘文："昔者，吳人并（併）雩（越），雩（越）人敓（修）斁（教）備恁（任），五年還（覆）吳，皮（克）并（併）之，至于含（今）。"此段銘文也是記載勾踐滅吳之事，與本篇簡文可相互參看。銘文中"返吳"之"返"，學者亦多讀爲"覆"。……簡文"越王句踐將慭返吳"意爲越王勾踐將謀劃傾覆吳邦。

霖按："慭"讀作"期"，强烈地期望。《清華叁·良臣》簡6："有司馬子慭（期）"。《戰國策·秦策三·蔡澤見逐於趙》："豈不辯智之期與？"鮑彪注："期，猶志也。"《左傳·哀公十六年》："期死，非勇也。"杜預注："期，必也。""復"，報仇。《左傳·定公四年》："（伍員）謂申包胥曰：'我必復楚國。'"

2. 既畫（建）宗䣄（廟），攸（修）柰（社）应（位）〔3〕，乃大䳱（解）𥙊（攻）〔4〕，以慭（祈）民之㝅（寧）〔5〕。

〔3〕既畫（建）宗䣄（廟），攸（修）柰（社）应（位）

---

① 簡帛論壇《清華七〈越公其事〉初讀》19樓，2017年4月25日。
② 簡帛論壇《清華七〈越公其事〉初讀》217樓，2018年1月22日。

整理者第四章注〔三〕：㝵，讀爲"祟"。应，包山卜筮簡作"𥛠"。祟应，安置鬼祟之處，禳除鬼祟之禍的建築。

王凱博："㝵"是上下結構的"社"，有一借筆。下"示"字就寫作上下結構。①

陳偉武（2017）：宗廟與神社常并舉，如《周禮·小宗伯》"右社稷，左宗廟"，《淮南子·時則》"天子祈來年於天宗，大禱祭於公社"。《越公其事》整理者釋"应"爲神位之"位"、讀"鳶"爲"薦"均可從，"鳶杠"讀爲"薦貢"，指祭告宗廟社神時進薦奉獻，《廣韻·送韻》："貢，薦也。""薦"與"貢"同義連文。"应"，包山卜筮簡或作"𥛠"（引者按：見包山簡205"𥛠"、簡206"𥛠"），或作"位"，或作"立"。睡虎地秦簡《法律答問》："王室所當祠固有矣，擅有鬼立（位）殹（也）。"整理小組注："……鬼位即《管子·四時》所云'神位'。"《越公其事》簡26"㝵"應改釋爲"社"，作"𣎳"形當析爲從示從木從土，"土"之長橫與"示"共用，如此借筆與簡28"杠"作"𣏾"正相似。"社位"指社神之位。……據前輩學者研究，甲骨卜辭每用"土"爲"社"，後始加"示"旁表義。戰國金文"土"字之上或加木旁，如中山王鼎"社"字作"𣏾"，《說文》"社"字古文作"𥛠"，清華簡"𥛠"祗是作上下結構而已。②

霖按：陳偉武之說可從。本篇書手還抄寫了清華六《鄭武夫人教孺子》《鄭文公問太伯》（甲）（乙）等篇目，上述篇目中"社"字分別作𥛠（《孺子》簡11）、𥛠（《鄭甲》簡6）、𥛠（《鄭乙》簡5）。"㝵"即"社"字寫成上下結構，且"示"借用"杢"字下面兩筆而成。且文獻中"宗廟""社稷"常常對舉，馬端臨《文獻通考·宗廟考四》"夫國之神位，左宗廟，右社稷，今廟據社位，不合經旨，此其可議一也。"，亦可證之。

〔4〕乃大鳶（解）杠（攻）

整理者第四章注〔四〕：鳶，疑爲"薦"。《左傳·隱公三年》："可薦於鬼神，可羞於王公。"杠，讀爲"攻"，六祈之一。《周禮·大祝》："掌六祈，以同鬼神示：一曰類，二曰造，三曰禬，四曰禜，五曰攻，六曰說。"薦、攻當與前面的宗廟、祟位相對應。薦

---

① 簡帛論壇《清華七〈越公其事〉初讀》65樓，2017年4月28日。
② 陳偉武《清華簡第七冊釋讀小記》，"清華簡"國際研討會議宣讀論文，澳門大學，2017年10月27日。

於宗廟，攻於崇应。

王凱博："䖒"似可讀作"解"，包山簡有"攻解"可參。① 或可讀爲與"薦"詞義相近的"貢"。②

霖按：單育辰曾討論過"䖒""襡""解"三字音近相通的例子，其說可從。③ 我們認爲"䖒红"可讀作"解攻"，即卜筮祭禱簡中常見的"攻解"，二字皆應理解爲祭祀動詞，而非祭名，意思是責讓作祟神靈，以求解脱。④ "红"在楚卜筮祭禱簡中多作祭祀動詞，現以包山簡、望山簡、新蔡葛陵楚簡等爲例：

(1) 包山簡 198：思（使）攻解於人禹
(2) 包山簡 211：甶（使）攻解於嬰（盟）襡（詛）
(3) 包山簡 217：甶（使）攻解於不殆（辜）
(4) 包山簡 229：甶（使）攻叙於宮室
(5) 包山簡 231：甶（使）攻祝遝（歸）繡（佩）耵（填）冕（冠）緶（帶）於南方
(6) 包山簡 238：甶（使）攻解於戩（歲）
(7) 包山簡 241：甶（使）攻解於襡（詛）與兵死。
(8) 包山簡 246：甶（使）攻解於水上與䚎（溺）人
(9) 包山簡 248：甶（使）攻解【於】日月與不殆（辜）
(10) 包山簡 250：命攻解於漸木立
(11) 望山一號 176：思（使）攻解於下之人不壯死☐
(12) 望山一號 177：☐思（使）攻☐

---

① 簡帛論壇《清華七〈越公其事〉初讀》65 樓，2017 年 4 月 28 日。
② 簡帛論壇《清華七〈越公其事〉初讀》66 樓，2017 年 4 月 28 日。
③ 單育辰《由清華四〈别卦〉談上博四〈柬大王泊旱〉的"庚"字》，《古文字研究》（第 31 輯），中華書局，2016 年，頁 312—315。
④ 李學勤《竹簡卜辭與商周甲骨》，鄭州大學學報，1989 年第 2 期。或多結合傳世文獻中"六祈"，理解爲祭名。參看曾憲通《包山卜筮簡考釋（七篇）》，《第二届國際中國古文字學研討會論文集》，1993 年，頁 412—416。李家浩《包山祭禱簡研究》，《簡帛二〇〇一》，廣西教育出版社，2001 年，頁 31—32。

(13) 新蔡葛陵甲三 111：杠（攻）逾而屑（厭）之

(14) 新蔡葛陵甲三 189：卜筶（筮）爲杠（攻），既☐

第（7）條講解除"兵死"與本簡戰敗之後"乃大解攻"的背景類似。越國雖然戰敗，但進行攻解之法趕走兵死作祟，以求民安應在情理之中。

〔5〕以忎（祈）民之寍（寧）

整理者第四章注〔五〕：忎，讀爲"祈"。祈的目的是實現其所期望，具體的方式有薦享與攻除的不同。

霖按："忎"從心斤聲，字形又見於《郭店·性自》簡 32、簡 41，《上博二·容成》簡 25 等，整理者讀作"祈"可從，義爲向上天或神明求福。"寧"，安定。《左傳·定公五年》："及寧，王欲殺之。"杜預注："寧，安定也。"

3. 王乍（作）安邦，乃因司（治）袭（襲）尚（常）〔6〕。王乃不咎不惢（忌），不戮不罰〔7〕；蔑弃息（怨）辠（罪），不再（稱）民晋（惡）〔8〕；

〔6〕王乍（作）安邦，乃因司（治）袭（襲）尚（常）

整理者第四章注〔六〕：乍，讀爲"作"，始。《詩·駉》"思馬斯作"，毛傳："作，始也。"安邦，使國家安定。焦贛《易林·家人之涣》："解商驚惶，散我衣裝，君不安邦。"

整理者第四章注〔七〕：因司襲常，因襲常規。這段話包括民與官師之申訴與進諫。大意是過去的政令不像現在這樣，當今政令苛重，完成不了，這樣的政令不可施行，要想安民，就得因襲常故。

魏棟："因司襲常"不是兩個并列的"V＋N"結構，而是"三個同義 V＋N"結構。"司"古通"嗣"，訓繼承、延續。《爾雅·釋詁》："嗣，續也。""因""司（嗣）""襲"三字爲同義連用。①

侯乃峰："因司襲常"看作是兩個并列的"V＋N"結構。"司"或當讀爲"事"，因

---

① 清華大學出土文獻讀書會《清華七整理報告補正》。

事襲常，即循故襲常、因循故常之義。①

黃傑："司"是官司之義，"因司""襲常"是兩個動賓短語，存在互文關係，意爲因襲舊日之官僚機構、規章制度等，亦即不煩費改作之意。《書·立政》有"百司庶府"，"司"即指官僚機構。②

王寧："司"是"治"的假借字，《爾雅·釋詁》："治、肆、古，故也。""因司（治）襲常"即因故襲常。③

駱珍伊：此句應是一個"動賓＋動賓"結構的句式，因、襲，承襲之義；司，職責（舊的職掌，與"常"爲互文）；常，舊法。《國語·越語下》："肆與大夫觴飲，無忘國常。"韋昭注："常，舊法。"簡文此句意指因襲過往的職責與法度。④

劉雲："因司襲尚"當讀爲"因司襲掌"，"因""襲"同義，"司""掌"同義，"因司襲掌"的意思就是沿襲官吏所職掌之事，也就是使官吏的職位不發生變動。這樣理解與下文所說的無爲而治的治國之道正相符合。⑤

王磊（2017C）："司"可讀爲"始"。"司"古音在心紐、之部，"始"在書紐、之部，音近可通。楚簡中，假"司"爲"始"也是一種常見的現象。《郭店·五行》簡81："又（有）與司，又（有）與冬（終）也。"馬王堆帛書本"司"作"始"。《性自》簡3："司者近青，終者近義。""司""終"相對，也當讀爲"始"，故兩字通假是沒有問題的。"始"即"初始、本來的"。《史記·曆書》："王者易姓受命，必慎始初。"《漢書·李尋傳》："竊以日視陛下志操，衰於始初多矣。"其中"始初"，多都包含有美好、正確的意味。……這裏的"因始"當即"因襲初始"的意思。越王勾踐能夠與民休息，修正了後世的亂政，而采取初始相對寬鬆的政策。……古籍中"襲""習"相通，《史記·樂書》："孝惠、孝文、孝景無所增更，於樂府習常肄舊而已。""肄舊"即"沿襲舊有"。"習常肄舊"在結構上與"因始襲常"一致。

霖按：我們讀作"因治襲常"。"司""治"相通，文獻常見，如《郭店·成之》簡

---

① 簡帛論壇《清華七〈越公其事〉初讀》2 樓"漢天山"說，2017 年 4 月 23 日。
② 簡帛論壇《清華七〈越公其事〉初讀》93 樓"暮四郎"說，2017 年 4 月 29 日。
③ 簡帛論壇《清華七〈越公其事〉初讀》107 樓，2017 年 4 月 30 日。
④ 簡帛論壇《清華七〈越公其事〉初讀》122 樓"明珍"說，2017 年 5 月 1 日。
⑤ 簡帛論壇《清華七〈越公其事〉初讀》153 樓"苦行僧"說，2017 年 5 月 5 日。

32—33"君子諰（治）人倫以順天德"、《上博三·恒先》簡8"有綢（治）無亂"等。"因治襲常"爲"動賓動賓"結構，"因""襲"皆有沿襲、照舊之義，"治""常"也意思相近。"治"法制，《韓非子·五蠹》："而嚴其境内之治。""尚"讀作"常"可從，《子彈庫·帛書乙》"草木亡尚（常）"，《清華伍·封許》簡8："麿念非尚（常）"、《清華伍·命訓》簡1"有尚（常）則廣"等。"常"，常法，《國語·越語下》"無忘國常"，韋昭注："常，舊法。"此句意思是"越王開始使國家安定，於是沿襲以前的法制常規"。

〔7〕王乃不咎不惎（忌），不戮不罰

整理者第四章注〔八〕：咎，責怪。《論語·八佾》："遂事不諫，既往不咎。"惎，讀爲"諆"。戮，懲罰。《左傳·僖公二十七年》："楚子將圍宋，使子文治兵於睽，終朝而畢，不戮一人。"

王寧：此"諆"疑讀"忌"較合適。①

霖按："惎"從王寧之說，讀作"忌"，禁忌義，右側加意符"戈"或表此義。"諆""忌"均群紐之部可通，如《尚書·泰誓》："未就予忌"，《說文·心部》"諆"字條引作"來就諆諆"。《上博六·季桓子》簡13"此言不忈（忌）"等。② 簡文後一句"不戮不罰"中"戮"與"罰"意思相近，均有罪責、懲治之意，《上博九·成甲》簡1"子文閱師於敔，一日而畢，不抶一人"③ 與《左傳·僖公二十七年》對應可證"戮"非殺伐之意，而是處罰義。本句意思是"越王於是不責怪，不禁忌；不處罰，不懲治"。需要補充的是，"惎"字在古文字中或有迹可循，甲骨文"𠀠"字可能是簡文字形的早期寫法，字形寫作"![字形]"（《合集》21163），"![字形]"（《合集》21447）等，其中《合集》21663"王![字形]☐"中此字或爲動詞，但原片殘缺，具體含義不明。

〔8〕蔑棄怨（怨）辠（罪），不再（稱）民亞（惡）

整理者第四章注〔九〕：蔑棄，抛棄。《國語·周語下》："上不象天，而下不儀

---

① 簡帛論壇《清華七〈越公其事〉初讀》186樓，2017年5月26日。
② 參看李鋭《〈孔子見季桓子〉新編（稿）》，武漢大學簡帛網 http://www.bsm.org.cn/show_article.php?id=606，2007年7月11日。陳劍《〈上博（六）·孔子見季桓子〉重編新釋》，《戰國竹書論集》，上海古籍出版社，2007年，頁291。
③ 參看季旭昇《〈上海博物館藏戰國竹書（九）〉讀本》，萬卷樓圖書股份有限公司，2017年，頁21—22。

地，中不和民，而方不順時，不共神祇，而蔑弃五則。"罪，懲罰。稱，興，追究。民惡，民之過錯。

王挺斌："禹"讀爲"稱"，指的是言説、稱説，"稱惡"構詞亦見於郭店簡，如《魯穆公問子思》簡1—2："恒禹（稱）其君之亞（惡）者，可胃（謂）忠臣矣。"①

霖按："怨罪"，《晏子春秋集釋·外篇第八》："寡人猶且淫泆而不收，怨罪重積于百姓。""罪"義爲"過失"，《孟子·公孫丑下》："此則寡人之罪也。""稱"，王挺斌之説可從。《吕氏春秋·當染》"必稱此二士也"。高誘注："稱，説也。"《國語·晉語八》"其知不足稱也"，韋昭注："稱，述也。"

4. 縱（總）經遊民〔9〕，不禹（稱）貣（力）䛑（役）〔10〕、洫（幽）塗、洶（溝）𡐘（塘）之𢼸（功）〔11〕。

〔9〕縱（總）經遊民

整理者第四章注〔一〇〕：縱，讀爲"縱"，《説文》："緩也。"經，疑讀爲"輕"。游民，《大戴禮記·千乘》："太古無游民，食節事時，民各安其居，樂其宫室，服事信上，上下交信，地移民在。"王聘珍《解詁》："游民，不習士農工商之業者。"

季旭昇（2017A）："游民"有兩種，第一種是流離失所，没有工作、没有收入的可憐人。原考釋在第五章注〔一〕所説的"游民"即屬於這一類人，這種人没有謀生能力，形同乞丐，没收入，没飯吃，身體狀况肯定不好，大概也很難勒令他們做太耗費體力的工作；第二種是游手好閒，不工作的人，這種人家庭經濟一般都還可以，能讓他不必工作，原考釋所舉的《大戴禮記·千乘》"游民"至少有部分可能屬於第二類人。這類人家中有些資産，不需要向人借貸（簡文稱之爲"游民不稱貸"，應該有與第一類遊民區別的作用），而又貪吃懶做，游手好閒，在古人來看，這種人是社會的蠹蟲，他們貪吃懶做，身體狀况一般都比較好，勒令他們做較耗費體力的工作，應該没有問題。……《越公其事》的辦法也是這樣——句踐勒令"游民不稱貸者"去修築洫、塗、溝、塘，就可以讓真正的農民把全部時間放在農耕生産上，國家的糧食收穫就可以大量增加。

駱珍伊（2018）：要解讀"縱經游民"這一句話，其實可以在下一章的內容裏找

---

① 清華大學出土文獻讀書會《清華七整理報告補正》。

到綫索,這是因爲《越公其事》從第五章起,到最後第十一章,每一章的末尾,都會提到那一章越王所做的事情、所實施的舉措的結果;到了下一章,起首幾句話則會先概括前一章的事情,即重述前一章末尾所提到的結果,然後以一"乃"字承着接下來要做的或接下來發生的事情。……根據前文所分析的各章關係來看,"王思邦游民三年"必是概括前一章(第四章)所提到的"縱經游民""役沙塗溝塘之功"等等那些"至於三年"之事。"乃作五政",則是指越王接下來要實行的措施。……筆者以爲"思"當讀爲"使"。……傳世文獻中"使民"多見,"使"皆作"役使、使喚、統治"之義,如《論語·學而》"節用而愛人,使民以時"。……簡文"王使邦游民",意思是"越王役使越邦的游民"。接着,以"王使邦游民"和"縱經游民"比照來看,"縱經"與"使"對應,因此"縱經"不會是像原考釋所說的"輕緩"的意思,而應該是與"役使、使喚、統治"相當的意思。筆者以爲"縱"應讀爲"總",縱、總,聲母同爲精母,韻部同屬東韻,故可通用。如《管子·兵法》"縱彊以制"與"定一至,行二要,縱三權",……"經"即"治理、管理"之意,如《周禮·天官·大宰》:"一曰治典,以經邦國,以治官府,以紀萬民。"……或是"量度、籌劃"之意,如《詩·大雅·靈臺》:"經始靈臺,經之營之。"簡文所謂"縱(總)經游民",即"統率并管理游民",以役使他們做"沙塗溝塘"之事。……"游民"不管他是流離失所之人,還是游手好閑之人,總之就是"無業之人",聚合這些人以後,管理并籌劃他們做事,"役沙塗溝塘之工",定能減輕人民的負擔,因此本章的末尾記載此項措施的結果爲:"民暇自相,農功得時,邦乃叚安,民乃蕃滋,至于三年,越王句踐焉始作紀五政之律。"[①]

翁倩(2018):"游民",流離失所之民。……根據《國語》的記載,勾踐慰問百姓,實施一些寬民政策後,就入吳服役。"縱經遊民"的寬鬆而有利民生政策實施三年後,"王思邦游民三年",時間上也正合,勾踐歸國後看到了其休養生息的利民政策取得了很大成功,在此基礎上勾踐開始着手實施"五政"。

霖按:駱珍伊對此句的理解方向是正確的。"縱""總"均精紐東部可通,《禮記·檀弓上》"喪事欲其縱縱爾",鄭玄注:"縱,讀如摠領之摠。""總",集中、聚集義。《楚辭·九嘆·遠逝》"建黃繡之總旄",王逸注:"總,合也。"《詩經·商頌·長發》"百祿

---

① 觀點首見於簡帛論壇《清華七〈越公其事〉初讀》122樓"明珍"說,2017年5月1日。

是總",陳奐傳疏:"總,亦聚也。""經",治理。"游民",無業之民。簡文指對其統一管理,安穩社會動蕩。

〔10〕不再(稱)貣(力)役(役)

整理者第四章注〔一一〕:稱,舉行,實施。《書·洛誥》:"王肇稱殷禮,祀于新邑。"貣,《說文》:"從人求物也。"通作"貸",借貸。《孟子·滕文公上》:"又稱貸而益之,使老稚轉乎溝壑,惡在其爲民父母也。"役,爲,施行。《禮記·表記》:"是故君子恭儉以求役仁,信讓以求役禮。"鄭玄注:"役之言爲也。"

單育辰(2017):《晉文公入於晉》簡4的"貣"作"![字形]"形,其實從"戈"爲"貣",不過考慮到楚文字"戈""弋"形經常訛混的情況它確有可能即"貣"。……《越公其事》所謂的"貣役","貣"作"![字形]"形,其實也從"戈"。松鼠已言清華七的四篇皆爲一人所書,① 若參《晉文公入於晉》簡4所謂的"貣"亦從"戈",但爲"貣"之訛形,讀爲"飾"或"飭"的情況,則《越公其事》簡28的"貣役"不如讀爲"力役","貣"所從之"弋",喻紐職部,而"力"來紐職部,聲紐皆屬舌音,韻部一致,所以"貣"可以讀爲"力"。又如"飭"就是從"飤"從"力"的雙聲字,《容成氏》簡28"飤食","飤"即"飭"的另體,我們曾讀爲"力"。② 而"飭""飾"在楚文字又多與"弋"聲字相通,這都是"貣"讀爲"力"的證據。"貸役"一詞先秦兩漢典籍未嘗一見,而"力役"多見,如《孟子·盡心下》"有布縷之徵,粟米之徵,力役之徵"、《荀子·王霸》"縣鄙將輕田野之稅,省刀布之斂,罕舉力役,無奪農時"、《說苑·辨物》"急則不賦藉,不舉力役"。本篇的"不稱貣(力)役"正與"不舉力役""罕舉力役"一致。③

季旭昇(2017A):"稱貸"古書多見,意思是"向人借貸"或"借債與人"的意思。原考釋所舉《孟子·滕文公上》"又稱貸而益之,使老稚轉乎溝壑,惡在其爲民父母也",句中的"稱貸"是"向人借貸"的意思。《管子·輕重丁》"令衡籍吾國之富商、蓄賈、稱貸家,以利吾貧萌",句中的"稱貸"是"借債與人"的意思。《越公其事》本章的"不稱貸",應該是"不必向人借貸"的意思。

---

① 觀點首見於簡帛論壇《清華七〈越公其事〉初讀》24樓"松鼠"説,2017年4月25日。
② 原注:單育辰《新出楚簡〈容成氏〉研究》,中華書局,2016年3月,頁155—159。
③ 簡帛論壇《清華七〈越公其事〉初讀》176樓"ee"説,2017年5月15日。

大西克也（2019）：簡文可以如下句讀："總經游民，不稱貣（忒）役：坳塗溝塘之功"，……"貣"讀"忒"。《尚書·洪範》："民用僭忒。"《經典釋文》："忒，他得反，馬云：'惡也'。""惡役"見《清華伍·㢸門》："美役奚若？惡役奚若？……起役不時，大費於邦，此謂惡役。""不稱忒役"即"不起惡役"，越王句踐啓動工程，一方面動員游民，一方面徵發勞役時考慮是否合乎時宜，以免損害國家財政。下文"坳塗溝塘之功，王立亡好修于民三工（功）之堵（圖）"應爲"不稱忒役"的具體説明。

霖按：單育辰對"貣"字的分析可從。從字形上看，戰國文字中"弋"字下部作一短橫，且短橫較平，屬"弋"羨符，這與"戈"下部作一撇筆區別明顯。[①] 如"貣"在蔡侯鐘"不愆（愿）不貣（忒）"中作"𧵩"，在邧易君鈗中作"𧵩"，《清華貳·繫年》簡120"𧵩"、簡124"𧵩"等；而"貸"在《清華貳·繫年》簡121作"𧵩"等，撇的傾斜程度較爲明顯。"貣"讀作"力"可從。"貣""敕"均透紐職部，二字相通常見，如《北大叁·周訓》簡1："周昭文公自身貳〈貣（敕）〉之"。《詛楚文》"飾（餙）甲底兵"中"飾"字寫作"𩜩"從巾弋聲，可資爲證。文獻中"敕"字異體"勑"與"力"異文，如《尚書·康誥》"惟民其勑懋和"。《荀子·富國》引"勑"作"力"。故將"貣"讀作"力"可從。"力役"，義爲勞役。"稱"，舉行義，《書·洛誥》："王肇稱殷禮，祀於新邑。"孔穎達疏："顧氏云：舉行殷家舊祭祀，用周之常法，言周禮即殷家之舊禮也。"蔡沈集傳："言王始舉盛禮，祀於洛邑。"

〔11〕潚（幽）塗、洰（溝）墜（塘）之𢒖（功）

整理者第四章注〔一一〕：泑塗溝塘之功，指各種水利工程。潚，疑讀爲"泑"。《説文》："泑澤。在昆侖下。"簡文泛指澤塘。塗，《説文》："泥也。"洰，《集韻》音溝。溝，水瀆。泑、塗、溝、塘皆爲溝塘沼澤之類。此句大意是不耗費民力興建水利工程。

蕭旭（2017C）：潚，讀爲幽，隱僻也。"塗"同"途"，道路。幽途，偏僻之路。讀"墜"爲"塘"，是也，但不指溝池，應指堤岸，字亦作隄。《淮南子·主術篇》"若發鹼決塘。"高誘注："塘，隄也。皆所以畜（蓄）水。"

[①] 可參看李家浩《戰國邧布考》，《古文字研究》（第3輯），中華書局，1980年11月，頁160—165，收入《著名中年語言學家自選集·李家浩卷》，安徽教育出版社，2002年12月，頁160—166。

大西克也（2019）："塘"也可以指湖塘。《淮南子·主術訓》："夫防民之所害，開民之所利，威行也，若發礛決唐。"高誘注："礛，水礛，唐，隄也。皆所以畜水。"築塘畜水亦稱"塘"，池塘外圍的"塘"和其中貯存的淡水構成了不可分割的整體，以"塘"稱池塘是用部分轉指整體的轉喻（metonymy），這是很常見的語義引伸現象。《越公其事》"塘"字與"溝"并稱，他的字面上的意思是堤壩，實際上指的是蓄水池。……"㴍"疑當讀"坳"。《集韻·爻韻》："坳，地窊下也。"《孟子·公孫丑上》："坐於塗炭。"趙歧注："塗，泥。""坳塗"指低窪的泥地。山會平原的"坳塗"經過水利工程變成耕田，這是"坳塗溝塘之功"。越人築塘，實際上兼有墾田和灌溉兩種功能。

霖按："泑"字在文獻中多見"泑澤""泑水"等，很少能與"塗"搭配。這裏的"㴍"字可以理解是"幽"字异體，其加"水"爲偏旁是受簡文中"塗""洵""淳"等字同化的影響。出土文獻中"㴍"爲"幽"字异體的例子，如《馬王堆肆·老甲·道篇》行133："淲呵鳴呵，中有請吔。"范應元《老子道德經古本集注》第二十一章作"幽兮冥兮，中有精兮"。其中"淲"字從水，學聲。"㴍塗"即"幽塗"，意思爲"幽隱的道路"，與文獻常見的"坦塗"相對。"塗"在文獻中訓爲道路義常見，如：《論語·陽貨》："道聽而塗説"；《莊子·秋水》："明乎坦塗"等。從簡文與傳世文獻可知，吳返越王之地，面積百里，[①]且多爲丘陵與鹽鹼地。[②]這樣的地帶多"幽塗"是可以講得通的。"幽塗"與"洵（溝）壢（塘）"分別指道路和溝塘。簡文意思是"不使百姓從事修築道路與溝塘的工事"，古代修路、築城、築塘等是國家重要的工事活動，春秋時期各國之間的道路是國家間外交、戰爭等活動的重要基礎。西周時期修築有統一的"周道"，所以周王可以數次遠征淮南夷等反叛勢力。[③]到了春秋時期各國"車途异軌"，加之戰爭頻繁，所以修路也是重要的工事。晉國曾要求戰敗的齊國改變其田壟的朝向，以實現其作戰方便的目的，見《左傳·成公二年》："必以蕭同叔子爲質，而使齊之封內盡東其畝。"由此可

[①] 見簡18"【吳】人還越百里"，關於簡18簡序問題可參看陳劍《〈越公其事〉殘簡18的位置及相關的簡序調整問題》，復旦大學出土文獻與古文字研究中心網 http://www.gwz.fudan.edu.cn/Web/Show/3044，2017年5月14日。

[②] 由簡34"【得】于越邦陵陸。陵稼，水則爲稻，乃無有閒艸"可推測越百里之內多山陵。相關記載又見於《吳越春秋·勾踐歸國外傳》："越王策馬飛輿，遂復宮闕。吳封地百里於越，東至炭瀆，西止周宗，南造於山，北薄於海。"

[③] 雷晉豪《周道：封建時代的官道》，社會科學文獻出版社，2011年，頁156。

見，越王不使百姓修築山路與溝塘是爲了節省人力從事農業發展。"豇"讀作"功"可從，《周禮·天官·女御》"以歲時獻功事"，孫詒讓正義："《列女傳·母儀傳》云：'婦無公事，修其蠶織。'彼公事，即此功事。《管子·問篇》云：'問處女操工事者幾何人。'工事亦即功事，公、功、工并聲近義同。"

5. 王夶（惕）亡（毋）好[12] 攸（修）于民厽（三）工之䱬（署）[13]，兹（使）民砄（暇）自相[14]，蓐（農）工（功）旻（得）寺（時），邦乃砄（暇）安[15]，民乃蕃孳（滋）[16]。

[12] 王夶（惕）亡（毋）好

整理者第四章注〔一二〕：夶，疑爲"并"之壞字。并，遍。《易·井》："王明，并受其福。"

季旭昇（2017A）：我們目前傾向此字從"立"聲，"立"聲通讀爲"合"。立，上古音屬來母緝部；合，上古音聲屬見母或匣母，韻屬緝部，見母與來母爲複輔音關係，"立"與"見"母之字相通之例，見《上博一·孔詩》簡 27"子立"，馮勝君讀爲"子衿"；"立"字與"匣"母相通之例，見《公羊傳·莊公元年》"搚幹而殺之"，《經典釋文》作"拹"，云："拹，亦作拉。""合"即"聚集、集合"之意。此字也可以看成"從大從立（合）"，立（合）亦聲，大立（合），即大力聚合之意。

香油麵子：疑簡文"王夶（并）亡（無）好"後斷讀。簡文"夶"從整理者説讀爲"并"訓"遍"，或有全部、盡數之義。"亡"或如字讀，作動詞解，喪失之意。"好"作喜好、愛好，指君王之好。《禮記·緇衣》："上好是物，下必有甚者焉。"似乎可指財物、寶器之類。這裏"王夶（并）亡好"猶王盡數喪失其所好。……從上下簡文看，越王已有勵精圖治之心，所謂"王并亡好"既指越王寶器入吳的事實，似乎又可指越王盡數毀棄昔日對寶器之好，可與後面簡文順暢連接。①

霖按："夶"，從立從大，"立""大"位置一上一下，應是"替"之異體，讀爲"惕"。古文字中"替"字字形多爲兩個相同偏旁（"大"或"立"），或有位置上的差異，或有大小之別，以會一上一下偏廢之意，戰國文字中"替"字又加羨符"日"。如"𣦵"

---

① 簡帛論壇《清華七〈越公其事〉初讀》218 樓，2018 年 1 月 25 日。

(《合集》32892)、"▨"（獄盂）①、"▨"（叔尸鎛《集成》285）等。《清華玖·成人》簡4"替"字寫作"▨"，整理者讀作"惕"，此字去掉羨符"日"後"▨"可看作是"▨"的過渡形體。"替"透紐質部，"惕"透紐錫部，韻部旁轉可通。今本《周易·乾卦·爻辭》："九三，君子終日乾乾，夕惕若厲，無咎。"帛書本"惕"寫作"泥"，而帛書本和今本《周易·井卦·爻辭》："初六，井泥不食"中的"泥"在上博簡裏寫作"替"。"惕"，戒懼、警惕義。"亡"讀作"毋"，如《郭店·語三》："亡（毋）意，亡（毋）固，亡（毋）我，亡（毋）必。"

〔13〕攸（修）于民厽（三）工之堵（署）

整理者第四章注〔一二〕：攸，讀爲"修"。民三工之堵，意不明，疑"堵"讀爲"攻"或"圖"，此句指消耗大量民力的工程或規劃。

孫合肥（2017C）："堵"，讀爲"築"。者，魚部端紐。築，幽部端紐。古音魚、幽旁轉。典籍"築"有"建""造"之義。《公羊傳·莊公二十九年》："新延廄者何？脩舊也。"何休注："始造曰築。"《史記·梁孝王世家》："於是孝王築東苑，方三百餘里。"司馬貞索引："築，謂建也。"簡文"築"義爲"築建工事""建造工事"。

季旭昇（2017A）：簡文"三工之堵"的"堵"字從"工"，自然與工務有關，歷來耗費民力最大的事，莫如修城、修路、河堤之屬。這些事情是非做不可的，城牆不修，安全堪虞；道路不築，交通阻滯；河堤不固，水患難防。但是，這些事如果全部由農民來做，就會占掉農民正常耕作的時間，影響國家生產。看來，要做好這些事情，必需另謀人力，越王句踐"狀無好修于民三工之堵"應該就是這個意思。……"無好"，當看成動詞"狀"的賓語，爲名詞，即"無好者"之省略用法……"攸于"，即"修爲"。"于"訓"爲"，《儀禮·士冠禮》："髦士攸宜，宜之于假，永受保之。"鄭玄注："于，猶爲也。"……"攸于民三工之堵"即"修爲民三工之堵"，就是讓没有專長的人去整修"三工之堵"，這些工作祇需要體力，祇要有人指揮帶領，不需要什麼專長。"游民"和"無好者"平常没有在工作，把他們聚集起來，從事"洏塗溝塘"及"三工之堵"這些需要

---

① 參看吳振烽《獄器銘文考釋》，《考古與文物》，2006年第6期。張光裕《新見金文詞彙兩則》，《古文字研究》（第26輯），中華書局，2006年。

大量人力的工作，相對的就減少了農民被徵召勞役的時間，因此農民就有時間從事自己的工作（使民暇自相，農功得時），國家就大大地安定（邦乃叚安），因此人民就能大量繁殖（民乃蕃滋）。

單育辰（2017）："三工"疑即簡 28 所云的"貴（力）役、漁塗、溝塘之功"。

香油麵子："攸（修）于民厽（三）工之堵"之"攸"或讀作"悠"，有弛放、輕忽之義。……簡文"堵"從"工"從"者"，或讀作"旅"；所從"工"或與上文"杠"相呼應。"堵"之者若爲聲符，章紐魚部，與來紐魚部的"旅"，音近。《説文》："別事詞也。从白，仅聲，仅，古文旅字。"旅，即衆人行旅之義，這裏或指做"貴（力）役漁（沟）塗沟（溝）塱（塘）"的百姓民衆。綜合來看，簡文"王欰（并）亡好，攸（修）于民厽（三）工之堵"或可理解爲越王盡數摒棄所好之事，寬待做着貴（力）役、幽塗、溝塘之功的民衆，有減輕徭役的意味。這也正和後文所記"兹（使）民砎（暇）自相，蓐（農）工（功）旻（得）寺（時），邦乃砎（暇）安，民乃蕃芓（滋）"的實際效果是接續的。①

吳德貞（2018）：三工之圖，疑指力役、幽塗、溝塘三工的工程進展。堵簡文作"㻒"，本篇簡 11 有"良圖"，圖字作"㝳"，從者從心。兩字儘管都是讀爲"圖"，但是所圖的着重點不同，所以寫法也有區别。

霖按："攸"，讀作"修"。"三工"，單育辰之説可從，"三"表泛指，"三工"指各種技藝製作、土木營造之事，《周禮·天官·女御》"以歲時獻功事"，孫詒讓正義："《管子·問篇》云：問處女操工事者幾何人。工事亦即功事。""㻒"，從工者聲，讀作"署"，義爲安排。《説文·网部》："署，部署，有所網署。"徐鍇繫傳："署，置之，言羅絡之若罘網也。"

〔14〕兹（使）民砎（暇）自相（將）

整理者第四章注〔一三〕：叚，讀爲"暇"，閑暇。相，助。《書·盤庚下》"予其懋簡相爾，念敬我衆"，孔傳："簡，大；相，助也。勉大助汝。"

王磊（2017C）："自相"在典籍中是"相互"的意思，"使民暇自相"理解爲"使

---

① 簡帛論壇《清華七〈越公其事〉初讀》218 樓，2018 年 1 月 25 日。

民衆閑暇相互"，恐於文義未安。"相"疑當讀爲"將"，"相"古音屬心紐、陽部，"將"屬精紐陽部，古音相近。上博簡《父母之命》"日述月相"，《禮記·孔子閑居》作"日就月將"，是兩字相通假的例證。"自將"謂能自我保全，得以生存。《漢書·兒寬傳》："寬爲人溫良，有廉知自將，善屬文，然懦於武，口弗能發明也。"顔師古注："將，衛也，以智自衛護也。"……"使民暇自相"當是"使民衆暇安，以自保全"的意思，以本字讀之似未確。

薛培武："叚"記錄的可能是王家臺秦簡"地修城固，民心乃殷（叚）"中的"叚"這個詞，對應《睡虎地·爲吏之道》中"地修城固，民心乃寧"中的"寧"。①

駱珍伊（2018）：此處把"叚"讀爲"暇"可從。因爲前文提到了越王勾踐實行"縱經游民不稱貸役泝塗溝塘之工"以及"狄無好修于民三工之堵"幾項大措施，即讓無事可做的無業游民和無好（專長）之人，可以對國家有所建設，故把他們聚集起來，從事"泝塗溝塘之工"及"三工之堵"這些需要大量人力的工作。這麼一來，本身有職業的人民被徵召勞役的時間就相對減少了，因此説"民叚自相"，人民有閑餘時間從事自己的工作。

霖按："叚"，從殳石聲，或省寫作"叚"（《上博六·季桓子》簡14）、"叚"（《上博七·吴命》簡7）、"叚"（《清華壹·保訓》簡8）等。② 整理者讀作"暇"可從。"自相"，王磊之説可從，"自將"義爲"自己保全"。

〔15〕萛（農）工（功）旻（得）寺（時），邦乃砓（暇）安

整理者第四章注〔一三〕：萛，即"農"字異體。農工，讀爲"農功"，農事。《國語·周語上》："是時也，王事惟農是務，無有求利於其官，以干農功。"《左傳·襄公十七年》："宋皇國父爲大宰，爲平公築臺。妨於農收。子罕請俟農功之畢，公弗許。"得時，得到耕作的時間。《國語·越語下》："得時不成，反受其殃。"

整理者第四章注〔一四〕：暇安，暇逸安寧。

---

① 簡帛論壇《清華七〈越公其事〉初讀》209樓"心包"説，2017年10月25日。引者按：參看劉嬌《利用傳世古書與出土簡帛古書中的相同或類似内容校正出土簡帛古書舉例》，《中國文字》（新36輯），藝文印書館，2011年，頁116－117。
② 徐在國《説楚簡"叚"兼及相關字》，《簡帛語言文字研究》（第5輯），巴蜀書社，2010年，第8－17頁；又載於《安徽大學漢語言文字研究叢書·徐在國卷》，安徽大學出版社，2013年，頁239－245。

駱珍伊（2018）：越國向吳國投降之後，勾踐志在報復夫差，其所施行的每一項措施，都是在讓越國恢復生息，并逐漸變得强大，越國并没有"暇逸"的一刻，因此這裏如果還是把"叚"讀爲"暇"，作爲暇逸來解釋，似乎不太妥當。故筆者以爲"叚"應讀爲"嘏"，叚、嘏，皆見母魚部字，聲韻俱同可通。"嘏"釋爲"大"義，如《詩·周頌·我將》"伊嘏文王，既右饗之。"陸德明《釋文》曰："毛，大也。"孔穎達《正義》："毛於嘏字皆訓爲大，此嘏亦爲大也。王肅云：'……維天乃大文王之德，既佑助而歆饗之。'"《爾雅·釋詁》："嘏，大也。"《方言》："戎秦晉之間，凡物壯大謂之嘏。""嘏"訓爲"大"，嘏安，即典籍常見之"大安"。如《荀子·王霸》"得道以持之，則大安也，大榮也，積美之源也。"……由於"民嘏自相，農工得時"，因此"邦乃大安"；接著，由於越邦大安，因此"民乃蕃滋"。可見越王勾踐所施行的一系列舉措，對越邦的發展是有效的。①

霖按："農功得時"整理者之説可從。"嘏"雖有"大"義，但一般多與"福""命"等連用，用於贊美、册封等語境中，這在金文和傳世文獻中是比較常見的。"叚"讀爲"暇"即可。"暇"亦有"安"義，《慧琳音義》卷三"無暇"注引賈逵注《國語》云："暇，安也。""邦乃暇安"與《馬王堆肆·十六經·本伐》行 127 "所謂爲利者，見□□□飢，國家不叚（暇），上下不常。"② 表達意思相類。

〔16〕民乃蕃孳（滋）

整理者第四章注〔一五〕：蕃孳，讀爲"蕃滋"。《國語·越語下》："五穀睦熟，民乃蕃滋。"古書又有"繁字"。《尹文子·大道下》："内無專寵，外無近習，支庶繁字，長幼不亂，昌國也。"宍，有"字""兔"兩讀，是來源不同的同形字。字書又有"莬"字，《玉篇》："草木新生者。""字"與"兔"很早就訛混了。

霖按：整理者之説可從，"孳"應受前一字"蕃"字影響又加"艸"，可以理解爲"字"之异體。"蕃滋"，繁衍增益。關於戰國文字中"兔"字釋讀及其與"字"的關係，前輩學者多有討論，今暫擇前輩主要觀點列舉於下，以"考鏡源流"。

---

① 見前文所引駱珍伊《〈清華柒·越公其事〉補釋》，頁 531—532。觀點首見於簡帛論壇《清華七〈越公其事〉初讀》122 樓，2017 年 5 月 1 日。
② 裘錫圭主編《長沙馬王堆漢墓帛書集成〔肆〕》，中華書局，2012 年，頁 164。

(1) 李零："簡文'免'有兩種寫法，一種是借'冠冕'之'冕'的初文爲之，即後世'免'字（見《唐虞》簡7、《性自》簡25）；一種是借"分娩"之"娩"的初文爲之（見《緇衣》簡24、《成之》簡23），後世失傳。這裏的'免'字是屬於後一種，嚴格講，還不能説是錯字。"①

(2) 李家浩進一步結合望山一號楚墓楚簡37、天星觀楚簡中"悗"字異體和包山楚簡遣册259"鞔"字异體加以論證。②

(3) 趙平安：字頭部分增加了一横或兩横，行筆時横筆畫内收，訛變爲 ⌒ 或 ⌒。字中部的變化，可以從"宀"系字中尋得軌迹。……古文字的𡕒和免是來源完全不同的兩個字。免從甲骨文一直承傳至今，早期一般作 ⌒ ，隸作免，是冕的本字。由於免和𡕒上古聲韻相同，時相通假，所以後世爲𡕒造形聲字時，便利用免作爲聲符。而當𡕒的形聲字出現以後，它自己也就逐漸退出歷史舞臺了。③

(4) 李天虹：古書中"字"字的這類用法，或許是"娩"的誤識；也可能是由"娩"的誤識衍變而來，即由於將"娩"誤識爲"字"，而導致人們後來直接用"字"來表示生育、妊娠的意思。④

6. 㠯=（至于）厽（三）年〔17〕，雪（越）王句戏（踐）女（焉）甹（始）复（作）緝（紀）五政之聿（律）〔18〕。

〔17〕㠯=（至于）厽（三）年

---

① 李零《郭店楚簡校讀記》（增訂本），北京大學出版社，2002年，頁65、137。
② 湖北省文物考古研究所、北京大學中文系編《九店楚簡》，中華書局，2000年，頁146—147。
③ 趙平安《從楚簡"娩"的釋讀談到甲骨文的"娩""㚻"——附釋古文字中的"冥"》，《簡帛研究二〇〇一》，廣西師範大學出版社，2001年，頁55—59；收入《文字·文獻·古史——趙平安自選集》，中西書局，2017年，頁20—26。
④ 李天虹《楚簡文字形體混同、混訛舉例》，《江漢考古》，2005年第3期。

整理者第四章注〔一六〕：此處指休養生息了三年。勾踐三年，勾踐棲會稽與吴行成，實施三年休養生息之政策，然後有所作爲。此時爲勾踐六年。

霖按：簡文未有越王爲質之事，與傳世文獻中記載越王先爲質於吴三年，後歸於封地施行仁政不同。如：

(1)《越絶書·請糴内傳》："越王去會稽，入官於吴。三年，吴王歸之。"

(2)《史記·越王勾踐世家》："行成，爲質於吴。二歲而吴歸蠡。"

(3)《吴越春秋·夫差内傳》："吾嘗與越戰，棲之會稽，入臣于吴，不即誅之，三年使歸。"

(4)《越絶書·記范伯》："孤身不安床席，口不甘厚味，目不視好色，耳不聽鐘鼓者，已三年矣。焦脣乾嗌，苦心勞力，上事群臣，下養百姓。"[①]

〔18〕女（焉）訇（始）乍（作）绪（紀）五政之聿（律）

整理者第四章注〔一七〕：紀，治理。《國語·周語上》"稷則遍誡百姓，紀農協功"，韋昭注："紀，謂綜理也。"五政，指下文的農政、刑德、徵人、兵政、民政。聿。讀爲"律"，法也。

霖按：據劉傳賓統計，楚系簡帛材料中"女"是"﹛焉﹜"這個詞的習慣用字（占94%），這種現象是有意爲之，體現了一種文字分化的趨勢。[②]"焉"，於是，《讀書雜志·史記第一·秦始皇本紀》"焉作信宫渭南"，王念孫按："焉，猶於是也。""绪（紀）五政之聿（律）"整理者之説可從。"绪"，從糸己聲，楚系文字中或加羨符"口"，義爲治理、整理。如《上博二·子羔》簡7"亦紀先王之游道"，意思是將先王治理天下的方法整理出頭緒。"律"，法令。《上博三·周易》簡7"師出以聿（律）"。

[①] 類似語句又見於時代較晚的《吴越春秋·夫差内傳》："孤身不安重席，口不嘗厚味，目不視美色，耳不聽雅音，既已三年矣；焦脣乾舌，苦身勞力，上事群臣，下養百姓。"

[②] 參看劉傳賓《楚系簡帛文獻"女""安"二形與"安""﹛焉﹜"二詞對應關係研究》，《出土文獻》（第11輯），中西書局，2017年，頁147-155。陳劍《説"安"字》，《甲骨金文考釋論集》，綫裝書局，2007年，頁119-121。

【今譯】

吳國軍隊已經襲擊了越國，越王想要對吳國復仇。他已經建立好越國的宗廟，修葺好社稷之位，於是隆重舉行攻解之祀，來祈求百姓安寧。越王開始采取措施使國家平安穩定，他沿襲以前的法制常規，不責怪，也不禁忌；不處罰，也不懲治；拋棄（自己的）怨恨與過錯，不言說百姓的罪過；聚集管理無業之民，不舉行勞役，不興修山路、水塘的工事。越王告誡自己不要喜好讓百姓去修建各種土木營造之事，讓百姓閑暇、自己保全，農業順應時令，國家暇逸安寧，百姓繁衍增益。三年之後，越王勾踐開始制定治理"五政"的法律。

《越王好農章》集釋（簡30—36）

【章解】

本章主要講述勾踐在三年休養生息之後，推行好農之政，使得越國糧食充盈之事。竹簡共計9枚，其中簡34上端殘缺嚴重，簡35簡尾殘損，但不影響文意，簡18、36殘缺嚴重，其餘諸簡皆爲完簡。關於簡序，我們根據陳劍綴合意見，簡33—36的簡序爲：簡33—簡35—簡36上—簡18—簡34—簡36下。本章簡文符號使用情況：簡30"五""政"後、簡35"季""尖"後有合文符號，簡36"多飤"後有章結符，均書於上字右側下方。本章重點討論的疑難字詞有："薈""睛""薫""縈""肬""毻""戏""陉""堇歷""洵淳"等。

【摹本及隸文】

王 思 邦 遊 民 厽 年 乃 乍 五₌ 政₌ 之 初

王 好 蓐 工 王 親 自 嚻 又 厶 薈 王 親 涉

《越公其事》集釋

洵淳溢塗日睛蓐 【簡30】 事以勸急蓐
夫雩庶民百眚乃甬嘉慧思曰王亓
又縈疾王聞之乃以管飤盧盬 【簡31】
肏胙多從亓見蓐夫老弱堇歷者王
必會飤之亓見蓐夫疕頯足見庉色
訓必而牲 【簡32】 舢者王亦會飤之亓
見又戕又司及王右右先贈王訓而
牲舢者王必與之呈飤 【簡33】 凡王右
右大臣乃莫不舢人又厶舊塱雩庶
民乃夫婦皆拚爭＝鄩徸尖＝遠汦亦
夫 【簡35】 婦皆 【簡36上】 □人徸雩百里□
【簡18】 □得于雩邦陸陯陸稼水則爲稻

《清華大學藏戰國竹簡（柒）》集釋

乃 亡 又 闕 卉 【簡34】　　☐ 雩 邦 乃 大 多

飤 【簡36下】

【釋文】

王思邦游民，厽（三）年，乃乍（作）五〓政〓（五政[1]。五政）之初，王好蓐（農）工（功）。王親自齠（耕），又（有）厶（私）舊（穫）[2]。王親涉泃（溝）淳湎（幽）塗[3]，日賭（省）蓐（農）【簡30】事[4]以勸急（勉）蓐（農）夫[5]。雩（越）庶民百眚（姓）乃禹（稱）矗（懼），蠢（悚）思（懼）曰[6]："王亓（其）又（有）縈（營）疾[7]？"王餌（聞）之，乃以箸（熟）飤（食）：𥂈（脂）、鹽（醯）、【簡31】肴（脯）、肬（膴）多從[8]。亓（其）見蓐（農）夫老弱堇（勤）歷（斂）者，王必畬（飲）飤（食）之[9]。亓（其）見蓐（農）夫氓（黎）顛（頂）足見[10]，𠫤（顏）色訓（順）必（比）而牆（將）【簡32】扐（耕）者[11]，王亦畬（飲）飤（食）之。亓（其）見又（有）戎（班）、又（有）司及王右（左）右[12]，先贈（誥）王訓，而牆（將）扐（耕）者，王必與之𠂤（坐）飤（食）[13]。【簡33】凡王右（左）右大臣，乃莫不扐（耕），人又（有）厶（私）舊（穫）[14]。塈（舉）雩（越）庶民，乃夫婦皆扐（耕），爭〓（至于）鄭（邊）禰（縣）尖〓（小大）遠沲（邇），亦夫【簡35】婦皆【耕】[15]。【簡36上】☐【吳】人禰（還）雩（越）百里【之地】☐【簡18】☐[16]【得】于雩（越）邦陸（陵）陿（陸），陸（陵）稼（稼），水則爲稻，乃亡（無）又（有）闕（間）卉（艸）[17]。【簡34】雩（越）邦乃大多飤（食）。【簡36下】

【集釋】

1. 王思邦游民，厽（三）年，乃乍（作）五〓政〓（五政[1]。五政）之初，王好蓐（農）工（功）。王親自齠（耕），又（有）厶（私）舊（穫）[2]。

〔1〕王思邦游民，厽（三）年，乃乍（作）五政

276

整理者第五章注〔一〕：游民，流離失所之民，又作游民。《禮記·王制》："無曠土，無游民，食節事時，民咸安其居。"

霖按："游民"解釋見《越王安邦章》注〔9〕"總經游民"。上一章已講越王聚合統一管理無業之民，不使人民從事力役、幽塗、溝塘之事，起到安穩社會、休養生息的作用。"思"，如字讀，思慮義。雖然楚系文字中"思"用作{使}較爲常見，但本篇多用"兹""事"等表{使}，未見"思"表{使}之例。《荀子·解蔽》"仁者之思也恭"，楊倞注："思，慮也。"

〔2〕王親自豳（耕），又（有）厶（私）舊（穫）

整理者第五章注〔一〕：舊，與九店簡之"萑"當爲一字，李家浩釋讀爲"畦"。《説文》："田五十畝曰畦。"私畦，親耕之私田。古書又稱籍田。《史記·孝文本紀》："上曰：'農，天下之本，其開籍田，朕親率耕，以給宗廟粢盛。'"

王寧："舊"字恐不當讀"畦"。薛培武曾經指出三晉文字"隻"字從"萑"，很給人啓發。從文意上揣測，這個字可分析爲從蒦（獲）省田聲，即《周易》"田獲三狐""田獲三品"之"田"，亦即田（畋）獵之"田"，田獵的目的是要獵獲禽獸，故字從蒦（獲）作，這裏應當讀爲田地之"田"。古有"公田"，有"私田"，或簡稱"公""私"，《詩·大田》："雨我公田，遂及我私。"《噫嘻》："駿發爾私，終三十里。"傳、箋解"私"爲"私田"。《孟子·滕文公上》："方里而井，井九百畝，其中爲公田。八家皆私百畝，同養公田。"《商君書·墾令》："農民不饑，行不飾，則公作必疾，而私作不荒，則農事必勝。""公"指公田，"私"指私田。"舊"視爲"獲"的異體，或可爲讀"穫"，"私穫"指私田之穫。①

羅小虎："舊"應該是曾侯乙墓簡80"㔫"字之省，尤其是上部分的寫法一致。如整理報告所云，讀爲"畦"。②

曹錦炎、岳曉峰（2018）：《越公其事》的"舊"字構形，可以將其分析爲從田、萑聲。上已指出中山王鼎"蒦"字可以看作是從"萑"得聲，所以將"舊"看作是從田、從蒦省聲之字，完全有這種可能。此外，古文字從"又"之字作爲偏旁時或可省去

---

① 簡帛論壇《清華七〈越公其事〉初讀》158樓，2017年5月6日。
② 簡帛論壇《清華七〈越公其事〉初讀》201樓，2017年7月24日。

"又",例如清華簡《皇門》簡6 "叚" 字,構形作"![字形]",從石,從又、刀會意,而清華簡《保訓》簡8的 "叚" 字則寫作 "![字形]",從石、刀,省去 "又" 旁;上博簡《吳命》簡7的 "叚" 字構形作![字形],亦省去 "又" 旁,皆可爲證。因此,將《越公其事》的 "舊" 字視作 "曠" 字之省寫,當無疑義。"穫" 字本義指收割莊稼,引申爲收穫、收成,《書·金滕》:"秋,大熟,未穫,天大雷田,以風,禾盡偃。"《管子·權修》:"一樹一穫者穀也,一樹十穫者木也,一樹百穫者人也。" 是 "穫" 之詞義皆與田事有關,禾栽種于田,"禾""田" 詞義有一定的關聯,因此在作爲形聲字的表意偏旁使用時,"田" 旁當可與 "禾" 旁互作。所以,"穫" 字寫作异體 "曠" 或省寫作 "舊",應該是沒有問題的。上已指出,"獲" 之本字 "隻" 寫作 "蒦" 見於中山王鼎,而《越公其事》簡文中 "越國" 之越寫作 "雩",也見於中山王器,并非楚文字的習慣寫法。由此看來,"穫" 或 "獲" 字所從聲旁寫作 "蒦" 或是三晉文字的書寫習慣。若如此,則 "穫" 字寫作 "穫" 屬楚文字,而寫作 "曠" 或 "舊" 乃爲三晉文字,爲同詞异寫。將《越公其事》的 "舊" 看成 "收穫" 之 "穫" 的异體字後,兩處簡文便可得到準確釋讀。簡30云:"王親自耕,有私穫。""私" 訓爲自己、個人,"私穫" 指 "自己的收穫" 即 "自己的收成",這是說越王句踐親自耕作,於是有了自己的收成;簡35又云:"凡王左右大臣,乃莫不耕,人有私穫。" 是說凡越國大臣皆效仿越王而親自耕作,於是人人都有了自己的收成。

章水根(2018):"![字形]",整理者之説可從,此字當是 "曠" 之省。曾侯乙墓竹簡 "曠" 作:"![字形]"(簡80),曾侯乙墓竹簡又有一個從 "衣" 從 "舊" 之字:"![字形]"(簡13)、"![字形]"(簡19)。它們字形中的 "舊" 上部皆從 "萑" 而非 "雈"。此類寫法的 "舊" 很可能有更早的來源。甲骨文 "舊" 或作 "![字形]"(《合集》29694),其上部已近似 "萑"。以上皆可證整理者之説正確可從。

霖按:"![字形]" 字從井從田爭聲,[1]楚簡或寫作 "![字形]"(《郭店·成之》簡13),從力

---

[1] 或認爲從井聲,季旭昇認爲:"井在精紐,耕在見紐,二字韻雖同,但聲紐不同。這情形就像創(莊紐)、荆(見紐)在早期金文中是同一個字一樣,應該反映了早期部分精莊系的字和部分見系的字有很密切的關係。"參看季旭昇《説文新證》,藝文印書館,2014年,頁363-364。

從田會耕田之意,① 但後者與"男"字易訛,故不常見。本篇"耕"字异體又見於簡 33 "𦓁""𦓂"、簡 35 "𦓃""𦓄"等。《上博三·周易》簡 20 "不耕而穫",《吕氏春秋·慎大覽》:"適令武王不耕而穫"與簡文此句可相對照。"𥝩"字又見於簡 35 "𥝩",曹錦炎、岳曉峰等學者認爲"𥝩"從隻省是正確的,讀作"穫",詳見上文,不復贅述。曾侯乙墓簡 80 "𥝩"與此字相似,本篇中存在部分字形與戰國早期的曾侯乙墓竹簡相合的情况,或有人認爲本篇有晉系文字的風格,我們認爲可能與本篇底本形成較早有關,在勾踐滅吴發生後,此類故事口耳相傳,迅速流傳演變,在戰國早期已經出現多個版本,故底本可發現戰國早期字形的遺存,如以"臣"表{甲}、"𥝩"字從"廿"等。

2. 王親涉沟(溝)淳湎(幽)塗〔3〕,日睛(省)薜(農)事〔4〕以勸𢚄(勉)薜(農)夫〔5〕。雩(越)庶民百眚(姓)乃再(稱)囂(懾),蘁(悚)思(懼)曰〔6〕:"王亓(其)又(有)縈(營)疾〔7〕?"

〔3〕王親涉沟(溝)淳湎(幽)塗

整理者第五章注〔三〕:淳,疑指低窪沼澤。《左傳·襄公二十五年》:"辨京陵,表淳鹵。"《漢書·食貨志上》:"若山林藪澤原陵淳鹵之地,各以肥磽多少爲差。"淳與山、林、藪、澤、原、陵、鹵并列,皆爲不同之用地。淳可能是比鹽碱地之"鹵"略强的低窪沼澤地。湎,疑即"泑"字。《山海經·西山經》"不周之山,東望泑澤",郝懿行箋疏:"泑澤,《漢書·西域傳》作鹽澤。"簡文之"泑塗"或即鹽碱灘途。

侯乃峰:"淳"字與"沟(溝)"并列,"溝"爲水瀆,《説文》:"溝,水瀆。廣四尺,深四尺。"則"淳"字指用地之名若沼澤似不妥。我們懷疑"淳"當讀爲"甽(畎)",指田間水溝。即,"沟(溝)淳(甽/畎)"皆是指田間水溝,在簡文中指代田地。《説文·〈部》:"水小流也。"《書·益稷》"予決九川,距四海,濬畎澮距川",傳:

---

① 劉洪濤《説"爭""静"是"耕"的本字——兼説甲骨文"爭"表現的是犁耕》,《中國文字學報》(第 8 輯),2017 年,頁 116—121。

"一畝之間，廣尺深尺曰畎。"《漢書·食貨志》："后稷始甽田，以二耜爲耦，廣尺深尺曰甽。"《集韻》："朱閏切，音稕。溝也。"①

王寧："湷"字從水郭聲，即"漷"字，當讀爲"墼"。②

蕭旭（2017C）：湷，讀爲自，俗作墩、堆，土堆，簡文指溝之隄墩。字亦作埻、錞，《山海經·西山經》："魃山是錞於西海。"郭璞注："錞，猶堤埻也，音章閏反。"

大西克也（2019）：簡30"溝湷坳塗"和簡28"坳塗溝塘"很可能同指一物，"湷"即"塘"，這是一個重要綫索。我認爲所謂"湷"字實爲"槖"聲字，可讀爲"塘"。《說文·口部》："唐，大言也。从口庚聲。啺，古文唐，从口昜。""庚"爲見母陽部字，陽鐸二部陽入對轉，從"水""槖"聲的此字讀作"塘"，古音上應該是可以的。祇是"槖"是合口字，"塘"是開口字，開合相通算是比較少見的現象。用許思萊（Schuessler）的古音系統，"槖（郭）"可擬爲 kwâk，"塘（唐）"可擬爲 g—laŋ。

霖按："溝"，田間水道。《周禮·考工記·匠人》："九夫爲井，井間廣四尺，深四尺，謂之溝。""湷"如字讀，或爲文獻中"湷鹵"之省稱，瘠薄的鹽碱地。《左傳·襄公二十五年》："辨京陵，表湷鹵。"杜預注："湷鹵，埆薄之地。""坳塗"，讀作"幽塗"，詳見《越王安邦章》注〔11〕"幽塗、溝塘之功"。在簡文中具體是指山路，本句意思是"越王親自走到田間水道、鹽碱地和山地"，分別指種田三種不同類型的地帶，這與簡34"【得】于越邦陵陸。陵稼，水則爲稻，乃無有閑艸"可相互對照。

〔4〕日腈（省）蓐（農）事

整理者第五章注〔四〕：腈，讀爲"靖"，治理。《詩·菀柳》"俾予靖之，後予極焉"，毛傳："靖，治。"農事，《左傳·襄公七年》："夫郊祀后稷，以祈農事也。"

程浩（2017）："腈"字亦見於本篇第七章簡44"王乃趣使人察腈城市邊縣小大遠邇之勾、落"，由於此處的"腈"字與"察"聯用，很明顯應該讀爲"省察"之"省"。竊以爲第五章的"腈"也同樣應讀"省"。簡文"王親溝湷坳塗，日腈農事以勸勉農夫"，是说越王每天親自下到農田省察，以勸勉農夫勤勞農事。

---

① 簡帛論壇《清華七〈越公其事〉初讀》59樓"漢天山"說，2017年4月27日。
② 簡帛論壇《清華七〈越公其事〉初讀》108樓，2017年4月30日。

王寧："靚"當讀爲"省"。下簡44"察靚"整理者讀"察省"是。①

霖按："睛"，從視省青聲，《郭店·老乙》"青（清）勝熱"，帛書甲本引作"靚"。程浩、王寧等讀作"省"可從。古文字"省""青"均從生聲，可通。結合簡44"戠睛"讀作"辨省"可證，"省""辨"義近，《爾雅·釋詁下》："省，察也。"本句意思是"越王每天察看農業生產情況"。

〔5〕以勸免（勉）蓐（農）夫

整理者第五章注〔四〕：免，楚卜筮習見，多爲病症，讀爲"悶"，此處讀"勉"。勸勉，鼓勵。《管子·立政》："勸勉百姓，使力作毋偷。"農夫，《詩·七月》："嗟我農夫，我稼既同，上入執宮功。"《國語·吳語》："昔吾先王體德聖明，達於上帝，譬如農夫作耦，以刈殺四方之蓬蒿，以立名於荆，此則大夫之力也。"

霖按："勸"，從力菫聲，三體石經寫作"勸"。楚系文字多以"懽""觀"等表{勸}，如《郭店·緇衣》簡24"則民有懽（勸）心"，《上博五·鮑叔牙》簡10"從人觀（勸）"。"免"，從心免聲，楚簡多以"孨"表{勉}，如《上博四·曹沫》簡23"二三子孨（勉）之"。在新蔡楚簡、望山楚簡中"免"多讀作"心悶"之"悶"，《清華貳·繫年》簡52"免"讀作"閔"。本句意思是"勸導勉勵務農之人"。

〔6〕雩（越）庶民百眚（姓）乃禹（稱）嚞（懾），蠹（悚）思（懼）曰

整理者第五章注〔五〕：嚞，《說文》："疾言也。"《正字通》"與沓、喈、諮、調并同"，皆爲多言。稱嚞，猶偙嚞。左思《吳都賦》"澀嚞泉漻，交貿相競"注："澀嚞，衆言語喧雜也。"蠹，當爲叢省聲，讀爲"悚"。悚懼，《韓非子·內儲說上》："吏以昭侯爲明察，皆悚懼其所而不敢爲非。"

黃傑：《繫年》簡46有"富"字，用作"襲"。此處"嚞"也應當讀爲"襲"，"稱襲"是一個詞，見《後漢書》"棺椁周重之制，衣衾稱襲之數"，本指禮服，此處作動詞，意爲穿上禮服。相關簡文當斷讀爲：越庶民百姓乃稱嚞（襲），蠹（悚）懼曰："王其有勞

---

① 簡帛論壇《清華七〈越公其事〉初讀》108樓，2017年4月30日。

疾?",意爲:越的庶民百姓乃穿上禮服,戰戰兢兢地説:"王將要有積勞而致的疾病嗎?"①

林少平:"稱"訓爲"舉",形容庶民百姓驚恐之狀。《史記·孔子世家》:"孔子趨而進,歷階而登,不盡一等,舉袂而言曰:'吾兩君爲好會,夷狄之樂何爲於此!請命有司!'"②

侯乃峰(2018B):據下文"悚懼"一詞,我們懷疑讀"嚞"爲"懾服"之"懾",字又作"慴"。上古音"嚞"屬定紐緝部,"聶"屬泥紐葉部,"習"屬邪紐緝部,三字音近可通。若如此,則"稱"字之後的"嚞(懾、慴)""悚""懼"亦當是三字一義而并列複用者。稱,稱説、言謂之義。"嚞(懾、慴)""悚""懼"皆恐懼、懾服之義。③

王寧:此句當於"嚞"下斷句。"𢝗"的字即"憖"字,《説文》訓"驚","憖懼"即驚懼。④

霖按:"嚞",侯乃峰分析可信。從"嚞"得聲的"𩪗"見於鳳羌鐘,《清華二·繫年》簡46、93、94等,讀作"襲"。⑤"嚞"可讀作"慴",即"懾"字异體,義爲恐懼,《漢書·東方朔傳》:"天下震懾",顔師古注:"懾,恐也。""稱",述説義,《國語·晉語八》:"其知不足稱也。"韋昭注:"稱,述也。""稱懾"義爲越國平民百姓感到恐懼。"𢝗",整理者之説可從。"𢝗",從心叢省聲,讀爲"悚"。"𢝗",心紐東部;"叢"從紐東部,聲紐均爲齒音,韻部相同可通。"悚懼",恐懼、戒懼之義。

〔7〕王亓(其)又(有)縈(營)疾

整理者第五章注〔六〕:縈,讀爲"勞",楚簡多作"褮"。此句意爲民不解王親耕勞作之意,稱其患上了愛勞作之病。

---

① 簡帛論壇《清華七〈越公其事〉初讀》1樓"暮四郎"説,2017年4月23日。
② 簡帛論壇《清華七〈越公其事〉初讀》4樓,2017年4月23日。
③ 觀點首見於簡帛論壇《清華七〈越公其事〉初讀》12、182樓"漢天山"説,2017年4月24日,2017年5月20日。
④ 簡帛論壇《清華七〈越公其事〉初讀》108樓,2017年4月30日。
⑤ 唐蘭《鳳羌鐘考釋》,《唐蘭先生金文論集》,紫禁城出版社,1995年,頁4。李家浩《釋上博戰國竹簡緇衣中的"𢆶臣"合文——兼釋兆域圖"逐"和鳳羌鐘"嚞"等字》,《安徽大學漢語言文字研究叢書·李家浩卷》,安徽大學出版社,2013年,頁149。

無痕："縈"可讀爲"營"（或"瑩"），"營疾"猶"惑疾"，表精神失常、迷亂之病。《左傳·襄公二十四年》："不然，其有惑疾，將死而憂也。"楊伯峻注："惑疾即迷惑之疾，謂心情不安，疑神疑鬼。"此句是說民對王親耕勞作表示不解，深感意外，懷疑他有精神迷亂之疾所以舉止失常。讀"縈"爲"營"也見於上博簡《景公瘧》簡 9："今內寵有割瘧外，外有梁丘據縈狂。"范常喜讀"營誈"，猶"營惑""熒惑"，同義連用。①

魏宜輝："縈"可讀作"嬰"。"嬰"有糾纏、羈絆之義。古書中講到人爲疾病纏繞時，常用"嬰"字，如《韓非子·解老》："禍害至而疾嬰內。"馬王堆漢墓出土竹簡《十問》篇簡18："積必見章，玉閉堅精，必使玉泉毋頃（傾），則百疾弗嬰，故能長生。"《後漢書·黨錮傳·李膺》："道近路夷，當即聘問，無狀嬰疾，闕於所仰。""嬰疾"即指患病。②

王磊（2017C）："勞疾"，當指"憂勞過度所致的疾病"。勾踐辛勞而得民心，因此百姓憂懼其有勞疾。《孟子·梁惠王下》："今王鼓樂於此，百姓聞王鐘鼓之聲，管籥之音，舉欣欣然有喜色而相告曰：'吾王庶幾無疾病與？何以能鼓樂也！'今王田獵於此，百姓聞王車馬之音，見羽旄之美，舉欣欣然有喜色而相告曰：'吾王庶幾無疾病與？何以能田獵也！'此無他，與民同樂也。"是百姓憂君有疾的事例，可相參證。

霖按："無痕"之說可從。"縈""營"可通，《說文·糸部》朱駿聲通訓定聲："縈，叚借爲營。""營"，惑也，"營疾"猶迷亂之疾。如《上博六·競公》簡9"縈（營）誈"，《上博六·用曰》簡1"豫命乃縈（營）"，《清華叁·芮良夫》簡16"其度用失縈（營）"。③《淮南子·本經》："目不營於色，耳不淫於聲"，高誘注："營，惑。"《銀雀山壹·孫臏·威王問》簡266："營而離之，我并卒而擊之，毋令敵知之。"

3. 王𦖞（聞）之，乃以䈞（熟）飤（食）：䀉（脂）、䤄（醢）、肏（脯）、肬（膴）多從[8]。亓（其）見蓐（農）夫老弱

---

① 簡帛論壇《清華七〈越公其事〉初讀》31樓，2017年4月26日。參看范常喜《簡帛探微——簡帛字詞考釋與文獻新證》，中西書局，2016年，頁68—69。
② 簡帛論壇《清華七〈越公其事〉初讀》155樓"cbnd"說，2017年5月6日。
③ 參看簡帛論壇《清華簡三〈芮良夫毖〉初讀》28樓"海天游蹤"說，2013年2月1日。張崇禮《清華簡〈芮良夫毖〉考釋》，復旦大學出土文獻與古文字研究中心網站 http://www.gwz.fudan.edu.cn/Web/Show/2740，2016年2月4日。

董（勤）壓（斂）者，王必酓（飲）飤（食）之[9]。

〔8〕乃以篝（熟）飤（食）：膃（脂）、醓（醢）、肏（脯）、肚（膴）多從

整理者第五章注〔七〕：篝飤，讀爲"熟食"。《禮記·曲禮上》："獻米者操量鼓，獻孰食者操醬齊。"膃醓，脂醢。《周禮·醢人》載有兔醢、魚醢等多種。疑脂醢類似今之肉醬。肏，即"脯"字。肚，即"肓"，陽部字，疑讀爲"羹"，與人體部位"肓"不是一字。脯羹，《禮記·內則》："脯羹兔醢。"從，《說文》："隨行也。"

黃傑："肚"當讀爲"膴"。《周禮·天官·冢宰》："薦脯、膴、胖，凡腊物。"①

霖按：篝飤，整理者讀爲"熟食"可從。簡帛中"篝""孰"相通常見，如《郭店·成之》簡24"民篝（孰）弗信"，《清華陸·管仲》簡16"篝（孰）可以爲君？"，同篇簡13"五種時篝（熟）"可證。"膃"，從皿脂聲，"脂"之異體，泛指油脂、油膏。此句與《國語·越語上》"句踐載稻與脂於舟以行，國之孺子之游者，無不餔也，無不歠也，必問其名"相對應，韋昭注："脂，膏也。""醓"，肉醬。《周禮·天官·醢人》"醓醢昌本，麋臡菁菹"，鄭玄注引鄭司農云："有骨爲臡，無骨爲醢。""肏"，從肉父聲，整理者讀作"脯"可從，乾肉。或可理解爲熟肉，《呂氏春秋·誣徒》："故烹獸不足以盡獸，嗜其脯則幾矣。""肚"，從肉亡聲，黃傑之說可從，讀作"膴"，無骨乾肉。先秦文獻中此類加工肉類多以單字表意，少見複合詞，且上舉四種皆屬熟食，故我們斷句作"乃以篝（熟）飤（食）：膃（脂）、醓（醢）、肏（脯）、肚（膴）多從"。《呂氏春秋·順民》"時出行路，從車載食，以視孤寡老弱之漬病困窮顏色愁悴不贍者，必身自食之"，與此句描述類似。

〔9〕亓（其）見蕁（農）夫老弱董（勤）壓（斂）者，王必酓（飲）飤（食）之

整理者第五章注〔八〕：老弱，《孟子·梁惠王下》："君之民老弱轉乎溝壑，壯者散而之四方者，幾千人矣！"董，疑讀爲"勤"。壓，疑讀爲"斂"，《說文》："治也。"

整理者第五章注〔九〕：酓，"歙"之省形。《說文》："歙，歠也。"古書多作

---

① 簡帛論壇《清華七〈越公其事〉初讀》1樓"暮四郎"說，2017年4月23日。

"飲"。飲食，給予他人吃喝。《左傳·昭公二十九年》："昔有飂叔安，有裔子曰董父，實甚好龍，能求其耆欲以飲食之。"

劉剛（2017）：從字形來說，把"秝"當做"歷"的聲符確實是最直接的。不過，我們注意到，除秦文字外，戰國文字中其實一直沒有出現過明確的從"秝"得聲的字，"歷""曆"等詞都是用與之音近的"鬲"聲字表示的。換句話說，古音在錫部的"秝"很可能僅見於秦文字系統。……聯繫清華簡《繫年》14號簡的"曆"字來看（引者按：字形作"▨""▨"），"▨"可能是"曆"字的另一種寫法。中間類似兩個"朿"的部分，可以視作聲化從"兼"，也可以認爲是表示"石"字省體的兩橫位移所致，即看成是上引包山181簡字形變化而來的（引者按：字形作"▨"），類似兩個"朿"的部分畢竟與"兼"形體不同，所以兩橫位移的可能性更大。……如果我們肯定左塚漆梮的"▨"和清華簡《繫年》14號簡的"曆"是同一個字的不同寫法，那麼上博簡《周易》的"壓"（引者按：字形是"▨""▨""▨""▨"）和《清華柒·越公其事》的"壓"無疑也應該看作同一個字。然則"壓"可以分析爲從"土""曆"省聲。"董壓"，可讀爲"饉歉"。《廣雅·釋天》："一穀不升曰歉，二穀不升曰饑，三穀不升曰饉，四穀不升曰荒，五穀不升曰大侵。"……"饉""歉"既可以表示因自然災害造成的不好年景，也可以表示食物匱乏。古書中雖然沒有"饉""歉"連文的例子，但是却常見與"饉歉"組合方式類似的"饑饉"一詞。簡文"亓（其）蓐（農）夫老弱董壓者，王必舍（飲）飤（食）之"，意思是說"農夫老弱和食物匱乏者，越公都會給他們提供飲食"。

陳劍（2017A）：從文字系統出發指出簡文"壓"不會是從"秝"聲之字，是很有説服力的。前文已經討論過的《鄭武夫人規孺子》之"厤"非"歷"而是"兼"，以及傳抄古文字中的例子，也可爲證。同時，劉剛根據"▨""▨"一字的關係，推斷"▨""壓"也應爲一字，加上我們前所論作聲旁之"廉/薕"常可省作"秝"的現象，則釋"壓"爲"廉/薕"聲字，單從字形上看確實也是很有道理的。但問題是，根據"廉/薕"聲的讀音，簡文很難講通。……饑饉、歉收這類具有重在描述持續時間較長的、在一定範圍內帶有普遍性的狀態的詞，用來描述越王出去碰到的個別人的狀況，是很不合適的。再者，這裏特地將上下文引得較全，是想強調一點，即此文重點在強調越王之勸農耕作，而非體現越王之恤農愛民。《呂氏春秋·順民》亦有記越王思覆吳事一段，謂"時出行路，從車載食，以視孤寡老弱之潰病困窮顏色愁悴不贍者，必身自食之"，其文與簡文此係講勸勉農事者，語境大爲不同。簡文此處哪怕就是換爲"農夫老弱凍餒者"一類話，都是嫌跟語境不夠切合的。"堇"字整理者讀爲"勤"，是最自然直接的；由此出發，"壓"最可能跟"勤"係義近連用關係。從字形上看，"壓"與前舉金文"蔑磿"之"磿"形的聯繫是很明顯的。[圖]類形中之兩"木"形變爲兩"禾"形（引者按："磿"類形字多見於商末至西周初期之器，如小子𥂴卣、保卣、保尊等），與此類字形後來的變化相同（"木"旁漸變寫得"屈頭"再變爲一般的"禾"形）；再省去"曰/甘"形（古文字中位於全字下方的"曰/甘"形多係由繁飾"口"旁中間再加點而來，從之與否常無別），就變成簡文之[圖]形了。"壓"下所從本來是"丄（牡）"，前引上博簡《周易》之[圖]下所從則是"土"，戰國時代"丄（牡）"與"土"形早已混而爲一了。據此，"堇壓"可讀爲"勤戀"，其間文字關係以及從用字習慣看都非常自然直接。農夫之老弱而又勤勉於農事者，當然是尤其值得越王存問表彰以勉勵其他一般農夫的。這裏的"堇壓（戀）"辭例可以説具有較強的唯一性、排他性（下一例在這方面就要弱不少），一旦聯繫上就可不待煩言而解，是我覺得如此想較有必然性的一個重要理由。

  王寧："壓"從厤、土會意，整理者認爲是從厤得聲，應該是對的。《説文》"厤，治也"，《玉篇》"理也"，這個字就是治土之意，從厤聲，懷疑就是古書常見的"積土"之"積"的後起專字，"厤""積"都在錫部。如此，這兩句可能當讀"其農夫老弱堇（瘽）壓（瘠）者，王必飲食之"，"積""瘠"古音同可通。"瘽"《爾雅·釋詁》訓"病"，據郝懿行《義疏》當是勤勞過度造成的病困；"瘠"是瘦臞，《史記·劉敬叔孫通列傳》："今臣往，徒見羸瘠老弱。"老、弱、瘽、瘠都是無力通過勞動獲得飲食的，所以王飲食之。[1]《呂氏春秋·順民》"（勾踐）時出行路，從車載食，以視孤寡老弱之潰病、困窮、顏色愁悴不贍者，必身自食之"，與第一條簡文所記內容類同，大概是同一個來源。高誘注："潰亦病也。《公羊傳》曰：'大潰者，大病也。'"……簡文"壓"正相當於《順民》

---

[1] 參看曰古氏《試説清華（柒）〈越公其事〉的"增減"一詞》文下第6樓發言，復旦大學出土文獻與古文字研究中心網站 http://www.gwz.fudan.edu.cn/forum/forum.php?mod=viewthread&tid=7969，2017年4月28日。

的"漬","癉"正相當於"病","漬"即"瘠",可見"歷"這個字釋"積"還是可備一說的,"積""漬""瘠"並音近可通。①

羅小虎：厤,可讀爲"厲"或者"勵"。厤,來母錫部；厲,來母月部。"勤厲"一詞,古書有見：《荀子·富國》："誅而不賞,則勤屬之民不勸。"根據楊注,"勤厲",一作"勤屬"。王念孫曰："作'厲'者是也。厲,勉也。《群書治要》作'勤勵','勵'即'厲'之俗書,則本作'厲'明矣。"'厲'與'屬'字相似而誤。"厲"即可理解爲"勵",勉勵之意。勤勵,即勤勉。②

侯瑞華（2017）：兩處"歷"字都可以讀爲"斂"。"廉""斂"皆爲來母談部字,《説文》："庱,廣也。"段注："侈斂,古字作庱廉。"二字的聲符亦往往可通,如"嗛",《説文通訓定聲》云："嗛,字亦作嗛。""險",《説文通訓定聲》云："左襄二十九年傳'險而易行'又爲隒"……"斂"指稼穡收穫,所謂"勤斂",就是指農夫老弱努力地、勤勞地從事耕作收穫活動。如：《尚書·堯典》"庶績咸熙",孔疏云："使彼下民務勤收斂。"《左傳·襄公九年》"其庶人力於農穡",杜注："種曰農,斂曰穡。"……像上述引文中的"務勤收斂"以及"力於農穡",可以説就是"勤斂"的直接注脚。古代生產力條件比較低下,耕種活動十分辛苦,如《尚書·無逸》云："厥父母勤勞稼穡,厥子乃不知稼穡之艱難。"老弱的勞動力有限而基本依恃人養,最多如《詩經·小雅·大田》所言的"彼有遺秉,此有不斂穧,伊寡婦之利"。然而在越國全民尚農的政策落實下,連老弱都參加到收穫勞動中,這自然要得到越王勾踐的優待與勸勉,所以相較第二類"顏色順比而將耕者"待遇要高,前者乃是"必飲食之",而後者則祇是"亦飲食之"。

霖按：侯瑞華之説可從,將"堇歷"讀作"勤斂"。《孟子·梁惠王下》："春省耕而補不足,秋省斂而助不給。"朱熹集注云："斂,收穫也。"本句意思是"當他（越王）看見務農之人中有年老體弱却勤於收穫的,越王一定給予他吃喝"。

4. 亓（其）見蕥（農）夫䚡（黎）顛（頂）足見[10],庝（顏）色訓（順）必（比）而牂（將）劧（耕）者[11],王亦酓（飲）飤（食）之。

---

① 簡帛論壇《清華七〈越公其事〉初讀》154樓,2017年5月6日。
② 簡帛論壇《清華七〈越公其事〉初讀》203樓,2017年7月26日。

〔10〕氈（黎）頔（頂）足見

整理者第五章注〔一〇〕：氈頔，疑讀爲"稽頂"，義同"稽首"。稽頂足見，似言禮敬周至。

易泉：農夫既然將耕，恐不及顧及禮儀。"氈"疑讀作"黎"，黎頂，即黎首，與《列子·黃帝》"顧見商丘開年老力弱，面目黎黑，衣冠不檢"之"面目黎黑"相當。《呂氏春秋·行論》《呂氏春秋·求人》有"顏色黎黑"，是相似表述。"順必"，讀作順卑，即卑順，指恭順。《漢書·匈奴列傳》："夫夷狄之情，困則卑順，彊則驕逆，天性然也。"

王寧："氈"字當即"耆"字或體，與"老"義類同，《說文》："老，……从人毛、匕，言須髮變白也。"此從毛、旨與之同，"耆頂"當是指頭髮白。"足見"之"見"疑當讀胝繭之"繭"。"必"疑是"弋"之誤寫，"訓弋"讀爲"熏默"，言面色黛黑。① 段玉裁於《說文》"耆"下注云："又按《士喪禮》《士虞禮》'魚進鬐'注：'鬐，脊也。古文鬐爲耆。'許書《髟部》無'鬐'字，依古文《禮》，故不錄今文《禮》之字也。""鬐頂"或爲"脊頂"，謂以脊背爲頂，即駝背。②

薛培武："氈"，這個詞與《上博九·舉治》簡31的"首糾旨，身鱗鯌，禹……"中的"旨"記錄的應該是同一個詞，研究者多已指出這段描述"禹"的可與《容成氏》簡15+24"手足胼胝，面皯黚，脛不生之毛"對看。③

侯乃峰："足見"之"見"概讀爲"趼"，謂農夫足上長趼子。④

霖按："![字]"，從毛旨聲，或疑爲"瞄"字異體，字形見於《上博五·三德》簡16"![字]"，新蔡乙四70"![字]"，叔尸鐘"![字]"等，"易泉"，將"![字]"讀作"黎"可從。從"旨"得聲之"耆"可與"黎"相通，《尚書·西伯戡黎》中"黎"字，《史記·周本紀》《尚書大傳》引作"耆"，《上博二·容成》簡46"耆、宗、密須氏"中"![字]"字從止來聲，讀爲"黎"。⑤ 我們懷疑戰國文字中用作人名的"黏"字亦應讀作"黎"，如包山簡

---

① 簡帛論壇《清華七〈越公其事〉初讀》108樓，2017年4月30日。
② 簡帛論壇《清華七〈越公其事〉初讀》160樓，2017年5月6日。
③ 簡帛論壇《清華七〈越公其事〉初讀》178樓"心包"說，2017年5月19日。
④ 簡帛論壇《清華七〈越公其事〉初讀》161樓"漢天山"說，2017年5月6日。
⑤ 參看季旭昇《〈上海博物館藏戰國竹書（二）〉讀本》蘇建洲按語，萬卷樓圖書股份有限公司，2003年，頁175。

151字寫作"䫴"、《璽彙》3359寫作"𩕳"等。"𩑒",從頁貞聲,整理者讀作"頂"可從,楚金版中"少貞",何琳儀讀爲"小釘",指小塊金版,"黎",黑色。《説苑·復恩》"顔色黎黑,手足胼胝者在後",《韓非子·外儲説左上》寫作"面目黧黑"。"黎頂"指"臉色黝黑",農民頂日勞作,面目被曬黑在情理之中。"足見",簡文中指農民積日勞作,鞋子破損,使足外現。《上博二·容成》簡15、24"面乾粗,脛不生之毛"可與此句相對照。

〔11〕庱(顔)色訓(順)必(比)而牆(將)朸(耕)者

整理者第五章注〔一一〕：顔色,表情。《論語·泰伯》："正顔色,斯近信矣。"訓必,讀爲"順比"。《莊子·徐無鬼》："遭時有所用,不能無爲也。此皆順比於歲,不物於易者也。"《荀子·禮論》："若夫斷之繼之,博之淺之,益之損之,類之盡之,盛之美之,使本末終始,莫不順比,足以爲萬世則,則是禮也。"朸,亦爲"耕"字。簡文"耕"有多種異體。

易泉：整理者把"順必"讀作"順比"應可從,此處可與《詩經·大雅·皇矣》"王此大邦,克順克比"、《左傳·昭公二十八年》"王此大國,克順克比"相對應。"克順克比"的"比",又作卑、俾,如《禮記·樂記》"王此大邦,克順克俾"。中山王鼎銘文"克順克卑"。湯餘惠指出,卑,通比,親近。《詩經·大雅·皇矣》："王此大邦,克順克比。"《詩集傳》："比,上下相親也。"于豪亮指出,卑、比、俾并音近相通,毛傳："擇善而從曰比。"此二種訓解似皆有可能。具體在簡文"顔色順比"中,"比"訓作親近,似較貼合文意。①

王寧："訓必"即相當於《順民》的"顔色愁悴不贍"的"愁悴",則"訓"當讀爲"熏",即《詩》"憂心如熏"的"熏";"必"即"祕"或"怭",《廣雅·釋詁一》："祕,勞也。"《書·大誥》"無毖於恤",《疏》："毖,勞也。""熏祕(怭)"即《淮南子·精神訓》："人之耳目曷能久熏勞而不息乎"的"熏勞",《集釋》引馬宗霍云："熏勞者,亦謂勞之甚耳。"疲勞過度則愁悴也。②

---

① 簡帛論壇《清華七〈越公其事〉初讀》135樓,2017年5月2日。參看李學勤、李零《平山三器與中山國史的若干問題》,《考古學報》,1979年第2期,頁155;湯餘惠《戰國銘文選》,吉林大學出版社,1993年9月。于豪亮《中山三器銘文考釋》,《考古學報》,1979年第2期,頁172。
② 簡帛論壇《清華七〈越公其事〉初讀》154樓,2017年5月6日。

王挺斌：簡文"訓必"讀爲"順比"，最爲直接，且"順比"乃古書成詞，表示順從、不抵觸之義，放在簡文中很順暢。我們再舉一個與"顏色訓（順）必（比）"關係密切的古書句子，即《大戴禮記·保傅》"色不比順"。大體上，"色不比順"可以看作是"顏色訓（順）必（比）"的否定形式。由此可知，"顏""色"與"比順"語義關係緊密，結合度很高。"比順"義同"順比"，"比"或作"俾"。《詩經·大雅·皇矣》"克順克比"，《禮記·樂記》以及《史記·樂書》引作"克順克俾"。出土的中山鼎銘有"克（順）克卑（俾）"，正好與之相合。于省吾曾認爲《皇矣》"克順克比"的"比"字是"從"的訛誤。這恐怕不對。"比"有順從之義，《荀子·儒效》"比中"，王念孫説："比，順也，從也。"《爾雅·釋詁》"俾，拼，抨，使，從也。"王引之《經義述聞》："《君奭》：'海隅出日，罔不率俾。'俾者，從也，猶《魯頌》言至於海邦，莫不率從也。"是"俾"字本身也有順從、服從之義。"順"通"慎"，"順比"也有寫作"慎比"的形式，見於《荀子·仲尼》《潛夫論·德化》等篇。清華簡《皇門》有"膕（"擾"或"柔"）比"，《芮良夫毖》有"柔訛（比）"，均與"順比"或"順俾"之義接近。"擾""柔"古注都或訓爲順義，那麼"順比""順俾""柔比"或"比順"應該都是同義複詞連用。"順比""比順"的相關辭例，如《莊子·徐無鬼》："遭時有所用，不能無爲也。此皆順比於歲，不物于易者也。"《荀子·王制》："全道德，致隆高，綦文理，一天下，振毫末，使天下莫不順比從服，天王之事也。"《淮南子·兵略訓》："浸乎金石，潤乎草木，宇中六合，振豪之末，莫不順比。"馬王堆帛書《經法·六分》："下比順，不敢敝（蔽）其上。"《管子·五輔》："爲人弟者，比順以敬。"另外，《説苑·指武》："致慈愛之心，立武威之戰，以卑其衆。"向宗魯曾引日人關嘉説："卑，謂服之不使驕。"這裏的"卑"，準確地説，其實同"俾"或"比"，當訓爲順從之義，使動用法。①

吴祺（2018A）：此字（引者按：簡32、33的"牆"字）於此似當讀爲"强"。從通假上看，典籍中從"爿"聲字與從"畺"聲字可通，如《書·梓材》"戕敗人宥"，《論衡·效力》引作"彊人有"。段玉裁《古文尚書撰異》謂："'彊''戕'音同。""戕"從"爿"聲，"彊"從"畺"聲。而典籍中"强"與"彊"多通用。故簡文"牆"當可讀爲"强"。郭店楚簡《成之》簡13有一句話，原整理者釋文如下："戎夫？文飲不强，加糧

---

① 簡帛論壇《清華七〈越公其事〉初讀》157樓"東潮"説，2017年5月6日。

弗足矣。"裘錫圭先生按語中將簡文"戎夫"讀爲"農夫",將"伇飤"讀爲"務食",均可從。簡文所謂"加"字,白於藍師改釋爲"耕",亦確不可易。白於藍師將此段簡文重新整理爲:"戎(農)夫伇(務)飤(食),不强耕,糧弗足矣。"認爲簡文"强"當訓爲勤勉,"强耕"即辛勤耕作,并引《淮南子·齊俗》"其耕不强者,無以養生;其織不强者,無以掩形"爲證,指出簡文"不强耕"猶此言"耕不强"。師説皆可信。故筆者認爲,上引《越公其事》簡文中兩處"牂劢(耕)"正應讀爲"强耕",訓爲辛勤耕作,與《成之》之"强耕"正同。且與上引簡文之"堇(勤)歷(懋)"訓爲勤勉(於農事),前後正相呼應。①

霖按:"㱃",從色,彥省聲,寫作"㱃"(新蔡甲三簡 203)。"㫃",從爪從卩,戰國文字中與"印"寫法相近,"色"字寫作"㫃""㫃""㫃""㫃""㫃"等;"印"多寫作"㫃""㫃"。"色"字繁文從頁寫作"㫃"(《郭店·語一》簡 47)。"順比",整理者、王挺斌等學者觀點可從。"將",率領義。《漢書·五行志中之上》:"不將,無距。"顔師古注:"將,謂率領其衆也。"簡文意思是"他(越王)看見臉色黝黑,足露於外,表情順服且率領衆人耕作的農夫,越王也給予他吃喝。"

5. 亓(其)見又(有)戠(班)、又(有)司及王右(左)右[12],先賠(誥)王訓,而牂(將)劢(耕)者,王必與之呈(坐)飤(食)[13]。

[12] 又(有)戠(班)、又(有)司及王右(左)右

整理者第五章注〔一二〕:戠,讀爲"察"。《論語·衛靈公》:"衆惡之,必察焉;衆好之,必察焉。"有察與有司、有正等結構相同,疑專指掌糾察之職官。

石小力:"戠"字又見於《清華陸·子儀》簡 12 作"戠",蘇建洲釋爲"列",該字從戈從夕,古文字刀旁與戈旁作爲偏旁常通用,如割字從刀,在楚文字中又從戈作"戠",故該字應即"列"之異體。有列,指在朝堂上有位次的大臣。《國語·周語中》:"夫狄無列於王室。"韋昭注:"列,位次也。"《晉語九》:"在列者獻詩使勿兜。"韋昭注:

---

① 吳祺《戰國竹書訓詁札記四則》,《中國文字研究》,2018 年第 1 期。

"列，位也。"《禮記·曲禮下》："去國三世，爵禄有列於朝，出入有詔於國，若兄弟宗族猶存，則反告於宗後；去國三世，爵禄無列於朝，出入無詔於國，唯興之日，從新國之法。"《孔叢子·論書》："孔子曰：'天子諸侯之臣，生則有列於朝，死則有位於廟。其序一也。'"①

賈連翔（2018）：D組字的演變序列可參看圖3所示。

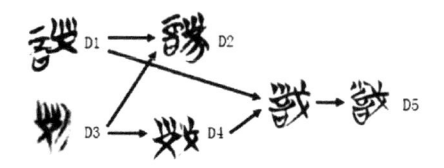

（字形演變圖）

……

我們認爲此字仍當從"辡"聲（引者按：圖中D4），在此或可讀爲"班"，《左傳·文公六年》："辰嬴賤，班在九人，其子何震之有？"杜預注："班，位也。"又或可讀爲"弁"，《禮記·雜記上》："大夫冕而祭於公，弁而祭於己。"鄭玄注："弁，爵弁也。""有班""有弁"與"有列"義同，皆指有爵位的大臣。②

霖按："（字形）"，賈連翔讀作"有班"可從。石小力結合詛楚文中"列"字寫法（"（字形）"）讀作"有列"，但詛楚文屬秦系文字，楚系文字中"列"字這種寫法未見。③"（字形）"字左旁常見於楚簡中過去讀作"察"的字形中，如：《郭店·窮達》簡1"（字形）"，包山簡15反"（字形）"，《上博五·鮑叔牙》簡5"（字形）"等。劉釗等認爲"（字形）"即西周金文舊讀爲"撲伐"之"撲"，後改讀爲"踐"或"翦"這類字形的遺存。④賈連翔結合新材料通過字形排譜認爲"（字形）"左側部件是"辡"的訛變是正確的。本篇簡38"（字形）"、簡

---

① 清華大學出土文獻讀書會《清華七整理報告補正》。
② 賈連翔《試析戰國竹簡中的"辡"及相關諸字》，第七届出土文獻青年學者論壇論文集，中山大學，2018年8月18—19日，頁181—194。
③ 蘇建洲《〈清華六〉文字補釋》，武漢大學簡帛網 http://www.bsm.org.cn/show_article.php?id=2526，2016年4月20日。
④ 參看劉釗《利用郭店楚簡字形考釋金文一例》，《古文字研究》（第24輯），中華書局，2002年，頁277—281。林澐《究竟是"翦伐"還是"撲伐"》，《古文字研究》（第25輯），2004年，頁115—118。單育辰《楚地戰國簡帛與傳世文獻對讀之研究》，中華書局，2014年，頁49—50。

40 "𤰞"等字形亦應從"釆"得聲,均可讀作"辨",明察、明晰義。"有司",掌管一事之官。清·胡匡衷《儀禮釋官》云:"有司有二義:一是事有常職者謂之有司;一是事本無常職者,行禮時特使人主其事者,亦目爲有司也。""王左右",越王之近臣、侍從。

〔13〕先賠(誥)王訓,而𣃚(將)𠨷(耕)者,王必與之厸(坐)飤(食)

整理者第五章注〔一三〕:坐食,坐着吃。是一種禮遇。

章水根（2018）:"賠",整理者讀爲"誥",但無解説,當是以爲布告、宣告之義。此説恐有問題。布告王訓衹是在有王訓的情況下纔會發生的事情,乃是偶然的行爲,不會經常發生,能被越王碰到的可能性很小。簡文説"先賠王訓而將耕",揆其文義,當是指有列、有司、王左右等官吏先於普通民衆"賠王訓"而准備去從事農耕。如此,則"賠"有可能當讀爲"教"。"教"見母宵部,"賠"從"告"聲,可入見母覺部,但"告"聲字亦常屬幽部,如"浩""皓""鵠"匣母幽部,"造"從母或清母幽部,可見二字讀音接近;又"教"從"爻"聲,"爻"聲字與"告"聲字可互通,如《詩經·大雅·抑》"有覺德行,四國順之",《禮記·緇衣》引"覺"作"梏",《上博五·鮑叔牙》(即原書《競建内之》簡10)即有雙聲字"𡥈","爻""告"皆爲聲符,皆可證"賠""教"可通用。典籍中"教"多訓爲"效",《説文》"教,上所施、下所效也",《白虎通義》"教者,效也,上爲之,下效之",即身教力行以使下效的意思。"先教王訓而將耕"即官吏們先身體力行王訓而去耕作的意思,目的當然是希望自己踐行王訓後,下民也能夠效仿他們而行王訓、勤農事。

霖按:"賠",從視告聲,整理者讀作"誥"可從,《大戴禮記·誥志》:"誥志無荒",孔廣森補注引楊簡曰:"誥者,所以誥諭臣民之典令。""訓",教導。《左傳·閔公二年》"務材訓農",孔穎達疏:"訓農,訓民勸農業也。""坐食",《春秋繁露·三代改制質文》"昏冠之禮,字子以母。別眇夫婦,同坐而食",《唐會要》卷三十四:"與夫朝賢君子,比肩而立,同坐而食。"本句意思是"各級官吏能先告諭越王之教導,并且率領衆人耕作的,越王一定和他同坐而食。"

6. 凡王右（左）右大臣,乃莫不𠨷（耕）,人又（有）厶

（私）䅽（穫）〔14〕。䢃（舉）雩（越）庶民，乃夫婦皆𦔌（耕），𡊅=（至于）鄡（邊）䜌（縣）夵=（小大）遠㳮（邇），亦夫婦皆【耕】〔15〕。

〔14〕凡王㕣（左）右大臣，乃莫不𦔌（耕），人又（有）厶（私）䅽（穫）

整理者第五章注〔一七〕：人，人人。《史記·平準書》："非遇水旱之災，民則人給家足，都鄙廩庾皆滿。"

霖按："凡"，皆、一切。《詩經·小雅·常棣》："凡今之人，莫如兄弟。""䅽"字詳見本章注〔2〕"王親自耕，有私䅽"，簡文前幾句已講全民皆耕，故本句意思是"越王身邊全部大臣於是沒有不耕作的，人人都有了自己的收穫"。

〔15〕䢃（舉）雩（越）庶民，乃夫婦皆𦔌（耕），𡊅=（至于）鄡（邊）䜌（縣）夵=（小大）遠㳮（邇），亦夫婦皆【耕】

整理者第五章注〔一八〕：鄡䜌，即邊縣。《墨子·雜守》："常令邊縣豫種畜荒、芸、烏喙、袾葉。"小大，《書·顧命》："柔遠能邇，安勸小大庶邦。"㳮，《廣韻》："近也。"㳮、邇音義并近。遠㳮，即遠邇。《書·盤庚上》："乃不畏戎毒于遠邇。"

整理者第五章注〔一九〕：簡36兩段不相連屬，據文意遙綴，疑僅缺一"耕"字。

石小力（2017D）：從字形上看，"㳮"字從彳，從尼，"尼"旁的"尸""匕"形下部皆贅加了一小短橫，寫法與盟書"尼"字一致，"㳮"應該就是"迡"字異體。從辭例看，"遠㳮"與"小大"結構相同，小是大的反義詞，"㳮"恰好是"遠"的反義詞，《玉篇·辵部》："迡，近也。"近迡之"迡"，古書又作"尼"。《尸子》："不避遠尼。"《爾雅·釋詁》郭璞注引《尸子》："悅尼而來遠。"故從辭例來看，簡文之字釋作"㳮"，讀爲"迡"，甚爲允恰，這也證明盟書之字釋"尼"亦無可疑。

霖按："至於"，連詞，表示達到某種程度，猶竟至於、甚至於。"䜌"，"縣"在西周金文中以"還"表示，如"司鄭還廩"（免簠《集成》4626）、"官司豐還"（元年師旋簋《集成》4280）等。① 戰國文字中"縣"，在楚系文字中多以"鄙"表示，三晉文字中以"鄹"表示，燕系文字中以"還""鄙"表示，秦系文字中以"縣"表示等。"䢺"又見於新蔡乙四簡100，寫作"⿱"，"迡"在楚簡或寫作"⿱""⿱""⿱""⿱"等，"匚"內加指示符號點，或爲"匿"字异體。"迡"整理者讀作"邇"可從，"迡"泥紐脂部，"邇"日紐歌部，上古聲系日紐歸入泥紐，韻部旁轉可通。"邊縣小大遠邇"應理解爲"小大遠邇邊縣"，可參看簡44"邊縣小大遠邇之勹、落"。簡36上半段殘缺，根據上句和整理者之説補"耕"字。

7. ☐【吴】人䢺（還）雩（越）百里【之地】☐〔簡18〕
☐〔16〕【得】于雩（越）邦陸（陵）陝（陸），陸（陵）稼（稼），水則爲稻，乃亡（無）又（有）閼（閒）卉（艸）〔17〕。雩（越）邦乃大多飤（食）。

〔16〕☐【吴】人䢺（還）雩（越）百里【之地】☐

整理者第五章注〔一四〕：簡34上段殘缺約十六字。簡首殘字或疑是"卑"字。

李松儒：簡34殘字應爲"得"字，參通篇簡13得字上也爲"日"形。②

霖按：簡18首尾殘，根據文意殘簡前補"吴"字，簡後補"之地"。"⿱"字從李松儒説，即"得"字。簡34前半段殘缺嚴重，存疑。

〔17〕【得】于雩（越）邦陸（陵）陝（陸），陸（陵）稼（稼），水則爲稻，乃亡（無）又（有）閼（閒）卉（艸）

整理者第五章注〔一五〕：陵陸，山地與平地。《管子・地圖》："名山、通谷、經川、陵陸、丘阜之所在，苴草、林木、蒲葦之所茂，道里之遠近，城郭之大小，名邑、廢邑、囷殖之地，必盡知之。""稼"與"稻"對文，指旱地種植的植物。《説文》："禾之秀實爲稼，莖節爲禾。""陵陸陵稼，水則爲稻"句中，第二個"陵"疑爲"則"或"爲"之誤書，當爲"陵陸則稼，水則爲稻"，或"陵陸爲稼，水則爲稻"。

---

① 李家浩《先秦文字中的"縣"》，《著名中年語言學家自選集・李家浩卷》，安徽教育出版社，2002年，頁15—34。
② 簡帛論壇《清華七〈越公其事〉初讀》23樓"松鼠"説，2017年4月25日。

黄傑：整理報告懷疑原文有誤，似不必要。祇要將句讀調整爲"得于越邦陵陸，陵稼，水則爲稻"，就可以避免簡文有誤的疑問。"陵稼"可以看作"陵則稼"的簡省。①

羅小虎："陸"，可讀爲"稑"。一種晚種早熟的農作物。《周禮·天官·内宰》："上春，詔王后帥六宫之人，而生穜稑之種，而獻之於王。"鄭玄注引鄭司農云："先種後熟爲之穜，後種先熟爲之稑。"這句話是說，在丘陵之地種稑和一般的農作物。如果是水田，就種植水稻。②

陳偉武（2017）："陛"讀爲"稑"，《説文》："稑，疾孰（熟）也。从禾，坴聲。《詩》曰：黍稷種稑。"許引詩見於《詩·魯頌·閟宫》："黍稷重穋，稙穉菽麥。"但此處"稑"作名詞用，《後漢書·禮儀志上》"力田種各耰訖"劉昭注引干寶《周禮注》曰："稑，陵穀，黍稷之屬。"簡文是說，山地的黍稷就在山地種植，水田則種植稻穀。

霖按：黄傑之説可從，《越絶書·越絶外傳記越地傳》記載："吴王夫差伐越，有其邦，句踐服爲臣。三年，吴王復還封句踐於越，東西百里，北鄉臣事吴，東爲右，西爲左。大越故界，浙江至就李，南姑末、寫干。"可知越國戰敗求和後，吴國返還越國百里之地，且地域内多丘陵。"陵陸"，山陵與平地。《鹽鐵論·本議》："故聖人作爲舟楫之用，以通川谷，服牛駕馬，以達陵陸。""稼"，《説文·禾部》："稼，禾之秀實爲稼，莖節爲禾。从禾家聲。一曰稼，家事也。一曰在野曰稼。""乃"，連詞，表遞進關係，《經傳釋詞》卷六："乃，猶且也。""閒草"，《鹽鐵論·申韓篇》："犀銚利鉏，五穀之利而閒草之害也。"本句意思是"……得到越國的山陵與平地，在山地種植穀物，在有水的地方種植水稻，並且沒有雜草。"

【今譯】

越王考慮到國家中流離失所的百姓，休養生息了三年，於是開始制五政。五政開始之時，越王喜好農事。越王親自耕作，有了自己的收成。越王親自走到田間水道、鹽鹼地和山地之間，每天察看農業生産情況來勸導勉勵務農之人。越國平民百姓對此感到恐懼，害怕地説道："大王難道有迷亂之病嗎？"越王聽説這件事後，帶着大量做熟的食物：

---

① 簡帛論壇《清華七〈越公其事〉初讀》104樓"暮四郎"説，2017年4月30日。
② 簡帛論壇《清華七〈越公其事〉初讀》204樓，2017年7月26日。

油膏、肉醬、乾肉、無骨乾肉隨行，當他看見務農之人中有年老體弱却勤於收穫的，越王一定給予他吃喝；當他看見臉色黝黑，足露於外，表情順服且率領衆人耕作的農夫，越王也給予他吃喝；當他看見各級官吏及身邊近臣能先告諭越王之教導，并且率領衆人耕作的，越王一定和他們同坐而食。自此，越王身邊全部大臣没有不耕作的，人人都有了自己的收穫。整個越國的百姓，無論男女，都參與耕作，以至於無論大小、遠近邊境縣域的男女也都參與耕作。吴人所返還給越國的百里大小的土地，……得到越國的山陵與平地，在山地種植穀物，在有水的地方種植水稻，（耕地中）没有雜草，越國糧食富足。

《越王好信章》集釋（簡 37—43）

【章解】

本章主要講述勾踐在實施初政好農之後，推行好信之政，使得舉邦好信之事。竹簡共計 7 枚，其中簡 38 簡首殘缺約 2 字，簡 41 簡首殘損、簡 43 簡尾殘缺，但不影響文意，其餘諸簡皆爲完簡。本章簡文符號使用情況：簡 37 "不氏" 後有鈎識，簡 41 "爭" 後、簡 43 "闕" 後有合文符號，簡 43 "好訐" 後有章結符，均書於上字右側下方。本章重點討論的疑難字詞有："氏""繽""諫""繪""燭""戠""政"等。

【摹本及隸文】

雩 邦 備 蓐 多 食 王 乃 好 訐 乃 攸 市 政

凡 羣 氏 之 不 氏 羣 采 勿 之 不 繽 諫 繪

諫 人 則 勤 也 【簡37】 □ □ 豫 而 價 賈 女 則

劫燭之凡市賈爭訟詆訴訐巳哉之【簡38】
而諄則劫燭之因亓貨以爲之
罰凡鄭鄸之民及又管市之人或告
于王廷曰初日政勿若某今政砳弗
果凡此勿也【簡39】王必親見而聖之
哉之而訐亓才邑司事及官市之人
則發也凡成邑之司事及官市之【簡40】
人乃亡敢增歷亓政以爲獻於王凡
又䛈訟爭=王廷曰昔日與吕言員今
不若亓言凡此書【簡41】也王必親聖
之旨之而訐乃母又貴賤勤也凡雩
庶民交諜言語貨資市賈乃亡敢反

【簡42】不訐巳　雩則亡獄王則闌=隹訐
【簡43】是趣矗于右右塱雩邦乃皆好訐

【釋文】

雩（越）邦備（服）蓐（農）多食，王乃好訐（信），乃攸（修）市政[1]。凡群厇（宅）之不厇（度）[2]，羣采勿（物）之不繢（慎）[3]，諻（爽）緰（渝）諒人則勳（刑）也[4]。【簡37】【凡】□【豫】而【價】賈女（焉）[5]，則劼（詰）燭（誅）之[6]。凡市賈爭訟，訮（反）訐（背）訐（欺）巳（詒）[7]，戠（辨）之而諢（孚），則劼（詰）燭（誅）之。因亓（其）貨以爲【簡38】之罰[8]。凡鄡（邊）鄬（縣）之民及又（有）管（官）市（師）之人或告于王廷[9]，曰：「初日政（徵）勿（物）若某，今政（徵）砋（重），弗果[10]。」凡此勿（物）也，【簡39】王必親見而聖（聽）之[11]，戠（辨）之而訐（信），亓（其）才（在）邑司事及官市（師）之人則發（廢）也[12]。凡成（城）邑之司事及官市（師）之【簡40】人，乃亡（無）敢增歷（斂）亓（其）政（徵）以爲獻於王[13]。凡又（有）訣（獄）訟爭=（至于）王廷[14]，曰：「昔日與吕（己）言員（云），今不若亓（其）言[15]。」凡此聿（類）【簡41】也，王必親聖（聽）之，旨（稽）之而訐（信），乃母（毋）又（有）貴賤，勳（刑）也[16]。凡雩（越）庶民交逮（接）、言語、貨資、市賈乃亡（無）敢反不（背）訐（欺）巳（詒）[17]。【簡42】雩（越）則亡（無）訣（獄），王則闌=（閒閒），隹（唯）訐（信）是趣（趣）[18]，矗（及）于右（左）右[19]，塱（舉）雩（越）邦乃皆好訐（信）。【簡43】

【集釋】

1. 雩（越）邦備（服）蓐（農）多食，王乃好訐（信），乃攸（修）市政[1]。凡九羣厇（宅）之不厇（度）[2]，羣采勿（物）之不繢（慎）[3]，諻（爽）緰（渝）諒人則勳（刑）也[4]。

〔1〕備（服）蓐（農）多食，王乃好訐（信），乃攸（修）市政

整理者第六章注〔一〕：備農，讀爲"服農"，猶"服田"。《書·盤庚上》："若農服田力穡，乃亦有秋。"

整理者第六章注〔二〕：市政，市場貿易之政。《周禮·司市》："凡會同師役，市司帥賈師而從，治其市政。"

王寧："政"當作"徵"，《管子·問》："徵於關者，勿徵於市；徵於市者，勿徵於關。"《説苑·尊賢》："趙簡子曰：'吾門左右客千人，朝食不足，暮收市徵；暮食不足，朝收市徵。'""市徵"即市場貿易要徵收的賦税。①

霖按："服農多食"，意思是從事農業活動，糧食豐收。此句是對上一章"王好農功"的總結。"修"，治理。《尚書·禹貢上》"既修太原"，孫星衍《今古文注疏》引《廣雅》："修，治也。""王乃好信，乃修市政"是對本章行動的概括，市場貿易以信爲先，故秦漢文獻中多有對市政管理的記載，如《周禮·地官·序官》："司市下大夫二人，上士四人，中士八人，下士十有六人，府四人，史八人，胥十有二人，徒百有二十人。"鄭玄注："司市，市官之長。"孫詒讓正義："司市者以下至泉府十官，并掌國市政令、刑禁、貨賄之事。"《漢書·食貨志下》："諸司市常以四時中月實定所掌，爲物上、中、下之賈，各自用爲市平。"

〔2〕凡群庀（宅）之不庀（度）

整理者第六章注〔三〕：群度，各種制度。不度，不合法度，不遵禮度。《左傳》隱公元年"今京不度"，杜預注："不合法度。"

易泉："庀"字二見，第一個"庀"疑讀作"宅"。第二個從"庀"整理者讀作"度"。"群宅之不度"指群宅不合法度。《管子·立政》："度爵而制服，量禄而用財，飲食有量，衣服有制，宫室有度，六畜人徒有數，舟車陳器有禁，修生則有軒冕服位穀禄田宅之分，死則有棺椁絞衾壙壟之度。"提及"生則有軒冕服位谷禄田宅之分"，其中"宅"之"分"，與量、度、數、禁、度對應，皆就當時的各種制度而言。越王勾踐修市政的時候所提及的"群宅"，應指商賈之宅。文獻中有提及賈經商營業固定處所"肆宅"。

---

① 簡帛論壇《清華七〈越公其事〉初讀》115樓，2017年5月1日。

《尉繚子·將理》："是農無不離田業，賈無不離肆宅，士大夫無不離官府。"《尉繚子·武議》："兵之所加者，農不離其田業，賈不離其肆宅，士大夫不離其官府，由其武議在于一人，故兵不血刃，而天下親焉。"①

霖按："易泉"之說可從，古代市場道路較窄，房屋過大則會占據街道，不利於通行。《左傳·昭公十二年》記載鄭簡公逝世，子大叔游吉負責清理出殯道路，游氏宗廟當道需拆可證。"厇"，"宅"之異體，或"厂"上加"宀"寫作"庑"（《上博五·三德》簡6），在楚簡中多讀作"度"，如《上博三·彭祖》簡1"乃不失宅（度）"，意思是失去法度，本句第二個"厇"的意思與之類似。"凡"，《助詞辨略》卷二："《史記·高帝紀》：'凡吾所以來，爲父兄除害。'此凡字，猶云總之，蓋安民之意，不可勝舉，故括言之也。"本句意思是"凡各類房屋不合規制"。

〔3〕群采勿（物）之不縝（慎）

整理者第六章注〔四〕：采物，旌旗、衣物等標明身分等級的禮制之物。《左傳·文公六年》"分之采物，著之話言"，孔穎達疏："采物，謂采章物色、旌旗衣服，尊卑不同，名位高下，各有品制。"縝，疑從絀聲，讀爲"對"，皆舌音物部。不對，不匹配，意思是有悖於常典。簡55相同的意思表達爲"群物品采之愆於故常"。

王寧："采物"本義是指用色彩紋飾區別貴賤等級的物品，這裏"群采物"蓋指各種不同價位的貨物商品。《康熙字典·補遺·酉集·貝部》收"䝿"字，引《奚韻》："普怪切，音派。出也。"由聲求之，實"賣"之簡省寫法，小篆"賣"從出、网、貝，此字形蓋省去"网"。簡文從糸當即"續"字。"群采物之不續"，就是諸商品貨源斷絕供應不上的意思。②

石小力："縝"字原作"縝"，疑當釋"縝"，《上博三·周易》簡25對應今本"顛"之字作"顛"，從辵，真聲，所從真旁上部也演變爲"出"形，與此類似，下部鼎形則省作貝形，古文字當中鼎旁和貝旁作爲偏旁常見混用，故"縝"可釋作"縝"。縝，

---

① 簡帛論壇《清華七〈越公其事〉初讀》220樓，2018年1月26日。
② 簡帛論壇《清華七〈越公其事〉初讀》115樓，2017年5月1日。

精緻、細密。《禮記·聘儀》："縝密以栗，知也。"鄭玄注："縝，緻也。"①

易泉："縝"從石小力釋。石小力已指出簡文"群采勿（物）之不縝"，與同篇55號簡"群物品采之愆于故常"表述相近。那麼"不縝"，大致對應愆於故常，"縝"如訓作精緻、細密，似不能完全貼合。頗疑"縝"讀作"慎"。《國語·楚語下》"百姓夫婦擇其令辰，奉其犧牲，敬其粢盛，絜其糞除，慎其采服，禋其酒醴"，其中有"慎其采服"，可以參看。②

霖按：石小力對"縝"字形分析可從，"ㄐ"在楚簡帛中訛作"止""出"等，如"象"（《清華伍·帝門》簡18）、"填"（"填"《帛書乙·四時》）等，此類變化在傳抄古文中亦有見到，如"𩪱""𩪲"等。"易泉"將"縝"讀作"慎"可從，意思是"各類禮制之物不謹慎選擇"。

〔4〕諒（爽）緰（渝）諒人則劉（刑）也

整理者第六章注〔五〕：諒，疑讀爲"佯"，欺詐。《淮南子·兵略》："此善爲詐佯者也。"緰，字見《說文》："緰貲，布也。"讀爲"婾"，鄙薄。《左傳·襄公三十年》"晉未可婾也……其朝多君子，其庸可婾乎"，杜預注："婾，薄也。"諒人，誠實之人。後代有"諒士"，結構相同。劉，當爲"到"之異體。《說文》："到，刑也。"《左傳·定公四年》"句卑布裳，到而裹之"，杜預注："司馬已死，到取其首。"簡文中讀爲"刑"。簡文的大意是：如果欺侮誠信之人，則予以刑處。

黃傑："諒"似當讀爲"傷"。古"象"聲、"易"聲的字常常相通用。"緰"（定紐侯部）似當讀爲"誅"（端紐侯部）。《莊子·達生》"紫衣而朱冠"，《釋文》朱冠"司馬本作俞冠"。"傷""誅"連言可看《漢書·楚元王傳》"筦執樞機，朋黨比周，稱譽者登進，忤恨者誅傷"。作名詞的"諒人"不見於先秦兩漢典籍。這裏的"諒人"似當讀爲"良人"。古"諒""良"常相通用。其下似當斷開。③

王寧："諒"整理者括讀"佯"，此字疑是"詳"之或體，"佯""詳"古字通。

---

① 清華大學出土文獻讀書會《清華七整理報告補正》。
② 簡帛論壇《清華七〈越公其事〉初讀》220樓，2018年1月26日。
③ 簡帛論壇《清華七〈越公其事〉初讀》106樓"暮四郎"說，2017年4月30日。

"緰"整理者括讀"媮"。"佯緰"疑即後世所謂"邪揄""揶揄",戲弄、侮辱之意,在簡文裏應該是戲弄、爲難的意思。"諒人"整理者解爲誠信之人,可通。不過在市場的諒人疑是官名,即《周禮·夏官司馬》的"量人",是負責丈量和營造的官,鄭玄注:"量猶度也,謂丈尺度地也。"簡文裏的"量人"可能是在市場上主管度量衡的官員,揶揄量人就是擾亂市場上的度量衡,所以要殺。①

羅小虎:"諹"讀爲"豫",古有"市不豫價"之說。豫,有欺詐、欺誑之義。《周禮·司市》注云:"防誑豫。"《晏子春秋·內篇問上十一》:"於是令完好不御,公市不豫。"《荀子·儒效》:"魯之鬻牛馬者不豫賈,必蚤正以待之也。"《鹽鐵論·力耕》:"古者商通物而不豫,工致牢而不僞。"②

易泉:"諹"從整理者讀作佯,訓作"詐"。"緰"讀作"輸",訓作取。諒,讀作"掠",奪取。《左傳·昭公二十年》"輸掠其聚",杜預注:"掠,奪取也。"楊伯峻注引章炳麟云:"輸讀爲愉。《詩·山有樞》'他人是愉',《箋》云:'愉,取也。'輸亦掠也。說詳《左傳讀》。"按之鄭玄箋:"愉,讀作偷,偷,取也。"可見本簡"諹(佯)緰(輸)諒(掠)人"之"緰",即"他人是愉"之"愉"、"輸掠其聚"之"輸"。"緰"與"他人是愉"之"愉"、"輸掠其聚"之"輸"讀作"偷"而有"取"之義。不過先秦文獻還沒看到"偷掠"的說法。這裏比照《左傳·昭公二十年》"輸掠其聚"的用例,把"緰"讀作輸,訓作取。佯、輸、掠三者并言而各有側重,佯爲詐取,輸爲偷取,掠爲奪取。"諹(佯)緰(輸)諒(掠)人"即詐取、盜取、掠取人。"勨"字二見,應是斬首之刑。整理者所指向的异體字"劕"可指斬首之刑,似不煩破讀。

蕭旭(2017C):"諹"是"漾"异體字,讀爲愓、惕。《說文》:"愓,放也。"又:"惕,放也。"二字音義全同。《方言》卷十:"媱、愓,游也,江沅之閒謂戲爲媱,或謂之愓。"……"蕩"即放逸、恣縱義。緰,讀爲愉,託侯切。《說文》:"愉,薄也。""媮"亦借字,字亦作偷。諒,讀爲涼、倞(就)。《說文》:"涼,薄也。"又"倞,事有不善言倞也。《爾雅》:'倞,薄也。'"《廣韻》引《字統》:"事有不善曰倞薄。"簡文是說采物不符合標準,恣縱、涼薄於人者都要受刑罰。

---

① 簡帛論壇《清華七〈越公其事〉初讀》115樓,2017年5月1日。
② 簡帛論壇《清華七〈越公其事〉初讀》208樓,2017年8月25日。

霖按:"諒",我們讀作"爽",違背、損傷之義。《爾雅·釋言》:"爽,差也,忒也。"《詩經·衛風·氓》:"女也不爽,士貳其行。"毛傳:"爽,差也。""㓵"讀作"渝",改變之意。《周易·豫卦》:"有渝無咎",李鼎祚集解引虞注曰:"渝,變也。"又如《管仲·小問》:"語曰澤命不渝信也。""諒人",整理者認爲是誠信之人可從。《大戴禮記·主言》"上樂施則下益諒",孔廣森補注:"諒,誠也。"《論語·憲問》:"豈若匹夫匹婦之爲諒也。"劉寶楠正義:"匹夫匹婦以言許人,必踐其言,是之謂諒。"① "𠛭",整理者之説可從,讀作"刑"。左旁加意符"首"更能體現"到"之本義,《左傳·定公四年》"到而裹之",杜預注:"到,取其首。"《玉篇》:"到,以刀割頸也。"本句意思是"違背誠信之人就會受到刑罰"。

2. 【凡】□【豫】而【價】賈女(焉)[5],則劫(詰)𠛭(誅)之[6]。凡市賈爭訟,訮(反)訮(背)訐(欺)巳(詒)[7],戠(辨)之而諄(孚),則劫(詰)𠛭(誅)之。因亓(其)貨以爲之罰[8]。

[5]【凡】□【豫】而【價】賈女(焉)

整理者第六章注〔六〕:簡首缺兩字。第三字殘存"兔"旁,疑爲"㒸"。"而"下殘字右旁從賣,當爲"價"字之殘。包山 120 號簡:"竊馬於下蔡而價之於陽城。"《説文》:"價,賣也。"

王凱博(2018):簡 38 首字殘缺,僅餘右半,可能是"豫"字,簡文"豫而價賈之",即"公市豫賈""魯之鬻牛馬者不豫賈"之"豫",誆詐也。②

吳德貞(2018):簡首所缺兩字的第一個字可補爲"凡","【凡】□□而【價】賈焉,則劫𠛭之",與下文"凡市賈爭訟……則劫𠛭之"句式相當。

---

① 黃傑認爲"良人"意思與誠信之人義近,可備一説。《禮記·樂記》:"致樂以治心,則易、直、子諒之心,油然生矣。"孫希旦集解:"朱子云,'子諒',當從《韓詩外傳》作'慈良'。"
② 觀點首見於簡帛論壇《清華七〈越公其事〉初讀》70 樓"zzusdy"説,2017 年 4 月 28 日。

霖按："[字]"右旁從"兔"，關於楚簡中"兔""象"訛混現象多有討論。[1] 我們同意王凱博之説，補作"豫"。"豫"字在楚簡中寫作"[字]""[字]""[字]""[字]"等，右側已與"兔"訛混。"豫"有欺詐、違背之義。《讀書雜志·晏子春秋·内篇問上》"公市不豫"，王念孫按引王引之曰："豫，猶誑也。"又見於《讀書雜志·荀子·儒效》"魯之鬻牛馬者不豫賈"。兩處皆與市場貿易相關可證。"[字]"右上部件"寽"爲"踊"之表意初文。[2] 整理者讀作"價"可從。"價"字寫法如"[字]"（包山簡52）、"[字]"（包山簡46）、"[字]"（《上博五·鬼神》簡7）等。簡首殘缺，今從吳德貞之説，補"凡"字。故本句補爲"凡□豫而價賈焉"，本句意思是"凡是□欺詐做買賣的"。

〔6〕劼（詰）欘（誅）

整理者第六章注〔七〕：劼，讀作"詰"。欘，從倒矢，蜀聲，疑爲裝矢之囊，與"韇"爲"弓衣"相類，或即"韇"。簡文中讀爲"誅"。詰誅，問罪懲罰。《禮記·月令》"（孟秋之月）詰誅暴慢，以明好惡"，鄭玄注："詰，謂問其罪，窮治之也。"

xiaosong："劼（詰）欘（誅）"與《上博五·鮑叔牙》簡5"公弗[字][字]"是同一個詞，讀爲詰誅、詰逐，《越公》詞語整理者讀爲詰誅，亦通。[3]

薛培武：簡38的"[字]"，下部從"川"形，又見于晉姜鼎"[字]"（《集成》2826），懷疑底本跟三晉文字有很大的關係，很可能是晉國的文獻。"欘"疑爲"短"字異構。[4]

蕭旭（2017C）：《上博五·鮑叔牙》簡5："公弗詰㴞臣唯（雖）欲訐（諫），或不得見。"楊澤生曰："[字]，此字從蜀從止，或是'躅'之異體。古音'蜀'和'逐'分别在禪母屋部和定母覺部，音近可通。如《易·姤》：'羸豕孚蹢躅。'《釋文》：'躅，古文

---

[1] 李天虹《楚簡文字形體混同、混訛舉例》，《江漢考古》，2005年第3期。張峰《説上博八〈顔淵〉及〈成王既邦〉中的"豫"字》，武漢大學簡帛網 http://www.bsm.org.cn/show_article.php?id=1531，2011年8月4日。程浩《清華簡第七輯整理報告拾遺》，《出土文獻》（第10輯），中西書局，2017年，頁131—133。
[2] 趙平安《釋古文字資料中的"畬"及相關諸字——從郭店楚簡談起》，《中國文字研究》（第2輯），廣西教育出版社，2001年，頁78。裘錫圭《試説"寽"聲的從"貝"與從"辵"之字》，《文史》，2012年第3輯，頁9—27。
[3] 簡帛論壇《清華七〈越公其事〉初讀》13樓，2017年4月24日。
[4] 簡帛論壇《清華七〈越公其事〉初讀》14樓和16樓"心包"説，2017年4月24日。

作蹠。'《集解》'躅'作'蹠'。我們懷疑此字可讀作'逐'。'詰逐'見於古文獻，如《新書·先醒》：'昔者虢君驕恣自伐，諂諛親貴，諫臣詰逐，政治踳亂，國人不服。'"①"劫"即"詰躅"，亦讀爲"詰逐"。又疑"𥂔"讀爲辱，"詰躅"猶言詰責而折辱之。②

王寧："劫燭"讀"詰誅"應該是對的，而"短"是端紐元部字，與"誅"音懸隔。"燭"的字可能是"屬矢"之"屬"的專字，典籍或作"注"，故得讀爲"誅"。③

霖按："㦷"，從力吉聲，"力"下三曲筆爲羨符。此字形又見於《厚父》簡1"㦷"、《子產》簡7"㦷"、《攝命》簡1"㦷"等，過去學者多認爲"劫"與"嘉"訛混。④白於藍、吳祺已指出二字區別⑤，可參。"㦷㦷"二字出現後，有學者與《上博五·鮑叔牙》簡5"公弗㦷㦷"一句結合起來，其實"㦷㦷"和"㦷㦷"不能等同，張峰、范常喜等已指出"㦷"實是"誥"字，楚簡中"吉""告"相訛。⑥"㦷"，范常喜隸定作"㫺"，看作"悟"之异體，"㦷㦷"讀作"覺悟"可從。⑦整理者將"劫"讀爲"詰"可從，"詰"本義爲詢問，引申爲責備、禁止、去除之意。《逸周書·大匡》："詰退驕頑，方收不服。"朱右曾校釋："詰，責也。"《管子·五輔》："逐奸人，詰詐偽，去讒慝。""詰"與"逐""去"并舉。秦簡日書甲種有"詰咎"之語，即去除災咎。"㦷"，從矢蜀聲，整理者讀作"誅"可從。從"蜀"得聲之字與從"朱"得聲之字多可相通，如《詩經·曹風·侯人》"不濡其咪"，《玉篇》引"咪"作"𪘏"。此外，從"蜀"得聲之字多與從"豕"得聲之字相通，故有學者讀作"詰逐"，但"詰逐"不利於越邦多人之策，故不可取。"詰誅"，問罪并懲罰。《呂氏春秋·季夏紀》："詰誅不義，以懷遠方。"

---

① 引者按：參看楊澤生《上博五札記兩則》，武漢大學簡帛網，2006年2月28日。
② 簡帛論壇《清華七〈越公其事〉初讀》195樓，2017年6月19日。
③ 簡帛論壇《清華七〈越公其事〉初讀》68樓，2017年4月28日。
④ 李學勤《戎生編鐘論釋》，《文物》，1999年第9期。馬楠《〈尚書〉、金文互證三則》，《中國國家博物館館刊》，2014年第11期。
⑤ 白於藍、吳祺《清華簡〈厚父〉校釋四則》，《"紀念于省吾先生誕辰120周年，姚孝遂先生誕辰90周年學術研討會"論文集》，吉林大學，2016年。
⑥ 張峰《楚文字訛書研究》，上海古籍出版社，2016年，頁156—161。
⑦ 范常喜《〈鮑叔牙與隰朋之諫〉"詰𥂔"新釋》，《簡帛探微——簡帛字詞考釋與文獻新證》，中西書局，2016年，頁20—32。

〔7〕凡市賈爭訟，訮（反）訜（背）訮（欺）巳（詒）

整理者第六章注〔八〕：市賈市肆中的商人。《左傳·昭公十三年》："同惡相求，如市賈焉。"爭訟，爭執訴訟。《韓非子·用人》："爭訟止，技長立，則彊弱不轂力，冰炭不合形，天下莫得相傷，治之至也。"

整理者第六章注〔九〕：訮訜訮巳，簡43作"反不訮巳"，疑讀爲"反背欺詒"。訮、訜、訮、詒從言，指言語不實，顛倒欺詐等。訮古書作"反"，違背。《國語·周語下》："言爽，曰反其信。"訜，讀爲"背"，違背。《史記·項羽本紀》："請往謂項伯，言沛公不敢背項王也。"反背，當是指背離事實真相。訮，讀爲"欺"。巳，讀爲"詒"，《説文》："相欺詒也。"又作"紿"，欺紿，欺騙。桓寬《鹽鐵論·褒賢》："主父偃以口舌取大官，竊權重，欺紿宗室。"

蕭旭（2017C）："訮"是"諆"古字。《説文》："諆，欺也。"同聲爲訓，本乃一字。字亦作忎（惎），郭店簡《忠信之道》簡1："不惎弗智（知），信之至也。"裘錫圭曰："惎當讀爲欺。"圖版作"忎"，即"忎"字。字亦作娸，《漢書·枚乘傳》："故其賦有詆娸東方朔。"如淳曰："娸，音欺。""詆娸"即"詆欺"。字亦作期，阜陽漢簡《蒼頡篇》："□□蒙期，秅（未）旬□□。"整理者曰："期，讀爲欺。蒙，欺也。"《北大壹·蒼頡》簡44—45："媔欺蒙期，秅旬隸氏。"媔讀爲謾，四字皆欺義。"巳"當是"已"形誤，故讀爲詒。

霖按："市"，楚系文字中多從"土"寫作"𡉚"（鄂君啟節）、"𡉚"（包山簡95）等。[①] "市"與三晉文字中"市"的一種寫法相似，如"市"（宜陽戈）、"市"（《璽彙》3039）等，這類寫法較早見於西周晚期兮甲盤（"市"），衹不過"市"的"丂"與"止"共借中間一筆。"訮訜"讀作"反背"可從，亦作"反北"，《戰國策·齊策六》："食人炊骨，士無反北之心。""巳"讀作"詒"可從，"巳""已"同源分化，"已""詒"均定紐之部。"欺詒"，欺騙義。《列子·黃帝》"既而狎侮欺詒"，殷敬順釋文引《方言》：

---

① 參看裘錫圭《戰國文字中的"市"》，《裘錫圭學術文集·金文及其他古文字卷》，復旦大學出版社，2012年，頁330—344。王蘊智《釋甲骨文"市"字》，《古文字研究》（第25輯），中華書局，2004年，頁26—28。

"詒，相欺。"

〔8〕戠（辨）之而誙（孚），則劼（詰）燭（誅）之。因亓（其）貨以爲之罰

整理者第六章注〔一○〕：戠，與包山簡之"罰"（簡12）當爲一字异寫，讀爲"察"。誙，讀爲"孚"，信，確實。《書·君奭》"若卜筮，罔不是孚"，孔傳："如卜筮，無不是而信之。"

整理者第六章注〔一一〕：貨，讀爲"過"。此句謂根據其過錯以決定對其之懲罰。

馬楠：貨可如字讀，下文説"凡越庶民交逮（接）、言語、貨資、市賈乃亡敢反背欺詒。"①

王寧："因其貨以爲之罰"意思是没收其財貨作爲對他的懲罰。②

吴祺（2018A）：若按照整理者意見，將"貨"讀爲"過"，解釋爲過錯，則過於籠統，不能體現本段簡文關於誠信的主旨。若按照馬楠及王寧兩位先生的觀點，將"貨"如字讀，則下文"交接""言語""貨資""市賈"這四種情形，何以在上文"因其貨以爲之罰"句中僅僅體出"貨"這一種情況，這也是難以解釋的地方。……此字於此似當讀爲"僞"。……簡文"因亓（其）貨（僞）以爲之罰"即指根據其虚詐不誠的行爲而對其進行懲罰。典籍中有類似記載，如《周禮·地官·胥師》："察其詐僞，飾行儥慝者而誅罰之。"《急就篇》："誅罰詐僞劾罪人。"顔師古注：'誅，責也。罰，治也。劾，舉案之也。詐僞則責治，有罪則舉案。"

霖按："戠"，從言辡省聲，或寫作"剝""劌"（《上博七·凡甲》）等，過去多讀作"察"，③今從賈連翔之説，④此類字形中"辡"是"辡"之訛省，右側從戈是"辡"下從刀偏旁的替換；或可看作"戠"從言從辡省，加意符"戈"。"戠"讀作"辨"，明察義，《周禮·天官·小宰》"六曰廉辨"，鄭玄注："辨，辨然，不疑惑也。"賈

---

① 清華大學出土文獻讀書會《清華七整理報告補正》。
② 簡帛論壇《清華七〈越公其事〉初讀》115樓，2017年5月1日。
③ 劉釗《古文字考釋叢稿》，岳麓書社，2004年，頁228—230。
④ 見前文所引賈連翔《試析戰國竹簡中的"辡"及相關諸字》，詳見第二章注〔3〕。

公彦："謂其人辨然，於事分明，無有疑惑之事也。"〓，從言孚聲，誠信義。"貨"，從馬楠說，如字讀。《荀子·富國》："百姓時和、事業得敘者，貨之源也。"楊倞注："貨、財皆錢穀通名。別而言之，則粟米布帛曰財，錢布龜貝曰貨也。"

3. 凡鄹（邊）鄂（縣）之民及又（有）管（官）帀（師）之人或告于王廷〔9〕，曰："初日政（徵）勿（物）若某，今政（徵）硅（重），弗果〔10〕。"

〔9〕凡鄹（邊）鄂（縣）之民及又（有）管（官）帀（師）之人或告于王廷

整理者第六章注〔一二〕：官師，《國語·吳語》"陳王卒，百人以爲徹行百行。行頭皆官師，擁鐸拱稽"，韋昭注："下言'十行一嬖大夫'，此一行宜爲士。"簡文此處"有官師之人"當指有所執掌的各級官吏。

吳德貞（2018）：《上博四·曹沫》有"大官之師"，與將軍、嬖大夫、公孫公子比次論列。孫思旺認爲此"大官之師"與古籍舊典中用來泛稱一官之長、通常等同於大夫的"官師"義如出一轍，如鄭國有"馬師"掌車馬兵甲，宋國衛國有"褚師"掌布帛穀物交易，魯國楚國有"工師"掌百工。《周禮·地官·司市》："市師蒞焉而聽大治大訟，胥師賈師蒞於介次而聽小治小訟"。《荀子·解蔽》："農精於田而不可以爲田師，賈精於市而不可以爲市師。"由下文的"獻徵爲王"可知還有負責徵收交易稅的"官師"。

霖按："管"或寫作"〓""〓"等，從竹卷省聲。"官師"一指中士、下士。《禮記·祭法》："官師一廟，曰考廟"，鄭玄注："官師，中士、下士也。"二指大夫。《左傳·襄公十四年》"官師相規"，杜預注："官師，大夫。自相規正。"簡文"官師"泛指各級官吏。

〔10〕初日政（徵）勿（物）若某，今政（徵）硅（重），弗果

整理者第六章注〔一三〕：政重，指政令煩苛沉重。"政"或讀爲"徵"，亦通。不果，完成不了。

王寧："政"當讀作"徵"，指徵收賦稅。"勿"字均當讀爲"物"，《詩·烝民》："有物有則"，毛傳："物，事也。""政（徵）勿（物）"即徵收賦稅之事。下文言"此勿

（物）"猶言"此事"。此文意思是有人舉報說："以前的時候徵收賦稅的事情是象某個樣子的，現在徵收得太重，完不成。"凡是遇到這樣的事情，越王必定會親自召見并聽取情況，察問如果確實，那麼他（指來舉報的人）所在城邑的管事的和相關官員就會被罷免。①

陳劍（2017A）：兩"勿（物）"字所指應該不是一回事，後者是諸人舉報云云之"事"，跟前文"徵物"之"物"不同。關於"徵物"，可聯繫後文所謂"以爲獻"云云，參考下引兩條有關"以……爲獻""以爲獻"的文獻來理解：

《逸周書·王會》：湯問伊尹曰："諸侯來獻，或無馬牛之所生，而獻遠方之物事實相反，不利。今吾欲因其地勢所有獻之，必易得而不貴，其爲四方獻令。"伊尹受命，於是爲四方令曰："臣請正東：符婁、仇州、伊慮、漚深、九夷、十蠻、越漚，鬋髮文身，請令以魚皮之鞞、烏鰂之醬、鮫𩵋、利劍爲獻。正南……請令以……爲獻。正西……請令以……爲獻。正北……請令……爲獻。"

《漢書·高帝紀下》所載"定口賦詔"："欲省賦甚。今獻未有程，吏或多賦以爲獻，而諸侯王尤多，民疾之。……"顔師古注："諸侯王賦其國中，以爲獻物，又多於郡，故百姓疾苦之。"

由此考慮，"徵物"應非籠統的"徵事"，而應指"所徵之物"。當時的"徵取、徵求"（包括賦稅），應該有很大一部分是各種實物；在不强調這一點時，也可以如後文兩"政（徵）"字那樣僅以"徵"字包之。唯其如此，纔會不僅一般之民，同時各級小吏、奔走執事之人（"有官師之人"）也會有覺不勝其求之苦（可參看里耶秦簡中關於捕鳥求翰羽、求鮫魚等的公文記錄）。

王磊（2017C）：讀"徵"爲是。"徵"即"賦稅"的意思。《左傳·僖公十五年》："於是秦始征晉河東，置官司焉。"杜預注："征，賦也。"《周禮·地官·均人》："均人掌均地政。"鄭玄注："政讀爲徵。地徵，謂地守、地職之税也。"是典籍中既有假"政"爲"徵"，來表示"賦稅"的例子。"今政重"，即"現在賦稅繁重"的意思，《左傳·哀公十

---

① 簡帛論壇《清華七〈越公其事〉初讀》115樓，2017年5月1日。

一年》"事充，政重"，杜預注："賦稅多。"

陳偉武（2017）：疑"勿"讀爲"忽"。"忽"從"勿"聲，"勿"讀爲"忽"文獻屢見。睡虎地秦簡《日書》甲種《詰咎》："鬼入人宫室，勿見而亡，亡（無）已。"整理小組讀"勿"爲"忽"。王輝先生指出"勿見"即"忽現"。"忽"本爲輕忽義，轉而可指輕微。"忽若"指輕微之狀，戰國時代傳世文獻雖未見相似文例，但確有"忽若"一詞，義爲恍忽，如宋玉《登徒子好色賦》："於是處子悦若有望而不來，忽若有來而不見。""政（徵）勿（忽）若"表賦稅輕，猶如同篇簡49"政（徵）溥（薄）而好訐（信）"之"政（徵）溥（薄）"。"某"字屬下讀，"某今政（徵）砡（重）"是告狀者説自己現在賦稅繁重。"某"爲無指代詞，如清華三《祝辭》1："句兹某也發揚。"祝禱者即自稱"某"，"句"讀爲"苟"，姑且；"兹"讀爲"使"。睡簡《日書》乙種《夢》："某有惡夢……賜某大畐（福）……""某"亦爲祝告者自稱。

王進鋒（2017）：果通假爲和。馬王堆帛書《易之義》"是故履以果行也，謙以制禮也"，果通假爲和，可作爲證據。和，意爲和睦、融洽。《尚書·皋陶謨》"同寅協恭，和衷哉"，孔傳"以五禮正諸侯，使同敬合恭而和善"；《孟子·公孫丑下》"天時不如地利，地利不如人和"中的"和"都是這種用法。

易泉：整理者在"某"下斷句，當連讀作"初日政（徵）勿若某今政（徵）砡（重）"，若，相當。《孟子·滕文公上》："布帛長短同，則賈相若。"勿若，即不相當。"某"是"鄡（邊）鄢（縣）之民及又（有）管（官）帀（師）之人"的自稱。"初日政（徵）勿若某今政（徵）砡（重）"大意是以前的徵賦不如我現在的徵賦重。①

霖按："政"，從王寧、陳劍等之説，讀作"徵"。包山簡81："周賜訟鄢之兵甲執事人宦司馬景丁，以其政（徵）其田。"又簡140："小人各政（徵）於小人之地。""徵物"，斂收各類物資。"![]"，從石主聲，或寫作"![]"（《上博一·緇衣》簡22）"![]"（《郭店·成之》簡10）、"![]"（《郭店·唐虞》簡19）等，楚簡中部分"厚"字字形與

---

① 簡帛論壇《清華七〈越公其事〉初讀》219樓，2018年1月26日。

"㉅"易訛混。"不果",① 某事不能實現。《上博三·恒先》簡 10—11:"舉天下之作,強者果天下之大作。"意思是"天下中的大作爲大多由強者實現。"郭店簡中曾見"不果"一詞,但義爲"不果決",如《成之》簡 21"勇而行之不果",《五行》"不肆不果"等。"某",指不定的事、物,《助詞辨略》卷三:"凡無所指名,及泛言事物與不知名者,皆言某也。"

4. 凡此勿(物)也,王必親見而聖(聽)之〔11〕,戠(辨)之而訐(信),亓(其)才(在)邑司事及官帀(師)之人則發(廢)也〔12〕。

〔11〕凡此勿(物)也,王必親見而聖(聽)之

整理者第六章注〔一四〕:凡此勿也,簡 41 作"凡此聿也",疑"勿""聿"皆讀爲"類"。

整理者第六章注〔一五〕:見,《史記·廉頗藺相如列傳》:"秦王坐章臺見相如。"又疑爲"視"之訛書。視,審查,視聽。《墨子·尚同中》:"夫唯能使人之耳目助己視聽,使人之吻助己言談。"

薛培武:疑"勿"讀爲"物","物"本身就有"品""類"的意思。②

霖按:薛培武之說可從。"勿""物"相通文獻常見,且"物"訓作"類"亦常見。《左傳·桓公六年》"與吾同物",杜預注:"物,類也。"《經義述聞·左傳中》"周書所謂庸庸祇祇者,謂此物也夫",王引之按:"物,類也。""見",接見之意。《左傳·昭公十年》:"公將戰,曹劌請見。"上一句已言有人報告,此句謂越王接見報告之人。本句意思是"凡這類事情,越王一定親自接見并聽取他們的報告"。

〔12〕亓(其)才(在)邑司事及官帀(師)之人則發(廢)也

整理者第六章注〔一六〕:在,擔任官職。《孟子·公孫丑上》:"賢者在位,能者在職。"邑,《說文》:"國也。"司事,猶有司。《國語·周語中》:"今雖朝也不才,有

---

① 關於"果"字字義理解,可參看裘錫圭《釋"厄"》一文,《裘錫圭學術文集·甲骨文卷》,復旦大學出版社,2012 年,頁 449—460。"厄"字後改釋爲"孚",見《欒公盨銘文考釋》一文,《裘錫圭學術文集·金文及其他古文字卷》,復旦大學出版社,2012 年,頁 146—166。
② 簡帛論壇《清華七〈越公其事〉初讀》24 樓"心包"說,2017 年 4 月 25 日。

分族於周，承王命以爲過賓於陳，而司事莫至，是蔑先王之官也。"官師，見本章注〔一二〕。發，讀爲"廢"，黜免。《書·康誥》："弘於天，若德裕，乃身不廢，在王命。"

吴德貞（2018）：在邑司事，上告者（邊縣之民）所在城邑的主事之人。結合簡39"有官師之人"可知，當有"邊縣之人"和"官師之人"向越王反映徵稅情况，如若屬實，越王即會處置"在邑司事"和"官師之人"。

霖按："其"連詞，表假設。"邑"，古代行政區域名，泛指一般城鎮。《周禮·夏官·邊師》"物之可以封邑者"，孫詒讓正義："凡民所聚居，大小通曰邑。""司事"，主管官吏。"官師"，本泛指各級官吏，這裏與"在邑司事"相對，應指大夫一級的官員，《左傳·襄公十四年》："官師相規。"杜預注："官師，大夫。""𢎞"，從弓癹聲，讀作"廢"。《上博六·競公》簡3"發（廢）迮者死"。

5. 凡成（城）邑之司事及官帀（師）之人，乃亡（無）敢增歷（斂）亓（其）政（徵）以爲獻於王〔13〕。凡又（有）訊（獄）訟𠂢=（至于）王廷〔14〕，曰："昔日與㠯（己）言員（云），今不若亓（其）言〔15〕。"

〔13〕凡成（城）邑之司事及官帀（師）之人，乃亡（無）敢增歷（斂）亓（其）政（徵）

整理者第六章注〔一七〕：成邑，即城邑，城與邑。《國語·楚語上》："且夫制城邑若體性焉，有首領股肱，至於手拇毛脉，大能掉小，故變而不動。"

整理者第六章注〔一八〕：歷，從厤聲，讀爲"益"，皆錫部字。增益，增添，此處義爲虛誇。戰國宋玉《高唐賦》："交加累積，重叠增益。"政，或可讀爲"徵"。增益其徵，指加重賦稅負擔。

劉剛（2017）："增歷"可以讀爲"增歉"，其義與"增減""增損"相近。我們知道古漢語中有一類偏義複詞，由兩個相反、相對的詞素組成，在具體的上下文中祇取其中一個詞素義作爲詞義。"乃亡（無）敢增歷（歉）亓（其）政（徵）以爲獻於王"中的"增歷（歉）"應該也屬於這樣一類詞語，其語義偏向于"增"。

陳劍（2017A）："增歷"可讀爲"增貿"，《尚書·皋陶謨》"懋遷有無化居"之

"懋"字，多書引"懋"作"貿"，"貿遷"且後爲成詞，是大家熟悉的例子。"增貿其徵以爲獻"，謂徵收賦稅、徵取實物時，或是增加，或是改換（其種類數量等），以求進獻獲功及取媚於王。此例的釋讀不如上例直接必然，但據跟"梀/懋"相聯繫的設想，如此講也還算説得過去。

王寧：讀爲"乃無敢增壓（積）其政（徵）以爲獻於王"，"增積"是增加與聚積的意思，古書常見，《戰國策·東周策》："故衆庶成彊，增積成山。"《漢書·景十三王傳》："增積之生害也。""政（徵）"這裏是名詞，指徵收的賦稅財貨之類。①

侯瑞華（2017）：讀作"增斂"，這裏的"斂"就是賦斂之意。從簡文所在的段落中我們可以找到兩條證據……第一，這段簡文屬於越王勾踐"五政"中的"好信"，也就是強調信實可靠，嚴懲欺瞞虛假。引文分述了兩種情況，一是邊縣地區的吏民，一是城邑内的官吏，兩者顯然有着内在的聯繫。而"初日政勿若某（整理者指出'政'或讀爲'徵'亦通），今政（徵）重，弗果"就是在徵收賦稅或徵發徭役的過程中出現了政令不一致，甚至超出本來所限定的情況。兩個政字讀爲"徵"，以及"徵重"，可以證明後面的"增壓亓（其）政（徵）"同樣與賦斂有關。而且"重"與"增"相呼應，亦説明這裏的"壓"讀爲"斂"非常合適。"增斂"就好比古書中習見的"聚斂""厚斂""重斂"等。如《荀子·王制》："故修禮者王，爲政者彊，取民者安，聚斂者亡。"……衹不過這裏是"增斂"作爲動詞，後面跟賓語"徵"。類似的句式如《周禮·地官·司徒》："以待有司之政令，而徵斂其財賦。"……第二個證據是"乃亡（無）敢增壓（斂）亓（其）政（徵）以爲獻於王"，意即官吏將賦斂所得呈奉給越王。結合簡文内容圍繞"好信"，前一個方面又説了"徵重"，那麼這種"增壓（斂）亓（其）政（徵）"即不實事求是地按照國家制定的標準徵收賦稅，而是加重賦斂財稅；這樣做或者是討好君王或者是虛誇政績。這種情形先秦文獻非常多見，比如《論語·先進》："季氏富於周公，而求也爲之聚斂而附益之。"……而陳劍先生所引到的一條文獻更加值得注意：《漢書·高帝紀下》所載"定口賦詔"："欲省賦甚。今獻未有程，吏或多賦以爲獻，而諸侯王尤多，民疾之。……"顔師古注："諸侯王賦其國中，以爲獻物，又多於郡，故百姓疾苦之。"引文

---

① 參看曰古氏《試說清華（柒）《越公其事》的"增减"一詞》文下第6樓發言，復旦大學出土文獻與古文字研究中心網站 http://www.gwz.fudan.edu.cn/forum/forum.php?mod=viewthread&tid=7969，2017年4月28日。

中的"吏或多賦以爲獻"豈不正相當於簡文所言的"增斂其徵以爲獻於王"嗎？結合上下文義來看，將"壓"讀爲"斂"文從字順、十分恰當。因此《清華七·越公其事》的兩個"壓"字都應讀爲"斂"。

霖按：侯瑞華之説可從。"壓"字解説詳見《越王好農章》注〔9〕。

〔14〕凡又（有）訊（獄）訟事=（至于）王廷

整理者第六章注〔一九〕：訊，"獄"之省形。獄訟，《周禮·大司徒》"凡萬民之不服教而有獄訟者，與有地治者聽而斷之，其附於刑者，歸於士"，鄭玄注："爭罪曰獄，爭財曰訟。"

霖按：訊，"獄"之簡省，從言從狄省。訟事、訟案義，《上博二·容成》簡30："三年而天下無訟獄者。""訟"，或從言從去，寫作"訟"（《上博二·容成》簡22）。《淮南子·俶真》"分徒而訟"，高誘注："訟，爭是非也。"

〔15〕昔日與吕（己）言員（云），今不若亓（其）言

整理者第六章注〔二〇〕：此句意思是過去對我曾經如此説，現在不像那時説的那樣。意在責其不信。

6. 凡此聿（類）也，王必親聖（聽）之，旨（稽）之而訐（信），乃母（毋）又（有）貴賤，勳（刑）也〔16〕。凡雩（越）庶民交逮（接）、言語、貨資、市賈乃亡（無）敢反不（背）訊（欺）巳（詒）〔17〕。

〔16〕凡此聿（類）也，王必親聖（聽）之，旨（稽）之而訐（信），乃母（毋）又（有）貴賤，勳（刑）也

整理者第六章注〔二一〕：聿，讀爲"類"，從聿聲的"律"與"類"皆來紐物部字。類，種類。《易·乾》："本乎天者親上，本乎地者親下，則各從其類也。"

吳德貞（2018）："聿"或可讀爲"律"，《禮記·中庸》"上律天時"，鄭玄注："律，述也。"《爾雅·釋言》"律，述也"，郭璞注："律，叙述也，方俗語耳。"

霖按："聿"，讀作"類"可從，"聿"定紐物部，"類"來紐物部，聲紐均爲舌音，

韻部相同可通，如從"聿"聲的"筆"又稱作"不律"。"旨"，讀作"稽"可從，考核、調查義。《周禮·天官·宮正》"稽其功緒"，孫詒讓正義："稽，引申爲審慎考稽之意。"《清華玖·廼命一》簡4："而旨（稽）視汝從外。"

〔17〕凡雪（越）庶民交諜（接）、言語、貨資、市賈乃亡（無）敢反不（背）訦（欺）巳（詒）

整理者第六章注〔二二〕：諜，《廣韻》："多言也。"讀爲"接"，并爲齒頭音葉部字。交接，交往。《禮記·樂記》："射鄉食饗，所以正交接也。"言語，《易·頤》："《象》曰：'山下有雷，頤。君子以慎言語，節飲食。'"貨、資，亦同義連用。《説文》："資，貨也。"《周禮·考工記序》"通四方之珍异以資之，謂之商旅"，鄭玄注："商旅，販賣之客也。"市、賈，同義連用。《孟子·滕文公上》："從許子之道，則市賈不貳，國中無僞；雖使五尺之童適市，莫之或欺。"

霖按："諜"，從言疌聲，"疌"爲"挾矢"之"挾"的表意初文，[①] 整理者讀作"接"可從，《銀雀山貳·君臣問答·十問》簡1571－1572："其將則威，其兵則武，而吏強糧疌（接）"。"資"，或寫作從貝爲聲，如"資"（《郭店·語三》簡60），"資"（《上博九·史蒥》簡6）等。"資"，又寫作"資"（新蔡簡192）。"貨資"，貨物資財。《上博四·曹沫》簡17："毋愛貨資子女"。

7. 雪（越）則亡（無）訣（獄），王則閒＝（閒閒），隹（唯）訐（信）是趣（趣）〔18〕，嘉（及）于右（左）右〔19〕，墾（舉）雪（越）邦乃皆好訐（信）。

〔18〕雪（越）則亡（無）訣（獄），王則閒＝（閒閒），隹（唯）訐（信）是趣（趣）

整理者第六章注〔二三〕：閒閒，古書作"閑閑"，悠閒貌。《詩·十畝之間》"十畝之間兮，桑者閑閑兮，行與子還兮"，朱熹《集傳》："閑閑，往來者自得之貌。"

[①] 陳劍《釋"疌"及相關諸字》，《出土文獻與古文字研究》（第5輯），上海古籍出版社，2013年，頁258－279。

仲時："閒閒"疑與郭店《性自命出》、上博《性情論》"束束之信"之"束束"同指。①

霖按："閒",從整理者之說,讀作"閒閒",從容自得之貌。"趣",從辵取聲,"趣"之異體,趨向義。《史記·伯夷列傳》："趣舍有時若此。"張守節正義："趣,向也。""唯信是趣",義爲"一心趨向信義"。

〔19〕譶（及）于右（左）右

整理者第六章注〔二四〕：麤羌鐘"譶",讀爲"襲",簡文中讀爲"及"。旁及,至也。《詩·蕩》："覃及鬼方。"

黃傑："譶（襲）"似當讀爲"逮"。古"襲""遝"通用。《史記·淮陰侯列傳》"魚鱗襍遝",《漢書·劌伍江息夫傳》作"魚鱗雜襲"。"遝""逮"通用。《禮記·中庸》"所以逮賤也",逮,《釋文》作"遝",云："遝,本又作逮,同,音代。""譶（逮）于左右"可參看《論語·季氏》"政逮於大夫,四世矣",即及於左右。下文之"譶于左右"同此。②

林少平："譶"當讀作"遝"。古文"遝"與"達"通假。"遝生"又同"達生"。故可讀作"達於左右",與前文"唯信是趣"相呼應。③

蘇建洲："譶"讀爲"襲"即可。《相馬經》"一寸逮鹿,二寸逮麋,三寸可以襲歆（烏）,四寸可以理天下,得兔與狐",《集成》注釋云："襲烏：形容馬的速度快到可以襲擊烏鴉。"蕭旭《馬王堆帛書〈相馬經〉校補》："襲亦逮也。《廣雅》：'襲,及也。'下文即作'遝（逮）歆（烏）雅（鴉）'。"又傳世文獻常見"襲于某某"。④

駱珍伊：譶,《說文》："疾言也。"段玉裁注引："譶,言不止也。"此字不需要通讀爲"及",直接釋爲"疾言"即可。越王"譶于左右",意思是越王疾言於左右,即今之再三叮嚀、耳提面命。⑤

霖按：蘇建洲之說將"譶"讀作"襲"可從,訓作"及",因循、沿襲之義。簡文

---

① 簡帛論壇《清華七〈越公其事〉初讀》229樓,2018年4月10日。
② 簡帛論壇《清華七〈越公其事〉初讀》1樓"暮四郎"說,2017年4月23日。
③ 簡帛論壇《清華七〈越公其事〉初讀》5樓,2017年4月24日。
④ 簡帛論壇《清華七〈越公其事〉初讀》8樓"海天遊蹤"說,2017年4月24日。
⑤ 簡帛論壇《清華七〈越公其事〉初讀》138樓"明珍"說,2017年5月2日。

此句意思是越國重信的氛圍由上及下展開，故"襲於左右"與中山王兆域圖的"殃逃子孫"相類。《禮記·中庸》："下襲水土"，鄭玄注："襲，因也。"《清華壹·祭公》簡6："兹迪䢦（襲）學於文武之曼德"。

【今譯】

越國從事農業活動，糧食獲得豐收，越王開始喜好誠信，治理市場貿易。凡各類房屋不合規制，各類禮制之物不謹慎選擇，違背誠信之人都會受到刑罰。凡是……欺詐做買賣之人就會被問罪懲罰。凡市肆中的商人因爭論而訴訟，違背事實而且存在欺騙的，調查屬實，就問罪懲罰有罪之人，根據其貨物（的多少）決定對其量刑。凡是有靠近邊境區域的百姓及各級官吏之人上報於朝廷，說："當初徵收物資像某種程度，現在徵收的太重，不能完成。"一旦發生這類事情，越王一定親自接見并聽取他們的報告，若調查屬實，就罷免擔任城邑的主管官吏以及朝廷的相關官員。城邑的主管官吏和朝廷相關官員於是不敢加重斂收物資來進獻給越王。凡有案件訴訟到朝廷，說："過去對我曾經如此說，現在不像那時說的那樣。"一旦發生這樣的事情，越王一定親自聽取，調查屬實，不論貴賤都加以刑罰。因此，整個越國百姓在交往、言談、貨物資財、買賣中不敢違背事實、存在欺騙的行爲。越國沒有訴訟案件，越王從容自得，一心趨向信義，身邊大臣亦因循信義，全國都喜好誠信。

《越王徵人章》集釋（簡44—49）

【章解】

本章主要講述勾踐在實施好信之後，推行徵人之政，使得越國人口充足之事。竹簡共計6枚，其中簡45簡尾殘缺約1字，簡44簡尾殘缺，但不影響文意，其餘諸簡皆爲完簡。本章簡文符號使用情況：簡44"夬"、簡46"芺"後有合文符號，簡49"多人"後有章結符，均書於上字右側下方。關於句讀，我們認爲簡45—46整理者所讀："乃品巠（野）會。厽（三）品交于王賓（府），厽（三）品年（佞）譖（譸）支（撲）罾（毆）"應改讀作"乃品。巠（野）會厽（三）品，交（校）于王賓（府）厽（三）品，年譜（簿）支（枚）譽（數）"。本章重點討論的疑難字詞有"貱""顓""年""譜""龕戬""波"等。

【摹本及隸文】

雩邦備訐王乃好陞人王乃趣使人
戠腈成市鄭還尖=遠泥之廄莕王則
貱佳飼莕是戠腈　【簡44】餌之于右右
王既戠智之乃命上會王必親聖之
亓飼者王見亓執事人則訋㤅悥也
不可□　【簡45】芺=也則必會飤賜奰之
亓莕者王見亓執事人則顓感不㤅
弗余會飤王既必聖之乃品　【簡46】坙
會厽品交于王寶厽品年譜支譽由
臤由毀又龕戬又賞罰善人則由晉

【簡47】
民　則　怀　是　以　　　蕙　民　是　以　收　敬　是

以　匓　邑　王　則　佳　匓　荅　是　徹　嘉　于　右　右

舉　雩　邦　乃　皆　好　陞　人　方　和　于　亓　堐　東

【簡48】
尼　西　尼　古　蔑　句　虐　四　方　之　民　乃　皆

餌　雩　堐　之　多　飲　政　溥　而　好　訐　乃　波　徎

遥　之　雩　堐　乃　大　多　人　【簡49】

【釋文】

雩（越）邦備（服）訐（信），王乃好陞（徵）人[1]。王乃遬（趣）使（使）人歳（辨）睛（省）[2]成（城）市鄾（邊）還（縣）尖＝（小大）遠泥（邇）之廄（句）、荅（落）[3]，王則眯（比視）[4]，佳（唯）匓（句）、荅（落）是歳（辨）睛（省），【簡44】餌（聞）之于右（左）右[5]。王既歳（辨）智（知）之，乃命上會（計），王必（比）親聖（聽）之[6]。亓（其）匓（句）者，王見亓（其）執事人則舀（怡）悆（豫）悥（憙）也。不可□【簡45】芙＝（笑笑）也[7]，則必舍（飲）飤（食）賜斈（予）之。亓（其）荅（落）者，王見亓（其）執事人，則顥（憂）感不悆（豫）[8]，弗余（予）舍（飲）飤（食）。王既必（比）聖（聽）之，乃品[9]。【簡46】坙（野）會厽（三）品，交（校）于王寳（府）厽（三）品[10]，年諝（籌）攴（枚）皭（數）[11]，由臤（賢）由毀[12]，又（有）簊（纂）戠（歲），又（有）賞罰[13]。善人則由，晉（譖）民則怀（否）[14]。是以【簡47】蕙（勸）民，是以收敬（寇），是以匓（句）邑[15]。王則佳（唯）匓（句）、荅（落）是徹（趣），喜（及）于右（左）右[16]。壄（舉）雩（越）邦乃皆好陞（徵）人，方和于亓（其）壄（地）[17]。東【簡48】尸（夷）、西尸（夷）、古蔑、句虘（無）四方之民[18] 乃皆餌（聞）雩（越）壄（地）之多飤（食）、政（徵）溥（薄）而好訐（信），乃波（頗）徃（往）遝（歸）之[19]，雩（越）壄（地）乃大多人。【簡49】

【集釋】

1. 雩（越）邦備（服）訐（信），王乃好陞（徵）人[1]。王乃逯（趣）徏（使）人戠（辨）睛（省）[2] 成（城）市鄩（邊）還（縣）尖=（小大）遠迡（邇）之廏（勼）、茖（落）[3]，王則眯（比視）[4]，隹（唯）匓（勼）、茖（落）是戠（辨）睛（省），餌（聞）之于右（左）右[5]。

〔1〕雩（越）邦備（服）訐（信），王乃好陞（徵）人

整理者第七章注〔一〕：徵，徵召。徵人，類同《商君書》之"徠民"。

薛後生："備"讀爲"服"，正確可從，以往將《中山王鼎》（集成2804）銘文中的"吳人幷越，越人修教備信"中的"備"如字讀，是不對的，鼎銘中的"備"要讀爲"服"，訓爲"行"。①

霖按：整理者之說可從，"服信"，實行誠信之事。"陞"讀作"徵"。楚簡中多以"謽""堂""阩""陞"等表｛徵｝，如"𧥺"（《郭店·性自》簡22）、"𩁹"（包山簡138反）、"𠭯"（《清華貳·繫年》簡76）、"𠳵"（曾侯乙墓鐘磬銘文）、"𦡭"（包山簡2）、"𦡭"（包山簡3）等，"徵"應是"堂"後起繁體。②"陞"書紐蒸部，"徵"端紐蒸部，齒舌音關係密切，韻部相同可通。《爾雅·釋言》："徵，召也。"楚簡中"降""陞"二字形近易訛。③

---

① 簡帛論壇《清華七〈越公其事〉初讀》25樓，2017年4月25日。
② 裘錫圭《古文字釋讀三則》，《裘錫圭學術文集·金文及其他古文字卷》，復旦大學出版社，2012年，頁427—433。
③ 張新俊《清華簡〈繫年〉"曾人乃降西戎"新探》，《中國語文》2015年第5期。

〔2〕 遱（趣）徒（使）人戠（辨）腈（省）

整理者第七章注〔二〕：遱，即"趣"字。《說文》："疾也。"《國語·晉語三》："三軍之士皆在，有人坐待刑，而不能面夷，趣行事乎！"腈，即"䁼"，讀爲"省"。《禮記·禮器》"禮不可不省也"，鄭玄注："省，察也。"

霖按："遱"整理者之說可從，包山簡142"失遱至州巷"，望山簡22"貞走遱（趨）事王"。"腈"參看第五節注〔4〕。"辨省"，明察，詳見本章第六節注〔8〕。

〔3〕 成（城）市鄁（邊）還（縣）尖ᅟ（小大）遠泥（邇）之匓（勼）、苔（落）

整理者第七章注〔二〕：匓，《說文》："飽也。从勹，殷聲。民祭，祝曰：'厭匓。'"字見作册夨令簋、毛公旅鼎等銅器銘文。簡文中讀爲"勼"。《說文》："聚也。从勹，九聲。讀若鳩。"古書中多作"鳩"，如鳩聚、鳩集等。苔，古書多作"落"，零落。《史記·汲鄭列傳》："鄭莊、汲黯始列爲九卿，廉，内行脩絜。此兩人中廢，家貧，賓客益落。"

難言："匓"當讀爲"聚"。①

王寧：從全文的叙述觀之，"勼""落"均當爲名詞，是指人的居住之地，"勼"爲"聚"，即《史記·五帝本紀》"一年而所居成聚，二年成邑，三年成都"之"聚"；"落"當從《廣雅·釋詁二》訓"尻（居）"，《列女傳·楚老萊妻》："民從而家者，一年成落，三年成聚。"是聚大於落，邑大於聚，都大於邑。蓋"勼（聚）"大人多，"落"小人少，越王希望人口多，所以他見勼（聚）的首領就很高興，見落的首領就不痛快。②

黃愛梅（2017）：此"勼""落"當爲兩種聚居形態的名稱，或即"聚""落"。《説文解字·乑部》："聚，會也。……邑落云聚。"段注云："聚，邑落名也。韋昭曰：小鄉曰聚。"落，《康熙字典·艸部》引《博雅》言"聚也"，《綱目集覽》："人所聚居，故謂之村落、屯落、聚落。"……聚一邑一都，反映了古代聚落間的等級關係。從"其勼者，王見其執事人""其落者，王見其執事人"并根據其管理狀況給予飲食這兩句來看，越王勾踐的"徵人"之政，實在是深入到了越國的地方基層。

---

① 简帛論壇《清華七〈越公其事〉初讀》7樓，2017年4月24日。
② 简帛論壇《清華七〈越公其事〉初讀》115樓，2017年5月1日。

霖按："廄"，從广殳聲，或寫作從宀殳聲，如本簡後一"匓"寫作"⿱宀⿰⺈殳"。郭店簡中省去"殳"寫作"⿸广⺈"（《郭店·尊德》簡24）、"⿱宀⺈"（《郭店·尊德》簡26），讀爲"究"。楚簡中記有官職"廄尹""大廄"等，後者疑爲管理馬匹之機構。簡文中整理者讀作"勼"可從，聚集義。"茖"，從艸各聲，整理者讀作"落"可從，《上博五·三德》簡6、17："土地乃坼，民人乃茖（落）。"① 《後漢書·仇覽傳》"廬落整頓"，李賢注："今人謂院爲落也。"黃愛梅認爲"勼""落"是兩種聚居形態的名稱可從，簡文中"勼""落"的範圍小於"城市小大遠邇邊縣"。

〔4〕王則毖（比視）

整理者第七章注〔三〕：毖，疑讀爲"比視"，與下文"必聽"相對應。所從必旁缺筆，字又見51簡。比，考校。《周禮·內宰》："比其小大與其麤良而賞罰之。"《漢書·石奮傳》："是以切比閭里，知吏奸邪。"顏師古注："比，校考也。"46簡"王既必聽之"之"必"，用法相同。

鄭邦宏（2017）："毖"字原作"⿰攵必"，簡51之字作"⿰攵必"，據文例，二字爲一字無疑，簡51"⿰攵必"此字下有合文符號，亦可證簡44"⿰攵必"下漏寫了合文符號。但二字相較，右所從有異，整理者認爲是"所從必旁缺筆"。"⿰攵必"右所從，使我們聯想到了"⿱坴土"（《清華叄·赤鵠》簡13）、"⿱坴土"（《清華叄·赤鵠》簡14）。"⿱坴土"當從劉樂賢釋爲"坴"，"埱"字的異體②。將"⿰攵必"的右邊與"⿱坴土"所從之"朮"相比較，"⿰攵必"右邊所從較"朮"僅少右邊一短捺筆，這可能是省簡造成，因此，其右邊所從應也是"朮"，應隸定作"⿰攵朮"。按之文例以及簡51之"⿰攵必"、"⿰攵必"右邊所從之"朮"，應是"必"的形近訛寫。……"比"，當訓爲"密切"。《說文·比部》："比，密也。二人爲从，反从爲比。"段玉裁注：比，"要密義足以括之，其本義謂相親密也"。由"親密"引申爲"稠密""密切"。《說文·木部》："櫛，梳比之總名也。"段玉裁注："疏者爲梳，密者爲

---

① 陳劍《〈三德〉竹簡編聯的一處補正》，《戰國竹書論集》，上海古籍出版社，2013年，頁194—195。
② 劉樂賢《釋〈赤鵠之集湯之屋〉的"埱"字》，清華大學出土文獻研究與保護中心網http://www.ctwx.tsinghua.edu.cn/publish/cetrp/6831/2013/20130105155850543558094/20130105155850543558094_.html，2013年1月5日。

比。""視",則當訓爲"監視"。《爾雅·釋詁下》:"監,視也。""王則比視",賓語承前省略,似當理解爲:王則對這事(指"城市邊縣小大遠近之勾、落""群大臣及邊縣之多兵、無兵者"兩事)密切監視;換句話説就是王對"城市邊縣小大遠近之勾、落""群大臣及邊縣之多兵、無兵者"兩事密切關注。這樣也就自然過渡到下文"唯勾、落是察省,問之于左右""唯多兵、無兵者是察,問于左右"。①

王進鋒(2017):"必"字也見於《越公其事》,作 ✦(42號簡)、✦(61號簡),下部的三撇相互平行,并不相交。但是,"✦"字的下部有兩撇相交,字形差别較大,應該不是"必"字;它反而與"戉"字結構相同,應當就是"戉"。所以這個字正確的隸定應爲"戝"。戝在本篇簡文中應當通假爲"與"。戝應當是從戉得音,戉的古音在匣紐月部,與古音在喻紐魚部的"與"字音近,可以通假。《群經平議·尚書三》"在商邑越殷國滅無罹",俞樾按:"'越'與'與'同。"與,參與。《論語·八佾》"吾不與祭,如不祭",《禮記·王制》"五十不從力政,六十不與服戎,七十不與賓客之事",《漢書·王莽傳上》"以光(孔光)爲太師,與四輔之政"中的"與"都是這種含義,可作爲證據。

霖按:"✦","必視"合文,其右側所從爲"必","必"字寫法如包山簡139"✦"、《清華叁·赤鵠》"✦"等。②鄭邦宏將"✦"與簡51"✦"結合起來可從,此字亦應看作"必視"合文,楚簡中合文不寫合文符號的常見,如《郭店·六德》簡33"✦"、楚帛書"✦"等。"必""比"相通,如《上博七·吴命》簡9:"必(比)五六日,皆敝邑之期也。""比",鄭邦宏認爲是"密切"義可從,"比視"意思爲密切審查。本章所講調查勾、落,猶《後漢書·禮儀志中》所載"案户比民",《周禮·天官·宫正》"夕擊柝而比之",孫詒讓正義:"比,謂依在版之名籍,周歷諸次,而校其在否。"《周禮·地官·縣正》"縣正各掌其縣之政令徵比",鄭玄注:"比,案比。"

〔5〕隹(唯)訇(勾)、茖(落)是戠(辨)睛(省),餌(聞)之于右(左)右

---

① 鄭邦宏《讀清華簡(柒)札記》,《出土文獻》(第11輯),中西書局,2017年,頁252—254。
② 《赤鵠》字形又見於《郭店·語四》簡10"✦",讀作"鮒"。

霖按：此句表示强調，特別對"勾""落"調查，從近臣那裏聽取情況。[1] 從簡文記載越王賞罰的情況可知，"勾"指人口聚集多的地方，"落"指人口稀疏的地方。

2. 王既戠（辨）智（知）之，乃命上會（計），王必（比）親聖（聽）之[6]。亓（其）鉤（勾）者，王見亓（其）執事人則訡（怡）忩（豫）憙（喜）也。不可□芙=（笑笑）也[7]，則必酓（飲）飤（食）賜夅（予）之。

[6] 乃命上會（計），王必（比）親聖（聽）之

整理者第七章注〔四〕：會，《周禮·職幣》"歲終，則會其出"，鄭玄注："會，計也。"上會，即上計。《晏子春秋·外篇上二十》："晏子對曰：'臣請改道易行而治東阿，三年不治，臣請死之。'景公許。於是明年上計，景公迎而賀之。"

鄭邦宏（2017）：我們認爲簡45與46之"必"皆當讀爲"比"，用爲範圍副詞，語義相當於"皆、都"。關於"比"的這一用法，清人王念孫、王引之父子早有論説。[2]

霖按："會"見紐月部，"計"見紐質部，二者爲同源關係。[3] "上計"，戰國、秦漢時地方官於年終將境内户口、賦税、盗賊、獄訟等項編造計簿，遣吏逐級上報，奏呈朝廷，借資考績。"必"從鄭邦宏之説，讀爲"比"，訓作"皆"。楊樹達《詞詮》卷一："比，表數副詞，皆也。"

[7] 訡（怡）忩（豫）憙（喜）也。不可□芙=（笑笑）也

整理者第七章注〔五〕：訡，讀爲"怡"。忩，當爲豫樂之"豫"。怡、豫，同義連用。《三國志·吳志·諸葛恪傳》："近漢之世，燕、蓋交遘，有上官之變，以身值此，何敢怡豫邪？"

整理者第七章注〔六〕：笑笑當爲喜樂貌。

---

[1] 王進鋒認爲春秋時期的越縣主要位於城市周邊，有大小之別，政府對於縣有較強的控制力，縣是安置外來移民的重要地帶，越國的縣裏不僅有平民，也有管理平民的司事和官師之人，他們同時都執行王頒布的政令，越國的縣等同於邑，縣是設置在被稱爲"野"的區域。
[2] 鄭邦宏《讀清華簡（柒）札記》，《出土文獻》（第11輯），中西書局，2017年，頁255。
[3] 孟蓬生《"咸"字音釋——侵脂通轉例説之二》，《出土文獻與古文字研究》（第6輯），上海古籍出版社，2016年，頁737。

王進鋒（2017）：疑"笑笑"前的□是一個意爲"僅"的字。"不可□笑笑也"，意爲不可以僅僅喜樂，還要有實際的獎賞行爲。

霖按："怣"又見於包山簡5"[圖]"、古璽等，多用作人名。"怡豫"，整理者之説可從，安樂、歡樂義。"憙"，從心喜省聲，"憙"之異體。"[圖]"，從艸從犬，楚簡中多以之表{笑}，曾憲通認爲"芺"本從艸聲。[①] 楚簡中表示{笑}的字形還可寫作從犬兆聲，如"[圖]"（《上博五·競建》簡8）。"芺"前由於簡45簡尾殘缺一或兩字，不能明確補之，王進鋒補爲"僅"，但目前楚簡中尚未見到"僅"字，故此處存疑。

3. 亓（其）萗（落）者，王見亓（其）執事人，則顖（憂）慼不忩（豫）[8]，弗余（予）酓（飲）飤（食）。王既必（比）聖（聽）之，乃品[9]。

[8] 顖（憂）慼不忩（豫）

整理者第七章注〔七〕：憂慼，《墨子·尚賢中》："是以美善在上，而所怨謗在下，寧樂在君，憂慼在臣。"

斯行之：原隸定作"顖"，"心"上部分整理者隸定爲"百"，實際是"畐"，隸定作"顖"。劉釗曾對"癟"字的源流進行考證，[②] 指出"癟"字的聲符"畲"本來應該作"畐"形，從"畲"是訛變的寫法，可惜當時未能見到單獨成字的"畐"或除"癟"字外含有"畐"形的合體字。《越公其事》的這個字可以説補上了這個缺憾。此字從心，當是表示心理狀態。"顖"字最有可能是形聲字，其左右的兩個部分"畐""頁"都有可能作聲符。其所在辭例爲："其落者，王見其執事人，則顖戚不豫，弗予飲食。"整理者讀爲"憂"是很通順的。若此字確實應讀爲憂，那麽"頁（首）"可以看作是全字的基本聲符，問題是"憂"字楚文字多見，用這麽繁的一個字來表示一個常用字，感覺有點怪。此字最有可能以"畐"爲基本聲符，"癟"字上古音爲並母質部，"畐"字的讀音當與之

---

① 曾憲通《楚帛書文字新訂》，《中國古文字研究》（第1輯），吉林大學出版社，1999年，頁94。收入《古文字與出土文獻叢考》，中山大學出版社，2005年。

② 引者按：劉釗《"癟"字源流考》，《書馨集——出土文獻與古文字論叢》，上海古籍出版社，2013年，頁305—319。

接近。蒙鄔可晶提示，“顬戚”可讀爲“顰蹙”。“顰”並母真部，與“曓”字聲母相同、韻部對轉，“蹙”從戚得聲，相通均無問題。那麽“顬”字大概可以看作“顰”的异體了。《説文·頻部》：“顰，涉水顰蹙。”段注：“顰戚，謂顰眉蹙頞也。”《玉篇·頻部》：“顰，顰蹙，憂愁不樂之狀也。”蒙郭永秉提示，葛陵簡零 115、22 有個從首、從冊的字（引者按：字形寫作“”），高佑仁已經指出此字與“癘”字有關，“首”大概是由“自”訛變的。①

劉雲、袁瑩（2018）：我們認爲“”應分析爲兩部分：“心”旁和除去“心”旁的部分。下文我們用 B 代表“”除去“心”旁的這一部分。西周金文中數見古書成語“柔遠能邇”，其中表示“柔”這個詞的字或作“”（逨盤，《銘圖》14534）。下文我們用 C 代表該字。C 的左旁爲“西”，右旁爲“夒”。上古音“夒”屬泥母幽部，“柔”屬日母幽部，兩者聲母都是舌音，韻部相同，語音很近，C 所從的“夒”顯然是其聲旁。我們認爲 B 就是從 C 演變而來的。B 所從的“頁”與“冊”，其實是一個整體，它是從 C 所從的“夒”演變而來的。戰國文字中的“埶”字或作“”（叔尸鎛，《集成》285.8），“巩”字或作“”（《上博三·周易》簡 47），“鈢”字或作“”（鈢子劍，《集成》11578），它們所從“丮”旁中表示雙臂和雙手的筆劃演變爲“井”字，有的形體中“井”字與表示身體的筆劃分離開來。戰國文字中的“夙”字或作“”（中山王鼎，《銘圖》2517），該字所從“丮”旁中表示雙臂和雙手的筆劃與表示身體的筆劃亦分離開來，而且表示身體的筆劃類化爲帶足的人形。將上揭兩類形體結合起來考慮，不難想像會有一種從“卩”從“井”的“丮”。這裏的“井”是訛變之形，構形理據基本丟失，由其再演變爲僅多兩竪筆的“冊”，是可以理解的。總之，“丮”是有可能演變爲從“卩”從“冊”的形體的。C 的“夒”旁所從的“百”不變，所從的“丮”如果演變爲從“卩”從“冊”的形體，“夒”旁就演變成 B 所從的“頁”與“冊”了。B 所從的“自”是從 C 所從的“西”演變而來的。戰國文字中“自”與“西”整體輪廓有些相似，有訛混的可能，但在現有古文字資料中尚未發現兩者訛混的例子，所以 C 所從的“西”演變爲 B 所從的

① 簡帛論壇《清華七〈越公其事〉初讀》17 樓，2017 年 4 月 24 日。

"自",可能還有其他原因。古文字的類化現象中有一種字內類化,即同一個字的一個構件受到另一個構件的影響而發生類化,如戰國文字中的"翡"字或作"[字形]"(望山簡2號墓簡13),"羽"旁所從的左側的"習",受到下部"肉"旁的影響而類化爲"肉",……C所從的"西"演變爲B所從的"自",字內類化應該是不可忽視的原因。C中"西"的右側是"夒"所從的"百","西"受到"百"的影響而類化爲"自"是很有可能的,因爲戰國文字中"自"與"百"比較相似,有時混同。"憂"(惡)字在戰國文字中上部多爲"頁"。……"[字形]"顯然是一個從心B聲之字。"夒"與"憂"語音關係密切。……"[字形]"從"心"B聲,B從"夒"聲,"夒"與從"心"的"憂"字語音關係密切,"[字形]"顯然就是"憂"字的異體。"[字形]"在簡文中與"慼"連言,"慼"常用爲優愁義,我們將"[字形]"釋爲"憂","憂"亦常用爲憂愁義,兩者連言十分通順。而且古書中有"憂""慼"連言的例子,如《墨子·尚賢中》:"是以美善在上,而所怨謗在下,寧樂在君,憂慼在臣。"整理者雖然對"[字形]"的形體沒有給出合理的解釋,但其在"[字形]"後括注了一個"憂"字,顯然已經意識到"[字形]"與"憂"存在某種關係,實爲卓識。①

霖按:"[字形]"從頁從心鼻聲,我們同意整理者釋作"憂",將此字理解爲"憂"字異體。楚簡中"憂"字異寫較多,如下揭字形:

A."[字形]"(《郭店·老乙》簡4);

B."[字形]"(《郭店·唐虞》簡16)"[字形]"(《郭店·老甲》簡34)"[字形]"(《上博四·內豊》簡4);

C."[字形]"(天卜),"[字形]"(天卜);

D."[字形]"(《郭店·五行》簡5),"[字形]"(《郭店·語二》簡7)。

"[字形]"除去"鼻"外與A類字形很相近,其右上旁"鼻"尚不明其來歷,故暫讀爲"憂"。"慼",從心戚聲,或寫作"[字形]"(《郭店·性自》簡30)。"憂慼",憂愁煩惱。《莊子·讓王》:"君固愁身傷生,以憂慼不得也。"

---

① 劉雲、袁瑩《釋清華簡〈越公其事〉之"憂"字》,《漢字漢語研究》,2018年第1期,頁33—35。

〔9〕王既必（比）聖（聽）之，乃品

整理者第七章注〔八〕：必，讀爲"比"，考校。參本章注釋〔三〕。聽，審查。《周禮·小司寇》："以五聲聽獄訟，求民情。一曰辭聽，二曰色聽，三曰氣聽，四曰耳聽，五曰目聽。"

整理者第七章注〔九〕：品，評價其等次。顔延之《赭白馬賦》："料武藝，品驍騰。"

黄傑：我們懷疑應當斷讀爲"王既必（比）聖（聽）之，乃品。野會厽（三）品，交（效）于王府厽（三）品，年譸攴數，由賢由毁"。①

霖按：黄傑斷讀可從。品，簡文用作動詞，義爲定等級。《周易·巽卦》"田獲三品"，焦循章句："品，等也。"《國語·鄭語》"以品處庶類者也"，韋昭注："品，高下之品也。"

4. 埜（野）會厽（三）品，交（校）于王寳（府）厽（三）品〔10〕，年譸（籌）攴（枚）粵（數）〔11〕，由臤（賢）由毁〔12〕，又（有）龨（釁）歳（歲），又（有）賞罰〔13〕，善人則由，譖（譖）民則怀（否）〔14〕。

〔10〕埜（野）會厽（三）品，交（校）于王寳（府）厽（三）品

整理者第七章注〔九〕："埜"字見於楚璽"會亓埜鉢"（引者按：此璽爲齊璽），清華簡《管仲》作"![]"（引者按：見《清華陸·管仲》簡9）當是一字之異，并讀爲野，與都、縣相對應的行政區域。《周禮·司會》"掌國之官府、郊野、縣都之百物財用"，鄭玄注："野，甸稍也。甸去國二百里，稍三百里。"

整理者第七章注〔一〇〕："三品交於王府"，疑指優秀的三分之一交於王府，提拔使用。

薛培武："交"要破讀爲"效"，訓爲"致"，"上授"，文獻常見。②

---

① 簡帛論壇《清華七〈越公其事〉初讀》111樓"暮四郎"説，2017年4月30日。
② 簡帛論壇《清華七〈越公其事〉初讀》26樓"心包"説，2017年4月25日。引者按：作者提到裘錫圭《釋"叟"》，《裘錫圭學術文集·金文及其他古文字卷》，復旦大學出版社，2012年，頁77—82。

王寧（2017F）：簡文此字當是從刀從土，會其劃分、分割土地義，從"刀"與從"兆"爲"分"意正同，兼從刀聲。在此疑讀爲"朝"，"刀""朝"（陟遙切）音同端紐宵部，"垗""朝"（直遙切）同定紐宵部，并音近。清華簡《管子》的"里"當即邑里、廛里、郊里之"里"，是平民居住之地，則"朝里"猶後世所言"朝野"，指朝廷與民間；本簡文"坐會"可能讀爲《左傳·僖公四年》"凡諸侯薨于朝會"的"朝會"，是古書裏習見的詞語；注所引古璽文讀"會亓朝"也比較通順，即《詩·大明》説武王伐商"會朝清明"之"會朝"，《楚辭·天問》作"會朝爭盟"，就是"朝會"，……據這些記載可知，先秦時期每日、月、歲都要進行官員政績的評定，并以此來確定其"置廢"。本簡文所謂的"朝會"就是每年舉行的年終會計，可能在朝廷舉行，以評定各級官員的功勞政績。"品"是等級、檔次，"朝會三品"即朝會時的評定有三個等次。①

霖按："坐"，整理者之説可從，釋作"野"。字形又見於齊璽"皇"（《璽彙》253）、《清華陸·管仲》簡9"坐"等。其中《管仲》簡9"坐里零落，草木不辟"，整理者釋作"廷"，石小力改釋作"野"。②《上博九·陳公》簡19"埕"與此字接近，從勿從土日聲，隸定作"埕"。張峰釋作"埕"，"埕壂"疑讀爲"涅野"，疑指沼澤之類的濕地。③洪德榮讀作"泥野"。④"埕""坐"來源不同，前一字從日聲，二字非同一諧聲偏旁。"坐會"應讀作"野會"，與後一句"交於官府"相對。"野"，邊鄙。《公羊傳·桓公十一年》："以取其國而遷鄭焉，而野留。"何休注："野，鄙也。"此句是講邊鄙的考校分爲三個等級。"交"讀作"校"，考核義。《淮南子·時則》"虎始交"，高誘注："交，讀將校之校。"《諸子平議·管子一》"交物因方"，俞樾按："交，讀爲校。"《國語·齊

---

① 王寧《清華簡柒〈越公其事〉讀札一則》，武漢大學簡帛網 http://www.bsm.org.cn/show_article.php?id=2809，2017年5月22日。
② 清華大學出土文獻讀書會《清華六整理報告補正》，清華大學出土文獻研究與保護中心網 http://www.ctwx.tsinghua.edu.cn/publish/cetrp/6831/2016/20160416052940099595642/20160416052940099595642_.html，2016年4月16日。此字形過去學者多釋作"户""倉""垣"等，據目前新材料看，釋作"野"更爲合理。趙平安《談談戰國文字中用爲"野"的"冶"字》，《嶺南學報》，2018年第2期。
③ 張峰《〈上博九〉讀書筆記》，武漢大學簡帛網 http://www.bsm.org.cn/show_article.php?id=1782，2013年1月7日。
④ 洪德榮《〈上博九·陳公治兵〉考釋兩則》，復旦大學出土文獻與古文字研究中心網 http://www.gwz.fudan.edu.cn/Web/Show/3099，2017年8月17日。

語》"比校民之有道者"，韋昭注："校，考合也。"如薛培武説讀作"效"，文獻中"效功""效試"等亦常見。"校於官府三品"義爲"官府的考察分爲三個等級"。

〔11〕年謂（籌）攴（枚）嚳（數）

整理者第七章注〔一一〕：年，讀爲"佞"。《大戴禮記·公符》"使王近於民，遠於年"，《説苑·脩文》引"年"作"佞"。謂，即"譸"，欺詐。《説文》："譸，詶也。从言，壽聲。讀若醻。《周書》曰：'無或譸張爲幻。'"佞、譸，同義詞連用。攴，《説文》："小擊也。"文獻多作"撲"。《戰國策·楚策一》："吾將深入吳軍，若撲一人，若捽一人。"嚳，楚文字多讀爲"數"，簡文疑讀爲"毆"。婁、區皆侯部字，婁聲之"屢""婁"與區聲之"軀""摳"等皆牙音，讀音相近。三品佞譸撲毆，大意是對於下三品佞譸之執事人予以抶擊懲罰。

單育辰（2017）：疑讀爲"三品年謂（籌）攴（枚）嚳（數）"。"攴"讀爲"枚"的證據爲王家臺秦簡多見的"攴占"，實即"枚占"。上博二《容成氏》有"坆嚳（數）"一詞，學者釋爲"枚數"。① "三品年籌枚數"的意思是三品人民數量每年用算籌計數，一支支統計。②

王寧（2017F）："年譸"當即《周禮·大祝》中的"年祝"，"譸""祝"端、章準雙聲，幽覺對轉叠韻，音近可通。……此處的"年譸"疑是定期舉行的祝禱儀式，根據神示確定官員任職期限的長短，《書·召誥》："今天其命哲，命吉凶，命歷年"，所謂"歷年得正命也"。攴嚳，"ee"讀"攴"爲"枚"，讀"嚳（護）"爲"數"，是也，"數"即卜筮，《史記·日者列傳》"試之卜數"，《索隱》引劉氏云："數，筮也。"《左傳·僖公十五年》："筮，數也。"古人稱卜、筮均曰"數"，如《列子·湯問》言龍伯國大人從五神山下釣起六鰲，"歸其國，灼其骨以數焉"，是灼龜而卜亦曰"數"。"枚數"即枚卜、枚筮……"賢"訓"善"當是誇獎、讚揚的意思，"毀"即《説文》之"嬰"，云："惡也"，段注："許意蓋謂毀物爲'毀'，謗人爲'嬰'"，即毀謗、批評的意思。《論衡·答佞》："故曰：'觀賢由善，察佞由惡。'""年祝枚數，由賢由毀"這兩句是倒

---

① 邱德修《上博楚簡〈容成氏〉注譯考證》，臺灣古籍出版有限公司，2003年，頁169—171。劉信芳《楚簡〈容成氏〉官廢疾者文字叢考》，《古文字研究》（第25輯），中華書局，2004年，頁326。
② 簡帛論壇《清華七〈越公其事〉初讀》28樓"ee"説，2017年4月25日。

裝，意思是根據別人對官員的讚揚和批評，通過年祝和占卜來確定其評定的等次。《風俗通義·怪神》及《後漢書·第五鍾離宋寒列傳》皆言"會稽俗多淫祀，好卜筮"，是越人的遺風，故在考評官員時也要用祝禱和卜筮來確定。

蕭旭（2017C）："年禱攴毇"是説獎懲，故下句"由賢由毀"與之相應。年，讀爲任，任用。禱，讀爲酬，酬報、賞賜。"攴"讀如字。整理者讀毇爲毆，是也；或讀爲誅，責也。攴毆，撻擊也。攴誅，撻擊責讓也。

林少平：整理者讀"年禱"作"佞禱"似也可行。《公羊傳·襄公三十年》"年夫"，《釋文》："年音佞。二傳作佞夫。"《大戴禮·公符》："使王近於民，遠於年，嗇於時，惠於財，親賢使能。"馬王堆《成法》："滑（猾）民將生，年（佞）辨用知（智）。"韓愈《上宰相書》："妖淫諛佞譸張之説，無所出於其中。""攴（撲）毇"似不必讀作"撲毆"，可徑讀爲"撲數"，即鞭撲與數責。如此，後文"由賢由毀"則與數量多少無涉，乃是贊毀之詞。①

陳治軍（2018）："年禱攴毇"，禱，當如《説文》"讀若酬"。"年禱"即"年醻""年酬"，"醻祭"是也。《上博四·曹沫》："數"作"![字形]"形，與《越公其事》47簡"數"字形相同。攴，《説文》："小擊也，从又、卜聲。"段玉裁《説文解字注》："按此字从又、卜聲，又者手也。經典隸變作撲，凡《尚書》《三禮》鞭撲字皆作撲。又變爲手，卜聲不改，蓋漢石經之體，此手部無撲之原也。唐石經初刻作朴、從木者，唐元度覆挍正之從手，是也。""攴毇"即是"卜數"。卜數，《史記·日者列傳》"試之卜數"，《索隱》引劉氏云："數，筮也。"《左傳·僖公十五年》："筮，數也。"古人稱卜、筮均曰"數"。

霖按：單育辰之説可從。"籌"，算籌。《北大簡·老子》簡192："善數者不用檮（籌）筴。"我們認爲"攴數"讀作"枚數"。"年籌枚數"意思是"每年對地方及官府的考察用算籌一一計數。"《儀禮·鄉射禮》："司射釋弓視算如初；釋獲者以賢獲與鈞告如初。"與簡文"年籌枚數，由賢由毀"可對照。

〔12〕由臤（賢）由毀

---

① 簡帛論壇《清華七〈越公其事〉初讀》221樓，2018年1月27日。

整理者第七章注〔一二〕：由，依據。賢，善。毀，損。此句申述或交於王府、或撲毆的理由。

易泉：賢、毀，就"年籌枚數"而言，當指數目的多少。《玉篇・貝部》："賢，多也。"《詩・大雅・行葦》"序賓以賢"，鄭玄注："謂以射中多少爲次第。"毀，減損。《左傳・莊公三十年》："自毀其家。以紓楚國之難。"杜預注："毀，減"。馮勝君在《說毀》據文獻梳理出"毀"在常見的"毀壞""減損"義之外，還有"改造""改作"之義。① 此處與訓作"多"的"賢"相對應，"毀"當指"減損"。由賢由毀，指依據（年籌枚數的）多（增加）與少（減損）（來確定執事人一年功勞）。賢、毀並言也見於《鄭武夫人規孺子》"既得圖乃爲之毀，圖所賢者焉，申之以龜筮，故君與大夫晏焉，不相得惡"，蔣偉男指出"毀"理解爲與"圖"語義相近的"計劃""圖謀"。"圖其賢者焉"則是指慎重考慮計策之中更善者。② 現在看來，這裏"賢者"應指多出或多餘的部分，與上文"既得圖乃爲之毀"的"爲之毀"（毀，可指減損，這算是一種改造）相呼應。既得圖乃爲之毀，圖所賢者焉，申之以龜筮，指得"圖"之後進一步推敲改造（做減損），謀劃"圖"中多餘的（不妥的）部分。再申之以龜筮（用占卜結果將其固化）。③

王進鋒（2017）：臤，通假爲牽。《說文・牛部》"牽，引前也"；《玉篇・牛部》"牽，引前也"。在簡文中意指擢升某些人員。毀，撤除；廢除。《梁書・儒林傳・司馬筠》"吳太妃既朝命所加，得用安成禮秩，則當祔廟，五世親盡乃毀"就是這種用法。毀的這種用法與《越公其事》40號簡"其在邑司事及官師之人則發（廢）也"是一致的。"有牽有毀"就是指有擢升也有廢除。

霖按："易泉"之說可從。"由"，《論語・泰伯》："民可使由之，不可使知之。"鄭玄注："由，從也。""賢"在文獻中有"多於""勝過"的意思，如《呂氏春秋・順民》"則賢於千里之地"，高誘注："賢猶多也。"《小爾雅・廣詁》："賢，多也。""毀"，減損，《左傳・莊公三十年》："自毀其家，以紓楚國之難"，杜預注："毀，減也。""賢""毀"

---

① 引者按：參看馮勝君《說毀》，《"戰國文字研究的回顧與展望"國際學術研討會論文集》，復旦大學出土文獻與古文字研究中心，2015年，頁52—56。
② 引者按：參看蔣偉男《簡牘"毀"字補說》，武漢大學簡帛網 http://www.bsm.org.cn/show_article.php?id=2531，2016年4月23日。
③ 簡帛論壇《清華七〈越公其事〉初讀》220樓，2018年1月27日。

對應又見於《清華陸·鄭子》簡 2："既得圖，乃爲之毀圖所賢者，焉申之以龜筮。"其中"毀"是"撤除"義。[①]"由賢由毀"義爲"根據算籌的多少"。

〔13〕又（有）籑（竄）歲（歲），又（有）賞罰

整理者第七章注〔一三〕：籑歲，疑讀爲"算會"。又疑是反義，"籑"讀爲"贊"，"歲"讀爲"劌"，傷也。

王寧（2017F）："籑歲"與"賞罰"對舉，當也是一種獎罰的手段。本來"籑""竄"古音同，是流放、放逐之意，但"歲"不好解釋。意者此"歲"當讀爲《左傳·昭公元年》"周公殺管叔而蔡蔡叔"之"蔡"，"蔡""歲"清、心旁紐雙聲、同月部叠韻音近。杜預注："蔡，放也。""蔡"應當是"竄"的假借字，《集韻·去聲七·十四泰》"竄"取外切，訓"逃匿也"，是與"蔡"同清紐月部，音近可通。《廣韻·去聲·換韻》："竄，誅也、放也"是其義，故杜注訓"蔡"爲"放"，古書也多言周公"放蔡叔"。故"歲"應該就是"竄"，那麼"籑"字很可能是一個與之含義相反的詞，猶"賞罰"然。疑讀爲選賢之"選"，二字清心旁紐雙聲、同元部叠韻音近。"選"謂選拔使用（如果單就讀音上說，讀"竄選"亦可，"籑""竄"音同，"歲""選"同心紐雙聲、月元對轉叠韻音近）。故此二句當讀爲"有選竄，有賞罰"，"選竄"蓋對政績評定好的官員予以選拔使用，對於政績評定差的官員則驅逐流放。

霖按：楚簡常見"籑月"，即夏曆八月。我們認爲"籑歲"可不必破讀，或用作本義，意思是越王對徵人情況的考察有按籑月和按年之分。秦漢時期有在特定月份對官吏定期考察的舉措，如《睡虎地·秦律十八種·廐苑律》："以四月、七月、十月、正月膚田牛。卒歲，以正月大課之"與簡文情況類似。

〔14〕善人則由，譖（譖）民則怀（否）

整理者第七章注〔一四〕：善人，《論語·述而》"善人，吾不得而見之矣；得見有恒者，斯可矣"，邢昺疏："善人，即君子也。"《國語·周語下》："唯善人能受盡言，齊其有乎？"由，用。譖民，與"善人"相對，猶"譖人"。《詩·巷伯》："取彼譖人，投畀豺虎。"怀，讀爲"背"，棄。《史記·孟嘗君列傳》："客見文一日廢，皆背文而去，莫

[①] 沈培《清華簡〈鄭武夫人規孺子〉"乃爲之毀圖所賢者"釋義》，《單周堯教授七秩華誕國際學術研討會論文集》，2017 年 12 月 9 日。

顧文者。"或可讀"否"。

王寧（2017F）：《玉篇》："譖，讒也"，"譖民"即古書習見之"讒人"，《詩·青蠅》："讒人罔極，交亂四國。"《呂氏春秋·論人》"讒人困窮，賢者遂興"是也。"怀"當讀爲"否"，是對前一個動詞的否定詞，如《禮記·曲禮上》："若仆者降等，則受；不然，則否"，"否"即"不受"；又《檀弓上》"群居則絰，出則否"，"否"即"不絰"，等等。簡文此處的"否"即"不由"，即不用。

王進鋒（2017）：由，通假爲迪。迪，進用，任用。《尚書·牧誓》："昏棄厥遺王父母弟不迪"，王引之《經傳釋詞》卷六："《史記·周本紀》'不迪'作'不用'，迪爲'不用'之用。"《詩經·大雅·桑柔》"維此良人，弗求弗迪"，毛傳："迪，進也"，鄭玄箋："國有善人，王不求索，不進用之。"譖，不信。《詩·大雅·瞻卬》："鞫人忮忒，譖始竟背"，鄭玄箋："譖，不信也。"通假爲否。譖民則否，意思爲"不信的人則不會被任用"。

霖按：整理者之説可從。"由"，任用義。《詩經·小雅·小弁》"君子無易由言"，鄭玄箋："由，用也。""譖"，《詩經·大雅·桑柔》"朋友已譖"，鄭玄箋："譖，不信也。""怀"，讀作"否"。《郭店·窮達》簡13—14："善怀（否），已也。"本句義爲"有道德之人就任用，不信之人就不任用"。

5. 是以蕉（勸）民，是以收敬（寇），是以匋（匈）邑[15]。王則隹（唯）匋（匈）、茖（落）是徹（趣），嘉（及）于右（左）右[16]。墾（舉）雩（越）邦乃皆好陞（徵）人，方和于亓（其）墬（地）[17]。

〔15〕是以蕉（勸）民，是以收敬（寇），是以匋（匈）邑

整理者第七章注〔一五〕：勸，字多異寫。收，聚。《詩·維天之命》"假以溢我，我其收之"，毛傳："收，聚也。"敬，疑讀爲"賓"。"收賓"與下文"邑匋"結構與語義相類。

整理者第七章注〔一六〕：匋邑，使人聚集成邑。

王寧（2017F）：此字從支寽聲，當是擯弃之"擯"的或體，古與"賓"通用，

《爾雅·釋詁》"賓、協，服也"，郭璞注："皆謂喜而服從。"邢疏："賓者，懷德而服也。《旅獒》云：'四夷咸賓。'"這裏當是指從越國以外的地方前來歸附的人口，"收賓"可能是指收聚這些人，故與"芻邑"對舉，"芻（句）邑"即"聚邑"，謂聚人而成邑。

霖按："![字]"，從心蓳聲，又寫作"![字]"（簡31）。《吕氏春秋·離俗覽》："以德以義，不賞而民勸，不罰而邪止。"高誘注："勸善也。"《上博四·曹沫》簡61："以懽（勸）其志。""![字]"，從攴丩聲。"![字]"，整理者讀作"賓"，但此字從攴，釋作"敬"不好理解。我們懷疑是"寇"字异體，"寇"字在西周金文中寫作從宀從元從攴，如"![字]"（智鼎，《集成》2838）、"![字]"（虞嗣寇壺，《集成》9695）等。楚簡字形中多從戈，如"![字]"（包山簡102）、"![字]"（九店簡56·32）等。"戈"寫於"宀"外，如"![字]"（二十一年安邑戈）、"![字]"（《古璽彙考》103）等。"收"，約束、控制。《禮記·學記》："夏楚二物，收其威也。"鄭玄注："收謂收斂整齊之。""寇"，暴亂。《尚書·舜典》"寇賊奸宄"，孔安國傳："群行攻劫曰寇。"徵人聚集之處易生暴亂，故需加以控制。"句邑"，整理者之説可從。

〔16〕王則隹（唯）芻（句）、䓀（落）是徹（趣），嵒（及）于右（左）右

霖按：此句與本章開始簡44－45"唯句、落是辨省，聞之于左右"對應，"嵒（及）于右（左）右"見《越王好信章》注〔19〕。

〔17〕𠦪（舉）雩（越）邦乃皆好陞（徵）人，方和于亓（其）墬（地）

霖按："方"，表示時間，相當於"始""纔"，《詩經·大雅·行葦》："方苞方體，維葉泥泥。"孔穎達疏："此葦方欲茂盛，方欲成體。""和"，附和、響應。《商君書·更法》："論至德者不和于俗，成大功者不謀于衆。"

6. 東㠯（夷）、西㠯（夷）、古䁃、句虞（無）四方之民〔18〕乃皆䎽（聞）雩（越）墬（地）之多飤（食）、政（徵）溥（薄）而好訐（信），乃波（頗）徃（往）遢（歸）之〔19〕，雩（越）

坓（地）乃大多人。

〔18〕東尸（夷）、西尸（夷）、古蔑、句虐（無）四方之民

整理者第七章注〔一七〕：東夷、西夷，多見於古書，多爲中原對東、西邊裔之稱謂。越之西是楚，東是海，"東夷""西夷"或爲誇大之辭。古蔑，《國語》作"姑蔑"；句吴，《國語》作"句無"。此指四方諸侯之國。《詩·下武》："受天之祜，四方來賀。"此以越地爲中心之四方。

黄愛梅（2017）：古（姑）蔑、句吴都是確實的諸侯國，越之東夷、西夷應該也是確有所指。注〔一七〕言越之西爲楚，越之東爲海；但建立越國的越人，祇是百越之中勢力最强的一支，《漢書·地理志》顔師古注引臣瓚曰："自交趾至會稽七八千里，百粵（越）雜處，各有種姓。"越國的分布地域南與甌越、閩越靠近，北面以錢塘江爲界，在太湖南岸與勾吴錯居，其地望在今甯紹平原、杭嘉湖平原和金衢丘陵地區，以浙江紹興爲中心。其不言"南夷"，是否表明越國與南部甌越、閩越關係密切？其西夷也未必是指楚國，恐怕是指與東夷類似、不服從于越國、且未有早期國家形態的部族。

霖按：簡文中講到的"東夷""西夷"應爲故事化誇張手法，若確有所指，我們認爲可能指吴越地區的徐人。徐作爲西周初年東夷中較爲强大的一支力量，曾多次爲周王室討伐，其亡國後，徐王章禹和他的親臣逃到楚國，居於夷（即城父，今安徽渦陽附近），另一部分徐人轉輾進入浙江，吴越地區發現大量的徐人銅器可證。[①] "古蔑"又作"姑末"，在浙江龍游縣北。《國語·越語上》："西至於姑蔑"，《左傳·哀公十三年》："（吴王孫）彌庸見姑蔑之旗。"杜預注："姑蔑，今東陽太末縣。""句無"，在今浙江省諸暨縣。《國語·越語上》："句踐之地，南至於句無。"韋昭注："今諸暨有句無亭是也。"

〔19〕雩（越）坓（地）之多飤（食）、政（徵）溥（薄）而好訐（信），乃波（頗）迬（往）逗（歸）之

整理者第七章注〔一八〕：政溥，讀爲"政薄"，與簡39"政重"相對。

整理者第七章注〔一九〕：波往，比喻之辭，喻其多。

---

① 董楚平《吴越徐舒金文集釋》第三章，浙江古籍出版社，1992年，頁248—336。曹錦炎《春秋初期越爲徐地說新證》，《浙江學刊》，1987年第1期。曹錦炎《自鐸銘文考釋》，《文物》，2004年第2期。

陳偉（2017A）：古書未見"波往"一類説法。"波"恐當讀爲"頗"，皆、悉義。劉淇《助字辨略》卷三"頗"字條："《漢書·田竇傳》：'于是上使御史簿責嬰所言灌夫頗不讎，劾繫都司空。'此頗字，猶云皆也。頗不讎者，言嬰爲夫白冤皆不實也。若略不實，不應遂囚繫嬰矣。如《趙充國傳》：'將軍獨不計虜聞兵頗罷，且丁壯相聚攻擾田者，及道上屯兵復殺略人民，將何以止之。'《李廣傳》：'李蔡以丞相坐詔賜冢地陽陵，當得二十畝。蔡盜取三頃，頗賣得四十餘萬。'此頗字并是盡悉之辭。頗本訓略，而略又有盡悉之義，故轉相通也。盡悉則是遂事之辭。故頗、叵又得爲遂也。"以皆或盡悉之義解釋簡文，似無不合。

胡敕瑞（2017B）："波"古漢語有奔跑一義。例如：

（1）汝等便當東西波迸，乃至喪命。（三國吳支謙《菩薩本緣經》卷3）

（2）彼軍盡皆疲病，或波迸逃竄。（唐大廣智不空譯《菩薩成就儀軌經》卷1）

（3）戀土懷舊，人之本情。波迸流離，蓋不獲已。（唐李延壽《北史·隋房陵王勇傳》）

（4）曷可去之，于黨孔盛。敏爾之生，胡爲波迸。（唐顧況《左車》詩之一）

（5）或時行聚落，或投竄山林，人衆以波逃。（唐流志譯《大寶積經》卷3）

（6）自知虛誕，仍更波逃。（《册府元龜》卷一百五十三）

（7）餕殘相望，衆侶波奔。（唐道宣撰《續高僧傳》卷20）

（8）急顧發的處，獵户群波奔。（《居士傳》卷55）

（1）—（4）例的"波迸"、（5）（6）例的"波逃"、（7）（8）例的"波奔"均是同義連用結構，與簡文的"波往"結構和意義相近。這些詞語中的"波"均非比喻之詞，"波"義爲奔跑。……蔣禮鴻先生將"波"的奔逃義追溯到南齊王琰的《冥祥記》。其實東漢已見"奔波"一詞，例如：

（9）救患赴急，跋涉奔波者，憂樂之盡也。（仲長統《昌言·佚文》）

"奔波"猶如"波奔"，"波""奔"同義連文，次序顛倒而詞義不變。這種次序顛倒而詞義不變的現象，也有助於説明"波"并非比喻之詞。"奔波"這個詞語中古并不少見，他如：

（10）迦葉惶怖投座而走，五百弟子<u>奔波</u>逬散。（晉法炬共法立譯《法句譬喻經》卷3）

（11）諸修羅等以不如故，驚怖<u>奔波</u>迷失方所。（隋闍那崛多譯《大法炬陀羅尼經》卷14）

（12）大小<u>奔波</u>往趣兒所，呼天號哭，斷絶復蘇。（梁僧旻寶唱等集《經律异相》卷40）

（9）—（12）的"奔波"與（7）（8）的"奔波"詞義并無差異，都是奔跑義。表示奔跑義的"波"也許是一個古已有之的方言詞。蔣禮鴻先生以爲其本字爲"逋"，項楚先生認爲"'波'是唐人口語（不限於唐人），跑的意思，并非'逋'的假借。"現在清華簡出現了"波"的奔跑義，一下子把源頭追溯到了上古，由此可見出土文獻對歷史詞彙研究的價值。

魏宜輝：其中的"波"字疑讀作"播"。"播"有遷徙義。《後漢書·獻帝紀贊》："獻生不辰，身播國屯。"李賢注："播，遷也。""波（播）往歸之"是説東夷、西夷、姑蔑、句吴四方之民遷徙歸往越地。①

霖按：陳偉讀作"頗"可從，訓作"皆"。戰國晚期的守相廉頗鈹（見於《集成》11670、11700、11701、11702），"頗"刻作"波"可證。"歸"，歸附。《廣雅·釋詁一》："歸，往也。"《詩經·曹風·蜉蝣》"心之憂矣，於我歸處"，鄭玄箋："歸，依歸。""乃頗往歸之"義爲四方之民都去歸附越地。

【今譯】

越國信服，越王開始喜好集聚人口。越王於是趕快派人調查清楚大小、遠近城市周邊縣域的勻、落，越王密切審查這件事，一心調查勻、落，聽取身邊大臣的匯報。越王調查知曉後，就命令地方官員編造計簿，上報朝廷，然後親自聽取他們的匯報。那聚落

---

① 簡帛論壇《清華七〈越公其事〉初讀》155樓"cbnd"説，2017年5月6日。

人口多的地方，越王見到其主管官員就會感到喜悅、十分高興，不能……【僅僅】感到愉悅，一定賜予他們吃喝；那聚落人口少的地方，越王見到其主管官員就會感到憂愁煩惱、不高興，不賜予吃喝。等越王都聽取完畢，他開始定等級，邊鄙的考校共分爲三個等級，官府的考察也分爲三個等級，每年對地方及官府的考察用算籌一一計數，根據算籌的多少，（對徵人情況的考察）有按釁月和按年之分，有獎賞和懲罰，有道德之人就任用，不信之人就不任用，因此獎勵百姓、控制暴亂、使人聚集成邑。越王一心關注勾、落的情況，身邊大臣亦因循徵人，因此，全國都喜好集聚人口，越國土地上都開始響應這件事。東夷、西夷、古蔑、句無周邊的百姓都聽說越國糧食充足，減輕稅賦，喜好誠信，於是都去歸附越國，越國從此人口富足。

《越王好兵章》集釋（簡 50—52）

【章解】

本章主要講述勾踐在實施徵人之後，推行好兵之政，使得越國兵甲充足之事。竹簡共計 3 枚，其中簡 51 經整理者綴合後基本完整，其餘諸簡皆爲完簡。本章簡文符號使用情況：簡 51 "貶"、簡 52 "爭"後有合文符號，簡 52 "多兵"後有章結符，均書於上字右側下方。本章重點討論的疑難字詞有 "歸""忎""金革" 等。

【摹本及隸文】

雩 邦 皆 備 陞 人 多 人 王 乃 好 兵 凡 五

兵 之 利 王 曰 忎 之 居 者 左 右 凡 金 革

之 攻 王 曰 龠 朕 【簡 50】 亓 事 以 鼫 五 兵

之 利 王 乃 歸 使 人 情 餌 羣 大 臣 及 鄸

鄸 成 市 之 多 兵 亡 兵 者 王 則 眦= 隹 多

【簡51】 兵 亡 兵 者 是 戠 籲 于 左 右 與 雩 邦

爭= 鄸 還 成 市 乃 皆 好 甲 兵 雩 邦 乃 大

多 兵【簡52】

【釋文】

雩（越）邦皆備（服）陞（徵）人，多人，王乃好兵。凡五兵之利，王日忢（翫）之，居者（諸）左右[1]；凡金革之攻，王日龠（論）胜（省）【簡50】亓（其）事，以餌（問）五兵之利[2]。王乃歸（潛）徏（使）人情（請）餌（問）羣大臣及鄸（邊）郜（縣）成（城）市之多兵、亡（無）兵者[3]，王則眦=（比視）[4]。隹（唯）多【簡51】兵、亡（無）兵者是戠（辨），籲（問）于左右。與（舉）雩（越）邦爭=（至于）鄸（邊）還（縣）成（城）市乃皆好兵甲[5]，雩（越）邦乃大多兵。【簡52】

【集釋】

1. 雩（越）邦皆備（服）陞（徵）人，多人，王乃好兵。凡五兵之利，王日忢（翫）之，居者（諸）左右[1]；凡金革之攻，王日龠（論）胜（省）亓（其）事，以餌（問）五兵之利[2]。

〔1〕凡五兵之利，王日忢（翫）之，居者（諸）左右

341

整理者第八章注〔一〕：五兵，《周禮·司兵》"掌五兵、五盾"，鄭玄注引鄭司農云："五兵者，戈、殳、戟、酋矛、夷矛。"此指車之五兵。步卒之五兵，則無夷矛而有弓矢，見《司兵》鄭玄注。"忎"讀爲"䚗"，習，鑽研。嵇康《琴賦序》："余少好音聲，長而䚗之。"居，安置。

霖按："服"，實行。《逸周書·武穆》"明義倡爾衆教之以服"，朱右曾集訓校釋："服，行也。""五兵"，分車之五兵與步卒之五兵，簡文指步卒之五兵，即"戈、殳、戟、酋矛、弓矢"。"利"，鋒利。《説文·刀部》："利，銛也，从刀。和然後利，从和省。"段玉裁注："銛者、鍤屬。引伸爲銛利字。""忎"，從心元聲，讀作"䚗"可從，《左傳·僖公五年》"寇不可䚗"，杜預注："䚗，習也。"

〔2〕凡金革之攻，王日龠（論）眚（省）亓（其）事，以餌（問）五兵之利

整理者第八章注〔二〕：金革，武器裝備。《禮記·中庸》"衽金革，死而不厭"，孔穎達疏："金革，謂軍戎器械也。"金革之攻，指武器製作。

整理者第八章注〔三〕：論，研究。《管子·七法》："故聚天下之精財，論百工之鋭器。"省，察也。

霖按："攻"，修治義。《尚書·甘誓》："左不攻於左。"孔安國傳："攻，治也。"楚官職中常見"大攻尹""攻尹"，掌百工之官。龠，讀作"論"，《上博一·性情》簡9："聖人比其類而龠（論）會之。"研究義，《韓非子·五蠹》："論世之事，因爲之備。""眚"，從視生聲，又寫作從視青聲，見於簡30、44，查看義。

2. 王乃歸（潛）使（使）人情（請）餌（問）羣大臣及鄹（邊）鄙（縣）成（城）市之多兵、亡（無）兵者〔3〕，王則眡＝（比視）〔4〕。

〔3〕王乃歸（潛）使（使）人情（請）餌（問）羣大臣及鄹（邊）鄙（縣）成（城）市之多兵、亡（無）兵者

整理者第八章注〔四〕：歸，疑讀爲"親"。又疑讀爲緝部之"急"，義同"趣""促"等。情，讀爲"請"，詢問。《禮記·樂記》"賓牟賈起，免席而請"，孔穎達疏：

"此一經是賓牟賈問詞也。"請、問，同義詞連言。䎽，簡文所從"肙"旁與楚文字"達"所從相同，當係訛書。前異文作"䙷""還""鄂"，讀爲"縣"。

單育辰（2017）："歸"字疑從"歸"省（參簡49之"歸"字寫法），包山簡145反："小人以八月甲戌之日舍（予）肉禄之舍人□□貴客之賚（資），金十兩又一兩。""貴"字作"貴"形，左上部比較模乎，也可能不從"𦣻"，但即使這樣的話，仍可以理解爲從"歸"省，"貴"字我們讀爲"饋"，"歸""饋"二字典籍經常通用，從文義看，還是很合適的。①《越公其事》的"歸"可以與包山簡的"貴"對比，也讀爲"饋"，是饋食的意思。另外，應在《越公其事》簡51"使人"後加逗號。其後的"情"應讀爲"省"，是省察的意思，此篇一詞多形現象非常突出，如簡30、簡44的"睛"、簡50的"眭"同"情"一樣，都表示省察的"省"。②

易泉：此處似斷讀作"王乃歸（歸），使人請（省）問群大臣及邊縣城市之多兵、無兵者，王則比視。唯多兵、無兵者是察問於左右。③

蘇建洲：特別是比對簡44"王乃遘（趣）徏（使）人䚻（察）睛（省）成（城）市鄹（邊）還（縣）尖＝（小大）遠泥（邇）之廏（勾）、落（落）"，這裏的"遘（趣）徏（使）人"與"歸（趣）徏（使）人"相對應，可知"歸"與"徏"之間不能斷開。裘錫圭先生已在多篇文章指出"歸"從"帚"聲。"歸"可分析爲"帚"聲，讀爲"歸"。《湯處於湯丘》簡5"遇（歸）必夜"便是很好的例證。筆者認爲"徏人"若是動賓結構，整理者釋爲"親"不失爲一種好説法，但是歸與親、急聲音距離較遠，祇能理解爲寫錯字，即"歸"（親）這種説法存在不確定性。若是將"徏人"理解一個詞組——使者，則可以考慮讀爲"謂"。"歸""謂"聲音極爲密切。"乃謂""王乃謂"古書很常見。"謂"是使、令的意思。《詩·小雅·出車》："自天子所，謂我來矣。"馬瑞辰通釋："《廣雅》：'謂，使也。謂我來，即使我來也。"高亨注："謂，猶命，口頭命令。"簡文讀爲"王乃謂徏（使）人情（省）舜（問）群大臣及邊縣城市之多兵、無兵者"。意思是説：王乃命令使人。④

---

① 單育辰《包山簡案例研究兩則》，《吉林大學學報》（社會科學版），2012年第1期。
② 觀點首見於簡帛論壇《清華七〈越公其事〉初讀》28樓"ee"說，2017年4月25日。
③ 簡帛論壇《清華七〈越公其事〉初讀》97樓，2017年4月29日。
④ 簡帛論壇《清華七〈越公其事〉初讀》114樓"海天游蹤"說，2017年4月30日。

王寧：此字當即後世字書中的"覶"字，又作"䁈""䁖"等形，《廣韻》《集韻》訓"大視"或"視貌"。簡文中讀爲"謂"可通，亦可讀爲"委"，簡21有"匡"的"委"字，言"孤用（因）委命重臣"，此處則借"覶"爲"委"，任、屬義。"眎"當是"視"字，讀"督視"，說已見上。①

難言：簡51"歸"也有可能讀"潛"，暗地派人。檢索文獻有"潛使人＋VP"，但時代較晚。②

薛培武："歸"，疑讀爲"微"，這樣"視"旁亦可以得到合理的解釋（瞶），《列女傳・仁智・魯臧孫母》"文仲微使人遺公書，恐得其書……"，意思和"潛""竊"差不多，暗中。當然，也可以用"私下"這個義項來解釋，更加貼切。③

陳偉武（2017）：試比較簡44－45："王乃趣（趨）徣（使）人戠（察）睛（省）成（城）市鄭（邊）還（縣）尖=（小大）遠𨒌（邇）之廐（勾）、茖（落）" "![]"可隸定作"歸"從古文"視"，"侵省聲"。在此當讀爲"侵"，《說文》："侵，漸進也。"簡51句式與簡44－45相當，"歸（侵）"字適與表急速的"趣（趨）"反義。簡67"不鼓不喿（噪）以歸攻之"，"歸"亦用爲"侵"，指悄然侵犯。

章水根（2018）：第七章簡44有"王乃趣使人"，本簡與之句式相同，可證整理者謂此字與"趣""促"同義是可取的，考釋此字時亦應順此方向著手。筆者懷疑此字可能從"侵"省聲，讀爲"憯"。"侵""憯"皆在清母侵部，二字雙聲疊韻，又馬王堆帛書《周易・乾》"初九，浸龍勿用"，"浸龍勿用"即"潛龍勿用"，《二三子問》中又作"寑龍勿用"，可證"侵"聲字與"朁"聲字可通用，則"歸""憯"亦可通用。"憯"可訓爲"速"，急速之義，與"趣""促"同義。《墨子・明鬼下》"鬼神之誅，若此之憯遫也"，孫詒讓《墨子閒詁》"憯、速義同"。

霖按："![]"，從視㐬聲。《郭店・語二》簡17－18："㳠（侵）生於欲，惡生於㳠

---

① 簡帛論壇《清華七〈越公其事〉初讀》115樓，2017年5月1日。
② 簡帛論壇《清華七〈越公其事〉初讀》120樓，2017年5月1日。
③ 簡帛論壇《清華七〈越公其事〉初讀》130樓"心包"說，2017年5月1日。

（侵），逃生於惡。"李零①、連劭名②、劉釗③等學者讀作"侵"可從。"難言"之說可從，簡帛中從"叟"聲之字與"潛"相通常見，《馬王堆肆·十六經·觀》行 3/80："【黄帝】令力牧浸（潛）行伏匿，周流四國"，《馬王堆叁·二三子》行 4-5："孔子曰：龍寢（潛）矣而不陽，時至矣而不出，可謂寢（潛）矣。""潛"，暗中義。《逸周書·文政》"同惡潛謀"，孔晁注："潛謀，潛密之謀也。"《左傳·哀公十六年》："（子閭）與子西、子期謀，潛師閉塗，逆越女之子章立之，而後還。"杜預注："潛師，密發也。""情"，整理者之說可從，讀作"請"，詢問義。《上博七·鄭甲》簡 3："鄭人情（請）其故。""❐"，從邑肙聲，中間部分寫作"由"與"肙"字常見寫法不同，"肙"字從"口"加羨符"卜"，如"❐"（《上博一·孔詩》簡 3"怨"）、"❐"（望山簡 22"肙"）等。整理者將"❐"讀作"縣"可從，簡文意思是"越王暗中派人去打聽各位大臣和邊縣城市武器有無和多少的情況"。

〔4〕王則眡₌（比視）

整理者第八章注〔五〕：眡，合文，讀爲"比視"，比校，治理。

王寧：當讀"督視"，義同典籍習見之"督察"。④

霖按："眡"讀作"比視"，密切審查義，詳見《越王徵人章》注〔4〕。

3. 隹（唯）多兵、亡（無）兵者是戠（辨），䛊（問）于左右。與（舉）雩（越）邦爭₌（至于）鄭（邊）還（縣）成（城）市乃皆好兵甲〔5〕，雩（越）邦乃大多兵。

霖按："好兵甲"指越邦百姓皆喜好鑄造武器、軍備，與文獻中"好兵"意義不同。⑤

---

① 李零《郭店楚簡校讀記》（增訂本），北京大學出版社，2002 年，頁 173。
② 連劭名《郭店楚簡〈語叢〉叢釋》，《孔子研究》，2002 年第 2 期。
③ 劉釗《郭店楚簡校釋》，福建人民出版社，2005 年，頁 204。
④ 簡帛論壇《清華七〈越公其事〉初讀》115 樓，2017 年 5 月 1 日。
⑤ 文獻中"好兵"指愛好戰陣攻殺之事，如《左傳·隱公三年》："公子州吁，嬖人之子也，有寵而好兵。"《史記·白起王翦列傳》："王翦者，頻陽東鄉人也。少而好兵，事秦始皇。"《鹽鐵論·地廣》："湯武之伐，非好兵也。"

【今譯】

越國都施行聚集人口之政,人口富足,越王開始喜好兵器,凡是鋒利的戈、殳、戟、酋矛、弓矢,越王每天對它們鑽研,并把它們放在身邊。凡是修治武器裝備,越王每天都研究并察看,常來詢問武器修治之事。越王暗中派人去打聽各位大臣和邊縣城市武器多少及有無的情況,越王密切審查這件事。越王一心調查清楚武器多少及有無的情況,詢問於身邊的大臣。整個越國至於邊境的縣邑、城市都喜好兵、鎧甲,越國於是武器富足。

《越王飭民章》集釋(簡53—59)

【章解】

本章主要講述勾踐在實施好兵之後,推行飭民之政,使得越國百姓逐漸變得服從各項命令、整齊有序之事。竹簡共計7枚,其中簡57簡尾殘損,但不影響文意,其餘諸簡皆爲完簡。本章簡文符號使用情況:簡53"夫"、簡56"㝈"、簡58"䰟"後有合文符號,簡59"整齊"後有章結符,均書於上字右側下方。簡56"非邚"後有一處留白,約兩字,原因存疑。本章重點討論的疑難字詞有"整""䇂""教""詢""斁""糙""䰟""徹""尼訐縊吳"等。此外,本章簡要介紹了范蠡并對其官職作一討論。

【摹本及隸文】

雩邦多兵王乃整民攸命䇂荊乃出
共戟王竂之䇂以受夫=住則賞教之
乃出不共不戟 【簡53】 王竂之䇂以受

靶羅則𠭯殺之乃徹訽于王宮亦徹
取𠭯王乃大訽命于邦寺訽寺命及
【簡54】	敷御及凡庶眚凡民司事雉
立之宋尸備衒羣勿品采之侃于者
棠及風音誦詩訶諫【簡55】之非郟棠
聿尼訐䜌吳乃徹取𠭯王乃徹爭=洶
墜之工乃徹取𠭯于遌至遌成王乃
徹【簡56】執成于東尼西尼乃徹取𠭯
于遌至不共王又遊命可遑弗遑不
茲命䠱王則自罰少遊【簡57】龠飤大
遊𧉟=以礪萬民雩邦庶民則皆㞢僅
狙鬼句戉亡敢不敬訽命若命敷御

《越公其事》集釋

347

《清華大學藏戰國竹簡（柒）》集釋

【簡58】 【簡59上】
莫　　　 懲民乃整齊

【釋文】

雩（越）邦多兵，王乃整（整）民、攸（修）命（令）、睿（審）刑（刑）[1]。乃出共（恭）敬（敬），王寮（訊）之，翠（志）以受（授）夫=（大夫）住（種）[2]，則賞敦（購）之[3]；乃出不共（恭）不敬（敬），【簡53】王寮（訊）之，翠（志）以受（授）靶（范）羅（蠡）[4]，則戮（戮）殺之[5]。乃徹（趣）詢（徇）于王宮，亦徹（趣）取戮（戮）[6]。王乃大詢（徇）命于邦，寺（是）詢（徇）寺（是）命[7]，及羣【簡54】敷（禁）御[8]：及凡庶眚（姓）、凡民司事糴（爵）立（位）之宋（次）尻（序）[9]、備（服）衸（飾）、羣勿（物）品采（綵）之侃（愆）于耆（故）棠（常）[10]，及風音、誦詩、訶（歌）誄（謠）【簡55】之非郊（越）棠（常）聿（律）[11]，巳（夷）訏（諱）戀（蠻）吳（謳），乃徹（趣）取戮（戮）[12]。王乃徹（趣）羋=（至于）洰（溝）墬（塘）之工（功），乃徹（趣）取戮（戮）于逡（後）至逡（後）成[13]。王乃徹（趣）【簡56】執（設）戍于東巳（夷）、西巳（夷），乃徹（趣）取戮（戮）于逡（後）至不共（供）[14]。王又（有）遊（失）命，可遝（復）弗遝（復），不兹（使）命眹（疑），王則自罰[15]。少（小）遊（失）【簡57】舍（飲）飤（食），大遊（失）罜=（墨準），以礪（勵）萬民[16]。雩（越）邦庶民則皆昬（震）僅（動），狂（荒）鬼（畏）句戏（踐），亡（無）敢不敬（敬）[17]。詢（徇）命若命[18]，敷（禁）御莫【簡58】懲（蹟），民乃整（整）齊[19]。【簡59】

【集釋】

1. 雩（越）邦多兵，王乃整（整）民、攸（修）命（令）、睿（審）刑（刑）[1]。乃出共（恭）敬（敬），王寮（訊）之，翠（志）以受（授）夫=（大夫）住（種）[2]，則賞敦（購）之[3]；乃出不共（恭）不敬（敬），王寮（訊）之，翠（志）以受（授）靶（范）羅（蠡）[4]，則戮（戮）殺之[5]。

348

〔1〕王乃整（整）民、攸（修）命（令）、沓（審）荆（刑）

整理者第九章注〔一〕：整，字從止，敕聲，讀爲“敕”，整治。《漢書·息夫躬傳》“可遣大將軍行邊兵，敕武備”，顔師古注：“敕，整也。”審刑，審罰。“審刑”一詞見於《管子·問》：“審刑當罪，則人不易訟。”

王挺斌：“整”也見於簡59，辭例爲“民乃整齊”。兩個字形寫作“”“”，有可能就是“整”字。“整”字的古文字形體如下：

蔡侯𬇙盤（《集成》10171）	《上博九·陳公》簡7	《上博九·陳公》簡9	《上博九·陳公》簡11

上博簡諸例“整”，辭例爲“整師徒”。這些“整”都是整頓、整理之義，與《越公其事》“整”字用法相合。《越公其事》的“整”，意符兼聲符“正”減省爲“止”，這種情況與“是”字相類似。戰國文字正常寫法的“是”字，下部都是“正”。“正”“是”古音也很近，“正”在耕部，“是”在支部，兩者有嚴格的對轉關係，所以“正”也可以看成是“是”的聲符。然而，有些“是”字所從的“正”却省寫爲“止”，如上博簡《志書乃言》簡1“”、簡2“”。蘇建洲先生曾專門討論過這種“是”字寫法，例證翔實，讀者可參。[1]

霖按：“”，王挺斌之説可從，應改釋爲“整”，或從正“”（《清華陸·子産》簡5），或從東“”（《清華捌·攝命》簡15），或從木“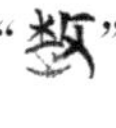”（《上博九·陳公》簡9）。《國語·晉語五》：“盍極索士整庇州黎焉。”韋昭注：“整，整頓也。”“修令”，確定政令。《左傳·昭公元年》：“夕以脩令，夜以安身。”“”，從宀從釆，日爲羡符，早期“審”

① 清華大學出土文獻讀書會《清華七整理報告補正》。原注：蘇建洲《由〈志書乃言〉兩個特殊的“是”談“是”“胥”二字形混的現象》，《楚文字論集》，萬卷樓圖書有限股份公司，2011年，頁560—570。

字字形從米,① 後改從釆,考察、研究義。《尚書·呂刑》:"其罪惟均,其審克之。"孔傳:"其當清察,能使之不行。""刑",《論語·爲政》"齊之以刑",邢昺疏:"謂刑罰也。"

〔2〕乃出共(恭)敀(敬),王宷(訊)之,䎽(志)以受(授)夫=(大夫)住(種)

整理者第九章注〔二〕:"乃出恭敬"的主語是所整救的臣民。出,顯露。宷,疑從孫聲,讀爲"訊"或"詢",詢問。《詩·正月》"召彼故老,訊之占夢",毛傳:"訊,問也。"

整理者第九章注〔三〕:䎽,疑讀爲"等",區別。《國語·魯語上》:"夫宗廟之有昭穆也,以次世之長幼,而等胄之親疏也。"

鄔可晶:懷疑"等"可能即包山司法文書簡的大題"廷等"之"等"(此類"等"字包山簡數見),當讀爲所記文書之"志";② 在這裏用爲動詞,當記錄成文書講。其意謂把王所訊問之恭敬者與不恭不敬者的情况記錄在案,然後授予文種、范蠡,據此以行賞罰。③

尉侯凱:疑"䎽"讀爲"寔"(参《古字通假會典》407頁"時與是""時與寔"條),屬上讀,即斷作"乃出恭敬,王訊之寔,以授大夫種,則賞穀之;乃出不恭不敬,王訊之寔,以授范蠡,則戮殺之","王訊之寔",謂勾踐訊問這件事情屬實。④

王寧:簡53、54的"王宷之"均當與"䎽(等)"讀爲一句,"宷"整理者讀爲"訊",疑非,當讀"愻",《說文》:"愻,順也。"《爾雅·釋詁》:"順,叙也。""愻之等"即叙之等,簡文意思是先由王排列出等級、檔次,然後交給大夫種和范蠡根據等級來

---

① 裘錫圭《殷墟甲骨文考釋四篇》,《裘錫圭學術文集·甲骨文卷》,復旦大學出版社,2012年,頁437—443。劉恒《甲骨徵史》,黑龍江教育出版社,2002年。周寶宏《讀古文字札記五則》,吉林大學古籍整理研究所建所十五周年紀念文集,1998年12月,頁152—168。早期比較明確的"釆"字寫法可參看釆作父乙卣、井弔釆鐘以及師旂鼎、散氏盤中的"播"字等。
② 引者按:参看李家浩《談包山楚簡"歸鄧人之金"一案及相關問題》,《安徽大學漢語言文字研究叢書·李家浩卷》,2013年,頁163—164。
③ 簡帛論壇《清華七〈越公其事〉初讀》87樓"紫竹道人"說,2017年4月29日。
④ 簡帛論壇《清華七〈越公其事〉初讀》94樓"悦園"說,2017年4月29日。

賞、罰。①

黃傑：第一，"乃出"的主語似乎仍然是王。第二，"乃出"與後文"以授"相應。《漢書·元后傳》："太后聞舜語切，恐莽欲脅之，乃出漢傳國璽，投之地，以授舜，曰：……。"是類似的表達。所以，我們認爲，這一節應當斷讀爲："乃出恭敬王褏（孫）之翾（等），以受（授）大夫種，則賞毃（購）之；乃出不恭不敬王褏（孫）之翾（等），以受（授）范羅（蠡），則戮殺之。""等"意爲疇類，"之等"猶之類。《新書·淮難》"聚罪人、奇狡少年，通棧奇之徒、啓章之等，而謀爲東帝，天下孰弗知"，《史記·日者列傳》"公之等喁喁者也，何知長者之道乎"，"等"即此義。"恭敬王褏（孫）之翾（等）""不恭不敬王褏（孫）之翾（等）"，可能是說恭敬的王孫、不恭敬的王孫。句踐欲整飭民衆，修其政令，先挑選王孫之中恭敬者予以賞賜，不恭敬者施以刑戮，自然可以收到很好的儆示民衆的效果。②

薛培武："翾"或屬下讀，讀爲"是"，訓爲"理""正"。《說文》"諟，理也"，《左傳·襄公二十六年》"君與大夫不善是也"，杜注："不是其曲直"，《國語·楚語上》"或譖王孫啓於成王，王弗是"，注曰："是，理也"，此處是說由王定奪，然後授予大臣賞罰之。③

羅小虎：《史記·滑稽列傳》："齊威王之時喜隱，好爲淫樂長夜之飲，沈湎不治，委政卿大夫。百官荒亂，諸侯并侵，國且危亡，在於旦暮，左右莫敢諫。淳于髡說之以隱曰：'國中有大鳥，止王之庭，三年不蜚又不鳴，不知此鳥何也？'王曰：'此鳥不飛則已，一飛沖天；不鳴則已，一鳴驚人。'於是乃朝諸縣令長七十二人，賞一人，誅一人，奮兵而出。諸侯振驚，皆還齊侵地。"此例子中的"賞一人、殺一人"與簡文中所記載的"王孫之中恭敬者予以賞賜，不恭敬者施以刑戮"也有相通之處。之所以爲此，都是爲了達到警示他人的目的。④

霖按：整理者之句讀可從，"乃出恭敬"省略主語爲越邦臣民。"褏"，從宀孫聲，

---

① 簡帛論壇《清華七〈越公其事〉初讀》98樓，2017年4月29日。
② 簡帛論壇《清華七〈越公其事〉初讀》112樓"暮四郎"說，2017年4月30日。
③ 簡帛論壇《清華七〈越公其事〉初讀》139樓"心包"說，2017年5月2日。
④ 簡帛論壇《清華七〈越公其事〉初讀》202樓，2017年7月26日。

讀作"訊"可從，審問義。"等"，從羽寺聲，鄔可晶之説可從，讀作"志"，楚簡以"等"表示｛志｝，如：包山簡"廷等"讀作"廷志"，《上博四·曹沫》簡41"《周等（志）》是存"等。

〔3〕則賞敦（購）之

整理者第九章注〔四〕：賞穀，賞賜奉養。穀，養，給以俸禄。《詩·小弁》："民莫不穀，我獨于罹。"

胡敕瑞（2017B）：整理者讀"賞敦"爲"賞穀"可備一説。不過似乎不如讀爲"賞購"好。簡文中"則賞購之"與"則戮殺之"形成對文。《廣雅·釋言二》："購，償也。"《説文·戈部》："戮，殺也。"《廣雅》以"償"訓"購"，同義連用正好構成"償購"；《説文》"戮"訓"殺"，同義連用正好構成"戮殺"。"償"是"賞"的分化字，"償購"猶"賞購"。"賞購"謂獎勵有功而爲善者，"戮殺"謂懲罰有過而爲不善者。……簡文中的"敦"從殸得聲，古音爲見紐屋部；"購"從冓得聲，古音爲見紐侯部。"敦""購"聲紐相同，韻部爲陰入對轉。從殸聲的字有不少可與從冓聲的字相通，他如《説文·犬部》："穀，犬屬。腰已上黄，腰已下黑，食母猴。從犬、殸聲。讀若構。"……《清華大學藏戰國竹簡（壹）·金縢》簡3："勃（遘）遹（害）盧（虐）疾"整理者注："勃,殸聲，在溪母屋韻，讀爲見母侯部之'遘'，《説文》：'遇也。'"此即從殸聲"勃"通從冓聲的"遘"。……簡文的大意是，越王勾踐授任大夫種獎賞那些恭敬的人，授任范蠡殺戮那些不恭敬的人。

霖按：胡敕瑞之説可從，《漢書·項籍傳》："吾聞漢購我頭千金邑萬户。"顏師古注："購，以財設賞。"

〔4〕乃出不共（恭）不敬（敬），王糸（訊）之，等（志）以受（授）軏（范）羅（蠡）

整理者第九章注〔五〕：軏羅，即范蠡，見清華簡《良臣》等。

霖按：范蠡，字少伯，楚國宛縣人，春秋晚期政治家、軍事家、思想家。《清華叁·良臣》記作"軏羅"（簡7）。《漢書·藝文志》記載有兵書《范蠡》二篇。

〔5〕則戮（戮）殺之

整理者第九章注〔五〕：戮殺，疑指懲罰與誅殺，或即殺戮。《史記·大宛列傳》：

"郁成食不肯出，竊知申生軍日少，晨用三千人攻，戮殺申生等。"

2. 乃徹（趣）詢（徇）于王宮，亦徹（趣）取窚（戮）[6]。王乃大詢（徇）命于邦，寺（是）詢（徇）寺（是）命[7]，及羣敷（禁）御[8]：及凡庶眚（姓）、凡民司事桼（爵）立（位）之宎（次）尸（序）[9]、備（服）衼（飾）、羣勿（物）品采（綵）之侃（愆）于者（故）棠（常）[10]，

〔6〕乃徹（趣）詢（徇）于王宮，亦徹（趣）取窚（戮）

整理者第九章注〔六〕：簡文"詢"作"謥"，從昀聲，讀爲"徇"，當衆宣布教令。《左傳·桓公十三年》："莫敖使徇于師曰：'諫者有刑。'"杜預注："徇，宣令也。"王宮，越王之宮殿。取，逮捕。《詩·七月》："取彼狐狸，爲公子裘。"《新唐書·權懷恩傳》："賞罰明，見惡輒取。"指對王宮内之不恭不敬之人予以懲罰。戮，懲罰。

尉侯凱：疑"取戮"與簡54"戮殺"同義，取，《說文》："捕取也。从又，从耳。《周禮》：'獲者取左耳。'"取從手持耳會意，引申則當有殺義。《文選·阮瑀〈爲曹公作書與孫權〉》"若能内取子布"，劉良注："取，謂殺也。"簡56—57"王乃趣設戍于東夷、西夷，乃趣取戮于後至不恭"，與簡53"乃出不恭不敬，王訊之寔，以授范蠡，則戮殺之"，文意有相近的地方。①

霖按："詢"讀作"徇"可從，《清華伍·三壽》簡17："惠民由任，姁（徇）句遏淫。""徇"，當衆宣布命令。"取"，逮捕義，《上博三·周易》簡56："取彼在穴。""戮"見本章注〔5〕，懲罰義。

〔7〕王乃大詢（徇）命于邦，寺（是）詢（徇）寺（是）命

整理者第九章注〔七〕：寺，疑讀爲"時"，適時。《孟子·萬章下》"孔子，聖之時者也"，趙岐注："孔子時行則行，時止則止。"徇、命，同義詞連用，發布命令。

黄傑：疑此句應當讀爲"寺（時）詢（徇）寺（時）命（令）"，第一個"時"是副詞，意爲適時，第二個"時"是形容詞，"時令"見《禮記·月令》"天子乃與公、卿、

---

① 簡帛論壇《清華七〈越公其事〉初讀》94樓"悦園"説，2017年4月29日。

大夫共飭國典，論時令，以待來歲之宜"，指根據不同的季節、月份頒布的命令，如《月令》孟春禁止伐木、毋覆巢之類。"群禁御"則泛化，指諸種禁令。①

單育辰："寺（是）詢（徇）寺（是）命"，兩個"寺"都應讀爲"是"，"是V是V"這種句式典籍中十分常見，如《尚書·牧誓》"是崇是長，是信是使"、《詩·小雅·常棣》："是究是圖"、《左傳·僖公二十八年》："是糾是殛"等。②

羅小虎："徇命"之"命"，應該讀爲"令"。簡53"修命"，整理報告理解爲"修令"。《説文·卪部》："令，發號也。""徇令"同義連文，用作動詞。"大令"用作動詞，古書可見：《國語·吳語》："王乃命有司大令於國曰：'苟任戎者，皆造於國門之外。'"簡文中的"大徇令於邦"與此例子中的"大令於國"，意思幾乎完全相同。"寺（時）詢（徇）寺（是）命"，這兩個"寺"都可理解爲"時"，"時時""經常"。此句中的"命"也當理解爲"令"，都是動詞。③

霖按：單育辰讀作"是徇是命"可從，"是A是B"句式常見，如《詩經·小雅·鹿鳴》："是則是效"，《詩經·魯頌·閟宮》："是斷是度，是尋是尺。"且"時"訓作"是"常見，《詩經·小雅·楚茨》"時萬時億"，陳奐傳疏："時，是也。"《論語·鄉黨》"時哉時哉"，皇侃疏引虞氏贊曰："時者，是也。"

〔8〕及羣鼓（禁）御

整理者第九章注〔八〕：鼓，見於西周金文楚公家鐘，從壴聲。鼓御，讀爲"禁御"，身邊親近的侍從。

單育辰（2017）："禁御"似無"身邊親近的侍從"的意思，清華六《子產》簡24+25："乃怵（繹）天地、逆順、剛柔【24】，以咸鼓御"，"鼓御"我們讀爲"禁禦"，并指出可對照《左傳·昭公六年》"昔先王議事以制，不爲刑辟，懼民之有爭心也。猶不可禁禦，是故閑之以義，糾之以政，行之以禮，守之以信，奉之以仁。"《子產》與《左傳》的"禁禦"都是禁止防禦的意思。《越公其事》的"鼓御"也應該讀爲"禁禦"，其義也是禁止防禦，下面所述種種則是"群禁禦"的內容。特別應指出的是，上文云"乃趣徇

---
① 簡帛論壇《清華七〈越公其事〉初讀》113樓，2017年4月30日。
② 簡帛論壇《清華七〈越公其事〉初讀》49樓"ee"說，2017年4月27日。
③ 簡帛論壇《清華七〈越公其事〉初讀》205樓，2017年7月27日。

于王宮，亦趣取戮"，可知這句徇命的對象是王宮；後面緊接著又說："王乃大徇命于邦"，其後徇命的對象則是邦，"及群禁御"正接其後，可見"禁御"的對象已經是邦國，而不是宮中，這也是不能把"禁御"理解爲親近侍從的原因。此處可把"敷御"後面的逗號改爲冒號，"司事"後面的句號去掉，"凡庶姓、凡民司事"是後面一句的承事者，這樣更動標點後，文義將會更加明晰。

羅小虎："御"，其實也有禁止之意。《左傳·襄公四年》："匠慶用蒲圃之檟，季孫不御。"杜預注："御，止也。"《睡虎地秦墓竹簡·田律》："田嗇夫、部佐謹禁御之，有不從令者有罪。"不過此處的"禁御"應該理解爲名詞，義爲禁令。簡59有"禁御莫躐"，與此"禁御"當等同視之。①

季旭昇（2017B）："敷御"似可考慮讀爲"領御"，即"領導統御"，"領御"一詞見《韓非子·姦劫弒臣》："上不能說人主，使之明法術度數之理，以避禍難之患；下不能領御其衆，以安其國。""敷"字在銅器楚公"敷鐘"一詞中讀如"林"，"林"字的反切是力尋切，上古音屬來母侵部；"領"，良郢切，上古音屬來母耕部，二字上古聲同，韻爲耕侵旁轉。……接著擴及王宮、邦、群敷御、凡庶眚（姓）、凡民司事，這五類人，由内而外，越王對這些人宣布"命令"，……"王宮"指"王宮中人"、"邦"指"邦人"（"與王同姓的貴族"）、"庶姓"指"與越王不同的衆姓"、"民司事"指"管理人民的有司"。以上四類都是"人"，"敷御"當然也是"人"，不會是"禁令"。原考釋也理解這一點，因此釋爲"禁御"，指"身邊親近的侍從"。但是，從前後文來看，把"敷御"釋爲這樣的層級似乎不是很準確，"身邊親近的侍從"應該包括在"王宮"之中，沒有單獨列爲一類的必要。我們以爲"敷御"應該讀爲"領御"，即"領導統御者"，他是管得到"凡庶姓"，更是"凡民長事"的長官。"雉（爵）立（位）之宷（次）尻、備（服）衻（飾）、群勿（物）品采之侃（愆）于者（故）棠（常），及風音誦詩訶（歌）誺（謠）之非邨（越）棠（常）聿（律），㠯（夷）訏（歈）䜌（蠻）吴，乃徹（趣）取𠇗（戮）。"則是對以上這些宣達命令的主要内容，從這些内容來看，都是要他們遵守"故常"，而不是從反面要禁止他們做什麼。②

---

① 簡帛論壇《清華七〈越公其事〉初讀》205樓，2017年7月27日。
② 季旭昇《清華柒"流××""領御"試讀》，《"出土文獻與傳世典籍的詮釋"國際學術研討會論文集》，復旦大學出土文獻與古文字研究中心，2017年10月，頁187—196。

霖按："敷御"讀作"禁御"可從，"![字]"又見於《清華陸·子產》簡22、25，寫作"![字]""![字]""![字]"。徐在國認爲是"廩"字繁體，加"泉"爲義符，表示倉廩就像泉水一樣不竭，讀作"禁"。① "![字]"之字形又見於楚公家鐘，如"![字]""![字]""![字]"等，以往多讀作"林"，"林鐘"取衆多之意。"禁"從林聲，"禁御"應不是指身邊侍從，因簡文已明確指出"大徇命於邦"非"徇於王宮"，故不應是居於王宮的身邊侍從，而是指本章下面提到的各類禁止的措施。《新唐書·陸贄傳》："視姦盜有無以稽禁禦，視選舉衆寡以稽風化。"故"禁御"下改作冒號。

〔9〕及凡庶眚（姓）、凡民司事粺（爵）立（位）之宋（次）屍（序）

整理者第九章注〔九〕：凡，所有的。《易·益》："凡益之道，與時偕行。"庶姓，與越王不同的衆姓。司事，有司，參看第六章注釋〔一六〕。

整理者第九章注〔一〇〕：粺，疑讀爲"唯"。立，讀爲"位"，職位。《詩·小明》："靖共爾位，正直是與。"次屍，次舍。《周禮·宫正》"次舍之衆寡"，孫詒讓《正義》："凡吏士有職事常居宫內者爲官府，官府之小者爲舍。"

魏棟（2017A）：此處的"粺"并非虛詞，"立"應讀爲庭，指建築等一類處所。"粺立（庭）"的性質可能與"奈（崇）庭"相似。在庭這種建築中放置"訐（錞釪）"和"吴（敔）"這樣的樂器是合適的。

袁金平："粺"或可讀作"集"（具體論證可參劉釗先生《"集"字的形音義》一文）。《爾雅·釋言》："集，會也。"簡文"集立"，猶言會立也。《史記·張釋之馮唐列傳》："三公九卿盡會立。"②

王寧：此句疑當讀爲"粺立（位）之次，屍、服飾、群物品采之悠于故常"。"粺"字《龍龕手鑒》以爲"精"字或體，可能正弄反了。這個字可能是雜米之"雜"的專字，是雜糅、混同之義，"雜位之次"就是使位次雜糅無所分別。③

---

① 徐在國《談清華六〈子產〉中的三個字》，武漢大學簡帛網 http：//www.bsm.org.cn/show_article.php?id=2523，2016年4月19日。
② 魏棟《清華簡〈越公其事〉"夷訐蠻吳"及相關問題試析》第5樓評論。
③ 簡帛論壇《清華七〈越公其事〉初讀》187樓，2017年5月26日。

易泉：粚，從米從隹，如以米爲聲，疑可讀作"敉"。《尚書·立政》："率惟敉功"《尚書·洛誥》："亦未克敉公功"，孫星衍疏引鄭玄曰："敉，安也"。《爾雅·釋言》："敉，撫也。""粚（敉）……故常"應與上文的"民司事"連讀。其文句作"凡庶眚（姓）、凡民司事粚（敉）立（位）之宋（次）尻、備（服）衺（飾）、群勿（物）品采之侃（愆）于故常"，指凡庶眚（姓）、民司事安撫"立（位）之宋（次）尻、備（服）衺（飾）、群勿（物）品采"不合故常的。①

林少平：簡文的大意是説"庶姓""民司事"等群體所處尊卑位次享有的待遇。但"粚"字讀爲"爵"字恐不當，該字形與金文" "字差異較大。我贊同"易泉"的讀法，但"易泉"改讀"粚"爲"敉"恐也不妥。《龍龕手鑒》認爲"粚"同"精"字。此説或許可從。古文"精"通"星"。張衡《東京賦》："辯方位而正則，五精帥而來摧。"五精即五星。《史記·天官書》注："五星五行之精，衆星列布，體生於地，精成於天，列居錯行，各有所屬。在野象物，在朝象官，在人象事。"故簡文"粚立"可讀作"星位"。漢·王充《論衡·命義》："貴或秩有高下，富或貲有多少，皆星位尊卑大小之所授也。""星位"之説正與文意相吻合。②

段凱（2018）：我們認爲"宋尻"應該讀爲"次緒"或"次序"。郭店簡《緇衣》簡9—10："日屆雨，少（小）民隹（惟）日悁（怨）"一句中的"屆"，李家浩先生讀作"暑"。上博簡《容成氏》簡22"冬不敢以蒼〔寒〕㤅（辭），夏不敢以屆㤅（辭）"一句中的"屆"整理者亦讀爲"暑"。暑、緒皆從者聲，而屆則從尻聲。這是"尻"和"者"聲字直接通假的例證。……"次緒"與"次序"皆習見於典籍，意即"先後順序""依次排列的順序"。

王凱博（2018）："％"與金文中"糀"的一種省體"粚"當釋作同字。金文"糀""粚"及其異體如： （《集成》4628.1）、 （《集成》4628.2，伯公父盨）、 （伯句簋，《通鑒》4989）、 （《集成》4627，彌仲盨）、 （《新收》41，䚡奂叔父盨）、 （伯紳簋，《通鑒》5100）、 （高卣，《集成》5431）。

---

① 簡帛論壇《清華七〈越公其事〉初讀》215樓，2018年1月10日。
② 簡帛論壇《清華七〈越公其事〉初讀》222樓，2018年1月27日。

"糕""稰"等在銘文中指早熟的穀物,即《説文·米部》"糕,早取穀也"的"糕",字又作"穛""稻"。遹簋(《集成》4207)銘文中有"![字]",其辭例爲"穆穆王窺(親)易(錫)遹~",是一種賞賜品。此字形舊多歧釋,周忠兵指出"![字]"下乃從"斗/升",作意符,其上部分即用爲"穛""稻"的"糕",,"![字]"從"斗/升","糕(糕)"聲,當是器物"爵"之異體。① 其説可信。《越公其事》簡55的"![字]"正來源於金文的"糕",……簡文"糕立"即文獻中"爵位"一詞(如:《禮記·禮運》"頒爵位"),是指封爵、爵位。②

霖按:"及",連詞,如果。《讀書雜志·管子·大匡》:"及齊君之能用之也,管子之事濟也。"王念孫按:"及,猶若也。""司事"解釋見《越王好信章》注〔12〕。"![字]"字從王凱博説,讀作"爵","爵位"義官位。"![字]"從宀朿聲,整理者讀作"次"可從,石鼓文《鑾車》"![字]"字從朿、次雙聲;《上博三·周易·師》簡7:"師左宋(次)無咎。""尼",段凱讀作"序"可從。

〔10〕備(服)衭(飾)、羣勿(物)品采(綵)之伈(愆)于耆(故)裳(常)

整理者第九章注〔一〇〕:服飾,《周禮·典瑞》"辨其名物與其用事,設其服飾",鄭玄注:"服飾,服玉之飾,謂繅藉。"品采,種類及其等差。《禮記·郊特牲》:"籩豆之薦,水土之品也。"《國語·周語中》:"品其百籩,修其簠簋。"伈,讀爲"愆",過失。《詩·假樂》:"不愆不忘,率由舊章。"故常,舊規常例。《莊子·天運》:"變化齊一,不主故常。"

魏棟(2017A):"次尼、服飾、群物品采之愆于故常"與"風音誦詩歌謠之非越常律"都是定語後置結構,"愆于故常"與"非越常律"爲後置定語,愆訓違背,兩句的意思分別是違背舊規常例的"次尼、服飾、群物品采"及不合越國常法的"風音誦詩歌謠"。

---

① 引者按:參看周忠兵《遹簋銘文中的"爵"字補釋》,《吉林大學古籍研究所建所三十周年紀念論文集》,上海古籍出版社,2014年,頁48—52。
② 觀點首見於簡帛論壇《清華七〈越公其事〉初讀》193樓"zzusdy"説,2017年6月19日。

秦樺林："愆"當訓"過",《左傳·宣公十一年》："不愆于素。"陸德明《經典釋文》卷一四："愆,過也。"①

霖按："衹"讀作"飾"可從,《上博二·容成》簡38："衹（飾）爲瑶臺,立爲玉門。"《九店·叢辰》簡36："製衣裳、服衹（飾）。""物",指典章制度,《左傳·哀公元年》："復禹之績,祀夏配天,不失舊物。""品",整理者解釋爲種類,我們理解爲等級,《漢書·揚雄傳下》："稱述品藻。"顏師古注："品藻者,定其差品及文質。""采",讀爲"綵",《上博三·恒先》簡4—5："業業天地,紛紛而多采（綵）物。"廖名春認爲"綵物"指區別等級的旌旗、衣物,見帛書《二三子問》。②"群物品采"指"衆多典章制度的等級"。"侃",讀作"愆",違背義。《郭店·緇衣》簡32："不侃（譽）於儀。"今本《詩經·大雅·抑》"譽"字作"愆"。《詩經·大雅·假樂》："不愆不忘,率由舊章。"鄭玄箋："成王之令德,不過誤,不遺失。""耆",從老省古聲,讀作"故"可從。"服飾、群物品綵之愆於故常"是"主＋之＋謂"式結構作分句,類似例子如：《尚書·費誓》："牿之傷,汝則有常刑。"《詩經·大雅·板》："辭之輯矣,民之洽矣。"等,日本學者大西克也曾根據出土文獻認爲周秦地區的語言自來不用"主＋之＋謂",而祇用"主＋謂"。③

3. 及風音、誦詩、訶（歌）謠（謠）之非邦（越）裳（常）聿（律）〔11〕,尼（夷）訐（譁）䜌（蠻）吴（謳）,乃徹（趣）取祭（戮）〔12〕。

〔11〕及風音、誦詩、訶（歌）謠（謠）之非邦（越）裳（常）聿（律）

整理者第九章注〔一一〕：風,《管子·輕重己》："吹塤篪之風,鑿動金石之音。"誦,《詩·烝民》"吉甫作誦,穆如清風",鄭玄箋："吉甫作此工歌之誦,其調和人

---

① 魏棟《清華簡〈越公其事〉"夷訐蠻吴"及相關問題試析》第1樓評論。
② 廖名春《上博藏楚竹書〈恒先〉簡釋》(修訂稿),原載於簡帛研究網,2004年4月19日,轉引自季旭昇《〈上海博物館藏戰國竹書（三）〉讀本》,萬卷樓圖書股份有限公司,2005年,頁222。
③ 大西克也《秦漢以前古漢語中的"主之謂"結構及其歷史演變》,《第一屆國際先秦漢語語法研討會論文集》,岳麓書社,1994年,頁16—32。

之性如清風之養萬物然。"歌謠,《詩·園有桃》"心之憂矣,我歌且謠",毛傳:"曲合樂曰歌,徒歌曰謠。"常律,《國語·越語下》"肆與大夫觴飲,無忘國常",韋昭注:"常,舊法。"風音、歌謠等後皆凝結成詞。

斯行之:整理者引文中的"風"一般理解爲"聲音"的意思,後世"風音"一詞表示"風聲"或"音訊",似與之無關。此處的"風"當指民間歌樂。《左傳·成公九年》載鐘儀彈琴操南音,范文子評價其"言稱先職,不背本也;樂操土風,不忘舊也。"《吕氏春秋·音初》:"塗山氏之女乃令其妾待禹于塗山之陽,女乃作歌,歌曰:'候人兮猗。'實始作爲南音(高注:南方國風之音)。周公及召公取風焉,以爲《周南》《召南》。(高注:取塗山氏女南音爲樂歌)"①

霖按:"風音"指樂器演奏之聲音,俞樾《群經平議·大戴禮記二》:"〈管子〉'吹壎篪之風',猶言壎篪之聲也。""誦"指詩篇,《詩經·小雅·節南山》:"家父作誦,以究王訩。""誦詩",指越地詩歌,《吴越春秋》中曾記載有大量越地詩歌,如:《苦之詩》《木客之吟》《河梁之詩》等。"訶",楚系文字多以表示{歌},與《説文·言部》:"訶,大言而怒也"爲同形字。"謡",又寫作"𧥜"(《郭店·尊德》簡10)。"歌謠",越地之民謠,《説苑·善説》載《越人歌》,《吴越春秋》裏也有越地歌謠的記載,如:《彈歌》《塗山之歌》《伐吴之曲》等。《吕氏春秋·遇合篇》:"客有以吹籟見越王者,羽角宫徵商不謬,越王不善,爲野音而反善之。"本句同樣是"主+之+謂"式結構,大意爲"以及越邦的樂曲、詩歌、民謠不符合越地通常格律的"。"非越"後留有約兩字空白,原因存疑。

〔12〕尼(夷)訏(謣)戀(蠻)吴(謳),乃徹(趣)取䞢(戮)

整理者第九章注〔一二〕:夷訏蠻吴,指越周邊之歌謠習俗等而言。訏,疑讀爲"郚",《説文》:"妘姓之國。从邑,禹聲。《春秋傳》曰:'郚人籍稻。'讀若規榘之榘。"《春秋·昭公十八年》"邾人入郚",楊伯峻注:"郚國,妘姓,子爵,在今山東臨沂縣北十五里。"又疑訏、吴并指欺詐不實。訏,虚誇詭詐。賈誼《新書·禮容語下》:"今郄伯之語犯,郄叔訏,郄季伐。犯則凌人,訏則誣人,伐則揹人。"吴,讀爲"虞"。《左傳·

---

① 簡帛論壇《清華七〈越公其事〉初讀》64樓,2017年4月27日。

宣公十五年》："我無爾詐，爾無我虞。"

陳偉（2017A）：對越國而言，鄋國偏小，難與夷、蠻相副（如果將"吳"也理解爲國，亦然）。簡文此段在説"風音誦詩歌謡之非越常律"，亦與欺詐無涉。頗疑"訏"應讀爲"譁"。喧嘩義。《書·費誓》："公曰：嗟！人無譁，聽命！"孔傳："使無喧嘩，欲其静聽誓命。"相應地，"吳"也當作類似理解。《詩·周頌·絲衣》："不吳不敖，胡考之休。"毛傳："吳，譁也。"

魏棟（2017A）：繹讀簡文，筆者以爲"訏""吳"皆應視作樂器。"訏"可讀作從于得聲的"竽"或"鈃"；吳、吾皆魚部疑母字，通假之例常見，故可將"吳"讀作從吾得聲的"敔"。竽是一種簧管樂器，《説文·竹部》："竽，管三十六簧也。"鈃即錞鈃，是一種鐘形樂器，《廣韻·虞韻》："鈃，錞鈃，形如鐘，以和鼓。"錞鈃的分布"以長江流域及華南、西南地區爲主，山東、陝西也有個别發現"，從錞鈃的分布空間看，將"訏"讀作"鈃"似優於讀作"竽"。敔是一種狀如伏虎的木製打擊樂器，木虎背部有齒形的鉏鋙，以物刮擊鉏鋙發聲，用以表示樂曲的終結。……將"夷訏蠻吳"改讀爲"夷鈃蠻敔"，這可以從上引"夷訏蠻吳"所在的語境資料中找到一定依據。首先，"夷訏蠻吳"的上句是"風音誦詩歌謡之非越常律"，這句講的是不合越國常法的"風音誦詩歌謡"，談的是音樂。"夷訏（鈃）蠻吳（敔）"指蠻夷所用的樂器錞鈃和敔，將之連屬於"風音誦詩歌謡之非越常律"之下是合適的。其次，整理報告將"粦立"做了以下解釋，"粦，疑讀爲唯。立，讀爲位，職位。"竊以爲此處的"粦"并非虚詞，"立"應讀爲庶，指建築等一類處所。《越公其事》第四章簡26記載勾踐"既建宗廟，修奈（祟）庶"，整理報告："祟庶，安置鬼祟之處，攘除鬼祟之禍的建築。""粦立（庶）"的性質可能與"奈（祟）庶"相似。若這種判斷不誤，那麽在庶這種建築中放置"訏（錞鈃）"和"吳（敔）"這樣的樂器是合適的。

王寧："夷訏蠻吳"當讀"夷謼（呼）蠻吳"，"吳"即《詩·泮水》"不吳不揚"之"吳"，《傳》《箋》皆訓"譁"，或者逕讀"夷呼蠻譁"，"夷呼蠻譁，乃趣取戮"大約是説用蠻夷語言（非越國語言）大聲説話吵嚷的，就立刻抓來殺頭。[①]

鄔可晶："夷訏蠻吳"當如整理者與魏棟先生所論，與上句"風音誦詩歌謡之非越

---

① 魏棟《清華簡〈越公其事〉"夷訏蠻吳"及相關問題試析》第2樓評論。

常律"有密切關係,甚至可以認爲是對上一句的補充説明。猜測"夷訏蠻吴"乃互文足義,即"蠻夷之吴訏","吴訏"或"訏吴"猶《吕氏春秋·淫辭》"今舉大木者,前呼'輿謣',後亦應之,此其於舉大木者善矣,豈無鄭、衛之音哉?"之"輿謣",《淮南子·道應》作"邪許",他書或作"邪所"。① "吴訏""輿謣""邪許"就是所謂的"勞動號子"。簡文在這裏是"極言之",意謂不但不許唱"非越常律"的風謡,甚至連"杭育杭育"這樣的"勞動號子"都不能唱出他族的音調。②

shenhao19:可能讀爲"常律:尼(夷)訏(鄌)戀(蠻)吴乃趣取戮"。③

黄傑:贊同陳先生的思路,即"訏""吴"都應當是指歌謡之類。"訏"讀爲"謹"在通假上没有問題,不過早期文獻中罕見用"謹"指歌謡者。我們懷疑"訏"(魚部曉母)與《招魂》"吴歈蔡謳"之"歈"(侯部喻母)有密切關聯。古"于"聲、"俞"聲的字可通。《淮南子·泰族訓》"埏埴而爲器,窬木而爲舟",《太平御覽·工藝部九》引作"埏埴而爲器,刳木而爲舟"。"刳"從"夸"聲,"夸"從"于"聲。"吴"(魚部疑母)似當讀爲"謳"(侯部影母)。古"吴"聲、"禺"聲的字常常通用,如《山海經·大荒北經》"逮之於禺谷",郭璞注"禺……今作虞";《爾雅·釋獸》"寓屬",《釋文》"寓屬,舍人本作麌"。"禺""區"音近可通。《管子·侈靡》:"是爲十禺。"尹知章注:"禺,猶區也。""謳"在先秦兩漢典籍中常與"歌"并言。《漢書·藝文志》"自孝武立樂府而采歌謡,於是有代趙之謳,秦楚之風"。如果上述兩段所述不誤,那麽,"夷訏蠻吴"就是"夷歈蠻謳",與《招魂》"吴歈蔡謳"可以互相參看。④

霖按:陳偉、黄傑之説可從,"訏"讀作"謹",《吕氏春秋·有始覽》:"秦之陽華。"《淮南子·墜形》"陽華"作"陽紆"。《上博五·鮑叔牙》簡9:"公身爲無道,擁芋(華)孟子以馳於郊都。""吴"讀作"謳"可從,歌謡義。"吴"疑紐魚部,"區"溪紐侯部,魏棟等學者認爲"訏""吴"分別指樂器錞釪、敔。從目前吴越地區出土的樂器看,主要有:錞于、句鑃、丁寧、鐃、鐸、鐘、鎛、磬、笙、琴、鼓、懸鈴、三足缶等,多爲原始瓷器,用作冥器入葬,未見敔這類樂器,此處理解爲蠻夷之歌可能更爲直接。

---

① 引者按:參看陳奇猷《吕氏春秋新校釋》,上海古籍出版社,2002年,頁1204—1205。
② 魏棟《清華簡〈越公其事〉"夷訏蠻吴"及相關問題試析》第4樓評論"紫竹道人"説。
③ 魏棟《清華簡〈越公其事〉"夷訏蠻吴"及相關問題試析》第6樓評論。
④ 簡帛論壇《清華七〈越公其事〉初讀》118樓"暮四郎"説,2017年5月1日。

4. 王乃徹（趣）爭=（至于）洰（溝）墜（塘）之工（功），乃徹（趣）取翏（戮）于逡（後）至逡（後）成〔13〕。王乃徹（趣）埶（設）戍于東尸（夷）、西尸（夷），乃徹（趣）取翏（戮）于逡（後）至不共（供）〔14〕。

〔13〕王乃徹（趣）爭=（至于）洰（溝）墜（塘）之工（功），乃徹（趣）取翏（戮）于逡（後）至逡（後）成

整理者第九章注〔一三〕：至，疑同"致"，致力於。溝塘之功，指水利工程。

整理者第九章注〔一四〕：後至，晚到。後成，此指工期延誤。

魏棟（2017B）：在"取戮＋于＋名詞性短語（後/不＋V）"中，"取"訓作逮捕，"戮"訓作懲罰，都是動詞，"于"字是助詞。在古漢語中常見"V＋於＋O"結構（于、於通用），這一結構中的虛詞"於"能夠省略，"V＋於＋O"實際上是動賓結構。古書中"V＋於＋O"的用例很多，例如清華簡《湯丘》首句："湯居於湯丘"，《左傳》隱公元年："京叛大叔段，段入於鄢"，《韓非子·難四》："陽虎有寵于季氏而欲伐於季孫，貪其富也"。"居於湯丘""入於鄢""伐於季孫"分別與"居湯丘""入鄢""伐季孫"意思無別。《越公其事》"取戮＋于＋名詞性短語（後/不＋V）"是"V1＋V2＋于＋名詞性短語"結構，與"V＋于＋O"結構相類，本質上也是動賓結構。"取戮于後至、後成"就是"取戮後至、後成"，"取戮于後至、不共"就是"取戮後至、不共"。

霖按："洰（溝）墜（塘）之工（功）"詳見《越王安邦章》注〔11〕，前者休養生息，現在國力漸強，越王致力於水道、堤防的修建。越邦的水利工程可參看《越絕書·記地傳》，如富中大塘、練塘、滅吳之後又修建的吳塘等。

〔14〕王乃徹（趣）埶（設）戍于東尸（夷）、西尸（夷），乃徹（趣）取翏（戮）于逡（後）至不共（供）

整理者第九章注〔一五〕：埶，讀爲"設"。《史記·刺客列傳》："（俠累）宗族盛多，居處兵衛甚設。"戍，《詩·揚之水》"彼其之子，不與我戍申"，毛傳："戍，守也。"設戍，《國語·吳語》作"設戍"，云："王不如設戍，約辭行成以喜其民，以廣侈吳王之心。"

魏棟（2017B）："後至""後成"與"後至""不共"均爲"副詞＋V"結構，這種偏正結構構成名詞性短語。"後至"指晚到的人，"後成"指工期完成落後的人。"後至"已經包含"不共（恭）"的成分，"共"應改讀爲"供"，訓爲供事，《書·舜典》："汝共工。"孔安國傳："共謂供其職事。""不共（供）"指不供職事的人。……上引《越公其事》文句的大意是越王勾踐致力於建設水利工程，將晚到的人及工期完成落後的人逮捕、懲罰。勾踐在東夷西夷地區設置軍事守備，逮捕、懲罰那些晚到以及不供職事的人。

霖按："埶"，讀作"設"可從，裘錫圭認爲〔設〕本記作"埶"，[①] 九店 M56 簡 31"埶网"讀作"設網"。"東夷""西夷"詳見《越王徵人章》注〔18〕。"共"，魏棟之説可從，讀作"供"。《上博六·莊王》簡 1："以共（供）春秋之嘗，以待四鄰之賓。"《清華伍·三壽》簡 19－20："共（供）皇思修，納諫受訾，神民莫則，時名曰智。"

5. 王又（有）遊（失）命，可返（復）弗返（復），不兹（使）命朕（疑），王則自罰〔15〕。少（小）遊（失）酓（飲）飤（食），大遊（失）䋣＝（墨準），以礪（勵）萬民〔16〕。

〔15〕王又（有）遊（失）命，可返（復）弗返（復），不兹（使）命朕（疑），王則自罰

整理者第九章注〔一六〕：失命，失誤之命令。與《左傳》之"失命"不同。《左傳·昭公十三年》："臣過失命，未之致也"，孔穎達疏："言臣罪過，漏失君命。"復，踐行。《論語·學而》："信近於義，言可復也。"朱熹《集注》："復，踐言也。"可復弗復，可以踐行却不踐行，意思是空言不行。命，教令。不使命疑，疑爲"不使命疑却使人疑"之省略。教令不能使人產生疑惑，如果使人疑惑則是過錯。可復弗復與不使命疑（却使人疑）是兩種失命。

石小力（2017B）："復"字整理者訓爲"踐行"，不確，疑當訓爲"返還"，在句中指的是收回成命。這句話大意是越王發布了有失誤的命令，本來可以返回修改後重新發布，却不修改，這樣做的目的是爲了不使王發布的命令被民衆懷疑，也就是説，王發

[①] 裘錫圭《簡帛古籍的用字方法是校讀傳世先秦秦漢古籍的重要根據》，《裘錫圭學術文集·語言文字與古文獻卷》，復旦大學出版社，2012 年，頁 464－468。

布的命令不管對錯，一定要予以執行，一言九鼎，命出不改。"王則自罰，小失飲食，大失徽墨"則是越王發佈失誤命令後對自己的懲罰。下文簡59—60"王監越邦之既敬，無敢躐命，王乃試民。乃竊焚舟室，鼓命邦人救火。舉邦走火，進者莫退"，則是實施此項措施所取得的效果。①

羅雲君："失命"，可解爲遺漏命令，亦可解爲有命而不遵從。②

霖按：石小力之說可從。"失命"即失誤之命令。"復"，返回義，《周易·泰卦·爻辭》："九三，無平不陂，無往不復。"高亨注："復，返也。""𥄚"，從視矣聲，讀作"疑"可從。楚系文字多以"矣""俟""㠯""頻"等表示{疑}，"㠯"與楚簡中表示{愛}的"忎"字寫法易訛。

〔16〕少（小）遊（失）畲（飲）飤（食），大遊（失）蠱₌（墨準），以礪（勵）萬民

整理者第九章注〔一七〕：小失，小的過失。飲食，意爲減少飲食或降低飲食標準以懲罰。大失，大的過失。蠱，合文，疑讀爲"績墨"或"繪墨"，在某個部位畫墨。《周禮·考工記·畫繢》："畫繢之事，雜五色。"墨爲五刑之一。《書·呂刑》："墨辟疑赦，其罰百鍰，閱實其罪。"

李守奎（2018）：六國古文"小"與"少"是同一個字，楚文字中就沒有"小"，"大小"之"小"皆作"少"，"小"與"少"兩個詞之間的區別特徵不是"丿"畫之有無，"少"下加"子'纔是少長之"少"。以"丿"之有無作爲"小"與"少"的區別特徵大概在秦漢時期以後纔完成。

林少平："畲飤"當讀作"厭食"，即減損飲食。厭，《左傳·文公二年》注："厭猶損也。"《漢書·賈山傳》："陛下即位，親自勉以厚天下，損食膳，不聽樂，減外徭衛卒，止歲貢"。③

王挺斌："蠱₌"，頗疑即古書中的"徽墨"或"徽纆"。"徽"古音屬曉母微部，

---

① 觀點首見於簡帛論壇《清華七〈越公其事〉初讀》29樓，2017年4月25日。
② 羅雲君《清華簡〈越公其事〉研究》，東北師範大學碩士學位論文，2018年，指導教師：謝乃和教授，頁102。
③ 簡帛論壇《清華七〈越公其事〉初讀》212樓，2017年11月5日。

"惠"字則是匣母質部。曉、匣二母發音部位十分接近，關係密切。而"惠"字的韻部，古韻學家江有誥、黃侃、周祖謨、王力等都曾有主張將之歸在脂部；無論哪種意見，脂、質的密切聯繫是不可否定的；而"脂、微分部"是王力先生的主張，脂、微的關係本來也很緊密。微、質二部通轉的實際例證，比如《詩經·衛風·淇奧》"有匪君子"之"匪"，《釋文》引《韓詩》作"邲"，二字屬於通假關係，"匪"在微部，"邲"在質部。所以，脂、質、微三部關係密切。"惠"字讀爲"徽"，在音理上完全可以說得通。"徽墨"，亦作"徽繹"，指繩索，如《易·坎》："上六，係用徽繹，置于叢棘。"陸德明《經典釋文》引劉表云："三股曰徽，兩股曰繹，皆索名。"張華《答何劭》詩："纓綏爲徽繹，文憲焉可逾。"王闓運《哀江南賦》："尋干戈而自戮，繫徽繹而待誅。"又引申爲捆綁、囚禁之義，如《後漢書·西羌傳論》："壯悍則委身於兵場，女婦則徽繹而爲虜。"《魏書·高祖紀上》："詔曰：'隆寒雪降，諸在徽繹及轉輸在都或有凍餒，朕用憨焉。'"所以，"徽墨"或"徽繹"指的是拘繫罪人。①

易泉："蠠₌"讀爲墨斷，字左所從，與包山文書16號簡"斷"字左部同（引者按：字形寫作"&"）。字可看作從墨從斷省，讀作墨斷。《漢書·刑法志》"墨罪五百"顏師古注："墨，黥也，鑿其面以墨涅之。"越王自身不會施以黥刑，此處墨斷，當與墨刑有別，但塗墨以自省則頗有可能。《國語·周語》："且吾聞成公之生也，其母夢神規其臀以墨"，《韓詩外傳》卷八："上國使適越，亦將劓墨文身翦髮，而後得以俗見，可乎？"似有相類之處。②

難言："蠠₌"似可理解爲"專默（嘿）"，"默（嘿）"是淵默不言，"專"理解爲謹慎或專獨皆可。"小失飲食，大失專默"是說：有小的失命則減損或不用食膳，有大的失命則"專默"反省、反思，即恭謹淵默反省過失，或獨處靜默以省察。左塚漆梮有"恭默"，文獻中"允恭玄默""恭默思道，夢帝賚予良弼""言淵色以自詰也，靜默以審慮"可參考。③

王寧（2017E）："叀""墨"應該是組成了一個字，可能是從叀（專、摶）墨聲，

---

① 清華大學出土文獻讀書會《清華七整理報告補正》。
② 簡帛論壇《清華七〈越公其事〉初讀》33樓，2017年4月26日。
③ 簡帛論壇《清華七〈越公其事〉初讀》109樓，2017年4月30日。

"墨""黑"通用,也可以說從黑聲,這個字從"專(搏)"會意,疑即"埴"字,"墨""黑""直"皆職部字,故從"墨(黑)"聲可讀音"埴"。《說文》:"埴,黏土也。从土直聲",就是古人用來製作陶器的黏土。……簡文作爲義符用的"專(搏)"當是後世經典常見的"埏埴"之"埏"的假借,《老子》:"埏埴以爲器",……揣簡文文意,疑是用"埴專"假借"置笪","置""埴"音近不必多說,"笪"《說文》訓"答也",段注:"笪者,可以撻人之物。"……帛書《老子》甲本"含德"作"畣德",即以"畣"爲"含","含""減"同匣紐侵部音同,故疑此處的"畣飤"當讀"減食"。"減食"一詞古書亦見,如《韓非子·難一》:"湣王一用淖齒,而手死乎東廟;主父一用李兌,減食而死。"又曰:"今留無術以規上,使其主去兩用一,是不有西河、鄢、鄴之憂,則必有身死減食之患。"《漢書·王貢兩龔鮑傳》:"天子納善其忠,乃下詔令太僕減食穀馬,水衡減食肉獸。""減食"即減少飲食。"小失減食,大失置笪",文意比較顯豁。

蕭旭(2017C):"鼉"字左側疑是"專"省文,讀爲"墨繰(縛)"。繰(縛),白絹、白繒。《玉篇殘卷》:"絹,《說文》:'生霜如陵稍也。'今以爲'繰'字。《字書》:'生繒也。'"越王有大過,則墨其絹以代墨刑而自罰,所謂象刑耳。《周禮·秋官·司圜》:"司圜掌收教罷民,凡害人者,弗使冠飾而加明刑焉。"鄭玄注:"弗使冠飾者,著墨幪,若古之象刑與?"《御覽》卷645引《尚書大傳》:"唐虞之象刑,上刑赭衣不純,中刑雜屨,下刑墨幪,以居州里而民恥之。"又引鄭玄注:"幪,巾也,使以下得冠飾。"《書鈔》卷44引《書大傳》:"犯墨者蒙帛巾。"《初學記》卷20引《白虎通》:"五帝畫象者,其服象五刑也。犯墨者蒙巾,犯劓者赭其衣,犯髕者以墨幪(蒙)其髕處而畫之,犯宮者履扉,犯大辟者布衣無領。"《慎子·君人》:"有虞之誅,以幪巾當墨。"唐虞墨其巾以代墨刑,越王亦其類也。

袁金平、孫莉莉(2018):"繩(繩)剌"一語在《芮良夫毖》中出現凡三次,其例如:"約結繩剌"(簡19-20)、"繩剌既正"(簡20)、"繩剌失樸"(簡22)。……"繩墨"之"墨"本指木工用以取直的墨綫,與"繩"之功用、詞義俱甚爲接近,二者後來能凝固成詞也充分證明了這一點。那麼《芮良夫毖》的"繩準"能否可換言爲"墨準"呢?我們認爲答案是肯定的,《越公其事》合文"更墨"或"墨更",就應當讀作"準墨"或"墨準",亦是"法度"之稱。若參照"繩準"一語,該合文似以讀作"墨準"爲宜。

"墨準"當是"繩準"之同義換言,在戰國時代應是成詞或習用語,故其可在竹簡書寫中以合文的形式呈現。"墨準"之所以能夠產生法度等義,其衍生路徑當與"規矩""繩墨""準繩"等詞相一致。……作爲越王自罰的方式,"小失飲食"當依整理者所言,意爲有小的過失就減少飲食或降低飲食標準以懲罰自己。……至於"大失墨準",意謂越王若有大的過失,則依據"法度"懲罰自身,旨在宣示萬民,位高權重如己者,猶不能置自身於法令制度之外,從而起到警示、勸勉之效。……《淮南子·人間訓》云:"越王句踐一決獄不辜,援龍淵而切其股,血流至足,以自罰也,而戰武士必其死。"……我們認爲,該段文字雖難以證明是否實録,但在叙述角度上可與簡文所述句踐因過失自罰之事彼此印證,其要旨皆在説明越王句踐能夠以實際行動做好表率,在越國軍民心中樹立威信,以達到"其身正,不令而行"(《論語·子路》)的功效,從而爲滅吴復國奠定良好基礎。

林少平:"叀墨"當讀作"專默"。默,作静思義。《易·繫辭》:"君子之道,或默或語。"《書·説命》:"恭默思道。"專,純篤義。《易·繫辭》:"夫乾,其静也專。""專默"與《史記》所言"苦身焦思"、《吴越春秋》"愁心苦志"近義。[①]

陳治軍(2018):惠墨,惠,飾也。《山海經·中山經》:"祈酒太牢祠,嬰用圭璧十五,五采惠之。"《注》:"惠,猶飾也。"墨,古代五刑之一。《周禮·秋官·司刑》:"司刑掌五刑之法",鄭玄注:"墨,黥也,先刻其面,以墨窒之。劓,截其鼻也。今東西夷或以墨劓爲俗。"《疏》:"《尚書·吕刑》有劓、刖、椓、黥。是苗民之虐刑,至夏改爲黥,則黥與墨别。而云墨黥者,舉本名也。"《戰國策·秦策》:"法及太子,黥劓其傅",高誘注:"刻其顙,以墨實其中曰黥。截其鼻曰劓也。""惠墨"二字合文,不必改讀。

霖按:""左側爲"叀","叀"即紡塼的表意初文,李學勤[②]、宋華强[③]、黄天樹[④]、楊安[⑤]等學者將金文中"叀"讀作"助",袁金平讀作"準"可從,"叀"章紐元部,"準"章紐文部,聲紐相同,韻部旁轉。"墨""繩"詞義相近,《上博五·鮑叔牙》

---

① 簡帛論壇《清華七〈越公其事〉初讀》212樓,2017年11月5日。
② 李學勤《試論董家村青銅器群》,《新出青銅器研究》(增訂版),人民美術出版社,2016年,頁89。
③ 宋華强《釋賓組卜辭"叀"字的一種特殊用法》,《甲骨文疑難語辭例釋》,鄭州大學碩士學位論文,2002年5月,指導教師:王藴智教授,頁34—37。
④ 黄天樹《禹鼎銘文補釋》,《古文字學論稿》,安徽大學出版社,2008年,頁64—67。
⑤ 楊安《"助""叀"考辨》,《中國文字》(新37輯),藝文印書館,2011年,頁155—169。

簡 3："畝縊耑（短），田縊長，① 百糧箽。""易泉"讀作"墨斷"，但"斷髮紋身"本爲吳越風俗，似沒有以之作爲懲罰的例子。"小則飲食，大則墨準"大意爲小的過失則減少飲食，大的過失就按法律懲處。

6. 雩（越）邦庶民則皆曡（震）僮（動），犰（荒）鬼（畏）句戏（踐），亡（無）敢不敬（敬）〔17〕。訽（徇）命若命〔18〕，歖（禁）御莫徹（蹠），民乃整（整）齊〔19〕

〔17〕雩（越）邦庶民則皆曡（震）僮（動），犰（荒）鬼（畏）句戏（踐），亡（無）敢不敬（敬）

整理者第九章注〔一八〕：曡僮，讀爲"震動"。《書·盤庚下》："爾謂朕：'曷震動萬民以遷？'"《國語·周語上》："民用莫不震動，恪恭於農，修其疆畔，日服其鎛，不解於時，財用不乏，民用和同。"

整理者第九章注〔一九〕：犰，讀爲"荒"，大。《書·酒誥》："惟荒腆於酒。"鬼，讀爲"畏"。荒畏，非常敬畏。

蕭旭（2017C）：犰，讀爲茫，怖遽、害怕。《方言》卷二："茫、矜、奄，遽也。吳、揚曰茫，陳穎之間曰奄，秦、晉或曰矜或曰遽。"字亦作荒，《廣雅》："荒，遽也。"

仲時："犰鬼（畏）勾踐"之"犰"，應與上博《曹沫之陳》簡 61"勇者喜之，荒者怨之"之"荒"有關，與"勇"相反。②

霖按："![字]"，其中"田"中間豎筆下移至"辰"中，可對比"![字]"（《郭店·五行》簡 19）、"![字]"（《清華肆·筮法》簡 49），讀作"震"可從，楚帛書"毋使百神風雨禕曡（震）亂作"，《郭店·五行》簡 19："金聲而玉曡（振）之。""僮"，讀作"動"可從，楚系文字中多以"敢""達""童"等表示｛動｝。"犰"，讀作"荒"，表程度，《上博三·恒先》簡 5："知既而犰（荒）思不殄。"

〔18〕訽（徇）命若命

---

① "縊耑（短）"釋讀從何有祖《上博五〈鮑叔牙與隰朋之諫〉試讀》之說，武漢大學簡帛網 http://www.bsm.org.cn/show_article.php?id=200，2006 年 2 月 19 日。
② 簡帛論壇《清華七〈越公其事〉初讀》228 樓，2018 年 4 月 10 日。

整理者第九章注〔二〇〕：若，順。《穀梁傳·莊公元年》"不若於道者，天絶之也"，范甯注："若，順。"詢命若命，大意是上面發布命令，下面則如命踐行。

魏棟：考慮到本章上文有"（越）王乃大詢（徇）命于邦"云云，故將此句解釋爲"越王勾踐發布命令，庶民就順從命令"應更準確些。此外，上引文句的斷讀應當做如下調整："雩（越）邦庶民則皆震動，荒畏句踐，無敢不敬，詢（徇）命若命；歔（近）御莫【58】蹙（躐），民乃整（敕）齊。""詢（徇）命若命"四字爲句，濃縮性較强。此句究竟屬上讀還是屬下讀，需要考慮文意的結構。上引文句中"庶民"與"近御"相對，所領文句分别講庶民及近御的行爲，明顯是兩層意思。"詢（徇）命若命"在"近御莫蹙"之前，應屬上讀。"若命"不大可能是蒙後省略主語"近御"，應是承前省略主語"庶民"。簡言之，這段引文主要是講勾踐"自罰"後，庶民"若命"，近御"莫蹙"，於是越國形成了"民乃敕齊"的良好局面。①

易泉：斷爲"無敢不敬詢（徇）命。若命，禁御莫蹙，民乃整齊。"徇，訓作順，《左傳》文公十一年"國人弗徇"，杜預注："徇，順也。"徇命即順命，指遵循上命。"若"訓如果。若命，若果有命下達。②

薛培武：似斷爲"無敢不敬詢（徇）命若（諾）命。禁御莫蹙，民乃整齊。"，若讀爲"諾"，即"應命"。③

林少平：《爾雅·釋詁》："詢，信也。"《注》："宋衛曰詢。"《疏》："按《方言》：'宋衛汝穎之間曰洵。'""詢命"即"信命"，是指使者傳遞的命令。《三國志·魏志·公孫瓚傳》："關東義兵起，卓遂劫帝西遷，徵虞爲太傅，道路隔塞，信命不得至。"如此，則"無敢不敬詢命"方可解釋得通。"若命"讀爲"諾命"可信。馬王堆漢墓帛書《經法》："已若必信，則處於度之内也。""諾命"即"應命"，是指承領命令，是對前文"無敢不敬詢命"的進一步説明。④

羅小虎：徇，當理解爲"順"。詢、徇二字聲符相同，通假是很自然的。"徇"字理解爲順，應與"循"字有關。段玉裁《説文解字注》"徇"字下云：《項羽傳》"徇廣

---

① 清華大學出土文獻讀書會《清華七整理報告補正》。
② 簡帛論壇《清華七〈越公其事〉初讀》35樓，2017年4月26日。
③ 簡帛論壇《清華七〈越公其事〉初讀》40樓"心包"説，2017年4月26日。
④ 簡帛論壇《清華七〈越公其事〉初讀》41樓，2017年4月26日。

陵""徇下縣",李奇曰:"徇,略也。"如淳曰:"徇音撫循之循。"此古用循巡字,漢用徇字之證。此古今字詁之義也。"徇""循"在"撫循""順"等意義上是古今字。簡文中用"詢"而没有明確用"徇",似乎釋讀爲"循"字的可能性也存在。筆者也注意到,"循"字用作"順"義,更加普遍一些。兩個"命"字,應理解爲"令"。詢命,即是徇令、循令。"循令"一詞,古書有見:《韓非子·孤憤》:"人臣循令而從事,案法而治官,非謂重人也。"《荀子·正名》:"其民莫敢托爲奇辭以亂正名,故壹於道法而謹於循令矣。"①

霖按:整理者之説可從,"徇"字詳見本章注〔6〕。《逸周書·成開》:"百姓若敬。"朱右曾集訓校釋:"若,順也。"

〔19〕敷(禁)御莫徹(躐),民乃整(整)齊

整理者第九章注〔二一〕:徹,逾越,不守規矩。越王身邊的親近不敢凌越不尊,民乃整飭。又疑即整齊。《商君書·賞刑》:"當此時也,賞禄不行,而民整齊。"

何家興(2018):我們認爲該字可能是"徧"。"徧"及從"扁"之字見於楚簡。

(1)徧。"🀄",《郭店·六德》43:"道不可～也,能守一曲焉。"

(2)敝。"🀄",《郭店·六德》40:"君子於此一～者無所癈。"

"🀄",《郭店·六德》41:"是故先王之教民也,不使此民也憂其身,失其～。"

(3)褊。"🀄",《清華六·子儀》9:"昔之～可(分)余不與。"

"🀄",《清華陸·子儀》10:"今兹之～,余或不與。"

郭店楚簡中的"徧"字,劉國勝先生首釋,陳偉、劉釗兩位先生進行過補釋。劉國勝先生將《六德》中的"徧"字右邊從二册從曰,應是"册"字的繁寫,故應隸定作"𠕅",釋爲"徧"。②陳偉在《〈大常〉校釋》一文中,對從"攴"的兩形進行了分析,他同意劉國勝先生認爲右邊所從爲"册"的意見,指出從册從攴"疑當釋爲'編',指編

---

① 簡帛論壇《清華七〈越公其事〉初讀》207樓,2017年8月23日。
② 引者按:劉國勝《郭店楚簡釋字八則》,《武漢大學學報》(哲學社會科學版),1999年第5期。

連竹簡、栅欄一類物品，在此似讀爲'偏'。"① 劉釗先生深入系統探討了"癮"字，歷時梳理了戰國楚簡、秦漢簡帛、傳世字書中的"扁"及相關諸字，分析"扁"字初形所從的"日"訛變成了"自"，"冊"又訛變成了"侖"。②……該段講述越王身邊的親近不敢不公正，無有結黨營私。我們認爲"徧"讀"偏"。《尚書·洪範》"無偏無陂，遵王之義。""無偏無黨，王道蕩蕩"；《潛夫論·釋難》"無偏無頗，親疏同也"等可與對讀。關於"徧（偏）命"，我們疑即承上所說的"禁御無敢徧（偏）命"，意思是禁御不敢行不正之令，越王於是試民。③

單育辰（2017）：《越公其事》簡58＋59："徇命若命，敷（禁）御莫[58] 徧（偏），民乃整齊。"此處的"敷御"整理者仍釋爲"禁御"，并理解爲"越王身邊的親近"，但從句意可以看出，其仍應讀爲"禁禦"，還是禁止防禦之義。

季旭昇（2017B）：經過這樣各層級的要求"使命必達"之後，庶民都震恐，對越王句踐非常敬畏，不敢不敬。徇命若命，指對宣達的命令，所有人都順從命令，對於"敷御"也不敢有所逾越。這一句中的"敷御"顯不是指人，它應該理解爲長官的"領導統御"，人民對長官的"領導統御"都不敢逾越，社會就守法有序，整齊聽命。

霖按："敷御"仍指禁止的措施。"![字]"，隸定爲"徹"，讀作"蹴"可從，逾越義。

【今譯】

越國武器充盈，越王開始整頓百姓，確定政令，審察刑罰。（越國臣民）凡是顯露出謙恭有禮貌的人，越王詳細詢問他們，記錄下交付給大夫文種去獎勵他們；凡是顯露出不嚴肅無禮之貌的人，越王詳細詢問他們，記錄下交付范蠡去懲罰或誅殺他們。越王抓緊在王宮中宣布命令，（若有不嚴肅無禮之人），就趕快逮捕懲罰他。之後又在全國範圍內發布命令，宣布各類禁止的措施：如果百姓、主管官吏官位的次序，服飾、衆多典章

---

① 引者按：陳偉《〈大常〉校釋》，《郭店竹書別釋》，湖北教育出版社，2002年，頁132。
② 引者按：劉釗《"癮"字源流考》，《書馨集——出土文獻與古文字論叢》，上海古籍出版社，2013年，頁305—319。
③ 何家興《〈越公其事〉"偏"字補説》，清華大學出土文獻研究與保護中心網站 http://www.ctwx.tsinghua.edu.cn/publish/cetrp/6831/2017/20170507235618333625818/20170507235618333625818_.html，2017年5月7日；後發表於《中國簡帛學刊》（第2輯），齊魯書社，2018年，頁43—45，今據後者收入。

制度的等級違背常例；如果樂曲、詩歌、民謠不符合越地通常格律，有像少數民族那樣喧嘩、歌唱的，就趕緊懲罰他。越王又抓緊致力於修建水道、堤岸，馬上逮捕或懲罰晚到的人及工期完成落後的人。越王於是在東夷、西夷地區設置軍事守備，逮捕、懲罰那些晚到以及不供職事的人。越王發布了有失誤的命令，本來可以返回修改後重新發布，却不修改，爲了不使命令產生疑惑。越王自我懲戒，小的過失則減少飲食，大的過失就按法律懲處，以此來勉勵廣大百姓。越國百姓都感到震驚，非常敬畏勾踐，沒有敢不尊敬他的。越王宣布的命令，下級都順從，各項禁令不敢有逾越，百姓於是變得有秩序。

《越師襲吳章》集釋（簡59—68）

【章解】

本章主要講述勾踐在實施五政之後，焚舟室以試民，結果百姓嚴格遵循王命，不懼死亡，於是越王安排軍隊襲擊吳國，并攻入吳國國都之事。竹簡共計10枚，其中簡63簡首殘損、簡67簡尾殘損，但不影響文意，簡66中間殘斷，簡68經整理者綴合後基本完整，其餘諸簡皆爲完簡。本章簡文符號使用情況：簡60"言"、簡61"夫"、簡64"夺"、簡67"夺"後、簡68"吳""雩""帀"後有合文符號，簡64"迡""北"後有鉤識，簡68"閒吳"後有章結符，均書於上字右側下方。關於句讀，我們認爲簡61"此"應上讀。本章重點討論的疑難字詞有"敫""鬲""厶""穌""昆奴"等。

【摹本及隸文】

王 監 雩 邦 之 既 苟 亡 敢 徽 命 王 乃 犹

民 乃 敫 焚 舟 室 鼓 命 邦 人 【簡59下】 救 火

墅 邦 走 火 進 者 莫 退 王 思 鼓 而 退 之

《清華大學藏戰國竹簡（柒）》集釋

死者言=人王大憙女刉鹽吳之行李
母或徝【簡60】壟以交之此乃諠邦政
於夫=住乃命軙羅太甬大鬲雩民必
䌛加兵乃由王䌛君子卒王【簡61】䌛
既備舟䱾既成吳帀未迉雩王句戔
乃命鄭人蕺恳弁矞厶成咠起恳吾
鄭人乃【簡62】相戔也吳帀乃迉吳王
起帀軍於江北雩王起帀軍於江南
雩王乃中分亓帀以爲右【簡63】軍右
軍以亓厶䌛君子卒=以爲中軍若明
日酒舟戰於江及昏乃命右軍監棁
魰江五【簡64】里以須亦命右軍監棁

渝江五里以須麥中乃命右軍右軍

涉江嘩鼓中水以璗【簡65】吳帀乃大

戙曰雩人分爲二帀涉江牂以夾攻

□□□璗旦乃中分亓帀牂以御之【簡66】

雩王句戏乃以亓厶䘚卒數涉不

鼓不喿以潞攻之大亂吳帀左軍右

軍乃述涉戏之【簡67】吳帀乃大北疋

戰疋北乃至於吳雩帀乃因軍吳＝人

昆奴乃內雩＝帀＝乃述閵吳【簡68】

【釋文】

王監雩（越）邦之既苟（敬），亡（無）敢徹（蹶）命，王乃犹（試）民[1]。乃數（竊）焚舟室,鼓命邦人【簡59】救火[2]。舉（舉）邦走火，進者莫退，王思（懼），鼓而退之，死者言（三百）人，王大惠（喜），玄（焉）舌（始）鹽（絕）吳之行李（李）[3]，母（毋）或（有）徃（往）【簡60】䢒（來）以交（徹）之此[4]。乃諿（屬）邦政於夫＝（大夫）

375

住(種),乃命軹(范)羅蠡、太(舌)甬(庸)[5]大歷(歷)雩(越)民[6],必(比)聚(卒)劜(勒)兵,乃由(擢)王聚(卒)君子卒(六千)[7]。王【簡61】聚(卒)既備(服),舟鼉(乘)既成[8],吴帀(師)未迡(起),雩(越)王句戏(踐)乃命鄅(邊)人蕺(取)息(怨)[9],弁(變)䦰(亂)厶(私)成[10],舀(挑)起息(怨)䁆(惡),鄅(邊)人乃【簡62】相戉(攻)也[11],吴帀(師)乃迡(起)。吴王起帀(師),軍於江北。雩(越)王起帀(師),軍於江南。雩(越)王乃中分亓(其)帀(師)以爲右(左)【簡63】軍、右軍,以亓(其)厶(私)聚(卒)君子卒=(六千)以爲中軍[12]。若(諾)明日酒(將)舟戮(戰)於江[13]。及昏,乃命右(左)軍監(銜)梡(枚)鮴(溯)江五【簡64】里以須[14],亦命右軍監(銜)梡(枚)渝江五里以須,夌(夜)中,乃命右(左)軍、右軍涉江,嚁(鳴)鼓,中水以壄[15]。【簡65】吴帀(師)乃大戙(駭),曰:"雩(越)人分爲二帀(師),涉江,酒(將)以夾【攻我師。"不壄】旦,乃中分亓(其)帀(師),酒(將)以御(禦)之[16]。【簡66】雩(越)王句戏(踐)乃以亓(其)厶(私)聚(卒)卒=(六千)竊(竊)涉,不鼓不㬝(噪)以潛(潛)攻之[17],大䦰(亂)吴帀(師)。左軍、右軍乃述(遂)涉,戉(攻)之。【簡67】吴帀(師)乃大北,䢅(三)戮(戰)䢅(三)北[18],乃至於吴。雩(越)帀(師)乃因軍吴=(吴,吴)人昆(閽)奴乃内(納)雩=帀=(越師[19],越師)乃述(遂)閖(襲)吴。【簡68】

【集釋】

1. 王監雩(越)邦之既苟(敬),亡(無)敢徹(蹕)命,王乃犾(試)民[1]。乃斁(竊)焚舟室,鼓命邦人救火[2]。

〔1〕王監雩(越)邦之既苟(敬),亡(無)敢徹(蹕)命(令),王乃犾(試)民

整理者第十章注〔一〕:監,明察。《書·酒誥》:"人無于水監,當于民監。"苟,《説文》:"自急敕也。从羊省,从包省,从口,口猶慎言也。"《廣韻》紀力切,與艸部"苟"异字,"敬"字所從。簡文中用爲"敬"。蹕命,不聽從命令。

整理者第十章注〔二〕:犾,讀爲"試",試探。《吕氏春秋·用民》:"句踐試其民於寢宫,民争入水火。

子居（2017E）："徹"當讀爲"叛"，《左傳·襄公三十一年》："吾愛之，不吾叛也。"孔疏引劉炫云："叛，違也。"《論語·雍也》："君子博學于文，約之以禮，亦可以弗畔矣。"何晏《集解》引鄭玄注："弗畔，不違道。"故"叛命"即違命，"莫叛"即莫違。

霖按："羞"，又見於《清華伍·厚父》簡9"![]"，本篇或加戈寫作"![]"（簡53）、"![]"（簡59），與楚系文字上面類似"羊"的寫法不同（"![]""![]""![]"），而多見於三晉文字，如"![]"（《璽彙》4169）、"![]"（《璽彙》4227）等。"命"讀作"令"，"無敢蹠令"指官吏不敢逾越政令。"犾"讀作"試"可從，如：《郭店·唐虞》簡9"古者虞舜篤事瞽瞍，乃弋（試）其孝"[①]，《上博一·緇衣》簡1"惡惡如惡巷伯，則民咸服而刑不屯（試）。"[②]

〔2〕乃戲（竊）焚舟室，鼓命邦人救火

整理者第十章注〔三〕：竊，從戲，《字彙補》："戲，古竊字。"《墨子·兼愛中》："昔越王句踐好士之勇，教馴其臣和合之，焚舟失火。"《太平御覽·宮室部》引《墨子》作"自焚其室"。黃紹箕云："《御覽》引作'焚其室'，竊疑本當作'焚舟室'。《越絕外傳·記越地傳》云：'舟室者，句踐船宮也。'蓋即教舟師之地。故下篇云'伏水火而死者，不可勝數也'，言或赴火蹈水，死者甚衆也。後人不喻舟室之義，則誤删'舟'字，校本書者又删'室'字，遂致歧互矣。"詳見孫詒讓《墨子閒詁》。

整理者第十章注〔四〕：鼓字作"鼖"，左側訛書。鼓命，擊鼓而命。救火，《國語·晉語四》："呂甥、冀芮畏偪，悔納公，謀作亂，將以己丑焚公宮，公出救火而遂弒之。"

霖按："![]"，又見於簡67（"![]"），或寫作"![]"（《郭店·語四》簡8）、"![]"（包山簡120）、"![]"（《清華貳·繫年》簡79），整理者釋作"竊"可從。傳抄古文中"卨"寫作"![]"，簡文字形或是"![]"類字形受"![]"影響而產生的異體。

[①] 參看白於藍《〈郭店楚墓竹簡〉讀後記》，《中國古文字研究》（第1輯），吉林大學出版社，1999年。
[②] 孟蓬生認爲"屯"是"弋"之誤，參看《上博簡〈緇衣〉三解》，《上博館藏戰國楚竹書研究》，上海書店出版社，2002年。

"鼓"詳見本章第一節注〔36〕。簡文"乃竊焚舟室,鼓命邦人救火"又見於《墨子·兼愛中》《墨子·兼愛下》《吕氏春秋·用民》《韓非子·内儲説上》等,可見句踐焚舟試民的行爲應該有所依據,并非憑空杜撰。

2. 爰(舉)邦走火,進者莫退,王思(懼),鼓而退之,死者言三(三百)人,王大憙(喜),女(焉)旨(始)繼(絶)吴之行李(李)〔3〕,母(毋)或(有)徎(往)枺(來)以交(徼)之此〔4〕。

〔3〕爰(舉)邦走火,進者莫退,王思(懼),鼓而退之,死者言三(三百)人,王大憙(喜),女(焉)旨(始)繼(絶)吴之行李(李)

整理者第十章注〔五〕:走火,奔走救火。《韓非子·外儲説右下》:"救火者,吏操壺走火,則一人之用也;操鞭使人,則役萬夫。"

整理者第十章注〔六〕:《左傳·僖公三十年》"行李之往來,共其乏困",杜預注:"行李,使人。"

蘇建洲:"行李"可括讀爲"行使"。"李"是"使"的假借字,行李就是行使,行人使人之謂。通假例證如同《繫年》簡137:"王命坪(平)亦(夜)悼武君李(使)人於齊陳淏求師。"參考張富海《清華簡〈繫年〉通假彙釋》。①

林少平:簡文"焉始絶吴之行李",其中"行李"或是吴越邊境之要塞。《越絶書》作"就李",有"范蠡興師戰于就李,闔廬見中於飛矢"的記載,是引發吴越交惡的敏感地名,稱之爲"就李之耻"。《三松堂集》引作"醉李"。②

霖按:文獻中似未見"鼓而退之",或可理解爲"金鼓"統言而無别,《左傳·僖公二十二年》:"三軍以利用也,金鼓以聲氣也。""焉",連詞,《讀書雜志·墨子第四·魯問》:"焉始爲舟戰之器。"王念孫按:"焉,猶於是也。"

〔4〕母(毋)或(有)徎(往)枺(來)以交(徼)之此

整理者第十章注〔七〕:或,讀爲"有"。不要有往來交往。

---

① 簡帛論壇《清華七〈越公其事〉初讀》100樓"海天游蹤"説,2017年4月30日。
② 簡帛論壇《清華七〈越公其事〉初讀》137樓,2017年5月2日。

整理者第十章注〔八〕：此，乃。《禮記·大學》："有德此有人，有人此有土。"詫，讀爲"屬"，委托。《左傳·隱公三年》："宋穆公疾，召大司馬孔父而屬殤公焉。"

馬楠：交讀爲徼，訓爲招致。《吳語》"弗使血食，吾欲與之徼天之衷"，韋注："徼，要也。"陳劍先生指出《繫年》簡43之"交"，簡128、129、130之"迒"，當讀爲"邀"或"徼"，義爲"遮攔、截擊、阻截、攔擊"①。劼疑讀爲勒。②

石小力："此"字整理者屬下讀。今按，當連上讀爲"訾"，厭惡、恨也。《管子·形勢》："訾食者不肥體。"尹知章注"訾，惡也。"《逸周書·太子晉解》："四荒至，莫有怨訾，乃登爲帝。"孔晁注："訾，嘆恨也。"之，代詞，指代夫差或者吳國。本句的大意是勾踐斷絕吳國使人，不再和吳國交往，目的是招引夫差的怨恨，從而挑起兩國之間的戰爭。③

易泉："此乃"語義重複。"此"當屬上讀，指代"吳之行李（使）"。《春秋繁露·觀德》："天地者，萬物之本、先祖之所出也，廣大無極，其德昭明，歷年衆多，永永無疆。天出至明，衆知類也，其伏無不炤也；地出至晦，星日爲明不敢闇，君臣、父子、夫婦之道取之此。"④

尉侯凱："易泉"先生認爲"此"字當上屬，甚確，疑"此"當讀爲"些"，語已辭，《說文》新附此字，注云："些，語辭也。見《楚辭》。"《廣雅·釋詁四》："些，詞也。"《爾雅·釋詁下》"嗘，此也"，釋文："些，謂語餘聲也。"《助字辨略》卷四："些，語已之辭，猶云兮也。"⑤

黃傑：我們贊同將"此"屬上讀的意見。"此"似難以確定爲語助詞。石小力先生的思路可從。"交"讀爲"徼"可信，不過似當解釋爲求；"此"可讀爲"疵"，意爲瑕疵、毛病，這裏指與吳國關係中出現的麻煩。"交（徼）之疵"可參看《韓非子·大體》"不吹毛而求小疵，不洗垢而察難知"。句踐刻意不與吳國往來，以尋求瑕釁、挑起

---

① 復旦大學出土文獻與古文字研究中心讀書會《〈清華（貳）〉討論記錄》，復旦大學出土文獻與古文字研究中心網 http://www.gwz.fudan.edu.cn/Web/Show/1746，2011年12月23日。
② 清華大學出土文獻讀書會《清華七整理報告補正》。
③ 清華大學出土文獻讀書會《清華七整理報告補正》。
④ 簡帛論壇《清華七〈越公其事〉初讀》101樓，2017年4月30日。
⑤ 簡帛論壇《清華七〈越公其事〉初讀》110樓"悅園"說，2017年4月30日。

事端。①

陳治軍（2018）：母（毋）或，不可。《左傳·襄公二十三年》："毋或如東門遂不聽公命，殺適立庶。"《韓非子·有度》："先王之法曰：臣毋或作威，毋或作利，從王之指；無或作惡，從王之路。""交"亦當讀如字，該句讀作"毋或往來以交之。"

霖按："此"字應上讀，指"吳之行李"。"交"，從馬楠說讀作"徼"，義爲截擊。《清華貳·繫年》簡43："令尹子玉遂率鄭、衛、陳、蔡及群蠻夷之師以交（徼）文公。"《銀雀山壹·孫臏·陳忌問壘》簡297："短兵次之者，所以難其歸而徼其衰也。"

3. 乃詎（屬）邦政於夫=（大夫）住（種），乃命䖒（范）羅（蠡）、太（舌）甬（庸）〔5〕大禹（歷）雩（越）民〔6〕，必（比）稡（卒）劦（勒）兵，乃由（擢）王稡（卒）君子卒（六千）〔7〕。

〔5〕乃詎（屬）邦政於夫=（大夫）住（種），乃命䖒（范）羅（蠡）、太（舌）甬（庸）

整理者第十章注〔九〕：太甬，清華簡《良臣》作"大同"。

胡敕瑞（2017A）：我們認爲清華簡中的"大同""太甬"，就是傳世文獻中的"舌庸""曳庸""洩庸""泄庸"。……《國語》中的"舌庸"即《吳越春秋》中的"曳庸""洩庸"。"曳庸""洩庸"與"大同""太甬"的古讀尤其相似。先來看"曳（洩）"與"大（太）"的關係。"洩"從"曳"得聲，古音爲喻四（餘紐）、月部。"太"是"大"的分化字，"太"爲透紐、月部，"大"爲定紐、月部，兩字衹是聲紐有清濁之別。"曳（洩）"與"大（太）"同爲月部，而聲紐喻四歸定，古讀幾無差別。正因爲"曳（洩）"與"大（太）"聲近，所以從"曳"得聲的字，也有從"大"得聲的異體。……今本《說文》不見"忕"字，但是有"愧"字。《說文·心部》："愧，習也。从心、曳聲。"桂馥《義證》："愧，或作忕。"可見唐陸德明、孔穎達所引《說文》"忕，習也。"即今本《說文》"愧，習也。"從"大"得聲的"忕"就是從"曳"得聲的"愧"。一如

---

① 簡帛論壇《清華七〈越公其事〉初讀》133樓"暮四郎"說，2017年5月2日。

"曳庸"可作"大同""太甬","狃悇"也可作"狃忕""狃忕"。……"曳庸"之"庸""太甬"之"甬"均從"用"得聲,"庸""甬"兩字古音同爲餘紐、東部。……可以判定清華簡中的"大同""太甬"就是傳世文獻中的"曳庸""洩庸""泄庸""舌庸"。該人與苦成、大夫種、范蠡、皋如等爲越王勾踐的良臣,是越王勾踐的五大夫之一。

王寧:此"太"亦爲楚簡中常見的"大"在右邊加一豎筆的寫法,清華簡六《鄭文公問太伯》中"太伯"的"太"也是這個寫法,筆者曾認爲"太伯"當作"洩伯",即洩駕,二者適可互證。① 現在看來這個所謂的"太"字恐怕的確不是"太",古書的"太"多作"大",後或作"泰",無作此形者。②

霖按:"詎",從言豆聲,楚簡中多以之表示{誅}{屬},如包山簡15—16"君王詎(屬)僕於子左尹",簡16"子左尹詎(屬)之新佸迅尹"等。陳偉疑是"注"之異體,讀作"屬",表示上級對於下級的行爲。③ 白於藍認爲中山王䦽方壺表示委屬義的"護"與"詎"是一字之異。④ "太同",胡敕瑞讀作"舌庸"可從。⑤

〔6〕大鬲(歷)雩(越)民

整理者第十章注〔九〕:鬲,讀爲"歷",數。《楚辭·離騷》"靈氛既告余以吉占兮,歷吉日乎吾將行",朱熹《集注》:"遍數而實選也。"歷民,即料民。《國語·周語上》"宣王既喪南國之師,乃料民於大原",韋昭注:"料,數也。"

王挺斌:"歷吉日"之"歷",一般就訓爲選擇之義,同漢司馬相如《子虛賦》"於是歷吉日以齋戒"、揚雄《甘泉賦》"歷吉日,協靈辰"之"歷"。⑥ 不過,整理者認爲"歷民"猶如《國語·周語上》的"料民"則是很有道理的。我們認爲"鬲"可讀爲"歷",但是當訓爲相視、察看之義,《爾雅·釋詁下》:"艾、歷、覛、胥,相也。"王引之《經義述聞》:"'歷''覛'爲相視之相,《郊特牲》曰:'簡其車賦,而歷其卒伍。'

---

① 王寧《清華簡六〈鄭文公問太伯〉之"太伯"爲"洩伯"説》,武漢大學簡帛網 http://www.bsm.org.cn/show_article.php?id=2547,2016 年 5 月 8 日。
② 簡帛論壇《清華七〈越公其事〉初讀》164 樓,2017 年 5 月 6 日。
③ 陳偉《包山楚簡初探》,武漢大學出版社,1996 年,頁 29—30。
④ 白於藍《釋中山王䦽方壺中的"屬"字》,《古文字研究》(第 25 輯),中華書局,2004 年,頁 293。
⑤ 亦可參看廣瀬薫雄《釋清華大學藏楚簡(叁)〈良臣〉的"大同"——兼論姑馮句鑃所見的"昏同"》,《古文字研究》(第 30 輯),中華書局,2014 年,頁 415—416。
⑥ 湯炳正、李大明、李誠、熊良智《楚辭今注》,上海古籍出版社,2012 年,頁 38。

'歷',謂閱視之也。《大戴禮·文王官人》篇曰:'變官民能,歷其才藝。'謂相其才藝也。《晉語》曰:'夫言以昭信,奉之如機,歷時而發之。'謂相時而發之也。"① 簡文"歷民"之"歷"當即相視之義,與《郊特牲》"歷其卒伍"之"歷"相類。"料民"之"料"訓爲數,"料民"即計點人口,與"歷民"在詞義上略有區別。②

林少平(2017D):簡文"歷"當是指等次編列之義。《禮記·月令篇》:"命宰歷卿大夫至于庶民土田之數,而賦犧牲以共山林名川之祀。"注:"歷,猶次也。"文中大意是說"命令宰按卿大夫至庶民所擁有土地和田畝數量的等次編列,然後分攤祭祀山林名川所需的牲畜。"又《禮記·郊特牲》:"季春出火,爲焚也。然後簡其車賦,而歷其卒伍,而君親誓社,以習軍旅,左之右之,坐之起之,以觀其習變也。"《注》:"簡歷謂算具陳列之也。"《疏》:"'然後簡其車賦者'謂既焚之後簡選車馬及兵賦器械以習軍旅之屬,'而歷其卒伍者'謂歷其百人之卒、五人之伍。"顯然,"歷其卒伍"是指按等次編列卒伍。……"料民"側重於統計、核算人數。顯然,"歷民"是"料民"基礎上進一步發展的結果。

孟蓬生(2019):整理者之說甚是,王、林之說似嫌迂曲。"歷"訓"數"爲常用義。《玉篇·日部》:"歷,數也。"《管子·海王》:"大男食鹽五升少半,大女食鹽三升少半,吾子食鹽二升少半,此其大歷也。"尹知章注:"歷,數也。"《尚書·大誥》:"洪惟我幼沖人嗣無疆大歷服。"僞孔傳:"言子孫承繼祖考無窮大數服行其政。"據此可知"歷數"一詞爲同義複合詞。"歷"字也可以作動詞用。《禮記·月令篇》:"命宰歷卿大夫至于庶民土田之數,而賦犧牲以共山林名川之祀。""歷……之數",猶言"計……之數"。馬王堆漢墓帛書《十六經·立命》:"數日,歷月,計歲,以當日月之行。"整理者注:"歷,數也,次也。"……樂聲與歷聲相通。"勺藥"與"適歷"相通。……料聲與樂聲尞聲相通。《說文·米部》:"料,量也。从斗,米在其中。讀若遼。"《說文·艸部》:"藥,治病艸也。从艸,樂聲。"《說文·疒部》:"療,治也。从疒。樂聲。讀若勞。療,或从尞。"《詩·大雅·板》:"不可救藥。"《韓詩外傳》引"藥"作"療"。《集韻·藥韻》:"瘵,《博雅》:'病也。'或作療。"然則"料民"之於"歷民",猶轢之於轣,擽之於擸,

---

① 王引之《經義述聞》,鳳凰出版社,2000年9月,頁630。
② 清華大學出土文獻讀書會《清華七整理報告補正》。

獂之於獶，苟藥之於適歷也。綜上所述，在"計數"的意義上，"料"和"鬲"記録的是同一個詞或兩個同源詞。

霖按：整理者、孟蓬生之説可從。楚簡中"鬲""歷"相通如：《郭店·窮達》簡2："舜耕於鬲（歷）山。"《清華壹·保訓》簡1："王念日之多鬲（歷），恐墜寶訓。"孟蓬生已從字義、字音多個角度論證"料""鬲"關係密切，"鬲（歷）民"即"料民"，義爲計點人口，與文獻中"案户比民"、第七章清查民户意思相類。

〔7〕必（比）稡（卒）劦（勒）兵，乃由（擢）王稡（卒）君子夲（六千）

整理者第十章注〔一〇〕：必，讀爲"庀"，治理。《國語·魯語下》："子將庀季氏之政焉。"劦，調整。

整理者第十章注〔一一〕：由，任用。《左傳·襄公三十年》"以晉國之多虞，不能由吾子，使吾子辱在泥塗久矣"，杜預注："由，用也。"王卒，《左傳·成公十六年》："楚之良，在其中軍王族而已。請分良以擊其左右，而三軍萃於王卒，必大敗之。"王卒君子，又見於下文。

馬楠：劦疑讀爲勒。①

趙嘉仁（2017）：我們認爲"必"應讀爲"比"，爲"編次排比"的意思，"劦"可讀爲"勒"，爲"統率""部署"之意。《孔子家語·相魯》："孔子命申句須、樂頎勒士衆，下伐之。"典籍有"勒卒"一語，《墨子·旗幟》："勒卒，中教解前後左右。"孫詒讓《閒詁》："蓋謂部勒兵卒，將居中而教其前後左右。"《漢書·晁錯傳》："士不選練，卒不服習，起居不精，動静不集，趨利弗及，避難不畢，前擊後解，與金鼓之音相失，此不習勒卒之過也，百不當十。""勒卒"與簡文的"劦（勒）兵"義同。

陳偉（2017A）："必"疑讀爲"比"。《周禮·秋官·大行人》："春朝諸侯而圖天下之事，秋覲以比邦國之功，夏宗以陳天下之謨，冬遇以協諸侯之慮，時會以發四方之禁，殷同以施天下之政。"鄭玄注："此六事者，以王見諸侯爲文。圖、比、陳、協，皆考績之言。"比卒協兵，即考校兵卒。由，疑可讀爲"抽"。《左傳》宣公十二年"抽矢

---

① 清華大學出土文獻讀書會《清華七整理報告補正》。

敔"杜預注："抽，擢也。"《楚辭·九章·抽思》"與美人之抽思兮"，朱熹集注："抽，拔也。"簡文是說通過考校，從普通兵卒中選拔出王卒。

蘇建洲："由"應該就是上博簡《子羔》簡8"故夫舜之德其誠賢矣，采諸畎畝之中而使君天下而稱。"的"采"。……裘錫圭先生《〈上海博物館藏戰國楚竹書（二）·子羔〉釋文注釋》有分析、評論，此從裘先生讀爲'擢'。①

王凱博：《子羔》"采"似以陳秉新先生讀爲"遂"爲最適合，②他以戰國貨幣地名"武采"即"武遂"、《禮記》"贊桀俊，遂賢良，舉長大"爲證據，又舉《孟子》"舜發於畎畝之中，傅説舉於版築之閒……"爲比較，"遂"即發、舉、進（賢良）之義。以前研究中似多未注意到此説。至於本篇的"由"用作本字，文意并無不通，"由"即進用（包括《子羔》"采"也可以用爲"由"），簡47"善人則由，譖民則背"以"由"與"背"相對，"由"義亦同。此外，"迪"的一些用法與此"由"相近，"迪"也是進用。③

蕭旭（2017C）：讀"必"爲比，讀"劦"爲協（古字亦作'劦'，又作"恊"），是也，皆齊同、和協義。"劦"是"劦"省文，字亦作扻、扱，郭店簡《緇衣》："則民咸扱而刑不試。"《上博簡（一）》作"扻"，今本《緇衣》作"服"。"扱（扻）"疑從劦省聲，讀爲協。《爾雅》："協，服也。"邢疏："協者，和合而服也。"訓服乃和協之引申義。白於藍、孔仲溫徑讀"扱（扻）"爲"服"，④其聲母遠隔。"由"讀爲抽或擢，皆是，亦可讀爲挑，并音近義同，猶言選擇、選取。

霖按："必"，讀作"比"，排列義。《尚書·牧誓》："稱爾戈，比爾干，立爾矛，予其誓。"孫星衍疏："比者，《説文》云：相次比也。""劦"，讀作"勒"，"力""勒"均來紐職部可通，如：《馬王堆叁·春秋》行94："使吾失親戚之，又勒（力）成吾君之過。""勒兵"義爲部署兵馬。《史記·孫子吳起列傳》："闔廬曰：'子之十三篇，吾盡觀

---

① 簡帛論壇《清華七〈越公其事〉初讀》71樓"海天游蹤"說，2017年4月28日。引者按：參看裘錫圭《〈上海博物館藏戰國楚竹書（二）·子羔〉釋文注釋》，復旦大學出版社，2012年，頁480－481。
② 引者按：陳秉新《〈上海博物館藏戰國楚竹書（二）〉補釋》，《江漢考古》，2004年第2期。
③ 簡帛論壇《清華七〈越公其事〉初讀》72樓，2017年4月28日。引者按："迪"訓作"用"參看馬楠《淺談"由"訓作"用"的若干實例》，《古文字研究》（第31輯），中華書局，2016年，頁580－582。
④ 參看白於藍《郭店楚簡拾遺》，《華南師範大學學報》（社會科學版），2000年第3期。孔仲溫《郭店楚簡〈緇衣〉字詞補釋》，《古文字研究》（第22輯），中華書局，2000年，頁243－244。

之矣，可以小試勒兵乎？'" "比卒勒兵" 是兩個動賓組成的并列結構，前後詞義相近。"由"，陳偉、蘇建洲之說可從，讀作"擢"。《郭店・唐虞》簡8："六帝興於古，咸采（由）此也。"《上博二・子羔》簡8："采（擢）諸畎畝之中"，"擢""抽"同源，選拔義。"王卒君子"特指以越王勾踐心腹組成的軍隊。《國語・吳語》："（越王）以其私卒君子六千人爲中軍。"韋昭注："私卒君子，王所親近有志行者，猶吳所謂賢良，齊所謂士。"《後漢書・鄭玄傳》："昔齊置士鄉，越有君子軍，皆异賢之意也。"

4. 王稡（卒）既備（服），舟糵（乘）既成〔8〕，吳帀（師）未迟（起），雩（越）王句戏（踐）乃命鄔（邊）人蔽（取）悬（怨）〔9〕，弁（變）繇（亂）厶（私）成〔10〕，舀（挑）起悬（怨）䣏（惡），鄔（邊）人乃相戏（攻）也〔11〕，吳帀（師）乃迟（起）。

〔8〕王稡（卒）既備（服），舟糵（乘）既成

整理者第十章注〔一二〕：王卒，優良軍隊。舟，水戰戰具。乘，陸戰戰具。"服"與"成"互文見義。

薛培武："王卒既備，舟車既成"，"備"不用破讀，《廣雅・釋詁》"備，成也"，"飭，備也"。①

陳治軍（2018）："備"讀如字，《周禮・春官・樂師》"凡樂成則告備"，《易・繫辭》"易之爲書也，廣大悉備"，"王卒既備"與"舟乘既成"結構意思相同。

霖按："王卒"即上一句"王卒君子"，指以越王勾踐心腹組成的軍隊。"備"如字讀，形成、完成義。"備""成"義同，如《詩經・齊風・猗嗟》："儀既成兮"，鄭玄箋："成猶備也。"《周禮・天官・典絲》："共黼畫組就之物"，鄭玄注："采色一成曰就。"孫詒讓正義："成、備義同。"

〔9〕雩（越）王句戏（踐）乃命鄔（邊）人蔽（取）悬（怨）

整理者第十章注〔一三〕：蔽，《説文》："麻蒸也。"讀爲"聚"。聚怨，猶積怨。

---

① 簡帛論壇《清華七〈越公其事〉初讀》10樓"心包"說，2017年4月24日。

《淮南子·人間》："夫積愛成福，積怨成禍。"

魏宜輝：我們傾向於認爲"菆"即讀作"取"。"取怨"意爲招致怨憤。《左傳·定公四年》："水潦方降，疾瘧方起，中山不服，棄盟取怨，無損於楚，而失中山，不如辭蔡侯。"《禮記·月令》："毋或敢侵削衆庶兆民，以爲天子取怨于下。"簡文"越王句踐乃命邊人菆（取）怨"是説越王命邊人挑起對方吳人的怨恨，這與後面"挑起怨惡"的意思是差不多的。①

霖按："菆"，從艸取聲，魏宜輝之説可從，讀作"取"，"取怨"一詞文獻常見。

〔10〕弁（變）䜌（亂）厶（私）成

整理者第十章注〔一四〕：變亂，變更，使紊亂。《書·無逸》："此厥不聽，人乃訓之，乃變亂先王之正刑。"厶成，猶私行。行爲變亂，私自枉爲。又疑"厶"爲"已"之訛。變亂已成指改變已有的和平條約。

趙嘉仁（2017）："弁（變）䜌（亂）厶（私）成"，應該是指兩國邊民之間的私下達成的交易約定等，所以稱爲"私成"。"改變擾亂"這些私下的交易或約定，自然會蓄積怨恨，很容易産生爭鬭，從而互相攻擊，成爲發動戰爭的導火索。

黄傑：我們懷疑，"變亂私成"中"變亂"是動詞，"私成"是名詞。"私成"或有可能是指吳越兩國的邊人私下達成的和平協定（不一定是正式的文件，也可以是口頭協定）之類，"變亂私成"指打破這種協定。"成"有和解、媾和之義，與此相關。《左傳·隱公六年》："鄭伯請成于陳，陳侯不許。"②

陳治軍（2018）："㇆"字形準確，不當是"已"之訛。《詩·小雅》"雨我公田，遂及我私。"《禮·孔子閒居》："天無私覆，地無私載，日月無私照。""私成"當指越公與吳王之成，没有周王的見證故曰私。

霖按："弁"，楚簡中多以之表示｛變｝，如《郭店·五行》簡21："不𢢸（變）不悦。""成"，和解義。《戰國策·韓策三》："以爲成而過南陽之道。"鮑彪注："成，平也，猶和。""變亂私成"從黄傑之説，應理解爲動賓結構。"私成"與文獻所載勾踐兵敗會稽後并未與吳簽訂盟約相合。《左傳·哀公元年》："三月，越及吳平。吳入越，不書，吳不

---

① 簡帛論壇《清華七〈越公其事〉初讀》155樓"cbnd"説，2017年5月6日。
② 簡帛論壇《清華七〈越公其事〉初讀》134樓"暮四郎"説，2017年5月2日。

告慶，越不告敗也。"《國語·吳語》："吳王乃許之，荒成不盟。"

〔11〕舀（挑）起悉（怨）䛩（惡），鄾（邊）人乃相戉（攻）也

整理者第十章注〔一五〕：舀，讀爲"挑"。《文選·報任少卿書》"垂餌虎口，横挑彊胡"，李善注引臣瓚曰："挑，挑敵求戰也。"

霖按："舀"，從整理者之説，讀作"挑"，《郭店·性自》簡24："聞歌謡，則舀（陶）如也斯奮。""陶"定紐幽部，"挑"透紐宵部，韻部旁對轉，"怨惡"，怨恨憎惡。《墨子·尚同上》："是以内者父子兄弟作怨惡，離散不能相和合。""怨惡"後需點斷。

5. 吴王起帀（師），軍於江北。雪（越）王起帀（師），軍於江南。雪（越）王乃中分亓（其）帀（師）以爲右（左）軍、右軍，以亓（其）厶（私）卒（卒）君子卒=（六千）以爲中軍〔12〕。

整理者第十章注〔一六〕：據《左傳》，吴、越此戰在魯哀公十七年，公元前四七八年。江，《國語·吳語》"軍於江北"，韋昭注："松江，去吴五十里。"

整理者第十章注〔一七〕：本簡作"厶卒君子"，與《國語·吳語》同，簡61作"王卒君子"。韋昭注："王所親近有志行者，猶吴所謂賢良，齊所謂士。"

霖按：簡文"江"指笠澤，即今蘇州東流之吴淞江，此江離吴國都城姑蘇不遠。《吴地記》："松江，一名松陵，又名笠澤。"《左傳·哀公十七年》："三月，越子伐吴。吴子禦之笠澤，夾水而陳。"越國軍隊如楚制，分作左、中、右三軍，文獻中越國"三軍"的記載如《左傳·哀公十七年》："越子以三軍潜涉，當吴中軍而鼓之，吴師大亂，遂敗之。"《國語·吳語》："不仁，則不能與三軍共饑勞之殃。"《周禮·夏官·司馬》："凡制軍，萬有二千五百人爲軍。王六軍，大國三軍，次國二軍，小國一軍。"

6. 若（諾）明日酒（將）舟戬（戰）於江〔13〕。及昏，乃命右（左）軍監（銜）桃（枚）𦪉（溯）江五里以須，亦命右軍監（銜）桃（枚）渝江五里以須〔14〕，夾（夜）中，乃命右（左）軍、右軍涉江，鳴鼓，中水以覆〔15〕。

〔13〕若（諾）明日牆（將）舟戩（戰）於江

單育辰："若明日"後不應加逗號，其義是"擺出好像明日要打仗的樣子"，今本《國語·吳語》奪去"若"字，文義已不太清晰矣。①

陳偉（2017A）：疑"若"讀爲"諾"，應許義。《莊子·外物》"監河侯曰諾"，成玄英疏："諾，許也。"《荀子·王霸》"刑賞已諾信乎天下矣"楊倞注同。《大戴禮記·保傅》"不知已諾之正"，王聘珍解詁："諾，相然許之辭也。""明日將舟戰于江"爲"諾"的內容，即越、吳雙方約定的交戰時間和方式。這是早期戰爭的古風。但越人半夜偷襲，且涉江而戰，完全破壞了約定。

石小力：整理者無說。若，當訓爲及、至。王引之《經傳釋詞》卷七："若，猶及也，至也。《書·召誥》曰：'若翼日乙卯'。《吳語》：'王若今起師以會'。""若明日"與下文"及昏""夜中"相類，皆在句中表示時間。②

霖按：陳偉之說可從，"若"讀作"諾"，許諾義，《上博六·競公》簡13："晏子許若（諾）。"若理解爲"及、至"，與後一句時間順序前後矛盾。越人善舟戰，《淮南子·齊俗訓》："胡人便於馬，越人便於舟。"《越絕書·記地傳》："以船爲車，以楫爲馬，往若飄風，去則難從。"

〔14〕乃命右（左）軍監（銜）梷（枚）鮴（溯）江五里以須，亦命右軍監（銜）梷（枚）渝江五里以須

整理者第十章注〔一八〕：監，讀爲"銜"，皆爲談部。梷，疑即"枚"之形聲異體，"微"與"枚"皆爲明母微部。銜枚，見《國語·吳語》。《周禮·大司馬》："群司馬振鐸，車徒皆作，遂鼓行，徒銜枚而進。"須，等待。《國語·吳語》"乃令左軍銜枚溯江五里以須"，韋昭注："須，須後命。"

整理者第十章注〔一九〕：渝江，順江流而下，與"溯江"反義。

亦趨：《說文》"枚"字段注："《豳風》傳曰：'枚，微也。'《魯頌》傳曰：'枚枚，礱密也。'皆謂枚爲微之假借也。"值得注意的是，包山楚簡140號簡正反記："登人所漸

---
① 簡帛論壇《清華七〈越公其事〉初讀》9樓"ee"說，2017年4月24日。
② 簡帛論壇《清華七〈越公其事〉初讀》62樓，2017年4月27日。

（斬）木四百☒於鄭君之地襄溪之中，其百又八十☒於畢（畢）地陕中。"兩處"於"前之字，有不同推測，陳劍教授讀爲"枚"，① 現在看來，包山簡與清華簡這兩個字可以互證，陳劍先生和清華簡整理者的釋讀，當可憑信。②

石小力（2017E）：今本"踰"字，韋昭注："度也。""踰"與"溯"相對而言，"溯"爲逆流而上，且左右軍是到了夜中纔"涉江"到"中水"的，故韋注訓爲"度"不確。陳偉先生將"踰"字與鄂君啓節"逾漢""逾江""逾夏"之"逾"字聯繫起來，認爲"踰"是沿江而下，與"溯"溯江而上對應。陳先生之訓釋使文意暢達，且有出土文獻的對照，故得到了學界的認同。其實，這種用法清末學者于早就指出了。"逾"訓沿江而下之義雖未見於字書，但近年來出土文獻中的這一用法不斷涌現，如郭店簡《老子甲》19"以逾甘露"，今本對應之字作"降"，陳偉先生訓"逾"爲"降"。上博六《莊王既成》3—4"王曰：如四與五之間，載之傳車以上乎？殹四航以逾乎？沈尹子桱曰：四航以逾。""四航以逾"與"傳車以上"相對，"逾"無疑也是順流而下之義。現在《越公其事》與"踰"對應之字作"渝"，從水旁，與沿江而下之義相合。這更加證明今本"踰"字當讀爲"逾"或"渝"，乃順流而下之意。

易泉：渝，讀作逾，訓作降、下。鄂君啓舟節有"逾江"，可參看。③

霖按："監"讀作"銜"，《上博二·子羔》簡11："有燕監（銜）卵而錯諸其前，取而吞之。""㮒"，右側偏旁"㝵"在楚簡中多表示{美}{微}，讀作"枚"可從，"銜枚"，橫銜枚於口中以防喧嘩。"䱀"，從木魚聲，讀作"溯"可從，"溯"心紐鐸部，"蘇"心紐魚部，聲母相同，韻部陰入對轉。"渝"，李守奎認爲"俞"字從彡、亼（鏃）聲，舟船順流而下義。④

〔15〕夜（夜）中，乃命右（左）軍、右軍涉江，嚾（鳴）鼓，中水以𢀖

---

① 引者按：陳劍《楚簡"𢀖"字試解》，《簡帛》（第4輯），上海古籍出版社，2009年。朱曉雪《包山楚簡綜述》，福建人民出版社，2013年，頁470—472。
② 簡帛論壇《清華七〈越公其事〉初讀》49樓，2017年4月27日。
③ 簡帛論壇《清華七〈越公其事〉初讀》102樓，2017年4月30日。
④ 參看李守奎《"俞"字的闡釋與考釋——〈說文〉以來的漢字闡釋》，《"首屆新語文學與早期中國研究國際研討會"論》文，澳門，2016年6月19—22日。

整理者第十章注〔二〇〕：中水，《國語·吴語》"中水以須"，韋昭注："水中央也。"竱，《説文》："待也。从立，須聲。"

霖按："夜"，從夕亦聲，"夜中"，《國語·吴語》："吴王昏，乃戒令秣馬食士，夜中，乃令服兵擐甲，係馬舌，出火竈。"韋昭注："夜中，夜半也。"䇡，傳抄古文寫作"䇡""䇡"。

7. 吴帀（師）乃大衺（駭），曰："雩（越）人分爲二帀（師），涉江，牁（將）以夾【攻我師。"不竱】旦，乃中分亓（其）帀（師），牁（將）以御（禦）之〔16〕。

整理者第十章注〔二一〕：殘缺約四到五字，"攻"與"竱"有殘存筆畫，可補爲"攻我師乃不竱"或"攻我師不竱"。

吴德貞（2018）：與簡65、67相比照，本簡"攻"與"竱"兩殘字之間可補四字，但若補爲"攻我師乃不竱"，則全句"將以夾攻我師，乃不竱旦，乃中分其師"的第一個"乃"字稍顯多餘，則此暫據整理者補"攻""竱"二字。《國語·吴語》與簡文殘缺處相關文字是："吴師聞之，大駭，曰：'越人分爲二師，將以夾攻我師。'乃不待旦，亦中分其師，將以御越。"可參。

霖按："衺"，從戈亥聲，讀作"駭"可從，驚也。竹簡中部殘損約五字，根據"攻""竱"殘筆補作"攻""竱"可從。"中分"，均分義，《史記·項羽本紀》："項王乃與漢約，中分天下。"簡文可參《左傳·哀公十七年》："吴子禦之笠澤，夾水而陳。越子爲左右句卒，使夜或左或右，鼓噪而進。吴師分以禦之。越子以三軍潛涉，當吴中軍而鼓之，吴師大亂，遂敗之。"

8. 雩（越）王句戈（踐）乃以亓（其）厶（私）䘚（卒）䘚=（六千）數（竊）涉，不鼓不喿（噪）以潛（潛）攻之〔17〕，大䯱（亂）吴帀（師）。左軍、右軍乃述（遂）涉，戉（攻）之。

〔17〕厶（私）䘚（卒）䘚=（六千）數（竊）涉，不鼓不喿（噪）以潛（潛）攻之

整理者第十章注〔二二〕：竊涉，《國語·吳語》作"潛涉"，韋昭注："潛，默也。"

整理者第十章注〔二三〕：鼓噪，擂鼓呐喊。《墨子·備蛾傅》："夜半，而城上四面鼓噪，敵人必或，破軍殺將。"侵攻，《國語·吳語》作"襲攻"。侵、襲義近。

難言："浧攻"似當讀"潛攻"。①

薛培武：《左傳·莊公二十九年》"凡師，有鐘鼓曰伐，無曰侵，輕曰襲"，似不必破。②

魏宜輝（2017）：《國語·吳語》作"越王乃令其中軍銜枚潛涉，不鼓不譟，以襲攻之，吳師大北。"其中的"浧"字，竹簡整理者讀作"侵"。與之對應《國語·吳語》作"襲"，整理者認爲侵、襲義近。簡文及《國語》的記載都表明越人的中軍是在静默狀態下突然發起進攻的，在這裏用"襲"顯然是準確的。在戰國非秦系簡帛文獻中，一般都是用"戠"字來表示"侵伐"之{侵}，這種用字是比較固定的。所以我們懷疑簡文中的"浧"字有可能就讀作"襲"。竹簡文字中的"浧"其實就是"浸"字的异體。"浸"字古音爲精母侵部字，"襲"爲邪母緝部字，二字的聲、韻關係都非常近，從讀音關係上看是可以相通的。**黔之萊**：根據出土簡帛的用字習慣，《越公其事》的"浧（浸）"字可讀爲"潛"。北大秦簡《禹九策》之八簡33有"明禹帚行，處大山之陽"語，網友子居據馬王堆帛書《十六經·觀》"黄帝令力黑（牧）浸（潛）行伏匿，周留（流）四國"文句，認爲"帚行"當讀爲潛行，可從。③ 另外，馬王堆帛書《周易·乾》"初九，浸龍勿用"，"浸龍"，傳世本作"潛龍"，《馬王堆叁·二三子》4下－5下作"寖（寢）"，皆可以爲證。④ ……"敨（竊）""浧（浸－潛）"這兩個字，都有秘密、暗地裏的意思。因爲偷偷地涉水、秘密地攻擊（即上引《平淮西碑》之暗渡、潛攻），所以越國部隊能出

---

① 簡帛論壇《清華七〈越公其事〉初讀》120樓，2017年5月1日。
② 簡帛論壇《清華七〈越公其事〉初讀》121樓"心包"說，2017年5月1日。
③ 引者按：參看王寧《北大秦簡〈禹九策〉補箋》，復旦大學出土文獻與古文字研究中心網 http://www.gwz.fudan.edu.cn/Web/Show/3113，2017年9月27日。
④ 網友"shenhao19"認爲未必"潛攻"是一個詞，可斷爲"不鼓不譟以潛，攻之大亂吳師。"文本中的潛、涉是有區别的，國語稱"銜枚潛涉"可能是水深淺的問題。參看《說〈清華簡（柒）·越公其事〉之"潛攻"》，復旦大學出土文獻與古文字研究中心網 http://www.gwz.fudan.edu.cn/Web/Show/3178，2017年11月29日，第2樓評論。

奇制勝，一舉大敗吳軍。

霖按："㬎"，從木從三口，楚簡中表示{噪}{燥}。"數"字詳見本節注〔2〕。"㵎"，又寫作"㵎"（《郭店・性自》簡30）、"㵎"（《上博八・李頌》簡1），"難言""黔之萊"之説可從，讀作"潛"。"潛攻"，秘密進攻。《左傳・哀公十六年》："（子閭）與子西、子期謀，潛師閉塗"，杜預注："潛師，密發也。"先秦文獻中表示無鐘鼓進攻的"侵"大多情況下單獨使用，未見與"攻"連用之例，從上文講越王派私卒"竊涉"來看，"潛攻"更能體現此義。

9. 吳帀（師）乃大北，疋（三）戡（戰）疋（三）北〔18〕，乃至於吳。雽（越）帀（師）乃因軍吳=（吳，吳）人昆（闔）奴乃內（納）雽=帀=（越師〔19〕，越師）乃述（遂）閟（襲）吳。

〔18〕吳帀（師）乃大北，疋（三）戡（戰）疋（三）北

整理者第十章注〔二四〕：疋，讀爲"旋"，連詞。旋……旋，義爲一邊……一邊。

鄔可晶："疋"當讀爲"且"，二聲之字相通之例甚夥，如：《易・姤卦》"其行次且"的"且"，上博簡《周易》作"疋"。吳師"且戰且北"。①

蕭旭（2017C）：疋，疑讀爲數，二字生母雙聲，魚、侯旁轉疊韻。言吳師數戰皆敗北也。《國語・吳語》作"三戰三北"，韋昭注："三戰，笠澤也，没也，郊也。"《吳語》所載三戰蓋大戰，小戰若干，故簡文曰"數戰數北"。

石小力（2018）：在清華簡《成人》篇中，"疋"字兩見，文例分別爲"其一得……，其二得……，其疋得……，其四得……，其五得……"，"其一不得……，其二不得……，其疋不得……，其四不得……，其五不得……"，兩處都無疑是用爲數詞"三"的。這兩則新材料有力地證明，在楚簡中"疋"字可以用爲數詞"三"。故簡文的"疋戰疋北"應該讀爲《國語》之"三戰三北"。

霖按：石小力之説可從，以"疋"表示{三}，見《清華玖・成人》簡14、15。"三戰三北"與今本《國語・吳語》同。

---

① 簡帛論壇《清華七〈越公其事〉初讀》15樓"紫竹道人"説，2017年4月24日。

〔19〕雩（越）帀（師）乃因軍吴=（吴，吴）人昆（閽）奴乃内（納）雩=帀=（越師）

整理者第十章注〔二五〕：因，就。《國語·鄭語》：“公曰：‘謝西之九州，何如?’對曰：‘其民沓貪而忍，不可因也。’”韋昭注：“因，就也。”

整理者第十章注〔二六〕：吴人昆奴，吴人淪爲昆奴者。昆奴，未詳，疑是奴之一種。或以爲“昆奴”爲人名。

程浩（2017）：“昆奴”作爲奴之一種抑或人名，古書均未得見。我們猜測這裏的“奴”字或可讀“孥”。包山文書簡122、123有兩個“奴”字，周鳳五先生即將其讀爲“孥”。[①]《國語·鄭語》“寄孥與賄焉”，韋昭注云：“孥，妻子也。”“昆”，《玉篇》云“兄弟也”。“吴人昆奴”，就是吴人之兄弟妻子。在《越公其事》以及《國語》的《吴語》《越語》等篇的記載中，吴、越兩國屢屢以兄弟子女作爲請成的籌碼。……可見兩國都將兄弟子女視作珍貴的資源，《越公其事》第十章講“吴人昆孥乃入越師”，是説越國軍隊已經對吴國的兄弟妻子進行了掠奪。

黄傑：“昆”（文部見母）或當讀爲“髡”（文部溪母）。古“昆”聲、“君”聲的字通用。《老子》“故混而爲一”，混，馬王堆帛書乙本作“緍”。“髡”與“君”聲的字可通。《左傳·文公元年》：“楚世子商臣弑其君頵”，頵，《穀梁傳》《公羊傳》所載之《春秋》經文均作“髡”。“髡”在文獻中常與奴的身份相聯繫，如《周禮·秋官》“墨者使守門，劓者使守關，宫者使守内，刖者使守囿，髡者使守積”，《新書·階級》“是以係、縛、榜、笞、髡、刖、黥、劓之罪，不及士大夫”。“吴人昆奴乃内（入）越師”似與武王伐紂時“紂師皆倒兵以戰，以開武王”（《史記·周本紀》）之情節甚爲相似。[②]

魏宜輝（2017）：郭店簡《六德》篇中有一段講喪服的内容，其中用爲“昆弟”之“昆”的字寫作“”，裘錫圭先生指出此字必當讀爲“昆弟”之“昆”。李家浩先生

① 原注：周鳳五《〈余睪命案文書〉箋釋——包山楚簡司法文書研究之一》，《臺大文史哲學報》（第41期），頁12。

② 簡帛論壇《清華七〈越公其事〉初讀》136樓“暮四郎”説，2017年5月2日。

進一步指出此字就是傳抄古文"昆"字。① 清華簡整理者未作嚴格隸定，直接將"㞢"字釋讀作"昆"。簡文中的"㞢"字，我們傾向讀作"閽"。"㞢"可用作"昆"，說明其讀音與"昆"相同或相近。"昆"古音爲見母文部字，"閽"爲曉母文部字，二字音近可通。"閽人"即守門人，"閽奴"即守門的奴僕。《左傳·襄公二十九年》："吳人伐楚，獲俘焉，以爲閽，使守舟。吳子餘祭觀舟，閽以刀弒之。"吳人以越國俘虜爲閽，簡文中的"吳人昆（閽）奴"很可能也是越國的俘虜，被吳人差使守吳都城門。簡文"吳人昆（閽）奴乃入越師，越師乃遂襲吳。"這兩句內容中，"入"讀作"納"，接納之義。釋讀作"襲"之字本從門、衣聲，"裒"即重衣之"襲"的表意初文。這裏的"襲"應該理解爲"進入"之義。《國語·晉語》："大國道，小國襲焉曰服；小國傲，大國襲焉曰誅。"韋昭注："襲，入也。"……簡文這兩句話是說，閽奴打開城門，接納越國軍隊，越國軍隊於是進入吳都城。

侯乃峰："閽"應該可信。《吳越春秋·夫差內傳第五》："二十三年十月，越王復伐吳。吳國困不戰，士卒分散，城門不守，遂屠吳。"其中"城門不守"，大概即是指此事，如此，簡文當讀爲"吳人閽奴乃內（納）越師"，"內"指閽奴打開城門接納、放進（內、入一字分化，入，指使之入，義同），而非指閽奴（守城門者）進入越師。②

水之甘：《左傳·襄公二十九年》："吳人伐楚，獲俘焉，以爲閽，使守舟，吳子餘祭觀舟，閽以刀弒之。"事又見《春秋事語》，閽名字無載，不過似乎這樣一來吳的閽人，社會地位很特別。③

王寧："昆奴"讀"閽奴"當是，但不是指守城門的人，而應該是指吳王宮的守門人。古代守城門的是軍卒，即簡文中的"吳人"，宮門的守門人纔是閽，即簡文中的"閽奴"，《周禮·閽人》"王宮每門四人"者是。《墨子·非攻中》："越王句踐視吳上下不相得，收其衆以復其讎，入北郭，徙大內，圍王宮而吳國以亡。"《越絕書·內傳陳成恒》：

---

① 原注：李家浩《楚墓竹簡中的"昆"字及從"昆"之字》，《中國文字》（新25期），臺北藝文印書館，1999年，頁139-147；後收入《著名中年語言學家自選集·李家浩卷》，安徽教育出版社，2002年，頁306-317。
② 簡帛論壇《清華七〈越公其事〉初讀》165樓"漢天山"說，2017年5月8日。
③ 簡帛論壇《清華七〈越公其事〉初讀》166樓，2017年5月9日。

"越王迎之,戰於五湖。三戰不勝,城門不守,遂圍王宫,殺夫差而僇其相。""城門不守"是"吴人"入之,王宫被攻破是閽奴入之。①

孟蓬生(2017):程説很有啓發意義,但釋"昆"爲"兄昆"之"昆"略有不妥,古書亦未見以"兄孥"連言者。我們懷疑"昆"字當釋爲"後昆"之"昆"。《爾雅·釋言》:"昆,後也。"郭璞注:"謂先後。"……"昆孥"連言,可泛指"兄弟妻子"。簡文言:"越師乃因軍吴,吴人昆奴乃入越師,越師乃襲吴。""軍"當訓爲"圍",即"包圍"之意。《説文·車部》:"軍,圜圍也。"《廣雅·釋言》:"軍,圍也。"王念孫《疏證》:"《淮南子·覽冥訓》:'畫隨灰而月運闕。'高誘注云:'運,讀連圍之圍。運者,軍也,將有軍事相圍守,則月運出也。'軍、運、圍,古聲并相近。"簡文蓋謂越國軍隊包圍了吴地,吴人兄弟妻子紛紛出逃。

石光澤(2017):"吴人昆奴",筆者疑其本爲越地之人,被吴人俘虜而爲昆奴。吴人以俘虜的越人爲奴,史書早有記載:《左傳·襄公二十九年》:"吴人伐越,獲俘焉,以爲閽,使守舟。吴子餘祭觀舟,閽以刀殺之。"此事亦見於馬王堆帛書《春秋事語·吴伐越章》:"吴伐越,復(俘)亓(其)民,使守布周(舟)。紀讇曰:'刑不佫使守布周(舟),游(留)亓(其)禍也。刑人伂(耻)刑而哀不辜,□悠(怨)以司(伺)閒(間),千萬必有幸矣。'吴子餘蔡觀周(舟),閩(閽)人殺之。"整理者將"閩"通假作"閽",可能是將其與《左傳》對讀。《説文解字》:"閩:東南越,它穜。"閩人所指即今浙江、福建一帶的土著,將閩人視作對漢時對越人的稱呼,亦可通。②

霖按:魏宜輝、侯乃峰等學者將"昆"讀作"閽"可從,"閽奴"與"閽人"義近,《馬王堆叁·春秋·吴伐越章》"閽人"寫作"閩人",守城門之人,文獻中又稱"閽寺",《禮記·內則》:"深宫固門,閽寺守之。"《吴越春秋·夫差内傳第五》:"二十三年十月,越王復伐吴。吴國困不戰,士卒分散,城門不守,遂屠吴。"

【今譯】

越王察看越國百姓已經恭敬,官吏不敢逾越政令,於是開始試探百姓。(越王)私下

---

① 簡帛論壇《清華七〈越公其事〉初讀》167樓,2017年5月9日。
② 石光澤《〈清華大學藏戰國竹簡(柒)·越公其事〉"昆奴"補説》,《"第二屆出土文獻與先秦史研究工作坊"論文集》,華東師範大學,2017年11月18日,頁71—72。

燒了船隻與房子，敲鼓命令百姓救火。越國百姓都跑去救火，前去的人沒有退却的，越王感到害怕，擊鼓使他們離開，（因救火而）死的達三百人，越王感到非常高興，開始與吳國的使者斷絕，不要有往來，截擊吳國使者。（越王）於是將國家軍政托付給大夫文種，命令范蠡、舌庸詳細計點越國人口，排列士兵，部署武器，選拔出越王心腹組成的軍隊六千人。優良的軍隊已經齊備，戰船、戰車已經造成，越王勾踐命令邊境之人挑起怨恨，變更原來和解的許諾，引發怨恨憎惡，邊境的百姓於是互相攻擊，吳國軍隊開始發兵。吳國發兵，軍隊駐扎在淞江之北，越國發兵，軍隊駐扎在淞江之南。越王將軍隊均分爲左、右二軍，以他的私人之兵六千人爲中軍。許諾將在明日於江中進行船戰，到了傍晚，（越王）命令左軍橫銜枚於口中逆江而上五里處等待，命令右軍橫銜枚於口中順江而下，在五里處等待。到了半夜，越王命令左軍、右軍渡江，擊鼓，在江中央等待。吳國軍隊感到非常震驚，説："越國人分爲兩個軍隊過江，將要夾攻我軍。"沒等天亮，吳國均分軍隊，將准備抵禦越軍。越王勾踐於是率領他的私人軍隊六千人暗中渡江，不擊鼓，不大聲喧嚷秘密進攻，嚴重破壞了吳軍的秩序。越國左軍、右軍因此順利渡江，攻打吳軍。吳軍被打得大敗，一邊作戰，一邊敗逃，以至於退守到吳國國都。越軍於是前往吳都，吳國守城門之人使越國軍隊進入，越師最終襲擊了吳都。

《吳王請成章》集釋（簡69—75）

【章解】

　　本章主要講述越軍包圍吳都後，吳王請成，勾踐拒絕，最終滅吳之事。竹簡共計7枚，其中簡69、70、71上端殘缺，簡72中間殘斷，簡73簡首殘損，但不影響文意，簡75經整理者綴合後基本完整，簡74爲完簡。本章簡文符號使用情況：簡69"雩"後、簡70"䇑""今""雩"後、簡71"吳"後、簡74"言"後有合文符號，簡75"亓事"後有章結符，均書於上字右側下方。本章重點討論的疑難字詞有"事"等。

【摹本及隸文】

| □ | □ | □ | □ | □ | 閟 | 吳 | 邦 | 回 | 王 | 宮 | 吳 | 王 | 乃 | 思 |

| 行 | 成 | 曰 | 昔 | 不 | 敎 | 先 | 秉 | 利 | 於 | 雩= | 公 | 告 | 孤 |

| 請 | 成 | 男 | 女 |【簡69】| □ | □ | □ | □ | □ | □ | □ | □ | □ | □ |

| □ | □ | 不 | 羕 | 余 | 不 | 敢 | 鹽 | 祀 | 許 | 雩 | 公 | 成 | 以 |

| 䇑= | 今= | 吳 | 邦 | 不 | 天 | 旻 | 皋 | 於 | 雩= |【簡70】| □ |

| □ | □ | □ | □ | 人 | 之 | 敝 | 邑 | 孤 | 請 | 成 | 男 | 女 | 備 |

397

《清華大學藏戰國竹簡（柒）》集釋

句 戉 弗 許 曰 昔 天 以 雩 邦 賜 吳 弗 受

今 天 以 吳 邦　　賜 郘 句 □ □ □ □ □ 【簡71】

□ □ □ □ □ □ □ 句 戉 不 許 吳 成 乃

使 人 告 於 吳 王 曰 天 以 吳 土 賜 雩 句

【簡72】 戉 不 敢 弗 受 殹 民 生 不 忉 王 亓 母

死 民 生 塑 上 寓 也 亓 與 幾 可 不 教 亓

牺 王 於 甬 句 重 夫 婦 【簡73】 吾 唯 王 所

安 以 屈 妻 王 年 吳 王 乃 詔 曰 天 加 禍

于 吳 邦 不 才 耉 逄 丁 役 孤 身 女 述 遊

宗 留 【簡74】 凡 吳 土 塑 民 人 雩 公 是 妻

既 有 之 孤 余 紊 面 目 以 覞 于 天 下 雩

公 亓 事 【簡75】

398

【釋文】

□□□□□闔（襲）吳邦，回（圍）王宮[1]。吳王乃思（懼），行成，曰："昔不穀（穀）先秉利於雩=（越，越）公告孤請成[2]，男女【簡69】□□□□□□□□□□不羕（祥），余不敢譋（絕）祀，許雩（越）公成，以爭=（至于）今=（今[3]。今）吳邦不天，旻（得）辠（罪）於雩=（越，越）【簡70】□□□□□人之敝邑[4]。孤請成，男女備（服）。"句戈（踐）弗許，曰："昔天以雩（越）邦賜吳=（吳，吳）弗受。今天以吳邦【簡71】賜邺（越），句□□□□□□□□□□句戈（踐）不許吳成[5]。乃使（使）人告於吳王曰："天以吳土賜雩（越），句【簡72】戈（踐）不敢弗受。殹（抑）民生不艿（仍），王亓（其）母（毋）死[6]。民生埅（地）上，寓也，亓（其）與幾可（何）？不穀（穀）亓（其）酒（將）王於甬、句重（東）[7]，夫婦【簡73】晋=（三百），唯王所安，以屈畫（盡）王年[8]。"吳王乃諿（辭）曰："天加禍（禍）于吳邦，不才（在）耑（前）逡（後），丁（當）役（投）孤身[9]。女（焉）述（墜）遊（失）宗廟（廟）[10]。【簡74】凡吳土埅（地）民人，雩（越）公是畫（盡）既有之，孤余繫（奚）面目以俔（視）于天下？雩（越）公亓（其）事[11]。"【簡75】

【集釋】

1. □□□□□闔（襲）吳邦，回（圍）王宮[1]。吳王乃思（懼），行成，曰："昔不穀（穀）先秉利於雩=（越，越）公告孤請成[2]，男女□□□□□□□□□□不羕（祥），余不敢譋（絕）祀，許雩（越）公成，以爭=（至于）今[3]。

〔1〕□□□□□闔（襲）吳邦，回（圍）王宮

整理者第十一章注〔一〕：簡首缺五字，《國語·吳語》爲"越師遂入"，擬補爲"越王勾踐遂"。據《左傳》，越滅吳在魯哀公二十二年，公元前四七三年。

霖按：簡69首端殘缺，整理者所補與上句"越師乃遂襲吳"重複，今補作"越王勾踐既"。簡文所記似一戰而滅吳，與文獻所載不同。錢穆《先秦諸子繫年·越勾踐元年

399

考》:"《左傳》哀二十年越圍吳,二十二年滅吳,爲勾踐二十四年,蓋亦首尾三年,故《越語》曰:'居軍三年,吳師自潰。'《越世家》云:'留圍之三年,吳師敗。'均與《左傳》合。"①

〔2〕吳王乃思(懼),行成,曰:"昔不穀(穀)先秉利於雩=(越,越)公告孤請成

整理者第十一章注〔二〕:秉利於越,即第二章"越邦之利",擁有戰勝越國之利。秉利,《國語·吳語》作"委制"。

石小力(2018):現由今本"委制"簡本作"秉利",可知今本"委制"乃爲簡本"秉利"之形近訛字,當據簡本校正。"委"與"秉"形近易訛,"委"字從女從禾,"秉"字從又持禾,兩個字中皆有禾形,"女"與"又"形體相近,故二字容易發生訛混。"制"與"利"形近易訛,例如《管子·五輔》:"曰:辟田疇,利壇宅。"王念孫:"'利'當爲'制',字之誤也。隸書'制'字或作'刹',形與'利'相似。"……秉利,即執其利,雙方當中處於有利的形勢,又見於《國語·吳語》:"敢使下臣盡辭,唯天王秉利度義焉。"

霖按:秉利,執其利。《國語·吳語》"敢使下臣盡辭,唯天王秉利度義焉。""𣪠",楚簡中或增義符"力""禾"寫作"𣪠"(《清華壹·金縢》簡3)、"𣪠"(《清華叁·芮良夫》簡9)等。"請成",《左傳·隱公六年》:"往歲,鄭伯請成于陳,陳侯不許。"杜預注:"成猶平也。"

〔3〕男女【備(服),孤無奈越之先君何,畏天之】不羕(祥),余不敢𣃈(絶)祀,許雩(越)公成,以爭=(至于)今

整理者第十一章注〔三〕:所缺字數與《國語·吳語》相合,據補爲"服,孤無奈越之先君何,畏天之"。

整理者第十一章注〔四〕:絶祀,斷絶祭祀,謂亡國。《左傳·襄公二十四年》:"若夫保姓受氏,以守宗祊,世不絶祀,無國無之。禄之大者,不可謂不朽。"此處指斷絶他國之祭祀,指滅國。絶祀,與第一章之"屬(繼)𦰩(纂)"反義。

---

① 錢穆《錢賓四先生全集》卷五,聯經出版事業股份有限公司,1998年,頁41。

霖按：簡 70 簡首殘缺約 12 字，整理者據《國語·吳語》所補或可從，簡首第一字應爲"備"。"無奈……何"，無可奈何，《戰國策·秦策二》："楚懼而不進，韓必孤，無奈秦何矣！""兼"讀作"祥"，《子彈庫·帛書甲》："天地作兼（祥）。"①《郭店·老甲》簡 35："易生曰兼，心使氣曰強。"今本與帛書本"兼"寫作"祥"。

2. 今吳邦不天，旻（得）辠（罪）於雩＝（越，越）公以親辱於寡】人之敝邑〔4〕。孤請成，男女備（服）。"句戏（踐）弗許，曰："昔天以雩（越）邦賜吳＝（吳，吳）弗受。今天以吳邦賜郂（越），句【踐敢不聽天之命而聽君之令乎？"】句戏（踐）不許吳成〔5〕。

〔4〕【（越，越）公以親辱於寡】

整理者第十一章注〔五〕：簡首缺六字。《國語·吳語》作"今孤不道，得罪於君王，君王以親辱於敝邑"。根據殘辭與文義，缺字擬補爲"公，公以親辱於寡"七字，其中"公"字重文。簡文補足爲"今吳邦不天，得罪於越公，越公以親辱於寡人之敝邑"。

霖按："不天"，見《越王行成章》注〔8〕。我們認爲"公"應不是重文，結合簡 69"昔不穀先秉利於雩＝（越，越）公告孤請成"可證。

〔5〕今天以吳邦賜郂（越），句【踐敢不聽天之命而聽君之令乎？】

整理者第十一章注〔六〕：據《國語·吳語》，所缺十三字擬補爲"踐敢不聽天之命而聽君之令乎"。

霖按："𫟦"，楚系文字多以之表示{越}，或寫作"𫟦"（《清華壹·尹至》簡 1）。簡 72 所補從整理者之説。

3. 乃使（使）人告於吳王曰："天以吳土賜雩（越），句戏（踐）不敢弗受。殹（抑）民生不仍（仍），王亓（其）母（毋）死〔6〕。民生堃（地）上，寓也，亓（其）與幾可（何）？不敦

---

① 釋文從李零《子彈庫帛書》（下）釋文，文物出版社，2017 年，頁 45。

401

（穀）亓（其）牂（將）王於甬、句重（東）〔7〕，夫婦言=（三百），唯王所安，以屈夷（盡）王年〔8〕。"

〔6〕殹（抑）民生不仍，王亓（其）母（毋）死

整理者第十一章注〔七〕：民生不仍，猶人生不再，意爲人祇有一次生命。《國語‧吳語》作 "民生不長"。

王磊（2017C）："殹" 當讀爲 "繄"，義爲 "惟"。《漢書‧外戚傳》："惟人生兮一世，忽一過兮若浮。" 清華簡七《子犯子餘》："信難成，殹或易成也。" 其中 "殹" 亦讀爲 "繄"，訓 "惟"。用例相同。

石小力（2017E）：今本 "以民生之不長，王其無死"，簡本作 "殹民生不仍，王其毋死"，簡本 "殹" 字，讀爲 "抑"，表轉折關係。……今本 "長" 與簡本 "仍" 的關係，李守奎認爲是後世整理者因爲不認識 "仍" 字而改寫的。這是很有可能的。"不仍" 一詞，不見於古書，而生命本可以用長短來衡量，古書常見用 "長""短" 來形容人的生命。《書‧盤庚》："相時憸民，猶胥顧于箴言，其發有逸口，矧予制乃短長之命！"《左傳》文公十三年："邾子曰：命在養民，死之短長，時也。"《論衡‧問孔》："人之死生，自有長短，不在操行善惡也。" 後人在看到 "民生不仍" 一句時，因爲不識 "仍" 字，且古書少見生命不仍的表述，故根據常用長短來形容生命的一般常識，改 "仍" 爲 "長"。

霖按："民生不仍" 義爲 "人生不再"。"殹"，字形或從 "戈"。石小力讀作 "抑" 可從，連詞，表示轉折。《左傳‧襄公二十三年》："多則多矣，抑君似鼠。"

〔7〕民生墬（地）上，寓也，亓（其）與幾可（何）？不穀（穀）亓（其）牂（將）王於甬、句重（東）

整理者第十一章注〔八〕：寓，寄宿。"民生地上，寓也" 即後代 "人生若寄" 所自出。其與幾何，語同《國語‧國語》，韋昭注："言幾何時。"

整理者第十一章注〔九〕：不穀其將王於甬句東，《國語‧吳語》作 "寡人其達王于甬句東"，《國語‧越語上》作 "吾請達王甬句東"。將，送行。《詩‧燕燕》"之子於歸，遠於將之"，鄭玄箋："將亦送也。" 甬句東，《史記‧越王勾踐世家》作 "甬東"。

魏宜輝（2017）：我們傾向簡文中的 "將" 字理解爲 "供養、奉養" 之義。《詩‧

小雅·四牡》："王事靡盬，不遑將父。"毛傳："將，養也。"孔穎達疏："我堅固王事，所以不暇在家以養父母。""將王於甬句東"，意即"將吳王您供養在甬句東"。這與下文"夫婦三百，唯王所安，以屈盡王年"在文意聯繫上也更密切一些。至於《國語·吳語》及《越語》中的"達"字，我們懷疑是一個誤字。傳世文獻中的"將"，在楚簡文字中往往用"酒"或"遷"字來表示，有時"遷"會省寫作"迸"。① 包山楚簡簡228有"大司馬昭滑遷（將）楚邦之師徒以救郙之歲"，同樣的内容亦見於簡227，祇是簡227中"遷"省寫作"迸"。清華簡《繫年》篇簡81—82"伍雞迸（將）吳人以圍州來"，其中"將"亦用"迸"字來表示。我們懷疑在有的本子裏"將王於甬句東"中的"將"是用"迸"字來表示的，而後人或已不識此字，在傳抄過程中將其誤寫作形近的"達"。

吳德貞（2018）：夕陽坡楚簡有"越涌君"。李學勤先生認爲"越涌君"之"涌"即文獻中的越地甬，簡文從"水"作"涌"概因甬地有甬江，甬與句章相連，或可能當時句章即屬於甬，因此《左傳》稱爲"甬東"，《國語》稱"甬、句東"。②

霖按："寓"，《説文·宀部》："寓，寄也。"《清華叁·芮良夫》簡28："吾用作毖再終，以寓命達聽。""將"，魏宜輝之説可從，供養義。"甬句東"，《國語·吳語》"寡人其達王于甬、句東"，韋注："甬、句東，今句章東浹口外州也。"《越語上》記作："吾請達王甬、句東"，韋注："甬，甬江，句，句章，達王出之東境也。"徐元誥《國語集解》引《元和郡縣志》"翁州入海二百里，即《春秋》所謂甬東地，其州周環五百里"，并云："蓋即今浙江定海縣東北海中舟山也。"李學勤結合夕陽坡楚簡認爲越地有甬，因涌江而名，或寫作"涌"。甬、句章相連，句章亦屬於甬地。③

〔8〕夫婦言=（三百），唯王所安，以屈聿（盡）王年

魏宜輝（2017）：與《國語·吳語》"以没王年"相對應，簡文作"以屈盡王年"。其中"屈"字竹簡整理者未作注釋。這裏的"屈"訓作"盡"，竭盡、窮盡之義。《孫子·作戰》："攻城則力屈。"《漢書·食貨志上》："生之有時，而用之亡度，則物力必

---

① 原注：陳斯鵬《楚系簡帛中字形與音義關係研究》，中國社會科學出版社，2011年，頁90。
② 原注：李學勤《越涌君嬴將其衆以歸楚之歲考》，《古文字研究》（第25輯），中華書局，2004年，頁311—313。
③ 關於甬、句章的討論亦看參看陳治軍《從清華簡〈越公其事〉所見"甬、句東"再論"楚滅越"的時代》，《中國文字學會第九屆學術年會論文集》，貴州師範大學、貴陽孔學堂文化傳播中心，2017年8月18—22日，頁52—53。

屈。"顔師古曰："屈，盡也。"這裏的"屈盡"與"没"義相當。①

霖按："叁"，讀作"盡"可從，竭盡義，《上博一·性情》簡36："用力之聿（盡）者"。"屈盡"，同義複合詞，"屈"有"窮盡"義，劉向《説苑·辨物》："今宫室崇侈，民力屈盡，百姓疾怨，莫安其性。"

4. 吴王乃諎（辭）曰："天加禍（禍）于吴邦，不才（在）耑（前）後（後），丁（當）伇（投）孤身[9]。女（焉）述（墜）逰（失）宗宙（廟）[10]。凡吴土堅（地）民人，雩（越）公是聿（盡）既有之，孤余奚（奚）面目以貝（視）于天下？雩（越）公亓（其）事[11]。"

[9] 丁（當）伇（投）孤身

整理者第十一章注〔一〇〕：丁役孤身，《國語·吴語》作"當孤之身"。役，供使。《左傳·襄公十一年》"季氏使其乘之人，以其役邑入者無征"，孔穎達疏："役謂供官力役，則今之丁也。"

林少平：《越公其事》"丁（當）伇（役）孤身，焉述（遂）逰（失）宗廟"，《吴語》作"當孤之身，實失宗廟社稷"。役，當讀如本字，義爲"弃"。《揚子·方言》："弃也。淮汝之間謂之役。""當役孤身"比"當孤之身"語意更爲明確可解。逰，當讀作"達"，"焉遂達宗廟"當爲設問句，其大意是"如何遂達宗廟"。《詩經·商頌·長髮》："苞有三蘖，莫遂莫達。"鄭《箋》："無有能以德自遂達於天者，故天下歸向湯，九州齊一截然。"此二句比《吴語》"當孤之身，實失宗廟社稷"語意更能説明"夫差"亡國的心情。②

王寧（2018）：其"伇"的字形與甲骨文"疾漸"之"漸"形同，此亦當釋"漸"而讀爲"斬"，誅殺義，吴王説的那番話意思是：天降禍給吴國，不分前後，當斬殺了我，而使吴國失去宗廟（即亡國）。最後吴王自殺而死，正應了"當斬孤身"之語。説明

---

① 觀點首見於簡帛論壇《清華七〈越公其事〉初讀》155樓"cbnd"説，2017年5月6日。後發表於《讀〈清華大學藏戰國竹簡（柒）〉札記》。
② 簡帛論壇《清華七〈越公其事〉初讀》79樓，2017年4月29日。

到了戰國時代，從*斤*的"斬"和從人的"漸"已經混用不別了。

王凱博（2018）："殳"，整理者據形隸定作"伇"是很正確的。而問題在將隸定字"伇"所從的"殳"與楷書"役/疫"中的"殳"認同爲一，以爲"伇"可以讀作"役"，則不可取。我們知道，"役/疫"所從聲旁"殳"與音 shū 之"殳"兩者的古文字形體來源不同，後乃類化合并。楚系文字中"役/疫"的寫法如下：

《五行》簡45 ，《容成氏》簡3 ，《耆夜》簡10

《繫年》簡101 ，《厚父》簡10

其所從的聲符"殳"與音 shū 之"殳"寫法本迥異，不應混同。按字形分析的一般方法，"伇"應是從"人""殳"聲的形聲字。筆者理解，"伇"在簡文中可能是表示古漢語中的"投"這個詞。清華簡《祝辭》簡2"塦"作 ，辭例是"塦以土"，"塦"整理者讀爲"投"。"塦""伇"與"投"皆以"殳"爲聲，是同聲符通假。簡文"丁（當）伇（投）孤身"，似可與《書·大誥》"予造天役遺，大投艱于朕身"的說法比較。于省吾以爲"役遺"是"殀遺"之訛，或從之，"予造天役遺"其意即"我遭逢了上天所降下的譴責"。此與簡文"天加禍（禍）于吳邦"言降禍亂者相似，"大投艱于朕身"與簡文"丁（當）伇（投）孤身"亦可對比，"丁（當）伇（投）孤身"蓋言（天）正投置、降加（禍）於我身。①

霖按："伇"，王凱博之說可從，讀作"投"，委任、托付義。趙平安認爲"役"從又（手）持攴（"𣂠"），使役義，可能爲役之初文，辵或彳是後加意符，②故簡文"伇"非"役"字。"殳"讀作"投"如：《放馬灘·日乙·陰陽鐘》簡359："凡陰陽鐘，各殳（投）所卜大數曰實數者。"《馬王堆陸·胎產書》行24："冶之，殳（投）酒中"。

〔10〕女（焉）述（墜）逸（失）宗官（廟）

羅小虎：焉，於是。《國語·晉語二》："盡逐群公子，乃立奚齊。焉始爲令，國無

---

① 觀點首見於簡帛論壇《清華七〈越公其事〉初讀》78樓"zzusdy"說，2017年4月29日。
② 趙平安《說"役"》，《語言研究》，2011年第3期。

公族焉。"述、遂相通沒有問題。遂，應該理解爲"墜"，墜落，與"失"義同。《周易·震》："震遂泥。"陸德明《釋文》："遂，荀本作隊。"《史記·扁鵲倉公列傳》："是以陽脉下遂，陰脉上爭。"裴駰《集解》引徐廣曰："一作隊。""隊"即"墜"之本字。……本簡文中的"焉遂失宗廟"應理解爲"焉墜失宗廟"。類似的說法除了"墜厥命"之外，還有如"墜厥宗""墜厥緒""墜其國"。①

霖按："述"，"羅小虎"之說可從，讀作"墜"。《清華壹·保訓》簡1："王念日之多歷，恐述（墜）寶訓。"《清華伍·厚父》簡6："天迺弗若，迺述（墜）氒命，亡氒邦。""墜失"，失去義，《國語·周語上》："庶人、工、商各守其業，以共其上，猶恐其有墜失也，故爲車服、旗章以旌之。"

〔11〕雩（越）公是聿（盡）既有之，孤余系（奚）面目以見（視）于天下？雩（越）公亓（其）事

整理者第十一章注〔一一〕：越公其事，形式上與簡文沒有間隔，末端符號很像篇尾標志。但文義與上文不相連屬，當是概括簡文內容的篇題。

黃傑："是"當讀爲"寔"，通"實"，表肯定。②

魏棟："其"，助詞，相當於"之"，用於偏正短語之中。《尚書·康誥》："朕其弟，小子封。"《經傳釋詞》卷五："其，猶之也。"《韓非子·說林下》："舉蹞馬其一人。"王先慎集解："其，猶之也，古人其、之通用。"③

林少平（2017A）："其"當通作"記""紀"。《詩經·檜風·羔裘》："彼其之子，邦之司直。"《禮記·表記》引作"彼記之子"，《左傳·襄公二十七年》《新序·節士·石奢》《韓詩外傳》卷二皆引作"彼己之子"。"己"，本古"紀"字。《釋名》："己，紀也。"……故"其事"當讀作"記事""紀事"。"記事"，又作"紀事"，是指記錄歷史發生的重大事件。……"越公其事"當讀作"越公紀事"，是一種記錄"越公"事迹的載體。略觀清華簡柒《越公其事》篇章，確如司馬遷、班固《紀事》之載體。故班馬所本之載體在戰國時期或已初步成型。

---

① 簡帛論壇《清華七〈越公其事〉初讀》206樓，2017年8月23日。
② 簡帛論壇《清華七〈越公其事〉初讀》141樓"暮四郎"之說，2017年5月2日。
③ 清華大學出土文獻讀書會《清華七整理報告補正》。

王輝（2017）："越公其事"四字與前文連讀，無間隔，應該屬於正文，而不是篇題。……"越公其事"亦爲夫差所言。"越公"一詞在《越公》篇中共出現 8 次，……前七次均在對話中。（1）係伍子胥與吳王對話，稱呼勾踐爲"越公"，其餘是吳王與越國使者對話，稱呼勾踐爲"越公"。而在非對話的敘述性語言中，越王勾踐則被記作"越王"（簡 25 等）、"越王勾踐"（簡 26 等）、"王"（簡 26 等）、"勾踐"（簡 58 等）四種名稱。這樣來看，該篇若真以"某某其事"爲篇題，"某某"就不可能是"越公"，而可能是"越王""越王勾踐"或"勾踐"。……"事"可讀爲使。簡 15 下"吳王乃出，親見事（使）者"，簡 17"用事（使）徒遽趨聽命於……"，兩"事"均讀爲使。"越公其使"，意即越公你役使、驅使（我）吧，也就是任你處置的意思。"其"爲助詞；"使"省略賓語，但用在對話中，不致引起誤會。"事"或可不破讀，本身即有役使之義，《廣韻·志韻》："事，使也。"《越語上》"越君其次也"之"次"，韋昭注"舍也"，即駐紮之義。今按，韋說非是，"次"當讀爲恣，"越君其恣也"意即越君你請隨意吧。這在意思上剛好能與簡文"越公其使"對應起來，都含有任由越公你處置、發落之義。

孟蓬生（2019）：實際"越公其事"就是"越君其次"，不容作二歧解釋。事，之部；次，脂部。楚簡之脂相通：……"管寺吾"即"管夷吾"。上博簡"匪台所思"即"匪夷所思"、清華簡"思"作"帀"（《詩·周頌·敬之》："敬之敬之，天維顯思。"清華簡《周公之琴舞》："敬之敬之，天惟顯帀"），皆其證也。《説文·肉部》："䐃（胾）食所遺也。从肉，仕聲。《易》曰：'噬乾䐃。'肺，揚雄説，䐃從宋。"士聲事聲古音相通。《説文·士部》："士，事也。"《詩·鄭風·褰裳》："子不我思，豈無他士。"毛傳："士，事也。"宋聲次聲古音相通。《易·夬》："其行次且。"《釋文》："次，本亦作趀。《説文》及鄭作趀。"《説文·走部》："趀，蒼卒也。从走，宋聲。讀若資。"……然則事之於次，猶事之於宋、䐃之於肺也。

黄傑："事"當理解爲本字，意爲從事，這裏指管理、統治（土地民人等）。上下文的意思是："我還有什麽臉面在天下人面前丟人現眼呢？您就去統治吧。"[①]

林少平：王輝先生認爲"越公其事"非篇名的説法，恐怕不可信。《國語·越語上》"越王其次也"一句，無論是從結構上，還是從語意上講，基本可以肯定它不是吳王

---

① 簡帛論壇《清華七〈越公其事〉初讀》139 樓"暮四郎"説，2017 年 5 月 2 日。

夫差的談話内容。"越王其次也。遂滅吴。"顯然是《國語》作者所表達的内容。如此，"越公其次"，實際上，是對整篇文章的總結。從這一意義上而言，整理者定"越公其事"爲篇名，屬爲睿智之見。①

霖按：王輝等學者認爲"越公其事"非篇題可從。"事"，讀作"次"，居住義。"越公其事"與《國語·越語上》篇末"越君其次也"對應。"事"從紐之部，"次"清紐脂部，聲母均爲齒音，韻部之脂相近。簡文此句意爲"越王您入住吴國吧"。篇尾有表示篇末完結的符號。

【今譯】

……【越王勾踐已經】襲擊吴國，包圍了吴國王宫。吴王感到恐懼，前去議和，説："過去我執越國之利，越王向我求和，以越國男女爲臣妾……害怕上天降下不祥，我不敢斷絶越國的祭祀，答應越王您議和，以至於今。現在吴國不爲天所佑助，冒犯了越王，【越王屈駕光臨到我的】國家，我請求議和，以吴國男女爲臣妾。"勾踐不答應，説："過去上天把越國賜予吴國，吴王不接受，現在上天把吴國賜予了越國，勾踐豈敢不接受上天的命令而接受吴王您的命令呢？"勾踐不答應吴王求和，於是派使者告訴吴王説："上天以吴國的土地賜予越國，勾踐不敢不接受。但是人生不再，希望吴王不要赴死，百姓生活在土地上，是寄寓罷了，能給予多少次呢？我希望在甬、句東供養吴王您，男女三百人，作爲吴王安居之所，來竭盡餘下人生。"吴王辭謝説："上天降禍於吴國，不在前亦不在後，正值我自身，失去宗廟，凡是吴國土地、百姓，越王您已經完全擁有了，我還有什麽臉面去面見天下呢？越王您入住吴國吧。"

小　結

本篇以吴越戰争爲背景，重點講述了越王爲復國而實施的"五政"：初政好農，糧食充盈；二政好信，改善民風；三政徵人，擴充人口；四政好兵，儲備武器；五政整民，言行一致。"五政"爲勾踐復國戰争奠定了基礎，最終實現滅吴之事。本篇雖有記言的部

---

① 簡帛論壇《清華七〈越公其事〉初讀》190樓，2017年6月7日。

分，但是以叙述故事爲主，這與《子犯子餘》《趙簡子》以對話爲主的語類文獻不同。從簡文可知春秋晚期句踐滅吴發生後，這段傳奇歷史被迅速故事化，至遲在戰國中期已經形成了不同的版本在各地流傳，如簡文所述越王襲吴之戰看似一戰而勝與歷史事實有出入，是故事化的表現。勾踐的"五政"與文種"伐吴九術"存在着較多相似之處，均先行休養生息的黄老之術，待國力恢復後，再興文教、振武力。此外，簡文對一些細節的描述，有助於我們對吴越史實的認識，如：越王求成派遣大夫文種，而《國語·吴語》、慈利楚簡記載爲"諸稽郢"；吴王許成的原因是考慮到路遠兵乏，而非文獻中提到因太宰伯嚭因受賄後而勸説吴王止兵；勾踐没有入臣於吴；越王伐吴時派遣范蠡、舌庸二人等。

附錄一　釋文

《子犯子餘》釋文

　　【公子䌛】耳自楚迬（適）秦，凥（處）女（焉）三戠（歲），秦公乃訋（召）子軋（犯）而䪞（問）女（焉），曰："子，若公子之良庶子，耆（故）晉邦又（有）禍（禍），公子不能幷（置）女（焉），而【簡1】走去之，母（毋）乃猷心是不歖（足）也虖（乎）？"子軋（犯）倉（答）曰："誠女（如）宔（主）君之言。虞（吾）宔（主）好定（正）而敬訐（信），不秉禍（禍）利，身不忍人，古（故）走去之，【簡2】以即中於天。宔（主）女（如）曰疾利女（焉）不歖（足），誠我宔（主）古（固）弗秉。"【簡3】

　　省（少），公乃訋（召）子余（餘）而䪞（問）女（焉），曰："子，若公子之良庶子，晉邦又（有）禍（禍），公【簡3】【子不能】幷（置）女（焉），而走去之，母（毋）乃無良右（左）右也虖（乎）？"子余（餘）倉（答）曰："誠女（如）宔（主）之言。虞（吾）宔（主）之式（貳）晶（三）臣，不閒（閑）良註（規），不諆（蔽）又（有）善。必出又（有）【簡4】惡，【及陷】於難，翟（勦）輴（勞）於志，幸㫃（得）又（有）利不忘（憖）蜀（獨），欲皆欤（歛）之。事又（有）訛（過）女（焉），不忘（憖）以人，必身廛（擔）之。虞（吾）宔（主）溺（弱）寺（恃）而惡（強）志，不【簡5】□□□，募（顧）監於訛（禍），而走去之。宔（主）女（如）此胃（謂）無良右（左）右，誠殹（繄）蜀（獨）亓（其）志。"【簡6】

　　公乃訋（召）子軋（犯）、子余（餘）曰："二子事公子，句（苟）聿（盡）又（有）【簡6】心女（如）是，天豐（亡）怣（謀）禍（禍）於公子。"乃各賜之鐱（劍）繡（帶）衣常（裳）而歖（膳）之，思（使）還。【簡7】

公乃䜆（問）於邗（蹇）㝬（叔）曰："夫公子之不能居晉邦，訐（信）天【簡7】命哉？割（曷）又（有）儳（僕）若是而不果以或（國），民心訐（信）難成也哉？"邗（蹇）㝬（叔）含（答）曰："訐（信）難成，殹（抑）或（有）易成也。凡民秉㦖（度），耑（端）正諳（僭）試（忒），才（在）上之【簡8】人，上繩不遊（失），斤亦不遒（僭）。"公乃䜆（問）於邗（蹇）㝬（叔）曰："㝬（叔），昔之舊聖折（哲）人之愽（敷）政命（令）刑（刑）罰，事（使）衆若事（使）一人，不穀（穀）余敢䜆（問）亓（其）【簡9】道奚（奚）女（如）？猷（猶）㝬（叔）是䎽（聞）遺老之言，必尚（當）語我才（哉）。窜（寧）孤是勿能用？卑（譬）若從犨（雄）肰（然），虖（吾）尚（當）觀亓（其）風。"邗（蹇）㝬（叔）含（答）曰："凡君斎=（之所）䜆（問）【簡10】莫可䎽（聞）。昔者成湯以神事山川，以悳（德）和民。四方尸（夷）莫句（後）與，人面見湯若鴍（暴）雨方奔之而麃（庇）雁（廕）女（焉），用果念（臨）政【簡11】九州而㝅（有）君之。逡（後）殜（世）㝬（就）受（紂）之身，殺三無姑（辜），爲爔（炮）爲烙，殺某（梅）之女，爲栚（桎）㭜（梏）三百。鬯（殷）邦之君子，無少（小）大，無遠逐（邇），見【簡12】受（紂）若大陞（岸）牁（將）具（俱）陧（崩），方走去之，悬（懼）不死，型（刑）以及于氒（厥）身，邦乃述（遂）岜（亡），用凡君所䜆（問）莫可䎽（聞）。"【簡13】

公子㮔（重）耳䎽（問）於邗（蹇）㝬（叔）曰："岜（亡）【簡13】【人】不孫（遜），敢大脂（膽）䎽（問）：天下之君，子欲记（起）邦奚（奚）以？欲亡邦奚（奚）以？"邗（蹇）㝬（叔）含（答）曰："女（如）欲记（起）邦，則大甲與盤庚、文王、武王，女（如）欲【簡14】亡邦，則燊（桀）及受（紂）、剌（厲）王、幽王，亦備才（在）公子之心巳（已），奚（奚）袋（勞）䎽（問）女（焉）。"【簡15】

《晉文公入於晉》釋文

晉文公自秦内（入）於晉，褍（端）罡（冕）□□□□□□□王母=（母，毋）辡（辨）於妞（好）妝（莊）嫶（簉）䀇（醜）皆見。晶（明）日朝，逗（屬）邦利（黎）老，命曰："以孤之舊（久）不【簡1】旻（得）䌛（由）弍（二）厽（三）夫=（大夫）以攸（修）晉邦之政，命訟訣（獄）敀（拘）䂮（執）罬（釋），遹（滯）責（積）母

（毋）又（有）眞（塞），四坆（封）之内皆肰（然）。"或昷（明）日朝，命曰："以孤之舊（久）不昃（得）繇（由）式（二）【簡2】灸（三）夫=（大夫）以攸（修）晉邦之祀，命肥蒭羊牛、豢犬豕，具齋（粢）稷醴=（酒醴）以祀，四壴（封）之内皆肰（然）。"或昷（明）日朝，命曰："爲豪（稼）嗇（穑）古（故），命洲（瀹）舊【簡3】沟（溝）、增舊芳（防），四壴（封）之内皆肰（然）。"或昷（明）日朝，命曰："以虐（吾）晉邦之閼（間）尻（處）戜（仇）虘（讎）之閼（間），命竇（蒐）攸（修）先君之車（乘）、貣（飭）車轂（甲），四壴（封）之内【簡4】皆肰（然）。

乃乍（作）爲羿（旗）勿（物），爲陞（升）龍之羿（旗），師（師）以進；爲降龍之羿（旗），師（師）以退。爲右（左）□□□□□□□□□□□□【簡5】爲絭（角）龍之羿（旗），師（師）以戜（戰）；爲交（蛟）龍之羿（旗），師（師）以豫；爲日月之羿（旗），師（師）以舊（久）。爲熊羿（旗），夫=（大夫）出；爲駒（豹）羿（旗），士出；爲芳（蒦）芑（采）之羿（旗），戠（饋）糧者【簡6】出。乃爲三羿（旗）以成至（制）；遠羿（旗）死，中羿（旗）刑（刑），忎（近）羿（旗）罰。【簡7】

成之，以兔（挟）于蒿（郊）三，因以大乍（作）。元年克崇（原），五年啓東道，克曹、五麋（鹿），【簡7】敗楚師（師）於堼（成）僕（濮），畫（建）甕（衛），成宋，回（圍）晉（許），反莫（鄭）之扂（陴），九年大旻（得）河東之者（諸）侯。【簡8】

《趙簡子》釋文

灸（趙）柬（簡）子既受寡（右）牁（將）軍，才（在）朝，軋（范）獻子進諫曰："昔虐（吾）子之牁（將）方少，女（如）又（有）訛（過），則非子之咎，市（師）保【簡1】之皋（罪）也。豪（就）虐（吾）子之牁（將）佷（長），女（如）又（有）訛（過），則非子之咎，嫝（傅）母之皋（罪）也。今虐（吾）子既爲寡（右）逓（將）軍巳（已），女（如）又（有）訛（過），【簡2】則非人之皋（罪），牁（將）子之咎。子訋（始）造於善，則善人至，不善人退。子訋（始）造於不善，則不善人至，善【簡3】人退。用繇（由）今以生（往），虐（吾）子牁（將）不可以不戒巳（已）！"【簡4】

灸（趙）柬（簡）子訶（問）於成蚓（䰠）曰："齊君遊（失）政，陳是（氏）昃（得）之，敢訶（問）齊君遊（失）之絫（奚）繇（由）？陳是（氏）昃（得）之絫（奚）繇

（由）？"成臷（勑）會〈答〉曰："齊【簡5】君遊（失）正（政），臣不旻（得）䛔（聞）亓（其）所繇（由），陳是（氏）旻（得）之，臣亦不旻（得）䛔（聞）亓（其）所繇（由）。㫐（抑）昔之旻（得）之與遊（失）之，皆又（有）繇（由）也。"盆（趙）朿（簡）【簡6】子曰："亓（其）所繇（由）豊（禮）可䛔（聞）也？"成臷（勑）倉（答）曰：昔虐（吾）先君獻公是尻（居），掌（嘗）又（有）二尾（宅）之室，以好士庶子，車虜（甲）外（完），【簡7】六寶（府）湓（盈），宮中六寯（竈），并六祀。肰（然）則旻（得）桷（輔）相周室，亦智（知）者（諸）侯之愚（謀）。䵒（就）虐（吾）先君襄公，親冒虜（甲）韋（胄），以【簡8】絢（治）河湌（濟）之閡（間）之䦲（亂）。各（冬）不裘，頮（夏）不張䉼（箑），不飲（食）濡肉，宮中六寯（竈），并六祀，肰（然）則旻（得）桷（輔）相周室，兼【簡9】故（霸）者（諸）侯。䵒（就）虐（吾）先君坪（平）公，宮中卅＝（三十）里，駝（馳）馬四百駟。狀（貌）亓（其）衣尚（裳），孚（飽）亓（其）舍（飲）飤（食），宮中三臺（臺），是乃欤（侈）巳（已），肰（然）【簡10】則遊（失）故（霸）者（諸）侯，不智（知）周室之☐會（儉）之欤（侈）☐☐欤（侈）之會（儉）虐（乎）？"【簡11】

《越公其事》釋文

☐☐☐☐☐☐☐☐☐☐☐☐☐赶（遷）陞（登）於會旨（稽）之山，乃史（使）夫＝（大夫）住（種）行成於吳帀（師），曰："嘼（寡）【簡1】【人】☐☐☐☐☐☐☐☐☐☐☐☐☐☐☐☐☐不天，上帝降【簡2】【禍灾於】雩（越）邦，不才（在）耑（前）逡（後），丁（當）孤之殜（世）。虐（吾）君天王，以身被甲冒（胄），戟（敦）力（勒）釵（鏌）鎗（鏌）鑲（鋣），聿（挾）弳秉橐（枹），辰（振）喔（鳴）【簡3】【鐘鼓，以】親辱於嘼（寡）人之粞＝（敝邑）。嘼（寡）人不忍君之武礪（厲）兵甲之鬼（威），笓（播）弃宗𡧛（廟），赶才（在）會旨（稽），嘼（寡）人【簡4】又（有）絥（帶）甲仐（八千），又（有）旬之糧。君女（如）爲惠，交（徼）天堃（地）之福，母（毋）鱻（絕）雩（越）邦之命于天下，亦兹（使）句䙄（踐）屬（繼）纂（緒）【簡5】於雩（越）邦，孤亓（其）銜（率）雩（越）庶眚（姓），齊卻（節）同心，以臣事吳，男女備（服）。三（四）方者（諸）侯亓（其）或敢不賓于吳邦？君【簡6】女（如）曰：

'余亓（其）必敚（滅）螆（絕）雩（越）邦之命于天下，勿茲（使）句狋（踐）屬（繼）鎤（緒）於雩（越）邦巳（已）。'君乃陣（陳）吳【甲兵】，【建鉦鼓】【簡7】帀（施）胃（旌），王親鼓之，以觀句狋（踐）之以此仐（八千）人者死也。"【簡8】

吳王䎽（聞）雩（越）徒（使）之柔以㢴（剛）也，思道迲（路）之欲（修）隓（險），乃思（懼），告繡（申）疋（胥）曰："孤亓（其）許之成。"繡（申）疋（胥）曰："王亓（其）勿許！【簡9】天不奶（仍）賜吳於雩（越）邦之利。虞（且）皮（彼）既大北於坪（平）备（邍），以歾（潰）去亓（其）邦，君臣父子亓（其）未相旻（得）。今雩（越）【簡10】公亓（其）敓（孰）又（有）繡（帶）甲仐（八千）以臺（敦）刃皆（偕）死？"吳王曰："夫=（大夫）亓（其）良惪（圖）此！昔虖（吾）先王盍膚（盧）所以克内（入）郢邦，【簡11】唯皮（彼）雞（雞）父之遠暜（荊），天賜中（衷）于吳，右我先王。暜（荊）帀（師）走，虖（吾）先王遻（邇）之，走遠，夫甬（用）戔（殘），虖（吾）先【簡12】王用克内（入）于郢。今我道迲（路）攸（修）隓（險），天命反吳（側），敗（豈）甬（庸）可（何）智（知）自旻（得）？虖（吾）䎽（始）俴（踐）雩（越）坒（地）以爭=（至于）今，凡吳之【簡13】善士酒（將）中畔（半）死巳（已）。今皮（彼）新（新）去亓（其）邦而笣（毒），母（毋）乃豕（豖）戭（鬭）？虖（吾）於（烏）膚（胡）取仐（八千）人以會皮（彼）死？"繡（申）疋（胥）乃【簡14】思（懼），許諾。【簡15】

吳王乃出，䎽（親）見事（使）者曰："君雩（越）公不命徒（使）人而夫=（大夫）親辱，孤敢兌（脫）辠（罪）於夫=（大夫）。【簡15下】孤所旻（得）辠（罪）：亡（無）良鄰（邊）人禹（稱）瘨（蓄）悬（怨）啎（惡），交䛐（鬭）吳雩（越），茲（使）虖（吾）式邑之父兄子弟朝夕棧（殘），肰（然）爲犲（豺）【簡16】狼飤（食）於山林籤（幽）芒（荒），孤疾痌（痛）之。以民生之不長而自不夂（終）亓（其）命，用事（使）徒遽趣（趣）聖（聽）命。於【簡17】今厽（三）年，亡（無）克又（有）奠（定），孤用忢（願）見雩（越）公。余弃啎（惡）周（酬）好，以交（徼）求卡=（上下）吉羕（祥）。孤用銜（率）我壹（一）弍（二）子弟【簡19】以逩（奔）告於鄰=（邊。邊）人爲不道，或忼（抗）御（禦）寡（寡）人之謁（辭），不茲（使）達気（暨），羅（麗）甲綏（纓）胄（胄），臺（敦）齊兵刃以攺（捍）御（禦）【簡20】寡（寡）人。孤用医（委）命,瞳（踵）唇（晨）閯（昏）,冒兵刃,达（匍）遣（匐）豪（就）君,余聖（聽）命於門。君不尚新（親）有舁（寡）人,归（抑）犰（荒）弃孤,【簡21】怀（背）虛宗宙（廟）,陟枾（棲）於會旨（稽）。孤或（又）忎（恐）亡（無）良僕馭（御）獳（失）火於雩（越）邦,孤用内（入）守於宗宙（廟）,以須【簡22】使（使）人。今夫。（大夫）嚴（儼）肰（然）監（銜）君王之音,賜孤以好曰:'余亓（其）與吳科（播）弃悬（怨）晉（惡）于潛（海）瀘（濟）江沽（湖）。夫婦交【簡23】綾（接）,皆爲同生,齊埶（勢）同力,以御（禦）戠（仇）戠（讎）。'孤之忎（願）也。孤敢不許諾,恣志於雩（越）公!"使（使）者反（返）命【簡24】雩（越）王,乃盟,男女備（服）,帀（師）乃還。【簡25】

吳人既閣（襲）雩（越）邦,雩（越）王句戈（踐）洒（將）忎（期）逄（復）吳。既畫（建）宗宙（廟）,攸（修）柰（社）应（位）,乃大鹰（解）红（攻）,以忎（祈）民之窰（寧）。王乍（作）【簡26】安邦,乃因司（治）衮（襲）尚（常）。王乃不咎不惑（忌）,不戮不罰；蔑弃悬（怨）皋（罪）,不禹（稱）民晉（惡）;縱（總）經遊民,不【簡27】禹（稱）貴（力）设（役）、潾（幽）塗、泃（溝）墜（塘）之红（功）。王欪（惕）亡（毋）好攸（修）于民厺（三）工之堵（署）,兹（使）民碬（暇）自相,薭（農）工（功）旻（得）寺（時）,邦乃碬（暇）【簡28】安,民乃蕃芓（滋）。爭=（至于）厺（三）年,雩（越）王句戈（踐）女（焉）冶（始）复（作）緸（紀）五政之丰（律）。【簡29】

王思邦遊民,厺（三）年,乃乍（作）五=政=（五政。五政）之初,王好薭（農）工（功）。王親自嚻（耕）,又（有）厶（私）菖（穫）。王親涉泃（溝）淳潾（幽）塗,日睛（省）薭（農）【簡30】事以勸怠（勉）薭（農）夫。雩（越）庶民百眚（姓）乃禹（稱）譶（慴）,慧（悚）思（懼）曰:"王亓（其）又（有）縈（營）疾?"王餾（聞）之,乃以筥（熟）飤（食）:盤（脂）、釀（醢）、【簡31】肴（脯）、肬（膴）多從。亓（其）見薭（農）夫老弱堇（勤）壓（斂）者,王必畬（飲）飤（食）之。亓（其）見薭（農）夫毻（黎）頵（頂）足見,虚（顏）色訓（順）必（比）而洒（將）【簡32】朸（耕）者,王亦畬（飲）飤（食）之。亓（其）見又（有）戱（班）、又（有）司及王右（左）右,先賠（誥）王訓,而洒（將）朸（耕）者,王必與之乎（坐）飤（食）。【簡33】凡王右（左）右大臣,乃莫不朸（耕）,人又（有）厶（私）菖（穫）。塁（舉）雩

（越）庶民，乃夫婦皆拂（耕），䢂=（至于）鄰（邊）還（縣）尖=（小大）遠邇（邇），亦夫【簡35】婦皆【耕】。【簡36上】□【吳】人還（還）雩（越）百里【之地】□【簡18】□【得】于雩（越）邦陸（陵）阩（陸），陸（陵）穚（稼），水則爲稻，乃亡（無）又（有）鬩（閒）卉（艸）。【簡34】雩（越）邦乃大多飤（食）。【簡36下】

雩（越）邦備（服）蓐（農）多食，王乃好訐（信），乃攸（修）市政。凡羣厇（宅）之不厇（度），羣采勿（物）之不縝（慎），諫（爽）緰（渝）諒人則勤（刑）也。【簡37】【凡】□【豫】而【價】賈女（焉），則劼（詰）戮（誅）之。凡市賈爭訟，訑（反）訴（背）訢（欺）巳（詒），戠（辨）之而評（孚），則劼（詰）戮（誅）之。因亓（其）貨以爲【簡38】之罰。凡鄰（邊）鄧（縣）之民及又（有）管（官）帀（師）之人或告于王廷，曰：“初日政（徵）勿（物）若某，今政（徵）砫（重），弗果。”凡此勿（物）也，【簡39】王必親見而聖（聽）之，戠（辨）之而訐（信），亓（其）才（在）邑司事及官帀（師）之人則發（廢）也。凡成（城）邑之司事及官帀（師）之【簡40】人，乃亡（無）敢增歷（斂）亓（其）政（徵）以爲獻於王。凡又（有）訧（獄）訟䢂=（至于）王廷，曰：“昔日與㠯（己）言員（云），今不若亓（其）言。”凡此聿（類）【簡41】也，王必親聖（聽）之，旨（稽）之而訐（信），乃母（毋）又（有）貴賤，勤（刑）也。凡雩（越）庶民交諆（接）、言語、貨資、市賈乃亡（無）敢反不（背）訢（欺）巳（詒）。【簡42】雩（越）則亡（無）訧（獄），王則閜=（閒閒），佳（唯）訐（信）是趡（趣）；嘉（及）于右（左）右，舉（舉）雩（越）邦乃皆好訐（信）。【簡43】

雩（越）邦備（服）訐（信），王乃好陞（徵）人。王乃趡（趣）使（使）人戠（辨）腈（省）成（城）市鄰（邊）還（縣）尖=（小大）遠邇（邇）之厫（勾）、荅（落），王則眡（比視），佳（唯）匎（勾）、荅（落）是戠（辨）腈（省），【簡44】餌（聞）之于右（左）右。王既戠（辨）智（知）之，乃命上會（計），王必（比）親聖（聽）之。亓（其）匎（勾）者，王見亓（其）執事人則訂（怡）忩（豫）惪（懿）也。不可□【簡45】芺=（笑笑）也，則必舍（飲）飤（食）賜夋（予）之。亓（其）荅（落）者，王見亓（其）執事人，則顬（憂）感不忩（豫），弗余（予）舍（飲）飤（食）。王既必（比）聖（聽）之，乃品。【簡46】埜（野）會厽（三）品，交（校）于王寳（府）厽（三）品，年譜（籌）攴（枚）簪（數），由臤（賢）由毀，又（有）莢（糵）戠（歲），又（有）賞罰，善人則由，晉（譖）民則怀（否）。是以【簡47】蕙（勸）民，是以收敌（寇），是以匔（句）邑。王則隹（唯）匔（句）、莈（落）是徹（趣），矗（及）于右（左）右。𡋝（舉）雩（越）邦乃皆好陞（徵）人，方和于亓（其）堃（地）。東【簡48】尼（夷）、西尼（夷）、古蔑、句虞（無）四方之民乃皆䎽（聞）雩（越）堃（地）之多飤（食）、政（徵）溥（薄）而好訐（信），乃波（頗）徍（往）遆（歸）之，雩（越）堃（地）乃大多人。【簡49】

雩（越）邦皆備（服）陞（徵）人，多人，王乃好兵。凡五兵之利，王日忎（翫）之，居者（諸）左右；凡金革之攻，王日龠（論）胜（省）【簡50】亓（其）事，以䎽（問）五兵之利。王乃歸（潛）徒（使）人情（請）䎽（問）羣大臣及鄭（邊）䣛（縣）成（城）市之多兵、亡（無）兵者，王則貾＝（比視）。隹（唯）多【簡51】兵、亡（無）兵者是哉（辯），䎽（問）于左右。與（舉）雩（越）邦爭＝（至于）鄭（邊）還（縣）成（城）市乃皆好兵甲，雩（越）邦乃大多兵。【簡52】

雩（越）邦多兵，王乃整（整）民、攸（修）命（令）、箸（審）刑（刑）。乃出共（恭）敬（敬），王𨛫（訊）之，翠（志）以受（授）夫＝（大夫）住（種），則賞敩（購）之；乃出不共（恭）不敬（敬），【簡53】王𨛫（訊）之，翠（志）以受（授）軋（范）羅（蠡），則疁（戮）殺之。乃徹（趣）訽（徇）于王宮，亦徹（趣）取疁（戮）。王乃大訽（徇）命于邦，寺（是）訽（徇）寺（是）命，及羣【簡54】敷（禁）御：及凡庶眚（姓）、凡民司事雉（爵）立（位）之宷（次）尻（序）、備（服）衼（飾）、羣勿（物）品采（綵）之侃（愆）于耆（故）棠（常），及風音、誦詩、訶（歌）諑（謠）【簡55】之非郯（越）棠（常）聿（律），尼（夷）訐（謼）䜌（蠻）吳（謳），乃徹（趣）取疁（戮）。王乃徹（趣）爭＝（至于）沟（溝）墜（塘）之工（功），乃徹（趣）取疁（戮）于逡（後）至逡（後）成。王乃徹（趣）【簡56】埶（設）戍于東尼（夷）、西尼（夷），乃徹（趣）取疁（戮）于逡（後）至不共（供）。王又（有）遊（失）命，可遑（復）弗遑（復），不兹（使）命騥（疑），王則自罰。少（小）遊（失）【簡57】舍（飲）飤（食），大遊（失）蠥＝（墨準），以礪（勵）萬民。雩（越）邦庶民則皆䰜（震）㣫（動），汢（荒）鬼（畏）句戕（踐），亡（無）敢不敬（敬）。訽（徇）命若命，敷（禁）御莫【簡58】儞（偏），民乃整（整）齊。【簡59】

王監雩（越）邦之既苟（敬），亡（無）敢懱（蹟）命，王乃犾（試）民。乃䯅（竊）焚舟室,鼓命邦人【簡59】救火。毀（舉）邦走火,進者莫退,王思（懼）,鼓而退之,死者言=（三百）人,王大悹（喜）,女（焉）訋（始）鑾（絶）吳之行李（李）,母（毋）或（有）徏（往）【簡60】埜（來）以交（徼）之此。乃誋（屬）邦政於夫=（大夫）住（種）,乃命軋（范）羅（蠡）、太（舌）甬（庸）大㿌（歷）雩（越）民,必（比）雫（卒）劫（勒）兵,乃由（擢）王雫（卒）君子雫=（六千）。王【簡61】雫（卒）既備（服）,舟鞏（乘）既成,吳帀（師）未迟（起）,雩（越）王句戏（踐）乃命鄭（邊）人敢（取）怠（怨）,弁（變）闇（亂）厶（私）成,舀（挑）起怠（怨）䛜（惡）,鄭（邊）人乃【簡62】相戏（攻）也,吳帀（師）乃迟（起）。吳王起帀（師）,軍於江北。雩（越）王起帀（師）,軍於江南。雩（越）王乃中分亓（其）帀（師）以爲右（左）【簡63】軍、右軍,以亓（其）厶（私）雫（卒）君子雫=（六千）以爲中軍。若（諾）明日牁（將）舟戡（戰）於江。及昏,乃命右（左）軍監（銜）栜（枚）溮（泝）江五【簡64】里以須,亦命右軍監（銜）栜（枚）渝江五里以須,㝅（夜）中,乃命右（左）軍、右軍涉江,曜（鳴）鼓,中水以竪。【簡65】吳帀（師）乃大狱（駭）,曰:"雩（越）人分爲二帀（師）,涉江,牁（將）以夾【攻我師。"不瞏】旦,乃中分亓（其）帀（師）,牁（將）以御（禦）之。【簡66】雩（越）王句戏（踐）乃以亓（其）厶（私）雫（卒）卒=（六千）數（竊）涉,不鼓不喿（噪）以滯（潛）攻之,大闇（亂）吳帀（師）。左軍、右軍乃述（遂）涉,戏（攻）之。【簡67】吳帀（師）乃大北,征（三）戡（戰）征（三）北,乃至於吳。雩（越）帀（師）乃因軍吳=（吳,吳）人昆（閽）奴乃内（納）雩=帀=（越師,越師）乃述（遂）闔（襲）吳。【簡68】

　　□□□□□闔（襲）吳邦,回（圍）王宫。吳王乃思（懼）,行成,曰:"昔不穀（穀）先秉利於雩=（越,越）公告孤請成,男女【簡69】□□□□□□□□□□不羕（祥）,余不敢鑾（絶）祀,許雩（越）公成,以爭=（至于）今=（今。今）吳邦不天,旻（得）辠（罪）於雩=（越,越）【簡70】□□□□□人之敝邑。孤請成,男女備（服）。"句戏（踐）弗許,曰:"昔天以雩（越）邦賜吳=（吳,吳）弗受。今天以吳邦【簡71】賜郕（越）,句□□□□□□□□□□句戏（踐）不許吳成。乃使（使）人告於吳王曰:"天以吳土賜雩（越）,句【簡72】戏（踐）不敢弗受。殹（抑）

附錄一　釋文

419

民生不夠（仍），王亓（其）母（毋）死。民生塦（地）上，寓也，亓（其）與幾可（何）？不敎（穀）亓（其）將（將）王於甬、句重（東），夫婦【簡73】膚=（三百），唯王所安，以屈聿（盡）王年。"吳王乃誻（辭）曰："天加禍（禍）于吳邦，不才（在）耑（前）迻（後），丁（當）伇（投）孤身。女（焉）述（墜）遊（失）宗窜（廟）。【簡74】凡吳土塦（地）民人，雪（越）公是聿（盡）既有之，孤余系（奚）面目以貝（視）于天下？雪（越）公亓（其）事。"【簡75】

附録二　逐字索引

凡　例

1. 本索引正文以字頭爲綱，字頭後首先用括號注明該字在全文出現的頻數，然後逐一標注出處和辭例，辭例中的字頭用字以"~"表示，不同出處之間用"/"隔開。

2. 逐字索引正文字頭除單字外，另立合文字頭。

3. 逐字索引每一字頭下出處的順序，與本索引釋文的行文順序相同。

4. 逐字索引的辭例儘量照顧文意相對完整（或爲句子，或爲詞組）。

5. 逐字索引字頭依據大徐本《説文》部首序列排序，《説文》未見字附於相應部首列字之後。

6. 釋文中使用符號與正文凡例一致。釋文合文符號使用情況與簡文一致。

7. 字頭儘量采取嚴格隸定。

8. 字頭拼音檢字表中，祇取字頭較爲常見的讀音進行排序，多音字不再重出。

字頭拼音檢字表

附錄二 逐字索引

A

[Ai]
歆 ………… 461

[An]
安 ………… 498

B

[Bai]
百 ………… 464
敗 ………… 461

[Ban]
戏 ………… 530
畔 ………… 536

[Bang]
邦 ………… 491

[Bao]
保 ………… 501
豹 ………… 512
鷟 ………… 521

[Bei]
卑 ………… 459
北 ………… 503
备 ………… 536
誖 ………… 453

被 ………… 504
備 ………… 502

[Ben]
奔 ………… 514
逩 ………… 447

[Beng]
陛 ………… 538

[Bi]
必 ………… 440
麗 ………… 511
敝 ………… 500
諀 ………… 453

[Bian]
嬪 ………… 527
鄭 ………… 493
弁 ………… 505
辡 ………… 541
戭 ………… 530
戭 ………… 530

[Bin]
賓 ………… 491

[Bing]
兵 ………… 454
秉 ………… 458
并 ………… 503

[Bo]
波 ………… 518
科 ………… 537

[Bu]
不 ………… 521

C

[Cai]
才 ………… 485
采 ………… 484
荚 ………… 438

[Can]
毵 ………… 530
糁 ………… 497
朁 ………… 475

[Cao]
曹 ………… 475

[Ce]
吴 ………… 514

[Chai]
犲 ………… 511

[Chan]
廛 ………… 509

[Chang]
倀 ………… 502

長 ………… 509
常 ………… 500
棠 ………… 434

[Chao]
朝 ………… 495

[Che]
車 ………… 537

[Chen]
臣 ………… 459
陳 ………… 538
陣 ………… 539
唇 ………… 495

[Cheng]
禹 ………… 467
成 ………… 540
埕 ………… 535
誠 ………… 452

[Chi]
欶 ………… 507

[Chong]
種 ………… 504

[Chou]
戥 ………… 530
戥 ………… 530
誹 ………… 454

戳 ············ 530	旦 ············ 495	[Duan]	反 ············ 458
[Chu]	[Dao]	褍 ············ 503	飯 ············ 453
出 ············ 489	道 ············ 446	[Dui]	軓 ············ 538
初 ············ 470	稻 ············ 497	兑 ············ 505	[Fang]
蒭 ············ 438	[De]	[Dun]	方 ············ 505
楚 ············ 484	旻 ············ 448	敦 ············ 530	芳 ············ 437
[Chuan]	惪 ············ 516	臺 ············ 483	[Fei]
川 ············ 519	[Di]	[Duo]	非 ············ 521
[Chun]	坒 ············ 534	多 ············ 496	肥 ············ 470
淳 ············ 518	弟 ············ 483		[Fen]
[Ci]	帝 ············ 433	E	分 ············ 439
詞 ············ 453	[Dian]	[E]	焚 ············ 512
此 ············ 444	奠 ············ 473	訛 ············ 453	[Feng]
宋 ············ 499	[Diao]	䪼 ············ 443	圭 ············ 536
賜 ············ 490	訋 ············ 453	[Er]	坴 ············ 535
[Cong]	[Die]	而 ············ 510	風 ············ 533
從 ············ 503	殢 ············ 469	耳 ············ 524	豊 ············ 479
[Cuan]	[Ding]	邇 ············ 446	[Fu]
窡 ············ 512	丁 ············ 540	泥 ············ 449	夫 ············ 515
	頂 ············ 507	二 ············ 533	博 ············ 535
D	定 ············ 498	弍 ············ 534	膚 ············ 469
[Da]	[Dong]		弗 ············ 528
畣 ············ 481	各 ············ 519	F	孚 ············ 455
達 ············ 446	東 ············ 484	[Fa]	訝 ············ 453
大 ············ 512	[Dou]	發 ············ 532	橐 ············ 490
[Dai]	逗 ············ 446	罰 ············ 471	逋 ············ 447
繡 ············ 533	戲 ············ 530	[Fan]	福 ············ 434
[Dan]	䶒 ············ 453	凡 ············ 534	畬 ············ 470
脂 ············ 469	[Du]	蕃 ············ 438	寶 ············ 491
	怸 ············ 517		

楅	484	公	439	[Guo]		[Huan]	
父	457	攻	461	彧	498	還	445
婦	525	戉	530	果	484	豢	510
復	447	紅	434			[Huang]	
		宮	499	H		犺	511
G		共	455	[Hai]		[Hui]	
[Gan]		[Gou]		澅	518	回	490
玫	462	苟	508	醢	527	卉	438
赶	444	[Gu]		鹽	480	惠	468
敢	468	孤	542	烖	531	會	482
[Gang]		沽	518	[Han]		毀	535
罡	532	砧	469	邗	493	[Hun]	
[Gao]		古	451	閑	523	昏	494
睪	515	敎	542	[Hang]		閽	523
告	441	鼓	479	航	504	[Huo]	
誥	506	鼓	479	[Hao]		火	512
[Ge]		者	504	蒿	438	或	529
割	471	櫸	484	好	526	貨	490
苓	437	募	507	[He]		禍	434
革	455	[Gua]		訶	507	薔	536
鬲	455	詿	452	和	443		
各	443	[Guan]		河	517	**J**	
[Geng]		官	538	盇	480	[Ji]	
庚	541	觀	506	[Hou]		躳	465
齠	536	管	472	侯	482	及	457
㓛	536	[Gui]		逡	448	吉	443
拐	536	逪	447	[Hu]		即	480
[Gong]		鬼	508	肫	469	疾	499
工	474	貴	491	虘	480	㠱	443

幾 ⋯⋯ 467	戔 ⋯⋯ 529	[Jing]	[Jun]
惎 ⋯⋯ 530	徛 ⋯⋯ 447	菬 ⋯⋯ 472	君 ⋯⋯ 441
既 ⋯⋯ 480	獑 ⋯⋯ 511	胥 ⋯⋯ 465	軍 ⋯⋯ 537
紀 ⋯⋯ 532	諫 ⋯⋯ 452	晶 ⋯⋯ 495	
氣 ⋯⋯ 512	[Jiang]	經 ⋯⋯ 532	K
稷 ⋯⋯ 497	江 ⋯⋯ 517	巠 ⋯⋯ 532	[Kan]
濫 ⋯⋯ 518	降 ⋯⋯ 538	敬 ⋯⋯ 508	侃 ⋯⋯ 519
屬 ⋯⋯ 533	逞 ⋯⋯ 447	敬 ⋯⋯ 508	[Ke]
[Jia]	牆 ⋯⋯ 545	[Jiu]	可 ⋯⋯ 477
加 ⋯⋯ 536	[Jiao]	飽 ⋯⋯ 508	克 ⋯⋯ 496
夾 ⋯⋯ 513	交 ⋯⋯ 514	九 ⋯⋯ 539	[Kong]
豪 ⋯⋯ 497	教 ⋯⋯ 484	咎 ⋯⋯ 502	恐 ⋯⋯ 517
甲 ⋯⋯ 539	[Jie]	救 ⋯⋯ 461	[Kou]
虢 ⋯⋯ 515	皆 ⋯⋯ 463	臺 ⋯⋯ 483	敏 ⋯⋯ 461
摩 ⋯⋯ 515	綾 ⋯⋯ 533	廏 ⋯⋯ 508	敂 ⋯⋯ 462
賈 ⋯⋯ 491	劫 ⋯⋯ 536	舊 ⋯⋯ 465	[Kui]
稼 ⋯⋯ 497	走 ⋯⋯ 444	[Ju]	刵 ⋯⋯ 472
[Jian]	桀 ⋯⋯ 536	凥 ⋯⋯ 537	戡 ⋯⋯ 530
兼 ⋯⋯ 497	謮 ⋯⋯ 453	居 ⋯⋯ 504	[Kun]
閒 ⋯⋯ 523	戒 ⋯⋯ 454	泃 ⋯⋯ 518	昆 ⋯⋯ 495
監 ⋯⋯ 503	[Jin]	塁 ⋯⋯ 525	
柬 ⋯⋯ 490	今 ⋯⋯ 481	句 ⋯⋯ 450	L
僉 ⋯⋯ 481	斤 ⋯⋯ 537	具 ⋯⋯ 455	[La]
見 ⋯⋯ 505	金 ⋯⋯ 536	愳 ⋯⋯ 516	剌 ⋯⋯ 490
畫 ⋯⋯ 449	堇 ⋯⋯ 535	遽 ⋯⋯ 446	[Lai]
開 ⋯⋯ 523	妻 ⋯⋯ 459	[Jue]	夌 ⋯⋯ 483
遘 ⋯⋯ 447	晉 ⋯⋯ 494	氐 ⋯⋯ 529	[Lang]
鐱 ⋯⋯ 537	進 ⋯⋯ 445	鑑 ⋯⋯ 533	狼 ⋯⋯ 511
賤 ⋯⋯ 491	敷 ⋯⋯ 462	糕 ⋯⋯ 497	[Lao]
			轑 ⋯⋯ 538

裘 …… 536	[Long]	[Men]	[Na]
老 …… 504	龍 …… 521	門 …… 523	内 …… 482
烙 …… 512	[Lu]	[Meng]	[Nai]
[Le]	陸 …… 538	盟 …… 495	乃 …… 475
扐 …… 536	麋 …… 511	[Mian]	奈 …… 484
[Lei]	逯 …… 447	勉 …… 517	[Nan]
磊 …… 495	戮 …… 529	罥 …… 500	男 …… 536
[Li]	穋 …… 469	面 …… 507	南 …… 490
厎 …… 504	[Lü]	[Miao]	難 …… 466
李 …… 543	鑢 …… 450	庙 …… 499	[Neng]
里 …… 535	[Luan]	[Mie]	能 …… 512
豊 …… 479	亂 …… 468	斁 …… 462	[Nian]
力 …… 536	[Lun]	蔑 …… 465	年 …… 497
立 …… 515	侖 …… 481	[Min]	念 …… 516
利 …… 470	[Luo]	民 …… 527	[Ning]
礪 …… 509	羅 …… 500	[Ming]	窜 …… 498
[Lian]		明 …… 495	[Niu]
歷 …… 535	**M**	嗯 …… 466	妞 …… 527
[Liang]		命 …… 442	牛 …… 441
良 …… 483	[Ma]	[Mo]	[Nu]
糧 …… 497	馬 …… 510	莫 …… 439	奴 …… 526
諒 …… 451	[Man]	鈠 …… 537	[Nü]
[Lie]	戀 …… 452	[Mou]	女 …… 525
徽 …… 449	[Mang]	愚 …… 452	[Nuo]
[Lin]	芒 …… 437	某 …… 484	諾 …… 451
林 …… 484	[Mao]	[Mu]	
[Ling]	冒 …… 500	母 …… 526	**P**
陵 …… 538	狄 …… 513	目 …… 462	[Pan]
[Liu]	[Mei]		盤 …… 484
六 …… 539	楳 …… 484	**N**	

[Pao]	羿 …… 464	裘 …… 504	肉 …… 469
爆 …… 512	齊 …… 496	[Qu]	[Ru]
[Pei]	起 …… 444	屈 …… 504	濡 …… 518
帶 …… 465	忌 …… 444	瞿 …… 465	辱 …… 543
[Pi]	起 …… 444	取 …… 458	蓐 …… 438
怀 …… 502	啟 …… 460	去 …… 480	[Ruo]
皮 …… 460	弃 …… 467	徹 …… 449	若 …… 437
厘 …… 509	[Qian]	趣 …… 447	弱 …… 507
[Pin]	臤 …… 459	[Quan]	
品 …… 450	欮 …… 481	犬 …… 511	S
[Ping]	耆 …… 444	勸 …… 536	[Sa]
坪 …… 535	歸 …… 506	鸛 …… 517	陸 …… 538
[Po]	漸 …… 518	[Qun]	[Sai]
敀 …… 460	[Qiang]	羣 …… 465	賽 …… 491
[Pu]	鎗 …… 536		[San]
攴 …… 460	強 …… 517	R	三 …… 434
达 …… 447	[Qie]	[Ran]	[Se]
僕 …… 454	虔 …… 457	肰 …… 470	色 …… 508
僕 …… 454	數 …… 462	[Rao]	嗇 …… 483
溥 …… 518	數 …… 462	蕘 …… 438	[Sha]
	[Qin]	[Ren]	殺 …… 460
Q	親 …… 506	人 …… 500	籔 …… 472
[Qi]	新 …… 537	忍 …… 517	[Shan]
凄 …… 518	秦 …… 497	刃 …… 472	山 …… 509
忐 …… 517	[Qing]	[Reng]	善 …… 454
栖 …… 484	情 …… 516	扔 …… 477	歡 …… 462
訢 …… 453	請 …… 451	[Ri]	[Shang]
感 …… 517	[Qiu]	日 …… 494	賞 …… 490
亓 …… 472	求 …… 504	[Rou]	上 …… 433
		柔 …… 484	

尚 …… 439	士 …… 437	[Si]	[Ta]
[Shao]	市 …… 482	厶 …… 508	嚃 …… 452
少 …… 439	事 …… 459	司 …… 507	[Tai]
省 …… 439	室 …… 497	思 …… 515	臺 …… 523
[She]	是 …… 444	死 …… 469	太 …… 513
涉 …… 519	貝 …… 506	巳 …… 543	[Tang]
[Shen]	狩 …… 512	三 …… 539	湯 …… 518
繩 …… 533	試 …… 453	四 …… 539	墜 …… 535
身 …… 503	祔 …… 504	寺 …… 460	[Te]
神 …… 434	迅 …… 446	祀 …… 434	貣 …… 490
奢 …… 499	[Shou]	飤 …… 481	[Ti]
[Sheng]	收 …… 461	駟 …… 510	趿 …… 515
陞 …… 539	守 …… 498	[Song]	[Tian]
生 …… 490	受 …… 468	藰 …… 517	天 …… 433
陛 …… 539	[Shu]	宋 …… 498	[Ting]
繩 …… 533	書 …… 502	訟 …… 452	廷 …… 449
省 …… 462	蚊 …… 460	誦 …… 451	[Tong]
窶 …… 483	箐 …… 483	[Sou]	痌 …… 499
聖 …… 524	藩 …… 536	竇 …… 499	同 …… 499
[Shi]	堵 …… 474	[Su]	僮 …… 501
獄 …… 511	蜀 …… 533	魼 …… 484	[Tou]
遊 …… 446	成 …… 529	[Sui]	鍮 …… 533
師 …… 489	述 …… 445	散 …… 444	[Tu]
詩 …… 451	庶 …… 509	[Sun]	徒 …… 445
食 …… 481	瞢 …… 454	孫 …… 532	塗 …… 535
史 …… 459	[Shuang]	[Suo]	煮 …… 517
豕 …… 510	諑 …… 453	所 …… 537	土 …… 534
使 …… 449	[Shui]		兔 …… 511
旬 …… 443	水 …… 517	T	[Tuan]
			虭 …… 472

附録二　逐字索引

429

[Tui]		[Wo]		鄂 … 494		誉 … 532
退 … 448		我 … 531		獻 … 511		瘐 … 499
[Tuo]		[Wu]		[Xiang]		羹 … 512
駝 … 510		吳 … 513		相 … 462		羹 … 512
W		虖 … 479		襄 … 504		[Xun]
		無 … 531		[Xiao]		旬 … 508
[Wai]		五 … 539		芺 … 438		詢 … 453
外 … 496		武 … 529		[Xin]		潯 … 499
[Wan]		勿 … 509		心 … 515		訓 … 451
萬 … 539		**X**		訐 … 452		
[Wang]				[Xing]		**Y**
亡 … 531		[Xi]		勳 … 472		[Ya]
峷 … 469		夕 … 496		荆 … 480		疋 … 450
王 … 434		西 … 523		行 … 449		[Yan]
眚 … 489		昔 … 494		型 … 535		女 … 526
徨 … 447		絫 … 532		睛 … 506		言 … 451
[Wei]		郤 … 508		胜 … 506		厱 … 508
唯 … 442		袤 … 504		幸 … 514		嚴 … 443
爲 … 455		閒 … 523		[Xiong]		舍 … 507
匚 … 532		熹 … 479		兄 … 505		[Yang]
未 … 545		[Xia]		熊 … 512		羊 … 465
应 … 509		砑 … 458		[Xiu]		羕 … 519
胃 … 469		下 … 433		攸 … 461		[Yao]
壅 … 450		顕 … 483		[Xu]		誂 … 454
[Wen]		[Xian]		訏 … 452		舀 … 497
昷 … 495		先 … 505		虛 … 503		[Ye]
文 … 507		隓 … 538		須 … 507		也 … 528
馨 … 524		鄯 … 493		壑 … 515		埜 … 535
畜 … 524		徟 … 446		許 … 451		夌 … 496

[Yi]		用 … 462	御 … 448	賁 … 491
一 … 433		[You]	馭 … 511	[Zen]
衣 … 503		攸 … 461	訣 … 511	譖 … 452
壹 … 515		幽 … 467	豫 … 510	[Zeng]
巳 … 501		齒 … 438	[Yuan]	增 … 535
眣 … 506		泑 … 518	元 … 433	[Zha]
遺 … 446		顀 … 517	崟 … 438	乍 … 531
以 … 543		由 … 500	員 … 490	[Zhan]
亦 … 513		繇 … 532	遠 … 446	戰 … 529
役 … 503		遊 … 447	息 … 516	[Zhang]
殳 … 447		猷 … 511	怨 … 516	張 … 532
归 … 508		有 … 495	[Yue]	掌 … 525
邑 … 491		噎 … 498	曰 … 474	[Zhao]
易 … 510		又 … 456	月 … 495	盆 … 480
執 … 456		右 … 457	洲 … 518	[Zhe]
殹 … 460		寓 … 498	雩 … 519	乇 … 497
[Yin]		[Yu]	鄘 … 494	折 … 438
因 … 490		渝 … 518		者 … 463
音 … 454		于 … 478	Z	[Zhen]
殹 … 503		敀 … 459	[Za]	縝 … 533
雁 … 465		余 … 440	帀 … 489	曁 … 455
忢 … 516		於 … 466	[Zai]	栐 … 484
[Ying]		雨 … 519	哉 … 443	[Zheng]
綏 … 533		與 … 455	[Zao]	爭 … 468
盈 … 518		語 … 451	造 … 445	整 … 461
縈 … 533		聿 … 459	杲 … 450	正 … 444
郢 … 493		念 … 516	窅 … 499	政 … 460
[Yong]		欲 … 506	[Ze]	[Zhi]
甬 … 496		寓 … 498	則 … 470	之 … 485

鹽 ……… 480	䢔 ……… 515	[Zhuan]	縱 ……… 533
䢃 ……… 515	重 ……… 503	嫥 ……… 527	[Zou]
夂 ……… 533	衆 ……… 503	耑 ……… 452	菆 ……… 438
旨 ……… 478	[Zhou]	[Zhuang]	走 ……… 443
至 ……… 523	州 ……… 519	妝 ……… 526	[Zu]
志 ……… 516	舟 ……… 504	[Zhui]	足 ……… 450
㝵 ……… 465	周 ……… 443	隹 ……… 465	跤 ……… 507
絅 ……… 533	畱 ……… 500	[Zi]	稡 ……… 504
陟 ……… 538	輩 ……… 500	兹 ……… 468	[Zui]
智 ……… 464	[Zhu]	資 ……… 490	皋 ……… 541
鷹 ……… 511	燭 ……… 482	子 ……… 541	[Zuo]
幷 ……… 455	逐 ……… 446	自 ……… 463	左 ……… 473
㸚 ……… 466	宔 ……… 498	芓 ……… 438	右 ……… 473
適 ……… 447	砫 ……… 509	恣 ……… 516	复 ……… 458
[Zhong]	誈 ……… 454	[Zong]	㝵 ……… 535
中 ……… 437	住 ……… 502	宗 ……… 498	

索引正文

〖一〗（1）《子犯》簡9：事（使）衆若事（使）～人，

〖元〗（1）《晉文公》簡7：～年克崈（原），

〖天〗（18）《子犯》簡3：以即中於～。/《子犯》簡7：～豊（亡）悬（謀）禍（禍）於公子。/《子犯》簡7：夫公子之不能居晉邦，訐（信）～/《子犯》簡14：～下之君，子欲记（起）邦系（奚）以？/《越公》簡2：【人】▨不～，/《越公》簡3：虐（吾）君～王，以身被甲冑（冑），/《越公》簡5：君女（如）爲惠，交（徼）～埅（地）之福，/《越公》簡5：母（毋）鹽（絶）雩（越）邦之命于～下，/《越公》簡7：余亓（其）必數（滅）鹽（絶）雩（越）邦之命于～下，/《越公》簡10：～不仍（仍）賜吳於雩（越）邦之利。/《越公》簡12：～賜中（衷）于吳，右我先王。/《越公》簡13：今我道迳（路）攸（修）隆（險），～命反吳（側），/《越公》簡70：今吳邦不～，旻（得）皋（罪）於雩=（越），/《越公》簡71：昔～以雩（越）邦賜吳=（吳，吳）弗受。/《越公》簡71：今～以吳邦/《越公》簡72：～以吳土賜雩（越），/《越公》簡74：～加禍（禍）于吳邦，不才（在）毒（前）逡（後），/《越公》簡75：孤余系（奚）面目以見（視）于～下？

〖上〗（5）《子犯》簡8：耑（端）正譜（僭）弒（式），才（在）～之/《子犯》簡9：～纓（繩）不遴（失），斥亦不遭（僭）。/《越公》簡2：～帝降/《越公》簡45：王既戠（辨）智（知）之，乃命～會（計），/《越公》簡73：民生埅（地）～，寓也，

〖帝〗（1）《越公》簡2：【人】▨不天，上～降

〖下〗（4）《子犯》簡14：天～之君，子欲记（起）邦系（奚）以？/《越公》簡5：母（毋）鹽（絶）雩（越）邦之命于天～，/《越公》簡7：余亓（其）必數（滅）鹽（絶）雩（越）邦之命于天～，/《越公》簡75：孤余系（奚）面目以見（視）于天～？

〔福〕（1）《越公》簡5：君女（如）爲惠，交（徼）天壁（地）之～，

〔神〕（1）《子犯》簡11：昔者成湯以～事山川，以愳（德）和民。

〔祀〕（5）《晉文公》簡3：厽（三）夫=（大夫）以攸（修）晉邦之～，/《晉文公》簡3：命肥豢羊牛、豢犬豕，具齌（粢）稷醴=（酒醴）以～，/《趙簡子》簡8：宮中六窨（竈），并六～。/《趙簡子》簡9：宮中六窨（竈），并六～，肰（然）則旻（得）楠（輔）相周室，/《越公》簡70：☐不羕（祥），余不敢甐（絶）～，

〔禍〕（5）《子犯》簡1：子，若公子之良庶子，耆（故）晉邦又（有）～（禍），/《子犯》簡2：虞（吾）宔（主）好定（正）而敬訐（信），不秉～（禍）利，/《子犯》簡3：子，若公子之良庶子，晉邦又（有）～（禍），/《子犯》簡7：天豊（亡）思（謀）～（禍）於公子。/《越公》簡74：吳王乃䛐（辭）曰：天加～（禍）于吳邦，

〔社〕（2）《越公》簡26：乃大鷹（解）～（攻），以忈（祈）民之窓（寧）。/《越公》簡28：禹（稱）貪（力）㲋（役）、㴹（幽）塗、洵（溝）壅（塘）之～（功）。

〔常〕（2）《越公》簡55：備（服）衪（飾）、群勿（物）品采（綵）之侃（愆）于耆（故）～（常），/《越公》簡56：之非郯（越）～（常）聿（律），巳（夷）訐（譁）䜌（蠻）吳（謳），

〔三〕（6）《子犯》簡1：【公子穜】耳自楚迋（適）秦，尻（處）女（焉）～戠（歲），/《子犯》簡12：殺～無皋（辜），/《子犯》簡12：爲栱（桎）樺（梏）～百。/《晉文公》簡7：出。乃爲～羿（旗）以成至（制）：/《晉文公》簡7：成之，以兔（挩）于蒿（郊）～，/《趙簡子》簡10：宮中～臺（臺），是乃欿（侈）巳（已），

〔王〕（83）《子犯》簡14：則大甲與盤庚、文～、武～，/《子犯》簡15：則㮹（桀）及受（紂）、剌（厲）～、幽～，/《晉文公》簡1：～母=（母，毋）辡（辨）於妞（好）妝（莊）孁（籩）盬（醢）皆見。/《越公》簡3：虞（吾）君天～，以身被甲冒（冑），/《越公》簡8：～親鼓之，/《越公》簡9：吳～龠

(聞)雩（越）徒（使）之柔以㓝（剛）也，/《越公》簡 9:繡（申）疋（胥）曰：～亓（其）勿許！/《越公》簡 11：吳～曰：夫=（大夫）亓（其）良㝬（圖）此！/《越公》簡 11：昔虗（吾）先～盍膚（盧）所以克內（入）郢邦，/《越公》簡 12：天賜中（衷）于吳，右我先～。/《越公》簡 12:䎽（荊）帀（師）走,虗（吾）先～遣（邇）之，/《越公》簡 13：～用克內（入）于郢。/《越公》簡 15 下：吳～乃出,㪜（親）見事（使）者曰：/《越公》簡 23：今夫=（大夫）嚴（儼）狀（然）監（銜）君～之音，賜孤以好曰：/《越公》簡 25:雩（越）～，乃盟，男女備（服），帀（師）乃還。/《越公》簡 26：雩（越）～句戉（踐）酒（將）忈（期）返（復）吳。/《越公》簡 26：～乍（作）/《越公》簡 27：～乃不咎不惑（忌），不戮不罰；/《越公》簡 28：～怵（惕）亡（毋）好攸（修）于民厽（三）工之䐗（署），/《越公》簡 29:雩=（至于）厽（三）年,雩（越）～句戉（踐）女（焉）台（始）复（作）絽（紀）五政之聿（律）。/《越公》簡 30：～思邦游民，厽（三）年，乃乍（作）五=政=（五政）。/《越公》簡 30：～好蓐（農）工（功）。/《越公》簡 30：～親自翻（耕），又（有）厶（私）舊（穫）。/《越公》簡 30：～親涉冓（溝）淳淵（幽）塗，/《越公》簡 31：～亓（其）又（有）縈（縈）疾？/《越公》簡 31：～䎽（聞）之，乃以䉒（熟）飤（食）：/《越公》簡 32：～必酓（飲）飤（食）之。/《越公》簡 33：～亦酓（飲）飤（食）之。/《越公》簡 33：亓（其）見又（有）戕（班）、又（有）司及～右（左）右，/《越公》簡 33：先賠（誥）～訓，而酒（將）勅（耕）者，～必與之㞢（坐）飤（食）。/《越公》簡 35：凡～右（左）右大臣，乃莫不勅（耕），人又（有）厶（私）舊（穫）。/《越公》簡 37:雩（越）邦備（服）蓐（農）多食，～乃好訐（信），/《越公》簡 39：凡鄹（邊）鄹（縣）之民及又（有）管（官）帀（師）之人或告于～廷，/《越公》簡 40：～必親見而聖（聽）之，/《越公》簡 41：乃亡（無）敢增歷（斂）亓（其）政（徵）以爲獻於～。/《越公》簡 41：凡又（有）訧（獄）訟爭=（至于）～廷，/《越公》簡 42：～必親聖（聽）之，旨（稽）之而訐（信），/《越公》簡 43:雩（越）則亡（無）訧（獄），～則閖=（閒閒），/

《越公》簡44：雩（越）邦備（服）訐（信），～乃好陛（徵）人。/《越公》簡44：～乃趣（趣）使（使）人歆（辨）睛（省）成（城）市鄭（邊）還（縣）尖=（小大）遠泥（邇）之廄（句）、苓（落），/《越公》簡44：～則貼（比視），/《越公》簡45：～既歆（辨）智（知）之，乃命上會（計），/《越公》簡45：～必（比）親聖（聽）之。/《越公》簡45：～見亓（其）執事人則訁（怡）悆（豫）熹（憙）也。/《越公》簡46：亓（其）苓（落）者，～見亓（其）執事人，/《越公》簡46：～既必（比）聖（聽）之，乃品。/《越公》簡47：埜（野）會厽（三）品，交（校）于～寶（府）厽（三）品，/《越公》簡48：～則佳（唯）訇（句）、苓（落）是徹（趣），嘉（及）于右（左）右。/《越公》簡50：雩（越）邦皆備（服）陛（徵）人，多人，～乃好兵。/《越公》簡50：凡五兵之利，～日忎（翫）之，居者（諸）左右；/《越公》簡50：凡金革之攻，～日龠（論）貹（省）/《越公》簡51：～乃歸（潛）使（使）人情（請）聝（問）群大臣及鄭（邊）鄪（縣）成（城）市之多兵、亡（無）兵者，～則貼=（比視）。/《越公》簡53：雩（越）邦多兵，～乃整（整）民、攸（修）命（令）、耆（審）刑（刑）。/《越公》簡53：乃出共（恭）敬（敬），～㾕（訊）之，/《越公》簡54：～㾕（訊）之,㝬（志）以受（授）軋（范）羅（蠡），/《越公》簡54：乃徹（趣）詢（徇）于～宮，亦徹（趣）取繆（戮）。/《越公》簡54：～乃大詢（徇）命于邦，/《越公》簡56：～乃徹（趣）孚=（至于）洵（溝）壄（塘）之工（功），/《越公》簡56：～乃徹（趣）/《越公》簡57：～又（有）遊（失）命，/《越公》簡57：不兹（使）命睽（疑），～則自罰。/《越公》簡59：～監雩（越）邦之既茍（敬），亡（無）敢徹（躐）命，～乃犹（試）民。/《越公》簡60：～思（懼），鼓而退之，/《越公》簡60：死者言（三百）人，～大憙（喜），/《越公》簡61：乃由（擢）～稡（卒）君子卒（六千）。/《越公》簡61：～/《越公》簡62：雩（越）～句戈（踐）乃命鄭（邊）人蕺（取）悬（怨），/《越公》簡63：吳～起帀（師），軍於江北。/《越公》簡63：雩（越）～起帀（師），軍於江南。/《越公》簡63：雩（越）～乃中分亓（其）帀（師）以爲右（左）/《越公》簡67：雩（越）～句戈（踐）乃以亓（其）厶（私）翠（卒）卒=（六千）數（竊）涉，/《越公》簡69：回（圍）~宮。/《越公》簡69：吳~乃思（懼），行成，/《越公》簡72：乃俥（使）人告於吳~曰：/《越公》簡73：殹（抑）民生不仍（仍），~亓（其）母（毋）死。/《越公》簡73：不敎（穀）亓（其）牆（將）~於甬、句重（東），/《越公》簡74：唯~所安，以屈羣（盡）~年。/《越公》簡74：吳~乃諂（辭）曰：

〖士〗（3）《晉文公》簡6：爲鄫（豹）羿（旗），~出；/《趙簡子》簡7：掌又（有）二尼（宅）之室，以好~庶子，/《越公》簡14：善~牆（將）中畔（半）死巳（已）。

〖中〗（13）《子犯》簡3：以即~於天。/《晉文公》簡7：~羿（旗）荆（刑），忘（近）羿（旗）罰。/《趙簡子》簡8：宮~六窞（竈），幷六祀。/《趙簡子》簡9：宮~六窞（竈），幷六祀，/《趙簡子》簡10：豪（就）虘（吾）先君坪（平）公，宮~卅=（三十）里，/《趙簡子》簡10：孚（飽）亓（其）舍（飲）飤（食），宮~三鱟（臺），/《越公》簡12：天賜~（衷）于吳，右我先王。/《越公》簡14：善士牆（將）~畔（半）死巳（已）。/《越公》簡63：雩（越）王乃~分亓（其）帀（師）以爲右（左）/《越公》簡64：以亓（其）厶（私）翠（卒）君子卒=（六千）以爲~軍。/《越公》簡65：衺（夜）~，乃命右（左）軍、右軍涉江，喔（鳴）鼓，~水以翌。/《越公》簡66：旦，乃~分亓（其）帀（師），牆（將）以御（禦）之。

〖茖〗（4）《越公》簡44：王乃趣（趣）徒（使）人哉（辨）睛（省）成（城）市鄙（邊）還（縣）尖=（小大）遠泥（邇）之廏（句）、~（落），/《越公》簡44：隹（唯）匓（句）、~（落）是哉（辨）睛（省），/《越公》簡46：亓（其）~（落）者，王見亓（其）執事人，/《越公》簡48：王則隹（唯）匓（句）、~（落）是徹（趣），

〖芒〗〗（1）《越公》簡17：狼飤（食）於山林齒（幽）~（荒），孤疾痼（痛）之。

〖芳〗（1）《晉文公》簡4：洵（溝）、增舊~（防），四畠（封）之內皆肽（然）。

〖若〗（11）《子犯》簡1：子，~公子之良庶子，耆（故）晉邦又（有）禑（禍），/

《子犯》簡3：子，～公子之良庶子，晉邦又（有）禍（禍），/《子犯》簡8：割（曷）又（有）儠（僕）～是而不果以或（國），/《子犯》簡9：事（使）眾～事（使）一人，不穀（穀）余敢䛿（問）亓（其）/《子犯》簡10：卑（譬）～從騅（雄）肰（然），虗（吾）尚（當）觀亓（其）風。/《子犯》簡11：人面見湯～鴷（暴）雨方奔之而麗（庇）雁（蔭）女（焉），/《子犯》簡13：受（紂）～大陸（岸）牂（將）具（俱）陞（崩），/《越公》簡39：初日政（徵）勿（物）～某，今政（徵）䂝（重），弗果。/《越公》簡41：昔日與言（己）言員（云），今不～亓（其）言。/《越公》簡58：詢（徇）命～命，敷（禁）御莫/《越公》簡64：～（諾）明日牂（將）舟戰（戰）於江。

〔荇〕(1)《晉文公》簡6：爲～（薽）芅（采）之羿（旗），

〔折〕(1)《子犯》簡9：昔之舊聖～（哲）人之尃（敷）政命（令）刑（刑）罰，

〔芔〕(1)《越公》簡34：水則爲稻，乃亡（無）又（有）閼（閒）～（艸）。

〔蒿〕(1)《晉文公》簡7：成之，以兔（菟）于～（郊）三，因以大乍（作）。

〔蕃〕(1)《越公》簡29：民乃～荐（滋）。

〔蕆〕(1)《越公》簡62：雩（越）王句戏（踐）乃命鄢（邊）人～（取）息（怨），

〔蒭〕(1)《晉文公》簡3：命肥～羊牛、豢犬豕，

〔芅〕(1)《晉文公》簡6：爲荇（薽）～（采）之羿（旗），

〔幽〕(1)《越公》簡17：狼飤（食）於山林～（幽）芒（荒），孤疾痏（痛）之。

〔荐〕(1)《越公》簡29：安，民乃蕃～（滋）。

〔关〕(1)《越公》簡46：～＝（笑笑）也，則必畣（飲）飤（食）賜矣（予）之。

〔𡉈〕(1)《晉文公》簡7：元年克～（原），五年啓東道，

〔蓐〕(7)《越公》簡28：茲（使）民硞（暇）自相，～（農）工（功）旻（得）寺（時），/《越公》簡30：王好～（農）工（功）。/《越公》簡30：王親涉溝（溝）淳滫（幽）塗，日睛（省）～（農）/《越公》簡31：事以勸怠（勉）～（農）夫。/《越公》簡32：亓（其）見～（農）夫老弱菫（勤）歷（斂）者，/《越公》簡32：亓（其）見～（農）夫毗（黎）頾（頂）足見，/《越公》簡37：雩（越）邦備（服）～（農）多食，

〖莫〗（6）《子犯》簡11：～可䎽（聞）。/《子犯》簡11：四方㠯（夷）～句（後）與，/《子犯》簡13：用凡君所䎽（問）～可䎽（聞）。/《越公》簡35：凡王㞢（左）右大臣，乃～不勑（耕），/《越公》簡58：訽（徇）命若命，敓（禁）御～/《越公》簡60：翌（舉）邦走火，進者～退，

〖少〗（3）《子犯》簡12：䁈（殷）邦之君子，無～（小）大，/《趙簡子》簡1：昔虐（吾）子之酒（將）方～，/《越公》簡57：～（小）遊（失）

〖省〗（1）《子犯》簡3：～（少），公乃訋（召）子余（餘）而䎽（問）女（焉），

〖分〗（3）《越公》簡63：雩（越）王乃中～亓（其）帀（師）以爲右（左）/《越公》簡66：雩（越）人～爲二帀（師），/《越公》簡66：旦，乃中～亓（其）帀（師），酒（將）以御（禦）之。

〖尚〗（5）《子犯》簡10：猷（猶）吾（叔）是䎽（聞）遺老之言，必～（當）語我才（哉）。/《子犯》簡10：卑（譬）若從䮷（雉）肰（然），虐（吾）～（當）觀亓（其）風。/《趙簡子》簡10：馳（馳）馬四百駟，犾（貌）亓（其）衣～（裳），/《越公》簡21：君不～新（親）有㝬（寡）人，卫（抑）狅（荒）弃孤，/《越公》簡27：乃因司（治）袞（襲）～（常）。

〖公〗（26）《子犯》簡1：秦～乃訋（召）子軋（犯）而䎽（問）女（焉），/《子犯》簡1：子，若～子之良庶子，/《子犯》簡1：～子不能并（置）女（焉），/《子犯》簡3：省（少），～乃訋（召）子余（餘）而䎽（問）女（焉），/《子犯》簡3：子，若～子之良庶子，晉邦又（有）禍（禍），～/《子犯》簡6：～乃訋（召）子軋（犯）、子余（餘）曰：二子事～子，句（苟）聿（盡）又（有）/《子犯》簡7：心女（如）是，天豐（亡）愳（謀）禍（禍）於～子。/《子犯》簡7：～乃䎽（問）於邗（蹇）吾（叔）曰：/《子犯》簡7：夫～子之不能居晉邦，/《子犯》簡9：～乃䎽（問）於邗（蹇）吾（叔）曰：/《子犯》簡13：～子種（重）耳䎽（問）於邗（蹇）吾（叔）曰：/《子犯》簡15：亦備才（在）～子之心巳（已），/《晉文公》簡1：晉文～自秦内（入）於晉，/《趙簡子》簡7：昔虐（吾）先君獻～是凥（居），/《趙簡子》簡8：𣪠（就）虐（吾）先君襄～，/《趙簡子》簡10：𣪠（就）虐（吾）先君坪（平）～，/《越公》簡11：

439

～亓（其）蚑（孰）又（有）繡（帶）甲仐（八千）以辜（敦）刃皆（偕）死？/《越公》簡15下：君雩（越）～不命使（使）人而夫＝（大夫）親辱。/《越公》簡19：亡（無）克又（有）奠（定），孤用惢（願）見雩（越）～。/《越公》簡24：孤敢不許諾，恣志於雩（越）～！/《越公》簡69：昔不敎（穀）先秉利於雩＝（越，越）～告孤請成。/《越公》簡70：許雩（越）～成，以爭＝（至于）今＝（今。今）吳邦不天。/《越公》簡75：凡吳土堅（地）民人，雩（越）～是肁（盡）既有之。/《越公》簡75：雩（越）～亓（其）事。

〖必〗（13）《子犯》簡4：～出又（有）/《子犯》簡5：事又（有）訛（過）女（焉），不忘（慭）以人，～身廛（擅）之。/《子犯》簡10：歓（猶）畀（叔）是䎽（聞）遺老之言，～尚（當）語我才（哉）。/《越公》簡7：余亓（其）～斀（滅）䍤（絶）雩（越）邦之命于天下。/《越公》簡32：王～酓（飲）飤（食）之。/《越公》簡32：㡭（顏）色訓（順）～（比）而牂（將）/《越公》簡33：王～與之坒（坐）飤（食）。/《越公》簡40：王～親見而聖（聽）之，戠（辨）之而許（信），/《越公》簡42：也，王～親聖（聽）之，旨（稽）之而許（信）。/《越公》簡45：王～（比）親聖（聽）之。/《越公》簡46：則～酓（飲）飤（食）賜夋（予）之。/《越公》簡46：王既～（比）聖（聽）之，乃品。/《越公》簡61：太（舌）甬（庸）大萹（歷）雩（越）民，～（比）䘏（卒）劧（勒）兵。

〖余〗（11）《子犯》簡3：省（少），公乃訋（召）子～（餘）而䎽（問）女（焉），/《子犯》簡4：子～（餘）倉（答）曰：/《子犯》簡6：公乃訋（召）子軛（犯）、子～（餘）曰：/《子犯》簡9：事（使）衆若事（使）一人，不敎（穀）～敢䎽（問）亓（其）/《子犯》簡背：子軛子～/《越公》簡7：～亓（其）必斀（滅）䍤（絶）雩（越）邦之命于天下。/《越公》簡19：～弃晉（惡）周（酬）好，以交（徼）求卡＝（上下）吉羕（祥）。/《越公》簡21：达（匍）遹（匐）豪（就）君，～聖（聽）命於門。/《越公》簡23：～亓（其）與吳科（播）弃悬（怨）晉（惡）于溍（海）濫（濟）江沽（湖）。/《越公》簡46：則顤（憂）慼不念（豫），弗～（予）酓（飲）飤（食）。/《越公》簡70：

☐不羕（祥），～不敢鑒（絶）祀，/《越公》簡75：孤～系（奚）面目以㿜（視）于天下？

〖牛〗（1）《晉文公》簡3：命肥豢羊～、豢犬豕，

〖告〗（5）《越公》簡9：～繻（申）疋（胥）曰：/《越公》簡20：以逩（奔）～於鄝=（邊。邊）/《越公》簡39：凡鄝（邊）鄙（縣）之民及又（有）管（官）帀（師）之人或～于王廷，/《越公》簡69：昔不穀（穀）先秉利於雩=（越，越）公～孤請成，/《越公》簡72：乃俟（使）人～於吳王曰：

〖君〗（25）《子犯》簡2：誠女（如）宔（主）～之言。/《子犯》簡10：凡～齋=（之所）䊆（問）/《子犯》簡12：九州而畱（有）～之。/《子犯》簡12：殹（殷）邦之～子，無少（小）大，無遠逐（邇），/《子犯》簡13：用凡～所䊆（問）莫可䎽（聞）。/《子犯》簡14：天下之～，子欲記（起）邦系（奚）以？/《晉文公》簡4：命寠（蒐）攸（修）先～之輦（乘）、貣（飭）車輹（甲），/《趙簡子》簡5：齊～遊（失）政，陳是（氏）旻（得）之，/《趙簡子》簡5：敢䊆（問）齊～遊（失）之系（奚）繇（由）？/《趙簡子》簡6：～遊（失）正（政），臣不旻（得）䎽（聞）亓（其）所繇（由），/《趙簡子》簡7：成劀（劀）舎（答）曰：昔虘（吾）先～獻公是尻（居），/《趙簡子》簡8：豪（就）虘（吾）先～襄公，親冒虡（甲）鼻（冑），/《趙簡子》簡10：豪（就）虘（吾）先～坪（平）公，宮中卅=（三十）里，/《越公》簡3：虘（吾）～天王，以身被甲冑（胄），/《越公》簡4：寡（寡）人不忍～之武礪（厲）兵甲之鬼（威），/《越公》簡5：～女（如）爲惠，交（徼）天墬（地）之福，/《越公》簡6：三（四）方者（諸）侯亓（其）或敢不賓于吳邦？～/《越公》簡7：～乃阵（陳）吳【甲兵】，/《越公》簡10：～臣父子亓（其）未相旻（得）。/《越公》簡15下：～雩（越）公不命俟（使）人而夫=（大夫）親辱，/《越公》簡21：达（甸）遣（甸）豪（就）～，余聖（聽）命於門。/《越公》簡21：～不尚新（親）有寡（寡）人,归（抑）伉（荒）弃孤，/《越公》簡23：今夫=（大夫）嚴（儼）肤（然）監（銜）～王之音，賜孤以好曰：/《越公》簡61：乃由（擢）王卒（卒）～子卒（六千）。/《越公》簡64：以亓（其）厶（私）

稡（卒）～子卒=（六千）以爲中軍。

[命]（34）《子犯》簡8：～哉？/《子犯》簡9：咠（叔），昔之舊聖折（哲）人之尃（敷）政～（令）荆（刑）罰，/《晉文公》簡1：品（明）日朝，逗（屬）邦利（黎）老，～曰：/《晉文公》簡2：～訟訊（獄）敂（拘）㰀（執）睪（釋），/《晉文公》簡2：或品（明）日朝，～曰：/《晉文公》簡3：～肥蒭羊牛、豢犬豕，/《晉文公》簡3：或品（明）日朝，～曰：/《晉文公》簡3：爲豩（稼）畬（嗇）古（故），～洲（瀹）舊/《晉文公》簡4：或品（明）日朝，～曰：/《晉文公》簡4：～寊（蒐）攸（修）先君之蕐（乘）、賁（飭）車輅（甲），/《越公》簡5：母（毋）鹽（絕）雩（越）邦之～于天下，/《越公》簡7：余亓（其）必斅（滅）鹽（絕）雩（越）邦之～于天下，/《越公》簡13：今我道迳（路）攸（修）隓（險），天～反吳（側），/《越公》簡15下：君雩（越）公不～徫（使）人而夫=（大夫）親辱，/《越公》簡17：以民生之不長而自不夂（終）亓（其）～，用事（使）徒邌迡（趣）聖（聽）～。/《越公》簡21：孤用匡（委）～，/《越公》簡21:达（匍）遣（匐）褮（就）君，余聖（聽）～於門。/《越公》簡24:徫（使）者反（返）～/《越公》簡45：王既戠（辨）智（知）之，乃～上會（計），/《越公》簡53：王乃整（整）民、攸（修）～（令）、奢（審）荆（刑）。/《越公》簡54：王乃大詢（徇）～于邦，寺（是）詢（徇）寺（是）～，/《越公》簡57：王又（有）遊（失）～，可逡（復）弗逡（復），/《越公》簡57：不兹（使）～朕（疑），王則自罰。/《越公》簡58：詢（徇）～若～，斁（禁）御莫/《越公》簡59：亡（無）敢徹（躐）～，王乃犾（試）民。/《越公》簡59：乃斁（竊）焚舟室，鼓～邦人/《越公》簡61：乃誳（屬）邦政於夫=（大夫）住（種），乃～靶（范）羅（蠡）、/《越公》簡62:雩（越）王句戈（踐）乃～鄩（邊）人菆（取）怨（怨），/《越公》簡64：及昏，乃～右（左）軍監（銜）枚（枚）穌（溯）江五/《越公》簡65：亦～右軍監（銜）枚（枚）渝江五里以須，/《越公》簡65:麥（夜）中，乃～右（左）軍、右軍涉江，

[唯]（2）《越公》簡12：～皮（彼）鵘（雞）父之遠留（荆），天賜中（衷）于吳，

右我先王。/《越公》簡74：～王所安，以屈夋（盡）王年。

〖和〗（2）《子犯》簡11：昔者成湯以神事山川，以惠（德）～民。/《越公》簡48：舉（舉）雩（越）邦乃皆好陞（徵）人，方～于亓（其）壄（地）。

〖哉〗（2）《子犯》簡8：命～？/《子犯》簡8：民心訐（信）難成也～？

〖周〗（4）《趙簡子》簡8：肰（然）則旻（得）桶（輔）相～室，亦智（知）者（諸）侯之悬（謀）。/《趙簡子》簡9：宮中六窨（竈），并六祀，肰（然）則旻（得）桶（輔）相～室，兼/《趙簡子》簡11：不智（知）～室之☐會（儉）之欤（侈）/《越公》簡19：余弃晉（惡）～（酬）好，以交（徼）求卡＝（上下）吉羕（祥）。

〖吉〗（1）《越公》簡19：余弃晉（惡）周（酬）好，以交（徼）求卡＝（上下）～羕（祥）。

〖各〗（1）《子犯》簡7：乃～賜之鐕（劍）繡（帶）衣常（裳）而歠（膳）之，

〖台〗（6）《趙簡子》簡3：子～（始）造於善，則善人至，不善人退。/《趙簡子》簡3：子～（始）造於不善，則不善人至，/《越公》簡13：虔（吾）～（始）徒（踐）雩（越）壄（地）以爭＝（至于）今，/《越公》簡29：雩（越）王句戔（踐）女（焉）～（始）复（作）絽（紀）五政之聿（律）。/《越公》簡45：王見亓（其）執事人則～（怡）忩（豫）喜（熹）也。/《越公》簡60：王大憙（喜），女（焉）～（始）壐（絶）吴之行李（李），

〖晉〗（5）《越公》簡16：亡（無）良鄸（邊）人禹（稱）瘊（蓄）患（怨）～（惡），/《越公》簡19：余弃～（惡）周（酬）好，以交（徼）求卡＝（上下）吉羕（祥）。/《越公》簡23：余亓（其）與吴科（播）弃患（怨）～（惡）于潜（海）濫（濟）江沽（湖）。/《越公》簡27：不禹（稱）民～（惡）；縱（總）經游民，/《越公》簡62：舀（挑）起患（怨）～（惡），

〖吕〗（1）《越公》簡41：昔日與～（己）言員（云），今不若亓（其）言。

〖嚴〗（1）《越公》簡23：今夫＝（大夫）～（儼）肰（然）監（銜）君王之音，

〖走〗（8）《子犯》簡2：～去之，母（毋）乃獸心是不歇（足）也虖（乎）？/《子犯》簡2：身不忍人，古（故）～去之，/《子犯》簡4：【子不能】幷（置）女

（焉），而～去之．/《子犯》簡6:寡（顧）監於訛（禍），而～去之。/《子犯》簡13：方～去之，悬（懼）不死，型（刑）以及于乎（厥）身，/《越公》簡12:畱（荊）帀（師）～，虗（吾）先王邌（邇）之，/《越公》簡12：～遠，夫甬（用）戔（殘），/《越公》簡60:塱（舉）邦～火，進者莫退．

〔起〕(3)《越公》簡62：舀（挑）～悬（怨）晉（惡），/《越公》簡63:吳王～帀（師），軍於江北。/《越公》簡63:雩（越）王～帀（師），軍於江南。

〔记〕(2)《子犯》簡14：天下之君，子欲～（起）邦絫（奚）以？/《子犯》簡14：女（如）欲～（起）邦，則大甲與盤庚、文王、武王，

〔记〕(2)《越公》簡62：舟罩（乘）既成，吳帀（師）未～（起），/《越公》簡63：相戎（攻）也，吳帀（師）乃～（起）。

〔赶〕(2)《越公》簡1:▢～（遷）陞（登）於會旨（稽）之山，/《越公》簡4：～才（在）會旨（稽），

〔冉〕(2)《越公》簡3：不才（在）～（前）逡（後），丁（當）孤之殜（世）。/《越公》簡74：天加裪（禍）于吳邦，不才（在）～（前）逡（後），

〔圭〕(1)《越公》簡3：～（挾）弳秉橐（枹），

〔戠〕(2)《子犯》簡1：凥（處）女（焉）三～（歲），/《越公》簡47：又（有）夒（爨）～（歲），又（有）賞罰，

〔此〕(6)《子犯》簡6:宔（主）女（如）～胃（謂）無良右（左）右，誠殹（繄）蜀（獨）兀（其）志。/《越公》簡8：以觀句戔（踐）之以～仐（八千）人者死也。/《越公》簡11：夫＝（大夫）兀（其）良者（圖）～！/《越公》簡39：凡～勿（物）也，/《越公》簡41：凡～聿（類）/《越公》簡61:埜（來）以交（徼）之～。

〔正〕(2)《子犯》簡8：耑（端）～譛（僭）試（式），/《趙簡子》簡6：君遊（失）～（政），臣不旻（得）䎽（聞）兀（其）所鯀（由），

〔是〕(18)《子犯》簡2：母（毋）乃獣心～不欿（足）也虐（乎）？/《子犯》簡7：心女（如）～，天豐（亡）㠯（謀）裪（禍）於公子。/《子犯》簡8：割（曷）又（有）僊（僕）若～而不果以或（國），/《子犯》簡10：獣（猶）畐（叔）～

脂（聞）遺老之言，必尚（當）語我才（哉）。/《子犯》簡10：窯（寧）孤～勿能用？/《趙簡子》簡5：齊君遊（失）政，陳～（氏）旻（得）之，/《趙簡子》簡5：陳～（氏）旻（得）之系（奚）繇（由）？/《趙簡子》簡6：陳～（氏）旻（得）之，臣亦不旻（得）脂（聞）亓（其）所繇（由）。/《趙簡子》簡7：成蚏（剸）佥（答）曰：昔虔（吾）先君獻公～凥（居），/《趙簡子》簡10：宮中三臺（臺），～乃欱（侈）巳（已），/《越公》簡43：佳（唯）訐（信）～迹（趣），喦（及）于右（左）右，/《越公》簡44：王則貶（比視），佳（唯）匌（句）、荅（落）～戠（辨）睛（省），/《越公》簡47：～以/《越公》簡48：～以收敬（寇），～以匌（句）邑。/《越公》簡48：王則佳（唯）匌（句）、荅（落）～徹（趣），喦（及）于右（左）右。/《越公》簡52：兵、亡（無）兵者～戠（辨），脂（問）于左右。/《越公》簡75：凡吳土壃（地）民人，雩（越）公～聿（盡）既有之，

［徒］(1)《越公》簡17：用事（使）～遽迹（趣）聖（聽）命。

［述］(4)《子犯》簡13：邦乃～（遂）巟（亡），用凡君所舊（問）莫可脂（聞）。/《越公》簡67：左軍、右軍乃～（遂）涉，戎（攻）之。/《越公》簡68：雩（越）帀（師）乃因軍吳＝（吳，吳）人昆（閽）奴乃内（納）雩＝帀＝（越師，越師）乃～（遂）閈（襲）吳。/《越公》簡74：女（焉）～（墜）遊（失）宗宙（廟）。

［進］(3)《晉文公》簡5：帥（師）以～；爲降龍之羿（旗），帥（師）以退。/《趙簡子》簡1：才（在）朝，軋（范）獻子～諫曰：/《越公》簡60：壑（舉）邦走火，～者莫退，王愳（懼），鼓而退之，

［造］(2)《趙簡子》簡3：子刍（始）～於善，則善人至，不善人退。/《趙簡子》簡3：子刍（始）～於不善，則不善人至，

［還］(4)《子犯》簡7：乃各賜之鐺（劍）繡（帶）衣常（裳）而歔（膳）之，思（使）～。/《越公》簡25：乃盟，男女備（服），帀（師）乃～。/《越公》簡44：王乃迹（趣）使（使）人戠（辨）睛（省）成（城）市鄾（邊）～（縣）尖＝（小大）遠迡（邇）之廄（句）、荅（落），/《越公》簡52：與（舉）雩（越）

445

邦爭=（至于）鄭（邊）～（縣）成（城）市乃皆好兵甲，雩（越）邦乃大多兵。

〔䢙〕（2）《越公》簡35：爭=（至于）鄭（邊）～（縣）尖=（小大）遠狉（邇），亦夫/《越公》簡18：人～（還）雩（越）百里【之地】

〔逗〕（1）《晉文公》簡1：品（明）日朝，～（屬）邦利（黎）耂，命曰：

〔達〕（1）《越公》簡20：不兹（使）～氖（暨），羅（麗）甲綏（緌）屇（胄），

〔遺〕（1）《子犯》簡10：猷（猶）吾（叔）是聶（聞）～老之言，必尚（當）語我才（哉）。

〔逐〕（1）《子犯》簡12：無少（小）大，無遠～（邇），

〔遹〕（1）《越公》簡12：習（荊）市（師）走，虗（吾）先王～（邇）之，

〔遠〕（6）《子犯》簡12：無少（小）大，無～逐（邇），/《晉文公》簡7：乃爲三羿（旗）以成至（制）：～羿（旗）死，/《越公》簡12：唯皮（彼）騾（雞）父之～督（荊），天賜中（衷）于吳，右我先王。/《越公》簡12：走～，夫甬（用）戔（殘），/《越公》簡35：爭=（至于）鄭（邊）䢙（縣）尖=（小大）～狉（邇），/《越公》簡44：王乃遬（趣）徒（使）人戠（辨）睛（省）成（城）市鄭（邊）還（縣）尖=（小大）～狉（邇）之廏（句）、苓（落），

〔道〕（5）《子犯》簡10：～絫（奚）女（如）？/《晉文公》簡7：元年克崇（原），五年啟東～，/《越公》簡9：思～迯（路）之攸（修）隌（險），乃思（懼），/《越公》簡13：今我～迯（路）攸（修）隌（險），/《越公》簡20：人爲不～，或舫（抗）御（禦）暴（寡）人之䛳（辭），

〔遽〕（1）《越公》簡17：以民生之不長而自不攵（終）亓（其）命，用事（使）徒～遬（趣）聖（聽）命。

〔迈〕（1）《子犯》簡1：【公子褈】耳自楚～（適）秦，

〔遊〕（10）《子犯》簡9：人，上繩（繩）不～（失），斤亦不遰（僭）。/《趙簡子》簡5：齊君～（失）政，陳是（氏）旻（得）之，/《趙簡子》簡5：敢甝（問）齊君～（失）之絫（奚）綵（由）？/《趙簡子》簡6：君～（失）正（政），臣不（得）聶（聞）亓（其）所絲（由），/《趙簡子》簡6：归（抑）昔之旻（得）之與～（失）之，皆又（有）？凍！（由）也。/《趙簡子》簡11：則～（失）

故（霸）者（諸）侯，/《越公》簡57：王又（有）～（失）命，可遷（復）弗遷（復），/《越公》簡57：少（小）～（失）/《越公》簡58：大～（失）蠠=（墨準），以礪（勵）萬民。/《越公》簡74：女（焉）述（墜）～（失）宗宙（廟）。

〔遷〕（1）《子犯》簡9：上緘（繩）不遊（失），斤亦不～（僭）。

〔遹〕（1）《晉文公》簡2：～（滯）責（積）母（毋）又（有）賣（塞），

〔遱〕（1）《趙簡子》簡2：今虔（吾）子既為寡～（將）軍巳（已），

〔逄〕（2）《越公》簡9：思道～（路）之欲（修）隥（險），乃思（懼），/《越公》簡13：今我道～（路）攸（修）隥（險），天命反昃（側），

〔趣〕（3）《越公》簡17：用事（使）徒遽～（趣）聖（聽）命。/《越公》簡43：隹（唯）訐（信）是～（趣），嘉（及）于右（左）右，/《越公》簡44：王乃～（趣）使（使）人斁（辨）睛（省）成（城）市鄭（邊）還（縣）尖=（小大）遠泥（邇）之廏（旬）、荅（落），

〔遬〕（1）《越公》簡20：以～（奔）告於鄭=（邊。邊）

〔达〕（1）《越公》簡21：～（匍）遖（匐）豪（就）君，余聖（聽）命於門。

〔遖〕（1）《越公》簡21：达（匍）～（匐）豪（就）君，余聖（聽）命於門。

〔遊〕（2）《越公》簡27：不再（稱）民吾（惡）；縱（總）經～民，/《越公》簡30：王思邦～民，厽（三）年，乃乍（作）五=政=（五政。五政）之初，

〔役〕（1）《越公》簡28：再（稱）賁（力）～（役）、湤（幽）塗、泃（溝）墜（塘）之杠（功）。

〔遁〕（1）《越公》簡49：乃波（頗）徝（往）～（歸）之，雩（越）埕（地）乃大多人。

〔遷〕（3）《越公》簡26：雩（越）王句戏（踐）洒（將）忘（期）～（復）吳。/《越公》簡57：王又（有）遊（失）命，可～（復）弗～（復），

〔徝〕（2）《越公》簡49：乃波（頗）～（往）遁（歸）之，〔徝〕/《越公》簡60：母（毋）或（有）～（往）

〔徲〕（1）《越公》簡13：虔（吾）卻（始）～（踐）雩（越）埕（地）以爭=（至

于）今。

［退］（5）《晉文公》簡5：帀（師）以進；爲降龍之羿（旗），帀（師）以～。/《趙簡子》簡3：子刍（始）造於善，則善人至，不善人～。/《趙簡子》簡4：人～。/《越公》簡60：盟（舉）邦走火，進者莫～，王思（懼），鼓而～之。

［逡］（6）《子犯》簡12：～（後）殜（世）髙（就）受（紂）之身，/《越公》簡3：不才（在）耑（前）～（後），丁（當）孤之殜（世）。/《越公》簡56：乃徹（趣）取殘（戮）于～（後）至～（後）成。/《越公》簡57：乃徹（趣）取殘（戮）于～（後）至不共（供）。/《越公》簡74：天加禕（禍）于吳邦，不才（在）耑（前）～（後）。

［旻］（17）《子犯》簡5：幸～（得）又（有）利不忘（愆）蜀（獨），欲皆狀（斂）之。/《晉文公》簡2：～（得）繇（由）弌（二）厽（三）夫＝（大夫）以攸（修）晉邦之政。/《晉文公》簡2：以孤之舊（久）不～（得）繇（由）弌（二）。/《晉文公》簡8：九年大～（得）河東之者（諸）侯。/《趙簡子》簡5：齊君遊（失）政，陳是（氏）～（得）之。/《趙簡子》簡5：陳是（氏）～（得）之絫（奚）繇（由）？/《趙簡子》簡6：君遊（失）正（政），臣不～（得）䎽（聞）亓（其）所繇（由）。/《趙簡子》簡6：陳是（氏）～（得）之，臣亦不～（得）䎽（聞）亓（其）所繇（由）。/《趙簡子》簡6：归（抑）昔之～（得）之與遊（失）之，皆又（有）繇（由）也。/《趙簡子》簡8：肰（然）則～（得）補（輔）相周室，亦智（知）者（諸）侯之慗（謀）。/《趙簡子》簡9：肰（然）則～（得）補（輔）相周室。/《越公》簡10：以鼽（潰）去亓（其）邦，君臣父子亓（其）未相～（得）。/《越公》簡13：戠（豈）甬（庸）可（何）智（知）自～（得）？/《越公》簡16：孤所～（得）皋（罪）；亡（無）良鄹（邊）人禹（稱）瘝（蓄）息（怨）吾（惡）。/《越公》簡28：蓐（農）工（功）～（得）寺（時）。/《越公》簡70：今吳邦不天，～（得）皋（罪）於雫＝。

［御］（6）《越公》簡20：人爲不道，或航（抗）～（禦）辜（寡）人之䛖（辭）。/《越公》簡20：辜（敦）齊兵刃以攻（捍）～（禦）/《越公》簡24：齊執（勢）

同力，以～（禦）戡（仇）戡（讎）。/《越公》簡 55：敷（禁）～：及凡庶眚（姓）、凡民司事糕（爵）立（位）之宋（次）尻（序）、/《越公》簡 58：詢（徇）命若命，敷（禁）～莫/《越公》簡 66：旦，乃中分亓（其）帀（師），酒（將）以～（禦）之。

〖使〗（7）《越公》簡 9：吳王餌（聞）雩（越）～（使）之柔以卲（剛）也，/《越公》簡 15 下：君雩（越）公不命～（使）人而夫＝（大夫）親辱，/《越公》簡 23：～（使）人。/《越公》簡 24：～（使）者反（返）命/《越公》簡 44：王乃趣（趣）～（使）人戠（辨）睛（省）成（城）市鄰（邊）還（縣）尖＝（小大）遠泥（邇）之廐（勾）、苓（落），/《越公》簡 51：王乃歸（潛）～（使）人情（請）餌（問）群大臣及鄰（邊）鄙（縣）成（城）市之多兵、亡（無）兵者，/《越公》簡 72：乃～（使）人告於吳王曰：

〖泥〗（2）《越公》簡 35：㝆＝（至于）鄰（邊）徸（縣）尖＝（小大）遠～（邇），/《越公》簡 44：王乃趣（趣）使（使）人戠（辨）睛（省）成（城）市鄰（邊）還（縣）尖＝（小大）遠～（邇）之廐（勾）、苓（落），

〖徹〗（8）《越公》簡 48：王則隹（唯）匈（勾）、苓（落）是～（趣），/《越公》簡 54：乃～（趣）詢（徇）于王宮，亦～（趣）取殘（戮）。/《越公》簡 56：乃～（趣）取殘（戮）。/《越公》簡 56：王乃～（趣）㝆＝（至于）洵（溝）墜（塘）之工（功），/《越公》簡 56：乃～（趣）取殘（戮）于逡（後）至逡（後）成。王乃～（趣）/《越公》簡 57：乃～（趣）取殘（戮）于逡（後）至不共（供）。

〖徵〗（2）《越公》簡 59：亡（無）敢～命，王乃犹（試）民。/《越公》簡 59：～，民乃整（整）齊。

〖廷〗（2）《越公》簡 39：凡鄰（邊）鄙（縣）之民及又（有）管（官）帀（師）之人或告于王～，/《越公》簡 41：凡又（有）訧（獄）訟㝆＝（至于）王～，

〖畫〗（2）《晉文公》簡 8：敗楚師（師）於坴（成）僕（濮），～（建）㪔（衛），/《越公》簡 26：既～（建）宗窗（廟），攸（修）柰（社）应（位），

〖行〗（3）《越公》簡 1：乃史（使）夫＝（大夫）住（種）～成於吳帀（師），/《越

公》簡60：王大憙（喜），女（焉）勽（始）豔（絕）吳之～孛（李），/《越公》簡69：吳王乃思（懼），～成，

〔銜〕（2）《越公》簡6：孤亓（其）～（率）雩（越）庶眚（姓），/《越公》簡19：孤用～（率）我壹（一）弍（二）子弟

〔埜〕（1）《晉文公》簡8：敗楚師（師）於城（成）僕（濮），晝（建）～（衛），

〔足〕（1）《越公》簡32：亓（其）見蓐（農）夫氒（厥）顛（頂）～見，

〔疋〕（5）《越公》簡9：告繡（申）～（胥）曰：/《越公》簡9：繡（申）～（胥）曰：/《越公》簡14：繡（申）～（胥）乃/《越公》簡68：～（三）戰（戰）疋（三）北，乃至於吳。/《越公》簡68：吳帀（師）乃大北，疋（三）戰（戰）～（三）北，

〔品〕（4）《越公》簡46：王既必（比）聖（聽）之，乃～。/《越公》簡47：坙（野）會厽（三）～，交（校）于王寶（府）厽（三）～，/《越公》簡55：備（服）衱（飾）、群勿（物）～采（綵）之佲（愆）于耆（故）尝（常），

〔喿〕（1）《越公》簡67：不鼓不～（噪）以涾（潛）攻之，大矞（亂）吳帀（師）。

〔句〕（16）《子犯》簡6：二子事公子，～（苟）聿（盡）又（有）/《子犯》簡11：四方尼（夷）莫～（後）與，/《越公》簡5：亦兹（使）～狦（踐）屬（繼）孼（緒）/《越公》簡7：勿兹（使）～狦（踐）屬（繼）孼（緒）於雩（越）邦巳（已）。/《越公》簡8：以觀～狦（踐）之以此爷（八千）人者死也。/《越公》簡26：吳人既闖（襲）雩（越）邦，雩（越）王～戕（踐）酒（將）忎（期）返（復）吳。/《越公》簡29：爭〓（至于）厽（三）年，雩（越）王～戕（踐）女（焉）勽（始）复（作）繎（紀）五政之聿（律）。/《越公》簡49：尼（夷）、西尼（夷）、古蔑、～虐（無）四方之民乃皆聞（聞）雩（越）埅（地）之多歙（食）、政（徵）溥（薄）而好訐（信），/《越公》簡58：雩（越）邦庶民則皆厴（震）僮（動），犺（荒）鬼（畏）～戕（踐），/《越公》簡62：雩（越）王～戕（踐）乃命鄥（邊）人歔（取）怣（怨），/《越公》簡67：雩（越）王～戕（踐）乃以亓（其）厶（私）䇂（卒）卒〓（六千）數（竊）涉，/《越公》簡71：～戕（踐）弗許，/《越公》簡72：賜邨（越），～☐～戕（踐）不許吳成。/《越公》簡

72：乃使（使）人告於吳王曰：天以吳土賜雩（越），～/《越公》簡73：不敦（毅）示（其）牂（將）王於甬、～重（東）。

〔古〕（4）《子犯》簡2：身不忍人，～（故）走去之，/《子犯》簡3：誠我宔（主）～（固）弗秉。/《晉文公》簡3：爲豪（稼）奮（嗇）～（故），/《越公》簡49：尸（夷）、西尸（夷）、～蔑、句虐（無）四方之民乃皆聞（聞）雩（越）埅（地）之多飤（食）、政（徵）溥（薄）而好訐（信），

〔言〕（6）《子犯》簡2：子軛（犯）倉（答）曰：誠女（如）宔（主）君之～。/《子犯》簡4：子余（餘）倉（答）曰：誠女（如）宔（主）之～。/《子犯》簡10：猷（猶）吾（叔）是䎽（聞）遺老之～，必尚（當）語我才（哉）。/《越公》簡41：昔日與吕（己）～員（云），今不若示（其）～。/《越公》簡42：凡雩（越）庶民交䢻（接）、～語、貨資、市賈乃亡（無）敢反不（背）訐（欺）巳（詒）。

〔語〕（2）《子犯》簡10：必尚（當）～我才（哉）。/《越公》簡42：凡雩（越）庶民交䢻（接）、言～、貨資、市賈乃亡（無）敢反不（背）訐（欺）巳（詒）。

〔諒〕（1）《越公》簡37：諒（爽）緰（渝）～人則勳（刑）也。

〔請〕（2）《越公》簡69：昔不敦（毅）先秉利於雩＝（越，越）公告孤～成，/《越公》簡71：孤～成，男女備（服）。

〔許〕（7）《越公》簡9：孤示（其）～之成。/《越公》簡9：王示（其）勿～！/《越公》簡15：思（懼），～諾。/《越公》簡24：孤敢不～諾，恣志於雩（越）公！/《越公》簡70：～雩（越）公成，/《越公》簡71：句戈（踐）弗～，/《越公》簡72：句☐句戈（踐）不～吳成。

〔諾〕（2）《越公》簡15：思（懼），許～。/《越公》簡24：孤敢不許～，恣志於雩（越）公！

〔詩〕（1）《越公》簡55：及風音、誦～、訶（歌）䛁（謠）

〔誦〕（1）《越公》簡55：及風音、～詩、訶（歌）䛁（謠）

〔訓〕（2）《越公》簡32：龐（顏）色～（順）必（比）而牂（將）/《越公》簡33：先詒（諧）王～，而牂（將）勋（耕）者，王必與之叁（坐）飤（食）。

附錄二　逐字索引

451

[㝅] (2)《子犯》簡 7：天豊（亡）～（謀）禍（禍）於公子。/《趙簡子》簡 8：肰（然）則旻（得）補（輔）相周室，亦智（知）者（諸）侯之～（謀）。

[訫] (11)《子犯》簡 2：虗（吾）宔（主）好定（正）而敬～（信），/《子犯》簡 7：夫公子之不能居晉邦，～（信）天/《子犯》簡 8：民心～（信）難成也哉？/《子犯》簡 8：～（信）難成，殹（抑）或（有）易成也。/《越公》簡 37：王乃好～（信），乃攸（修）市政。/《越公》簡 40：王必親見而聖（聽）之，戠（辨）之而～（信），/《越公》簡 42：王必親聖（聽）之，旨（稽）之而～（信），/《越公》簡 43：隹（唯）～（信）是趣（趣），嘉（及）于右（左）右，/《越公》簡 43：嬰（舉）雩（越）邦乃皆好～（信）。/《越公》簡 44：雩（越）邦備（服）～（信），王乃好陞（徵）人。/《越公》簡 49：尸（夷）、西尸（夷）、古蔑、句虘（無）四方之民乃皆飷（聞）雩（越）埅（地）之多飤（食）、政（徵）溥（薄）而好～（信），

[誠] (4)《子犯》簡 2：～女（如）宔（主）君之言。/《子犯》簡 3：～我宔（主）古（固）弗秉。/《子犯》簡 4：～女（如）宔（主）之言。/《子犯》簡 6：宔（主）女（如）此胃（謂）無良右（左）右，～殹（繄）蜀（獨）亓（其）志。

[諫] (1)《趙簡子》簡 1：才（在）朝，軋（范）獻子進～曰：

[䜌] (1)《越公》簡 56：之非邨（越）棠（常）聿（律），尸（夷）訐（譁）～（蠻）吳（謳），

[詿] (1)《子犯》簡 4：不閒（閑）良～（規），

[訐] (1)《越公》簡 56：尸（夷）～（譁）䜌（蠻）吳（謳），

[訟] (3)《晉文公》簡 2：命～訍（獄）敂（拘）𥄎（執）睪（釋），/《越公》簡 38：凡市賈爭～，訤（反）訴（背）訐（欺）巳（詒），/《越公》簡 41：凡又（有）訍（獄）～竽=（至于）王廷，

[謰] (1)《子犯》簡 8：凡民秉尼（度），耑（端）正～（僭）試（忒），

[耑] (1)《子犯》簡 8：凡民秉尼（度），～（端）正謰（僭）試（忒），

[嘉] (3)《越公》簡 31：雩（越）庶民百眚（姓）乃禹（稱）～（懼），蠚（悚）思（懼）曰：/《越公》簡 43：隹（唯）訫（信）是趣（趣），～（及）于右（左）

右，/《越公》簡 48：王則隹（唯）甸（句）、茖（落）是徹（趣），～（及）于右（左）右。

［詢］（4）《越公》簡 54：乃徹（趣）～（徇）于王宮，亦徹（趣）取礅（戮）。/《越公》簡 54：王乃大～（徇）命于邦，寺（是）～（徇）寺（是）命，/《越公》簡 58：～（徇）命若命，

［訡］（3）《子犯》簡 1：秦公乃～（召）子軛（犯）而薜（問）女（焉）/《子犯》簡 3：省（少），公乃～（召）子余（餘）而薜（問）女（焉），/《子犯》簡 6：公乃～（召）子軛（犯）、子余（餘）曰：

［誎］（1）《子犯》簡 4：不～（蔽）又（有）善。

［訛］（5）《子犯》簡 5：事又（有）～（過）女（焉），/《子犯》簡 6：募（顧）監於～（禍），而走去之。/《趙簡子》簡 1：昔虐（吾）子之酒（將）方少，女（如）又（有）～（過），/《趙簡子》簡 2：女（如）又（有）～（過），則非子之咎，/《趙簡子》簡 2：今虐（吾）子既爲寡遅（將）軍巳（已），女（如）又（有）～（過），

［試］（1）《子犯》簡 8：諯（端）正譖（僭）～（忒），

［鬭］（1）《越公》簡 16：交～（鬭）吳雩（越），兹（使）虐（吾）弌邑之父兄子弟朝夕棧（殘），

［詔］（2）《越公》簡 20：人爲不道，或航（抗）御（禦）募（寡）人之～（辭），/《越公》簡 74：吳王乃～（辭）曰：

［諫］（1）《越公》簡 37：～（爽）縮（渝）諒人則勤（刑）也。

［飯］（1）《越公》簡 38：凡市賈爭訟，～（反）訰（背）訫（欺）巳（詒），

［訰］（1）《越公》簡 38：凡市賈爭訟，飯（反）～（背）訫（欺）巳（詒），

［訫］（2）《越公》簡 38：凡市賈爭訟，飯（反）訰（背）～（欺）巳（詒），/《越公》簡 42：凡雩（越）庶民交諜（接）、言語、貨資、市賈乃亡（無）敢反不（背）～（欺）巳（詒）。

［評］（1）《越公》簡 38：哉（辨）之而～（孚），則劫（詰）燭（誅）之。

［諜］（1）《越公》簡 42：凡雩（越）庶民交～（接）、言語、貨資、市賈乃亡（無）

敢反不（背）訏（欺）巳（詒）。

〔譔〕（1）《越公》簡47：年～（籌）攴（枚）譽（數），由臤（賢）由毀，

〔譽〕（1）《越公》簡47：年譔（籌）攴（枚）～（數），由臤（賢）由毀，

〔謠〕（1）《越公》簡55：及風音、誦詩、訶（歌）～（謠）

〔屬〕（1）《越公》簡61：乃～（屬）邦政於夫=（大夫）住（種），

〔善〕（9）《子犯》簡4：不諆（蔽）又（有）～。/《趙簡子》簡3：子句（始）造於～，則～人至，不～人退。/《趙簡子》簡3：子句（始）造於不～，則不～人至，～/《越公》簡14：～士牆（將）中畔（半）死已（已）。/《越公》簡47：～人則由，晉（譖）民則怌（否）。

〔音〕（2）《越公》簡23：今夫=（大夫）嚴（儼）狀（然）監（銜）君王之～，賜孤以好曰：/《越公》簡55：及風～、誦詩、訶（歌）諹（謠）

〔僕〕（1）《晉文公》簡8：敗楚師（師）於城（成）～（濮），畫（建）堙（衛）。/

〔僕〕（2）《子犯》簡8：割（曷）又（有）～（僕）若是而不果以或（國），《越公》簡22：孤或（又）忎（恐）亡（無）良～馭（御）迷（失）火於雩（越）邦，

〔戒〕（1）《趙簡子》簡4：用繇（由）今以生（往），虐（吾）子牆（將）不可以不～巳（已）！

〔兵〕（14）《越公》簡4：募（寡）人不忍君之武礪（厲）～甲之鬼（威），科（播）弃宗啻（廟），/《越公》簡20：牽（敦）齊～刃以攻（捍）御（禦）/《越公》簡21：孤用医（委）命童（重）臣（臣），閽（馳）冒～刃，/《越公》簡50：雩（越）邦皆備（服）陞（徵）人，多人，王乃好～。/《越公》簡50：凡五～之利，王日忎（甄）之，居者（諸）左右；/《越公》簡51：以酮（問）五～之利。/《越公》簡51：王乃歸（潛）使（使）人情（請）酮（問）群大臣及鄧（邊）鄧（縣）成（城）市之多～、亡（無）～者，王則貼=（比視）。/《越公》簡52：～、亡（無）～者是戠（辨），靊（問）于左右。/《越公》簡52：舉（舉）雩（越）邦圶=（至于）鄧（邊）還（縣）成（城）市乃皆好～甲，雩（越）邦乃大多～。/《越公》簡53：雩（越）邦多～，王乃整（整）民、攸（修）命（令），奢（審）刑（刑）。/《越公》簡61：太（舌）甬（庸）大歷（歷）雩（越）

民，必（比）羣（卒）劼（勒）～，

【具】（2）《子犯》簡13：受（紂）若大陸（岸）酒（將）～（俱）陻（崩），/《晉文公》簡3：～黍（黍）稷醴=（酒醴）以祀，

【井】（2）《子犯》簡1：公子不能～（寘）女（焉），/《子犯》簡4：【子不能】～（寘）女（焉），而走去之，

【共】（3）《越公》簡53：乃出～（恭）敬（敬），王寮（訊）之，/《越公》簡53：乃出不～（恭）不敬（敬），/《越公》簡57：乃徹（趣）取嫨（戮）于後（後）至不～（供）。

【與】（8）《子犯》簡11：四方尸（夷）莫句（後）～，/《子犯》簡14：女（如）欲記（起）邦，則大甲～盤庚、文王、武王，/《趙簡子》簡6：归（抑）昔之旻（得）之～遊（失）之，皆又（有）繇（由）也。/《越公》簡23：余亓（其）～吳科（播）弃悥（怨）惡（惡）于滸（海）瀘（濟）江沽（湖）。/《越公》簡33：而酒（將）劦（耕）者，王必～之呈（坐）飤（食）。/《越公》簡41：昔日～吕（己）言員（云），今不若亓（其）言。/《越公》簡52：～（舉）雩（越）邦爭=（至于）鄴（邊）還（縣）成（城）市乃皆好兵甲，/《越公》簡73：民生堅（地）上，寓也，亓（其）～幾可（何）？

【晨】（2）《越公》簡3：迮（挾）弪秉桒（枹），～（振）曀（鳴）/《越公》簡58：雩（越）邦庶民則皆～（震）僮（動），犹（荒）鬼（畏）句戋（踐），

【革】（1）《越公》簡50：凡金～之攻，王日龠（論）朕（省）

【鬲】（1）《越公》簡61：太（舌）甬（庸）大～（歷）雩（越）民，必（比）羣（卒）劼（勒）兵，

【孚】（1）《趙簡子》簡10：～（飽）亓（其）酓（飲）飤（食），宮中三臺（臺），

【爲】（26）《子犯》簡12：殺三無殆（辜），～燹（炮）～烙，殺某（梅）之女，/《子犯》簡12：～桱（桎）楎（梏）三百。/《晉文公》簡3：～豪（稼）蕃（嗇）古（故），命洲（瀹）舊/《晉文公》簡5：乃乍（作）～羿（旗）勿（物），～陞（升）龍之羿（旗），/《晉文公》簡5：～降龍之羿（旗），師（師）以退。/《晉文公》簡5：～右（左）▨/《晉文公》簡6：～䋯（角）龍之羿（旗），師

附錄二　逐字索引

455

（師）以戰（戰）；/《晉文公》簡6：～交（蛟）龍之羿（旗），師（師）以豫；～日月之羿（旗），師（師）以舊（久）。/《晉文公》簡6：～熊羿（旗），夫=（大夫）出；/《晉文公》簡6：～豹（豹）羿（旗），士出；/《晉文公》簡6：～芇（萑）芇（采）之羿（旗），哉（饋）糧者/《晉文公》簡7：乃～三羿（旗）以成至（制）；/《趙簡子》簡2：今虐（吾）子既～寡遌（將）軍巳（已），女（如）又（有）訛（過），/《越公》簡5：君女（如）～惠，交（徹）天堊（地）之福，/《越公》簡16：兹（使）虐（吾）式邑之父兄子弟朝夕棧（殘），肰（然）～豺（豺）/《越公》簡20：人～不道，或航（抗）御（禦）暴（寡）人之詞（辭），/《越公》簡24：皆～同生，齊執（勢）同力，以御（禦）戲（仇）戲（讎）。/《越公》簡34：水則～稻，乃亡（無）又（有）閼（閒）卉（艸）。/《越公》簡38：因亓（其）貨以～/《越公》簡41：乃亡（無）敢增歷（斂）亓（其）政（徵）以～獻於王。/《越公》簡63：雩（越）王乃中分亓（其）市（師）以～右（左）/《越公》簡64：以亓（其）厶（私）稡（卒）君子卒=（六千）以～中軍。/《越公》簡66：雩（越）人分～二市（師），涉江，

［執］（2）《越公》簡24：皆爲同生，齊～（勢）同力，以御（禦）戲（仇）戲（讎）。/《越公》簡57：～（設）戍于東尸（夷）、西尸（夷），

［又］（30）《子犯》簡1：蓍（故）晉邦～（有）禍（禍），/《子犯》簡3：晉邦～（有）禍（禍），/《子犯》簡4：不誨（蔽）～（有）善。/《子犯》簡4：必出～（有）/《子犯》簡5：幸旻（得）～（有）利不忘（愆）蜀（獨），/《子犯》簡5：事～（有）訛（過）女（焉），/《子犯》簡6：二子事公子，句（苟）聿（盡）～（有）/《子犯》簡8：割（曷）～（有）僕（僕）若是而不果以或（國），/《晉文公》簡2：適（滯）責（積）母（毋）～（有）貰（塞），/《趙簡子》簡1：女（如）～（有）訛（過），/《趙簡子》簡2：女（如）～（有）訛（過），/《趙簡子》簡2：女（如）～（有）訛（過），/《趙簡子》簡6：皆～（有）繇（由）也。/《趙簡子》簡7：掌～（有）二宧（宅）之室，/《越公》簡5：～（有）繡（帶）甲夲（八千），～（有）旬之糧。/《越公》簡11：公亓（其）啟（孰）～（有）繡（帶）甲夲（八千）以皋（敦）刃皆（偕）死？/《越

公》簡 19：亡（無）克～（有）奠（定），/《越公》簡 30：王親自髬（耕），～（有）厶（私）蕾（穫）。/《越公》簡 31：王亓（其）～（有）縈（營）疾？/《越公》簡 33：亓（其）見～（有）戕（班）、～（有）司及王右（左）右，/《越公》簡 35：人～（有）厶（私）蕾（穫）。/《越公》簡 34：乃亡（無）～（有）閼（閒）卉（艸）。/《越公》簡 39：凡鄹（邊）鄂（縣）之民及～（有）管（官）帀（師）之人或告于王廷，/《越公》簡 41：凡～（有）訧（獄）訟爭＝（至于）王廷，/《越公》簡 42：乃母（毋）～（有）貴賤，勸（刑）也。/《越公》簡 47：～（有）籴（糶）战（歲），～（有）賞罰，/《越公》簡 57：王～（有）遊（失）命，

〔右〕（14）《子犯》簡 4：母（毋）乃無良右（左）～也虖（乎）？/《子犯》簡 6：宔（主）女（如）此胃（謂）無良右（左）～，誠殹（繄）蜀（獨）亓（其）志。/《越公》簡 12：唯皮（彼）鰠（雞）父之遠督（荆），天賜中（衷）于吳，～我先王。/《越公》簡 33：亓（其）見又（有）戕（班）、又（有）司及王右（左）～，/《越公》簡 35：凡王右（左）～大臣，乃莫不勑（耕），人又（有）厶（私）蕾（穫）。/《越公》簡 43：隹（唯）訐（信）是遡（趣），喿（及）于右（左）～，/《越公》簡 45：餌（聞）之于右（左）～。/《越公》簡 48：王則隹（唯）訇（旬）、苳（落）是徹（趣），喿（及）于右（左）～。/《越公》簡 50：凡五兵之利，王日忎（惄）之，居者（諸）左～；/《越公》簡 52：諨（問）于左～。/《越公》簡 64：軍、～軍，以亓（其）厶（私）倅（卒）君子卒＝（六千）以爲中軍。/《越公》簡 65：亦命～軍監（銜）枚（枚）渝江五里以須，/《越公》簡 65：乃命右（左）軍、～軍涉江，嚁鼓，中水以㠯。/《越公》簡 67：左軍、～軍乃述（遂）涉，戉（攻）之。

〔父〕（3）《越公》簡 10：君臣～子亓（其）未相旻（得）。/《越公》簡 12：唯皮（彼）鰠（雞）～之遠督（荆），/《越公》簡 16：兹（使）虐（吾）式邑之～兄子弟朝夕棧（殘），

〔虞〕（1）《越公》簡 10：～（且）皮（彼）既大北於坪（平）备（邊），

〔及〕（11）《子犯》簡 13：思（懼）不死，型（刑）以～于氒（厥）身，/《子犯》

简15：则燊（桀）～受（纣）、刾（厲）王、幽王，/《越公》简33：亓（其）見又（有）戭（班）、又（有）司～王右（左）右，/《越公》简39：凡郢（邊）鄹（縣）之民～又（有）管（官）市（師）之人或告于王廷，/《越公》简40：亓（其）才（在）邑司事～官市（師）之人則發（廢）也。/《越公》简40：凡成（城）邑之司事～官市（師）之/《越公》简51：王乃歸（潛）徒（使）人情（請）䎽（問）群大臣～郢（邊）鄹（縣）成（城）市之多兵、亡（無）兵者，/《越公》简54：寺（是）詢（徇）寺（是）命，～群/《越公》简55：敷（禁）御：～凡庶眚（姓）、凡民司事粺（爵）立（位）之宊（次）凥（序）、/《越公》简55：～風音、誦詩、訶（歌）誺（謠）/《越公》简64：～昏，乃命右（左）軍監（銜）梡（枚）穌（溯）江五

〖秉〗(5)《子犯》简2：虘（吾）宝（主）好定（正）而敬訐（信），不～褐（禍）利，/《子犯》简3：誠我宝（主）古（固）弗～。/《子犯》简8：凡民～尬（度），耑（端）正譖（僭）訧（忒），/《越公》简3：辻（挾）弳～橐（枹），/《越公》简69：昔不敎（穀）先～利於雫＝（越，越）公告孤請成，

〖反〗(4)《晉文公》简8：成宋，回（圍）臀（許），～奠（鄭）之甗（陴），/《越公》简13：天命～昊（側），/《越公》简24：徒（使）者～（返）命/《越公》简42：凡雫（越）庶民交辻（接）、言語、貨資、市賈乃亡（無）敢～不（背）訢（欺）巳（詒）。

〖取〗(5)《越公》简14：虘（吾）於（烏）膚（胡）～仐（八千）人以會皮（彼）死？/《越公》简54：乃徹（趣）詢（徇）于王宮，亦徹（趣）～瘳（戮）。/《越公》简56：乃徹（趣）～瘳（戮）。/《越公》简56：乃徹（趣）～瘳（戮）于逡（後）至逡（後）成。/《越公》简57：乃徹（趣）～瘳（戮）于逡（後）至不共（供）。

〖叚〗(2)《越公》简28：兹（使）民～（暇）自相，蓐（農）工（功）旻（得）寺（時），邦乃～（暇）

〖复〗(1)《越公》简29：雫（越）王句戈（踐）女（焉）台（始）～（作）緅（紀）五政之聿（律）。

〔夋〕（1）《越公》簡46：芺=（笑笑）也，則必舍（飲）飤（食）賜～（予）之。

〔皁〕（1）《子犯》簡10：～（譬）若從騅（雉）肰（然），

〔史〕（1）《越公》簡1：乃～（使）夫=（大夫）住（種）行成於吴帀（師），

〔事〕（16）《子犯》簡5：～又（有）訛（過）女（焉），不忘（愍）以人，必身廛（擅）之。/《子犯》簡6：公乃訋（召）子矵（犯）、子余（餘）曰：二子～公子，句（苟）聿（盡）又（有）/《子犯》簡9：～（使）衆若～（使）一人，不穀（穀）余敢䚊（問）亓（其）/《子犯》簡11：昔者成湯以神～山川，以悳（德）和民。/《越公》簡6：齊卻（節）同心，以臣～吴，男女備（服）。/《越公》簡15下：吴王乃出，斳（親）見～（使）者曰：/《越公》簡17：以民生之不長而自不夂（終）亓（其）命，用～（使）徒遽趣（趣）聖（聽）命。/《越公》簡31：～以勸怠（勉）蓐（農）夫。/《越公》簡40：亓（其）才（在）邑司～及官帀（師）之人則發（廢）也。/《越公》簡40：凡成（城）邑之司～及官帀（師）之/《越公》簡45：王見亓（其）執～人則冟（怡）念（豫）憙（憙）也。/《越公》簡46：王見亓（其）執～人，/《越公》簡51：亓（其）～，以䚊（問）五兵之利。/《越公》簡55：敷（禁）御：及凡庶眚（姓）、凡民司～桀（爵）立（位）之宐（次）尸（序）、/《越公》簡75：雩（越）公亓（其）～。

〔聿〕（3）《越公》簡29：雩（越）王句戏（踐）女（焉）冟（始）复（作）緟（紀）五政之～（律）。/《越公》簡41：凡此～（類）/《越公》簡56：之非邲（越）棠（常）～（律），尸（夷）訐（譁）鰷（蠻）吴（謳），

〔聿〕（3）《子犯》簡6：公乃訋（召）子矵（犯）、子余（餘）曰：二子事公子，句（苟）～（盡）又（有）/《越公》簡74：唯王所安，以屈～（盡）王年。/《越公》簡75：雩（越）公是～（盡）既有之，

〔臤〕（1）《越公》簡47：年譜（籌）攴（枚）譽（數），由～（賢）由毁，

〔臣〕（7）《子犯》簡4：虖（吾）宔（主）之式（二）晶（三）～，不閑（閑）良䚊（規），/《趙簡子》簡6：君遊（失）正（政），～不旻（得）䚊（聞）亓（其）所繇（由），/《趙簡子》簡6：陳是（氏）旻（得）之，～亦不旻（得）䚊（聞）

亓（其）所繇（由）。/《越公》簡6：以～事吳，男女備（服）。/《越公》簡10：君～父子亓（其）未相旻（得）。/《越公》簡35：凡王右（左）右大～，乃莫不勑（耕），/《越公》簡51：王乃歸（潛）使（使）人情（請）腘（問）群大～及鄸（邊）鄱（縣）成（城）巿之多兵、亡（無）兵者，王則貱＝（比視）。

［叚］（3）《子犯》簡6：宝（主）女（如）此胃（謂）無良右（左）右，誠～（繄）蜀（獨）亓（其）志。/《子犯》簡8：～（抑）或（有）易成也。/《越公》簡73：～（抑）民生不肞（仍），王亓（其）母（毋）死。

［殺］（3）《子犯》簡12：～三無砝（辜），爲燧（炮）爲烙，～某（梅）之女，/《越公》簡54：王察（訊）之，翠（志）以受（授）軋（范）羅（蠡），則㱿（戮）～之。

［寺］（4）《子犯》簡5：虐（吾）宝（主）弱～（恃）而愚（強）志，/《越公》簡28：薛（農）工（功）旻（得）～（時），/《越公》簡54：王乃大訽（徇）命于邦，～（是）訽（徇）～（是）命，

［皮］（4）《越公》簡10：虔（且）～（彼）既大北於坪（平）备（邊），/《越公》簡12：唯～（彼）鷈（雞）父之遠嚠（荊），/《越公》簡14：今～（彼）斲（新）去亓（其）邦而怣（毒），/《越公》簡14：虐（吾）於（烏）膚（胡）取坐（八千）人以會～（彼）死？

［攴］（1）《越公》簡47：年謣（籌）～（枚）墨（數），由臤（賢）由毀，

［啓］（1）《晉文公》簡7：元年克棠（原），五年～東道，

［㪅］（2）《趙簡子》簡10：～（霸）者（諸）侯。/《趙簡子》簡11：則遊（失）～（霸）者（諸）侯，

［畋］（1）《越公》簡11：公亓（其）～（孰）又（有）繡（帶）甲坐（八千）以辜（敦）刃皆（偕）死？

［政］（12）《子犯》簡9：咢（叔），昔之舊聖折（哲）人之尃（敷）～命（令）刑（刑）罰，/《子犯》簡11：用果念（臨）～/《晉文公》簡2：旻（得）繇（由）式（二）厽（三）夫＝（大夫）以攸（修）晉邦之～，/《趙簡子》簡5：齊君遊（失）～，陳是（氏）旻（得）之，/《越公》簡29：爭＝（至于）厽（三）

年,雩（越）王句戏（踐）女（焉）舒（始）复（作）紹（紀）五～之聿（律）。/《越公》簡30：王思邦游民，厽（三）年，乃乍（作）五＝～＝（五政。五政）之初，/《越公》簡37：王乃好訐（信），乃攸（修）市～。/《越公》簡39：初日～（徵）勿（物）若某，今～（徵）硅（重），弗果。/《越公》簡41：乃亡（無）敢增歷（斂）亓（其）～（徵）以爲獻於王。/《越公》簡49：㠯（夷）、西㠯（夷）、古蔑、句虐（無）四方之民乃皆舅（聞）雩（越）埅（地）之多飤（食）、～（徵）溥（薄）而好訐（信），/《越公》簡61：乃詛（屬）邦～於夫＝（大夫）住（種），

〔斀〕(1)《越公》簡13：～（豈）甯（庸）可（何）智（知）自旻（得）？

〔整〕(2)《越公》簡53：雩（越）邦多兵，王乃～（整）民、攸（修）命（令）、審（審）刑（刑）。/《越公》簡59：民乃～（整）齊。

〔救〕(1)《越公》簡60：～火。

〔攸〕(8)《晉文公》簡2：旻（得）繇（由）弋（二）厽（三）夫＝（大夫）以～（修）晉邦之政，/《晉文公》簡3：厽（三）夫＝（大夫）以～（修）晉邦之祀，/《晉文公》簡4：命竇（蒐）～（修）先君之䡮（乘）、貪（飭）車轍（甲），/《越公》簡13：今我道迨（路）～（修）隌（險），天命反旲（側），/《越公》簡26：既畫（建）宗宙（廟），～（修）奈（社）应（位），/《越公》簡28：王汦（惕）亡（毋）好～（修）于民厽（三）工之堵（署），/《越公》簡37：雩（越）邦備（服）蓐（農）多食，王乃好訐（信），乃～（修）市政。/《越公》簡53：雩（越）邦多兵，王乃整（整）民、～（修）命（令）、審（審）刑（刑）。

〔欲〕(1)《越公》簡9：思道迨（路）之～（修）隌（險），乃思（懼），

〔敗〕(1)《晉文公》簡8：～楚師（師）於坓（成）僕（濮），畫（建）㙜（衛），

〔收〕(1)《越公》簡48：是以～敓（寇），是以匍（句）邑。

〔敏〕(1)《晉文公》簡2：命訟訊（獄）～（拘）縶（執）罪（釋），

〔攻〕(2)《越公》簡50：凡金革之～，王曰龠（論）胜（省）/《越公》簡67：不鼓不喿（噪）以滯（潛）～之，大鬧（亂）吳帀（師）。

附錄二 逐字索引

461

〔歚〕（1）《子犯》簡7：乃各賜之鐱（劍）繡（帶）衣常（裳）而～（膳）之，

〔斁〕（1）《越公》簡7：余亓（其）必～（滅）鹽（絕）雩（越）邦之命于天下，

〔攷〕（1）《越公》簡20：辜（敦）齊兵刃以～（捍）御（禦）

〔敬〕（1）《越公》簡48：是以收～（寇），是以匔（句）邑。

〔斁〕（2）《越公》簡55：～（禁）御：及凡庶眚（姓）、凡民司事稚（爵）立（位）之宋（次）尻（序）、／《越公》簡58：詢（徇）命若命，～（禁）御莫

〔敳〕（1）《越公》簡67：雩（越）王句戏（踐）乃以亓（其）厶（私）䘏（卒）卒＝（六千）～（竊）涉，

〔敳〕（1）《越公》簡59：乃～（竊）焚舟室，鼓命邦人

〔用〕（10）《子犯》簡10：窜（寧）孤是勿能～？／《子犯》簡11：～果念（臨）政／《子犯》簡13：邦乃述（遂）嵬（亡），～凡君所䎽（問）莫可䎽（聞）。／《趙簡子》簡4：～繇（由）今以生（往），虞（吾）子䘓（將）不可以不戒巳（已）！／《越公》簡13：王～克內（入）于郢。／《越公》簡17：以民生之不長而自不夂（終）亓（其）命，～事（使）徒邊趣（趣）聖（聽）命。／《越公》簡19：今厽（三）年，亡（無）克又（有）奠（定），孤～恧（願）見雩（越）公。／《越公》簡19：孤～銜（率）我壹（一）弍（二）子弟／《越公》簡21：孤～匡（委）命瞳（重）唇（臣），／《越公》簡22：孤～內（入）守於宗窗（廟），

〔目〕（1）《越公》簡75：孤余系（奚）面～以䀠（視）于天下？

〔相〕（5）《趙簡子》簡8：肰（然）則旻（得）楠（輔）～周室，亦智（知）者（諸）侯之思（謀）。／《趙簡子》簡9：肰（然）則旻（得）楠（輔）～周室，／《越公》簡10：君臣父子亓（其）未～旻（得）。／《越公》簡28：兹（使）民碬（暇）自～，蓐（農）工（功）旻（得）寺（時），／《越公》簡63：～戎（攻）也，吳帀（師）乃迟（起）。

〔眚〕（3）《越公》簡6：孤亓（其）銜（率）雩（越）庶～（姓），／《越公》簡31：雩（越）庶民百～（姓）乃禹（稱）言（懼），／《越公》簡55：斁（禁）御：及凡庶～（姓）、凡民司事稚（爵）立（位）之宋（次）尻（序）、

〖自〗（7）《子犯》簡1：【公子槿】耳～楚逗（適）秦，尻（處）女（焉）三歲（歲），/《晉文公》簡1：晉文公～秦内（入）於晉，/《越公》簡13：叡（豈）甬（庸）可（何）智（知）～旻（得）？/《越公》簡17：以民生之不長而～不夊（終）亓（其）命，用事（使）徒遽趣（趣）聖（聽）命。/《越公》簡28：茲（使）民砎（暇）～相，蓐（農）工（功）旻（得）寺（時），/《越公》簡30：王親～鬬（耕），又（有）厶（私）薔（穡）。/《越公》簡57：不茲（使）命睽（疑），王則～罰。

〖皆〗（17）《子犯》簡5：幸旻（得）又（有）利不忈（憖）蜀（獨），欲～眔（僉）之。/《晉文公》簡1：母（毋）辡（辨）於妞（好）妝（莊）嬬（邊）盬（鄙）～見。/《晉文公》簡2：逋（滯）責（積）母（毋）又（有）眞（塞），四垊（封）之内～朕（然）。/《晉文公》簡3：四㐭（封）之内～朕（然）。/《晉文公》簡4：四㐭（封）之内～朕（然）。/《晉文公》簡5：～朕（然）。/《趙簡子》簡6：归（抑）昔之旻（得）之與遊（失）之，～又（有）繇（由）也。/《越公》簡11：公亓（其）敫（孰）又（有）繡（帶）甲牟（八千）以辜（敦）刃～（偕）死？/《越公》簡24：～爲同生，齊執（勢）同力，/《越公》簡35：毉（舉）雩（越）庶民，乃夫婦～粥（耕），/《越公》簡36上：婦～【耕】。/《越公》簡43：毉（舉）雩（越）邦乃～好訐（信）。/《越公》簡48：毉（舉）雩（越）邦乃～好陞（徵）人，方和于亓（其）墾（地）。/《越公》簡49：尸（夷）、西尸（夷）、古蔑、句虘（無）四方之民乃～誾（聞）雩（越）墾（地）之多飤（食）、政（徵）溥（薄）而好訐（信），/《越公》簡50：雩（越）邦～備（服）陞（徵）人，/《越公》簡52：與（舉）雩（越）邦爭＝（至于）鄭（邊）遠（縣）成（城）市乃～好兵甲，/《越公》簡58：雩（越）邦庶民則～曆（震）僅（動），

〖者〗（20）《子犯》簡11：昔～成湯以神事山川，以悳（德）和民。/《晉文公》簡6：爲菥（蔑）苂（采）之羿（旗），栽（饙）糧～/《晉文公》簡8：九年大旻（得）河東之～（諸）侯。/《趙簡子》簡8：朕（然）則旻（得）補（輔）相周室，亦智（知）～（諸）侯之愚（謀）。/《趙簡子》簡10：故（霸）～（諸）

463

侯。/《趙簡子》簡11：則遊（失）攸（霸）～（諸）侯，/《越公》簡6：三（四）方～（諸）侯亓（其）或敢不賓于吳邦？/《越公》簡8：以觀句踐（踐）之以此夲（八千）人～死也。/《越公》簡15下：吳王乃出，新（親）見事（使）～曰：/《越公》簡24：徒（使）～反（返）命/《越公》簡32：亓（其）見蓐（農）夫老弱菫（勤）壓（斂）～，/《越公》簡33：劸（耕）～，王亦酓（飲）飤（食）之。/《越公》簡33：而牆（將）劸（耕）～，王必與之𠁢（坐）飤（食）。/《越公》簡45：亓（其）匌（句）～，/《越公》簡46：亓（其）苕（落）～，王見亓（其）執事人，/《越公》簡50：凡五兵之利，王日忎（甄）之，居～（諸）左右；/《越公》簡51：王乃歸（潛）徒（使）人情（請）䦲（問）群大臣及鄴（邊）郙（縣）成（城）市之多兵、亡（無）兵～，王則貱=（比視）。/《越公》簡52：兵、亡（無）兵～是戠（辨），䦲（問）于左右。/《越公》簡60：舉（舉）邦走火，進～莫退，王思（懼），鼓而退之，/《越公》簡60：死～言=（三百）人，王大憙（喜）。

［智］（4）《趙簡子》簡8：肰（然）則昊（得）柵（輔）相周室，亦～（知）者（諸）侯之毘（謀）。/《趙簡子》簡11：不～（知）周室之……會（僉）之欤（侈）……□欤（侈）之會（僉）唐（乎）？/《越公》簡13：啟（豈）甬（庸）可（何）～（知）自昊（得）？/《越公》簡45：王既戠（辨）～（知）之，乃命上會（計）。

［百］（4）《子犯》簡12：爲栲（桎）樫（梏）三～。/《趙簡子》簡10：駞（馳）馬四～駟，狀（貌）亓（其）衣尚（裳），/《越公》簡31：雩（越）庶民～眚（姓）乃禹（稱）喜（懼），甕（悚）思（懼）曰：/《越公》簡18：人禯（還）雩（越）～里【之地】

［羿］（13）《晉文公》簡5：乃乍（作）爲～（旗）勿（物），爲陞（升）龍之～（旗），/《晉文公》簡5：爲降龍之～（旗），師（師）以退。/《晉文公》簡6：爲觢（角）龍之～（旗），師（師）以戠（戰）；/《晉文公》簡6：爲交（蛟）龍之～（旗），師（師）以豫；爲日月之～（旗），師（師）以舊（久）。/《晉文公》簡6：爲熊～（旗），夫=（大夫）出；/《晉文公》簡6：爲豹（豹）～

（旗），士出；/《晉文公》簡6：爲莘（蒐）芟（蒐）之～（旗），/《晉文公》簡7：乃爲三～（旗）以成至（制）：遠～（旗）死，/《晉文公》簡7：中～（旗）荆（刑），忘（近）～（旗）罰。

〔㫍〕(1)《越公》簡8：～（旆）胄（旌），王親鼓之，

〔胄〕(1)《越公》簡8：㫍（旆）～（旌），王親鼓之，

〔㝮〕(2)《越公》簡53：王寀（訊）之，～（志）以受（授）夫＝（大夫）住（種），則賞教（購）之；/《越公》簡54：王寀（訊）之，～（志）以受（授）軋（范）羅（蠡），則醪（戮）殺之。

〔隹〕(4)《越公》簡43：～（唯）訏（信）是趣（趣），喜（及）于右（左）右，/《越公》簡44：王則貱（比視），～（唯）甸（旬）、茖（落）是戠（辨）睹（省），/《越公》簡48：王則～（唯）甸（旬）、茖（落）是徹（趣），喜（及）于右（左）右。/《越公》簡51：～（唯）多

〔雞〕(1)《越公》簡12：唯皮（彼）～（雞）父之遠督（荆），天賜中（衷）于吴，右我先王。

〔雁〕(1)《子犯》簡11：人面見湯若鴷（暴）雨方奔之而麗（庇）～（蔭）女（焉），

〔雚〕(1)《子犯》簡5：【惡】，【及陷】於難，～（劬）艗（勞）於志，

〔舊〕(6)《子犯》簡9：咢（叔），昔之～聖折（哲）人之博（敷）政命（令）荆（刑）罰，/《晉文公》簡1：以孤之～（久）不/《晉文公》簡2：以孤之～（久）不旻（得）繇（由）式（二）/《晉文公》簡3：爲豪（稼）畜（嗇）古（故），命洲（瀹）～/《晉文公》簡4：沟（溝）、增～芳（防），/《晉文公》簡6：爲日月之羿（旗），師（師）以～（久）。

〔茂〕(2)《越公》簡27：～弃愚（怨）皋（罪），/《越公》簡49：虘（夷）、西虘（夷）、古～、句虞（無）四方之民乃皆鼠（聞）雩（越）堅（地）之多飤（食）、政（徵）溥（薄）而好訏（信），

〔羊〕(1)《晉文公》簡3：命肥菊～牛、豢犬豕，

〔羣〕(5)《越公》簡37：凡～厇（宅）之不厇（度），～采勿（物）之不續

（慎），/《越公》簡51：王乃歸（潛）使（使）人情（請）餌（問）～大臣及鄖（邊）鄙（縣）成（城）市之多兵、亡（無）兵者，王則鈚﹦（比視）。/《越公》簡54：王乃大詢（徇）命于邦，寺（是）詢（徇）寺（是）命，及～/《越公》簡55：備（服）衸（飾）、～勿（物）品采（綵）之侃（愆）于耆（故）尚（常），

[難]（3）《子犯》簡5：【及陷】於～，翟（劬）輅（勞）於志，/《子犯》簡8：民心訐（信）～成也哉？/《子犯》簡8：訐（信）～成，殹（抑）或（有）易成也。

[嗚]（2）《越公》簡3：夾（挾）弳秉櫜（枹），曆（振）～（鳴）/《越公》簡65：夌（夜）中，乃命右（左）軍、右軍涉江，～（鳴）鼓，中水以覺。

[雉]（1）《子犯》簡10：卑（譬）若從～（雉）肰（然），

[於]（41）《子犯》簡3：以即中～天。/《子犯》簡5：【及陷】～難，翟（劬）輅（勞）～志，/《子犯》簡6：寡（顧）監～詾（禍），而走去之。/《子犯》簡7：天豐（亡）惎（謀）禍（禍）～公子。/《子犯》簡7：公乃鬻（問）～邢（蹇）書（叔）曰：/《子犯》簡9：公乃鬻（問）～邢（蹇）書（叔）曰：/《子犯》簡13：公子褈（重）耳餌（問）～邢（蹇）書（叔）曰：/《晉文公》簡1：晉文公自秦内（入）～晉，/《晉文公》簡1：母（毋）辡（辨）～妞（好）妝（莊）嬙（嫱）鹽（醢）皆見。/《晉文公》簡8：敗楚師（師）～坅（城）僕（濮），/《趙簡子》簡3：子刍（始）造～善，/《趙簡子》簡3：子刍（始）造～不善，/《趙簡子》簡5：盘（趙）柬（簡）子餌（問）～成蚵（剴）曰：/《越公》簡1：☐赶（遷）陞（登）～會旨（稽）之山，/《越公》簡1：乃史（使）夫﹦（大夫）住（種）行成～吳帀（師），/《越公》簡4：親辱～募（寡）人之粨﹦（敝邑）。/《越公》簡6：～雩（越）邦，孤亓（其）銜（率）雩（越）庶眚（姓），/《越公》簡7：勿兹（使）句狭（踐）屬（繼）饕（緒）～雩（越）邦巳（已）。/《越公》簡10：天不朸（仍）賜吳～雩（越）邦之利。/《越公》簡10：虞（且）皮（彼）既大北～坪（平）备（邃），/《越公》簡14：虞（吾）～（烏）膚（胡）取伞（八千）人以會皮（彼）死？/《越公》簡15下：孤敢兑（脱）罩（罪）～夫﹦（大夫）。/《越公》簡17：狼餤（食）～山林藜（幽）

芒（荒），孤疾痌（痛）之。/《越公》簡17：用事（使）徒遽趣（趣）聖（聽）命。~/《越公》簡20：以遻（奔）告~鄭=（邊。邊）/《越公》簡21：达（甬）遺（訇）橐（就）君，余聖（聽）命~門。/《越公》簡22：怀（背）虛宗宙（廟），陟柿（棲）~會旨（稽）。/《越公》簡22：孤或（又）志（恐）亡（無）良僕馭（御）燹（失）火~雩（越）邦，/《越公》簡22：孤用内（入）守~宗宙（廟），/《越公》簡24：孤敢不許諾，恣志~雩（越）公！/《越公》簡41：乃亡（無）敢增壓（斂）亓（其）政（徵）以爲獻~王。/《越公》簡61：乃諰（屬）邦政~夫=（大夫）住（種），/《越公》簡63：吳王起帀（師），軍~江北。/《越公》簡63：雩（越）王起帀（師），軍~江南。/《越公》簡64：若（諾）明日酒（將）舟戰（戰）~江。/《越公》簡68：吳帀（師）乃大北，疋（且）戰（戰）疋（且）北，乃至~吳。/《越公》簡69：昔不穀（穀）先秉利~雩=（越，越）公告孤請成，/《越公》簡70：旻（得）皋（罪）~雩=（越，越）/《越公》簡72：乃徒（使）人告~吳王曰：/《越公》簡73：不穀（穀）亓（其）酒（將）王~甬、句重（東），

〔弃〕（5）《越公》簡4：暴（寡）人不忍君之武礪（厲）兵甲之鬼（威），科（播）~宗宙（廟），/《越公》簡19：余~晉（惡）周（酬）好，以交（徼）求卡=（上下）吉羕（祥）。/《越公》簡21：君不尚新（親）有暴（寡）人，卬（抑）犹（荒）~孤，/《越公》簡23：余亓（其）與吳科（播）~惌（怨）晉（惡）于滸（海）瀛（濟）江沽（湖）。/《越公》簡27：王乃不咎不惑（忌），不戮不罰；蔑~惌（怨）皋（罪），

〔再〕（4）《越公》簡16：孤所旻（得）皋（罪）：亡（無）良鄭（邊）人~（稱）瘕（蓄）惌（怨）晉（惡），/《越公》簡27：不~（稱）民晉（惡）；縱（總）經游民，/《越公》簡28：~（稱）貢（力）迟（役），溢（幽）塗、泃（溝）墜（塘）之紅（功）。/《越公》簡31：雩（越）庶民百眚（姓）乃~（稱）嘉（懼），蕙（悚）思（懼）曰：

〔幽〕（1）《子犯》簡15：亡邦，則燊（桀）及受（紂）、剌（厲）王、~王，

〔幾〕（1）《越公》簡73：民生堅（地）上，寓也，亓（其）與~可（何）？

[惠] (1)《越公》簡5：君女（如）爲～，交（徼）天篁（地）之福。

[兹] (6)《越公》簡5：亦～（使）句㧙（踐）屬（繼）鷖（緒）/《越公》簡7：勿～（使）句㧙（踐）屬（繼）鷖（緒）於雪（越）邦已（已）。/《越公》簡16：～（使）虗（吾）式邑之父兄子弟朝夕棧（殘），《越公》簡20：不～（使）達氣（暨），羅（麗）甲綏（緌）畱（胄），/《越公》簡28：～（使）民碬（暇）自相，蓐（農）工（功）旻（得）寺（時），/《越公》簡57：不～（使）命朕（疑），王則自罰。

[裔] (3)《趙簡子》簡9：絧（治）河淒（濟）之閒（間）之～（亂）。/《越公》簡62：弁（變）～（亂）厶（私）成，/《越公》簡67：不鼓不杲（噪）以涾（潛）攻之，大～（亂）吳帀（師）。

[受] (8)《子犯》簡12：逡（後）殜（世）臺（就）～（紂）之身，/《子犯》簡13：～（紂）若大陸（岸）牁（將）具（俱）陞（崩），/《子犯》簡15：則㮴（桀）及～（紂）、刺（厲）王、幽王，/《趙簡子》簡1：盆（趙）柬（簡）子既～寎（右）牁（將）軍，/《越公》簡53：王窯（訊）之,尋（志）以～（授）夫＝（大夫）住（種），則賞敫（購）之；/《越公》簡54：王窯（訊）之,尋（志）以～（授）軛（范）羅（蠡），則瘳（戮）殺之。/《越公》簡71：句㧙（踐）弗許，曰：昔天以雪（越）邦賜吳＝（吳，吳）弗～。/《越公》簡73：㧙（踐）不敢弗～。

[争] (1)《越公》簡38：凡市賈～訟，皈（反）訴（背）訢（欺）巳（詒），

[敢] (12)《子犯》簡9：事（使）衆若事（使）一人，不穀（穀）余～䛁（問）亓（其）/《子犯》簡14：【人】不孫（遜），～大胎（膽）䛁（問）；/《趙簡子》簡5：～䛁（問）齊君遊（失）之糸（奚）繇（由）？/《越公》簡6：三（四）方者（諸）侯亓（其）或～不賓于吳邦？/《越公》簡15下：孤～兌（脱）皋（罪）於夫＝（大夫）。/《越公》簡24：孤～不許諾，恣志於雪（越）公！/《越公》簡41：人，乃亡（無）～增壓（斂）亓（其）政（徵）以爲獻於王。/《越公》簡42：凡雪（越）庶民交誺（接）、言語、貨資、市賈乃亡（無）～反不（背）訢（欺）巳（詒）。/《越公》簡58：亡（無）～不敬（敬）。/《越公》

簡59：王監雩（越）邦之既苟（敬），亡（無）～徹（躐）命，王乃狄（試）民。/《越公》簡70：☐不羕（祥），余不～壐（絶）祀，/《越公》簡73：戍（踐）不敢弗受。

〖殀〗(1)《子犯》簡12：殺三無～（辜），

〖殜〗(2)《子犯》簡12：遂（後）～（世）橐（就）受（紂）之身，/《越公》簡3：不才（在）耑（前）遂（後），丁（當）孤之～（世）。

〖殢〗(5)《越公》簡54：翠（志）以受（授）靯（范）羅（蠡），則～（戮）殺之。/《越公》簡54：乃徹（趣）詢（徇）于王宮，亦徹（趣）取～（戮）。/《越公》簡56：乃徹（趣）取～（戮）。/《越公》簡56：乃徹（趣）取～（戮）于遂（後）至遂（後）成。/《越公》簡57：乃徹（趣）取～（戮）于遂（後）至不共（供）。

〖死〗(8)《子犯》簡13：思（懼）不～，型（刑）以及于坐（厥）身，/《晉文公》簡7：乃爲三羿（旗）以成至（制）：遠羿（旗）～，/《越公》簡8：以觀句戔（踐）之以此卒（八千）人者～也。/《越公》簡11：公亓（其）畝（孰）又（有）繡（帶）甲卒（八千）以臺（敦）刃皆（偕）～？/《越公》簡14：善士酒（將）中畔（半）～巳（已）。/《越公》簡14：虞（吾）於（烏）膚（胡）取卒（八千）人以會皮（彼）～？/《越公》簡60：～者言（三百）人，王大惪（喜），/《越公》簡73：殹（抑）民生不叼（仍），王亓（其）母（毋）～。

〖嵬〗(2)《子犯》簡13：邦乃述（遂）～（亡），用凡君所䎽（問）莫可䎽（聞）。/《子犯》簡13：公子穜（重）耳䎽（問）於邗（蹇）昔（叔）曰：～（亡）

〖肉〗(1)《趙簡子》簡9：顕（夏）不張䈼（筵），不飤（食）濡～，

〖膚〗(2)《越公》簡11：昔虞（吾）先王盍～（盧）所以克内（入）郢邦，/《越公》簡14：虞（吾）於（烏）～（胡）取卒（八千）人以會皮（彼）死？

〖肵〗(1)《越公》簡32：肴（脯）、～（臐）多從。

〖膽〗(1)《子犯》簡14：【人】不孫（遜），敢大～（膽）䎽（問）：

〖胃〗(1)《子犯》簡6：宔（主）女（如）此～（謂）無良右（左）右，誠殹（繫）

蜀（獨）亓（其）志。

〖肰〗（10）《子犯》簡10：卑（譬）若從驡（雄）～（然），虐（吾）尚（當）觀亓（其）風。/《晉文公》簡2：遹（滯）賮（積）母（毋）又（有）𧶽（塞），四靣（封）之内皆～（然）。/《晉文公》簡3：四靣（封）之内皆～（然）。/《晉文公》簡4：四靣（封）之内皆～（然）。/《晉文公》簡5：皆～（然）。/《趙簡子》簡8：～（然）則旻（得）㭊（輔）相周室，亦䁆（知）者（諸）侯之㥈（謀）。/《趙簡子》簡9：～（然）則旻（得）㭊（輔）相周室，/《趙簡子》簡10：是乃欤（侈）巳（已），～（然）/《越公》簡16：兹（使）虐（吾）式邑之父兄子弟朝夕櫲（餞），～（然）爲犴（豻）/《越公》簡23：今夫＝（大夫）嚴（儼）～（然）監（銜）君王之音，賜孤以好曰：

〖肥〗（1）《晉文公》簡3：命～鶀羊牛、豢犬豕，

〖𦚞〗（1）《越公》簡32：～（脯）、胑（臐）多從。

〖利〗（8）《子犯》簡2：虐（吾）宔（主）好定（正）而敬訐（信），不秉褐（禍）～，/《子犯》簡3：宔（主）女（如）曰疾～女（焉）不欧（足），/《子犯》簡5：幸旻（得）又（有）～不忘（忘）蜀（獨），欲皆㕛（斂）之。/《晉文公》簡1：朢（明）日朝，逗（屬）邦～（黎）老，命曰：/《越公》簡10：天不夃（仍）賜吳於雫（越）邦之～。/《越公》簡50：凡五兵之～，王日忎（觀）之，居者（諸）左右；/《越公》簡51：亓（其）事，以餇（問）五兵之～。/《越公》簡69：昔不敎（穀）先秉～於雫＝（越，越）公告孤請成，

〖初〗（2）《越公》簡30：王思邦游民，厽（三）年，乃乍（作）五＝政＝（五政。五政）之～，/《越公》簡39：～曰政（徵）勿（物）若某，今政（徵）砫（重），弗果。

〖則〗（29）《子犯》簡14：女（如）欲記（起）邦，～大甲與盤庚、文王、武王，/《子犯》簡15：亡邦，～㮤（桀）及受（紂）、剌（厲）王、幽王，/《趙簡子》簡1：～非子之咎，/《趙簡子》簡2：女（如）又（有）訛（過），～非子之咎，娉（傅）母之皋（罪）也。/《趙簡子》簡3：～非人之皋（罪），酒（將）子之咎。/《趙簡子》簡3：子刢（始）造於善，～善人至，不善人退。/《趙

簡子》簡3：子旮（始）造於不善，～不善人至，/《趙簡子》簡8：肰（然）～旻（得）楠（輔）相周室，亦晋（知）者（諸）侯之愄（謀）。/《趙簡子》簡9：肰（然）～旻（得）楠（輔）相周室，/《趙簡子》簡11：～遊（失）故（霸）者（諸）侯，/《越公》簡34：水～爲稻，乃亡（無）又（有）閟（閒）卉（艸）。/《越公》簡37：諫（爽）緰（渝）諒人～勳（刑）也。/《越公》簡38：【凡】□【豫】而【價】賈女（焉），～刼（詰）矞（誅）之。/《越公》簡38：戠（辨）之而詳（孚），～刼（詰）矞（誅）之。/《越公》簡40：亓（其）才（在）邑司事及官市（師）之人～發（廢）也。/《越公》簡43：雩（越）～亡（無）訣（獄），王～閉=（閒閒），/《越公》簡44：王～貾（比視），隹（唯）旬（旬）、茖（落）是戠（辨）腈（省），/《越公》簡45：王見亓（其）執事人～旮（怡）忞（豫）悥（憙）也。不可□/《越公》簡46：芙=（笑笑）也，～必酓（飲）飤（食）賜夋（予）之。/《越公》簡46：～顋（憂）感不忞（豫），弗余（予）酓（飲）飤（食）。/《越公》簡47：又（有）龕（饗）戠（歲），又（有）賞罰，善人～由，晋（譖）民～怀（否）。/《越公》簡48：王～隹（唯）旬（旬）、茖（落）是徹（趣），囂（及）于右（左）右。/《越公》簡51：王乃歸（潛）徍（使）人情（請）酾（問）群大臣及鄡（邊）鄣（縣）成（城）市之多兵、亡（無）兵者，王～貾=（比視）。/《越公》簡53：尋（志）以受（授）夫=（大夫）住（種），～賞教（購）之；/《越公》簡54：尋（志）以受（授）軛（范）羅（蠡），～蓼（戮）殺之。/《越公》簡57：不兹（使）命躾（疑），王～自罰。/《越公》簡58：雩（越）邦庶民～皆𦥑（震）僮（動），犾（荒）鬼（畏）句戈（踐），

〔割〕（1）《子犯》簡8：～（曷）又（有）僪（僕）若是而不果以或（國），

〔罰〕（6）《子犯》簡9：晋（叔），昔之舊聖折（哲）人之博（敷）政命（令）刑（刑）～，/《晉文公》簡7：中𥪝（旗）荊（刑），忎（近）𥪝（旗）～。/《越公》簡27：王乃不咎不惑（忌），不𣪠不～；/《越公》簡39：之～。/《越公》簡47：又（有）龕（饗）戠（歲），又（有）賞～，/《越公》簡57：不兹（使）命躾（疑），王則自～。

〔刃〕（3）《越公》簡11：公亓（其）敓（孰）又（有）繡（帶）甲伞（八千）以辜（敦）～皆（偕）死？/《越公》簡20：辜（敦）齊兵～以攼（捍）御（禦）/《越公》簡21：闋（馳）冒兵～，

〔軔〕（3）《趙簡子》簡5：盄（趙）柬（簡）子舋（問）於成～（剬）曰：/《趙簡子》簡5：成～（剬）會〈答〉曰：/《趙簡子》簡7：成～（剬）倉（答）曰：昔虐（吾）先君獻公是凥（居）。

〔剆〕（1）《越公》簡10：以～（潰）去亓（其）邦。

〔䎽〕（2）《越公》簡12：唯皮（彼）騤（雞）父之遠～（荊），天賜中（衷）于吳，右我先王。/《越公》簡12：～（荊）帀（師）走，虐（吾）先王遱（邇）之。

〔劻〕（2）《越公》簡37：諫（爽）緰（渝）諒人則～（刑）也。/《越公》簡42：乃母（毋）又（有）貴賤，～（刑）也。

〔管〕（1）《越公》簡39：凡鄹（邊）鄙（縣）之民及又（有）～（官）帀（師）之人或告于王廷，曰：

〔籔〕（1）《趙簡子》簡9：頣（夏）不張～（箠），不飮（食）濡肉，

〔亓〕（42）《子犯》簡6：誠殹（繄）蜀（獨）～（其）志。/《子犯》簡9：不毂（穀）余敢䎽（問）～（其）/《子犯》簡10：虐（吾）尚（當）觀～（其）風。/《趙簡子》簡6：臣不旻（得）䎽（聞）～（其）所繇（由），/《趙簡子》簡6：臣亦不旻（得）䎽（聞）～（其）所繇（由）。/《趙簡子》簡7：～（其）所繇（由）豊（禮）可䎽（聞）也？/《趙簡子》簡10：駝（馳）馬四百駟，狀（貌）～（其）衣尚（裳），/《趙簡子》簡10：孚（飽）～（其）舍（飲）飤（食），/《越公》簡6：孤～（其）銜（率）雩（越）庶眚（姓），/《越公》簡6：三〈四〉方者（諸）侯～（其）或敢不賓于吳邦？/《越公》簡7：余～（其）必歎（滅）鹽（絕）雩（越）邦之命于天下，/《越公》簡9：告繡（申）疋（胥）曰："孤～（其）許之成。"/《越公》簡9：繡（申）疋（胥）曰："王～（其）勿許！"/《越公》簡10：以朂（潰）去～（其）邦，君臣父子～（其）未相旻（得）。/《越公》簡11：公～（其）敓（孰）又（有）繡（帶）甲伞（八千）以辜（敦）刃皆（偕）死？/《越公》簡11：吳王曰："夫=（大夫）～

（其）良恚（圖）此！"/《越公》簡14：今皮（彼）新（新）去～（其）邦而笞（毒），母（毋）乃豕（豖）戲（鬭）？/《越公》簡17：以民生之不長而自不夂（終）～（其）命，/《越公》簡23：余～（其）與吳科（播）弃悬（怨）晋（惡）于潛（海）瀒（濟）江沽（湖）。/《越公》簡31：王～（其）又（有）縈（營）疾？/《越公》簡32：～（其）見蒡（農）夫老弱堇（勤）壓（斂）者，/《越公》簡32：～（其）見蒡（農）夫氐（黎）頍（頂）足見，/《越公》簡33：～（其）見又（有）戏（班）、又（有）司及王右（左）右，/《越公》簡38：因～（其）貨以爲/《越公》簡40：～（其）才（在）邑司事及官市（師）之人則發（廢）也。/《越公》簡41：乃亡（無）敢增壓（斂）～（其）政（徵）以爲獻於王。/《越公》簡41：昔日與吕（己）言員（云），今不若～（其）言。/《越公》簡45：～（其）䖒（勾）者，/《越公》簡45：王見～（其）執事人則訋（怡）念（豫）悥（憙）也。/《越公》簡46：～（其）苍（落）者，王見～（其）執事人，/《越公》簡48：方和于～（其）堕（地）。/《越公》簡51：～（其）事，以訊（問）五兵之利。/《越公》簡63：雩（越）王乃中分～（其）市（師）以爲右（左）/《越公》簡64：以～（其）厶（私）卒（卒）君子卒=（六千）以爲中軍。/《越公》簡66：乃中分～（其）市（師），洒（將）以御（禦）之。/《越公》簡67：雩（越）王句戏（踐）乃以～（其）厶（私）卒（卒）卒=（六千）數（竊）涉，/《越公》簡73：王～（其）母（毋）死。/《越公》簡73：民生堕（地）上，寓也，～（其）與幾可（何）？/《越公》簡73：不敎（穀）～（其）洒（將）王於甬、句重（東），/《越公》簡75：雩（越）公～（其）事。

[奠]（2）《晉文公》簡8：成宋，回（圍）晉（許），反～（鄭）之䣙（陴），九年大旻（得）河東之者（諸）侯。/《越公》簡19：今厽（三）年，亡（無）克又（有）～（定），孤用惢（願）見雩（越）公。

[左]（3）《越公》簡50：王曰惢（翫）之，居者（諸）～右；/《越公》簡52：齇（問）于～右。/《越公》簡67：～軍、右軍乃述（遂）涉，

[右]（11）《子犯》簡4：母（毋）乃無良～（左）右也䧯（乎）？/《子犯》簡6：

宝（主）女（如）此胃（謂）無良～（左）右，/《晉文公》簡 5：爲～（左）
□/《越公》簡 33：亓（其）見又（有）戭（班）、又（有）司及王～（左）
右，/《越公》簡 35：凡王～（左）右大臣，乃莫不枌（耕），/《越公》簡 43：
隹（唯）訐（信）是趣（趣），嚞（及）于～（左）右，/《越公》簡 45：聞
（聞）之于～（左）右。/《越公》簡 48：王則佳（唯）訇（句）、茖（落）是徹
（趣），嚞（及）于～（左）右。/《越公》簡 63：雩（越）王乃中分亓（其）帀
（師）以爲～（左）/《越公》簡 64：乃命～（左）軍監（銜）枚（枚）魝（溯）
江五/《越公》簡 65：乃命～（左）軍、右軍涉江，嗶鼓，中水以墼。

〔工〕（4）《越公》簡 28：王怵（惕）亡（毋）好攸（修）于民厽（三）～之堵
（署），/《越公》簡 28：兹（使）民䃦（暇）自相，蓐（農）～（功）旻（得）
寺（時），/《越公》簡 30：王好蓐（農）～（功）。/《越公》簡 56：王乃徹
（趣）翆＝（至于）泃（溝）墜（塘）之～（功），

〔堵〕（1）《越公》簡 28：王怵（惕）亡（毋）好攸（修）于民厽（三）工之～
（署），

〔曰〕（36）《子犯》簡 1：秦公乃訇（召）子軋（犯）而䨈（問）女（焉），～：/
《子犯》簡 2：子軋（犯）貪（答）～：/《子犯》簡 3：宝（主）女（如）～疾
利女（焉）不趺（足），/《子犯》簡 3：省（少），公乃訇（召）子余（餘）而
䨈（問）女（焉），～：/《子犯》簡 4：子余（餘）貪（答）～：/《子犯》簡 6：
公乃訇（召）子軋（犯）、子余（餘）～：/《子犯》簡 7：公乃䨈（問）於邗
（蹇）昪（叔）～：/《子犯》簡 8：邗（蹇）昪（叔）貪（答）～：/《子犯》簡
9：公乃䨈（問）於邗（蹇）昪（叔）～：/《子犯》簡 10：邗（蹇）昪（叔）貪
（答）～：/《子犯》簡 13：公子種（重）耳聞（問）於邗（蹇）昪（叔）～：/
《子犯》簡 14：邗（蹇）昪（叔）貪（答）～：/《晉文公》簡 1：逗（屬）邦利
（黎）老，命～：/《晉文公》簡 2：或晶（明）日朝，命～：/《晉文公》簡 3：
或晶（明）日朝，命～：/《晉文公》簡 4：或晶（明）日朝，命～：/《趙簡
子》簡 1：才（在）朝，軋（范）獻子進諫～：/《趙簡子》簡 5：盄（趙）柬
（簡）子聞（問）於成靭（鱄）～：/《趙簡子》簡 5：成靭（鱄）會〈答〉

~：/《趙簡子》簡7：子~：/《趙簡子》簡7：成蚏（剴）倉（答）~：/《越公》簡1：乃史（使）夫=（大夫）住（種）行成於吴市（師），~：/《越公》簡7：女（如）~：余亓（其）必數（滅）監（絶）雩（越）邦之命于天下，/《越公》簡9：告繡（申）疋（胥）~：/《越公》簡9：繡（申）疋（胥）~：/《越公》簡11：吴王~：/《越公》簡15下：吴王乃出，新（親）見事（使）者~：/《越公》簡23：今夫=（大夫）嚴（儼）肰（然）監（銜）君王之音，賜孤以好~：/《越公》簡31：雩（越）庶民百眚（姓）乃禹（稱）喦（懾），蠚（悚）思（懼）~：/《越公》簡39：凡鄾（邊）鄏（縣）之民及又（有）管（官）市（師）之人或告于王廷，~：/《越公》簡41：凡又（有）訣（獄）訟爭=（至于）王廷，~：/《越公》簡66：吴市（師）乃大戏（駭），~：/《越公》簡69：吴王乃思（懼），行成，~：/《越公》簡71：句戏（踐）弗許，~：/《越公》簡72：乃徣（使）人告於吴王~：/《越公》簡74：吴王乃詣（辭）（辭）~：

【晉】（1）《越公》簡47：善人則由，~（譖）民則怀（否）。

【曹】（1）《晉文公》簡7：五年啓東道，克~、五麋（鹿），

【乃】（84）《子犯》簡1：秦公~訋（召）子靶（犯）而䛒（問）女（焉），/《子犯》簡2：母（毋）~猷心是不飮（足）也虗（乎）？/《子犯》簡3：公~訋（召）子余（餘）而䛒（問）女（焉），/《子犯》簡4：母（毋）~無良右（左）右也虗（乎）？/《子犯》簡6：公~訋（召）子靶（犯）、子余（餘）曰：/《子犯》簡7：~各賜之鑐（劍）繡（帶）衣常（裳）而歚（膳）之，/《子犯》簡7：公~䛒（問）於邧（蹇）吾（叔）曰：/《子犯》簡9：公~䛒（問）於邧（蹇）吾（叔）曰：/《子犯》簡13：邦~述（遂）嵩（亡），用凡君所䎽（問）莫可䎽（聞）。”/《晉文公》簡5：~乍（作）爲羿（旗）勿（物），/《晉文公》簡7：~爲三羿（旗）以成至（制）：/《趙簡子》簡10：宫中三臺（臺），是~欿（侈）巳（已），/《越公》簡1：~史（使）夫=（大夫）住（種）行成於吴市（師），/《越公》簡7：君~陣（陳）吴【甲兵】，/《越公》簡9：思道迻（路）之攸（修）隃（險），~思（懼），/《越公》簡14：今皮（彼）新（新）去亓

(其）邦而笃（毒），母（毋）～豕（豖）戬（鬭）？/《越公》簡14：繡（申）疋（胥）～/《越公》簡15下：吴王～出，新（親）見事（使）者曰：/《越公》簡25：～盟，男女備（服），市（師）～還。/《越公》簡26：～大鴈（解）杠（攻），以忞（祈）民之窒（寧）。/《越公》簡27：～因司（治）亥（襲）尚（常）。/《越公》簡27：王～不咎不惑（忌），不戮不罰；/《越公》簡28：薜（農）工（功）旻（得）寺（時），邦～砎（暇）/《越公》簡29：民～蕃孳（滋）。/《越公》簡30：～乍（作）五＝政＝（五政。五政）之初，/《越公》簡31：雩（越）庶民百眚（姓）～禹（稱）嚞（懼），/《越公》簡31：王勗（聞）之，～以篙（熟）飤（食）；/《越公》簡35：凡王右（左）右大臣，～莫不枊（耕），人又（有）厶（私）舊（穫）。/《越公》簡35：塁（舉）雩（越）庶民，～夫婦皆枊（耕），/《越公》簡34：陸（陵）稼（稼），水則爲稻，～亡（無）又（有）閑（閒）卉（艸）。/《越公》簡36下：雩（越）邦～大多飤（食）。/《越公》簡37：雩（越）邦備（服）薜（農）多食，王～好訐（信），～攸（修）市政。/《越公》簡41：～亡（無）敢增壓（斂）亓（其）政（徵）以爲獻於王。/《越公》簡42：～母（毋）又（有）貴賤，勁（刑）也。/《越公》簡42：凡雩（越）庶民交逮（接）、言語、貨資、市賈～亡（無）敢反不（背）訐（欺）巳（詒）。/《越公》簡43：塁（舉）雩（越）邦～皆好訐（信）。/《越公》簡44：雩（越）邦備（服）訐（信），王～好陞（徵）人。/《越公》簡44：王～逩（趣）使（使）人哉（辨）賵（省）成（城）市鄹（邊）還（縣）尖＝（小大）遠迡（邇）之廄（句）、荅（落），/《越公》簡45：王既哉（辨）智（知）之，～命上會（計），/《越公》簡46：王既必（比）聖（聽）之，～品。/《越公》簡48：塁（舉）雩（越）邦～皆好陞（徵）人，/《越公》簡49：尼（夷）、西尼（夷）、古蔑、句虖（無）四方之民～皆勗（聞）雩（越）壐（地）之多飤（食）、政（徵）溥（薄）而好訐（信），/《越公》簡49：～波（頗）徍（往）遑（歸）之.雩（越）壐（地）～大多人。/《越公》簡50：王～好兵。/《越公》簡51：王～歸（潛）使（使）人情（請）勗（問）群大臣及鄹（邊）鄢（縣）成（城）市之多兵、亡（無）兵者，/《越公》簡52：與（舉）雩（越）

邦爭=（至于）鄾（邊）還（縣）成（城）市～皆好兵甲，雩（越）邦～大多兵。/《越公》簡53：王～整（整）民、攸（修）命（令）、審（審）刑（刑）。/《越公》簡53：～出共（恭）敬（敬），王窯（訊）之，/《越公》簡53：～出不共（恭）不敬（敬），/《越公》簡54：～徹（趣）詢（徇）于王宮，/《越公》簡54：王～大詢（徇）命于邦，/《越公》簡56：～徹（趣）取穀（戮）。/《越公》簡56：王～徹（趣）爭=（至于）泃（溝）墜（塘）之工（功），/《越公》簡56：～徹（趣）取穀（戮）于逡（後）至逡（後）成。/《越公》簡56：王～徹（趣）/《越公》簡57：～徹（趣）取穀（戮）于逡（後）至不共（供）。/《越公》簡59：民～整（整）齊。/《越公》簡59：王～犾（試）民。/《越公》簡59：～斁（竊）焚舟室，/《越公》簡61：～誀（屬）邦政於夫=（大夫）住（種），～命軛（范）羅（蠡）、/《越公》簡61：～由（擢）王卒（卒）君子卒（六千）。/《越公》簡62：雩（越）王句戋（踐）～命鄾（邊）人蕺（取）息（怨），/《越公》簡62：㫃（挑）起息（怨）晉（惡），鄾（邊）人～/《越公》簡63：吳帀（師）～迟（起）。/《越公》簡63：雩（越）王～中分亓（其）帀（師）以爲叐（左）/《越公》簡64：～命叐（左）軍監（銜）梚（枚）鮴（溯）江五/《越公》簡65：～命叐（左）軍、右軍涉江，/《越公》簡66：吳帀（師）～大敓（駭），/《越公》簡66：～中分亓（其）帀（師），/《越公》簡67：雩（越）王句戋（踐）～以亓（其）厶（私）卒（卒）卒=（六千）斁（竊）涉，/《越公》簡67：左軍、右軍～述（遂）涉，戉（攻）之。/《越公》簡68：吳帀（師）～大北，疋（三）戲（戰）疋（三）北，～至於吳。/《越公》簡68：雩（越）帀（師）～因軍吳=（吳，吳）人昆（閽）奴～內（納）雩=帀=（越師，越師）～述（遂）闍（襲）吳。/《越公》簡69：吳王～思（懼），/《越公》簡72：～使（使）人告於吳王曰：/《越公》簡74：吳王～詞（辭）曰：

〔肕〕(2) 《越公》簡10：天不～（仍）賜吳於雩（越）邦之利。/《越公》簡73：殹（抑）民生不～（仍），王亓（其）母（毋）死。

〔可〕(8) 《子犯》簡11：莫～䎽（聞）。/《子犯》簡13：用凡君所䎷（問）莫～䎷

（聞）。/《趙簡子》簡4：用繇（由）今以芏（往），虘（吾）子酒（將）不～以不戒巳（已）！/《趙簡子》簡7：亓（其）所繇（由）豊（禮）～韻（聞）也？/《越公》簡13：敼（豈）甫（庸）～（何）智（知）自昦（得）？/《越公》簡45：王見亓（其）執事人則訋（怡）念（豫）悥（憙）也。不～□/《越公》簡57：王又（有）遊（失）命，～遑（復）弗遑（復），/《越公》簡73：亓（其）與幾～（何）？

〖于〗（25）《子犯》簡13：型（刑）以及～垕（厥）身，/《晉文公》簡7：以免（抶）～蒿（郊）三，/《越公》簡5：母（毋）豔（絕）雩（越）邦之命～天下，/《越公》簡6：三（四）方者（諸）侯亓（其）或敢不賓～吳邦？/《越公》簡7：余亓（其）必數（滅）豔（絕）雩（越）邦之命～天下，/《越公》簡12：天賜中（衷）～吳，右我先王。/《越公》簡13：王用克内（入）～鄩。/《越公》簡23：余亓（其）與吳科（播）弃悥（怨）䛊（惡）～潸（海）灆（濟）江沽（湖）。/《越公》簡28：王訧（惕）亡（毋）奵（修）～民厶（三）工之堵（署），/《越公》簡34：～雩（越）邦陸（陵）陝（陸），/《越公》簡39：凡鄩（邊）鄩（縣）之民及又（有）管（官）帀（師）之人或告～王廷，/《越公》簡43：叀（及）～右（左）右，/《越公》簡45：䎽（聞）之～右（左）右。/《越公》簡47：交（校）～王賓（府）厶（三）品，/《越公》簡48：叀（及）～右（左）右。/《越公》簡48：方和～亓（其）坙（地）。/《越公》簡52：䎽（問）～左右。/《越公》簡54：乃徹（趣）訽（徇）～王宮，/《越公》簡54：王乃大訽（徇）命～邦，/《越公》簡55：備（服）衪（飾）、群勿（物）品采（綵）之佷（愆）～者（故）棠（常），/《越公》簡56：乃徹（趣）取夈（戮）～逡（後）至逡（後）成。/《越公》簡57：執（設）戍～東㠯（夷）、西㠯（夷），/《越公》簡57：乃徹（趣）取夈（戮）～逡（後）至不共（供）。/《越公》簡74：天加禍（禍）～吳邦，/《越公》簡75：孤余絫（奚）面目以見（視）～天下？

〖旨〗（4）《越公》簡1：□赶（遷）陞（登）於會～（稽）之山，/《越公》簡4：赶才（在）會～（稽），募（寡）人/《越公》簡22：怀（背）虛宗窗（廟），陟枊

（棲）於會～（稽）。/《越公》簡 42：王必親聖（聽）之，～（稽）之而訐（信），

〖憙〗(2)《越公》簡 45：王見亓（其）執事人則訢（怡）悆（豫）～（憙）也。/《越公》簡 60：死者言（三百）人，王大～（喜），

〖鼓〗(2)《越公》簡 60：臱（舉）邦走火，進者莫退，王恩（懼），～而退之，/《越公》簡 65：嚾（讙）鳴～，中水以墜。

〖鼔〗(3)《越公》簡 8：王親～之，/《越公》簡 59：乃敷（竊）焚舟室，～命邦人/《越公》簡 67：不～不喿（噪）以涽（潛）攻之，

〖豊〗(1)《趙簡子》簡 7：子曰：亓（其）所繇（由）～（禮）可䎽（聞）也？

〖豐〗(1)《子犯》簡 7：天～（亡）思（謀）禍（禍）於公子。

〖虗〗(20)《子犯》簡 2：～（吾）宔（主）好定（正）而敬訐（信），/《子犯》簡 4：～（吾）宔（主）之式（二）晶（三）臣，/《子犯》簡 5：～（吾）宔（主）弱寺（恃）而惡（強）志，/《子犯》簡 10：卑（譬）若從驥肰（然），～（吾）尚（當）觀亓（其）風。/《晉文公》簡 4：以～（吾）晉邦之閵（間）尻（處）歁（仇）歑（讎）之閵（間），/《趙簡子》簡 1：昔～（吾）子之酒（將）方少，/《趙簡子》簡 2：豪（就）～（吾）子之酒（將）倀（長），/《趙簡子》簡 2：今～（吾）子既爲寁遅（將）軍巳（已），/《趙簡子》簡 4：用繇（由）今以坓（往），～（吾）子酒（將）不可以不戒巳（已）！/《趙簡子》簡 7：昔～（吾）先君獻公是尻（居），/《趙簡子》簡 8：豪（就）～（吾）先君襄公，/《趙簡子》簡 10：豪（就）～（吾）先君坪（平）公，宮中卅=（三十）里，/《越公》簡 3：～（吾）君天王，以身被甲冑（冑），/《越公》簡 11：昔～（吾）先王盍膚（盧）所以克内（入）郢邦，/《越公》簡 12：晳（荊）帀（師）走，～（吾）先王邋（邁）之，/《越公》簡 12：走遠，夫甬（用）戔（殘），～（吾）先/《越公》簡 13：～（吾）訋（始）徃（踐）雩（越）窐（地）以争=（至于）今，/《越公》簡 14：～（吾）於（烏）膚（胡）取仐（八千）人以會皮（彼）死？/《越公》簡 16：交齰（鬬）吳雩（越），兹（使）～（吾）式邑之父兄子弟朝夕戔（殘），/《越公》簡 49：

西尼（夷）、古蔑、句～（無）四方之民乃皆䎽（聞）雫（越）堃（地）之多飤（食）、政（徵）溥（薄）而好訐（信）。

〖啻〗（3）《子犯》簡2：母（毋）乃猒心是不跂（足）也～（乎）？/《子犯》簡4：母（毋）乃無良右（左）右也～（乎）？/《趙簡子》簡11：不智（知）周室之……會（儉）之欼（侈）……□欼（侈）之會（儉）～（乎）？

〖盉〗（3）《趙簡子》簡1：～（趙）柬（簡）子既受寧（右）烗（將）軍，/《趙簡子》簡5：～（趙）柬（簡）子䎽（問）於成魝（刲）曰：/《趙簡子》簡6：～（趙）柬（簡）

〖盍〗（1）《越公》簡11：昔虐（吾）先王～膚（盧）所以克内（入）郢邦。

〖盬〗（1）《越公》簡31：王䎽（聞）之，乃以䈞（熟）飤（食）：～（脂）、鹽（醢）、

〖鹽〗（1）《越公》簡31：乃以䈞（熟）飤（食）：鹽（脂）、～（醢）、

〖去〗（7）《子犯》簡2：走～之，母（毋）乃猒心是不跂（足）也虖（乎）？/《子犯》簡2：身不忍人，古（故）走～之，/《子犯》簡4：【子不能】并（屏）女（焉），而走～之，/《子犯》簡6：纂（顧）監於訛（禍），而走～之。/《子犯》簡13：方走～之，思（懼）不死，型（刑）以及于垗（厥）身，/《越公》簡10：以䂅（潰）～亓（其）邦，君臣父子亓（其）未相旻（得）。/《越公》簡14：今皮（彼）新（新）～亓（其）邦而笪（毒），母（毋）乃豖（豖）戠（鬬）？

〖刑〗（3）《子犯》簡9：昔之舊聖折（哲）人之博（敷）政命（令）～（刑）罰。/《晉文公》簡7：中羿（旗）～（刑），忎（近）羿（旗）罰。/《越公》簡53：王乃整（整）民、攸（修）命（令）、眘（審）～（刑）。

〖即〗（1）《子犯》簡3：以～中於天。

〖既〗（11）《趙簡子》簡1：盉（趙）柬（簡）子～受寧（右）烗（將）軍，/《趙簡子》簡2：今虐（吾）子～爲寧遑（將）軍巳（已），/《越公》簡10：虐（且）皮（彼）～大北於坪（平）备（邍），/《越公》簡26：吳人～闍（襲）雫（越）邦，雫（越）王句戈（踐）烗（將）忘（期）逗（復）吳。/《越公》簡26：～畫（建）宗畣（廟），/《越公》簡45：王～䂽（辨）智（知）之，乃命上會

（計），/《越公》簡46：王～必（比）聖（聽）之，乃品。/《越公》簡59：王監雩（越）邦之～苟（敬），/《越公》簡62：稡（卒）～備（服），舟聾（乘）～成，吳帀（師）未迟（起），/《越公》簡75：雩（越）公是肁（盡）～有之，

〔飤〕（1）《越公》簡37：雩（越）邦備（服）蓐（農）多～，

〔飤〕（12）《趙簡子》簡9：不～（食）濡肉，/《趙簡子》簡10：孚（飽）亓（其）酋（飲）～（食），/《越公》簡17：狼～（食）於山林巤（幽）芒（荒），孤疾痌（痛）之。/《越公》簡31：王貼（聞）之，乃以簹（熟）～（食）；/《越公》簡32：王必酋（飲）～（食）之。/《越公》簡33：王亦酋（飲）～（食）之。/《越公》簡33：王必與之呈（坐）～（食）。/《越公》簡36下：雩（越）邦乃大多～（食）。/《越公》簡46：則必酋（飲）～（食）賜夋（予）之。/《越公》簡46：弗余（予）酋（飲）～（食）。/《越公》簡49：西凥（夷）、古蔑、句虞（吾）四方之民乃皆郢（聞）雩（越）墍（地）之多～（食）、政（徵）溥（薄）而好訏（信），/《越公》簡58：酋（飲）～（食），

〔倉〕（6）《子犯》簡2：子軛（犯）～（答）曰：/《子犯》簡4：子余（餘）～（答）曰：/《子犯》簡8：邗（蹇）聟（叔）～（答）曰：/《子犯》簡10：邗（蹇）聟（叔）～（答）曰：/《子犯》簡14：邗（蹇）聟（叔）～（答）曰：/《趙簡子》簡7：成蚔（鱄）～（答）曰：

〔會〕（2）《趙簡子》簡11：不智（知）周室之……～（儉）之欿（侈）……□欿（侈）之～（儉）虖（乎）？

〔㫃〕（1）《子犯》簡5：欲皆～（僉）之。

〔龠〕（1）《越公》簡50：凡金革之攻，王日～（論）胜（省）

〔今〕（12）《趙簡子》簡2：～虞（吾）子既爲寡遅（將）軍巳（已），/《趙簡子》簡4：用繇（由）～以生（往），虞（吾）子牂（將）不可以不戒巳（已）！/《越公》簡10：～雩（越）/《越公》簡13：～我道迬（路）攸（修）隉（險），/《越公》簡13：虞（吾）旮（始）俴（踐）雩（越）墍（地）以荦＝（至于）～，/《越公》簡14：～皮（彼）新（新）去亓（其）邦而笶（毒），/《越公》簡19：～厽（三）年，亡（無）克又（有）奠（定），/《越公》簡23：～夫＝

（大夫）嚴（儼）肰（然）監（銜）君王之音，/《越公》簡39：～政（徵）砫（重），弗果。/《越公》簡41：昔日與㠯（己）言員（云），～不若亓（其）言。/《越公》簡70：許雩（越）公成，以爭＝（至于）～。/《越公》簡71：～天以吳邦

[會]（7）《趙簡子》簡5：成虬（剸）～（答）曰：/《越公》簡1：☐赶（遷）陞（登）於～旨（稽）之山，/《越公》簡4：赶才（在）～旨（稽），/《越公》簡14：虘（吾）於（烏）膚（胡）取伞（八千）人以～皮（彼）死？/《越公》簡22：怀（背）虛宗窑（廟），陟柿（棲）於～旨（稽）。/《越公》簡45：王既戠（辨）智（知）之，乃命上～（計），/《越公》簡47：巠（野）～厽（三）品，交（校）于王寶（府）厽（三）品，

[内]（9）《晉文公》簡1：晉文公自秦～（入）於晉，/《晉文公》簡2：四圥（封）之～皆肰（然）。/《晉文公》簡3：四圥（封）之～皆肰（然）。/《晉文公》簡4：四圥（封）之～皆肰（然）。/《晉文公》簡4：命寡（蒐）攸（修）先君之窜（乘）、貢（飭）車轅（甲），四圥（封）之～/《越公》簡11：昔虘（吾）先王盍膚（盧）所以克～（入）郢邦，/《越公》簡13：王用克～（入）于郢。/《越公》簡22：孤用～（入）守於宗窑（廟），/《越公》簡68：雩（越）帀（師）乃因軍吳＝（吳，吳）人昆（閽）奴乃～（納）雩＝帀＝（越師，越師）乃述（遂）閣（襲）吳。

[侯]（5）《晉文公》簡8：九年大旻（得）河東之者（諸）～。/《趙簡子》簡8：亦智（知）者（諸）～之思（謀）。/《趙簡子》簡10：故（霸）者（諸）～。/《趙簡子》簡11：則遊（失）故（霸）者（諸）～，/《越公》簡6：三（四）方者（諸）～亓（其）或敢不賓于吳邦？

[燭]（2）《越公》簡38：【凡】☐【豫】而【價】賈女（焉），則劼（詰）～（誅）之。/《越公》簡38：戠（辨）之而評（孚），則劼（詰）～（誅）之。

[市]（6）《越公》簡37：王乃好訐（信），乃攸（修）～政。/《越公》簡38：凡～賈爭訟，飯（反）訵（背）訴（欺）巳（詒），/《越公》簡42：凡雩（越）庶民交諜（接）、言語、貨資、～賈乃亡（無）敢反不（背）訴（欺）巳（詒）。/

《越公》簡44：王乃遬（趣）俥（使）人戠（辨）睛（省）成（城）～鄭（邊）還（縣）尖=（小大）遠迡（邇）之廞（勾）、荅（落），/《越公》簡51：王乃歸（潛）俥（使）人情（請）䣇（問）群大臣及鄭（邊）鄜（縣）成（城）～之多兵、亡（無）兵者，王則䀠=（比視）。/《越公》簡52：舉（舉）雩（越）邦事=（至于）鄭（邊）還（縣）成（城）～乃皆好兵甲，雩（越）邦乃大多兵。

〔豪〕(5)《子犯》簡12：逡（後）殜（世）～（就）受（紂）之身，/《趙簡子》簡2：～（就）虐（吾）子之牁（將）倀（長），/《趙簡子》簡8：～（就）虐（吾）先君襄公，親冒麞（甲）辜（胄），/《趙簡子》簡10：～（就）虐（吾）先君坪（平）公，宮中卅=（三十）里，/《越公》簡21：达（匍）遁（匐）～（就）君，余聖（聽）命於門。

〔簹〕(1)《越公》簡31：王䣇（聞）之，乃以～（熟）飤（食）：

〔辜〕(2)《越公》簡11：公兀（其）畋（孰）又（有）繡（帶）甲仐（八千）以～（敦）刃皆（偕）死？/《越公》簡20：～（敦）齊兵刃以玫（捍）御（禦）

〔良〕(8)《子犯》簡1：子，若公子之～庶子，者（故）晉邦又（有）禍（禍），/《子犯》簡3：子，若公子之～庶子，晉邦又（有）禍（禍），/《子犯》簡4：母（毋）乃無～右（左）右也虐（乎）？/《子犯》簡4：虐（吾）宝（主）之弍（二）晶（三）臣，不閒（閑）～䛑（規），/《子犯》簡6：宝（主）女（如）此胃（謂）無～右（左）右，誠殹（繄）蜀（獨）兀（其）志。/《越公》簡11：夫=（大夫）兀（其）～悬（圖）此！/《越公》簡16：孤所旻（得）辠（罪）：亡（無）～鄭（邊）人禹（稱）瘝（蓄）悬（怨）吾（惡），/《越公》簡22：孤或（又）忑（恐）亡（無）～僕馭（御）猰（失）火於雩（越）邦，

〔奮〕(1)《晉文公》簡3：爲豪（稼）～（嗇）古（故），

〔壺〕(1)《越公》簡61：～（來）以交（徽）之此。

〔頢〕(1)《趙簡子》簡9：各（冬）不裘，～（夏）不張籖（簦），

〔弟〕(2)《越公》簡16：兹（使）虐（吾）式邑之父兄子～朝夕㣤（戔），/《越公》簡19：孤用衜（率）我壹（一）弍（二）子～

〔窐〕(1)《越公》簡62：䘏（卒）既備（服），舟～（乘）既成，/《晉文公》簡4：

命寬（蒐）攸（修）先君之~（乘）、賁（飭）車虢（甲），

［奈］（1）《越公》簡26：既畫（建）宗审（廟），攸（修）~（社）应（位），

［某］（2）《子犯》簡12：殺~（梅）之女．/《越公》簡39：初日政（徵）勿（物）若~，今政（徵）砫（重），弗果。

［果］（3）《子犯》簡8：割（曷）又（有）儥（僕）若是而不~以或（國），/《子犯》簡11：用~念（臨）政/《越公》簡39：初日政（徵）勿（物）若某，今政（徵）砫（重），弗~。

［柔］（1）《越公》簡9：吳王郙（聞）雩（越）徒（使）之~以巠（剄）也，

［盤］（1）《子犯》簡14：則大甲與~庚、文王、武王，女（如）欲

［采］（2）《越公》簡37：凡群氒（宅）之不氒（度），群~勿（物）之不繢（慎），/《越公》簡55：備（服）衼（飾）、群勿（物）品~（綵）之侃（愆）于者（故）常（常），

［栕］（1）《子犯》簡12：爲~（桎）櫸（梏）三百。

［榮］（1）《晉文公》簡6：爲~（角）龍之羿（旗），師（師）以戲（戰）；

［櫸］（1）《子犯》簡12：爲栕（桎）~（梏）三百。

［楅］（2）《趙簡子》簡8：肰（然）則旻（得）~（輔）相周室，/《趙簡子》簡9：肰（然）則旻（得）~（輔）相周室，

［柿］（1）《越公》簡22：怀（背）虚宗审（廟），陟~（棲）於會旨（稽）。

［栊］（2）《越公》簡64：及昏，乃命右（左）軍監（銜）~（枚）鮇（溯）江五/《越公》簡65：亦命右軍監（銜）~（枚）渝江五里以須，

［鮇］（1）《越公》簡64：乃命右（左）軍監（銜）栊（枚）~（溯）江五

［東］（4）《晉文公》簡7：元年克崈（原），五年啓~道，克曹、五麗（鹿），/《晉文公》簡8：成宋，回（圍）䁒（許），反奠（鄭）之厗（陣），九年大旻（得）河~之者（諸）侯。/《越公》簡48：~/《越公》簡57：執（設）戍于~卪（夷）、西卪（夷），

［林］（1）《越公》簡17：狼飤（食）於山~嵞（幽）芒（荒），

［楚］（2）《子犯》簡1：【公子穜】耳自~迬（適）秦，尻（處）女（焉）三哉

（歲），/《晉文公》簡 8：敗～師（師）於埜（城）僕（濮），

〖才〗（8）《子犯》簡 8：耑（端）正譖（僭）試（忒），～（在）上之/《子犯》簡 10：必尚（當）語我～（哉）。/《子犯》簡 15：亦備～（在）公子之心巳（已），/《趙簡子》簡 1：～（在）朝，軋（范）獻子進諫曰：/《越公》簡 3：不～（在）歬（前）逡（後），丁（當）孤之殜（世）。/《越公》簡 4：趕～（在）會旨（稽），/《越公》簡 40：亓（其）～（在）邑司事及官帀（師）之人則發（廢）也。/《越公》簡 74：天加禍（禍）于吳邦，不～（在）歬（前）逡（後），

〖之〗（147）《子犯》簡 1：子，若公子～良庶子，/《子犯》簡 2：走去～，母（毋）乃獸心是不欿（足）也虐（乎）?/《子犯》簡 2：誠女（如）宔（主）君～言。/《子犯》簡 2：身不忍人，古（故）走去～，/《子犯》簡 3：子，若公子～良庶子，晉邦又（有）禍（禍），/《子犯》簡 4：【子不能】幷（并）女（焉），而走去～，/《子犯》簡 4：誠女（如）宔（主）～言。/《子犯》簡 4：虔（吾）宔（主）～弍（二）晶（三）臣，/《子犯》簡 5：幸旻（得）又（有）利不忘（慭）蜀（獨），欲皆叙（僉）～。/《子犯》簡 5：事又（有）訛（過）女（焉），不忘（慭）以人，必身厘（擅）～。/《子犯》簡 6：寡（顧）監於訛（禍），而走去～。/《子犯》簡 7：乃各賜～鐱（劍）繡（帶）衣常（裳）而敔（膳）～，思（使）還。/《子犯》簡 7：夫公子～不能居晉邦，/《子犯》簡 8：耑（端）正譖（僭）試（忒），才（在）上～/《子犯》簡 9：昔～舊聖折（哲）人～博（敷）政命（令）刑（刑）罰，/《子犯》簡 10：獸（猶）晉（晉）是聒（聞）遺老～言，必尚（當）語我才（哉）。/《子犯》簡 11：人面見湯若鶩（暴）雨方奔～而麀（庇）雁（蔭）女（焉），/《子犯》簡 12：九州而嘗（有）君～。/《子犯》簡 12：逡（後）殜（世）臺（就）受（紂）～身，/《子犯》簡 12：殺某（梅）～女，/《子犯》簡 12：豎（殷）邦～君子，/《子犯》簡 13：方走去～，恖（懼）不死，/《子犯》簡 14：天下～君，子欲記（起）邦累（奚）以？/《子犯》簡 15：亦備才（在）公子～心巳（已），累（奚）袋（勞）䎽（問）女（焉）。/《晉文公》簡 1：以孤～舊（久）不/《晉文公》簡 2：旻（得）

附錄二 逐字索引

485

繇（由）弌（二）厽（三）夫=（大夫）以攸（修）晉邦～政，/《晉文公》簡2：四坌（封）～内皆肰（然）。/《晉文公》簡2：以孤～舊（久）不旻（得）繇（由）弌（二）/《晉文公》簡3：厽（三）夫=（大夫）以攸（修）晉邦～祀，/《晉文公》簡3：四𡇈（封）～内皆肰（然）。/《晉文公》簡4：四𡇈（封）～内皆肰（然）。/《晉文公》簡4：以虖（吾）晉邦～悶（間）凥（處）戠（仇）戠（讎）～悶（間），/《晉文公》簡4：命寏（蒐）攸（修）先君～鞌（乘）、貧（飭）車轍（甲），四𡇈（封）～内/《晉文公》簡5：爲陞（升）龍～羿（旗），/《晉文公》簡5：爲降龍～羿（旗），師（師）以退。/《晉文公》簡6：爲觠（角）龍～羿（旗），師（師）以戩（戰）；/《晉文公》簡6：爲交（蛟）龍～羿（旗），師（師）以豫；/《晉文公》簡6：爲日月～羿（旗），師（師）以舊（久）。/《晉文公》簡6：爲茉（蕘）芺（採）～羿（旗），/《晉文公》簡7：成～，以兔（拪）于蒿（郊）三，因以大乍（作）。/《晉文公》簡8：反臭（鄭）～庫（陣），/《晉文公》簡8：九年大旻（得）河東～者（諸）侯。/《趙簡子》簡1：昔虖（吾）子～牂（將）方少，/《趙簡子》簡1：則非子～咎，/《趙簡子》簡2：～辠（罪）也。/《趙簡子》簡2：橐（就）虖（吾）子～牂（將）倀（長），/《趙簡子》簡2：女（如）又（有）訛（過），/《趙簡子》簡2：則非子～咎，嫥（傅）母～辠（罪）也。/《趙簡子》簡3：則非人～辠（罪），牂（將）子～咎。/《趙簡子》簡5：齊君遊（失）政，陳是（氏）旻（得）～，/《趙簡子》簡5：敢䎽（問）齊君遊（失）～系（奚）繇（由）？/《趙簡子》簡5：陳是（氏）旻（得）～系（奚）繇（由）？/《趙簡子》簡6：陳是（氏）旻（得）～，臣亦不旻（得）䎽（聞）亓（其）所繇（由）。/《趙簡子》簡6：归（抑）昔～旻（得）～與遊（失）～，皆又（有）繇（由）也。/《趙簡子》簡7：掌又（有）二宅（宅）～室，以好士庶子，/《趙簡子》簡8：亦智（知）者（諸）侯～思（謀）。/《趙簡子》簡9：紃（治）河淒（濟）～悶（間）～矞（亂）。/《趙簡子》簡11：不智（知）周室～☐會（儉）～欤（侈）☐☐欤（侈）～會（儉）虘（乎）？/《越公》簡1：赶（遷）陞（登）於會旨（稽）～山，/《越公》簡3：不才（在）𠂇（前）逡（後），丁（當）孤～殜

（世）。/《越公》簡 4：親辱於募（寡）人～絀₌（敝邑）。/《越公》簡 4：募（寡）人不忍君～武礪（厲）兵甲～鬼（威），/《越公》簡 5：又（有）繡（帶）甲㒸（八千），又（有）旬～糧。/《越公》簡 5：君女（如）爲惠，交（徼）天壁（地）～福，/《越公》簡 5：母（毋）鹽（絶）雩（越）邦～命于天下，/《越公》簡 7：余亓（其）必敷（滅）鹽（絶）雩（越）邦～命于天下，/《越公》簡 8：王親鼓～，/《越公》簡 8：以觀句戔（踐）～以此㒸（八千）人者死也。/《越公》簡 9：吳王䎽（聞）雩（越）俆（使）～柔以㧈（剛）也，/《越公》簡 9：思道㳂（路）～欲（修）隃（險），/《越公》簡 9：告繡（申）疋（胥）曰："孤亓（其）許～成。"/《越公》簡 10：天不叨（仍）賜吳於雩（越）邦～利。/《越公》簡 12：唯皮（彼）騾（雞）父～遠督（荆），天賜中（衷）于吳，右我先王。/《越公》簡 12：督（荆）帀（師）走，虔（吾）先王遝（邇）～，/《越公》簡 13：凡吳～/《越公》簡 16：兹（使）虔（吾）式邑～父兄子弟朝夕棧（殘），/《越公》簡 17：狼飤（食）於山林簋（幽）芒（荒），孤疾痌（痛）～。/《越公》簡 17：以民生～不長而自不夂（終）亓（其）命，/《越公》簡 20：或航（抗）御（禦）募（寡）人～詞（辭），/《越公》簡 23：今夫₌（大夫）嚴（儼）肰（然）監（銜）君王～音，/《越公》簡 24：孤～㤅（願）也。/《越公》簡 26：乃大鷹（解）𢓼（攻），以𢗳（祈）民～寍（寧）。/《越公》簡 28：禹（稱）𢻰（力）役、濔（幽）塗、沟（溝）堅（塘）～𢀖（功）。/《越公》簡 28：王𢾄（惕）亡（毋）好攸（修）于民厽（三）工～堵（署），/《越公》簡 29：雩（越）王句戔（踐）女（焉）㠯（始）复（作）絽（紀）五政～聿（律）。/《越公》簡 30：乃乍（作）五₌政₌（五政。五政）～初，/《越公》簡 31：王䎽（聞）～，乃以篙（熟）飤（食）/《越公》簡 32：王必酓（飲）飤（食）～。/《越公》簡 33：王亦酓（飲）飤（食）～。/《越公》簡 33：王必與～𡉈（坐）飤（食）。/《越公》簡 37：凡群𠨘（宅）～不𠨘（度），群采勿（物）～不繢（慎），/《越公》簡 38：【凡】□【豫】而【賈】賈女（焉），則劼（詰）燭（誅）～。/《越公》簡 38：歆（辨）～而諪（孚），則劼（詰）燭（誅）～。/《越公》簡 39：～罰。/《越公》

487

簡39：凡鄹（邊）鄙（縣）~民及又（有）管（官）帀（師）~人或告于王廷，/《越公》簡40：王必親見而聖（聽）~，戠（辨）~而訐（信），/《越公》簡40：亓（其）才（在）邑司事及官帀（師）~人則發（廢）也。/《越公》簡40：凡成（城）邑~司事及官帀（師）~/《越公》簡42：王必親聖（聽）~，旨（稽）~而訐（信），/《越公》簡44：王乃遬（趣）使（使）人戠（辨）腈（省）成（城）市鄹（邊）還（縣）尖=（小大）遠伲（邇）~厩（句）、苓（落），/《越公》簡45:餌（聞）~于右（左）右。/《越公》簡45：王既戠（辨）智（知）~，乃命上會（計），/《越公》簡45：王必（比）親聖（聽）~。/《越公》簡46:芺=（笑笑）也，則必舍（飲）飤（食）賜夋（予）~。/《越公》簡46：王既必（比）聖（聽）~，乃品。/《越公》簡49:㠯（夷）、西㠯（夷）、古蔑、句虘（無）四方~民乃皆餌（聞）雪（越）墬（地）~多飤（食）、政（徵）溥（薄）而好訐（信），/《越公》簡49：乃波（頗）徍（往）遝（歸）~，/《越公》簡50：凡五兵~利，王日忈（翫）~，居者（諸）左右；/《越公》簡50：凡金革~攻，/《越公》簡51：亓（其）事，以餌（問）五兵~利。/《越公》簡51：王乃歸（潛）使（使）人情（請）餌（問）群大臣及鄹（邊）鄙（縣）成（城）市~多兵、亡（無）兵者，/《越公》簡53：乃出共（恭）敀（敬），王寍（訊）~，䓆（志）以受（授）夫=（大夫）住（種），則賞敫（購）~；/《越公》簡54：王寍（訊）~，䓆（志）以受（授）軛（范）羅（蠡），則瘳（戮）殺~。/《越公》簡55:敫（禁）御：及凡庶眚（姓）、凡民司事糙（爵）立（位）~宔（次）尻（序）、/《越公》簡55：備（服）衣（飾）、群勿（物）品采（綵）~伲（愆）于者（故）裳（常），/《越公》簡56：~非郢（越）裳（常）聿（律），㠯（夷）訐（諱）䜌（蠻）吳（謳），/《越公》簡56：王乃徹（趣）爭=（至于）沟（溝）墮（塘）~工（功），/《越公》簡59：王監雩（越）邦~既苟（敬），/《越公》簡60:壆（舉）邦走火，進者莫退，王思（懼），鼓而退~，/《越公》簡60:女（焉）旨（始）䜌（絕）吳~行李（李），/《越公》簡61:埜（來）以交（徼）~此。/《越公》簡66：乃中分亓（其）帀（師），䒤（將）以御（禦）~。/《越公》簡67：不鼓不喿（噪）

以淒（潛）攻～，大詹（亂）吴帀（師）。/《越公》簡67：左軍、右軍乃述（遂）涉，戎（攻）～。/《越公》簡71：☐人～敝邑。/《越公》簡75：凡吴土塗（地）民人，雩（越）公是聿（盡）既有～，

〖坒〗（1）《趙簡子》簡4：用繇（由）今以～（往），

〖帀〗（19）《趙簡子》簡1：則非子之咎，～（師）保/《越公》簡1：乃史（使）夫=（大夫）住（種）行成於吴～（師），/《越公》簡12：舀（荆）～（師）走，虐（吾）先王遻（邇）之，/《越公》簡25：乃盟，男女備（服），～（師）乃還。/《越公》簡39：凡鄔（邊）鄩（縣）之民及又（有）管（官）～（師）之人或告于王廷，/《越公》簡40：兀（其）才（在）邑司事及官～（師）之人則發（廢）也。/《越公》簡40：凡成（城）邑之司事及官～（師）之/《越公》簡62：舟䡈（乘）既成，吴～（師）未起（起），/《越公》簡63：吴～（師）乃起（起）。/《越公》簡63：吴王起～（師），軍於江北。/《越公》簡63：雩（越）王起～（師），軍於江南。/《越公》簡63：雩（越）王乃中分亓（其）～（師）以爲右（左）/《越公》簡66：吴～（師）乃大戏（駭），/《越公》簡66：雩（越）人分爲二～（師），涉江，/《越公》簡66：旦，乃中分亓（其）～（師），/《越公》簡67：大詹（亂）吴～（師）。/《越公》簡68：吴～（師）乃大北，/《越公》簡68：雩（越）～（師）乃因軍吴=（吴，吴）人昆（闇）奴乃内（納）雩=～=（越師，越師）乃述（遂）闖（襲）吴。

〖師〗（6）《晉文公》簡5：～（師）以進；爲降龍之羿（旗），～（師）以退。/《晉文公》簡6：爲繠（角）龍之羿（旗），～（師）以戡（戰）；/《晉文公》簡6：爲交（蛟）龍之羿（旗），～（師）以豫；爲日月之羿（旗），～（師）以舊（久）。/《晉文公》簡8：敗楚～（師）於坒（成）僕（濮），晝（建）塑（衛），

〖出〗（7）《子犯》簡4：必～又（有）/《晉文公》簡6：爲熊羿（旗），夫=（大夫）～；/《晉文公》簡6：爲豹（豹）羿（旗），士～；/《晉文公》簡7：～。乃爲三羿（旗）以成至（制）：遠羿（旗）死，/《越公》簡15下：吴王乃～，新（親）見事（使）者曰：/《越公》簡53：乃～共（恭）畋（敬），王寁（訊）

〔南〕（1）《越公》簡63：雩（越）王起帀（師），軍於江～。

〔生〕（4）《越公》簡17：以民～之不長而自不夊（終）亓（其）命，/《越公》簡24：皆爲同～，齊執（勢）同力，以御（禦）戕（仇）戨（讎）。/《越公》簡73：殹（抑）民～不乃（仍），王亓（其）母（毋）死。/《越公》簡73：民～堅（地）上，寓也，亓（其）與幾可（何）？

〔柬〕（3）《趙簡子》簡1：盁（趙）～（簡）子既受寡（右）酒（將）軍，/《趙簡子》簡5：盁（趙）～（簡）子䎽（問）於成蚎（剸）曰：/《趙簡子》簡6：盁（趙）～（簡）

〔剌〕（1）《子犯》簡15：亡邦，則㷒（桀）及受（紂）、～（厲）王、幽王，

〔橐〕（1）《越公》簡3：疌（挾）弳秉～（枹），䯞（振）

〔回〕（2）《晉文公》簡8：～（圍）䚰（許），/《越公》簡69：～（圍）王宮。

〔因〕（4）《晉文公》簡7：以兔（菟）于蒿（郊）三，～以大乍（作）。/《越公》簡27：乃～司（治）袞（襲）尚（常）。/《越公》簡38：～亓（其）貨以爲/《越公》簡68：雩（越）帀（師）乃～軍吴=（吴，吴）人昬（閽）奴乃内（納）雩=帀=（越師，越師）乃述（遂）閵（襲）吴。

〔員〕（1）《越公》簡41：昔日與㠯（己）言～（云），今不若亓（其）言。

〔貨〕（2）《越公》簡38：因亓（其）～以爲/《越公》簡42：凡雩（越）庶民交諆（接）、言語、～資、市賈乃亡（無）敢反不（背）訢（欺）巳（詒）。

〔資〕（1）《越公》簡42：凡雩（越）庶民交諆（接）、言語、貨～、市賈乃亡（無）敢反不（背）訢（欺）巳（詒）。

〔賁〕（2）《晉文公》簡4：命䳫（蒐）攸（修）先君之蓳（乘）、～（飭）車輗（甲），四嗇（封）之内/《越公》簡28：再（稱）～（力）

〔賞〕（2）《越公》簡47：又（有）㝅（穰）戠（歲），又（有）～罰，/《越公》簡53：翠（志）以受（授）夫=（大夫）住（種），則～敎（購）之；

〔賜〕（8）《子犯》簡7：乃各～之鐺（劍）繡（帶）衣常（裳）而斅（膳）之，思

（使）還。/《越公》簡10：天不夃（仍）～吳於雪（越）邦之利。/《越公》簡12：天～中（衷）于吳，右我先王。/《越公》簡23：今夫=（大夫）嚴（儼）肰（然）監（銜）君王之音，～孤以好曰：/《越公》簡46：則必舍（飲）飤（食）～夋（予）之。/《越公》簡71：昔天以雪（越）邦～吳=（吳，吳）弗受。/《越公》簡72：～郕（越），句☐句戋（踐）不許吳成。/《越公》簡72：天以吳土～雪（越），

【賓】(1)《越公》簡6：三（四）方者（諸）侯亓（其）或敢不～于吳邦？

【責】(1)《晉文公》簡2：遹（滯）～（積）母（毋）又（有）賁（塞），

【賈】(3)《越公》簡38：【凡】☐【豫】而【價】～女（焉），則劫（詰）斀（誅）之。/《越公》簡38：凡市～爭訟，飯（反）訴（背）訝（欺）已（詒），/《越公》簡42：凡雪（越）庶民交逹（接）、言語、貨資、市～乃亡（無）敢反不（背）訝（欺）已（詒）。

【賤】(1)《越公》簡42：乃母（毋）又（有）貴～，勤（刑）也。

【貴】(1)《越公》簡42：乃母（毋）又（有）～賤，勤（刑）也。

【賁】(1)《晉文公》簡2：遹（滯）責（積）母（毋）又（有）～（塞），

【寶】(2)《趙簡子》簡8：六～（府）溫（盈），宮中六窖（竈），并六祀。/《越公》簡47：交（校）于王～（府）厽（三）品，设（役）濇（幽）塗、泃（溝）墜（塘）之杠（功）。

【邑】(5)《越公》簡16：兹（使）虐（吾）式～之父兄子弟朝夕粲（殘），/《越公》簡40：亓（其）才（在）～司事及官帀（師）之人則發（廢）也。/《越公》簡40：凡成（城）～之司事及官帀（師）之/《越公》簡48：是以收敬（寇），是以匋（句）～。/《越公》簡71：☐人之敝～。

【邦】(49)《子犯》簡1：者（故）晉～又（有）禍（禍），/《子犯》簡3：晉～又（有）禍（禍），/《子犯》簡7：夫公子之不能居晉～，/《子犯》簡12：鬯（殷）～之君子，/《子犯》簡13：～乃述（遂）嵒（亡），/《子犯》簡14：子欲記（起）～系（奚）以？/《子犯》簡14：欲亡～系（奚）以？/《子犯》簡14：女（如）欲記（起）～，則大甲與盤庚、文王、武王，/《子犯》簡15：亡～，

則燊（桀）及受（紂）、剌（厲）王、幽王，/《晉文公》簡1：昷（明）日朝，逗（屬）～利（黎）老，命曰：/《晉文公》簡2;旻（得）繇（由）弍（二）厽（三）夫=（大夫）以攸（修）晉～之政，/《晉文公》簡3：厽（三）夫=（大夫）以攸（修）晉～之祀，/《晉文公》簡4：以虔（吾）晉～之閼（間）尻（處）戠（仇）戠（讎）之閼（間），/《越公》簡3：雩（越）～，不才（在）耑（前）逡（後），/《越公》簡5：母（毋）鹽（絕）雩（越）～之命于天下，/《越公》簡6：於雩（越）～，孤亓（其）衒（率）雩（越）庶眚（姓），/《越公》簡6：三（四）方者（諸）侯亓（其）或敢不賓于吳～？/《越公》簡7：余亓（其）必敫（滅）鹽（絕）雩（越）～之命于天下，/《越公》簡7：勿茲（使）句戔（踐）屬（繼）饗（緒）於雩（越）～巳（已）。/《越公》簡10：天不肕（仍）賜吳於雩（越）～之利。/《越公》簡10：以刵（潰）去亓（其）～，/《越公》簡11：昔虔（吾）先王盍膚（盧）所以克内（入）郢～，/《越公》簡14：今皮（彼）新（新）去亓（其）～而笞（毒），/《越公》簡22：孤或（又）志（恐）亡（無）良僕馭（御）獙（失）火於雩（越）～，/《越公》簡26：吳人既闅（襲）雩（越）～，/《越公》簡27：安～，乃因司（治）衾（襲）尚（常）。/《越公》簡28：葦（農）工（功）旻（得）寺（時），～乃砈（暇）/《越公》簡30：王思～游民，厽（三）年，乃乍（作）五=政=（五政。五政）之初，/《越公》簡34：于雩（越）～陸（陵）陾（陸），/《越公》簡36下:雩（越）～乃大多飤（食）。/《越公》簡37：雩（越）～備（服）葦（農）多食，/《越公》簡43：罌（舉）雩（越）～乃皆好訐（信）。/《越公》簡44：雩（越）～備（服）訐（信），王乃好陞（徵）人。/《越公》簡48：罌（舉）雩（越）～乃皆好陞（徵）人，方和于亓（其）堲（地）。/《越公》簡50：雩（越）～皆備（服）陞（徵）人，多人，王乃好兵。/《越公》簡52：與（舉）雩（越）～㠯=（至于）鄾（邊）還（縣）成（城）市乃皆好兵甲,雩（越）～乃大多兵。/《越公》簡53:雩（越）～多兵，王乃整（整）民、攸（修）命（令）、畬（審）刑（刑）。/《越公》簡54：王乃大詢（徇）命于～，/《越公》簡58：雩（越）～庶民則皆曆（震）僮（動），/《越公》簡59：王監雩（越）～之既苟

（敬），亡（無）敢懲（蹱）命，/《越公》簡59：乃斁（竊）焚舟室,鼓命~人/《越公》簡60：罌（舉）~走火，進者莫退，/《越公》簡61：乃誀（屬）~政於夫＝（大夫）住（種），/《越公》簡69：☐闔（襲）吳~，回（圍）王宫。/《越公》簡70：許雩（越）公成，以爭＝（至于）今＝（今。今）吳~不天，/《越公》簡71：昔天以雩（越）~賜吳＝（吳，吳）弗受。/《越公》簡71：今天以吳~/《越公》簡74：天加禍（禍）于吳~，不才（在）甫（前）逡（後），

〔郢〕（2）《越公》簡11：昔虘（吾）先王盍膚（盧）所以克内（人）~邦，/《越公》簡13：王用克内（人）于~。

〔邦〕（6）《子犯》簡7：公乃䛁（問）於~（蹇）咠（叔）曰：/《子犯》簡8：~（蹇）咠（叔）倉（答）曰：/《子犯》簡9：公乃䛁（問）於~（蹇）咠（叔）曰：/《子犯》簡10：~（蹇）咠（叔）倉（答）曰：/《子犯》簡13：公子種（重）耳䛁（問）於~（蹇）咠（叔）曰：/《子犯》簡14：~（蹇）咠（叔）倉（答）曰：

〔鄩〕（9）《越公》簡16：亡（無）良~（邊）人再（稱）瘝（蓄）悬（怨）惡（惡），/《越公》簡20：以逨（奔）告於~＝（邊。）/《越公》簡35：爭＝（至于）~（邊）遝（縣）尖＝（小大）遠迡（邇），/《越公》簡39：凡~（邊）鄩（縣）之民及又（有）管（官）帀（師）之人或告于王廷，/《越公》簡44：王乃逨（趣）徒（使）人戠（辨）腈（省）成（城）市~（邊）遝（縣）尖＝（小大）遠迡（邇）之廄（句）、荅（落），/《越公》簡51：王乃歸（潛）徒（使）人情（請）䛁（問）群大臣及~（邊）鄩（縣）成（城）市之多兵、亡（無）兵者，/《越公》簡52：與（舉）雩（越）邦爭＝（至于）~（邊）遝（縣）成（城）市乃皆好兵甲，/《越公》簡62：雩（越）王句戈（踐）乃命~（邊）人取（取）悬（怨），/《越公》簡62：舀（挑）起悬（怨）惡（惡），~（邊）人乃

〔鄩〕（1）《越公》簡51：王乃歸（潛）徒（使）人情（請）䛁（問）群大臣及鄩（邊）~（縣）成（城）市之多兵、亡（無）兵者，王則貤＝（比視）。

〔鄜〕（1）《越公》簡39：凡鄜（邊）～（縣）之民及又（有）管（官）帀（師）之人或告于王廷，

〔郕〕（2）《越公》簡56：之非～（越）崇（常）聿（律），/《越公》簡72：賜～（越），

〔日〕（11）《晉文公》簡1：昷（明）～朝，逗（屬）邦利（黎）老，/《晉文公》簡2：或昷（明）～朝，/《晉文公》簡3：或昷（明）～朝，/《晉文公》簡4：或昷（明）～朝，/《晉文公》簡6：爲～月之羿（旗），帀（師）以舊（久）。/《越公》簡30：王親涉洵（溝）淳淵（幽）塗，～腈（省）蓐（農）/《越公》簡39：初～政（徵）勿（物）若某，今政（徵）硅（重），弗果。/《越公》簡41：昔～與吕（己）言員（云），今不若亓（其）言。/《越公》簡50：凡五兵之利，王～忘（甜）之，居者（諸）左右；/《越公》簡50：凡金革之攻，王～侖（論）朕（省）/《越公》簡64：若（諾）明～牂（將）舟戰（戰）於江。

〔晉〕（8）《子犯》簡1：者（故）～邦又（有）禍（禍），/《子犯》簡3：～邦又（有）禍（禍），/《子犯》簡7：夫公子之不能居～邦，/《晉文公》簡1：～文公自秦内（入）於～，/《晉文公》簡2：旻（得）繇（由）弍（二）厽（三）夫=（大夫）以攸（修）～邦之政，/《晉文公》簡3：厽（三）夫=（大夫）以攸（修）～邦之祀，/《晉文公》簡4：以虖（吾）～邦之閒（間）尻（處）戠（仇）讎（讎）之閒（間），

〔昏〕（1）《越公》簡64：及～，乃命右（左）軍監（銜）枑（枚）鯀（溯）江五

〔昔〕（9）《子犯》簡9：畧（叔），～之舊聖折（哲）人之博（敷）政命（令）刑（刑）罰，/《子犯》簡11：～者成湯以神事山川，以惪（德）和民。/《趙簡子》簡1：～虖（吾）子之牂（將）方少，女（如）又（有）訛（過），/《趙簡子》簡6:归（抑）～之旻（得）之與遊（失）之，皆又（有）繇（由）也。/《趙簡子》簡7：～虖（吾）先君獻公是尻（居），/《越公》簡11：～虖（吾）先王盍膚（盧）所以克内（入）郢邦，/《越公》簡41：～日與吕（己）言員（云），今不若亓（其）言。/《越公》簡69：～不敎（穀）先秉利於寍=（越，

越）公告孤請成，/《越公》簡71：～天以雩（越）邦賜吳。（吳，吳）弗受。

〖昆〗（1）《越公》簡68：雩（越）帀（師）乃因軍吳。（吳，吳）人～（閽）奴乃内（納）雩=帀=（越師，越師）乃述（遂）闌（襲）吳。

〖旦〗（1）《越公》簡66：～，乃中分亓（其）帀（師），牁（將）以御（禦）之。

〖朝〗（6）《晉文公》簡1：晶（明）日～，逗（屬）邦利（黎）老，/《晉文公》簡2：或晶（明）日～，命曰：/《晉文公》簡3：或晶（明）日～，命曰：/《晉文公》簡4：或晶（明）日～，命曰：/《趙簡子》簡1：才（在）～，靵（范）獻子進諫曰：/《越公》簡16：交齰（鬭）吳雩（越），兹（使）虐（吾）弍邑之父兄子弟～夕棧（殘），

〖晶〗（1）《子犯》簡4：虐（吾）宔（主）之弍（二）～（三）臣，

〖厽〗（8）《晉文公》簡2：旻（得）繇（由）弍（二）～（三）夫=（大夫）以攸（修）晉邦之政，/《晉文公》簡3：～（三）夫=（大夫）以攸（修）晉邦之祀，/《越公》簡19：今～（三）年，亡（無）克又（有）奠（定），孤用恋（願）見雩（越）公。/《越公》簡28：王忒（惕）亡（毋）好攸（修）于民～（三）工之堵（署），/《越公》簡29：辠=（至于）～（三）年，雩（越）王句戈（踐）女（焉）刉（始）复（作）緇（紀）五政之聿（律）。/《越公》簡30：王思邦游民，～（三）年，乃乍（作）五=政=（五政。五政）之初，/《越公》簡47：坙（野）會～（三）品，交（校）于王賓（府）～（三）品，

〖唇〗（1）《越公》簡21：孤用匜（委）命疃（重）～（臣），閔（馳）冒兵刃，

〖月〗（1）《晉文公》簡6：爲日～之羿（旗），師（師）以舊（久）。

〖有〗（2）《越公》簡21：君不尚新（親）～寡（寡）人，/《越公》簡75：凡吳土堅（地）民人，雩（越）公是聿（盡）既～之，

〖明〗（1）《越公》簡64：若（諾）～日牁（將）舟戰（戰）於江。

〖晶〗（4）《晉文公》簡1：～（明）日朝，逗（屬）邦利（黎）老，命曰：/《晉文公》簡2：或～（明）日朝，命曰：/《晉文公》簡3：或～（明）日朝，命曰：/《晉文公》簡4：或～（明）日朝，命曰：

〖盟〗（1）《越公》簡25：乃～，男女備（服），帀（師）乃還。

〔夕〕（1）《越公》簡16：茲（使）虗（吾）弍邑之父兄子弟朝～糤（殘）。

〔夜〕（1）《越公》簡65：～（夜）中，乃命右（左）軍、右軍涉江。

〔外〕（1）《趙簡子》簡7：車麐（甲）～（乂）。

〔多〕（10）《越公》簡32：肎（脯）、肛（臐）～從。/《越公》簡36下：雩（越）邦乃大～飤（食）。/《越公》簡37：雩（越）邦備（服）蓐（農）～食，王乃好䛑（信），乃攸（修）市政。/《越公》簡49：尼（夷）、西尼（夷）、古蔑、句虘（無）四方之民乃皆餌（聞）雩（越）坙（地）之～飤（食）、政（徵）溥（薄）而好䛑（信）。/《越公》簡49：乃波（頗）徃（往）遝（歸）之，雩（越）坙（地）乃大～人。/《越公》簡50：雩（越）邦皆備（服）陹（徵）人，～人，王乃好兵。/《越公》簡51：王乃歸（潛）徙（使）人情（請）餌（問）群大臣及鄙（邊）鄙（縣）成（城）市之～兵、亡（無）兵者，王則貾（比視）。/《越公》簡51：隹（唯）～/《越公》簡52：與（舉）雩（越）邦爭（至于）鄙（邊）還（縣）成（城）市乃皆好兵甲，雩（越）邦乃大～兵。/《越公》簡53：雩（越）邦～兵，王乃整（整）民、攸（修）命（令）、䚻（審）刑（刑）。

〔甬〕（4）《越公》簡12：夫～（用）戔（殘），虗（吾）先/《越公》簡13：散（豈）～（庸）可（何）智（知）自旻（得）？/《越公》簡61：太（舌）～（庸）大鬲（歷）雩（越）民，必（比）翠（卒）劜（勒）兵。/《越公》簡73：不教（穀）亓（其）酒（將）王於～、句重（東）。

〔齊〕（7）《趙簡子》簡5：～君遊（失）政，陳是（氏）旻（得）之。/《趙簡子》簡5：敢餌（問）～君遊（失）之系（奚）繇（由）？/《趙簡子》簡5：成剴（剸）會〈答〉曰：～/《越公》簡6：～卻（節）同心，以臣事吳，男女備（服）。/《越公》簡20：臯（敦）～兵刃以攷（捍）御（禦）/《越公》簡24：綾（接），皆爲同生，～執（勢）同力，以御（禦）戙（仇）斢（讎）。/《越公》簡59：民乃整（整）～。

〔克〕（5）《晉文公》簡7：元年～嵩（原），五年啓東道，～曹、五麋（鹿）。/《越公》簡11：昔虗（吾）先王盇膚（盧）所以～内（入）郢邦，/《越公》簡13：王用～内（入）于郢。/《越公》簡19：今厽（三）年，亡（無）～又（有）

奠（定），孤用忎（願）見雩（越）公。

〖稌〗（1）《越公》簡34：陸（陵）～（稼），水則爲稻，

〖稷〗（1）《晉文公》簡3：命肥蒭羊牛、豢犬豕，具番（黍）～醴=（酒醴）以祀，

〖稻〗（1）《越公》簡34：陸（陵）稌（稼），水則爲～，

〖年〗（8）《晉文公》簡7：元～克畧（原），五～啓東道，克曹、五麕（鹿），/《晉文公》簡8：九～大旻（得）河東之者（諸）侯。/《越公》簡19：今厽（三）～，亡（無）克又（有）奠（定），/《越公》簡29：爭=（至于）厽（三）～，/《越公》簡30：王思邦游民，厽（三）～，乃乍（作）五=政=（五政。五政）之初，/《越公》簡47：～諿（籌）攴（枚）鷽（數），由臤（賢）由毀，/《越公》簡74：唯王所安，以屈肂（盡）王～。

〖秦〗（3）《子犯》簡1：【公子䙷】耳自楚迨（適）～，尻（處）女（焉）三歲（歲），/《子犯》簡1：～公乃詡（召）子軋（犯）而䪫（問）女（焉），曰：/《晉文公》簡1：晉文公自～內（入）於晉，

〖兼〗（1）《趙簡子》簡9：肰（然）則旻（得）補（輔）相周室，～

〖糧〗（2）《晉文公》簡6：爲菳（蓂）芅（采）之羿（旗），戠（饋）～者/《越公》簡5：又（有）繡（帶）甲夲（八千），又（有）旬之～。

〖殘〗（1）《越公》簡16：交䲴（鬭）吴雩（越），兹（使）虞（吾）式邑之父兄子弟朝夕～（殘），

〖稚〗（1）《越公》簡55：及凡庶眚（姓）、凡民司事～（爵）立（位）之宋（次）尻（序）、

〖舀〗（1）《越公》簡62：～（挑）起悁（怨）晤（惡），

〖豪〗（1）《晉文公》簡3：爲～（稼）蠻（嗇）古（故），

〖宅〗（4）《子犯》簡8：凡民秉～（度），諯（端）正譖（僭）試（貳），/《趙簡子》簡7：掌又（有）二～（宅）之室，以好士庶子，/《越公》簡37：凡群～（宅）之不～（度），群采勿（物）之不繢（慎），

〖室〗（5）《趙簡子》簡7：掌又（有）二尻（宅）之～，以好士庶子，/《趙簡子》簡8：肰（然）則旻（得）補（輔）相周～，亦智（知）者（諸）侯之思

497

（謀）。/《趙簡子》簡9：宮中六窖（竈），并六祀，肰（然）則曼（得）桶（輔）相周～，/《趙簡子》簡11：不智（知）周～之▢會（儉）之欦（侈）/《越公》簡59：乃敫（竊）焚舟～，

〔窜〕（2）《子犯》簡10：～（寧）孤是勿能用？/《越公》簡26：乃大鷹（解）江（攻），以忘（祈）民之～（寧）。

〔定〕（1）《子犯》簡2：虐（吾）宔（主）好～（正）而敬訐（信），

〔安〕（3）《越公》簡27：～邦，乃因司（治）衰（襲）尚（常）。/《越公》簡29：～，民乃蕃芋（滋）。/《越公》簡74：唯王所～，以屈聿（盡）王年。

〔守〕（1）《越公》簡22：孤用内（人）～於宗審（廟），以須

〔寓〕（1）《越公》簡73：民生堅（地）上，～也，亓（其）與幾可（何）？

〔宋〕（1）《晉文公》簡8：成～，回（圍）酇（許），

〔宗〕（5）《越公》簡4：募（寡）人不忍君之武礪（厲）兵甲之鬼（威），科（播）弃～審（廟），/《越公》簡22：怀（背）虛～審（廟），陟柿（棲）於會旨（稽）。/《越公》簡22：孤用内（人）守於～審（廟），/《越公》簡26：既畫（建）～審（廟），攸（修）奈（社）应（位），/《越公》簡74：女（焉）述（墜）遊（失）～審（廟）。

〔宔〕（8）《子犯》簡2：誠女（如）～（主）君之言。/《子犯》簡2：虐（吾）～（主）好定（正）而敬訐（信），/《子犯》簡3：～（主）女（如）曰疾利女（焉）不趴（足），/《子犯》簡3：誠我～（主）古（固）弗秉。/《子犯》簡4：子余（餘）會（答）曰：誠女（如）～（主）之言。/《子犯》簡4：虐（吾）～（主）之弌（二）晶（三）臣，不閒（閑）良䂿（規），/《子犯》簡5：虐（吾）～（主）弱寺（恃）而强（强）志，/《子犯》簡6：～（主）女（如）此胃（謂）無良右（左）右，

〔或〕（1）《子犯》簡8：割（曷）又（有）僎（僕）若是而不果以～（國），

〔宥〕（1）《子犯》簡12：九州而～（有）君之。

〔寡〕（2）《趙簡子》簡1：盆（趙）柬（簡）子既受～（右）牁（將）軍，/《趙簡子》簡2：今虐（吾）子既爲～遷（將）軍巳（已），

〖寬〗（1）《晉文公》簡4：命～（蒐）攸（修）先君之竁（乘）、貪（飭）車輗（甲），

〖宙〗（5）《越公》簡4：科（播）弃宗～（廟），/《越公》簡22：怀（背）虛宗～（廟），陟柿（棲）於會旨（稽）。/《越公》簡22：孤用內（入）守於宗～（廟），/《越公》簡26：既畫（建）宗～（廟），/《越公》簡74：女（焉）述（墜）遊（失）宗～（廟）。

〖寄〗（1）《越公》簡53：王乃整（整）民、攸（修）命（令）、～（審）刑（刑）。

〖寐〗（2）《越公》簡53：乃出共（恭）敬（敬），王～（訊）之，/《越公》簡54：王～（訊）之,翠（志）以受（授）軋（范）羅（蠡），

〖宋〗（1）《越公》簡55：數（禁）御：及凡庶眚（姓）、凡民司事糀（爵）立（位）之～（次）尻（序）、

〖宮〗（6）《趙簡子》簡8：～中六痞（竈），并六祀。/《趙簡子》簡9：～中六痞（竈），并六祀，肰（然）則旻（得）桶（輔）相周室，/《趙簡子》簡10：臺（就）虐（吾）先君坪（平）公，～中卅＝（三十）里，/《趙簡子》簡10：孚（飽）亓（其）舍（飲）飤（食），～中三壹（臺），/《越公》簡54：乃徹（趣）詢（徇）于王～，亦徹（趣）取殍（戮）。/《越公》簡69：☐閈（襲）吳邦，回（圍）王～。

〖痞〗（2）《趙簡子》簡8：六寶（府）溢（盈），宮中六～（竈），并六祀。/《趙簡子》簡9：宮中六～（竈），并六祀，

〖疾〗（3）《子犯》簡3：宝（主）女（如）曰～利女（焉）不叹（足），/《越公》簡17：狼飤（食）於山林幽（幽）芒（荒），孤～痌（痛）之。/《越公》簡31：王亓（其）又（有）縈（營）～？

〖痌〗（1）《越公》簡17：狼飤（食）於山林幽（幽）芒（荒），孤疾～（痛）之。

〖瘼〗（1）《越公》簡16：孤所旻（得）皋（罪）：亡（無）良鄹（邊）人禹（稱）～（蓄）悥（怨）晉（惡），

〖同〗（3）《越公》簡6：齊卻（節）～心，以臣事吳，男女備（服）。/《越公》簡24：皆爲～生，齊執（勢）～力，以御（禦）戟（仇）戤（讎）。

499

〖冟〗（2）《越公》簡3：虘（吾）君天王，以身被甲~（胄），戟（敦）力（勒）釱（鎩）鎗（鏘），/《越公》簡20：不兹（使）達気（暨），羅（麗）甲綏（緌）~（胄）。

〖䩒〗（1）《趙簡子》簡8：親冒虜（甲）~（胄）

〖冒〗（2）《趙簡子》簡8：臺（就）虘（吾）先君襄公，親~虜（甲）䩒（胄），/《越公》簡21：孤用匧（委）命僮（重）脣（臣），闌（馳）~兵刃。

〖由〗（4）《越公》簡47：年譜（籌）攴（枚）䡃（數），~臤（賢）~毀，/《越公》簡47：又（有）賞罰，善人則~，晵（譖）民則懷（否）。/《越公》簡61：乃~（攉）王卆（卒）君子卆（六千）。

〖冕〗（1）《晉文公》簡1：襠（端）~（冕）☐王母=（母，毋）辡（辨）於妞（好）妝（莊）嫽（邐）盬（醯）皆見。

〖羅〗（3）《越公》簡20：不兹（使）達気（暨），~（麗）甲綏（緌）冟（胄），/《越公》簡54：王䜴（訊）之，䎽（志）以受（授）䡃（范）~（蠡），則翏（戮）殺之。/《越公》簡61：乃命䡃（范）~（蠡）、

〖常〗（1）《子犯》簡7：乃各賜之鐺（劍）繡（帶）衣~（裳）而攽（膳）之。

〖敝〗（1）《越公》簡71：☐人之~邑。

〖人〗（49）《子犯》簡2：身不忍~，/《子犯》簡5：不忎（憖）以~，/《子犯》簡9：才（在）上之【簡8】~，/《子犯》簡9：昔之舊聖折（哲）~之䙑（敷）政命（令）刑（刑）罰，/《子犯》簡9：事（使）眾若事（使）一~，/《子犯》簡11：~面見湯若鴛（暴）雨方奔之而麗（庇）雁（蔭）女（焉），/《趙簡子》簡3：則非~之皋（罪），/《趙簡子》簡3：則善~至，不善~退。/《趙簡子》簡3：則不善~至，/《趙簡子》簡4：善【簡3】~退。/《越公》簡4：親辱於鄡（寡）~之𥩟=（敝邑）。/《越公》簡4：鄡（寡）~不忍君之武礪（厲）兵甲之鬼（威），/《越公》簡4：赶才（在）會旨（稽），鄡（寡）~/《越公》簡8：以觀句𨊠（踐）之以此伞（八千）~者死也。/《越公》簡14：虘（吾）於（烏）膚（胡）取伞（八千）~以會皮（彼）死？/《越公》簡15下：君雩（越）公不命徙（使）~而夫=（大夫）親辱，/《越公》簡16：

亡（無）良鄾（邊）～禹（稱）瘧（蓄）悬（怨）吾（惡），/《越公》簡20：～爲不道，或舫（抗）御（禦）菒（寡）～之詛（辭），/《越公》簡21：菒（寡）～。/《越公》簡21：君不尚祈（親）有菒（寡）～，/《越公》簡23：使（使）～。/《越公》簡26：吳～既閭（襲）雩（越）邦，/《越公》簡35：～又（有）厶（私）蓄（穫）。/《越公》簡18：～禐（還）雩（越）百里【之地】/《越公》簡37：諫（爽）繪（渝）諒～則勳（刑）也。/《越公》簡39：凡鄾（邊）鄙（縣）之民及又（有）管（官）帀（師）之～或告于王廷，/《越公》簡40：亓（其）才（在）邑司事及官帀（師）之～則發（廢）也。/《越公》簡41：～，乃亡（無）敢增歷（斂）亓（其）政（徵）以爲獻於王。/《越公》簡44：王乃好陞（徵）～。/《越公》簡44：王乃趣（趣）使（使）～戠（辨）睛（省）成（城）市鄾（邊）還（縣）尖=（小大）遠迡（邇）之廏（句）、荅（落），/《越公》簡45：王見亓（其）執事～則旬（怡）忞（豫）惪（憙）也。/《越公》簡46：王見亓（其）執事～，/《越公》簡47：善～則由，晉（譖）民則怀（否）。/《越公》簡48：壆（舉）雩（越）邦乃皆好陞（徵）～，/《越公》簡49：雩（越）坙（地）乃大多～。/《越公》簡50：雩（越）邦皆備（服）陞（徵）～，多～，王乃好兵。/《越公》簡51：王乃歸（潛）徙（使）～情（請）齟（問）群大臣及鄾（邊）鄙（縣）成（城）市之多兵、亡（無）兵者，/《越公》簡59：乃敂（竊）焚舟室，鼓命邦～/《越公》簡60：死者言（三百）～，/《越公》簡62：雩（越）王句戋（踐）乃命鄾（邊）～戢（取）悬（怨），/《越公》簡62：舀（挑）起悬（怨）吾（惡），鄾（邊）～乃/《越公》簡66：雩（越）～分爲二帀（師），/《越公》簡68：雩（越）帀（師）乃因軍吳=（吳，吳）～昆（閽）奴乃内（納）雩=帀=（越師），/《越公》簡71：☐～之敝邑。/《越公》簡72：乃使（使）～告於吳王曰：/《越公》簡75：凡吳土坙（地）民～，

[僅]（1）《越公》簡58：雩（越）邦庶民則皆畾（震）～（動），

[保]（1）《趙簡子》簡1：則非子之咎，帀（師）～

[㠯]（6）《子犯》簡11：四方～（夷）莫句（後）與，/《越公》簡49：～（夷）、西～（夷）、古蔑、句虐（無）四方之民乃皆齟（聞）雩（越）坙（地）之多飤

（食）、政（徵）溥（薄）而好訐（信），/《越公》簡56：之非邲（越）棠（常）聿（律），～（夷）訐（諱）纞（蠻）吳（謳），/《越公》簡57：執（設）戍于東～（夷）、西～（夷）。

〔備〕（9）《子犯》簡15：亦～才（在）公子之心巳（已），衆（冥）袰（勞）～（問）女（焉）。/《越公》簡6：齊埶（節）同心，以臣事吳，男女～（服）。/《越公》簡25：男女～（服），帀（師）乃還。/《越公》簡37：雩（越）邦～（服）蓐（農）多食，/《越公》簡44：雩（越）邦～（服）訐（信），王乃好陞（徵）人。/《越公》簡50：雩（越）邦皆～（服）陞（徵）人，/《越公》簡55：～（服）衪（飾）、群勿（物）品采（綵）之侃（愆）于者（故）棠（常），/《越公》簡62：卒（卒）既～（服），舟蓳（乘）既成，/《越公》簡71：孤請成，男女～（服）。

〔倀〕（1）《趙簡子》簡2：臺（就）虐（吾）子之㳅（將）～（長），

〔㗊〕（4）《趙簡子》簡1：則非子之～，帀（師）保/《趙簡子》簡2：女（如）又（有）訛（過），則非子之～，娉（傅）母之皋（罪）也。/《趙簡子》簡3：則非人之皋（罪），㳅（將）子之～。/《越公》簡27：王乃不～不惑（忌），不戮不罰；

〔罟〕（8）《子犯》簡7：公乃䛜（問）於邗（蹇）～（叔）曰：/《子犯》簡8：邗（蹇）～（叔）合（答）曰：/《子犯》簡9：公乃䛜（問）於邗（蹇）～（叔）曰：/《子犯》簡9：～（叔），昔之舊聖折（哲）人之博（敷）政命（令）刑（刑）罰，/《子犯》簡10：猷（猶）～（叔）是䛜（聞）遺老之言，必尚（當）語我才（哉）。/《子犯》簡10：邗（蹇）～（叔）合（答）曰：凡君齋＝（之所）䛜（問）/《子犯》簡13：公子種（重）耳䛜（問）於邗（蹇）～（叔）曰：/《子犯》簡14：邗（蹇）～（叔）合（答）曰：

〔住〕（3）《越公》簡1：乃史（使）夫＝（大夫）～（種）行成於吳帀（師），/《越公》簡53：孛（志）以受（授）夫＝（大夫）～（種），則賞敎（購）之；/《越公》簡61：乃誈（屬）邦政於夫＝（大夫）～（種）。

〔怀〕（2）《越公》簡22：～（背）虛宗庙（廟），陟柿（棲）於會旨（稽）。/《越公》簡47：善人則由，晉（譖）民則～（否）。

〖役〗（1）《越公》簡74：丁（當）～（投）孤身。

〖從〗（2）《子犯》簡10：卑（譬）若～雗朕（然），虔（吾）尚（當）觀亓（其）風。/《越公》簡32：肴（脯）、肍（膴）多～。

〖并〗（2）《趙簡子》簡8：六寶（府）溋（盈），宮中六𥨍（竈），～六祀。/《趙簡子》簡9：宮中六𥨍（竈），～六祀，

〖北〗（4）《越公》簡10：虔（且）皮（彼）既大～於坪（平）备（邊），/《越公》簡63：吳王起帀（師），軍於江～。/《越公》簡68：吳帀（師）乃大～，疋（且）戰（戰）疋（且）～，乃至於吳。

〖虛〗（1）《越公》簡22：怀（背）～宗宙（廟），陟栖（棲）於會旨（稽）。

〖衆〗（1）《子犯》簡9：事（使）～若事（使）一人，

〖重〗（1）《越公》簡73：不穀（穀）亓（其）牆（將）王於甬、句～（東），

〖監〗（5）《子犯》簡6：寡（顧）～於訛（禍），而走去之。/《越公》簡23：今夫＝（大夫）嚴（儼）朕（然）～（銜）君王之音，賜孤以好曰：/《越公》簡59：王～雩（越）邦之既苟（敬），/《越公》簡64：及昏，乃命右（左）軍～（銜）梲（枚）鯀（溯）江五/《越公》簡65：亦命右軍～（銜）梲（枚）渝江五里以須，

〖身〗（6）《子犯》簡2：～不忍人，古（故）走去之，/《子犯》簡5：不忘（愨）以人，必～廛（擅）之。/《子犯》簡12：逯（後）殜（世）褱（就）受（紂）之～，/《子犯》簡13：思（懼）不死，型（刑）以及于㫃（厥）～，/《越公》簡3：虔（吾）君天王，以～被甲冒（冑），戟（戟）力（勒）釵（鍱）鎗（鏘），/《越公》簡74：丁（當）役（投）孤～。

〖䏌〗（1）《子犯》簡12：～（殷）邦之君子，

〖衣〗（2）《子犯》簡7：乃各賜之鐺（劍）繡（帶）～常（裳）而敘（膳）之，思（使）還。/《趙簡子》簡10：狀（貌）亓（其）～尚（裳），

〖褍〗（1）《晉文公》簡1：～（端）冕（冕）▢王母＝（母，毋）莘（辨）於妞（好）妝（莊）嫡（嬪）鹽（醯）皆見。

〔襄〕（1）《趙簡子》簡8：豪（就）虔（吾）先君襄公，親冒鏖（甲）轝（胄），

〔被〕（1）《越公》簡3：虔（吾）君天王，以身～甲冑（胄），

〔卒〕（5）《越公》簡61：必（比）～（卒）劦（勒）兵，/《越公》簡61：乃由（擢）王～（卒）君子卒（六千）。/《越公》簡62：～（卒）既備（服），舟篷（乘）既成，/《越公》簡64：以亓（其）厶（私）～（卒）君子卒＝（六千）以爲中軍。/《越公》簡67：雩（越）王句戈（踐）乃以亓（其）厶（私）～（卒）卒＝（六千）敦（竊）涉，

〔褈〕（1）《子犯》簡13：公子～（重）耳問（問）於咎（蹇）旻（叔）曰：

〔袞〕（1）《越公》簡27：乃因司（治）～（襲）尚（常）。

〔衭〕（1）《越公》簡55：備（服）～（飾）、群勿（物）品采（綵）之侃（愆）于耆（故）裳（常），

〔裘〕（1）《趙簡子》簡9：各（冬）不～，顕（夏）不張轂（簦），

〔求〕（1）《越公》簡19：余弃亞（惡）周（醜）好，以交徹（徹）～卡＝（上下）吉羕（祥）。

〔老〕（3）《子犯》簡10：猷（猶）旻（叔）是聖（聞）遺～之言，必尚（當）語我才（哉）。/《晉文公》簡1：显（明）日朝，逗（屬）邦利（黎）～，命曰：/《越公》簡32：亓（其）見蓐（農）夫～弱董（勤）歷（斂）者，

〔者〕（2）《子犯》簡1：～（故）晉邦又（有）褐（禍），/《越公》簡55：備（服）衭（飾）、群勿（物）品采（綵）之侃（愆）于～（故）裳（常），

〔耊〕（1）《越公》簡32：亓（其）見蓐（農）夫～（黎）頝（頂）足見，

〔居〕（2）《子犯》簡7：夫公子之不能～晉邦，/《越公》簡50：凡五兵之利，王日忞（翫）之，～者（諸）左右；

〔屈〕（1）《越公》簡74：唯王所安，以～妻（盡）王年。

〔舟〕（3）《越公》簡59：乃敦（竊）焚～室，/《越公》簡62：～篷（乘）既成，吳帀（師）未迅（起），/《越公》簡64：若（諾）明日廼（將）～戲（戰）於江。

〔航〕（1）《越公》簡20：人爲不道，或～（抗）御（禦）募（寡）人之訌（辭），

〖方〗（7）《子犯》簡11：四～尸（夷）莫句（後）與，/《子犯》簡11：人面見湯若鶩（暴）雨～奔之而麃（庇）雁（蔭）玄（焉），/《子犯》簡13：～走去之，/《趙簡子》簡1：昔虐（吾）子之牆（將）～少，女（如）又（有）訛（過），/《越公》簡6：三（四）～者（諸）侯亓（其）或敢不賓于吳邦？/《越公》簡48：墾（舉）雩（越）邦乃皆好陞（徵）人，～和于亓（其）堡（地）。/《越公》簡49：尸（夷）、西尸（夷）、古蔑、句虐（無）四～之民乃皆餌（聞）雩（越）堡（地）之多飤（食）、政（徵）溥（薄）而好訏（信），

〖兌〗（1）《越公》簡15下：孤敢～（脫）皋（罪）於夫=（大夫）。

〖兄〗（1）《越公》簡16：交鬭（鬭）吳雩（越），茲（使）虐（吾）式邑之父～子弟朝夕楼（殘），

〖弁〗（1）《越公》簡62：～（變）扄（亂）厶（私）成，

〖先〗（10）《晉文公》簡4：命寗（蒐）攸（修）～君之墉（乘）、賁（飭）車轅（甲），/《趙簡子》簡7：昔虐（吾）～君獻公是尻（居），/《趙簡子》簡8：豪（就）虐（吾）～君襄公，親冒犀（甲）睾（胄），/《趙簡子》簡10：豪（就）虐（吾）～君坪（平）公，宮中卅=（三十）里，/《越公》簡11：昔虐（吾）～王盍膚（盧）所以克内（人）郢邦，/《越公》簡12：天賜中（衷）于吳，右我～王。/《越公》簡12：豁（荊）帀（師）走，虐（吾）～王邊（邇）之，/《越公》簡12：夫甬（用）戔（殘），虐（吾）～/《越公》簡33：～貼（詰）王訓，而牆（將）劼（耕）者，王必與之坒（坐）飤（食）。/《越公》簡69：昔不教（穀）～秉利於雩=（越，越）公告孤請成，

〖見〗（12）《子犯》簡11：人面～湯若鶩（暴）雨方奔之而麃（庇）雁（蔭）玄（焉），/《子犯》簡12：醫（殷）邦之君子，無少（小）大，無遠逐（邇），～/《晉文公》簡1：裾（端）罩（冕）▢王母=（母，毋）鈽（辨）於妞（好）妝（莊）嬬（邊）鹽（醢）皆～。/《越公》簡15下：吳王乃出，新（親）～事（使）者曰：/《越公》簡19：今厽（三）年，亡（無）克又（有）莫（定），孤用恧（願）～雩（越）公。/《越公》簡32：亓（其）～蓐（農）夫老弱堇（勤）壓（斂）者，/《越公》簡32：亓（其）～蓐（農）夫觥（黎）頂（頂）足～，/

《越公》簡33：亓（其）～又（有）戲（班）、又（有）司及王右（左）右。/《越公》簡40：王必親～而聖（聽）之，戠（辨）之而訐（信）。/《越公》簡45：王～亓（其）執事人則訡（怡）㥁（豫）憙（喜）也。不可□/《越公》簡46：亓（其）荅（落）者，王～亓（其）執事人。

〔貝〕（1）《越公》簡75：孤余繋（奚）面目以～（視）于天下？

〔觀〕（2）《子犯》簡10：卑（譬）若從驨（雄）胅（然），虔（吾）尚（當）～亓（其）風。/《越公》簡8：以～句㦞（踐）之以此仐（八千）人者死也。

〔睛〕（3）《越公》簡30：王親涉沟（溝）淳滷（幽）塗，日～（省）蓐（農）/《越公》簡44：王乃趣（趣）徣（使）人戠（辨）～（省）成（城）市鄹（邊）還（縣）尖＝（小大）遠泥（邇）之廄（句）、荅（落）。/《越公》簡44：王則貤（比視），隹（唯）軥（句）、荅（落）是戠（辨）～（省）。

〔親〕（9）《趙簡子》簡8：㝵（就）虔（吾）先君襄公，～冒虡（甲）睾（胄），以/《越公》簡4：～辱於臬（寡）人之绲＝（敝邑）。/《越公》簡8：帘（旃）胥（旌），王～鼓之。/《越公》簡15下：君雩（越）公不命徣（使）人而夫＝（大夫）～辱。/《越公》簡30：王～自鮩（耕），又（有）厶（私）蕾（穫）。/《越公》簡30：王～涉沟（溝）淳滷（幽）塗。/《越公》簡40：王必～見而聖（聽）之，戠（辨）之而訐（信）。/《越公》簡42：王必～聖（聽）之，旨（稽）之而訐（信）。/《越公》簡45：王必（比）～聖（聽）之。

〔眙〕（1）《越公》簡33：先～（詒）王訓，而牅（將）肋（耕）者。

〔眚〕（1）《越公》簡50：凡金革之攻，王日龠（論）～（省）

〔歸〕（1）《越公》簡51：王乃～（潛）徣（使）人情（請）餇（問）群大臣及鄹（邊）郚（縣）成（城）市之多兵、亡（無）兵者，王則貤＝（比視）。

〔媵〕（1）《越公》簡57：不茲（使）命～（疑），王則自罰。

〔欲〕（5）《子犯》簡5：幸曼（得）又（有）利不忘（慭）蜀（獨），～皆㺇（僉）之。/《子犯》簡14：天下之君，子～记（起）邦繋（奚）以？/《子犯》簡14：～亡邦繋（奚）以？/《子犯》簡14：女（如）～记（起）邦，則大甲與盤庚、文王、武王，女（如）～

〖訶〗（1）《越公》簡55：及風音、誦詩、~（歌）詠（謠）

〖趹〗（2）《子犯》簡2：走去之，母（毋）乃獸心是不~（足）也虗（乎）？/《子犯》簡3：宔（主）女（如）曰疾利女（焉）不~（足），

〖欨〗（3）《趙簡子》簡10：宮中三臺（臺），是乃~（侈）巳（已），/《趙簡子》簡11：不智（知）周室之……會（儉）之~（侈）……□~（侈）之會（儉）虗（乎）？

〖畲〗（6）《趙簡子》簡10：孚（飽）亓（其）~（飲）飤（食），/《越公》簡32：王必~（飲）飤（食）之。/《越公》簡33：王亦~（飲）飤（食）之。/《越公》簡46：則必~（飲）飤（食）賜夋（予）之。/《越公》簡46：弗余（予）~（飲）飤（食）。/《越公》簡58：~（飲）飤（食），

〖䫇〗（8）《子犯》簡6：~（顧）監於訛（禍），而走去之。/《越公》簡1：乃史（使）夫＝（大夫）住（種）行成於吳帀（師），曰：~（寡）/《越公》簡4：親辱於~（寡）人之裯＝（敝邑）。/《越公》簡4：~（寡）人不忍君之武礪（厲）兵甲之鬼（威），/《越公》簡4：赶才（在）會旨（稽），~（寡）人/《越公》簡20：人爲不道，或𦨢（抗）御（禦）~（寡）人之諨（辭），/《越公》簡21：~（寡）人。/《越公》簡21：君不尚新（親）有~（寡）人，归（抑）犴（荒）弃孤，

〖頹〗（1）《越公》簡32：亓（其）見蓐（農）夫氐（黎）~（頂）足見，

〖面〗（2）《子犯》簡11：人~見湯若驚（暴）雨方奔之而麇（庇）雁（蔭）女（焉），/《越公》簡75：孤余絫（累）~目以臮（視）于天下？

〖須〗（3）《越公》簡22：孤用內（入）守於宗宙（廟），以~/《越公》簡65：里以~，亦命右軍監（銜）桅（枚）渝江五里以~，

〖弱〗（2）《子犯》簡5：虗（吾）宔（主）~寺（恃）而强（強）志，/《越公》簡32：亓（其）見蓐（農）夫老~堇（勤）壓（斂）者，

〖文〗（2）《子犯》簡14：女（如）欲記（起）邦，則大甲與盤庚、~王、武王，/《晉文公》簡1：晉~公自秦內（入）於晉，

〖司〗（5）《越公》簡27：乃因~（治）衺（襲）尚（常）。/《越公》簡33：亓（其）

見又（有）戲（班）、又（有）～及王右（左）右，/《越公》簡40：亓（其）才（在）邑～事及官市（師）之人則發（廢）也。/《越公》簡40：凡成（城）邑之～事及官市（師）之/《越公》簡55：敷（禁）御：及凡庶眚（姓）、凡民～事粦（爵）立（位）之宊（次）尻（序）、

[卻]（1）《越公》簡6：齊～（節）同心，以臣事吳，男女備（服）。

[归]（2）《趙簡子》簡6：～（抑）昔之旻（得）之與遊（失）之，皆又（有）繇（由）也。/《越公》簡21：君不尚新（親）有綮（寡）人，～（抑）犺（荒）弃孤，

[色]（1）《越公》簡32：虘（顔）～訓（順）必（比）而牁（將）

[旬]（1）《越公》簡5：又（有）繡（帶）甲卒（八千），又（有）～之糧。

[虘]（1）《越公》簡32：～（顔）色訓（順）必（比）而牁（將）

[匈]（4）《越公》簡44：王則貱（比視），佳（唯）～（句）、莕（落）是戠（辨）睛（省），/《越公》簡45：亓（其）～（句）者，/《越公》簡48：懃（勸）民，是以收敓（寇），是以～（句）邑。/《越公》簡48：王則佳（唯）～（句）、莕（落）是徹（趣），嚞（及）于右（左）右。

[廄]（1）《越公》簡44：王乃趣（趣）徒（使）人戠（辨）睛（省）成（城）市鄘（邊）還（縣）尖=（小大）遠泥（邇）之～（句）、莕（落），

[苟]（1）《越公》簡59：王監雩（越）邦之既～（敬），亡（無）敢徹（蹠）命，

[敬]（1）《子犯》簡2：虞（吾）宝（主）好定（正）而～訐（信），

[敊]（3）《越公》簡53：乃出共（恭）～（敬），王寠（訊）之，/《越公》簡53：乃出不共（恭）不～（敬），/《越公》簡58：亡（無）敢不～（敬）。

[鬼]（2）《越公》簡4：槀（寡）人不忍君之武礪（厲）兵甲之～（威），科（播）弃宗䆞（廟），/《越公》簡58：雩（越）邦庶民則皆曡（震）僮（動），犺（荒）～（畏）句戈（踐），

[厶]（5）《越公》簡30：王親自翻（耕），又（有）～（私）嗇（穡）。/《越公》簡35：人又（有）～（私）嗇（穡）。/《越公》簡62：弁（變）罱（亂）～（私）成，/《越公》簡64：以亓（其）～（私）卒（卒）君子卒=（六千）以爲中

軍。/《越公》簡 67：雩（越）王句戈（踐）乃以亓（其）～（私）䘚（卒）卒＝（六千）敚（竊）涉，

〖山〗（3）《子犯》簡 11：昔者成湯以神事～川，/《越公》簡 1：赶（遷）陞（登）於會旨（稽）之～，/《越公》簡 17：狼飤（食）於～林齒（幽）芒（荒），孤疾痌（痛）之。

〖廛〗（1）《子犯》簡 5：不忎（憖）以人，必身～（擅）之。

〖庶〗（9）《子犯》簡 1：子，若公子之良～子，耆（故）晉邦又（有）禍（禍），/《子犯》簡 3：子，若公子之良～子，晉邦又（有）禍（禍），/《趙簡子》簡 7：掌又（有）二氒（宅）之室，以好士～子，車虖（甲）外（完），/《越公》簡 6：孤亓（其）衒（率）雩（越）～眚（姓），/《越公》簡 31：雩（越）～民百眚（姓）乃禹（稱）嘉（懼），蕙（悚）思（懼）曰：/《越公》簡 35：罌（舉）雩（越）～民，乃夫婦皆拶（耕），/《越公》簡 42：凡雩（越）～民交諆（接）、言語、貨資、市賈乃亡（無）敢反不（背）訐（欺）巳（詒）。/《越公》簡 55：敚（禁）御：及凡～眚（姓）、凡民司事稚（爵）立（位）之宋（次）尻（序），/《越公》簡 58：雩（越）邦～民則皆曡（震）僮（動），

〖𢉩〗（1）《越公》簡 26：既畫（建）宗宙（廟），攸（修）奈（社）～（位），

〖厙〗（1）《晉文公》簡 8：成宋，回（圍）訡（許），反莫（鄭）之～（陣），

〖礪〗（2）《越公》簡 4：䍧（寡）人不忍君之武～（屬）兵甲之鬼（威），/《越公》簡 58：大遊（失）蠸＝（墨準），以～（勵）萬民。

〖砫〗（1）《越公》簡 39：今政（徵）～（重），弗果。

〖長〗（1）《越公》簡 17：以民生之不～而自不夂（終）亓（其）命，

〖勿〗（8）《子犯》簡 10：窋（寧）孤是～能用？/《晉文公》簡 5：乃乍（作）爲羿（旗）～（物），/《越公》簡 7：～茲（使）句戔（踐）屬（繼）簝（緒）於雩（越）邦巳（已）。/《越公》簡 9：王亓（其）～許！/《越公》簡 37：群采～（物）之不繢（慎），/《越公》簡 39：初日政（徵）～（物）若某，今政（徵）砫（重），弗果。/《越公》簡 39：凡此～（物）也，/《越公》簡 55：備（服）衼（飾）、群～（物）品采（綵）之侃（愆）于者（故）崇（常），

〖而〗（23）《子犯》簡1：秦公乃訜（召）子軛（犯）～畾（問）女（焉），/《子犯》簡1：公子不能幷（置）女（焉），～/《子犯》簡2：虞（吾）宔（主）好定（正）～敬訐（信），/《子犯》簡3：省（少），公乃訜（召）子余（餘）～畾（問）女（焉），/《子犯》簡4：【子不能】幷（置）女（焉），～走去之，/《子犯》簡5：虞（吾）宔（主）弱寺（恃）～㱃（強）志，/《子犯》簡6：寡（顧）監於訛（禍），～走去之。/《子犯》簡7：乃各賜之鐔（劍）繡（帶）衣常（裳）～敨（膳）之，思（使）還。/《子犯》簡8：割（曷）又（有）儶（僕）若是～不果以或（國），/《子犯》簡11：人面見湯若䨹（暴）雨方奔之～麃（庇）雁（蔭）女（焉），/《子犯》簡12：九州～誩（有）君之。/《越公》簡14：今皮（彼）新（新）去亓（其）邦～笣（毒），/《越公》簡15下：君雩（越）公不命使（使）人～夫＝（大夫）親辱，/《越公》簡17：以民生之不長～自不夂（終）亓（其）命，用事（使）徒邊趡（趣）聖（聽）命。/《越公》簡32：痽（顏）色訓（順）必（比）～牂（將）/《越公》簡33：先賠（誥）王訓，～牂（將）肣（耕）者，/《越公》簡38：【凡】□【豫】～【價】賈女（焉），則刦（詰）燭（誅）之。/《越公》簡38：戩（辨）之～諤（孚），則刦（詰）燭（誅）之。/《越公》簡40：戩（辨）之～訐（信），/《越公》簡42：王必親聖（聽）之，旨（稽）之～訐（信），/《越公》簡49：㠯（夷）、西㠯（夷）、古蔑、句虞（無）四方之民乃皆畾（聞）雩（越）壾（地）之多猷（食）、政（徵）溥（薄）～好訐（信），/《越公》簡60：王思（懼），鼓～退之，

〖豕〗（2）《晉文公》簡3：命肥蒻羊牛、豢犬～，/《越公》簡14：今皮（彼）新（新）去亓（其）邦而笣（毒），母（毋）乃～（豖）戬（鬭）？

〖豢〗（1）《晉文公》簡3：命肥蒻羊牛、～犬豕，

〖昜〗（1）《子犯》簡8：訐（信）難成，殹（抑）或（有）～成也。

〖豫〗（1）《晉文公》簡6：爲交（蛟）龍之羿（旗），師（師）以～；

〖馬〗（1）《趙簡子》簡10：駝（馳）～四百駟，犹（貌）亓（其）衣尚（裳），

〖駝〗（1）《趙簡子》簡10：～（馳）馬四百駟，犹（貌）亓（其）衣尚（裳），

〖駟〗（1）《趙簡子》簡10：駝（馳）馬四百～，犹（貌）亓（其）衣尚（裳），

【駬】（1）《越公》簡22：孤或（又）忎（恐）亡（無）良僕~（御）𤢎（失）火於雩（越）邦，

【䳑】（1）《越公》簡26：既畫（建）宗宙（廟），攸（修）柰（社）㣈（位），乃大~（解）紅（攻），以忌（祈）民之㝫（寧）。

【鹿】（1）《子犯》簡11：人面見湯若鶩（暴）雨方奔之而~（庇）雁（廕）女（焉），

【麇】（1）《晉文公》簡7：元年克嵩（原），五年啓東道，克曹、五~（鹿），

【兔】（1）《晉文公》簡7：成之，以~（挟）于蒿（郊）三，因以大乍（作）。

【犬】（1）《晉文公》簡3：命肥蒭羊牛、豢~豕，

【𤢎】（3）《越公》簡5：亦茲（使）句~（踐）屬（繼）䊹（緒）/《越公》簡7：勿茲（使）句~（踐）屬（繼）䊹（緒）於雩（越）邦已（已）。/《越公》簡8：以觀句~（踐）之以此仐（八千）人者死也。

【獻】（3）《趙簡子》簡1：才（在）朝，乾（范）~子進諫曰：/《趙簡子》簡7：成蚏（刺）舍（答）曰：昔虞（吾）先君~公是尻（居），/《越公》簡41：乃亡（無）敢增壓（斂）元（其）政（徵）以爲~於王。

【猷】（2）《子犯》簡2：母（毋）乃~心是不欿（足）也虖（乎）？/《子犯》簡10：~（猶）㖒（叔）是靅（聞）遺老之言，必尚（當）語我才（哉）。

【狼】（1）《越公》簡17：~飤（食）於山林幽（幽）芒（荒），孤疾痌（痛）之。

【狱】（3）《晉文公》簡2：命訟~（獄）敂（拘）縶（執）罪（釋），/《越公》簡41：凡又（有）~（獄）訟爭＝（至于）王廷，/《越公》簡43：雩（越）則亡（無）~（獄），王則閒＝（閒閒），

【豸】（1）《越公》簡16：兹（使）虞（吾）式邑之父兄子弟朝夕棧（殘），肰（然）爲~（豸）

【犹】（2）《越公》簡21：君不尚新（親）有募（寡）人，旦（抑）~（荒）弃孤，/《越公》簡58：雩（越）邦庶民則皆曆（震）僅（動），~（荒）鬼（畏）句戏（踐），

【猰】（1）《越公》簡22：孤或（又）忎（恐）亡（無）良僕駬（御）~（失）火於雩（越）邦，

〔犾〕（1）《越公》簡59：亡（無）敢徹（蹠）命，王乃～（試）民。

〔豹〕（1）《晉文公》簡6：爲～（豹）羿（旗），士出；

〔能〕（3）《子犯》簡1：公子不～幷（並）女（焉），／《子犯》簡7：夫公子之不～居晉邦，／《子犯》簡10：窑（寧）孤是勿～用？

〔熊〕（1）《晉文公》簡6：爲～羿（旗），夫=（大夫）出；

〔火〕（3）《越公》簡22：孤或（又）志（恐）亡（無）良僕馭（御）獥（失）～於雩（越）邦，／《越公》簡60：救～。舉（舉）邦走～，進者莫退，

〔燹〕（1）《越公》簡5：亦兹（使）句戔（踐）屬繼～（緒）

〔燹〕（1）《越公》簡7：勿兹（使）句戔（踐）屬繼～（緒）於雩（越）邦已（已）。

〔焚〕（1）《越公》簡59：乃敫（竊）～舟室，鼓命邦人

〔烙〕（1）《子犯》簡12：爲燼（炮）爲～，殺某（梅）之女，

〔爇〕（1）《子犯》簡12：殺三無殆（辜），爲～（炮）爲烙，

〔氣〕（1）《越公》簡20：不兹（使）達～（暨），羅（麗）甲綏（纓）胄（胄），

〔炱〕（1）《越公》簡47：又（有）～（釁）戠（歲），又（有）賞罰，

〔大〕（20）《子犯》簡12：無少（小）～，無遠逐（邇），／《子犯》簡13：受（紂）若～陛（岸）酒（將）具（俱）陘（崩），／《子犯》簡14：敢～朕（朕）詎（問）：／《子犯》簡14：女（如）欲記（起）邦，則～甲與盤庚、文王、武王，／《晉文公》簡7：成之，以兔（挩）于蒿（郊）三，因以～乍（作）。／《晉文公》簡8：九年～旻（得）河東之者（諸）侯。／《越公》簡10：虞（且）皮（彼）既～北於坪（平）备（邍），／《越公》簡26：乃～鳶（解）紅（攻），以忎（祈）民之窑（寧）。／《越公》簡35：凡王右（左）右～臣，乃莫不劫（耕），／《越公》簡36下：雩（越）邦乃～多飤（食）。／《越公》簡49：雩（越）堼（地）乃～多人。／《越公》簡51：王乃歸（潛）徒（使）人情（請）詎（問）群～臣及鄾（邊）鄢（縣）成（城）市之多兵、亡（無）兵者，／《越公》簡52：雩（越）邦乃～多兵。／《越公》簡54：王乃～詢（徇）命于邦，寺（是）詢（徇）寺（是）命，／《越公》簡58：～遊（失）鼉=（墨準），以礪

（勵）萬民。/《越公》簡60：王～憙（喜），/《越公》簡61：太（舌）甬（庸）～鬲（歷）雩（越）民，/《越公》簡66：吳帀（師）乃～钕（骏），/《越公》簡67：不鼓不喿（噪）以漸（潛）攻之，～䦎（亂）吳帀（師）。/《越公》簡68：吳帀（師）乃～北，

〖狀〗（1）《趙簡子》簡10：駞（馳）馬四百駟，～（貌）亓（其）衣尚（裳），

〖太〗（1）《越公》簡61：～（舌）甬（庸）大鬲（歷）雩（越）民，

〖夾〗（1）《越公》簡66：涉江，酒（將）以～【攻我師。】

〖亦〗（9）《子犯》簡9：上繩（繩）不遊（失），斤～不遵（僭）。/《子犯》簡15：～備才（在）公子之心已（已），罙（奚）裦（勞）飤（問）女（焉）。/《趙簡子》簡6：陳是（氏）曼（得）之，臣～不曼（得）畱（聞）亓（其）所繇（由）。/《趙簡子》簡8：肰（然）則曼（得）柎（輔）相周室，～晉（知）者（諸）侯之思（謀）。/《越公》簡5：～兹（使）句戔（踐）屬（繼）蠶（緒）/《越公》簡33：王～酓（飲）飤（食）之。/《越公》簡35：雩＝（至于）鄭（邊）堰（縣）尖＝（小大）遠泥（邇），～夫/《越公》簡54：乃徹（趣）詢（徇）于王宮，～徹（趣）取孱（戮）。/《越公》簡65：～命右軍監（衘）梡（枚）逾江五里以須，

〖吳〗（36）《越公》簡1：乃史（使）夫＝（大夫）住（種）行成於～帀（師），/《越公》簡6：以臣事～，男女備（服）。/《越公》簡6：三（四）方者（諸）侯亓（其）或敢不賓于～邦？/《越公》簡7：君乃阩（陳）～【甲兵】，/《越公》簡9：～王餌（聞）雩（越）使（使）之柔以强（剛）也，/《越公》簡10：天不艿（仍）賜～於雩（越）邦之利。/《越公》簡11：～王曰：夫＝（大夫）亓（其）良煮（圖）此！/《越公》簡12：天賜中（衷）于～，右我先王。/《越公》簡13：虗（吾）甾（始）復（踐）雩（越）堼（地）以雩＝（至于）今，凡～之/《越公》簡15下：～王乃出，新（親）見事（使）者曰：/《越公》簡16：交讐（鬭）～雩（越），兹（使）虗（吾）式邑之父兄子弟朝夕棧（殘），/《越公》簡23：余亓（其）與～科（播）弃息（怨）晉（惡）于溍（海）澨（濟）江沽（湖）。/《越公》簡26：～人既閭（襲）雩（越）邦，雩（越）王句戔

(踐)牁（將）忎（期）逯（復）～。/《越公》簡56：之非邺（越）崈（常）聿（律），尼（夷）訏（講）緫（蠻）～（謳），/《越公》簡60：王大憙（喜），女（焉）冶（始）䀆（絕）～之行李（李），/《越公》簡62：舟𦥑（乘）既成，～帀（師）未忌（起），/《越公》簡63：相戊（攻）也，～帀（師）乃忌（起）。/《越公》簡63：～王起帀（師），軍於江北。/《越公》簡66：～帀（師）乃大敋（駭），曰：/《越公》簡67：不鼓不喿（噪）以渚（潛）攻之，大𨶬（亂）～帀（師）。/《越公》簡68：～帀（師）乃大北，/《越公》簡68：雩（越）帀（師）乃因軍～₌（吳，吳）人昆（閽）奴乃内（納）雩₌帀₌（越師，越師）乃述（遂）闆（襲）～。/《越公》簡69：☐闆（襲）～邦，回（圍）王宮。/《越公》簡69：～王乃思（懼），行成，/《越公》簡70：許雩（越）公成，以箏₌（至于）今₌（今。今）～邦不天，/《越公》簡71：昔天以雩（越）邦賜～₌（吳，吳）弗受。/《越公》簡71：今天以～邦/《越公》簡72：賜邺（越），句☐句戊（踐）不許～成。/《越公》簡72：乃徙（使）人告於～王曰：天以～土賜雩（越），/《越公》簡74：～王乃謣（辭）曰：天加祻（禍）于～邦，不才（在）耑（前）逡（後），/《越公》簡75：凡～土堃（地）民人，雩（越）公是聿（盡）既有之，

〔吴〕（1）《越公》簡13：今我道迻（路）攸（修）隡（險），天命反～（側），

〔幸〕（1）《子犯》簡5：～旻（得）又（有）利不忈（愁）蜀（獨），

〔奔〕（1）《子犯》簡11：人面見湯若鴌（暴）雨方～之而麋（庇）雁（廕）女（焉），

〔交〕（8）《晉文公》簡6：爲～（蛟）龍之羿（旗），師（師）以豫；/《越公》簡5：君女（如）爲惠，～（徹）天堃（地）之福，/《越公》簡16：～䵣（鬭）吳雩（越），茲（使）虗（吾）式邑之父兄子弟朝夕棧（殘），/《越公》簡19：余弃晉（惡）周（酬）好，以～（徹）求卞₌（上下）吉羕（祥）。/《越公》簡23：夫婦～/《越公》簡42：凡雩（越）庶民～諑（接）、言語、貨資、市賈乃亡（無）敢反不（背）訏（欺）巳（詒）。/《越公》簡47：埜（野）會厽（三）品，～（校）于王寶（府）厽（三）品，/《越公》簡61：坴（來）以～（徹）之此。

〖壹〗（1）《越公》簡19：孤用銜（率）我～（一）式（二）子弟

〖睪〗（1）《晉文公》簡2：命訟訣（獄）敏（拘）報（執）～（釋），

〖報〗（3）《晉文公》簡2：命訟訣（獄）敏（拘）～（執）睪（釋），/《越公》簡45：王見亓（其）～事人則訶（怡）念（豫）憙（憙）也。不可□/《越公》簡46：亓（其）荅（落）者，王見亓（其）～事人，

〖虢〗（1）《晉文公》簡4：命竃（蒐）攸（修）先君之蘳（乘）、負（飾）車～（甲），

〖虡〗（2）《趙簡子》簡7：以好士庶子，車～（甲）外（完），/《趙簡子》簡8：寡（就）虡（吾）先君襄公，親冒～（甲）睪（冑），

〖夫〗（9）《子犯》簡7：～公子之不能居晉邦，/《越公》簡12：～甬（用）戔（殘），/《越公》簡23：～婦交/《越公》簡31：事以勸急（勉）蓐（農）～。/《越公》簡32：亓（其）見蓐（農）～老弱堇（勤）歷（斂）者，/《越公》簡32：亓（其）見蓐（農）～氓（黎）頇（頂）足見，/《越公》簡35：懇（舉）雩（越）庶民，乃～婦皆䎱（耕），/《越公》簡35：爭＝（至于）鄭（邊）禒（縣）尖＝（小大）遠邇（邇），亦～/《越公》簡73：不教（穀）亓（其）䀅（將）王於甬、句重（東），～婦

〖立〗（1）《越公》簡55：敷（禁）御：及凡庶眚（姓）、凡民司事糦（爵）～（位）之宩（次）尻（序）、

〖翌〗（2）《越公》簡65：喔（鳴）鼓，中水以～。/《越公》簡66：[不～]旦

〖㡣〗（1）《越公》簡21：孤用匿（委）命～（重）唇（臣），闋（馳）冒兵刃，

〖忕〗（1）《越公》簡28：王～（愓）亡（毋）好攸（修）于民厽（三）工之堵（署），

〖思〗（3）《子犯》簡7：乃各賜之鐕（劍）繡（帶）衣常（裳）而敭（膳）之，～（使）還。/《越公》簡9：～道迲（路）之攸（修）嶐（險），乃思（懼），/《越公》簡30：王～邦游民，

〖心〗（5）《子犯》簡2：母（毋）乃獻～是不欧（足）也虐（乎）？/《子犯》簡7：～女（如）是，天豐（亡）愳（謀）禍（禍）於公子。/《子犯》簡8：民～訏

（信）難成也哉？/《子犯》簡15：亦備才（在）公子之～巳（已），系（奚）袋（勞）䦙（問）女（焉）。/《越公》簡6：齊卻（節）同～，以臣事吳，男女備（服）。

〔情〕（1）《越公》簡51：王乃歸（潛）徒（使）人～（請）䦙（問）群大臣及鄭（邊）鄐（縣）成（城）市之多兵、亡（無）兵者，王則眣=（比視）。

〔志〕（4）《子犯》簡5：【及陷】於難，䎻（劬）輲（勞）於～，/《子犯》簡5：虗（吾）宔（主）弱寺（恃）而弳（強）～，/《子犯》簡6：宔（主）女（如）此胃（謂）無良右（左）右，誠毆（繄）蜀（獨）亓（其）～。/《越公》簡24：孤敢不許諾，恣～於䍼（越）公！

〔悳〕（1）《子犯》簡11：昔者成湯以神事山川，以～（德）和民。

〔念〕（1）《子犯》簡11：用果～（臨）政

〔忎〕（4）《子犯》簡5：幸䙴（得）又（有）利不～（懋）蜀（獨），欲皆眾（斂）之。/《子犯》簡5：不～（懋）以人，必身廛（擅）之。/《晉文公》簡7：中羿（旗）荊（刑），～（近）羿（旗）罰。/《越公》簡26：乃大鳶（解）紅（攻），以～（祈）民之窟（寧）。

〔思〕（6）《子犯》簡13：方走去之，～（懼）不死，型（刑）以及于氒（厥）身，/《越公》簡9：思道迨（路）之欲（修）隓（險），乃～（懼），/《越公》簡15：～（懼），許諾。/《越公》簡31：䍼（越）庶民百眚（姓）乃禹（稱）䈞（懼），䈞（悚）～（懼）曰：/《越公》簡60：壂（舉）邦走火，進者莫退，王～（懼），鼓而退之，/《越公》簡69：吳王乃～（懼），行成，

〔念〕（2）《越公》簡45：王見亓（其）執事人則訽（怡）～（豫）壴（喜）也。不可□/《越公》簡46：則顯（憂）感不～（豫），弗余（予）畬（飲）飤（食）。

〔恣〕（1）《越公》簡24：孤敢不許諾，～志於䍼（越）公！

〔恁〕（3）《越公》簡19：孤用～（願）見䍼（越）公。/《越公》簡24：孤之～（願）也。/《越公》簡50：王曰（甚）之，居者（諸）左右；

〔悬〕（5）《越公》簡16：孤所䙴（得）辠（罪）：亡（無）良鄐（邊）人禹（稱）瘨（蓄）～（怨）吾（惡），/《越公》簡23：余亓（其）與吳科（播）弃～（怨）

䜋（惡）于潜（海）滷（濟）江沽（湖）。/《越公》簡27：王乃不咎不惎（忌），不戮不罰；蔑弃～（怨）辠（罪），/《越公》簡62:雩（越）王句戋（踐）乃命鄹（邊）人蔽（取）～（怨），/《越公》簡62：舀（挑）起～（怨）䜋（惡），

〔顥〕(1)《越公》簡46：則～（憂）感不念（豫），弗余（予）舍（飲）飤（食）。

〔忢〕(1)《越公》簡22：孤或（又）～（恐）亡（無）良僕馭（御）獜（失）火於雩（越）邦，

〔忎〕(1)《越公》簡26:雩（越）王句戋（踐）酒（將）～（期）返（復）吳。

〔忍〕(2)《子犯》簡2：身不～人，古（故）走去之，/《越公》簡4:募（寡）人不～君之武礪（厲）兵甲之鬼（威），科（播）弃宗䆠（廟），

〔慸〕(1)《越公》簡48：～（勸）民，是以收敓（寇），是以甸（句）邑。

〔惡〕(1)《子犯》簡5:虔（吾）宝（主）弱寺（恃）而～（強）志，

〔惹〕(1)《越公》簡11：吳王曰：夫=（大夫）亓（其）良～（圖）此！

〔㥁〕(1)《越公》簡14：今皮（彼）新（新）去亓（其）邦而～（毒），母（毋）乃豕（豨）戬（鬪）？

〔怠〕(1)《越公》簡31：事以勸～（勉）蓐（農）夫。

〔慴〕(1)《越公》簡31:雩（越）庶民百眚（姓）乃禹（稱）嚞（懼），～（悚）思（懼）曰：

〔感〕(1)《越公》簡46：則顥（憂）～不念（豫），弗余（予）舍（飲）飤（食）。

〔水〕(2)《越公》簡34：～則爲稻，乃亡（無）又（有）閾（閒）卉（艸）。/《越公》簡65：乃命右（左）軍、右軍涉江，㕦鼓,中～以堊。

〔河〕(2)《晉文公》簡8：九年大旻（得）～東之者（諸）侯。/《趙簡子》簡9:絤（治）～淒（濟）之閒（間）之䖒（亂）。

〔江〕(8)《越公》簡23：余亓（其）與吳科（播）弃息（怨）䜋（惡）于潜（海）滷（濟）～沽（湖）。/《越公》簡63：吳王起币（師），軍於～北。/《越公》簡63:雩（越）王起币（師），軍於～南。/《越公》簡64：若（諾）明日酒（將）舟戬（戰）於～。/《越公》簡64：及昏，乃命右（左）軍監（銜）梡（枚）鮸

517

（溯）~五/《越公》簡65：亦命右軍監（銜）桄（枚）渝~五里以須，/《越公》簡65：麥（夜）中，乃命右（左）軍、右軍涉~，嚁（鳴）鼓，中水以翌。/《越公》簡66：雩（越）人分爲二币（師），涉~，洒（將）以夾【攻我師。】

〔潛〕（1）《越公》簡67：不鼓不枭（噪）以~（潛）攻之，大翮（亂）吳币（師）。

〔濡〕（1）《趙簡子》簡9：不飤（食）~肉，

〔沽〕（1）《越公》簡23：余亓（其）與吳科（播）弃息（怨）悪（惡）于潛（海）瀗（濟）江~（湖）。

〔潛〕（1）《越公》簡23：余亓（其）與吳科（播）弃息（怨）悪（惡）于~（海）瀗（濟）江沽（湖）。

〔瀗〕（1）《越公》簡23：余亓（其）與吳科（播）弃息（怨）悪（惡）于潛（海）~（濟）江沽（湖）。

〔溥〕（1）《越公》簡49：尼（夷）、西尼（夷）、古蔑、句虐（無）四方之民乃皆聞（聞）雩（越）堅（地）之多飤（食）、政（徵）~（薄）而好訐（信），

〔波〕（1）《越公》簡49：乃波（頗）徍（往）逗（歸）之，

〔凄〕（1）《趙簡子》簡9：絢（治）河~（濟）之閭（間）之翮（亂）。

〔湯〕（2）《子犯》簡11：昔者成~以神事山川，以悳（德）和民。/《子犯》簡11：人面見~若鶩（暴）雨方奔之而麃（庇）雁（蔭）女（焉），

〔淳〕（1）《越公》簡30：王親涉洵（溝）~潚（幽）塗，

〔渝〕（1）《越公》簡65：亦命右軍監（銜）桄（枚）~江五里以須，

〔洲〕（1）《晉文公》簡3：爲豢（稼）嗇（穡）古（故），命~（瀹）舊

〔洵〕（4）《晉文公》簡4：~（溝）、增舊芳（防），四黾（封）之内皆肰（然）。/《越公》簡28：禹（稱）賁（力）没（役）、潚（幽）塗、~（溝）壁（塘）之紅（功）。/《越公》簡30：王親涉~（溝）淳潚（幽）塗，/《越公》簡56：王乃徹（趣）爭＝（至于）~（溝）壁（塘）之工（功），

〔盈〕（1）《趙簡子》簡8：六寳（府）~（盈），宫中六窖（竈），并六祀。

〔潚〕（2）《越公》簡28：禹（稱）賁（力）没（役）、~（幽）塗、洵（溝）壁（塘）

之玒（功）。/《越公》簡30：王親涉洵（溝）淳~（幽）塗，日腈（省）蓐（農）

〖涉〗（5）《越公》簡30：王親~洵（溝）淳潚（幽）塗，/《越公》簡65：麥（夜）中，乃命右（左）軍、右軍~江，噦鼓，中水以竉。/《越公》簡66：雩（越）人分爲二帀（師），~江，牁（將）以夾【攻我師。】/《越公》簡67：雩（越）王句戔（踐）乃以亓（其）厶（私）倅（卒）卒＝（六千）數（竊）~，/《越公》簡67：左軍、右軍乃述（遂）~，

〖川〗（1）《子犯》簡11：昔者成湯以神事山~，以悳（德）和民。

〖侃〗（1）《越公》簡55：備（服）衪（飾）、群勿（物）品采（綵）之~（愆）于耆（故）裳（常），

〖州〗（1）《子犯》簡12：九~而曾（有）君之。

〖羕〗（2）《越公》簡19：余弃晉（惡）周（酬）好，以交（徼）求卡＝（上下）吉~（祥）。/《越公》簡70：☐不~（祥），余不敢鹽（絕）祀，

〖各〗（1）《趙簡子》簡9：~（冬）不裘,頤（夏）不張氋（箑），

〖雨〗（1）《子犯》簡11：人面見湯若鴛（暴）~方奔之而麗（庇）雁（蔭）玄（焉），

〖雩〗（53）《越公》簡3：~（越）邦，不才（在）耇（前）逡（後），丁（當）孤之殜（世）。/《越公》簡5：母（毋）鹽（絕）~（越）邦之命于天下，/《越公》簡6：於~（越）邦，孤亓（其）衒（率）~（越）庶眚（姓），/《越公》簡7：余亓（其）必數（滅）鹽（絕）~（越）邦之命于天下，/《越公》簡7：勿茲（使）句戔（踐）屬（繼）龑（緒）於~（越）邦巳（已）。/《越公》簡9：吳王罷（聞）~（越）徃（使）之柔以罡（剛）也，/《越公》簡10：天不忍（仍）賜吳於~（越）邦之利。/《越公》簡10：今~（越）/《越公》簡13：虘（吾）台（始）後（踐）~（越）堅（地）以爭＝（至于）今，/《越公》簡15下：君~（越）公不命使（使）人而夫＝（大夫）親辱，/《越公》簡16：交鼞（鬭）吳~（越），茲（使）虘（吾）式邑之父兄子弟朝夕糏（殘），/《越公》簡19：孤用惥（願）見~（越）公。/《越公》簡22：孤或（又）忐（恐）亡（無）良僕馭（御）獏（失）火於~（越）邦，/《越公》簡24：孤敢不許諾，恣志於~

（越）公！/《越公》簡25：～（越）王，乃盟，男女備（服），帀（師）乃還。/《越公》簡26：吳人既闔（襲）～（越）邦，～（越）王句戔（踐）牆（將）忘（期）返（復）吳。/《越公》簡29：爭＝（至于）厽（三）年，～（越）王句戔（踐）女（焉）司（始）复（作）紀（紀）五政之聿（律）。/《越公》簡31：～（越）庶民百眚（姓）乃禹（稱）喜（憘），蕙（悚）思（懼）曰：/《越公》簡35：舉（舉）～（越）庶民，乃夫婦皆粉（耕），/《越公》簡18：人德（還）～（越）百里【之地】/《越公》簡34：于～（越）邦陸（陵）陉（陸），/《越公》簡36下：～（越）邦乃大多飤（食）。/《越公》簡37：～（越）邦備（服）蓐（農）多食，王乃好訐（信），乃攸（修）市政。/《越公》簡42：凡～（越）庶民交逮（接）、言語、貨資、市賈乃亡（無）敢反不（背）訐（欺）巳（詒）。/《越公》簡43：～（越）則亡（無）訛（獄），王則閖＝（閒閒），/《越公》簡43：舉（舉）～（越）邦乃皆好訐（信）。/《越公》簡44：～（越）邦備（服）訐（信），王乃好陞（徵）人。/《越公》簡48：舉（舉）～（越）邦乃皆好陞（徵）人，/《越公》簡49：屍（夷）、西屍（夷）、古蔑、句虞（無）四方之民乃皆馹（聞）～（越）埊（地）之多飤（食）、政（徵）溥（薄）而好訐（信），/《越公》簡49：乃波（頗）徃（往）逷（歸）之，～（越）埊（地）乃大多人。/《越公》簡50：～（越）邦皆備（服）陞（徵）人，多人，王乃好兵。/《越公》簡52：與（舉）～（越）邦爭＝（至于）鄰（邊）還（縣）成（城）市乃皆好兵甲，～（越）邦乃大多兵。/《越公》簡53：～（越）邦多兵，王乃整（整）民、攸（修）命（令）、竇（審）刑（刑）。/《越公》簡58：～（越）邦庶民則皆層（震）僮（動），狅（荒）鬼（畏）句戔（踐），/《越公》簡59：王監～（越）邦之既苟（敬），/《越公》簡61：太（舌）甬（庸）大扃（歷）～（越）民，必（比）萃（卒）劦（勒）兵，/《越公》簡62：～（越）王句戔（踐）乃命鄰（邊）人敢（取）息（怨），/《越公》簡63：～（越）王起帀（師），軍於江南。/《越公》簡63：～（越）王乃中分亓（其）帀（師）以爲右（左）/《越公》簡66：～（越）人分爲二帀（師），涉江，牆（將）以夾【攻我師。】/《越公》簡67：～（越）王句戔（踐）乃以亓

(其) 厶 (私) 猝 (卒) 卒=（六千）數 (竊) 涉，/《越公》簡 68：~（越）帀 (師) 乃因軍吳=（吳，吳）人昆 (閽) 奴乃内 (納) ~=帀=（越師，越師) 乃述 (遂) 闟 (襲) 吳。/《越公》簡 69：昔不穀 (穀) 先秉利於~=（越，越) 公告孤請成，/《越公》簡 70：許~（越）公成，以爭=（至于）今=（今。今）吳邦不天，旻 (得) 辠 (罪) 於~=（越，越）/《越公》簡 71：昔天以~（越）邦賜吳=（吳，吳）弗受。/《越公》簡 72：乃徒 (使) 人告於吳王曰：天以吳土賜~（越），/《越公》簡 75：凡吳土壐 (地) 民人，~（越）公是盡 (盡) 既有之，/《越公》簡 75：~（越）公亓 (其) 事。

〔鴬〕（1）《子犯》簡 11：人面見湯若~（暴）雨方奔之而麗 (庇) 雁 (蔭) 女 (焉)，

〔龍〕（4）《晉文公》簡 5：乃乍 (作) 爲旂 (旗) 勿 (物)，爲陞 (升) ~之旂 (旗)，/《晉文公》簡 5：爲降~之旂 (旗)，帀 (師) 以退。/《晉文公》簡 6：爲澩 (角) ~之旂 (旗)，帀 (師) 以戰 (戰)；/《晉文公》簡 6：爲交 (蛟) ~之旂 (旗)，帀 (師) 以豫；

〔非〕（4）《趙簡子》簡 1：則~子之咎，帀 (師) 保/《趙簡子》簡 2：女 (如) 又 (有) 訛 (過)，則~子之咎，嫥 (傅) 母之辠 (罪) 也。/《趙簡子》簡 3：則~人之辠 (罪)，酒 (將) 子之咎。/《越公》簡 56：之~邶 (越) 棠 (常) 聿 (律)，尸 (夷) 訐 (讙) 戀 (蠻) 吳 (謳)，

〔不〕（71）《子犯》簡 1：公子~能并 (並) 女 (焉)，/《子犯》簡 2：母 (毋) 乃猷心是~欧 (足) 也虜 (乎)？/《子犯》簡 2：虐 (吾) 宔 (主) 好定 (正) 而敬訐 (信)，~秉褐 (禍) 利，/《子犯》簡 2：身~忍人，古 (故) 走去之，/《子犯》簡 3：宔 (主) 女 (如) 曰疾利女 (焉) ~欧 (足)，/《子犯》簡 4：虐 (吾) 宔 (主) 之式 (二) 晶 (三) 臣，~閒 (閑) 良䜣 (規)，/《子犯》簡 4：~諭 (蔽) 又 (有) 善。/《子犯》簡 5：幸旻 (得) 又 (有) 利~忌 (慾) 蜀 (獨)，/《子犯》簡 5：~忌 (慾) 以人，必身廛 (擅) 之。/《子犯》簡 5：虐 (吾) 宔 (主) 弱寺 (恃) 而殭 (強) 志，~/《子犯》簡 7：夫公子之~能居晉邦，/《子犯》簡 8：割 (曷) 又 (有) 僳 (僕) 若是而~果以或 (國)，/《子犯》簡 9：上繩 (繩) ~遊 (失)，斤亦~遁 (僭)。/《子犯》簡 9：~穀

521

（穀）余敢靐（問）亓（其）～/《子犯》簡13：思（懼）～死，型（刑）以及于乓（厥）身，/《子犯》簡14：【人】～孫（遜），敢大脂（膽）韻（問）：/《晉文公》簡1：以孤之舊（久）～/《晉文公》簡2：以孤之舊（久）～昱（得）繇（由）弍（二）/《趙簡子》簡3：子訇（始）造於善，則善人至，～善人退。/《趙簡子》簡3：子訇（始）造於～善，則～善人至，/《趙簡子》簡4：虐（吾）子牆（將）～可以～戒巳（已）！/《趙簡子》簡6：臣～昱（得）靐（聞）亓（其）所繇（由），/《趙簡子》簡6：臣亦～昱（得）靐（聞）亓（其）所繇（由）。/《趙簡子》簡9：各（冬）～裘，頊（夏）～張籧（篁），～飤（食）濡肉，/《趙簡子》簡11：～智（知）周室之囗會（僉）之欤（侈）/《越公》簡2：【人】囗～天，/《越公》簡3：～才（在）耑（前）逡（後），丁（當）孤之瘵（世）。/《越公》簡4：募（寡）人～忍君之武礪（厲）兵甲之鬼（威），/《越公》簡6：三（四）者（諸）侯亓（其）或敢～賓于吳邦？/《越公》簡10：天～夙（仍）賜吳於雩（越）邦之利。/《越公》簡15下：君雩（越）公～命徒（使）人而夫=（大夫）親辱，/《越公》簡17：以民生之～長而自～夊（終）亓（其）命，/《越公》簡20：人爲～道，或航（抗）御（禦）募（寡）人之詡（辭），/《越公》簡20：～兹（使）達气（暨），羅（麗）甲綏（纓）屇（胄），/《越公》簡21：君～尚新（親）有募（寡）人，/《越公》簡24：孤敢～許諾，恣志於雩（越）公！/《越公》簡27：王乃～咎～戠（忌），～戮～罰；/《越公》簡27：～再（稱）民晉（惡）；縱（總）經游民，～/《越公》簡35：凡王右（左）右大臣，乃莫～勋（耕），/《越公》簡37：凡群厇（宅）之～厇（度），群采勿（物）之～繢（慎），/《越公》簡41：昔日與昏（己）言員（云），今～若亓（其）言。/《越公》簡42：凡雩（越）庶民交謎（接）、言語、貨資、市賈乃亡（無）敢反～（背）訢（欺）巳（詒）。/《越公》簡45：王見亓（其）執事人則訇（怡）忢（豫）惪（憙）也。～可囗/《越公》簡46：則顥（憂）感～忢（豫），弗余（予）舍（飲）飤（食）。/《越公》簡53：乃出～共（恭）～敬（敬），/《越公》簡57：乃徹（趣）取劈（戮）于遄（後）至～共（供）。/《越公》簡57：～兹（使）命朕（疑），王則自罰。/《越公》

簡 58：亡（無）敢～敬（敬）。/《越公》簡 67：～鼓～喿（噪）以滯（潛）攻之，大矞（亂）吳市（師）。/《越公》簡 69：昔～敦（穀）先秉利於雽＝（越，越）公告孤請成，/《越公》簡 70：□～羕（祥），余～敢鹽（絕）祀，/《越公》簡 70：以爭＝（至于）今＝（今。今）吳邦～天，昊（得）辠（罪）於雽＝（越，越）/《越公》簡 72：賜鄎（越），句□句戈（踐）～許吳成。/《越公》簡 73：戈（踐）～敢弗受。/《越公》簡 73：殴（抑）民生～艿（仍），王亓（其）母（毋）死。/《越公》簡 73：～敦（穀）亓（其）䀠（將）王於甬、句重（東），/《越公》簡 74：天加禍（禍）于吳邦，～才（在）寿（前）逡（後）。

〖至〗(6)《晉文公》簡 7：乃爲三羿（旗）以成～（制）；/《趙簡子》簡 3：子肳（始）造於善，則善人～，不善人退。/《趙簡子》簡 3：子肳（始）造於不善，則不善人～，/《越公》簡 56：乃徹（趣）取翏（戮）于逡（後）～逡（後）成。/《越公》簡 57：乃徹（趣）取翏（戮）于逡（後）～不共（供）。/《越公》簡 68：疋（三）戩（戰）疋（三）北，乃～於吳。

〖臺〗(1)《趙簡子》簡 10：宮中三～（臺），是乃欤（侈）巳（已），

〖西〗(2)《越公》簡 49：㞢（夷）、～㞢（夷）、古蔑、句虖（無）四方之民乃皆罱（聞）雽（越）埊（地）之多飤（食）、政（徵）溥（薄）而好訐（信），/《越公》簡 57：埶（設）戍于東㞢（夷）、～㞢（夷），

〖門〗(1)《越公》簡 21：达（匍）逌（匐）豪（就）君，余聖（聽）命於～。

〖閑〗(1)《子犯》簡 4：虐（吾）宔（主）之弍（二）晶（三）臣，不～（閑）良䛈（規），

〖閈〗(1)《越公》簡 43：雽（越）則亡（無）訣（獄），王則～＝（閈閈），

〖閒〗(4)《晉文公》簡 4：以虐（吾）晉邦之～（間）尻（處）戠（仇）戩（讎）之～（間），/《趙簡子》簡 9：綯（治）河淒（濟）之～（間）之矞（亂）。/《越公》簡 34：乃亡（無）又（有）～（間）卉（艸）。

〖闋〗(1)《越公》簡 21：孤用忶（委）命䤾（重）唇（臣），～（馳）冒兵刃，

〖閟〗(3)《越公》簡 26：吳人既～（襲）雽（越）邦，/《越公》簡 68：雽（越）市

（師）乃因軍吳=（吳，吳）人昆（閽）奴乃内（納）雫=帀=（越師，越師）乃述（遂）～（襲）吳。/《越公》簡69：□□□□～（襲）吳邦，回（圍）王宮。

〔耳〕（2）《子犯》簡1：【公子穜】～自楚迡（適）秦，/《子犯》簡13：公子穜（重）～䎽（問）於邧（蹇）䎡（叔）曰：

〔聖〕（7）《子犯》簡9：䎡（叔），昔之舊～折（哲）人之尃（敷）政命（令）刑（刑）罰，/《越公》簡17：以民生之不長而自不夂（終）亓（其）命，用事（使）徒遽趣（趣）～（聽）命。/《越公》簡21：达（甫）遑（匍）橐（就）君，余～（聽）命於門。/《越公》簡40：王必親見而～（聽）之，/《越公》簡42：王必親～（聽）之，旨（稽）之而訐（信），/《越公》簡45：王必（比）親～（聽）之。/《越公》簡46：王既必（比）～（聽）之，乃品。

〔䎽〕（13）《子犯》簡13：用凡君所～（問）莫可～（聞）。/《子犯》簡13：公子穜（重）耳～（問）於邧（蹇）䎡（叔）曰：/《子犯》簡14：敢大膽（膽）～（問）：/《子犯》簡15：亦備才（在）公子之心巳（已），絫（纍）袋（勞）～（問）女（焉）。/《趙簡子》簡5：盆（趙）柬（簡）子～（問）於成䡅（䡅）曰：/《趙簡子》簡5：敢～（問）齊君遊（失）之絫（纍）䚇（由）？/《越公》簡9：吳王～（聞）雫（越）使（使）之柔以弜（剛）也，/《越公》簡31：王～（聞）之，乃以管（熟）飤（食）；/《越公》簡45：～（聞）之于右（左）右。/《越公》簡49：䁡（夷）、西䁡（夷）、古蔑、句虖（無）四方之民乃皆～（聞）雫（越）堃（地）之多飤（食）、政（徵）溥（薄）而好訐（信），/《越公》簡51：以～（問）五兵之利。/《越公》簡51：王乃歸（潛）徒（使）人情（請）～（問）群大臣及鄭（邊）鄀（縣）成（城）市之多兵、亡（無）兵者，王則貶=（比視）。

〔䎱〕（12）《子犯》簡1：秦公乃訝（召）子軛（犯）而～（問）女（焉），/《子犯》簡3：眚（少），公乃訝（召）子余（餘）而～（問）女（焉），/《子犯》簡7：公乃～（問）於邧（蹇）䎡（叔）曰：/《子犯》簡9：公乃～（問）於邧（蹇）䎡（叔）曰：/《子犯》簡9：不穀（穀）余敢～（問）亓（其）/《子犯》簡

10：猷（猶）㗞（叔）是～（聞）遺老之言，必尚（當）語我才（哉）。/《子犯》簡10：邗（蹇）㗞（叔）倉（答）曰：凡君齎ᵕ之所）～（問）/《子犯》簡11：莫可～（聞）。/《趙簡子》簡6：臣不旻（得）～（聞）亓（其）所繇（由），/《趙簡子》簡6：陳是（氏）旻（得）之，臣亦不旻（得）～（聞）亓（其）所繇（由）。/《趙簡子》簡7：亓（其）所繇（由）豊（禮）可～（聞）也。/《越公》簡52：兵、亡（無）兵者是敍（辨），～（問）于左右。

[掌]（1）《趙簡子》簡7：～（嘗）又（有）二厇（宅）之室，以好士庶子，

[罌]（4）《越公》簡35：～（舉）雩（越）庶民，乃夫婦皆㓽（耕），/《越公》簡43：～（舉）雩（越）邦乃皆好訐（信）。/《越公》簡48：～（舉）雩（越）邦乃皆好陞（徵）人，/《越公》簡60：～（舉）邦走火，

[女]（18）《子犯》簡2：子犯（犯）倉（答）曰：誠～（如）宔（主）君之言。/《子犯》簡3：宔（主）～（如）曰疾利女（焉）不跀（足），/《子犯》簡4：子余（餘）倉（答）曰：誠～（如）宔（主）之言。/《子犯》簡6：宔（主）～（如）此胃（謂）無良右（左）右，誠殹（繄）蜀（獨）亓（其）志。/《子犯》簡7：心～（如）是，天豊（亡）恳（謀）禍（禍）於公子。/《子犯》簡10：道累（奚）～（如）？/《子犯》簡12：爲燠（炮）爲烙，殺某（梅）之～，/《子犯》簡14：～（如）欲记（起）邦，則大甲與盤庚、文王、武王，～（如）欲/《趙簡子》簡1：昔虔（吾）子之牁（將）方少，～（如）又（有）訛（過），/《趙簡子》簡2：～（如）又（有）訛（過），/《趙簡子》簡2：今虔（吾）子既爲寍遅（將）軍巳（已），～（如）又（有）訛（過），/《越公》簡5：君～（如）爲惠，交（徼）天墬（地）之福，/《越公》簡6：齊刟（節）同心，以臣事吳，男～備（服）。/《越公》簡7：～（如）曰：余亓（其）必歝（滅）籤（絕）雩（越）邦之命于天下，/《越公》簡25：雩（越）王，乃盟，男～備（服），帀（師）乃還。/《越公》簡69：昔不穀（穀）先秉利於雩ᵕ（越，越）公告孤請成，男～/《越公》簡71：孤請成，男～備（服）。

[婦]（4）《越公》簡23：夫～交/《越公》簡35：罌（舉）雩（越）庶民，乃夫～皆㓽（耕），/《越公》簡36上：～皆【耕】。/《越公》簡73：不穀（穀）亓

525

（其）牁（將）王於甬、句重（東），夫～

〔母〕（10）《子犯》簡2：～（毋）乃獣心是不欪（足）也虗（乎）？/《子犯》簡4：～（毋）乃無良右（左）右也虗（乎）？/《晉文公》簡1：褍（端）瞾（冕）☐王～=（～，毋）辡（辨）於妞（好）妝（莊）嬬（簋）盥（醴）皆見。/《晉文公》簡2：遹（滯）責（積）～（毋）又（有）賔（塞），/《趙簡子》簡2：媾（傅）～之皋（罪）也。/《越公》簡5：～（毋）鹽（絶）雩（越）邦之命于天下，/《越公》簡14：～（毋）乃豕（豥）戲（鬪）？/《越公》簡42：乃～（毋）又（有）貴賤，勘（刑）也。/《越公》簡60：～（毋）或（有）徍（往）/《越公》簡73：殹（抑）民生不叻（仍），王亓（其）～（毋）死。

〔奴〕（1）《越公》簡68：雩（越）帀（師）乃因軍吳=（吳，吳）人昆（閽）～乃内（納）雩=帀=（越師，越師）乃述（遂）閟（襲）吳。

〔好〕（13）《子犯》簡2：虗（吾）宝（主）～定（正）而敬訡（信），不秉裼（禍）利，/《趙簡子》簡7：掌（嘗）又（有）二厇（宅）之室，以～士庶子，/《越公》簡19：余弃晉（惡）周（酬）～，以交（徼）求卡=（上下）吉羕（祥）。/《越公》簡23：今夫=（大夫）嚴（儼）肰（然）監（銜）君王之音，賜孤以～曰：/《越公》簡28：王欪（惕）亡（毋）～攸（修）于民厽（三）工之堵（署），/《越公》簡30：王～蕿（農）工（功）。/《越公》簡37：王乃～訡（信），乃攸（修）市政。/《越公》簡43：墾（舉）雩（越）邦乃皆～訡（信）。/《越公》簡44：雩（越）邦備（服）訡（信），王乃～陞（徵）人。/《越公》簡48：墾（舉）雩（越）邦乃皆～陞（徵）人，方和于亓（其）埅（地）。/《越公》簡49：尼（夷）、西尼（夷）、古蔑、句虗（無）四方之民乃皆睧（聞）雩（越）埅（地）之多飤（食）、政（徵）溥（薄）而～訡（信），/《越公》簡50：多人，王乃～兵。/《越公》簡52：塱（舉）雩（越）邦爭=（至于）鄹（邊）還（縣）成（城）市乃皆～兵甲，

〔妝〕（1）《晉文公》簡1：褍（端）瞾（冕）☐王母=（母，毋）辡（辨）於妞（好）～（莊）嬬（簋）盥（醴）皆見。

〔女〕（13）《子犯》簡1：【公子褈】耳自楚远（適）秦，尻（處）～（焉）三戴

（歲），/《子犯》簡1：秦公乃訶（召）子皉（犯）而龥（問）～（焉），曰：/《子犯》簡1：公子不能弁（置）～（焉），/《子犯》簡3：宔（主）女（如）曰疾利～（焉）不欶（足），/《子犯》簡3：省（少），公乃訶（召）子余（餘）而龥（問）～（焉），/《子犯》簡4：【子不能】弁（置）～（焉），而走去之，/《子犯》簡5：事又（有）訛（過）～（焉），不忝（慭）以人，必身廛（擅）之。/《子犯》簡11：人面見湯若鶩（暴）雨方奔之而麂（庇）雁（蔭）～（焉），/《子犯》簡15：亦備才（在）公子之心巳（已），絫（奚）裘（勞）餇（問）～（焉）。/《越公》簡29：晉＝（至于）厽（三）年，雩（越）王句戈（踐）～（焉）台（始）复（作）絽（紀）五政之聿（律）。/《越公》簡38：【凡】□【豫】而【價】賈～（焉），則劼（詰）焩（誅）之。/《越公》簡60：王大恙（喜），～（焉）台（始）鱻（絕）吳之行李（李），/《越公》簡74：～（焉）述（墜）遊（失）宗窗（廟）。

［妞］（1）《晉文公》簡1：褕（端）罝（冕）▨王母＝（母，毋）羿（辨）於～（好）妝（莊）嫖（邊）盬（醢）皆見。

［嫖］（1）《晉文公》簡1：母＝（毋）羿（辨）於妞（好）妝（莊）～（邊）盬（醢）皆見。

［盬］（1）《晉文公》簡1：母＝（毋）羿（辨）於妞（好）妝（莊）嫖（邊）～（醢）皆見。

［嫫］（1）《趙簡子》簡2：則非子之咎，～（傅）母之皋（罪）也。

［民］（28）《子犯》簡8：～心訐（信）難成也哉？/《子犯》簡8：凡～秉尺（度），端（端）正諳（僭）試（忒），/《子犯》簡11：昔者成湯以神事山川，以惠（德）和～。/《越公》簡17：以～生之不長而自不夂（終）亓（其）命，/《越公》簡26：乃大鳶（解）紅（攻），以忌（祈）～之窋（寧）。/《越公》簡27：不再（稱）～吾（惡）；縱（總）經遊～，/《越公》簡28：王怵（惕）亡（毋）好攸（修）于～厽（三）工之堵（署），/《越公》簡28：兹（使）～畋（暇）自相，/《越公》簡29：～乃蕃孳（滋）。/《越公》簡30：王思邦遊～，厽（三）年，乃乍（作）五＝政＝（五政。）/《越公》簡31：雩（越）庶～百眚

（姓）乃禹（稱）憙（懼），/《越公》簡35：塱（舉）雩（越）庶～，/《越公》簡39：凡鄸（邊）鄸（縣）之～及又（有）管（官）帀（師）之人或告于王廷，/《越公》簡42：凡雩（越）庶～交逮（接）、言語、貨資、市賈乃亡（無）敢反不（背）訐（欺）巳（詒）。/《越公》簡47：善人則由，曆（譖）～則怀（否）。/《越公》簡48：蘁（勸）～，是以收敬（寇），是以匋（勾）邑。/《越公》簡49：尼（夷）、西尼（夷）、古蔑、句虐（無）四方之～乃皆曧（聞）雩（越）墍（地）之多猷（食）、政（徵）潓（薄）而好訐（信），/《越公》簡53：王乃整（整）～、攸（修）命（令）、寳（審）荆（刑）。/《越公》簡55：斁（禁）御：及凡庶眚（姓）、凡～司事椎（爵）立（位）之宄（次）尻（序）、/《越公》簡58：大遊（失）鼉（墨準），以礪（勵）萬～。/《越公》簡58：雩（越）邦庶～則皆曑（震）僅（動），/《越公》簡59：～乃整（整）齊。/《越公》簡59：亡（無）敢徹（躓）命，王乃犾（試）～。/《越公》簡61：太（舌）甬（庸）大鬲（歷）雩（越）～，/《越公》簡73：殴（抑）～生不夙（仍），王亓（其）母（毋）死。/《越公》簡73：～生墍（地）上，寓也，亓（其）與幾可（何）？/《越公》簡75：凡吳土墍（地）～人，雩（越）公是霎（盡）既有之，

[弗]（7）《子犯》簡3：誠我宝（主）古（固）～秉。/《越公》簡39：初日政（徵）勿（物）若某，今政（徵）硅（重），～果。/《越公》簡46：則顚（憂）惑不念（豫），～余（予）畬（飲）飤（食）。/《越公》簡57：王又（有）遊（失）命，可遑（復）～遑（復），/《越公》簡71：句戔（踐）～許，曰：昔天以雩（越）邦賜吳=（吳，吳）～受。/《越公》簡73：戔（踐）不敢～受。

[也]（20）《子犯》簡2：母（毋）乃猷心是不欹（足）～虗（乎）？/《子犯》簡4：母（毋）乃無良右（左）右～虗（乎）？/《子犯》簡8：民心訐（信）難成～哉？/《子犯》簡8：訐（信）難成，殴（抑）或（有）易成～。/《趙簡子》簡2：之辠（罪）～。/《趙簡子》簡2：嫷（傅）母之辠（罪）～。/《趙簡子》簡6：归（抑）昔之旻（得）之與遊（失）之，皆又（有）繇（由）～。/《趙簡子》簡7：亓（其）所繇（由）豊（禮）可䎽（聞）～？/《越公》簡8：以觀

句猲（踐）之以此仐（八千）人者死～。/《越公》簡9：吳王𦖞（聞）雩（越）使（使）之柔以弖（剛）～，/《越公》簡24：孤之忎（願）～。/《越公》簡37：諫（爽）媮（渝）諒人則勁（刑）～。/《越公》簡39：凡此勿（物）～，/《越公》簡40：元（其）才（在）邑司事及官帀（師）之人則發（廢）～。/《越公》簡42：～，王必親聖（聽）之，/《越公》簡42：乃母（毋）又（有）貴賤，勁（刑）～。/《越公》簡45：王見元（其）執事人則訋（怡）念（豫）悥（意）～。/《越公》簡46：芺＝（笑笑）～，/《越公》簡63：相戉（攻）～，吳帀（師）乃迟（起）。/《越公》簡73：民生坙（地）上，寓～，元（其）與幾可（何）？

〔𢦏〕（1）《子犯》簡13：思（懼）不死，型（刑）以及于～（厥）身，

〔戍〕（1）《越公》簡57：執（設）～于東尸（夷）、西尸（夷），

〔戰〕（3）《晉文公》簡6：爲絑（角）龍之羿（旗），師（師）以～（戰）；/《越公》簡64：若（諾）明日酒（將）舟～（戰）於江。/《越公》簡68：吳帀（師）乃大北，疋（三）～（戰）疋（三）北，乃至於吳。

〔或〕（9）《子犯》簡8：訐（信）難成，殹（抑）～（有）易成也。/《晉文公》簡2：～朙（明）日朝，命曰：/《晉文公》簡3：～朙（明）日朝，命曰：/《晉文公》簡4：～朙（明）日朝，命曰：/《越公》簡6：三（四）方者（諸）侯元（其）～敢不賓于吳邦？/《越公》簡20：～航（抗）御（禦）鼻（寡）人之詞（辭），/《越公》簡22：孤～（又）忎（恐）亡（無）良僕馭（御）㺇（失）火於雩（越）邦，/《越公》簡39：凡鄹（邊）鄹（縣）之民及又（有）管（官）帀（師）之人～告于王廷，曰：/《越公》簡60：母（毋）～（有）徍（往）

〔戮〕（1）《越公》簡27：王乃不咎不惑（忌），不～不罰；蔑棄息（怨）皋（罪），

〔武〕（2）《子犯》簡14：女（如）欲记（起）邦，則大甲與盤庚、文王、～王，女（如）欲/《越公》簡4：鼻（寡）人不忍君之～礪（厲）兵甲之鬼（威），科（播）弃宗宙（廟），

〔戈〕（8）《越公》簡26：雩（越）王句～（踐）酒（將）忎（期）遝（復）吳。/《越

公》簡29：雩（越）王句～（踐）女（焉）冶（始）复（作）繲（紀）五政之聿（律）。/《越公》簡58：雩（越）邦庶民則皆層（震）僮（動），犾（荒）鬼（畏）句～（踐），/《越公》簡62：雩（越）王句～（踐）乃命鄔（邊）人蔌（取）悬（怨），/《越公》簡67：雩（越）王句～（踐）乃以亓（其）厶（私）卒（卒）＝（六千）數（竊）涉，/《越公》簡71：句～（踐）弗許，/《越公》簡72：句～（踐）不許吳成。/《越公》簡73：～（踐）不敢弗受。

〖殘〗（1）《越公》簡12：走遠，夫甬（用）～（殘）。

〖戟〗（1）《晉文公》簡4：以虞（吾）晉邦之関（間）凥（處）～（仇）戥（讎）之関（間）。

〖戥〗（1）《越公》簡24：齊執（勢）同力，以御（禦）～（仇）戥（讎）。

〖戥〗（2）《晉文公》簡4：以虞（吾）晉邦之関（間）凥（處）戟（仇）～（讎）之関（間），/《越公》簡24：齊執（勢）同力，以御（禦）戟（仇）～（讎）。

〖戠〗（1）《晉文公》簡6：爲芳（葬）茢（采）之羿（旗），～（饋）糧者

〖敦〗（1）《越公》簡3：以身被甲冒（冑），～（敦）力（勒）鈛（鏌）鎗（鏌）。

〖戥〗（1）《越公》簡14：今皮（彼）新（新）去亓（其）邦而怠（毒），母（毋）乃豕（豭）～（鬬）？

〖忌〗（1）《越公》簡27：王乃不咎不～（忌），不黻不罰；蔑弃悬（怨）辠（罪）。

〖班〗（1）《越公》簡33：亓（其）見又（有）～（班）、又（有）司及王右（左）右。

〖辨〗（3）《越公》簡38：～（辨）之而諄（孚），則劼（詰）燭（誅）之。/《越公》簡44：王乃逗（趣）使（使）人～（辨）睹（省）成（城）市鄔（邊）還（縣）炎＝（小大）遠迡（邇）之廄（勾）、苓（落）。/《越公》簡45：王既～（辨）智（知）之，乃命上會（計）。

〖辨〗（3）《越公》簡40：王必親見而聖（聽）之，～（辨）之而訏（信）。/《越公》簡44：隹（唯）匑（勾）、苓（落）是～（辨）睹（省）。/《越公》簡52：兵、亡（無）兵者是～（辨），鈃（問）于左右。

〖攻〗（2）《越公》簡63：相～（攻）也，吳帀（師）乃起（起）。/《越公》簡67：

左軍、右軍乃述（遂）涉，～（攻）之。

〖戟〗（1）《越公》簡66：吳帀（師）乃大～（駭），曰：

〖我〗（5）《子犯》簡3：誠～宔（主）古（固）弗秉。/《子犯》簡10：猷（猶）晉（叔）是䏧（聞）遺老之言，必尚（當）語～才（哉）。/《越公》簡12：天賜中（衷）于吳，右～先王。/《越公》簡13：今～道迲（路）攸（修）隥（險），天命反昃（側），/《越公》簡19：孤用銜（率）～壹（一）弌（二）子弟

〖亡〗（14）《子犯》簡14：欲～邦系（奚）以？/《子犯》簡15：～邦，則𣤶（桀）及受（紂）、剌（厲）王、幽王，/《越公》簡16：～（無）良鄰（邊）人禹（稱）瘞（蓄）悹（怨）吾（惡），/《越公》簡19：今厽（三）年，～（無）克又（有）奠（定），/《越公》簡22：孤或（又）忘（恐）～（無）良僕馭（御）獡（失）火於雩（越）邦，/《越公》簡28：王怵（惕）～（毋）好攸（修）于民厽（三）工之堵（署），/《越公》簡34：陸（陵）稼（稼），水則爲稻，乃～（無）又（有）閖（閒）卉（艸）。/《越公》簡41：乃～（無）敢增歷（斂）亓（其）政（徵）以爲獻於王。/《越公》簡42：凡雩（越）庶民交䛧（接）、言語、貨資、市賈乃～（無）敢反不（背）訐（欺）巳（詒）。/《越公》簡43：雩（越）則～（無）訣（獄），王則閒（閒閒），/《越公》簡51：王乃歸（潛）使（使）人情（請）餾（問）群大臣及鄰（邊）郙（縣）成（城）市之多兵、～（無）兵者，/《越公》簡52：～（無）兵者是戠（辨），餾（問）于左右。/《越公》簡58：～（無）敢不敬（敬）。/《越公》簡59：王監雩（越）邦之既苟（敬），～（無）敢衟（蹱）命，

〖乍〗（4）《晉文公》簡5：乃～（作）爲羿（旗）勿（物），爲陞（升）龍之羿（旗），/《晉文公》簡7：成之，以兔（狭）于蒿（郊）三，因以大～（作）。/《越公》簡26：王～（作）/《越公》簡30：王思邦游民，厽（三）年，乃～（作）五=政=（五政。五政）之初，

〖無〗（5）《子犯》簡4：母（毋）乃～良右（左）右也虖（乎）？/《子犯》簡6：宔（主）女（如）此胃（謂）～良右（左）右，誠殹（繄）蜀（獨）亓（其）志。/《子犯》簡12：殺三～殀（辜），爲燹（炮）爲烙，殺某（梅）之女，/

《子犯》簡12：鬠（殷）邦之君子，～少（小）大，～遠逐（邇）。

〔譽〕（1）《晉文公》簡8：成宋，回（圍）～（許）。

〔匩〕（1）《越公》簡21：孤用～（委）命䩸（重）脣（臣），闌（馳）冒兵刃。

〔張〕（1）《趙簡子》簡9：頤（夏）不～籠（篦），不飤（食）濡肉。

〔發〕（1）《越公》簡40：亓（其）才（在）邑司事及官帀（師）之人則～（廢）也。

〔弳〕（1）《越公》簡3：夬（挾）～秉囊（枹），脣（振）喔鳴

〔弜〕（1）《越公》簡9：吳王䎽（聞）雩（越）徙（使）之柔以～（剛）也。

〔系〕（7）《子犯》簡10：道～（奚）女（如）？/《子犯》簡14：天下之君，子欲記（起）邦～（奚）以？/《子犯》簡14：欲亡邦～（奚）以？"/子犯簡15：亦備才（在）公子之心巳（已），～（奚）袋（勞）䎽（問）女（焉）。/《趙簡子》簡5：敢䎽（問）齊君遊（失）之系（奚）繇（由）？/《趙簡子》簡5：陳是（氏）旻（得）之～（奚）繇（由）？/《越公》簡75：孤余～（奚）面目以䀠（視）于天下？

〔孫〕（1）《子犯》簡14：【人】不～（遜），敢大膽（膽）䎽（問）：

〔繇〕（9）《晉文公》簡2：旻（得）～（由）式（二）厽（三）夫=（大夫）以攸（修）晉邦之政。/《晉文公》簡2：以孤之舊（久）不旻（得）～（由）式（二）/《趙簡子》簡4：用～（由）今以坒（往），虐（吾）子酒（將）不可以不戒巳（已）！/《趙簡子》簡5：敢䎽（問）齊君遊（失）之系（奚）～（由）？/《趙簡子》簡5：陳是（氏）旻（得）之系（奚）～（由）？/《趙簡子》簡6：君遊（失）正（政），臣不旻（得）䎽（聞）亓（其）所～（由）。/《趙簡子》簡6：陳是（氏）旻（得）之，臣亦不旻（得）䎽（聞）亓（其）所～（由）。/《趙簡子》簡6：归（抑）昔之旻（得）之與遊（失）之，皆又（有）～（由）也。/《趙簡子》簡7：亓（其）所～（由）豊（禮）可䎽（聞）也？

〔經〕（1）《越公》簡27：不再（稱）民吾（惡）；縱（總）～游民。

〔緄〕（1）《越公》簡29：雩（越）王句戈（踐）女（焉）卢（始）復（作）～（紀）五政之聿（律）。

〔鐉〕（4）《越公》簡5：母（毋）～（絕）雩（越）邦之命于天下，/《越公》簡7：余亓（其）必數（滅）～（絕）雩（越）邦之命于天下，/《越公》簡60：王大憙（喜），女（焉）旨（始）～（絕）吳之行李（李），/《越公》簡70：☐不羕（祥），余不敢～（絕）祀，

〔屬〕（2）《越公》簡5：亦茲（使）句戔（踐）～（繼）糵（緒）/《越公》簡7：勿茲（使）句戔（踐）～（繼）糵（緒）於雩（越）邦已（已）。

〔夊〕（1）《越公》簡17：以民生之不長而自不～（終）亓（其）命，

〔繻〕（3）《越公》簡9：告～（申）疋（胥）曰：孤亓（其）許之成。/《越公》簡9：～（申）疋（胥）曰：王亓（其）勿許！/《越公》簡14：～（申）疋（胥）乃

〔縱〕（1）《越公》簡27：不再（稱）民晉（惡）；～（總）經游民，

〔繁〕（1）《越公》簡31：王亓（其）又（有）～（營）疾？

〔綸〕（1）《越公》簡37：諫（爽）～（渝）諒人則勁（刑）也。

〔纗〕（1）《子犯》簡9：上～（繩）不遜（失），斤亦不遣（僭）。

〔繡〕（3）《子犯》簡7：乃各賜之鐺（劍）～（帶）衣常（裳）而歎（膳）之，思（使）還。/《越公》簡5：又（有）～（帶）甲傘（八千），又（有）旬之糧。/《越公》簡11：公亓（其）畝（孰）又（有）～（帶）甲傘（八千）以臺（敦）刃皆（偕）死？

〔絢〕（1）《趙簡子》簡9：～（治）河淒（濟）之閼（間）之畧（亂）。

〔綏〕（1）《越公》簡20：不茲（使）達氣（暨），羅（麗）甲～（纓）冒（胄），

〔綾〕（1）《越公》簡24：～（接），皆爲同生，齊執（勢）同力，

〔縝〕（1）《越公》簡37：群采勿（物）之不～（慎），

〔蜀〕（2）《子犯》簡5：幸旻（得）又（有）利不忘（愍）～（獨），欲皆眾（斂）之。/《子犯》簡6：誠殹（繫）～（獨）亓（其）志。

〔風〕（2）《子犯》簡10：卑（譬）若從驫（雄）肰（然），虛（吾）尚（當）觀亓（其）～。/《越公》簡55：及～音、誦詩、訶（歌）誄（謠）

〔二〕（3）《子犯》簡6：～子事公子，/《趙簡子》簡7：掌又（有）～尼（宅）之

室，/《越公》簡 66：雩（越）人分爲～帀（師），

〖弍〗(5)《子犯》簡 4：虛（吾）宔（主）之～（二）晶（三）臣，/《晉文公》簡 2：旻（得）繇（由）～（二）厽（三）夫=（大夫）以攸（修）晉邦之政，/《晉文公》簡 2：以孤之舊（久）不旻（得）繇（由）～（二）/《越公》簡 16：兹（使）虛（吾）～邑之父兄子弟朝夕棧（殘），/《越公》簡 19：孤用銜（率）我壹（一）～（二）子弟

〖凡〗(18)《子犯》簡 8：～民秉厇（度），耑（端）正譖（僭）試（忒），/《子犯》簡 10：～君肵=（之所）龂（問）/《子犯》簡 13：用～君所龂（問）莫可龂（聞）。/《越公》簡 13：虛（吾）旨（始）逡（踐）雩（越）堃（地）以爭=（至于）今，～吳之/《越公》簡 35：～王右（左）右大臣，乃莫不勑（耕），人又（有）厶（私）藅（穫）。/《越公》簡 37：～群厇（宅）之不厇（度），群采勿（物）之不繘（慎），/《越公》簡 38：～市賈爭訟，飯（反）䛅（背）訢（欺）巳（詒），/《越公》簡 39：～鄥（邊）鄙（縣）之民及又（有）管（官）帀（師）之人或告于王廷，/《越公》簡 39：～此勿（物）也，/《越公》簡 40：～成（城）邑之司事及官帀（師）之/《越公》簡 41：～又（有）訜（獄）訟爭=（至于）王廷，/《越公》簡 41：～此聿（類）/《越公》簡 42：～雩（越）庶民交淶（接）、言語、貨資、市賈乃亡（無）敢反不（背）訢（欺）巳（詒）。/《越公》簡 50：～五兵之利，王日忈（翫）之，居者（諸）左右；/《越公》簡 50：～金革之攻，/《越公》簡 55：及～庶眚（姓）、～民司事觻（爵）立（位）之宓（次）尻（序）、/《越公》簡 75：～吳土堃（地）民人，雩（越）公是聿（盡）既有之。

〖土〗(2)《越公》簡 72：天以吳～賜雩（越），/《越公》簡 75：凡吳～堃（地）民人，

〖堃〗(7)《越公》簡 5：君女（如）爲惠，交（徼）天～（地）之福，/《越公》簡 13：虛（吾）旨（始）逡（踐）雩（越）～（地）以爭=（至于）今，/《越公》簡 48：舉（舉）雩（越）邦乃皆好陞（徵）人，方和于亓（其）～（地）。/《越公》簡 49：尼（夷）、西尼（夷）、古蔑、句虛（無）四方之民乃皆龂（聞）雩（越）

～（地）之多歔（食）、政（徵）溥（薄）而好訏（信），/《越公》簡49：乃波（頗）徣（往）逞（歸）之,雪（越）～（地）乃大多人。/《越公》簡73：民生～（地）上,寓也,亓（其）與幾可（何）？/《越公》簡75：凡吳土～（地）民人,雪（越）公是妻（盡）既有之，

〔坪〕（2）《趙簡子》簡10：橐（就）虐（吾）先君～（平）公,宮中卅＝（三十）里，/《越公》簡10：虐（且）皮（彼）既大北於～（平）备（遽），

〔坒〕（1）《越公》簡33：王必與之～（坐）歔（食）。

〔型〕（1）《子犯》簡13：思（懼）不死,～（刑）以及于罜（厥）身，

〔盛〕（1）《晉文公》簡8：敗楚師（師）於～（成）僕（濮）,畫（建）壂（衛），

〔增〕（2）《晉文公》簡4：～舊芳（防）,四毒（封）之内皆狀（然）。/《越公》簡41：乃亡（無）敢～壓（斂）亓（其）政（徵）以爲獻於王。

〔毁〕（1）《越公》簡47：年謣（籌）攴（枚）譽（數）,由臥（賢）由～，

〔塗〕（2）《越公》簡28：禹（稱）貢（力）设（役）、湎（幽）～、洵（溝）墮（塘）之礻（功）。/《越公》簡30：王親涉泃（溝）淳湎（幽）～，

〔尃〕（1）《子犯》簡9：罟（叔）,昔之舊聖折（哲）人之～（敷）政命（令）刑（刑）罰，

〔坓〕（1）《晉文公》簡2：四～（封）之内皆狀（然）。

〔墮〕（2）《越公》簡28：禹（稱）貢（力）设（役）、湎（幽）塗、洵（溝）～（塘）之礻（功）。/《越公》簡56：王乃徹（趣）爭＝（至于）洵（溝）～（塘）之工（功），

〔壓〕（2）《越公》簡32：亓（其）見蓐（農）夫老弱堇（勤）～（斂）者，/《越公》簡41：乃亡（無）敢增～（斂）亓（其）政（徵）以爲獻於王。

〔坙〕（1）《越公》簡47：～（野）會厽（三）品，

〔堇〕（1）《越公》簡32：亓（其）見蓐（農）夫老弱～（勤）壓（斂）者，

〔里〕（4）《趙簡子》簡10：橐（就）虐（吾）先君坪（平）公,宮中卅＝（三十）～，/《越公》簡18：人儠（還）雪（越）百～【之地】/《越公》簡65：～以須,亦命右軍監（衛）桄（枚）逾江五～以須，

〔畨〕（1）《晉文公》簡3：具～（黍）稷醴=（酒醴）以祀，

〔甹〕（3）《晉文公》簡3：四～（封）之内皆肰（然）。/《晉文公》簡4：四～（封）之内皆肰（然）。/《晉文公》簡4：命寶（蒐）攸（修）先君之簋（乘）、貣（飭）車輟（甲），四～（封）之内

〔备〕（1）《越公》簡10：虘（且）皮（彼）既大北於坪（平）～（邊），

〔畔〕（1）《越公》簡14：善士牀（將）中～（半）死巳（已）。

〔舊〕（2）《越公》簡30：王親自㪺（耕），又（有）厶（私）～（穫）。/《越公》簡35：凡王右（左）右大臣，乃莫不勑（耕），人又（有）厶（私）～（穫）。

〔男〕（4）《越公》簡6：齊叔（節）同心，以臣事吳，～女備（服）。/《越公》簡25：乃盟，～女備（服），帀（師）乃還。/《越公》簡69：昔不穀（穀）先秉利於雩=（越，越）公告孤請成，～女/《越公》簡71：孤請成，～女備（服）。

〔力〕（2）《越公》簡3：戟（敦）～（勒）鈠（鍦）鎗（鑯），/《越公》簡24：齊執（勢）同～，以御（禦）慭（仇）讎（讎）。

〔劼〕（2）《越公》簡38：【凡】□【豫】而【價】賈女（焉），則～（詰）燭（誅）之。/《越公》簡38：戠（辨）之而評（孚），則～（詰）燭（誅）之。

〔勸〕（1）《越公》簡31：事以～怎（勉）蓐（農）夫。

〔袈〕（1）《子犯》簡15：絭（褰）～（勞）餇（問）女（焉）。

〔加〕（1）《越公》簡74：天～禍（禍）于吳邦，不才（在）寿（前）遂（後），

〔㜸〕（1）《子犯》簡15：則～（桀）及受（紂）、厲王、幽王，

〔勑〕（3）《越公》簡33：～（耕）者，王亦舍（飲）飤（食）之。/《越公》簡33：先賠（誥）王訓，而牀（將）～（耕）者，王必與之㔻（坐）飤（食）。/《越公》簡35：凡王右（左）右大臣，乃莫不～（耕），

〔㪺〕（1）《越公》簡30：王親自～（耕），又（有）厶（私）舊（穫）。

〔㓷〕（1）《越公》簡35：舉（舉）雩（越）庶民，乃夫婦皆㓷（耕），

〔劾〕（1）《越公》簡61：必（比）㲀（卒）～（勒）兵，

〔金〕（1）《越公》簡50：凡～革之攻，王日禽（論）眚（省）

〔鎗〕（1）《越公》簡3：以身被甲冒（胄），戟（敦）力（勒）鈠（鍦）～（鑯），

〔鏘〕（1）《子犯》簡7：乃各賜之～（劍）繡（帶）衣常（裳）而歆（饋）之，

〔釛〕（1）《越公》簡3：以身被甲冐（胄），戟（敦）力（勒）～（鏌）鎗（鋣），

〔尻〕（4）《子犯》簡1：【公子褈】耳自楚迖（適）秦，～（處）女（焉）三哉（歲），/《晉文公》簡4：以虐（吾）晉邦之闊（間）～（處）戟（仇）戠（讎）之闊（間），/《趙簡子》簡7：成蚺（剸）仑（答）曰：昔虐（吾）先君獻公是～（居），/《越公》簡55：歔（禁）御：及凡庶眚（姓）、凡民司事粧（爵）立（位）之宋（次）～（序）、

〔斤〕（1）《子犯》簡9：上䋣（繩）不遊（失），～亦不遄（僭）。

〔所〕（7）《子犯》簡13：邦乃述（遂）嵒（亡），用凡君～龥（問）莫可龥（聞）。/《趙簡子》簡6：君遊（失）正（政），臣不旻（得）䪞（聞）兀（其）～緐（由），/《趙簡子》簡6：臣亦不旻（得）䪞（聞）兀（其）～緐（由）。/《趙簡子》簡7：兀（其）～緐（由）豊（禮）可䪞（聞）也？/《越公》簡11：昔虐（吾）先王盍膚（盧）～以克內（入）郢邦，/《越公》簡16：孤～旻（得）皋（罪）：亡（無）良鄰邊人禹（稱）瘝（蓄）愳（怨）吾（惡），/《越公》簡74：唯王～安，以屈聿（盡）王年。

〔新〕（3）《越公》簡14：今皮（彼）～（新）去兀（其）邦而苤（毒），母（毋）乃豕（豩）戠（鬬）？/《越公》簡15下：吳王乃出，～（親）見事（使）者曰：/《越公》簡21：君不尚～（親）有昪（寡）人，卭（抑）狁（荒）弃孤，

〔科〕（2）《越公》簡4：昪（寡）人不忍君之武礪（厲）兵甲之鬼（威），～（播）弃宗審（廟），/《越公》簡23：余兀（其）與吳～（播）弃息（怨）吾（惡）于潜（海）瀘（濟）江沽（湖）。

〔車〕（2）《晉文公》簡4：命寍（蒐）攸（修）先君之掣（乘）、貢（飭）～轅（甲），/《趙簡子》簡7：以好士庶子，～麀（甲）外（乂），

〔軍〕（14）《趙簡子》簡1：盔（趙）柬（簡）子既受霶（右）洏（將）～，/《趙簡子》簡2：今虐（吾）子既爲霶遅（將）～巳（已），女（如）又（有）訛（過），/《越公》簡63：吳王起帀（師），～於江北。/《越公》簡63：雩（越）王起帀（師），～於江南。/《越公》簡64：～、右～，以兀（其）厶（私）萃

附錄二 逐字索引

537

（卒）君子卒=（六千）以爲中～。/《越公》簡64：及昏，乃命右（左）～監（銜）枚（枚）鯀（溯）江五/《越公》簡65：里以須，亦命右～監（銜）枚（枚）渝江五里以須，/《越公》簡65：夜（夜）中，乃命右（左）～、右～涉江，嗈（鳴）鼓，中水以竁。/《越公》簡67：左～、右～乃述（遂）涉，戉（攻）之。/《越公》簡68：雩（越）帀（師）乃因～吳=，

〖靴〗（7）《子犯》簡1：秦公乃訝（召）子～（犯）而䌛（問）女（焉），曰：/《子犯》簡2：子～（犯）倉（答）曰：誠女（如）宔（主）君之言。/《子犯》簡6：公乃訝（召）子～（犯）、子余（餘）曰：/《子犯》簡背：子～子余/《趙簡子》簡1：才（在）朝，～（范）獻子進諫曰：/《越公》簡54：王寮（訊）之，尋（志）以受（授）～（范）蠡（蠡），則殹（戮）殺之。/《越公》簡61：乃詑（屬）邦政於夫=（大夫）住（種），乃命～（范）蠡（蠡）、

〖輨〗（1）《子犯》簡5：【惡】，【及陷】於難，翟（勯）～（勞）於志，

〖官〗（2）《越公》簡40：亓（其）才（在）邑司事及～帀（師）之人則發（廢）也。/《越公》簡40：凡成（城）邑之司事及～帀（師）之

〖陸〗（2）《越公》簡34：于雩（越）邦～（陵）陝（陸），/《越公》簡34：～（陵）稼（稼），水則爲稻，

〖陝〗（1）《越公》簡34：于雩（越）邦陸（陵）～（陸），

〖隓〗（2）《越公》簡9：思道逄（路）之攸（修）～（險），乃思（懼），/《越公》簡13：今我道逄（路）攸（修）～（險），天命反昃（側），

〖陟〗（1）《越公》簡22：伓（背）虛宗䆠（廟），～枾（棲）於會旨（稽）。

〖降〗（2）《晉文公》簡5：師（師）以進；爲～龍之羿（旗），師（師）以退。/《越公》簡2：上帝～

〖陳〗（3）《趙簡子》簡5：齊君遊（失）政，～是（氏）旻（得）之，/《趙簡子》簡5：～是（氏）旻（得）之繇（繇）繇（由）？/《趙簡子》簡6：～是（氏）旻（得）之，臣亦不旻（得）䌛（聞）亓（其）所繇（由）。

〖陸〗（1）《子犯》簡13：受（紂）若大～（岸）牁（將）具（俱）陞（崩），

〖陞〗（1）《子犯》簡13：受（紂）若大陸（岸）牁（將）具（俱）～（崩），

〖陞〗（4）《晉文公》簡5：乃乍（作）爲旂（旗）勿（物），爲～（升）龍之旂（旗），/《越公》簡1：囗赶（遷）～（登）於會旨（稽）之山，/《越公》簡48：舉（舉）雩（越）邦乃皆好～（徵）人，方和于亓（其）堡（地）。/《越公》簡50：雩（越）邦皆備（服）～（徵）人，

〖陛〗（1）《越公》簡44：雩（越）邦備（服）訐（信），王乃好～（徵）人。

〖陣〗（1）《越公》簡7：君乃～（陳）吳【甲兵】，

〖四〗（7）《子犯》簡11：～方尸（夷）莫句（後）與，/《晉文公》簡2：適（滯）責（積）母（毋）又（有）覍（塞），～垀（封）之內皆朕（然）。/《晉文公》簡3：～害（封）之內皆朕（然）。/《晉文公》簡4：增舊芳（防），～害（封）之內皆朕（然）。/《晉文公》簡4：命寰（蒐）攸（修）先君之輂（乘）、貢（飭）車轅（甲），～害（封）之內/《趙簡子》簡10：駝（馳）馬～百駟，犾亓（其）衣尚（裳），/《越公》簡49：尸（夷）、西尸（夷）、古蔑、句虞（無）～方之民乃皆䁨（聞）雩（越）堡（地）之多飤（食）、政（徵）溥（薄）而好訐（信），

〖三〗（1）《越公》簡6：～（四）方者（諸）侯亓（其）或敢不賓于吳邦？

〖五〗（8）《晉文公》簡7：～年啓東道，/《越公》簡29：雩（越）王句戈（踐）女（焉）冶（始）复（作）紐（紀）～政之聿（律）。/《越公》簡30：厽（三）年，乃乍（作）～=政=（五政。五政）之初，/《越公》簡50：凡～兵之利，王曰忑（觀）之，/《越公》簡51：以䁨（問）～兵之利。/《越公》簡64：及昏，乃命右（左）軍監（銜）桄（枚）鯠（溯）江～/《越公》簡65：亦命右軍監（銜）桄（枚）渝江～里以須，

〖六〗（5）《趙簡子》簡8：～寶（府）溫（盈），宮中～寗（竈），并～祀。/《趙簡子》簡9：宮中～寗（竈），并～祀，朕（然）則旻（得）桖（輔）相周室，

〖九〗（2）《子犯》簡12：～州而雪（有）君之。/《晉文公》簡8：～年大旻（得）河東之者（諸）侯。

〖萬〗（1）《越公》簡58：大逰（失）鼃=（墨準），以礪（勵）～民。

〖甲〗（8）《子犯》簡14：女（如）欲记（起）邦，則大～與盤庚、文王、武王，/

539

《越公》簡3：虞（吾）君天王，以身被～冒（冑），/《越公》簡4：寡（寡）人不忍君之武礪（厲）兵～之鬼（威），科（播）棄宗宙（廟），/《越公》簡7：「甲兵」《越公》簡5：又（有）繻（帶）～半（八千），又（有）旬之糧。/《越公》簡11：公亓（其）敯（孰）又（有）繻（帶）～半（八千）以臺（敦）刃皆（偕）死？/《越公》簡20：不茲（使）達気（暨），羅（麗）～綏（緌）冒（冑），/《越公》簡52：與（舉）雪（越）邦爭＝（至于）鄟（邊）還（縣）成（城）市乃皆好兵～，雪（越）邦乃大多兵。

〔丁〕（2）《越公》簡3：～（當）孤之殊（世）。/《越公》簡74：～（當）役（投）孤身。

〔成〕（24）《子犯》簡8：民心訏（信）難～也哉？/《子犯》簡8：訏（信）難～，殹（抑）或（有）易～也。/《子犯》簡11：昔者～湯以神事山川，以惠（德）和民。/《晉文公》簡7：乃爲三旂（旗）以～至（制）：遠旂（旗）死，/《晉文公》簡7：～之，以兔（挾）于蒿（郊）三，因以大乍（作）。/《晉文公》簡8：～宋，回（圍）響（許），/《趙簡子》簡5：盆（趙）朿（簡）子問（問）於～蚓（剸）曰：/《趙簡子》簡5：～蚓（剸）會（答）曰：/《趙簡子》簡7：～蚓（剸）會〈答〉曰：/《越公》簡1：乃史（使）夫＝（大夫）住（種）行～於吳市（師），/《越公》簡9：孤亓（其）許之～。/《越公》簡40：凡～（城）邑之司事及官市（師）之/《越公》簡44：王乃趣（趣）徒（使）人戳（辨）婧（省）～（城）市鄟（邊）還（縣）尖（小大）遠泥（邇）之廄（句）、苔（落），/《越公》簡51：王乃歸（潛）徒（使）人情（請）問（問）群大臣及鄟（邊）郜（縣）～（城）市之多兵、亡（無）兵者，王則貶＝（比視）。/《越公》簡52：與（舉）雪（越）邦爭＝（至于）鄟（邊）還（縣）～（城）市乃皆好兵甲，/《越公》簡56：乃徹（趣）取殘（戮）于逡（後）至逡（後）～。/《越公》簡62：舟竈（乘）既～，吳市（師）未迟（起），/《越公》簡62：弁（變）鬝（亂）ム（私）～，/《越公》簡69：吳王乃思（懼），行～，曰："昔不敦（穀）先秉利於雪＝（越，越）公告孤請～，"/《越公》簡70：許雪（越）公～，以爭＝（至于）今＝（今。今）吳邦不天，/《越公》簡71：孤請～，男女備（服）。/《越公》簡72：賜邲（越），句⬚句戉（踐）不許吳～。

〖庚〗（1）《子犯》簡14：則大甲與盤～、文王、武王，

〖辠〗（7）《趙簡子》簡2：之～（罪）也。/《趙簡子》簡2：則非子之咎，娊（傅）母之～（罪）也。/《趙簡子》簡3：則非人之～（罪），牁（將）子之咎。/《越公》簡15下：孤敢兌（脫）～（罪）於夫＝（大夫）。/《越公》簡16：孤所旻（得）～（罪）：亡（無）良鄺（邊）人爯（稱）瘐（蓄）悹（怨）晉（惡），/《越公》簡27：王乃不咎不惑（忌），不戮不罰；蔑弃悹（怨）～（罪），/《越公》簡70：許雩（越）公成，以爭＝（至于）今＝（今。今）吳邦不天,旻（得）～（罪）於雩＝（越，越）

〖辡〗（1）《晉文公》簡1：褍（端）瞾（冕）⬚王母＝（母,毋）～（辨）於妞（好）妝（莊）嬬（籩）䀇（醢）皆見。

〖子〗（42）《子犯》簡1：秦公乃訋（召）～軋（犯）而辭（問）女（焉），/《子犯》簡1：～，若公～之良庶～，/《子犯》簡1：公～不能幷（置）女（焉），/《子犯》簡2：～軋（犯）倉（答）曰：/《子犯》簡3：省（少），公乃訋（召）～余（餘）而辭（問）女（焉），/《子犯》簡3：～，若公～之良庶～，/《子犯》簡4：～余（餘）倉（答）曰：誠女（如）宝（主）之言。/《子犯》簡6：公乃訋（召）～軋（犯）、～余（餘）曰：二～事公～，/《子犯》簡7：天豐（亡）思（謀）禐（禍）於公～。/《子犯》簡7：夫公～之不能居晉邦，/《子犯》簡12：𣪠（殷）邦之君～，/《子犯》簡13：公～褈（重）耳醞（問）於邗（蹇）昪（叔）曰：/《子犯》簡14：天下之君，～欲記（起）邦絫（奚）以？/《子犯》簡15：亦備才（在）公～之心巳（已），絫（奚）袋（勞）醞（問）女（焉）。/《子犯》簡背：～軋～余/《趙簡子》簡1：𢔉（趙）柬（簡）～既受寡（右）牁（將）軍，/《趙簡子》簡1：才（在）朝，軋（范）獻～進諫曰：/《趙簡子》簡1：昔虘（吾）～之牁（將）方少，/《趙簡子》簡2：𢈔（就）虘（吾）～之牁（將）偮（長），/《趙簡子》簡2：女（如）又（有）訛（過），則非～之咎，娊（傅）母之辠（罪）也。/《趙簡子》簡2：今虘（吾）～既爲寡遲（將）軍巳（已），女（如）又（有）訛（過），/《趙簡

子》簡3：則非人之皋（罪），洒（將）～之咎。/《趙簡子》簡3：～甶（始）造於善，則善人至，不善人退。/《趙簡子》簡3：～甶（始）造於不善，則不善人至，/《趙簡子》簡4：用繇（由）今以生（往），虐（吾）～洒（將）不可以不戒巳（已）！/《趙簡子》簡5：盆（趙）柬（簡）～顝（問）於成勷（剸）曰：/《趙簡子》簡7：～曰："亓（其）所繇（由）豊（禮）可䎽（聞）也？"/《趙簡子》簡7：掌（嘗）又（有）二厇（宅）之室，以好士庶～，/《越公》簡10：以䎽（潰）去亓（其）邦，君臣父～亓（其）未相旻（得）。/《越公》簡16：兹（使）虐（吾）式邑之父兄～弟朝夕㦷（殘），/《越公》簡19：孤用衔（率）我壹（一）弍（二）～弟/《越公》簡61：乃由（擢）王萃（卒）君～卒（六千）。/《越公》簡64：以亓（其）厶（私）萃（卒）君～卒=（六千）以爲中軍。

〔敦〕（4）《子犯》簡9：不～（榖）余敢䎽（問）亓（其）/《越公》簡53:䎽（志）以受（授）夫=（大夫）住（種），則賞～（購）之；/《越公》簡69：昔不～（榖）先秉利於雪=（越，越）公告孤請成，/《越公》簡73：不～（榖）亓（其）洒（將）王於甬、句重（東），

〔孤〕（22）《子犯》簡10:窒（寧）～是勿能用？/《晉文公》簡1：以～之舊（久）不/《晉文公》簡2：以～之舊（久）不旻（得）繇（由）式（二）/《越公》簡3：不才（在）耑（前）逡（後），丁（當）～之殜（世）。/《越公》簡6：～亓（其）衔（率）雪（越）庶眚（姓），/《越公》簡9：告繡（申）疋（胥）曰：～亓（其）許之成。/《越公》簡15下：～敢兑（脱）皋（罪）於夫=（大夫）。/《越公》簡16：～所旻（得）皋（罪）：亡（無）良鄹（邊）人禹（稱）瘝（蓄）息（怨）㦷（惡），/《越公》簡17：～疾痈（痛）之。/《越公》簡19：今厽（三）年，亡（無）克又（有）奠（定），～用忎（願）見雪（越）公。/《越公》簡19：～用衔（率）我壹（一）弍（二）子弟/《越公》簡21：～用匚（委）命，/《越公》簡21：君不尚新（親）有募（寡）人，卭（抑）犾（荒）弃～，/《越公》簡22：～或（又）忎（恐）亡（無）良僕馸（御）獀（失）火於雪（越）邦，/《越公》簡22：～用内（入）守於宗宙（廟），以須/《越公》

简23：今夫=（大夫）嚴（儼）肰（然）監（銜）君王之音，賜～以好曰：／《越公》簡24：～之忎（願）也。／《越公》簡24：～敢不許諾，恣志於雩=（越）公！／《越公》簡69：昔不穀（穀）先秉利於雩=（越，越）公告～請成，／《越公》簡71：～請成，男女備（服）。／《越公》簡74：丁（當）伇（投）～身。／《越公》簡75：～余絫（奚）面目以見（視）于天下？

〔李〕（1）《越公》簡60：王大憙（喜），女（焉）台（始）鬍（絕）吳之行～（李），

〔辱〕（2）《越公》簡4：親～於萛（寡）人之舭=（敝邑）。／《越公》簡15下：君雩（越）公不命徯（使）人而夫=（大夫）親～，

〔巳〕（8）《子犯》簡15：亦備才（在）公子之心～（巳），／《趙簡子》簡2：今虖（吾）子既爲寡遅（將）軍～（巳），／《趙簡子》簡4：虖（吾）子牆（將）不可以不戒～（巳）！／《趙簡子》簡10：宮中三臺（臺），是乃欤（侈）～（巳），／《越公》簡7：勿茲（使）句獲（踐）屬（繼）鬟（緒）於雩（越）邦～（巳）。／《越公》簡14：善士牆（將）中畔（半）死～（巳）。／《越公》簡38：凡市賈爭訟，返（反）訦（背）訐（欺）～（詒），／《越公》簡42：凡雩（越）庶民交逮（接）、言語、貨資、市賈乃亡（無）敢反不（背）訐（欺）～（詒）。

〔以〕（72）《子犯》簡3：～即中於天。／《子犯》簡5：不忘（慇）～人，必身廛（擅）之。／《子犯》簡8：割（曷）又（有）儀（僕）若是而不果～或（國），《子犯》簡11：昔者成湯～神事山川，～惪（德）和民。／《子犯》簡13：思（懼）不死，型（刑）～及于氒（厥）身，／《子犯》簡14：天下之君，子欲記（起）邦絫（奚）～？／《子犯》簡14：欲亡邦絫（奚）～？／《晉文公》簡1：～孤之舊（久）不／《晉文公》簡2：曼（得）繇（由）式（二）厽（三）夫=（大夫）～攸（修）晉邦之政，／《晉文公》簡2：～孤之舊（久）不旻（得）繇（由）式（二）／《晉文公》簡3：厽（三）夫=（大夫）～攸（修）晉邦之祀，／《晉文公》簡3：具番（黍）稷醴=（酒醴）～祀，／《晉文公》簡4：～虖（吾）晉邦之關（間）屍（處）戟（仇）戠（讎）之關（間），／《晉文公》簡5：師（師）～進；爲降龍之羿（旗），師（師）～退。／《晉文公》簡6：爲榖（角）龍之羿（旗），師（師）～戠（戰）；／《晉文公》簡6：爲交（蛟）龍之羿

附錄二 逐字索引

543

（旂），師（師）～豫；爲日月之羿（旂），師（師）～舊（久）。/《晉文公》簡7：乃爲三羿（旂）～成至（制）；/《晉文公》簡7：成之，～兔（挩）于蒿（郊）三，因～大乍（作）。/《趙簡子》簡4：用繇（由）今～㞢（往），虗（吾）子牀（將）不可～不戒巳（已）！/《趙簡子》簡7：～好士庶子，/《趙簡子》簡8：親冒鏖（甲）𦥑（冑），～/《越公》簡3：虗（吾）君天王，～身被甲冒（冑），/《越公》簡6：～臣事吳，男女備（服）。/《越公》簡8：～觀句戔（踐）之～此伞（八千）人者死也。/《越公》簡9：吳王聁（聞）雩（越）徙（使）之柔～弜（剛）也，/《越公》簡10：～刵（潰）去亓（其）邦，君臣父子亓（其）未相旻（得）。/《越公》簡11：公亓（其）敃（孰）又（有）繡（帶）甲伞（八千）～臺（敦）刃皆（偕）死？/《越公》簡11：昔虗（吾）先王盍膚（盧）所～克內（入）郢邦，/《越公》簡13：虗（吾）匃（始）戔（踐）雩（越）埅（地）～爭＝（至于）今，/《越公》簡14：虗（吾）於（烏）膚（胡）取伞（八千）人～會皮（彼）死？/《越公》簡17：～民生之不長而自不夂（終）亓（其）命，/《越公》簡19：余弃晉（惡）周（酬）好，～交（徼）求卡＝（上下）吉羕（祥）。/《越公》簡20：～逩（奔）告於鄭＝（邊。邊）/《越公》簡20：臺（敦）齊兵刃～攼（捍）御（禦）/《越公》簡22：孤用內（人）守於宗䆘（廟），～須/《越公》簡23：今夫＝（大夫）嚴（儼）肰（然）監（銜）君王之音，賜孤～好曰：/《越公》簡24：齊埶（勢）同力，～御（禦）戩（仇）讎（讎）。/《越公》簡26：乃大麿（解）𢦏（攻），～忘（祈）民之窓（寧）。/《越公》簡31：事～勸怠（勉）萴（農）夫。/《越公》簡31：王聁（聞）之，乃～箮（熟）飤（食）；/《越公》簡38：因亓（其）貨～爲/《越公》簡41：乃亡（無）敢增歷（斂）亓（其）政（徵）～爲獻於王。/《越公》簡47：是～/《越公》簡48：是～收敓（寇），是～匓（句）邑。/《越公》簡51：～聁（問）五兵之利。/《越公》簡53：䏁（志）～受（授）夫＝（大夫）住（種），則賞敓（購）之；/《越公》簡54：䏁（志）～受（授）䡅（范）羅（蠡），則㱾（戮）殺之。/《越公》簡58：大遊（失）䋞＝（墨準），～礪（勵）萬民。/《越公》簡61：坒（來）～交（徼）之此。/《越公》簡63：雩

（越）王乃中分亓（其）帀（師）～爲右（左）/《越公》簡64：～亓（其）厶（私）䘚（卒）君子䘚=（六千）～爲中軍。/《越公》簡65：里～須，亦命右軍監（銜）梜（枚）渝江五里～須，/《越公》簡65：乃命右（左）軍、右軍涉江，嚁鼓，中水～翠。/《越公》簡66：涉江，牆（將）～夾【攻我師。】/《越公》簡66：旦，乃中分亓（其）帀（師），牆（將）～御（禦）之。/《越公》簡67：雩（越）王句戋（踐）乃～亓（其）厶（私）䘚（卒）卒=（六千）竅（竊）涉，/《越公》簡67：不鼓不㗱（噪）～滯（潛）攻之，大䦧（亂）吳帀（師）。/《越公》簡70：許雩（越）公成，～䨦=（至于）今=（今。今）/《越公》簡71：昔天～雩（越）邦賜吳=（吳，吳）弗受。/《越公》簡71：今天～吳邦/《越公》簡72：乃徒（使）人告於吳王曰：天～吳土賜雩（越），/《越公》簡74：唯王所安，～屈聿（盡）王年。/《越公》簡75：孤余䯅（奚）面目～貝（視）于天下？

〖未〗(2)《越公》簡10：君臣父子亓（其）～相旻（得）。/《越公》簡62：䘚（卒）既備（服），舟䑣（乘）既成，吳帀（師）～迟（起），

〖牆〗(14)《子犯》簡13：受（紂）若大陸（岸）～（將）具（俱）陿（崩），/《趙簡子》簡1：盉（趙）柬（簡）子既受爵（右）～（將）軍，/《趙簡子》簡1：昔虐（吾）子之～（將）方少，/《趙簡子》簡2：橐（就）虐（吾）子之～（將）倀（長），/《趙簡子》簡3：～（將）子之咎。/《趙簡子》簡4：用繇（由）今以㞷（往），虐（吾）子～（將）不可以不戒巳（已）！/《越公》簡14：善士～（將）中畔（半）死巳（已）。/《越公》簡26：吳人既闋（襲）雩（越）邦，雩（越）王句戋（踐）～（將）志（期）返（復）吳。/《越公》簡32：庯（顏）色訓（順）必（比）而～（將）/《越公》簡33：而～（將）耡（耕）者，王必與之㞷（坐）飤（食）。/《越公》簡64：若（諾）明日～（將）舟戰（戰）於江。/《越公》簡66：涉江，～（將）以夾【攻我師。】/《越公》簡66：旦，乃中分亓（其）帀（師），～（將）以御（禦）之。/《越公》簡73：不敦（穀）亓（其）～（將）王於甬、句重（東），

合　文

〖夻₌〗（1）《子犯》簡10：邗（蹇）罟（叔）倉（答）曰：凡君～₌（之所）靐（問）

〖夫₌〗（10）《晉文公》簡2：旻（得）繇（由）弐（二）厸（三）～₌（大夫）以攸（修）晉邦之政，／《晉文公》簡3：厸（三）～₌（大夫）以攸（修）晉邦之祀，／《晉文公》簡6：爲熊羿（旗），～₌（大夫）出；／《越公》簡1：乃史（使）～₌（大夫）住（種）行成於吳帀（師），／《越公》簡11：吳王曰："～₌（大夫）亓（其）良惹（圖）此！"／《越公》簡15下：君雫（越）公不命徒（使）人而～₌（大夫）親辱，／《越公》簡15下：孤敢兊（脱）皋（罪）於～₌（大夫）。／《越公》簡23：今～₌（大夫）嚴（儼）肰（然）監（銜）君王之音，／《越公》簡53：嵜（志）以受（授）～₌（大夫）住（種），則賞教（購）之；／《越公》簡61：乃諠（屬）邦政於～₌（大夫）住（種），

〖醴₌〗（1）《晉文公》簡3：命肥蒭羊牛、豢犬豕，具畚（黍）稷～₌（酒醴）以祀，

〖敝₌〗（1）《越公》簡4：親辱於募（寡）人之～₌（敝邑）。

〖爭₌〗（7）《越公》簡13：虔（吾）勻（始）俴（踐）雫（越）埅（地）以～₌（至于）今，／《越公》簡29：～₌（至于）厸（三）年，／《越公》簡35：～₌（至于）鄴（邊）縣（縣）尖₌（小大）遠迡（邇），／《越公》簡41：凡又（有）訧（獄）訟～₌（至于）王廷，曰：／《越公》簡52：與（舉）雫（越）邦～₌（至于）鄴（邊）還（縣）成（城）市乃皆好兵甲，／《越公》簡56：王乃徹（趣）～₌（至于）沟（溝）墜（塘）之工（功），／《越公》簡70：許雫（越）公成，以～₌（至于）今₌（今）。

〖尖₌〗（2）《越公》簡35：爭₌（至于）鄴（邊）縣（縣）～₌（小大）遠迡（邇），／《越公》簡44：王乃趣（趣）徒（使）人敳（辨）睛（省）成（城）市鄴（邊）還（縣）～₌（小大）遠迡（邇）之廄（句）、苔（落），

〖卡₌〗（1）《越公》簡19：余弃푬（惡）周（酬）好，以交（徼）求～₌（上下）吉羕（祥）。

〖貤₌〗（2）《越公》簡44：王則～（比視），隹（唯）匈（句）、苔（落）是戠（辨）

睹（省），/《越公》簡51：王乃歸（潛）俥（使）人情（請）䎽（問）群大臣及
邊鄁（縣）成（城）市之多兵、亡（無）兵者，王則～=（比視）。

〖韗=〗（1）《越公》簡58：大遊（失）～=（墨準），以礪（勵）萬民。

〖卅=〗（1）《趙簡子》簡10：宮中～=（三十）里，

〖䇂=〗（2）《越公》簡60：死者～=（三百）人，王大憙（喜），/《越公》簡74：～=（三百），唯王所安，以屈䟒（盡）王年。

〖㚔=〗（3）《越公》簡61：乃由（擢）王䘏（卒）君子～=（六千）。/《越公》簡64：以亓（其）厶（私）䘏（卒）君子～=（六千）以爲中軍。/《越公》簡67：雩（越）王句戈（踐）乃以亓（其）厶（私）䘏（卒）～=（六千）數（竊）涉，

〖伞=〗（4）《越公》簡5：又（有）繡（帶）甲～=（八千），又（有）旬之糧。/《越公》簡8：以觀句戔（踐）之以此～=（八千）人者死也。/《越公》簡11：公亓（其）孰（孰）又（有）繡（帶）甲～=（八千）以臺（敦）刃皆（偕）死？/《越公》簡14：虔（吾）於（烏）膚（胡）取～=（八千）人以會皮（彼）死？

參考文獻

A

安徽大學漢字發展與應用研究中心編:《漢語言文字研究》(第1輯),上海古籍出版社,2015年。

B

白顯鳳:《出土楚文獻所見人名研究》,吉林大學博士學位論文,2017年6月,指導教師:李守奎教授。

白於藍:《〈郭店楚墓竹簡〉讀後記》,《中國古文字研究》(第1輯),吉林大學出版社,1999年,頁110—116。

白於藍:《包山楚簡文字編校訂》,《中國文字》(新25輯),藝文印書館,1999年,頁175—204。

白於藍:《郭店楚簡拾遺》,《華南師範大學學報》(社會科學版),2000年第3期。

白於藍:《釋中山王譻方壺中的"屬"字》,《古文字研究》(第25輯),中華書局,2004年,頁290—293。

白於藍:《阜陽漢簡〈春秋事語〉校讀二記》,《華夏考古》,2014年第2期。

白於藍、吴祺:《清華簡〈厚父〉校釋四則》,《"紀念于省吾先生誕辰120周年、姚孝遂先生誕辰90周年學術研討會"論文集》,吉林大學,2016年,頁141—148。

白於藍:《簡帛古書通假字大系》,福建人民出版社,2017年。

北京大學出土文獻研究所：《北京大學藏西漢竹書〔貳〕》，上海古籍出版社，2012年。

北京大學出土文獻研究所：《北京大學藏西漢竹書〔叁〕》，上海古籍出版社，2015年。

北京大學出土文獻研究所：《北京大學藏西漢竹書〔肆〕》，上海古籍出版社，2015年。

補白《清華簡〈殷高宗問於三壽〉臆説四則》，復旦大學出土文獻與古文字研究中心網 http：//www.gwz.fudan.edu.cn/Web/Show/2497，2015年4月16日。

C

蔡一峰(2019)：《清華簡〈越公其事〉字詞考釋三則》，《出土文獻》（第15輯），2019年，頁155—160。

蔡哲茂：《論〈尚書·無逸〉"其在祖甲，不義惟王"》，原刊《甲骨文發現一百周年學術研討會論文集》，文史哲出版社，1998年；增改後發表於先秦史研究室網 http：//www.xianqin.org/blog/archives/1176.html，2009年2月12日，今據後者收入。

曹方向：《清華簡〈管仲〉帝辛事迹探討》，《出土文獻與古文字研究》（第7輯），上海古籍出版社，頁198—207。

曹錦炎：《春秋初期越爲徐地説新證》，《浙江學刊》，1987年第1期。

曹錦炎：《説"大甲飭玨"》，王宇信、宋鎮豪主編《紀念殷墟甲骨文發現一百周年國際學術研討會論文集》，社會科學文獻出版社，2003年，頁188—189。

曹錦炎：《自鐸銘文考釋》，《文物》，2004年第2期。

曹錦炎、岳曉峰（2018）：《説〈越公其事〉的"薑"——兼説九店楚簡"䔧"字》，《簡帛》（第16輯），上海古籍出版社，2018年，頁19—23。

陳秉新：《上海博物館藏戰國楚竹書（二）補釋》，《江漢考古》，2004年第2期。

陳秉新：《安徽大學漢語言文字研究叢書·陳秉新卷》，安徽大學出版社，2015年。

陳劍：《甲骨金文考釋論集》，綫裝書局，2007年。

陳劍：《戰國竹書論集》，上海古籍出版社，2013年。

陳劍：《"遅"字補釋》，《古文字研究》（第27輯），中華書局，2008年，頁128—134。

陳劍：《〈上博八·顏淵問於孔子〉補釋二則》，《簡帛》（第7輯），上海古籍出版社，2012年，頁33—39。

陳劍：《釋"聿"及相關諸字》，《出土文獻與古文字研究》（第5輯），上海古籍出版社，2013年，頁258—279。

陳劍：《〈容成氏〉補釋三則》，《出土文獻與古文字研究》（第6輯），上海古籍出版社，2015年，頁365—378。

陳劍（2017A）：《簡談對金文"蔑懋"問題的一些新認識》，復旦大學出土文獻與古文字研究中心網 http：//www.gwz.fudan.edu.cn/Web/Show/3039，2017年5月5日。

陳劍（2017B）：《〈越公其事〉殘簡18的位置及相關的簡序調整問題》，復旦大學出土文獻與古文字研究中心網 http：//www.gwz.fudan.edu.cn/Web/Show/3044，2017年5月14日。

陳劍：《〈岳麓簡（伍）〉"腏"字的讀法與相關問題》，《紀念徐中舒先生誕辰120周年國際學術研討會論文集》，2018年10月19—21日，頁661—668。

陳美蘭：《説"幽"——兼談〈蘭賦〉"幽中"》，《中國文字》（新37期），藝文印書館，2011年，頁13—22。

陳美蘭：《近出戰國西漢竹書所見人名補論》，《出土文獻研究》（第16輯），2017年，頁77—81。

陳民鎮：《清華簡〈保訓〉"中"字解讀諸説平議》，復旦大學出土文獻與古文字研究中心網 http：//www.gwz.fudan.edu.cn/Web/Show/1655，2011年9月19日。

陳奇猷：《吕氏春秋新校釋》，上海古籍出版社，2002年。

陳斯鵬：《楚簡"圖"字補正》，《康樂集——曾憲通教授七十壽辰論文集》，中山大學出版社，2006年，頁195—199。

陳斯鵬：《讀〈上博竹書（五）〉小記》，武漢大學簡帛網 http：//www.bsm.org.cn/show_article.php？id＝310，2006 年 4 月 1 日。

陳斯鵬：《楚系簡帛中字形與音義關係研究》，中國社會科學出版社，2011 年。

陳斯鵬、石小力、蘇清芳：《新見金文字編》，福建人民出版社，2012 年。

陳松長編著，鄭曙斌、喻燕姣協編：《馬王堆簡帛文字編》，文物出版社，2001 年。

陳偉：《包山楚簡初探》，武漢大學出版社，1996 年。

陳偉：《包山楚司法簡 131－139 號補釋》，《簡帛研究匯刊》（第一輯），中國文化大學史學系、簡帛學文教基金會籌備處，2003 年，頁 323－335。

陳偉：《郭店竹書別釋》，湖北教育出版社，2003 年。

陳偉：《〈用曰〉校讀》，武漢大學簡帛網 http：//www.bsm.org.cn/show_article.php？id＝623，2007 年 7 月 15 日。

陳偉：《楚人禱祠記錄中的人鬼系統以及相關問題》，武漢大學簡帛網 http：//bsm.org.cn/show_article.php？id＝788，2008 年 2 月 7 日。

陳偉：《新出楚簡研讀》，武漢大學出版社，2010 年。

陳偉：《簡帛文獻復原與解讀》，中國社會科學出版社，2014 年。

陳偉等主編：《楚地出土戰國簡冊〔十四種〕》，武漢大學出版社，2016 年。

陳偉主編：《秦簡牘合集（釋文注釋修訂本）：睡虎地秦墓簡牘》，武漢大學出版社，2016 年。

陳偉（2017A）：《清華簡七〈越公其事〉校讀》，武漢大學簡帛網 http：//www.bsm.org.cn/show_article.php？id＝2790，2017 年 4 月 27 日。後主要觀點發表於"出土文獻與傳世典籍的詮釋國際學術研討會"論文集，復旦大學出土文獻與古文字研究中心，2017 年 10 月，頁 31－34，今據後者收入。

陳偉（2017B）：《也說楚簡從"黽"之字》，武漢大學簡帛網 http：//www.bsm.org.cn/show_article.php？id＝2792，2017 年 4 月 29 日。

陳偉（2018）：《清華簡〈子犯子餘〉校讀》，《古文字研究》（第 32 輯），中華書局，2018 年，頁 347－350。

陳偉武：《愈愚齋磨牙集——古文字與漢語史研究叢稿》，中西書局，2014 年。

陳偉武主編：《古文字論壇》（第1輯），中山大學出版社，2015年。

陳偉武主編：《古文字論壇》（第2輯），中西書局，2016年。

陳偉武（2017）：《清華簡第七册釋讀小記》，"《清華簡》國際研討會"論文集，香港浸會大學、澳門大學，2017年10月26—28日，頁153—158。

陳曉聰（2019）：《〈越公其事〉"瘐"字試釋》，《勵耘語言學刊》，2019年第1期，頁13—18。

陳英傑：《史、吏、事、使分化時代層次考》，《中國文字》（新40期），藝文印書館，2014年，頁63—186。

陳穎飛：《論清華簡〈子犯子餘〉的幾個問題》，《文物》，2017年第6期。

陳治軍（2017A）：《清華簡〈趙簡子〉中從"黽"字釋例》，復旦大學出土文獻與古文字研究中心網 http：//www.gwz.fudan.edu.cn/Web/Show/3017，2017年4月29日。

陳治軍（2017B）：《從清華簡〈越公其事〉所見"甬、句東"再論"楚滅越"的時代》，《中國文字學會第九屆學術年會論文集》，貴州師範大學，貴陽孔學堂文化傳播中心，2017年8月18—22日，頁52—53。

陳治軍（2018）：《清華簡〈越公其事〉札記七則》，《楚文化研究論集》（第13集），上海古籍出版社，2018年，頁668—675。

程浩（2017）：《清華簡第七輯整理報告拾遺》，《出土文獻》（第10輯），中西書局，2017年，頁130—137。

程鵬萬：《簡牘帛書格式研究》，上海古籍出版社，2017年。

程薇（2017）：《清華簡（柒）中一新見字試解》，"《清華簡》國際研討會"論文，香港浸會大學、澳門大學，2017年10月26—28日。

程燕：《望山楚簡文字編》，中華書局，2007年。

程燕：《"坐""跪"同源考》，《古文字研究》（第29輯），中華書局，2012年，頁641—643。

程燕（2018）：《清華七札記三則》，武漢大學簡帛網 http：//www.bsm.org.cn/show_article.php?id=2788，2017年4月26日。後發表於《中國文字學報》

(第9輯），商務印書館，2018年，頁86—89，今據後者收入。

程悦（2018）：《清華簡〈越公其事〉札記一則》，"第二届小學專書與文獻考訂學術研討會"論文集，中國人民大學國學院，2017年10月28—29日，頁32—37。後以《清華簡〈越公其事〉"衆（寡）人不忍君之武礪（勵）兵甲之鬼"札記》爲題，發表於《文獻語言學》（第6輯），中華書局，2018年，頁233—237，今據後者收入。

D

大西克也：《秦漢以前古漢語中的"主之謂"結構及其歷史演變》，《第一届國際先秦漢語語法研討會論文集》，岳麓書社，1994年，頁16—32。

大西克也（2018）：《也説清華簡從"黽"之字》，《紀念清華簡入藏暨清華大學出土文獻研究與保護中心成立十周年國際學術研討會論文集》，2018年11月17日，頁92—99。

大西克也（2019）：《〈清華柒·越公其事〉"坳塗溝塘"考》，《第三十届中國文字學國際學術研討會論文集》，台灣國立成功大學，2019年5月24—25日，頁285—293。

鄧佩玲（2018）：《清華簡（七）〈子犯子餘〉"㷊"字及相關問題——以〈尚書·盤庚〉"相時憸民"异文參證》，《紀念清華簡入藏暨清華大學出土文獻研究與保護中心成立十周年國際學術研討會論文集》，2018年11月17日，頁100—109。

董楚平：《吴越徐舒金文集釋》第三章，浙江古籍出版社，1992年，頁248—336。

董蓮池：《釋楚簡中的"辯"字》，《古文字研究》（第22輯），中華書局，2000年，頁200—204。

董蓮池：《新金文編》，作家出版社，2011年。

董珊：《新見魯叔四器銘文考釋》，《古文字研究》（第29輯），2012年，頁303—310。

董珊：《簡帛文獻考釋論叢》，上海古籍出版社，2014年。

董作賓：《殷虚文字甲編》，商務印書館，1948年。

杜建婷：《清華簡第七輯文字集釋》，中山大學碩士學位論文，2019年6月，指導教師：陳斯鵬教授。

段凱（2018）：《讀清華簡第七册札記二則》，《出土文獻》（第12輯），中西書局，2018年，頁171—176。

段思靖：《清華簡〈越公其事〉集釋》，吉林大學碩士學位論文，2019年5月，指導教師：吴良寶教授。

段雅麗（2017）：《清華簡（柒）〈趙簡子〉篇札記一則》，武漢大學簡帛網http：//www.bsm.org.cn/show_article.php?id=2811，2017年5月25日。

F

范常喜：《簡帛探微——簡帛字詞考釋與文獻新證》，中西書局，2016年。

范常喜：《晉侯蘇編鐘銘所記二地名新詮》，《商周青銅器與先秦史研究論叢》，科學出版社，2017年，頁38—47。

范常喜：《〈包山楚簡〉遣册所記"旌旆"新考》，《第二届古文字與出土文獻語言研究學術研討會論文集》，西南大學漢語言文獻研究所，2017年11月，頁180—190。

范常喜（2018A）：《清華簡〈越公其事〉與〈國語〉外交辭令對讀札記一則》，《中國史研究》，2018年第1期。

范常喜（2018B）：《清華七〈子犯子餘〉"舘梏"試解》，《"中國文字學會第九届學術年會"論文集》，貴州師範大學、貴陽孔學堂文化傳播中心，2017年8月19—20日，頁97—105。後發表於《中國文字學報》（第9輯），商務印書館，2018年，頁79—85。

方勇：《秦簡牘文字編》，福建人民出版社，2012年。

馮勝君：《戰國楚文字"電"字用作"龜"字補議》，《漢字研究》（第1輯），學苑出版社，2005年，頁477—479。

馮勝君：《二十世紀古文獻新證研究》，齊魯書社，2006年。

馮勝君：《郭店簡與上博簡對比研究》，綫裝書局，2007年。

馮勝君：《論清華簡〈保訓〉篇書法風格與三體石經的關係》，《清華簡研究》（第1輯），中西書局，2012年，頁92－98。

馮勝君：《讀簡隨記（二題）》，《古文字研究》（第30輯），中華書局，2014年，頁331－333。

馮勝君：《讀清華三〈赤鵠之集湯之屋〉札記》，《吉林大學古籍研究所建所三十周年紀念論文集》，上海古籍出版社，2014年，頁80－84。

馮勝君：《說毀》，《"戰國文字研究的回顧與展望"國際學術研討會論文集》，復旦大學出土文獻與古文字研究中心，2015年，頁52－56。

馮勝君：《也說清華簡〈保訓〉篇的"中"》，《出土文獻研究》（第16輯），2017年，頁25－29。

馮勝君（2017）：《試說清華七〈越公其事〉篇中的"繼孽"》，復旦大學出土文獻與古文字研究中心 http：//www.gwz.fudan.edu.cn/Web/Show/3020，2017年5月2日。

馮勝君、郭侃（2018）：《清華七釋讀札記二則》，《古文字研究》（第32輯），中華書局，2018年，頁351－354。

阜陽漢簡整理組：《阜陽漢簡〈萬物〉》，《文物》，1988年第4期。

復旦大學出土文獻與古文字研究中心讀書會：《〈清華（貳）〉討論記錄》，復旦大學出土文獻與古文字研究中心網 http：//www.gwz.fudan.edu.cn/Web/Show/1746，2011年12月23日。

G

高亨纂著，董志安整理：《古字通假會典》，齊魯書社，1989年。

高明：《大戴禮記今注今譯》，臺灣商務印書館，1977年。

高明、涂白奎：《古文字類編》（增訂本），上海古籍出版社，2008年。

高佑仁：《〈荊門左冢楚墓〉漆棋局文字補釋》，武漢大學簡帛網站 http：//www.bsm.org.cn/show_article.php?id=752，2007年11月24日。

高佑仁（2019）：《〈越公其事〉首章補釋》，《第三十屆中國文字學國際學術研討會論文集》，國立成功大學，2019年5月24—25日，頁75—90。

顧史考（2017）：《〈趙簡子〉初探》，"《清華簡》國際研討會"論文，香港浸會大學、澳門大學，2017年10月26—28日。

廣瀨薰雄：《釋清華大學藏楚簡（叁）〈良臣〉的"大同"——兼論姑馮句鑃所見的"昏同"》，《古文字研究》（第30輯），中華書局，2014年，頁415—416。

廣瀨薰雄：《包山簡131—139號簡文所見"僉殺"之"僉"字之釋袪疑》，《古文字研究》（第31輯），中華書局，2016年，頁276—280。

郭静云：《幽玄之謎：商周時期表達青色的字彙及其意義》，《歷史研究》，2010年第2期。

郭沫若：《殷契粹编》，科學出版社，2002年。

郭沫若：《中國古代社會研究》，上海新新書店，1930年。

郭錫良：《先秦語氣詞新探》，《漢語史論集》（增補本），商務印書館，2005年。

郭錫良：《漢字古音手册》（增訂本），商務印書館，2014年。

郭洗凡：《清華簡〈越公其事〉集釋》，安徽大學碩士學位論文，2018年3月，指導老師：程燕教授。

郭沂：《郭店楚簡與先秦學術思想》，上海教育出版社，2001年。

郭永秉：《古文字與古文獻論集》，上海古籍出版社，2011年。

郭永秉：《古文字與古文獻論集續編》，上海古籍出版社，2015年。

郭永秉：《春秋晉國兩子犯——讀清華簡隨札之一》，《文匯報·文匯學人專題》，2017年2月3日。

H

［漢］孔安國傳，［唐］孔穎達正義，黄懷信整理：《尚書正義》，上海古籍出版社，2007年。

［漢］司馬遷：《史記》，中華書局，2014年。

［漢］許慎撰，［宋］徐鉉校定：《説文解字》，中華書局，1963年。

［漢］鄭玄箋，［唐］孔穎達正義，朱傑人、李慧玲整理：《毛詩注疏》，上海古籍出

版社，2013年。

韓自強：《阜陽漢簡〈周易〉研究·附：〈儒家者言〉〈春秋事語〉章題及相關竹簡》，上海古籍出版社，2004年。

郝士宏：《新出楚簡〈詩經·秦風〉异文箋證》，《安徽大學學報》（哲學社會科學版），2018年第3期。

何家歡：《清華簡柒〈越公其事〉集釋》，河北大學碩士學位論文，2018年6月，指導教師：張振謙教授。

何家興（2018）：《〈越公其事〉"偏"字補説》，清華大學出土文獻研究與保護中心網站 http：//www.ctwx.tsinghua.edu.cn/publish/cetrp/6831/2017/20170507235618333625818/20170507235618333625818_.html，2017年5月7日；後發表於《中國簡帛學刊》（第2輯），齊魯書社，2018年，頁43—45，今據後者收入。

何琳儀：《戰國古文字典——戰國文字聲系》，中華書局，1998年。

何琳儀：《戰國文字通論（訂補）》，江蘇教育出版社，2003年。

何琳儀：《安徽大學漢語言文字研究叢書·何琳儀卷》，安徽大學出版社，2013年。

何琳儀、焦智勤：《八年陽城令戈考》，《古文字研究》（第26輯），中華書局，2006年，頁213—216。

何有祖：《讀〈上博六〉札記》，武漢大學簡帛網 http：//www.bsm.org.cn/show_article.php？id=596，2007年7月9日。

何有祖（2018）：《〈越公其事〉補釋（五則）》，《"文字、文獻與文明——第七届出土文獻青年學者論壇暨國際學術研討會"論文集》，中山大學，2018年8月17—20日，頁160—162。

何志華、馮勝利主編：《承集與拓新——漢語言文字學研究》，香港商務印書館有限公司，2014年。

河南省文物研究所：《信陽楚墓》，文物出版社，1986年。

洪德榮：《〈上博九·陳公治兵〉考釋兩則》，復旦大學出土文獻與古文字研究中心網 http：//www.gwz.fudan.edu.cn/Web/Show/3099，2017年8月17日。

洪颺：《古文字考釋通假關係研究》，福建人民出版社，2008年。

洪颺：《清華簡七〈晉文公入于晉〉釋讀一則》，《中國文字學會第十屆學術年會論文集》，鄭州大學，2019年10月12—13日。

侯乃峰（2018A）：《清華簡七〈趙簡子〉篇從黽之字試釋》，《古文字研究》（第32輯），中華書局，2018年，頁366—371。

侯乃峰（2018B）：《讀清華簡（七）零札》，《"中國文字學會第九屆學術年會"論文集》，貴州師範大學、貴陽孔學堂文化傳播中心，2017年8月19—20日，頁213—220。後發表於《中國文字學報》（第9輯），商務印書館，2018年，頁90—97，今據後者收入。

侯瑞華（2017）：《〈清華柒·越公其事〉"歷"字補釋》，復旦大學出土文獻與古文字研究中心網 http://www.gwz.fudan.edu.cn/Web/Show/3079，2017年7月25日。

胡敕瑞（2017A）：《"太甬""大同"究竟是誰?》，復旦大學出土文獻與古文字研究中心網 http://www.gwz.fudan.edu.cn/Web/Show/3009，2017年4月26日。

胡敕瑞（2017B）：《〈清華大學藏戰國竹簡（柒）·越公其事〉札記三則》，清華大學出土文獻研究與保護中心網 http://www.ctwx.tsinghua.edu.cn/publish/cetrp/6831/2017/20170429211651149325737/20170429211651149325737_.html，2017年4月29日。

胡平生：《胡平生簡牘文物論稿》，中西書局，2012年。

湖北省荆沙鐵路考古隊：《包山楚簡》，文物出版社，1991年。

湖北省文物考古研究所、北京大學中文系：《望山楚簡》，中華書局，1995年。

湖北省文物考古研究所、北京大學中文系編：《九店楚簡》，中華書局，2000年。

湖北省文物考古研究所、湖北省博物館、武漢大學簡帛研究中心編，陳偉主編：《秦簡牘合集（壹）·睡虎地秦墓簡牘》，武漢大學出版社，2014年。

湖北省考古研究所、隨州市博物館：《隨州文峰塔M1（曾侯與墓）、M2發掘簡報》，《江漢考古》，2014年第4期。

黃愛梅（2017）：《〈越公其事〉與吳、越史事——讀〈清華簡（柒）·越公其事〉札記》，《第二屆出土文獻與先秦史研究工作坊論文集》，2017 年 11 月 18 日，頁 62—68。

黃德寬、徐在國：《郭店楚簡文字考釋》，《吉林大學古籍整理研究所建所十五周年紀念文集》，吉林大學出版社，1998 年，頁 98—111。

黃德寬：《説遅》，《古文字研究》（第 24 輯），中華書局，2002 年，頁 272—276。

黃德寬：《漢字理論叢稿》，商務印書館，2006 年。

黃德寬：《古文字譜系疏證》，商務印書館，2007 年。

黃德寬、何琳儀、徐在國：《新出楚簡文字考》，安徽大學出版社，2007 年。

黃德寬：《古漢字發展論》，中華書局，2014 年。

黃德寬：《古文字學》，上海古籍出版社，2015 年。

黃德寬主編：《清華大學藏戰國竹簡（玖）》，中西書局，2019 年。

黃德寬：《漢語史研究運用出土文獻資料的幾個問題》，《語言科學》，2018 年第 3 期。

黃懷信、孔德立、周海生：《大戴禮記彙校集注》，三秦出版社，2005 年。

黃懷信、張懋鎔、田旭東：《逸周書彙校集注》（修訂本），上海古籍出版社，2007 年。

黃鳴：《春秋列國地理圖志》，文物出版社，2017 年。

黃盛璋：《新出秦兵器銘刻新探》，《文博》，1988 年第 6 期。

黃天樹：《殷墟王卜辭的分類與斷代》，科學出版社，2007 年。

黃天樹：《禹鼎銘文補釋》，《古文字學論稿》，安徽大學出版社，2008 年，頁 64—67。

黃文傑：《秦至漢初簡帛文字研究》，商務印書館，2008 年。

黃文傑：《秦漢文字的整理與研究》，社會科學文獻出版社，2015 年。

黃錫全：《汗簡注釋》，臺灣古籍出版有限公司，2005 年。

J

季寥（2017）：《清華簡〈越公其事〉"蓉"字臆解》，武漢大學簡帛網 http：//

www.bsm.org.cn/show_article.php?id=2781，2017年4月24日。

季旭昇：《從戰國文字的"止"字談詩經中"之"字誤爲"止"字的現象》，《中國詩經學會會務通訊》，2000年第18期。

季旭昇：《〈上海博物館藏戰國竹書（二）〉讀本》，萬卷樓圖書股份有限公司，2003年。

季旭昇主編：《上海博物館藏戰國竹書（三）讀本》，萬卷樓圖書股份有限公司，2005年。

季旭昇：《上博五芻議（上）》，武漢大學簡帛網 http://www.bsm.org.cn/show_article.php?id=195，2006年2月18日。

季旭昇：《上海博物館藏戰國竹書（一）讀本》，北京大學出版社，2009年。

季旭昇：《清華大學藏戰國竹簡（壹）讀本》，藝文印書館，2013年。

季旭昇：《說文新證》，藝文印書館，2014年。

季旭昇、高佑仁：《〈上海博物館藏戰國竹書（九）〉讀本》，萬卷樓圖書股份有限公司，2017年。

季旭昇（2017A）：《〈清華柒·越公其事〉第四章"不稱貸""無好"句考釋》，"上古音與古文字研究的整合"國際研討會主題演講，澳門大學中國語言文學系、香港浸會大學饒宗頤國學院，2017年7月15—17日。

季旭昇（2017B）：《清華柒"流××""領御"試讀》，《"出土文獻與傳世典籍的詮釋"國際學術研討會論文集》，復旦大學出土文獻與古文字研究中心，2017年10月，頁187—196。

賈連翔：《戰國竹書形制及相關問題研究——以清華大學藏戰國竹簡爲中心》，中西書局，2015年。

賈連翔（2018）：《試析戰國竹簡中的"羍"及相關諸字》，《"文字、文獻與文明——第七屆出土文獻青年學者論壇暨國際學術研討會"論文集》，中山大學，2018年8月18—19日，頁181—194。

《簡帛文獻語言研究》課題組：《簡帛文獻語言研究》，社會科學文獻出版社，2009年。

金卓：《清華簡〈越公其事〉文獻形成初探——兼論其簡序問題》，武漢大學簡帛網 http：//www.bsm.org.cn/show_article.php？id＝3340，2019年3月19日。

江秋貞（2019）：《清華簡七〈越公其事〉簡3"鈠鎗"一詞考釋》，《中國文字》（新45期），藝文印書館，2019年，頁161－184。

江秋貞《〈清華大學藏戰國竹簡（柒）·越公其事〉考釋》，臺灣師範大學博士學位論文，2020年7月，指導教師：季旭昇教授。

蔣瓊傑：《新蔡簡、上博簡、清華簡地名資料集釋》，吉林大學碩士學位論文，2017年5月，指導教師：吳良寶教授。

蔣偉男：《簡牘"毀"字補説》，武漢大學簡帛網 http：//www.bsm.org.cn/show_article.php？id＝2531，2016年4月23日。

金榜：《禮箋》，《續修四庫全書》第109册，上海古籍出版社，2013年。

金祥恒：《釋"赤"與"幽"》，《金祥恒先生全集》，藝文印書館，1990年，頁1073－1082。

金祥恒：《從甲骨卜辭研究殷商軍旅制度中的三族三行三師》，《金祥恒先生全集》，藝文印書館，1990年，頁475－505。

金宇祥（2017）：《〈清華柒·晉文公入於晉〉札記二則：愆責毋有塞、命蒐修先君之乘》，武漢大學簡帛網 http：//www.bsm.org.cn/show_article.php？id＝2926，2017年10月17日。

荆門市博物館：《郭店楚墓竹簡》，文物出版社，1998年。

景紅艷：《〈春秋左傳〉所見周代重大禮制問題研究》，中國社會科學出版社，2015年。

K

孔仲温：《郭店楚簡〈緇衣〉字詞補釋》，《古文字研究》（第22輯），中華書局，2000年，頁243－244。

L

勞曉森（2017）：《清華簡〈越公其事〉殘字補釋一則》，復旦大學出土文獻與古文字研究中心網 http：//www.gwz.fudan.edu.cn/Web/Show/3019，2017 年 5 月 1 日。

雷鵠宇（2018）：《從清華簡〈趙簡子〉論春秋貴族家族中的"師保傅母"》，邯鄲學院學報，2018 年第 2 期。

雷晉豪：《周道：封建時代的官道》，社會科學文獻出版社，2011 年。

李步嘉：《越絕書校釋》，中華書局，2013 年。

李春利：《〈清華大學藏戰國竹簡·祝辭〉研究》，《古代史與文物研究》，2017 年第 5 期。

李春桃：《傳抄古文綜合研究》，吉林大學博士學位論文，2012 年。

李春桃：《古文異體關係整理與研究》，中華書局，2016 年。

李春桃（2017）：《古文字中"閒"字解詁——從清華簡〈子犯子餘〉篇談起》，《出土文獻研究》（第 16 輯），中西書局，2017 年，頁 37—43。

李家浩：《信陽楚簡"樂人之器"研究》，《簡帛研究》（第 3 輯），廣西教育出版社，1998 年，頁 1—22。

李家浩：《讀〈郭店楚墓竹簡〉瑣議》，《中國哲學》（第 20 輯），遼寧教育出版社，1999 年，頁 350—353。

李家浩：《包山祭禱簡研究》，《簡帛二〇〇一》，廣西教育出版社，2001 年，頁 31—32。

李家浩：《著名中年語言學家自選集·李家浩卷》，安徽教育出版社，2002 年。

李家浩、楊澤生：《談上博竹書〈鬼神之明〉中的"送孟公"》，《簡帛》（第 4 輯），上海古籍出版社，2009 年，頁 177—185。

李家浩：《甲骨文北方神名"勹"與戰國文字從"勹"之字——談古文字"勹"有讀如"宛"的音》，《文史》，2012 年第 3 期。

李家浩：《安徽大學漢語言文字研究叢書·李家浩卷》，安徽大學出版社，2013 年。

李零：《古文字雜識（兩篇）》，《于省吾教授百年誕辰紀念文集》，吉林大學出版社，1996 年，頁 270—271。

李零：《讀楚系簡帛文字編》，《出土文獻研究》（第 5 輯），科學出版社，1999 年 8

月，頁139—162。

李零：《上博楚簡校讀記》，萬卷樓圖書有限公司，2002年。

李零：《上博楚簡三篇校讀記》，中國人民大學出版社，2007年。

李零：《郭店楚簡校讀記》（增訂本），中國人民大學出版社，2007年。

李零：《簡帛古書與學術源流》（修訂本），三聯書店，2008年。

李零：《蘭臺萬卷：讀〈漢書·藝文志〉》，生活·讀書·新知三聯書店，2011年。

李零：《子彈庫帛書》，文物出版社，2017年。

李零：《北大藏秦簡〈禹九策〉》，北京大學學報（社會科學版），2017年第5期。

李鋭：《〈孔子見季桓子〉新編（稿）》，武漢大學簡帛網 http://www.bsm.org.cn/show_article.php?id=606，2007年7月11日。

李守奎：《楚文字編》，華東師範大學出版社，2003年。

李守奎、曲冰、孫偉龍：《上海博物館藏戰國楚竹書（一～五）文字編》，作家出版社，2007年。

李守奎：《楚文字考釋獻疑》，張光裕、黃德寬主編《古文字學論稿》，安徽大學出版社，2008年，頁344—348。

李守奎：《〈保訓〉二題》，《出土文獻》（第1輯），中西書局，2010年，頁78—86。

李守奎：《清華簡〈繫年〉與吳人入郢新探》，《中國社會科學報》（第7版），2011年11月24日。

李守奎、張峰：《説楚文字中的"桀"與"傑"》，《簡帛》（第7輯），上海古籍出版社，2012年，頁79—86。

李守奎、賈連翔、馬楠編著：《包山楚簡文字全編》，上海古籍出版社，2012年。

李守奎：《出土文獻中"遷"字的使用習慣與何尊"遷宅"補説》，《出土文獻》（第4輯），2013年，頁121—129。

李守奎：《古文字與古史考——清華簡整理研究》，中西書局，2015年。

李守奎、肖攀：《清華簡〈繫年〉文字考釋與構形研究》，中西書局，2015年。

李守奎：《"俞"字的闡釋與考釋——〈説文〉以來的漢字闡釋》，"首屆新語文學與早期中國研究國際研討會"論文，澳門，2016年6月19—22日。

李守奎：《清華簡〈繫年〉與古史新探》，中西書局，2016年。

李守奎：《漢字學論稿》，人民美術出版社，2016年。

李守奎：《〈越公其事〉與勾踐滅吳的歷史事實及故事流變》，《文物》，2017年第6期。

李守奎：《古音研究中應當注意的幾個文字問題》，《"上古音與古文字研究"國際研討會論文集》，香港：澳門大學中國語言文學系、香港浸會大學饒宗頤國學院，2017年7月15—17日。

李守奎、白顯鳳：《楚文字的歷史發展與地域文字系統的形成》，吉林大學學報（社會科學版），2017年第1期。

李守奎：《清華簡中的伍之雞與歷史上的雞父之戰》，《中國高校社會科學》，2017年第2期。

李守奎（2017）：《釋"仍"》，《甘肅省第三屆簡牘學國際學術研討會論文集》，上海辭書出版社，2017年12月，頁550—554。

李守奎（2018）：《〈國語〉故訓與古文字》，《臺灣第28屆中國文字學國際學術研討會論文集》，2017年5月12—13日。後發表於《漢字漢語研究》，2018年第2期，頁92—102，今據後者收入。

李松儒：《清華簡〈繫年〉集釋》，中西書局，2015年。

李松儒：《戰國簡帛字迹研究——以上博簡爲中心》，上海古籍出版社，2015年。

李松儒：《清華六〈鄭武夫人規孺子〉等四篇字迹研究》，"紀念于省吾先生誕辰一二〇周年、姚孝遂先生誕辰九十年學術研討會"會議論文，2016年7月，頁159—171。

李松儒：《清華柒〈越公其事〉中的一詞多形現象》，《出土文獻研究》（第17輯），中西書局，2018年，頁73—96。

李天虹：《楚簡文字形體混同、混訛舉例》，《江漢考古》，2005年第3期。

李孝定：《金文詁林讀後記》，中央研究院歷史語言研究所，1982年。

李學勤、李零：《平山三器與中山國史的若干問題》，《考古學報》，1979年第2期。

李學勤：《竹簡卜辭與商周甲骨》，鄭州大學學報，1989年第2期。

李學勤：《戎生編鐘論釋》，《文物》，1999年第9期。

李學勤：《范蠡思想與帛書〈黃帝書〉》，《簡帛佚籍與學術史》，江西教育出版社，2001年，頁332—341。

李學勤：《越涌君贏將其衆以歸楚之歲考》，《古文字研究》（第25輯），中華書局，2004年，頁311—313。

李學勤：《簡帛佚籍與學術史》，江西教育出版社，2007年。

李學勤：《清華簡〈耆夜〉》，《光明日報》，2009年8月3日第12版。

李學勤：《中國古代文明研究》，華東師範大學出版社，2009年。

李學勤：《清華簡九篇綜述》，《文物》，2010年第5期。

李學勤主編：《清華大學藏戰國竹簡（壹）》，中西書局，2010年。

李學勤主編：《清華大學藏戰國竹簡（貳）》，中西書局，2011年。

李學勤主編：《清華大學藏戰國竹簡（叁）》，中西書局，2012年。

李學勤主編：《字源》，天津古籍出版社、遼寧人民出版社，2012年。

李學勤主編：《清華大學藏戰國竹簡（肆）》，中西書局，2013年。

李學勤：《初識清華簡》，中西書局，2013年。

李學勤主編，沈建華、賈連翔編：《清華大學藏戰國竹簡（壹—叁）文字編》，中西書局，2014年。

李學勤：《夏商周文明研究》，商務印書館，2015年。

李學勤主編：《清華大學藏戰國竹簡（伍）》，中西書局，2015年。

李學勤主編：《清華大學藏戰國竹簡（陸）》，中西書局，2016年。

李學勤：《新出青銅器研究》（增訂版），人民美術出版社，2016年。

李學勤主編，沈建華、賈連翔編：《清華大學藏戰國竹簡（肆—陸）文字編》，中西書局，2017年。

李學勤主編：《清華大學藏戰國竹簡（柒）》，中西書局，2017年。

李學勤主編：《清華大學藏戰國竹簡（捌）》，中西書局，2018年。

李炎乾：《〈國語·吳語〉新探》，華東師範大學碩士學位論文，2016年5月，指導教師：胡逢祥教授。

李運富：《楚國簡帛文字構形系統研究》，岳麓書社，1997年。

李運富：《漢字學新論》，北京師範大學出版社，2012年。

李宗焜：《甲骨文字編》，中華書局，2012年。

連劭名：《郭店楚簡〈語叢〉叢釋》，《孔子研究》，2002年第2期。

梁立勇：《清華簡〈保訓〉試詁（五則）》，"孔子2000"網http://www.confucius2000.com/admin/list.asp?id=4586，2010年9月30日。

廖名春：《上博藏楚竹書〈恒先〉簡釋》（修訂稿），原載於簡帛研究網，2004年4月19日，轉引自季旭昇《〈上海博物館藏戰國竹書（三）〉讀本》，萬卷樓圖書股份有限公司，2005年，頁222。

林清源：《釋"參"》，《古文字研究》（第24輯），中華書局，2002年，頁286－290。

林少平（2017A）：《試說"越公其事"》，復旦大學出土文獻與古文字研究中心網http://www.gwz.fudan.edu.cn/Web/Show/3012，2017年4月27日。

林少平（2017B）：《清華簡所見成湯"網開三面"典故》，復旦大學出土文獻與古文字研究中心網http://www.gwz.fudan.edu.cn/Web/Show/3022，2017年5月3日。

林少平（2017C）：《也說清華簡〈趙簡子〉從电字》，復旦大學出土文獻與古文字研究中心網http://www.gwz.fudan.edu.cn/Web/Show/3042，2017年5月10日。

林少平（2017D）：《清華簡柒〈越公其事〉"大歷越民"試解》，復旦大學出土文獻與古文字研究中心網http://www.gwz.fudan.edu.cn/Web/Show/3111，2017年9月25日。

林素清：《郭店、上博〈緇衣〉簡之比較——兼論戰國文字的國別問題》，《新出土文獻與古代文明研究》，上海大學出版社，2014年，頁83－96。

林義光：《文源（標點本）》，上海古籍出版社，2017年。

林澐：《林澐學術文集》，中國大百科全書出版社，1998年。

林澐：《究竟是"蔑伐"還是"撲伐"》，《古文字研究》（第25輯），2004年，頁

115—118。

林志鵬：《清華大學所藏楚竹書〈保訓〉管窺——兼論儒家"中"之內涵》，武漢大學簡帛網 http：//www.bsm.org.cn/show_article.php? id=1034，2009 年 4 月 21 日。

劉傳賓：《楚系簡帛文獻"女""安"二形與"安""〔焉〕"二詞對應關係研究》，《出土文獻》（第 11 輯），中西書局，2017 年，頁 147—155。

劉剛：《晉系文字的範圍及内部差异研究》，復旦大學博士學位論文，2013 年 5 月，指導教師：裘錫圭教授。

劉剛：《清華叁〈良臣〉爲具有晉系文字風格的抄本補證》，《中國文字學報》（第 5 輯），2014 年，頁 99—107。

劉剛（2017）：《試說〈清華柒·越公其事〉中的"歷"字》，復旦大學出土文獻與古文字研究中心網 http：//www.gwz.fudan.edu.cn/Web/Show/3011，2017 年 4 月 26 日。

劉光：《春秋末期吴楚"雞父之戰"考析》，煙台大學學報（哲學社會科學版），2017 年第 1 期。

劉光：《出土文獻與吳越史專題研究》，清華大學博士學位論文，2018 年 4 月，指導教師：李守奎教授。

劉光勝：《〈清華大學藏戰國竹簡（壹）〉整理與研究》，上海古籍出版社，2016 年。

劉國勝：《郭店楚簡釋字八則》，《武漢大學學報》（哲學社會科學版），1999 年第 5 期。

劉國勝：《楚喪葬簡牘集釋》，科學出版社，2011 年。

劉國忠：《走近清華簡》，高等教育出版社，2011 年。

劉國忠：《清華簡與古代文史研究》，《文史知識》，2012 年第 3 期。

劉洪濤：《讀上博竹書〈天子建州〉札記》，武漢大學簡帛網 http：//www.bsm.org.cn/show_article.php? id=612，2007 年 7 月 12 日。

劉洪濤：《郭店〈窮達以時〉所載百里奚史事考》，武漢大學簡帛網 http://www.bsm.org.cn/show_article.php? id=996，2009 年 2 月 28 日。

劉洪濤：《論掌握其形體特點對古文字考釋的重要性》，北京大學博士學位論文，
　　2012年6月，指導教師：李家浩教授。

劉洪濤：《釋"蠅"及相關諸字》，台北中央研究院歷史語言研究所，2015年。

劉洪濤：《讀清華大學藏戰國竹簡第五册散札》，《第二屆古文字學青年論壇論文集》，
　　中央研究院歷史語言研究所，2016年1月28－29日，頁213－216。

劉洪濤：《説"爭""静"是"耕"的本字——兼説甲骨文"爭"表現的是犁耕》，
　　《中國文字學報》（第8輯），2017年，頁116－121。

劉嬌：《利用傳世古書與出土簡帛古書中的相同或類似内容校正出土簡帛古書舉例》，
　　《中國文字》（新36輯），藝文印書館，2011年，頁116－117。

劉麗：《重耳流亡路綫考》，《深圳大學學報》（社會科學版），2012年第2期。

劉信芳：《楚簡〈容成氏〉官廢疾者文字叢考》，《古文字研究》（第25輯），中華書
　　局，2004年，頁323－327。

劉玉環：《秦漢簡帛訛字研究》，中國書籍出版社，2013年。

劉樂賢：《釋〈赤鵠之集湯之屋〉的"埱"字》，清華大學出土文獻研究與保護中心網站 ht-
　　tp://www.ctwx.tsinghua.edu.cn/publish/cetrp/6831/2013/20130105155850543558094/20130105155850543558094_.html，2013年1月5日。

劉樂賢：《睡虎地77號漢墓出土伍子胥復仇故事殘簡與〈越絕書〉》，《古文字與古
　　代史》（第5輯），臺北中央研究院歷史語言研究所，2017年。

劉雲、袁瑩（2018）：《釋清華簡〈越公其事〉之"憂"字》，《漢字漢語研究》，2018
　　年第1期，頁33－35。

劉釗：《出土簡帛文字叢考》，臺灣古籍出版有限公司，2004年。

劉釗：《古文字考釋叢稿》，岳麓書社，2005年。

劉釗：《郭店楚簡校釋》，福建人民出版社，2005年。

劉釗：《古文字構形學》（修訂本），福建人民出版社，2011年。

劉釗：《書馨集——出土文獻與古文字論叢》，上海古籍出版社，2013年。

劉釗主編：《新甲骨文編》（增訂本），福建人民出版社，2014年。

劉釗（2017）：《利用清華簡（柒）校正古書一則》，復旦大學出土文獻與古文字研究

中心網 http：//www.gwz.fudan.edu.cn/Web/Show/3018，2017 年 5 月 1 日。

柳洋：《從三晉璽印字形看〈越公其事〉底本及書手問題探究》，《古文字論壇》（第 3 輯），中西書局，2018 年，頁 369－376。

劉志基：《中國文字發展史·商周文字卷》，華東師範大學出版社，2015 年。

魯家亮：《〈岳麓書院藏秦簡（伍）〉零拾一則》，《第四届簡帛學國際學術研討會暨謝桂華先生誕辰八十周年紀念座談會論文集》，2018 年 10 月 19－20 日，頁 260－263。

羅福頤主編：《古璽彙編》，文物出版社，1981 年。

羅福頤主編：《古璽文編》，文物出版社，1981 年。

羅小華：《試論清華簡〈良臣〉中的"咎犯"》，《古文字研究》（第 31 輯），中華書局，2016 年，頁 363－365。

羅小華：《戰國簡册中的旗幟》，武漢大學簡帛網 http：//www.bsm.org.cn/show_article.php？id＝2761，2017 年 3 月 17 日。

羅小華（2017A）：《說枓》，《簡帛研究·二〇一七春夏卷》，廣西師範大學出版社，2017 年，頁 8－14。

羅小華（2018）：《清華簡〈越公其事〉簡 3"挾弳秉橐"臆說——兼論從"𢆶"諸字》，《中國簡帛學刊》（第 2 輯），齊魯書社，2018 年，頁 46－52。

羅雲君：《清華簡〈越公其事〉研究》，東北師範大學碩士學位論文，2018 年 5 月，指導教師：謝乃和教授。

羅振玉：《殷虛書契考釋（三種）》，中華書局，2006 年。

駱珍伊（2018）：《〈清華柒·越公其事〉補釋》，《"第二十九届中國文字學國際學術研討會"論文集》，臺灣，2018 年 5 月 18－19 日，頁 523－533。

M

馬承源：《商周青銅器銘文選》，文物出版社，1990 年。

馬承源主編：《上海博物館藏戰國竹書（一）》，上海古籍出版社，2001 年。

馬承源主編：《上海博物館藏戰國竹書（二）》，上海古籍出版社，2002 年。

馬承源主編：《上海博物館藏戰國竹書（三）》，上海古籍出版社，2003年。

馬承源主編：《上海博物館藏戰國竹書（四）》，上海古籍出版社，2004年。

馬承源主編：《上海博物館藏戰國竹書（五）》，上海古籍出版社，2005年。

馬承源主編：《上海博物館藏戰國竹書（六）》，上海古籍出版社，2007年。

馬承源主編：《上海博物館藏戰國竹書（七）》，上海古籍出版社，2008年。

馬承源主編：《上海博物館藏戰國竹書（八）》，上海古籍出版社，2011年。

馬承源主編：《上海博物館藏戰國竹書（九）》，上海古籍出版社，2012年。

馬楠：《〈尚書〉、金文互證三則》，《中國國家博物館館刊》，2014年第11期。

馬楠：《清華簡〈繫年〉輯證》，中西書局，2015年。

馬楠：《淺談"由"訓作"用"的若干實例》，《古文字研究》（第31輯），中華書局，2016年，頁580—582。

馬楠：《〈晉文公入於晉〉述略》，《文物》，2017年第3期。

馬瑞辰：《毛詩傳箋通釋》（陳金生點校本），中華書局，1989年。

馬叙倫：《説文解字六書疏證》，上海書店，1985年。

麥耘：《"電"字上古音歸部説》，《華學》（第5輯），中山大學出版社，頁168—173。

毛遠明：《左傳詞彙研究》，西南師範大學出版社，1999年。

毛遠明：《漢魏六朝碑刻异體字典》，中華書局，2014年。

孟蓬生：《釋"彖"》，《古漢語研究》，1998年第3期。

孟蓬生：《上博簡〈緇衣〉三解》，《上博館藏戰國楚竹書研究》，上海書店出版社，2002年。

孟蓬生：《郭店楚簡字詞考釋》，《古文字研究》（第24輯），中華書局，2002年，頁404—408。

孟蓬生：《〈彭祖〉字義疏證》，簡帛研究網，2005年6月21日。轉引自《上海博物館藏戰國竹書（三）讀本》，臺灣萬卷樓圖書股份有限公司，2005年，頁270。

孟蓬生：《〈上博竹書四〉閒詁》，《簡帛研究二〇〇四》，廣西師範大學出版社，2006年，頁68—78。

孟蓬生：《上博簡"臧罪"音釋——談魚通轉例說之六》，《古漢語研究的新探索·第十一屆全國古代漢語學術研討會論文集》，語文出版社，2014年，頁387—395。

孟蓬生：《"咸"字音釋——侵脂通轉例說之二》，《出土文獻與古文字研究》（第6輯），上海古籍出版社，2015年，頁729—754。

孟蓬生：《〈尚書·盤庚〉"亂越"新證》，《語文研究》，2017年第3期。

孟蓬生（2019）：《〈清華七·越公其事〉字義拾瀋》，《出土文獻綜合研究集刊》（第8輯），巴蜀書社，2019年，頁196—201。

孟躍龍（2017）：《〈清華七〉"栐（桎）"字試釋》，復旦大學出土文獻與古文字研究中心網 http://www.gwz.fudan.cn/Web/Show/3043，2017年5月11日。

N

南京博物院、江蘇省考古研究所：《鴻山越墓發掘報告》，文物出版社，2007年。

P

裴學海：《古書虛字集釋》，中華書局，1954年。

駢宇騫：《銀雀山漢簡文字編》，文物出版社，2001年。

駢宇騫：《簡帛文獻綱要》，北京大學出版社，2014年。

Q

［清］段玉裁：《說文解字注》，中華書局，2013年。

［清］郝懿行撰，王其和、吳慶峰、張金霞點校：《爾雅義疏》，中華書局，2017年。

［清］錢繹撰，李舜發、黃建中點校：《方言箋疏》，中華書局，2013年。

［清］錢大昭撰，黃建中、李舜發點校：《廣雅疏義》，中華書局，2016年。

［清］王念孫撰，張靖偉等點校：《廣雅疏證》，上海古籍出版社，2016年。

［清］王念孫：《讀書雜志》，鳳凰出版社，2000年。

［清］王引之：《經義述聞》，鳳凰出版社，2000年。

［清］王引之：《經傳釋詞》，鳳凰出版社，2000年。

［清］朱駿聲：《說文通訓定聲》，中華書局，1984年。

黔之菜（2017）：《清華簡柒〈越公其事〉篇之"闔冒"試解》，武漢大學簡帛網 http：//www.bsm.org.cn/show_article.php?id=2802，2017年5月11日。

黔之菜（2017）：《說〈清華簡（柒）·越公其事〉之"潛攻"》，復旦大學出土文獻與古文字研究中心網 http：//www.gwz.fudan.edu.cn/Web/Show/3178，2017年11月29日。

錢穆：《錢賓四先生全集》卷五，臺灣聯經出版事業股份有限公司，1998年。

秦始皇兵馬俑博物館、陝西省考古研究所：《秦始皇陵銅車馬發掘報告》，文物出版社，1998年。

清華大學出土文獻讀書會（2017）：《清華七整理報告補正》，清華大學出土文獻研究與保護中心網 http：//www.ctwx.tsinghua.edu.cn/publish/cetrp/6831/2017/20170423065227407873210/20170423065227407873210_.html，2017年4月23日。

清華大學出土文獻讀書會：《清華六整理報告補正》，清華大學出土文獻研究與保護中心網 http：//www.ctwx.tsinghua.edu.cn/publish/cetrp/6831/2016/20160416052940099595642/20160416052940099595642_.html，2016年4月16日。

清華大學出土文獻研究與保護中心編：《清華簡研究》（第1輯），中西書局，2012年。

清華大學出土文獻研究與保護中心編：《清華簡研究》（第2輯），中西書局，2015年。

邱德修：《上博楚簡〈容成氏〉注譯考證》，臺灣古籍出版有限公司，2003年。

裘錫圭、李家浩：《曾侯乙墓竹簡釋文與考釋》，《曾侯乙墓》，文物出版社，1989年。

裘錫圭：《裘錫圭學術文集·甲骨文卷》，復旦大學出版社，2012年。

裘錫圭：《裘錫圭學術文集·簡牘帛書卷》，復旦大學出版社，2012年。

裘錫圭：《裘錫圭學術文集·金文及其他古文字卷》，復旦大學出版社，2012年。

裘錫圭：《說從"𠂔"聲的從"貝"與從"辵"之字》，《文史》，2012年第3期。

裘錫圭:《文字學概要》(修訂本),商務印書館,2013年。

裘錫圭主編:《長沙馬王堆漢墓帛書集成〔叁〕》,中華書局,2012年。

裘錫圭主編:《長沙馬王堆漢墓帛書集成〔肆〕》,中華書局,2012年。

屈萬里著,李偉泰、周鳳五校:《尚書集釋》,中西書局,2014年。

R

饒玉哲:《楚簡所見祭祀制度研究》,安徽大學碩士學位論文,2011年5月,指導教師:程燕教授。

戎輝兵:《〈國語集解〉訂補》,《古典文獻研究輯刊》(第17編,第1冊),臺灣花木蘭文化出版社,2013年9月。

容庚編著,張振林、馬國權摹補:《金文編》,中華書局,1985年。

S

[宋]洪興祖撰,白化文、許德楠、李如鸞、方進點校:《楚辭補注》,中華書局,1983年。

山東省博物館:《山東漢畫像石選集》,齊魯書社,1982年。

陝西省秦俑考古隊:《秦始皇陵一號銅車馬清理簡報》,《文物》,1991年第1期。

單育辰:《談戰國文字中的"鳧"》,《簡帛》(第3輯),上海古籍出版社,2008年,頁21—28。

單育辰:《說"麇""麀"——"甲骨文所見的動物"之五》,復旦大學出土文獻與古文字研究中心網站http://www.gwz.fudan.edu.cn/Web/Show/917,2009年9月23日。

單育辰:《包山簡案例研究兩則》,《吉林大學社會科學學報》,2012年第1期。

單育辰:《楚地戰國簡帛與傳世文獻對讀之研究》,中華書局,2014年。

單育辰:《新出楚簡〈容成氏〉研究》,中華書局,2016年。

單育辰:《由清華四〈別卦〉談上博四〈柬大王泊旱〉的"庹"字》,《古文字研究》(第31輯),中華書局,2016年,頁312—315。

單育辰（2017）：《〈清華大學藏戰國竹簡（柒）〉釋文訂補》，《"〈清華簡〉國際學術研討會"論文集》，香港浸會大學、澳門大學，2017年10月26－28日，頁169－178。

商承祚：《説文中之古文考》，上海古籍出版社，1983年。

商承祚：《甲骨文字研究》下編，天津古籍出版社，2008年。

邵榮芬：《古韻魚侯兩部在前漢時期的分合》，《中國語言學報》，1983年第1期。

沈兼士主編：《廣韻聲系》，中華書局，1985年。

沈培：《上博簡〈緇衣〉"悉"字解》，謝維揚、朱淵清主編《新出土文獻與古代文明研究》，上海大學出版社，2004年，頁132－136。

沈培：《從清華簡和上博簡看"就"字的早期用法》，《源遠流長：漢字國際學術研討會暨AEARU第三屆漢字文化研討會論文集》，北京大學出版社，2017年，頁203－211。

沈培：《清華簡〈鄭武夫人規孺子〉"乃爲之毁圖所賢者"釋義》，《單周堯教授七秩華誕國際學術研討會論文集》，饒宗頤文化館，2017年12月9日。

沈雨馨：《〈清華大學藏戰國竹簡（柒）〉集釋》，首都師範大學碩士學位論文，2019年4月，指導教師：張富海副教授。

施謝捷：《吴越文字彙編》，江蘇教育出版社，1998年。

石光澤（2017）：《〈清華大學藏戰國竹簡（柒）·越公其事〉"昆奴"補説》，《"第二屆出土文獻與先秦史研究工作坊"論文集》，華東師範大學，2017年11月18日，頁71－72。

石小力：《〈商周青銅器銘文暨圖像集成續編〉釋文校訂》，鄒芙都主編《商周青銅器與先秦史研究論叢》，科學出版社，2017年，頁142－155。

石小力(2017A)：《據清華簡(柒)補證舊説四則》，清華大學出土文獻研究與保護中心網 http://www.tsinghua.edu.cn/publish/cetrp/6831/2017/20170423064545430510109/20170423064545430510109_.html，2017年4月23日。

石小力（2017B）：《清華簡第七册字詞釋讀札記》，《出土文獻》（第11輯），中西書局，2017年10月，頁242－247。

石小力（2017C）：《上古漢語"茲"用爲"使"説》，《語言科學》，2017年第6期。

石小力（2017D）：《據清華簡考證侯馬盟書的"趙尼"——兼説侯馬盟書的時代》，《中山大學學報》（社會科學版），2018年第1期。

石小力（2017E）《清華簡〈越公其事〉與〈國語〉合證》，《"〈清華簡〉國際學術研討會"論文集》，香港浸會大學、澳門大學，2017年10月26—28日。

石小力（2018）：《清華簡〈越公其事〉與〈國語〉合證》，《文獻》，2018年第3期。

石小力（2019A）：《釋戰國楚文字中的"軌"》，《"首屆漢語字詞關係學術研討會"論文集》，浙江大學，2019年10月25—27日，頁81—85。

史楨英：《也説〈清華大學藏戰國竹簡（七）〉寫手問題》，武漢大學簡帛網http://www.bsm.org.cn/show_article.php?id=3167，2018年6月15日。

[宋]聶崇義：《新定三禮圖·旌旗圖卷》，浙江人民美術出版社，2016年。

宋超：《秦漢"除道"略論》，《第二屆簡帛學的理論與實踐學術研討會論文集》，首都師範大學，2016年11月4—6日。

宋華強：《釋賓組卜辭"叀"字的一種特殊用法》，《甲骨文疑難語辭例釋》，鄭州大學碩士學位論文，2002年5月，指導教師：王藴智教授。

宋華強：《新蔡葛陵楚簡初探》整理釋文，武漢大學出版社，2010年。

宋華強：《清華簡〈金縢〉讀爲"穫"之字解説》，武漢大學簡帛網http://www.bsm.org.cn/show_article.php?id=1388，2011年1月14日。

宋華強：《楚簡中從"黽"從"甘"之字新考》，《簡帛》（第13輯），上海古籍出版社，2016年，頁1—10。

宋俊文：《清華簡〈越公其事〉與〈國語〉叙事比較研究》，吉林大學碩士學位論文，2018年6月，指導教師：馬衛東教授。

宋少華、張春龍、鄭曙斌等編：《湖南出土簡牘選編》，岳麓書社，2013年。

宋亞雯：《清華簡中的非典型楚文字因素問題研究》，復旦大學碩士學位論文，2016年6月，指導教師：周波副教授。

蘇建洲：《從古文字材料談"棗""棘"的文字構形及相關問題》，《中國學術年刊》（第24期），臺灣師範大學國文學系，2003年，頁117—139。

蘇建洲：《〈上博楚竹書〉文字及相關問題研究》，萬卷樓圖書股份有限公司，2008年。

蘇建洲：《楚文字論集》，萬卷樓圖書股份有限公司，2011年。

蘇建洲、吳雯雯、賴怡璇：《清華二〈繫年〉集解》，萬卷樓圖書股份有限公司，2013年。

蘇建洲：《〈清華六〉文字補釋》，武漢大學簡帛網 http://www.bsm.org.cn/show_article.php?id=2526，2016年4月20日。

蘇建洲：《楚系文字"祟"字構形補說兼論相關問題》，復旦大學出土文獻與古文字研究中心網 http://www.gwz.fudan.edu.cn/Web/Show/2969，2017年1月15日。

蘇建洲（2017）：《北大簡〈蒼頡篇〉釋文及注釋補正》，《"出土文獻與傳世典籍的詮釋"國際學術研討會論文集》，復旦大學，2017年10月14－15日，頁312－327。

蘇建洲（2018）：《談清華七〈越公其事〉簡三的幾個字》，復旦大學出土文獻與古文字研究中心網 http://www.gwz.fudan.edu.cn/Web/Show/3050，2017年5月20日。後發表於《古文字研究》（第32輯），中華書局，2018年，頁390－394，今據後者收入。

孫剛：《齊文字編》，福建人民出版社，2010年。

孫合肥（2017A）：《清華柒〈趙簡子〉札記一則》，武漢大學簡帛網 http://www.bsm.org.cn/show_article.php?id=2783，2017年4月25日。

孫合肥（2017B）：《清華七〈越公其事〉札記一則》，武漢大學簡帛網 http://www.bsm.org.cn/show_article.php?id=2786，2017年4月25日。

孫合肥（2017C）：《清華七〈越公其事〉札記二則》，武漢大學簡帛網 http://www.bsm.org.cn/show_article.php?id=2787，2017年4月26日。

孫亞冰：《易國考》，《古文字研究》（第27輯），中華書局，2008年，頁42－48。

孫詒讓：《周禮正義》，中華書局，1982年。

孫詒讓：《九旗古誼述》，《大戴禮記斠補（外四種）》，中華書局，2010年，頁

299—300。

T

湯炳正、李大明、李誠、熊良智：《楚辭今注》，上海古籍出版社，2012年。

湯餘惠：《戰國銘文選》，吉林大學出版社，1993年。

湯餘惠主編：《戰國文字編》（修訂本），福建人民出版社，2015年。

［唐］劉知幾撰，［清］浦起龍注：《史通通釋》，上海古籍出版社，2009年。

唐蘭：《䲎羌鐘考釋》，《唐蘭先生金文論集》，紫禁城出版社，1995年。

唐蘭：《馬王堆出土〈老子〉乙本卷前古佚書的研究》，《考古學報》，1975年第1期。

陶金（2017）：《清華簡七〈子犯子餘〉"人面"試解》，武漢大學簡帛網 http：//www.bsm.org.cn/show_article.php?id=2815，2017年5月26日。

滕壬生：《楚系簡帛文字編》（增訂本），湖北教育出版社，2008年。

天戀：《釋〈清華六·管仲〉的"廛"》，復旦大學出土文獻與古文字研究中心網 http：//www.gwz.fudan.edu.cn/Web/Show/2771，2016年4月16日。

田煒：《古璽探研》，華東師範大學出版社，2010年。

田煒：《西周金文字詞關係研究》，上海古籍出版社，2016年。

田煒：《説"同生""同産"》，《中國語文》，2017年第4期。

W

汪遠孫：《〈國語〉明道本考异》，四庫備要本。

王國維：《鬼方、昆夷考》，《觀堂集林》第二册，中華書局，1961年。

王輝：《郭店楚簡釋讀五則》，《簡帛研究二〇〇一》，廣西教育出版社，2001年，頁171—172。

王輝：《古文字通假字典》，中華書局，2008年。

王輝主編：《秦文字編》，中華書局，2015年。

王輝（2017）：《説"越公其事"非篇題及其釋讀》，《出土文獻》（第11輯），中西書局，2017年，頁239—241。

王進鋒（2017）:《周代的縣與越縣——由清華簡〈越公其事〉中的相關内容引發的討論》,《"〈清華簡〉國際學術研討會"論文集》,香港浸會大學、澳門大學,2017年10月26—28日,頁67—82。

王凱博:《出土文獻資料疑義探研》,吉林大學博士學位論文,2018年6月,指導教師:林澐教授。

王凱博（2018）:《清華簡〈越公其事〉補釋三則》,《出土文獻》（第13輯）,中西書局,2018年,頁131—135。

王坤鵬:《進出古書與早期史學源流》,吉林大學出版社,2017年。

王磊（2017A）:《清華七〈越公其事・第一章〉札記一則》,武漢大學簡帛網 http://www.bsm.org.cn/show_article.php?id=2804,2017年5月14日。

王磊（2017B）:《清華七〈趙簡子〉札記一則》,武漢大學簡帛網 http://www.bsm.org.cn/show_article.php?id=2805,2017年5月14日。

王磊（2017C）:《清華七〈越公其事〉札記六則》,武漢大學簡帛網 http://www.bsm.org.cn/show_article.php?id=2806,2017年5月17日。

王念孫:《讀書雜志》,上海古籍出版社,2015年。

王念孫:《墨子雜志》,《讀書雜志》卷九,中國書店,1985年。

王寧:《釋郭店楚簡中的"噬"與"滋"》,簡帛研究網站 http://www.jianbo.org/Wssf/2002/wangning02.htm,2002年8月27日。

王寧:《清華簡六〈鄭文公問太伯〉之"太伯"爲"洩伯"説》,武漢大學簡帛網 http://www.bsm.org.cn/show_article.php?id=2547,2016年5月8日。

王寧（2017A）:《釋楚簡文字中讀爲"上"的"嘗"》,復旦大學出土文獻與古文字研究中心網 http://www.gwz.fudan.edu.cn/Web/Show/3014,2017年4月27日。

王寧（2017B）:《清華簡七〈子犯子餘〉文字釋讀二則》,武漢大學簡帛網 http://www.bsm.org.cn/show_article.php?id=2798,2017年5月3日。

王寧（2017C）:《釋清華簡七〈子犯子餘〉中的"愕籥"》,復旦大學出土文獻與古文字研究中心網 http：//www.gwz.fudan.edu.cn/Web/Show/3024，2017 年 5 月 4 日。

王寧（2017D）：《史說清華簡七〈趙簡子〉中的"上將軍"》，復旦大學出土文獻與古文字研究中心網 http：//www.gwz.fudan.edu.cn/Web/Show/3041，2017 年 5 月 10 日。

王寧（2017E）：《說清華簡七〈越公其事〉的"墨""更"合文》，"知北游"新浪博客 https：//weibo.com/p/23041857c4f8f10102xdzz，2017 年 5 月 15 日。

王寧（2017F）：《清華簡柒〈越公其事〉讀札一則》，武漢大學簡帛網 http：//www.bsm.org.cn/show_article.php？id＝2809，2017 年 5 月 22 日。

王寧：《北大秦簡〈禹九策〉補箋》，復旦大學出土文獻與古文字研究中心網 http：//www.gwz.fudan.edu.cn/Web/Show/3113，2017 年 9 月 27 日。

王寧（2018）：《由清華簡〈越公其事〉的"役"釋甲骨文的"斬"與"漸"》，復旦大學出土文獻與古文字研究中心網 http：//www.gwz.fudan.edu.cn/Web/Show/4269，2018 年 6 月 29 日。

王寧：《漢字構形學導論》，商務印書館，2015 年。

王青（2019）：《從〈越公其事〉"男女備"的釋讀說到古字通假的一問題》，《商周國家與社會國際學術研討會論文集》，北京師範大學歷史學院，2019 年 10 月 11－14 日，頁 478－482。

王少林：《新出簡牘與晉文公重耳出亡史事綜合研究》，《傳統中國研究集刊》（第 18 輯），上海社會科學院出版社，2018 年，頁 54－64。

王挺斌（2017）：《〈晉文公入於晉〉的"冕"字小考》，清華大學出土文獻研究與保護中心網 http：//www.ctwx.tsinghua.edu.cn/publish/cetrp/6831/2017/20170424221641251174134/20170424221641251174134_.html，2017 年 4 月 24 日。

王望生：《西安臨潼新豐南杜秦遺址陶文》，《考古與文物》，2000 年第 1 期。

王先慎：《韓非子集解》卷九，中華書局，1998 年。

王引之：《春秋名字解詁》，《經義述聞》卷 22，上海古籍出版社，2016 年。

王引之：《經傳釋詞》，黄侃、楊樹達批本，岳麓書社，1985年。

王引之：《經義述聞》，鳳凰出版社，2000年。

王永昌：《清華簡文字與晉系文字對比研究》，吉林大學博士學位論文，2018年6月，指導教師：李守奎教授。

王玉哲：《晉文公重耳考》，《古史集林》，中華書局，2002年，頁459－479。

王藴智：《"㠯""茲""兹""𢆶""幺""玄"同源證説》，首届古文字與出土文獻語言研究國際學術研討會，華南師範大學出土文獻語言研究中心，2016年12月16－19日。

王藴智：《釋甲骨文"市"字》，《古文字研究》（第25輯），中華書局，2004年，頁26－28。

王藴智：《字學論集》，河南美術出版社，2004年。

王志平、孟蓬生、張潔：《出土文獻與先秦兩漢方言地理》，中國社會科學出版社，2014年。

王志平：《簡帛拾零——簡帛文獻語言研究叢稿》，臺灣古籍出版有限公司，2009年。

王子揚：《甲骨文字形類組差异現象研究》，中西書局，2013年。

魏棟（2017A）：《清華簡〈越公其事〉"夷訐蠻吴"及相關問題試析》，復旦大學出土文獻與古文字研究中心網 http://www.gwz.fudan.edu.cn/Web/Show/3007，2017年4月23日。

魏棟（2017B）：《讀清華簡〈越公其事〉札記（一）》，清華大學出土文獻研究與保護中心網 http://www.ctwx.tsinghua.edu.cn/publish/cetrp/6831/2017/20170425125138875303171/20170425125138875303171_.html，2017年4月25日。

魏棟（2017C）：《清華簡〈越公其事〉合文"八千"芻議》，《殷都學刊》，2017年第3期。

魏宜輝：《清華簡〈繫年〉篇研讀四題》，《出土文獻語言研究》（第2輯），暨南大學出版社，2015年，頁171。

魏宜輝（2017）：《讀〈清華大學藏戰國竹簡（柒）〉札記》，《"中國文字學會第九屆學術年會"論文集》，貴州師範大學、貴陽孔學堂文化傳播中心，2017年8月19－20日；又發表於《"〈清華簡〉國際學術研討會"論文集》，香港浸會大學、澳門大學，2017年10月26－28日，頁179－188；後發表於南京大學古典文獻研究所《古典文獻研究》，2017年第2期，今據後者收入。

翁倩（2017）：清華簡（柒）〈子犯子餘〉篇札記一則》，武漢大學簡帛網http：//www.bsm.org.cn/show_article.php？id＝2808，2017年5月20日。

翁倩（2018）：《釋清華簡〈越公其事〉的"游民"》，復旦大學出土文獻與古文字研究中心網 http：//www.gwz.fudan.edu.cn/Web/Show/4284，2018年8月6日。

鄔可晶：《釋上博楚簡中的所謂"逐"字》，《簡帛研究二〇一二》，廣西師大出版社，2013年，頁22－24。

鄔可晶、郭永秉（2017）：《從楚文字"原"的異體談到三晉的原地與原姓》，《出土文獻》（第11輯），中西書局，2017年，頁225－238。

鄔可晶（2018）：《〈清華（柒）·子犯子餘〉子犯答秦穆公問有關簡文補説》，《簡帛研究·二〇一八秋冬卷》，廣西師範大學出版社2019年，頁41－48。

吳德貞（2018）：《清華簡〈越公其事〉集釋》，武漢大學碩士學位論文，2018年5月，指導教師：李天虹教授。

吳紀寧（2018）：《清華簡〈子犯子餘〉篇"庶子"解》，《楚學論叢》（第7輯），2018年，頁47－52。

吳良寶：《先秦貨幣文編》，福建人民出版社，2006年。

吳良寶：《戰國楚簡地名輯證》，武漢大學出版社，2010年，頁151。

吳祺（2018A）：《戰國竹書訓詁札記四則》，《中國文字研究》，2018年第1期。

吳祺（2018B）：《清華簡〈管仲〉〈越公其事〉校釋三則》，《出土文獻》（第12輯），中西書局，2018年，頁177－183。

吳振烽：《獄器銘文考釋》，《考古與文物》，2006年第6期。

吳振武：《釋戰國文字中的從"膚"和從"朕"之字》，《古文字研究》（第19輯），中華書局，1992年，頁490—499。

吳振武：《古璽合文考（十八篇）》，《古文字研究》（第17輯），中華書局，1996年，頁268—281。

吳振武：《古文字中的借筆字》，《古文字研究》（第20輯），中華書局，2000年，頁308—337。

吳振武：《〈古璽文編〉校訂》，人民美術出版社，2011年。

武漢大學簡帛研究中心、荊門市博物館編：《楚地出土戰國簡册合集（一）》，文物出版社，2011年。

武漢大學簡帛研究中心、河南省文物考古研究所編：《楚地出土戰國簡册合集（二）》，文物出版社，2013年。

X

夏德靠：《論慈利楚簡的性質》，《凱里學院學報》，2011年第2期。

夏德靠：《先秦語類文獻形態研究》，中華書局，2015年。

向熹：《詩經詞典》（修訂版），商務印書館，2014年。

蕭聖中：《曾侯乙墓竹簡釋文補正暨車馬制度研究》，科學出版社，2011年。

蕭旭（2017A）：《清華簡（七）〈子犯子餘〉"弱寺"解詁》，復旦大學出土文獻與古文字研究中心網 http：//www.gwz.fudan.edu.cn/Web/Show/3052，2017年5月23日。

蕭旭（2017B）：《清華簡（七）校補（一）》，復旦大學出土文獻與古文字研究中心網 http：//www.gwz.fudan.edu.cn/Web/Show/3055，2017年5月27日。

蕭旭（2017C）：《清華簡（七）校補（二）》，復旦大學出土文獻與古文字研究中心網 http：//www.gwz.fudan.edu.cn/Web/Show/3061，2017年6月5日。

肖曉暉（2018）：《清華簡七〈越公其事〉"豕門""闠冒"解》，《古文字研究》（第32輯），中華書局，2018年，401—411頁。

蕭毅：《楚簡文字研究》，武漢大學出版社，2010年。

小寺敦（2019）：《關於清華簡〈晉文公入於晉〉中的理想君主像》，《商周國家與社會國際學術研討會論文集》，北京師範大學歷史學院，2019年10月11－14日，頁441－454。

謝明文（2018）：《清華簡說字零札（二則）》，《"〈清華簡〉國際學術研討會"論文集》，香港浸會大學、澳門大學，2017年10月26－28日，頁89－96。後發表於《出土文獻》（第13輯），中西書局，2018年，頁116－123，今據後者收入。

謝耀亭（2018）：《清華簡〈趙簡子〉拾零——兼論其文獻學價值》，邯鄲學院學報，2018年第2期。

辛德勇：《越王勾踐徙都琅邪事析義》，《文史》，2010年第1期。

邢文：《楚簡書法探論——清華簡〈繫年〉書法與手稿文化》，中西書局，2015年。

熊賢品：《論清華簡柒〈越公其事〉吳越爭霸故事》，《東吳學術》，2018年第1期。

徐寶貴：《金文考釋兩篇》，《考古與文物》，2003年第5期。

徐寶貴：《石鼓文整理研究》，中華書局，2008年。

徐元誥：《國語集解》（修訂本），中華書局，2002年。

徐在國：《傳抄古文字編》，綫裝書局，2006年。

徐在國：《上博楚簡文字聲系（一～八）》，安徽大學出版社，2013年。

徐在國：《安徽大學漢語言文字研究叢書·徐在國卷》，安徽大學出版社，2013年。

徐在國：《談清華六〈子產〉中的三個字》，武漢大學簡帛網 http://www.bsm.org.cn/show_article.php?id=2523，2016年4月19日。

徐在國、程燕、張振謙編：《戰國文字字形表》，上海古籍出版社，2017年。

許文獻（2017A）：《清華七〈趙簡子〉從電二例釋讀小議》，武漢大學簡帛網 http://www.bsm.org.cn/show_article.php?id=2801，2017年5月8日。

許文獻（2017B）：《清華七〈越公其事〉簡21"象（從門）"字補說》，武漢大學簡帛網 http://www.bsm.org.cn/show_article.php?id=2820，2017年6月6日。

禤健聰：《楚系簡帛用字習慣研究》，科學出版社，2017年。

禤健聰：《試說甲骨金文的"役"字》，《古文字論壇》（第3輯），中西書局，2018年，頁227－234。

Y

閻步克:《試釋"非駿勿駕,非爵勿羈"兼論"我有好爵,吾與爾靡之"——北大竹書〈周訓〉札記之三》,《中華文史論叢》,2012年第1期。

顔世鉉:《郭店楚簡散論(二)》,《江漢考古》,2000年第1期。

楊安:《"助""叀"考辨》,《中國文字》(新37輯),藝文印書館,2011年,頁155—169。

楊丙安校理:《新編諸子集成·十一家注孫子校理》,中華書局,1999年。

楊伯峻:《春秋左傳注》(修訂本),中華書局,2009年。

楊建忠:《楚系出土文獻語言文字考論》,浙江大學出版社,2014年。

楊軍會:《談花園莊東地甲骨文字的原始性》,《中國文字研究》(第15輯),大象出版社,2011年,頁218—222。

楊樹達:《積微居金文説》(增訂本),中華書局,1997年。

楊英傑:《先秦旗幟考釋》,《文物》,1986年第2期。

楊澤生:《戰國竹書研究》,中山大學出版社,2009年。

姚小鷗:《安大簡〈詩經·葛覃〉篇"穫"字的訓釋問題》,中州學刊,2018年第2期。

姚振武:《上古漢語語法史》,上海古籍出版社,2015年。

伊諾(2018):《清華柒〈子犯子餘〉集釋》,復旦大學出土文獻與古文字研究中心網http://www.gwz.fudan.edu.cn/Web/Show/4210,2018年1月18日。

銀雀山漢墓竹簡整理小組編:《銀雀山漢墓竹簡〔壹〕》,文物出版社,1985年。

銀雀山漢墓竹簡整理小組編:《銀雀山漢墓竹簡〔貳〕》,文物出版社,2010年。

于豪亮:《馬王堆帛書〈周易〉釋文校注》,上海古籍出版社,2013年。

于豪亮:《中山三器銘文考釋》,《考古學報》,1979年第2期。

于省吾:《甲骨文字釋林》,商務印書館,2012年。

于省吾:《壽縣蔡侯墓銅器銘文考釋》,《古文字研究》(第1輯),中華書局,1979年,頁40—54。

雨無正：《論〈保訓〉簡可能爲具有齊系文字特點的抄本》，復旦大學出土文獻與古文字研究中心網站論壇 http：//www.gwz.fudan.edu.cn/forum/forum.php?mod=viewthread&tid=1708，2009年7月12日。

喻遂生：《文字學教程》，北京大學出版社，2014年。

袁金平、孫莉莉（2018）：《清華簡〈越公其事〉合文"叀墨"新釋》，《"〈清華簡〉國際學術研討會"論文集》，香港浸會大學、澳門大學，2017年10月26—28日，頁59—66。後發表於《出土文獻》（第13輯），中西書局，2018年，頁124—130，今據後者收入。

袁金平（2019）：《清華簡〈越公其事〉"海濫江湖"臆解》，《世界漢字學會第五屆年會"漢字文化圈各表意文字類型調查整理研究報告"國際學術研討會論文集》，三峽大學，2017年9月15—18日。後發表於《戰國文字研究》（第1輯），安徽大學出版社，2019年，頁39—48。

袁證（2018）：《清華簡〈子犯子餘〉等三篇集釋及若干問題研究》，武漢大學碩士學位論文，2018年5月，指導教師：劉國勝教授。

Z

曾憲通：《長沙楚帛書文字編》，中華書局，1983年。

曾憲通：《吳王鐘銘文考釋——薛氏〈款識〉商鐘四新解》，《古文字研究》（第17輯），中華書局，1989年，頁120—137。

曾憲通：《包山卜筮簡考釋（七篇）》，《第二屆國際中國古文字學研討會論文集》，香港中文大學，1993年，頁412—416。

曾憲通：《古文字與漢語史論集》，中山大學出版社，2002年。

曾憲通：《古文字與出土文獻叢考》，中山大學出版社，2005年。

曾憲通、林志强：《漢字源流》，中山大學出版社，2011年。

章水根（2018）：《清華簡〈越公其事〉札記五則》，《中國簡帛學刊》（第2輯），齊魯書社，2018年，頁53—62。

章學誠著，葉瑛校注：《文史通義校注》，中華書局，1985年。

張崇禮：《釋金文中的"閈"字》，復旦大學出土文獻與古文字研究中心網 http：//www.gwz.fudan.edu.cn/Web/Show/1871，2012 年 5 月 28 日。

張崇禮：《清華簡〈芮良夫毖〉考釋》，復旦大學出土文獻與古文字研究中心網 http：//www.gwz.fudan.edu.cn/Web/Show/2740，2016 年 2 月 4 日。

張春龍：《慈利楚簡概述》，《新出簡帛研究》，文物出版社，2004 年，頁 4—11。

張峰：《説上博八〈顔淵〉及〈成王既邦〉中的"豫"字》，武漢大學簡帛網 http：//www.bsm.org.cn/show_article.php?id=1531，2011 年 8 月 4 日。

張峰：《〈上博九〉讀書筆記》，武漢大學簡帛網 http：//www.bsm.org.cn/show_article.php?id=1782，2013 年 1 月 7 日。

張峰：《楚文字訛書研究》，上海古籍出版社，2016 年。

張峰、譚生力：《論古文字中戔字變體及相關諸字形音義》，《江漢考古》，2016 年第 4 期。

張富海：《漢人所謂古文之研究》，綫裝書局，2007 年。

張富海：《試論"豕"字的上古韻部歸屬》，《漢字文化》，2007 年第 2 期。

張光裕、黄德寬：《古文字學論稿》，安徽大學出版社，2008 年。

張光裕：《新見金文詞彙兩則》，《古文字研究》（第 26 輯），中華書局，2006 年，頁 179—181。

張覺：《吴越春秋校證注疏》，知識産權出版社，2014 年。

張顯成：《簡帛文獻學通論》，中華書局，2004 年。

張顯成：《簡帛文獻論集》，巴蜀書社，2008 年。

張顯成：《楚簡帛逐字索引》，四川大學出版社，2013 年。

張顯成：《秦簡逐字索引》（增訂本），四川大學出版社，2014 年。

張顯成、王玉蛟：《秦漢簡帛異體字研究》，人民出版社，2016 年。

張顯成、李建平：《簡帛量詞研究》，中華書局，2017 年。

張顯成：《談談中國語言學史研究的材料問題》，《第二届古文字與出土文獻語言研究學術研討會論文集》，西南大學，2017 年 10 月 27—30 日。

張新俊：《釋新蔡楚簡中的"柰（祟）"》，武漢大學簡帛網 http://www.bsm.org.cn/show_article.php? id=336,2006 年 5 月 3 日。後者正式發表於《文字學論叢》(第 4 輯),江西教育出版社,2008 年,頁 254—260。

張新俊:《清華簡〈繫年〉"曾人乃降西戎"新探》,《中國語文》,2015 年第 5 期。

張新武:《"孰"作句首狀語表反問的一種句式》,《語言研究》,2002 年第 1 期。

張亞初:《殷周金文集成引得》序言,中華書局,2001 年。

張亞初:《商周古文字源流疏證》,中華書局,2014 年。

張涌泉:《漢語俗字研究》(增訂本),商務印書館,2010 年。

張玉金:《出土戰國文獻虛詞研究》,人民出版社,2011 年。

張振林:《先秦古文字材料中的語氣詞》,《古文字研究》(第 7 輯),中華書局,1982 年,頁 293—294。

張錚:《湖南慈利出土楚簡内容辨析》,《求索》,2007 年第 6 期。

張政烺:《中山王礐壺及鼎銘考釋》,《古文字研究》(第 1 輯),1979 年,頁 208—232。

張政烺:《周厲王胡簋釋文》,《張政烺文史論集》,中華書局,2004 年,頁 533—534。

張政烺:《論易叢稿》,中華書局,2012 年。

趙嘉仁(2017):《讀清華簡(七)散札(草稿)》,復旦大學出土文獻與古文字研究中心網論壇 http://www.gwz.fudan.edu.cn/forum/forum.php? mod=viewthread&tid=7968,2017 年 4 月 24 日。

趙平安:《新出簡帛與古文字古文獻研究》,商務印書館,2009 年。

趙平安:《隸變研究》,河北大學出版社,2009 年。

趙平安:《金文釋讀與文明探索》,上海古籍出版社,2011 年。

趙平安:《文字・文獻・古史——趙平安自選集》,中西書局,2017 年。

趙平安、石小力(2017A):《成鱄及其與趙簡子的問對——清華簡〈趙簡子〉初探》,《文物》,2017 年第 3 期。

趙平安(2017B):《清華簡第七輯字詞補釋(五則)》,《出土文獻》(第 10 輯),2017 年,頁 138—143。

趙平安（2017C）：《試説"遹"的一種異體及其來源》，《安徽大學學報》（哲學社會科學版）（哲學社會科學版），2017年第5期。

趙平安（2018）《"曼"的形、音、義》，《出土文獻》（第13輯），中西書局，2018年，頁159—164。

趙平安《談談戰國文字中用爲"野"的"冶"字》，《嶺南學報》，2018年第2期。

趙平安：《新出簡帛與古文字古文獻研究續集》，商務印書館，2018年。

浙江省文物考古研究所、紹興縣文物保護管理所：《浙江紹興大墓發掘簡報》，《文物》，1999年第11期。

鄭邦宏（2017）：《讀清華簡（柒）札記》，《出土文獻》（第11輯），中西書局，2017年，頁248—255。

中國科學院考古研究所編：《甲骨文編》，中華書局，1965年。

周寶宏：《讀古文字札記五則》，《吉林大學古籍整理研究所建所十五周年紀念文集》，吉林大學出版社，1998年，頁152—168。

周波：《戰國時代各系文字間的用字差異現象研究》，綫裝書局，2012年。

周鳳五：《〈余罘命案文書〉箋釋——包山楚簡司法文書研究之一》，《臺大文史哲學報》（第41期），頁12。

周鳳五：《郭店楚簡的形式特徵及其分類意義》，《郭店楚簡國際學術研討會論文集》，湖北人民出版社，2000年，頁53—63。

周生春：《吴越春秋輯校匯考》，上海古籍出版社，1997年。

周忠兵：《遹簋銘文中的"爵"字補釋》，《吉林大學古籍研究所建所三十周年紀念論文集》，上海古籍出版社，2014年，頁48—52。

朱德熙、裘錫圭：《平山中山王墓銅器銘文的初步研究》，《文物》，1979年第1期。

朱德熙：《朱德熙古文字論集》，中華書局，1995年。

朱漢民、陳松長：《岳麓書院藏戰國秦簡（壹）》，上海辭書出版社，2010年。

朱漢民、陳松長：《岳麓書院藏戰國秦簡（伍）》，上海辭書出版社，2017年。

朱曉雪：《包山楚簡綜述》，福建人民出版社，2013年。

朱新林：《〈淮南子〉徵引先秦諸子文獻研究》，浙江大學出版社，2015年。

朱鎮豪主編：《中國法書全集》，文物出版社，2009年。

朱忠恒：《〈清華大學藏戰國竹簡（陸）〉集釋》，武漢大學碩士學位論文，2018年5月，指導教師：何有祖副教授。

子居（2017A）：《清華簡七〈趙簡子〉解析》，中國先秦史網http：//xianqin.22web.org/2017/5/29/383，2017年5月29日。

子居（2017B）：《清華簡七〈晉文公入於晉〉解析》，中國先秦史網http：//xianqin.22web.org/2017/7/14/386，2017年7月14日。

子居（2017C）：《清華簡七〈子犯子餘〉韻讀》，中國先秦史網http：//xianqin.22web.org/2017/10/28/405，2017年10月28日。

子居（2017D）：《清華簡七〈越公其事〉第一章解析》，中國先秦史網http：//xianqin.22web.org/2017/12/13/415，2017年12月13日。

子居（2017E）：《清華簡七〈越公其事〉第十、十一章解析》，中國先秦史網http：//xianqin.22web.org/2017/12/13/418，2017年12月13日。

子居（2018F）：《清華簡七〈越公其事〉第二章解析》，中國先秦史網http：//xianqin.22web.org/2018/03/09/423，2018年3月9日。

子居（2018H）：《清華簡七〈越公其事〉第三章解析》，中國先秦史網http：//xianqin.22web.org/2018/04/17/426，2018年4月17日。

子居（2018I）：《清華簡七〈越公其事〉第四章解析》，中國先秦史網http：//xianqin.22web.org/2018/05/14/440，2018年5月14日。

子居（2018J）：《清華簡七〈越公其事〉第五章解析》，中國先秦史網http：//xianqin.22web.org/2018/06/05/579，2018年6月5日。

子居（2018K）：《清華簡七〈越公其事〉第六章解析》，中國先秦史網http：//xianqin.22web.org/2018/07/06/657，2018年7月6日。

子居（2018L）：《清華簡七〈越公其事〉第七、第八章解析》，中國先秦史網http：//xianqin.22web.org/2018/08/04/663，2018年8月4日。

宗福邦、陳世鐃、蕭海波主編：《故訓匯纂》，商務印書館，2003年。

後　記

　　這本小書是在我碩士學位論文的基礎上删改而成的，碩論蒙評審專家和答辯委員吴國升（答辯主席）、李明曉、王化平、李發、鄧飛等先生審閲，并提出了十分寶貴的意見，傳道受業之恩銘記在心。

　　四年前，我從英語跨考到中文專業，蒙業師張顯成先生不弃，有幸跟隨張師學習簡帛文獻。碩士論文從選題到竣稿，始終得到先生的悉心指導，小書能够順利出版也與張師的幫助密不可分。先生治學嚴謹，勤勉睿智，精力充沛，在學術和生活中都是我們的表率，願張師生活快樂，健康長壽！

　　感謝徐在國、程燕兩位老師撥冗審閲全稿，使小書減少了不少硬傷。徐師是一位十分純粹的學者，過去一年來，徐師指導我們閲讀古文字材料，每周進行一次答疑解惑，即便是疫情期間，亦從未間斷。每次我提出問題，徐師往往會立即告訴我去看誰的文章，熟悉程度讓我們作學生的汗顔。程師温和可親，治學謹慎，眼光敏鋭，在學習與生活中給予了我無微不至的照顧，每次把寫好的札記發給程師，老師都批改的十分仔細，并能準確地指出文中的不足。在讀博期間能遇兩位指導老師，於我而言是非常幸運的。

　　小書有幸得到 2019 年度重慶出版專項資金資助項目的支持，感謝西南大學文獻所喻遂生、孟蓬生、王化平、李發等先生及西南師範大學出版社黄璜老師在申請項目過程中提供的幫助。高魏師兄教我建立逐字索引數據庫，胡孟强、陳宣陽、張一方、徐文龍同學幫我校稿，管樹强師兄爲小書椽筆題耑，李紅權老師辛苦數月排版造字，在此一并表示謝忱！

由於在碩士論文寫作過程中，接觸古文字時間不長，字形基礎尚淺，讀博期間校對書稿的時間又十分有限，故小書存在的問題還請方家批評指正！

滕勝霖

2020 年 7 月記於遼寧本溪